UPSESSB PGT

पोस्ट ग्रेजुएट टीचर - भूगोल

नवीनतम संस्करण

अभ्यास किट

10 टेस्ट्स

10 मॉक टेस्ट्स

वास्तविक परीक्षा प्रारूप पर आधारित टेस्ट

✓ पूर्णतः संशोधित और अद्यतन

✓ सभी बहुविकल्पीय प्रश्नो का विस्तृत विश्लेषण

शीर्षक : UPSESSB PGT पोस्ट ग्रेजुएट टीचर - भूगोल
लेखक का नाम : Mr. Rohit Manglik
प्रकाशक : EduGorilla Community Pvt. Ltd.
प्रकाशक का पता : 12/651 प्रथम तल, अरविन्दो पार्क के सामने, निकट जामा मस्जिद, इंदिरा नगर लखनऊ, उत्तर प्रदेश, 226016, भारत।

कॉपीराइट EduGorilla

ISBN : 978-93-90893-67-6

द्वितीय संस्करण

अस्वीकरण EduGorilla

Compiled and created by EduGorilla Community Pvt. Ltd

EduGorilla Community Pvt. Ltd. द्वारा मुद्रित

रोहित मांगलिक
सीईओ, EduGorilla

प्रिय छात्रों,

एक बहुत ही प्रचलित कहावत है कि "सफलता उन्हीं को मिलती है जो उसके लिए कड़ी मेहनत करते हैं।" लेकिन मैंने लोगों को उनकी परीक्षाओं के लिए दिन-रात एक करके मेहनत करते हुए देखा है, पर फिर भी वे सफल नहीं हो पाते। तो वहीं दूसरी ओर, कुछ लोग बस आधी मेहनत करके परीक्षा में सफलता प्राप्त करते हैं। तो, क्या वे किस्मत वाले हैं? नहीं मेरा मानना है, कि ऐसा इसलिए है क्योंकि वे सिर्फ कड़ी नहीं बल्कि कुशल तरीके से अपनी तैयारी करते हैं। इसी तरह आपको भी अपनी परीक्षाओं की तैयारी के लिए अपनी योजना बनानी चाहिए, ताकि आपकी भी सफलता की संभावना बढ़ सके। तो तैयार हो जाइये EduGorilla के साथ अपनी परीक्षा में चयन होने की संभावना को 16 गुना बढ़ाने के लिए।

EduGorilla आपको न केवल कड़ी मेहनत करने में मदद करता है, बल्कि एक स्मार्ट और योजनाबद्ध तरीके से तैयारी करने में भी सहायता प्रदान करता है। EduGorilla की तैयारी पैकेज के साथ आप अपने परीक्षा में चयन होने के रास्ते को सहज और मनोरंजक बना सकते हैं। अपनी तैयारी के लिए सही रास्ता खोजना मुश्किल हो सकता है, यदि आप ये नहीं जानते कि आपको किस दिशा में जाना है। चिंता न करें हम आपके साथ खड़े हैं! EduGorilla आपकी सफलता में आपका मार्गदर्शक बनेगा। हमारे तैयारी पैकेज के साथ आप रणनीतिक रूप से तैयारी कर, अपनी परीक्षा में सिर्फ एक ही प्रयास में सफल हो सकते हैं।

EduGorilla के तैयारी पैकेज में शामिल हैं-

- टेस्ट सीरीज़
- किताबें

हमारे तैयारी पैकेज को सभी तरह के नये बदलवों, विशेषज्ञों की राय एवं छात्रों के प्रतिक्रिया के अनुसार तैयार किया गया है। जो आपको परीक्षा के प्रत्येक चरण की चयन प्रक्रिया को पार करने के योग्य बनाता है।

हमारी किताबें शिक्षकों और विशेषज्ञों द्वारा आपकी परीक्षा के लिए तैयार की गई हैं, 150+ वर्षों के अनुभव के साथ; ताकि आपको आसान, कुशल और प्रभावी शिक्षण प्रदान किया जा सके। हमारी स्मार्ट किताबें न सिर्फ आपको प्रश्नों के उत्तर देने की समझ देती हैं, अपितु आपके अभ्यास के लिए समान रूप के प्रश्न भी प्रदान करती हैं।

EduGorilla की सक्षम टेस्ट सीरीज आपको वास्तविक अनुभव और आत्मविश्वास प्रदान करती हैं, जिसके माध्यम से आप केवल एक प्रयास में अपनी ऑफलाइन अथवा ऑनलाइन परीक्षा पास कर सकते हैं। वर्तमान में हम 83,000+ मॉक टेस्ट्स और 1,440+ प्रतियोगी एवं शैक्षणिक परीक्षाओं की तैयारी कराते हैं।

अर्थात, EduGorilla आपकी तैयारी में आपकी सहायता करने का कोई भी मौका नहीं छोड़ता है और परीक्षा के सभी चरणों को कवर करता है, ताकि परीक्षा की तैयारी के लिए आपको कहीं और भटकना ना पड़े।

हम आपको डिफेन्स, बैंकिंग, टीचिंग और अन्य राष्ट्रीय एवं राज्य स्तरीय परीक्षाओं के लिए सम्पूर्ण तैयारी पैकेज प्रदान करते हैं। अतः इससे कोई फर्क नहीं पड़ता कि आप किस परीक्षा के लिए तैयारी कर रहे हैं, क्योंकि आप सफलता हासिल करेंगे।

आपको परीक्षा की शुभकामनाएं!

रोहित मांगलिक,
संस्थापक और मुख्य कार्यकारी अधिकारी, EduGorilla

संपादक की कलम से

प्रस्तावना

EduGorilla छात्रों को उनकी परीक्षा में सफल होने के लिए मार्गदर्शन प्रदान करता है। जिसको ध्यान में रखते हुए हमारे कुल 150+ वर्षों का अनुभव रखने वाले प्रतिष्ठित विशेषज्ञों ने कड़े प्रयासों के द्वारा "UPSESSB PGT : पोस्ट ग्रेजुएट टीचर - भूगोल" को तैयार किया है। इस किताब के प्रश्नों को हाल ही में परीक्षा के पाठ्यक्रम और पैटर्न में हुए सभी बदलावों को ध्यान में रखकर बनाया गया है। वो प्रश्न जिनकी UPSESSB PGT Geography परीक्षा में आने कि संभवना काफी प्रबल है, उनको इस किताब मे रखा गया है। आप EduGorilla की "UPSESSB PGT : पोस्ट ग्रेजुएट टीचर - भूगोल" के माध्यम से अपनी सफलता की संभावना को 16 गुना बढ़ा सकते हैं।

EduGorilla ये अपनी संपूर्ण तैयारी पैकेज के माध्यम से साकार करता है। इस किट में आपको प्रश्न अच्छी तरह अवधारित एवं संरचित रूप मे मिलेंगे जिन्हे आपकी जरूरतों के अनुसार बनाया गया है। इसके माध्यम से आपको स्मार्ट तरीके से परीक्षा के लिए अभ्यास करने में मदद मिलेगी। साथ ही आपको सहायक, समाधान और स्मार्ट उत्तर पत्रिका भी प्रदान की जायेंगी। जिससे आप अपना मूल्यांकन स्वयं कर सकते हैं। आप स्वयं की समीक्षा कर, उन सभी बिन्दुओं पर खुद को बेहतर तरीके से तैयार कर सकते हैं।

EduGorilla आपको अपनी परीक्षा में सफ़लता दिलाने और आपके लक्ष्य को हासिल करने में आपकी सहायता करने का वादा करता हैं। हम अपने प्रतिभागियों पर पूरा भरोसा करते हैं और उन्हें मेरिट सूची के शीर्ष पर देखते हैं। शीर्ष स्थान की ओर आपका पहला कदम है हमारे साथ तैयारी शुरू करना। EduGorilla की "UPSESSB PGT : पोस्ट ग्रेजुएट टीचर - भूगोल" की विशेषताएं कुछ इस प्रकार हैं।

- अच्छी तरह से शोध किया हुआ पाठ्यक्रम
- उच्च गुणवत्ता
- विस्तृत उत्तर और विश्लेषण
- स्मार्ट उत्तर पत्रिका
- परीक्षा सुसंगत प्रश्न

इस प्रकार EduGorilla आपकी तैयारी को मजबूत और आपको परीक्षा में सफल होने के योग्य बनाता है।

UPSESSB PGT Geography
परीक्षा की योग्यता, परीक्षा पैटर्न, विषय को जानने के लिए QR कोड को स्कैन करें।

Book ID: 0751

विषय-सूची

मॉक टेस्ट 01

Q.1 निम्नलिखित में से कौन सा शब्द "बायोम" का सबसे अच्छा वर्णन है?

A. पौधों और जानवरों का समुदाय जो समान पर्यावरणीय परिस्थितियों को साझा करते हैं।
B. पृथ्वी का वह भाग जो जीवित जीवों द्वारा बसा हुआ है।
C. एक दूसरे के साथ बातचीत करने वाले जीवों का समुदाय।
D. विभिन्न पर्यावरणीय परिस्थितियों के साथ दो भौगोलिक क्षेत्रों के बीच संक्रमणकालीन क्षेत्र।

Q.2 निम्नलिखित में से कौन जैविक नाइट्रोजन निर्धारण से जुड़ा हुआ है?

A. लाल शैवाल **B.** भूरा शैवाल
C. हरे शैवाल **D.** नीले हरे शैवाल

Q.3 निम्नलिखित में से कौन सा फोटोकेमिकल कोहरे के निर्माण में योगदान नहीं करता है?

A. NO
B. O_3
C. SO_2
D. वाष्पशील कार्बनिक यौगिक

Q.4 निम्नलिखित में से कौन एक निरंतर कार्बनिक प्रदूषक (पीओपी) है?

A. SO_2 **B.** CO_2 **C.** डीडीटी **D.** NO_2

Q.5 निम्नलिखित में से कौन सा एक संरक्षित क्षेत्र नहीं है?

A. राष्ट्रीय उद्यान **B.** अभ्यारण्य
C. चिड़ियाघर **D.** जीवमंडल भंडार

Q.6 आईयूसीएन संकटग्रस्त प्रजातियों के वर्गीकरण में प्रजाति नहीं हैं।

A. हानिकारक **B.** विलुप्त
C. असुरक्षित **D.** संकटग्रस्त

Q.7 रियो डी जनेरियो, ब्राज़ील में UNCED 1992 में किस घोषणा पत्र पर हस्ताक्षर किए गए थे?

A. एजेंडा 39 **B.** एजेंडा 19 **C.** एजेंडा 22 **D.** एजेंडा 21

Q.8 निम्नलिखित में से कौन ओजोन परत के ह्रास पर पहला सम्मेलन / कन्वेंशन था?

A. जलवायु परिवर्तन पर संयुक्त राष्ट्र फ्रेमवर्क कन्वेंशन (UNFCCC)
B. सेविंग द ओजोन लेयर कॉन्फ्रेंस
C. जैविक विविधता पर कन्वेंशन
D. वियना सम्मेलन

Q.9 रेड डाटा बुक में निम्नलिखित में से किसका आंकड़ा शामिल है?

A. पौधों की सभी प्रजातियों
B. पशुओं की सभी प्रजातियों
C. सभी लुप्तप्राय प्रजातियों
D. सभी विलुप्त प्रजातियों

Q.10 ______________ भारत का सबसे बड़ा टाइगर रिज़र्व है।

A. जिम कॉर्बेट टाइगर रिजर्व
B. नागार्जुन सागर-श्रीशैलम टाइगर रिजर्व
C. सतपुड़ा टाइगर रिजर्व
D. सुंदरबन टाइगर रिजर्व

Q.11 निम्नलिखित में से कौन सी फसल खरीफ की फसल नहीं है?

A. चावल **B.** गेहूँ **C.** मकई **D.** बाजरा

Q.12 निम्नलिखित में से ऊर्जा के गैर पारंपरिक स्रोतों का एक सेट है:

[Haryana Primary Teacher (PRT), 2020]

A. खनिज तेल, प्राकृतिक गैस, कोयला
B. कोयला, पवन ऊर्जा, बायो गैस
C. सौर ऊर्जा, परमाणु ऊर्जा, पवन ऊर्जा
D. भू - तापीय ऊर्जा, प्राकृतिक गैस, पेट्रोलियम

Q.13 उत्पादन के तीन स्तंभ क्या हैं?

A. भूमि, बाज़ार, श्रम **B.** भूमि, श्रम, पूँजी
C. बाज़ार, पूँजी, श्रम **D.** पूँजी, भूमि, बाज़ार

Q.14 किस सिंचाई से अधिकतम जल संरक्षण होता है?

A. जल पहिया
B. नलकूप
C. टपकन सिंचाई / ड्रिप सिंचाई
D. छिड़काव / स्प्रिंकलर सिंचाई

Q.15 लाइमोनाइट अयस्क किस धातु का अयस्क है?

A. लोहा **B.** एल्युमीनियम
C. जस्ता **D.** कोबाल्ट

Q.16 भारत में ख़निजों में सबसे समृद्ध पठार है?

A. छोटा नागपुर पठार **B.** मैसूर का पठार
C. दक्कन का पठार **D.** मालवा का पठार

Q.17 सूची- II के साथ सूची-I का मिलान करें और सूचियों के नीचे दिए गए कूट का उपयोग करके सही उत्तर चुनें:

सूची - I (औद्योगिक स्थल)	सूची - II (उद्योग)
A. लुधियाना	1. ऑटो पार्ट्स
B. कानपुर	2. ऊनी कपड़े
C. वाराणसी	3. चमड़ा
D. विजयवाड़ा	4. हथकरघा

A. A-1, B- 4, C- 3, D- 2
B. A-2, B- 3, C- 4, D- 1
C. A-2, B- 4, C- 3, D- 1
D. A-1, B- 3, C- 4, D- 2

Q.18 किस पंचवर्षीय योजना को अर्थव्यवस्था के उदारीकरण के रूप में भी जाना जाता है?

A. 7वीं **B.** 8वीं **C.** 9वीं **D.** 10वीं

Q.19 हुगली बेसिन में भारत में जूट उद्योग के स्थान के बारे में निम्नलिखित कथनों पर विचार करें और नीचे दिए गए कूट का उपयोग करके सही उत्तर चुनें:

1. पश्चिम बंगाल जूट के प्रमुख उत्पादकों में से एक है।
2. सस्ता और कुशल श्रम उपलब्ध है।
3. परिवहन की कम लागत
4. पर्याप्त पानी की आपूर्ति उपलब्ध है

A. 1, 2 और 3 **B.** 1, 3 और 4
C. 1, 2 और 4 **D.** 1, 2, 3 और 4

Q.20 पृथ्वी पर जल के संसाधन हैं:

A. समुद्र/महासागर
B. पहाड़ पर और ध्रुव बिंदु के पास बर्फ
C. मानसून की बारिश
D. महासागर, बर्फ, बारिश और भूमिगत पानी

Q.21 मानव विकास सूचकांक (HDI) की गणना करने के लिए निम्नलिखित में से किस संकेतक का उपयोग नहीं किया जाता है?

A. जीवन प्रत्याशा
B. शिक्षा
C. प्रति पूंजी आय
D. सामाजिक असमानता

Q.22 गिनी गुणांक किसके लिए प्रयोग किया जाता है?

A. आय समानता को मापने के लिए
B. आय असमानता को मापने के लिए
C. आय के वितरण को मापने के लिए
D. लाभ और हानि को मापने के लिए

Q.23 अर्थव्यवस्था में डॉलराइजेशन शब्द का क्या अर्थ है?

A. दूसरे देश की मुद्रा का अपनी मुद्रा के साथ उपयोग
B. देश द्वारा मुद्रा के रूप में डॉलर का उपयोग
C. रुपये को डॉलर में बदलने की प्रक्रिया
D. किसी देश द्वारा डॉलर को राष्ट्रीय मुद्रा के रूप में अपनाना

Q.24 यूनियन बजट 2021-22 के अंतर्गत निम्न में से किस पर सीमा शुल्क को तर्कसंगत बनाया जाना है:

A. सोना और चांदी
B. टिन और सिल्वर
C. तांबा और सोना
D. टिन और तांबा

Q.25 किस पंचवर्षीय योजना के दौरान, भारत सरकार ने कृषि योजना के लिए क्षेत्रीय दृष्टिकोण अपनाया?

A. पांचवीं पंचवर्षीय योजना
B. छठी पंचवर्षीय योजना
C. आठवीं पंचवर्षीय योजना
D. दसवीं पंचवर्षीय योजना

Q.26 भारत में तीन तरह के राशन कार्ड हैं। निम्नलिखित में से कौन सा राशन कार्ड गरीब लोगों में सबसे गरीब लोगों के लिए है?

A. सुरक्षा कार्ट
B. बीपीएल कार्ड
C. बीबीपीएल कार्ड
D. अंत्योदय कार्ड

Q.27 "जीवन की न्यूनतम आवश्यकताओं को प्राप्त करने के लिए न्यूनतम आय की अनुपस्थिति" किस प्रकार की गरीबी से संबंधित है?

[Maharashtra Public Service Commission, 2018]

A. निरपेक्ष गरीबी
B. तुलनात्मक गरीबी
C. उपरोक्त दोनों
D. इनमे से कोई भी नहीं

Q.28 2019-20 में भारत में सेवा क्षेत्र की विकास दर क्या है?

A. 8%
B. 7%
C. 2%
D. 5%

Q.29 ओंकारेश्वर परियोजना निम्नलिखित में से किस नदी से संबंधित है?

A. नर्मदा
B. गंगा
C. ब्रह्मपुत्र
D. तापी

Q.30 निम्नलिखित में से कौन सी नदी महात्मा गांधी पनबिजली परियोजना से संबंधित है?

A. गोदावरी
B. शरावती
C. सुबानसिरी
D. कृष्णा

Q.31 पृथ्वी के वायुमंडल की निम्न में से कौन सी परत जेट विमान के लिए आदर्श उड़ान की स्थिति प्रदान करती है?

A. मध्यमंडल
B. तापमंडल
C. समतापमंडल
D. क्षोभमंडल

Q.32 डोलड्रम्स ________ है।

A. भारी बर्फ के साथ उच्च अक्षांश
B. कम दबाव के साथ इक्वेटोरियल जोन
C. पहाड़ों पर उच्च दबाव के क्षेत्र
D. उच्च दबाव के साथ उप-ध्रुवीय क्षेत्र

Q.33 निम्नलिखित में से कौन सी जगह व्यापार हवाओं से अनुकूल रूप से प्रभावित हैं?

I. वेस्ट इंडीज
II. ब्राज़िल
III. मेक्सिको
IV. मेडागास्कर

A. I और II
B. I, II, III और IV
C. III और IV
D. II और IV

Q.34 उत्तरी गोलार्ध में, अश्व अक्षांश से डोलड्रम्स तक बहने वाली हवा को _______ कहा जाता है।

A. पश्चिम की हवा
B. व्यापार हवा
C. ध्रुवीय ईस्टर
D. जेट धारा

Q.35 वायुमंडल की निचली परतों में धुएं के कणों पर छोटे पानी की घनी मात्रा में _______ है।

A. धुंध
B. ठंढ
C. कोहरा
D. ओस

Q.36 वातावरण में मौजूद रासायनिक रूप से निष्क्रिय गैस _______ है।

A. नाइट्रोजन
B. आर्गन
C. जल वाष्प
D. ऑक्सीजन

Q.37 किस परत में, तापमान नाटकीय रूप से बढ़ता है?

A. योणमण्डल
B. बहिर्मंडल
C. समतापमण्डल
D. क्षोभमंडल

Q.38 निम्नलिखित में से कौन-सा युग्म सही सुमेलित नहीं है?

[Madhya Pradesh Public Service Commission (MPPSC), 2017]

A. लिपुलेख - उत्तराखण्ड
B. नाथू ला - अरुणाचल प्रदेश
C. रोहतांग - हिमाचल प्रदेश
D. पालघाट - केरल

Q.39 आमतौर पर ध्रुवों की ओर तापमान कम हो जाता है क्योंकि _______।

A. हवा की चाल आम तौर पर भूमध्य रेखा की ओर होती है
B. ठंडे ध्रुवीय वायु द्रव्यमान भूमि की सतह के ताप को रोकते हैं
C. ठंडी सतह सौर ऊर्जा को उतनी आसानी से अवशोषित नहीं करती जितनी गर्म सतह
D. जैसे ही हम ध्रुवीय क्षेत्रों में जाते हैं, प्रगतिशील रूप से प्रति इकाई क्षेत्र में कम सौर ऊर्जा पृथ्वी की सतह पर गिरती है

Q.40 प्रदूषण के कारण वातावरण में अत्यधिक कार्बन डाइऑक्साइड का कारण होगा-

A. पृथ्वी का तापमान बढ़ने लगे
B. पृथ्वी का तापमान गिरने लगे
C. पृथ्वी के तापमान में कोई बदलाव नहीं
D. पृथ्वी तक पहुँचने वाले अल्ट्रा-वायलेट विकिरण में वृद्धि

Q.41 पृथ्वी पर वायुमंडलीय दबाव _______ के कारण है।

A. पृथ्वी का गुरुत्वाकर्षण खिंचाव
B. पृथ्वी का घूमना
C. पृथ्वी की क्रांति
D. पृथ्वी का असमान ताप

Q.42 निम्नलिखित कथन सही है?

तूफान _______।

A. भूमध्य रेखा पर प्रपत्र
B. बवंडर जितने बड़े नहीं होते
C. गर्म महासागरीय क्षेत्रों का विकास करना
D. जब वे भूमि की सतह पर चले जाते हैं तब तेज़ हो जाते हैं

Q.43 वर्षा छाया प्रभाव के साथ जुड़ा हुआ है:
A. चक्रवाती वर्षा
B. नमीयुक्त वर्षा
C. संवहन वर्षा
D. ललाट वर्षा

Q.44 रेडियो तरंगों के विक्षेपण के लिए वायुमंडल की निम्नलिखित में से कौन सी परत जिम्मेदार है?
A. क्षोभमंडल
B. समतापमण्डल
C. मध्यमंडल
D. योणमंडल

Q.45 मानसून में _______ में अच्छी तरह से विकसित चक्र होता है।
A. दक्षिण और दक्षिण पूर्व एशिया
B. उत्तरी ऑस्ट्रेलिया
C. पूर्वी संयुक्त राज्य अमेरिका
D. अफ्रीका

Q.46 टैगा वनों के संबंध में निम्नलिखित कथनों पर विचार कीजिये:
1. यह समशीतोष्ण और उष्णकटिबंधीय क्षेत्र का एक वन है।
2. शंकुधारी वृक्ष, जैसे स्प्रूस, देवदार और सनोबर, इन जंगलों में आम हैं।
3. टैगा पारिस्थितिकी तंत्र को प्रत्यक्ष मानव गतिविधि और जलवायु परिवर्तन से खतरा है।
ऊपर दिए गए कौन से कथन सही हैं?
A. केवल 1 और 2
B. केवल 2 और 3
C. केवल 1 और 3
D. 1, 2 और 3

Q.47 रिंग ऑफ फायर के संबंध में निम्नलिखित कथनों पर विचार करें:
1. यह अटलांटिक महासागर के किनारे स्थित है।
2. यह सक्रिय ज्वालामुखियों और लगातार भूकंपों की विशेषता है।
ऊपर दिए गए कथनों में से कौन सा सही नहीं है / हैं?
A. केवल 1
B. केवल 2
C. 1 और 2 दोनों
D. न तो 1 और न ही 2

Q.48 अतिरिक्त उष्णकटिबंधीय चक्रवात के संबंध में निम्नलिखित में से कौन सा कथन सही है?
A. यह उष्णकटिबंधीय क्षेत्र में विकसित होता है।
B. इसकी उत्पत्ति समुद्र से ही होती है।
C. उष्णकटिबंधीय चक्रवातों की तुलना में हवा का वेग अधिक होता है।
D. यह पश्चिम से पूर्व की ओर चलती है।

Q.49 ऐडिन की खाड़ी निम्नलिखित में से किसे जोड़ती है?
A. लाल सागर और अरब सागर
B. भूमध्य सागर और लाल सागर
C. अरब प्रायद्वीप और हिंद महासागर
D. हिंद महासागर और दक्षिण चीन सागर

Q.50 सवाना जलवायु के संबंध में निम्नलिखित कथनों पर विचार कीजिए:
1. यह उष्णकटिबंधीय क्षेत्रों में पाया जा सकता है।
2. यह शार्टग्रास और ऊंचे पेड़ों की विशेषता है।
3. इसका एक अलग नम और शुष्क मौसम होता है।
ऊपर दिए गए कथनों में से कौन सा सही है/हैं?
A. केवल 1 और 2
B. केवल 2 और 3
C. केवल 1 और 3
D. 1, 2 और 3

Q.51 निम्नलिखित में से कौन से देश भू-बद्ध (लैंडलॉक देश) हैं?
1. मंगोलिया
2. बोलीविया
3. सूडान
4. रवांडा
नीचे दिए गए कोड से सही उत्तर का चयन करें।
A. केवल 1 और 3
B. केवल 1, 2 और 4
C. केवल 2, 3 और 4
D. 1, 2, 3 और 4

Q.52 अप्पलाचियन पर्वत के संबंध में निम्नलिखित कथनों पर विचार करें:
1. वे पृथ्वी पर सबसे कम उम्र के पहाड़ों में से हैं।
2. वे दक्षिण अमेरिका में स्थित हैं।
ऊपर दिया गया कौन सा कथन सही है / हैं?
A. केवल 1
B. केवल 2
C. 1 और 2 दोनों
D. न तो 1 और न ही 2

Q.53 निम्नलिखित में से कौन 'जन्म दर' का सबसे अच्छा वर्णन करता है?
A. यह एक निश्चित समय अवधि में कुल जन्मों और कुल मौतों के बीच का अंतर है।
B. यह एक वर्ष में प्रति हजार व्यक्तियों पर जीवित जन्मों की संख्या है।
C. यह समय के दो बिंदुओं के बीच विशेष क्षेत्र में जनसंख्या का परिवर्तन है।
D. यह एक वर्ष में प्रति मिलियन व्यक्तियों में जीवित जन्मों की संख्या है।

Q.54 निम्नलिखित में से कौन सा दुनिया का सबसे ऊँचा पठार है?
A. दक्कन का पठार
B. तिब्बत का पठार
C. कोलंबिया का पठार
D. कातांगा का पठार

Q.55 भारत के किस राज्य में वैनेडियम भंडार पाया गया है?
A. कर्नाटक
B. अरुणाचल प्रदेश
C. ओडिशा
D. झारखण्ड

Q.56 एस्टुयरी के संबंध में निम्नलिखित कथनों पर विचार करें:
1. यह एक ऐसा क्षेत्र है जहां एक मीठे पानी की नदी या धारा समुद्र या एक महासागर से मिलती है
2. एस्टुयरी एक जैविक रूप से कम उत्पादक क्षेत्र है।
ऊपर दिए गए कथनों में से कौन सा सही है / हैं?
A. केवल 1
B. केवल 2
C. 1 और 2 दोनों
D. न तो 1 और न ही 2

Q.57 निम्नलिखित जोड़े पर विचार कीजिए:

ज्वार का प्रकार	विशेषता
1. अर्ध-दैनिक ज्वार	दो उच्च ज्वार और दो कम ज्वार प्रत्येक दिन
2. वसंत ज्वार	तब होता है जब सूर्य, चंद्रमा और पृथ्वी एक सीधी रेखा में होते हैं
3. नेप ज्वार	तब होता है जब सूर्य और चंद्रमा एक दूसरे के समकोण पर होते हैं

ऊपर दिए गए जोड़े में से कौन सा सही तरीके से मेल खाता है?
A. केवल 1 और 2
B. केवल 2 और 3
C. केवल 1 और 3
D. 1, 2 और 3

Q.58 मृदा संरक्षण की उस विधि को क्या कहते हैं जिसमें जल के प्रवाह को कम करने के लिए चट्टानों का ढेर लगाया जाता है जो नालियों की रक्षा करते हैं और मृदा क्षति को रोकते हैं?
A. मल्च बनाना
B. स्मोच्चरेखीय रोधिकएं
C. चट्टान बांध
D. वेदिका फार्म

Q.59 निम्नलिखित में से कौन सा देश पूर्वी चीन सागर की सीमा नहीं बनाता है?

1. ताइवान
2. उत्तर कोरिया
3. जापान
4. फिलीपींस
5. इंडोनेशिया

नीचे दिए गए कोड से सही उत्तर का चयन करें।

A. केवल 2, 3 और 4 **B.** केवल 1, 2 और 3
C. केवल 2, 4 और 5 **D.** केवल 1, 3 और 5

Q.60 इंटर-ट्रॉपिकल कन्वर्जेंस ज़ोन (ITCZ) के संबंध में निम्नलिखित कथनों पर विचार कीजिये:

1. यह कम दबाव की एक बेल्ट होती है जो भूमध्य रेखा के पास पृथ्वी का चक्कर लगाती है।
2. उत्तरी और दक्षिणी गोलार्ध की व्यापारिक हवाएँ यहाँ जुटती हैं।
3. ITCZ की स्थिति पूरे वर्ष में समान है।

ऊपर दिए गए कौन से कथन सही हैं?

A. केवल 1 और 2 **B.** केवल 2 और 3
C. केवल 1 और 3 **D.** 1, 2 और 3

Q.61 निम्नलिखित में से कौन सा कथन वायु मोर्चे के बारे में गलत है?

A. वायु द्रव्यमान के बीच सीमा क्षेत्र को मोर्चा कहा जाता है।
B. मोर्चा के गठन की प्रक्रिया को फ्रंट जेनेसिस के रूप में जाना जाता है।
C. केवल दो प्रकार के मोर्चा हैं।
D. जब ठंडी हवा गर्म वायु द्रव्यमान की ओर बढ़ती है, तो इसके संपर्क क्षेत्र को ठंडा मोर्चा कहा जाता है।

Q.62 उष्णकटिबंधीय मानसून जलवायु के संबंध में निम्नलिखित कथनों पर विचार कीजिये:

1. यह अलग गीला और शुष्क मौसम की विशेषता है।
2. यह भारतीय उपमहाद्वीप में ही पाया जा सकता है।
3. यह हवाओं के मौसमी उत्क्रमण से जुड़ा है।

ऊपर दिए गए कौन से कथन सही हैं?

A. केवल 1 और 2 **B.** केवल 2
C. केवल 1 और 3 **D.** केवल 2 और 3

Q.63 संवहन वर्षा के संबंध में निम्नलिखित कथनों पर विचार करें:

1. यह उन क्षेत्रों में आम है जो तीव्रता से गर्म होते हैं।
2. यह ज्यादातर पृथ्वी के समशीतोष्ण क्षेत्रों में पाया जाता है।

ऊपर दिए गए कथनों में से कौन सा सही है / हैं?

A. केवल 1 **B.** केवल 2
C. 1 और 2 दोनों **D.** न तो 1 और न ही 2

Q.64 पृथ्वी के वातावरण के संबंध में निम्नलिखित कथनों पर विचार करें:

1. वायुमंडल के कुल द्रव्यमान का 90 प्रतिशत से अधिक पृथ्वी की सतह से 32 किमी की ऊंचाई तक सीमित है।
2. कार्बन डाइऑक्साइड और जल वाष्प पृथ्वी की सतह से केवल 90 किमी तक पाए जाते हैं।
3. ओजोन पृथ्वी की सतह से 10 से 50 किमी ऊपर पाया जाता है।

ऊपर दिए गए कौन से कथन सही हैं?

A. केवल 1 और 2 **B.** केवल 2 और 3
C. केवल 1 और 3 **D.** 1, 2 और 3

Q.65 निम्नलिखित जोड़े पर विचार करें:

विच्छेदन	पृथ्वी की परत
1. मोहोरोविचिक विच्छेदन	क्रस्ट और मेंटल के बीच
2. कॉनराड विच्छेदन	ऊपरी और निचले मेंटल के बीच
3. लेहमन विच्छेदन	बाहरी कोर और आंतरिक कोर के बीच

ऊपर दिए गए जोड़े में से कौन सा सही तरीके से मेल खाता है?

A. केवल 1 और 2 **B.** केवल 2 और 3
C. केवल 1 और 3 **D.** 1, 2 और 3

Q.66 निम्नलिखित में से कौन सा उद्योग और उससे संबंधित शहर बेमेल है?

A. सॉफ्टवेयर टेक्नोलॉजी पार्क - इंदौर
B. औद्योगिक चमड़ा परिसर - देवास
C. भेल प्लांट - जबलपुर
D. साड़ी - चंदेरी

Q.67 मध्य प्रदेश का सबसे व्यस्त हवाई अड्डा कौन सा है?

A. राजा भोज अंतर्राष्ट्रीय हवाई अड्डा
B. खजुराहो अंतर्राष्ट्रीय हवाई अड्डा
C. देवी अहिल्याबाई होल्कर हवाई अड्डा
D. ग्वालियर अंतर्राष्ट्रीय हवाई अड्डा

Q.68 भारत पूर्व में किन देशों के साथ अपनी थल सीमाएं साझा करता है?

A. चीन, नेपाल और भूटान
B. भूटान और अफगानिस्तान
C. म्यांमार और बांगलादेश
D. पाकिस्तान और अफगानिस्तान

Q.69 नर्मदा नदी किस पर्वत श्रृंखला में एक दरार घाटी से होकर बहती है?

A. अरावली **B.** विंध्य
C. सतपुड़ा **D.** (B) और (C) दोनों

Q.70 मध्यप्रदेश के किस जिले में सबसे ज्यादा शहरी आबादी है?

A. भोपाल **B.** डिंडोरी **C.** मुरैना **D.** इंदौर

Q.71 2011 की जनगणना के अनुसार, मध्यप्रदेश के किस जिले की साक्षरता दर सर्वाधिक है?

A. इंदौर **B.** भोपाल **C.** जबलपुर **D.** बालाघाट

Q.72 कोयना, तुंगभद्रा और भीमा नदियाँ ________ नदी की प्रमुख सहायक नदियाँ हैं।

A. ताप्ति **B.** गंगा **C.** गोदावरी **D.** कृष्णा

Q.73 जिन जिलों में कर्क रेखा (Tropic of Cancer) नहीं गुजरती हैं:

A. शाहपुर और राजगढ़ **B.** इंदौर और बालाघाट
C. भोपाल और जबलपुर **D.** रतलाम और उज्जैन

Q.74 निम्नलिखित में से कौन-सा दर्रा उसके स्थान से सुमेलित नहीं है?

A. नाथू - ला दर्रा - सिक्किम
B. शिपकी- ला दर्रा - अरुणाचल प्रदेश
C. ज़ोजिला दर्रा - जम्मू और कश्मीर
D. मन दर्रा - उत्तराखंड

Q.75 बैकवाटर या कयाल्स आमतौर पर किस राज्य में पाए जाते हैं?

A. तमिलनाडु **B.** केरल **C.** आंध्र प्रदेश **D.** तेलंगाना

Q.76 मध्यप्रदेश के किस जिले में बाल लिंगानुपात सबसे अधिक है?

A. अलीराजपुर **B.** मुरैना
C. इंदौर **D.** भोपाल

Q.77 निम्नलिखित में से कौन तांबे का प्रमुख उत्पादक है?

A. बिहार **B.** झारखंड **C.** उड़ीसा **D.** मध्य प्रदेश

Q.78 निम्नलिखित में से अरावली पर्वत की सबसे ऊँची चोटी कौन-सी है?

A. अचलगढ़ B. जरगा C. गुरु शिखर D. सेर

Q.79 नदी द्वीप माजुली जो "भारत का पहला और एकमात्र नदी द्वीप जिला" बन गया, में स्थित है:

A. कर्नाटक
B. जम्मू और कश्मीर
C. हिमाचल प्रदेश
D. असम

Q.80 तिब्बत से होकर बहने वाली त्संग्पो नदी को भारत में किस नाम से जाना जाता है?

[Intelligence Bureau Security Assistant, 2019]

A. ब्रह्मपुत्र B. गंगा C. सतलज D. ब्यास

Q.81 निम्नलिखित क्षेत्रों में से कौन सा 'टोडा जनजाति' का मूल निवास स्थान है?

[Madhya Pradesh Public Service Commission (MPPSC), 2017]

A. जोनसार पहाड़ियाँ
B. गारो पहाड़ियाँ
C. नीलगिरि पहाड़ियाँ
D. जयंतिया पहाड़ियाँ

Q.82 निम्नलिखित में से कौन देश के जनसंख्या पिरामिड द्वारा रेखांकित नहीं किया जा सकता है?

A. निर्भरता अनुपात
B. जनसंख्या वृद्धि दर
C. जनसंख्या के भीतर लिंग वितरण
D. कुल जनसंख्या का आकार

Q.83 मोनपा जनजाति किस राज्य से है?

A. अरुणाचल प्रदेश
B. असम
C. सिक्किम
D. मिजोरम

Q.84 भारत में, इस्पात उत्पादन उद्योग में इनमे से किसके आयात की आवश्यकता है?

A. शोरा
B. रॉक फॉस्फेट
C. कोकिंग कोयला
D. उपरोक्त सभी

Q.85 1914 में खोली गई पनामा नहर, लिंक करती है:

[UPSC NDA, 2020]

A. लाल सागर और भूमध्य सागर
B. अटलांटिक महासागर और प्रशांत महासागर
C. हिंद महासागर और प्रशांत महासागर
D. एड्रियाटिक सागर और काला सागर

Q.86 परिवहन का कौन सा साधन बहुत लचीला है?

A. जल
B. पाइपलाइन
C. वायु
D. रेलवे

Q.87 निम्नलिखित में से कौन-सा प्रमुख तांबा उत्पादक देश है?

A. इंडोनेशिया B. श्रीलंका C. रूस D. चिली

Q.88 कारजस खदान दुनिया की सबसे बड़ी लौह अयस्क खदान है। यह किस देश में स्थित है?

A. ब्राजील
B. अमेरिका
C. चीन
D. ऑस्ट्रेलिया

Q.89 वनस्पति से कोयले में परिवर्तन का पहला चरण किस प्रकार का कोयला है?

A. एन्थ्रेसाइट B. बिटुमिनस C. लिग्राइट D. पीट

Q.90 निम्नलिखित में से कौन सा उद्योग टेलीफोन, कंप्यूटर आदि का निर्माण करता है?

[MPTET Paper I - Varg 3, 2012]

A. इस्पात
B. इलेक्ट्रॉनिक
C. अल्युमीनियम
D. सूचना प्रौद्योगिकी

Q.91 गांधीधाम (गुजरात) में रहने वाला एक व्यक्ति पहले भोपाल (मध्य प्रदेश) और फिर हैदराबाद (आंध्र प्रदेश) जाना चाहता है। उसकी यात्रा की दिशाएँ होंगी-

A. पहले पूर्व की ओर और फिर दक्षिण की ओर
B. पहले पश्चिम की ओर और फिर दक्षिण की ओर
C. पहले दक्षिण की ओर और फिर पश्चिम की ओर
D. पहले दक्षिण की ओर और फिर पूर्व की ओर

Q.92 क्षुद्रग्रह किन कक्षाओं के बीच पाए जाते हैं?

A. शनि और बृहस्पति
B. मंगल और बृहस्पति
C. पृथ्वी और मंगल
D. शनि और यूरेनस

Q.93 दिल्ली भारत की राजधानी है और यह __________ नदी पर स्थित है।

A. गोदावरी B. यमुना C. कृष्णा D. ताप्ती

Q.94 किस देश को यूरोप के खेल के मैदान के रूप में भी जाना जाता है?

A. ओसाका
B. स्विट्जरलैंड
C. फिलाडेल्फिया
D. क्यूबा

Q.95 ग्वादर बंदरगाह कहाँ स्थित है?

[UPSC Central Armed Police Forces AC, 2019]

A. पाकिस्तान B. ईरान C. भारत D. श्रीलंका

Q.96 निम्नलिखित नदियों में से कौन उत्तर और दक्षिण भारत के बीच सीमा के रूप में कार्य करता है?

A. पेरियार नदी
B. मांडोवी नदी
C. नर्मदा नदी
D. पेन्नार नदी

Q.97 मानव भूगोल के त्रि-संतुलन कारकों के नाम बताइए?

A. जैविक
B. अजैविक
C. सांस्कृतिक कारक
D. उपर्युक्त सभी

Q.98 निम्नलिखित में से कौन सी नदी जम्मू और कश्मीर से होकर बह रही है?

A. चिनाब B. माही C. गोदावरी D. कृष्णा

Q.99 2011 की जनगणना के अनुसार, भारत में सबसे अधिक आबादी वाला मेट्रो शहर कौन सा है?

A. दिल्ली B. मुंबई C. चेन्नई D. कोलकाता

Q.100 नोकरेक राष्ट्रीय उद्यान किस राज्य में स्थित है?

A. त्रिपुरा B. मणिपुर C. असम D. मेघालय

Q.101 अयोध्या किस नदी के किनारे स्थित है?

A. सरयू नदी
B. पेरियार नदी
C. नर्मदा नदी
D. मंडोवी नदी

Q.102 गोदावरी नदी का उद्गम निम्नलिखित में से कौन सा है?

A. नासिक पहाड़ी
B. अमरकंटक
C. इलायची पहाड़ियाँ
D. विन्ध्य

Q.103 यह भारत की सबसे लंबी सिंचाई नहर है?

A. इंदिरा गांधी नहर
B. बकिंघम नहर
C. आगरा नहर
D. कोनोली नहर

Q.104 सागौन के पेड़ निम्नलिखित प्रकार के जंगलों में उगते हैं:

A. समशीतोष्ण वन

B. उष्णकटिबंधीय पर्णपाती वन
C. शुष्क पर्णपाती वन
D. बीच के जंगल

Q.105 कृष्णा नदी पर निम्नलिखित में से कौन सा बांध बनाया गया है?
A. नर्मदा सागर
B. हीराकुंड
C. भाखड़ा नांगल
D. नागार्जुन सागर

Q.106 निम्नलिखित में से कौन सी चट्टानें मौजूदा चट्टानों से बने हैं, जो पुनर्संरचना की प्रक्रिया से गुजर रही हैं?
A. अग्निमय चट्टानें
B. रूपांतरित चट्टानें
C. अवसादी चट्टानें
D. उपर्युक्त में से कोई नहीं

Q.107 दुनिया के 90% भूकंप और 80% दुनिया के सबसे बड़े भूकंप रिंग ऑफ फायर के साथ आते हैं। किस रिंग में यह रिंग ऑफ फायर निहित है?
A. हिमालयी क्षेत्र
B. अटलांटिक महासागर
C. प्रशांत महासागर
D. भूमध्य क्षेत्र

Q.108 हाइड्रोलिक ब्रेक किस सिद्धांत पर काम करता है?
A. पास्कल का सिद्धांत
B. आर्किमिडीज सिद्धांत
C. न्यूटन के नियम
D. कैसिनी के नियम

Q.109 उत्तरी यूरोप की विशेषता है?
A. टुंड्रा
B. टैगा
C. समशीतोष्ण शंकुधारी वन
D. ऊंचे पहाड़

Q.110 सांता एना, ब्रिकफिल्डर, सिरोको और खास्मिन _____ के उदाहरण हैं?
A. धाराएं
B. ज्वालामुखी
C. हवाएं
D. मरुस्थल

Q.111 निम्नलिखित में से कौन सी नदी पंजाब से होकर नहीं बहती है?
A. सतलुज
B. यमुना
C. रवि
D. झेलम

Q.112 निम्नलिखित में से कौन सी भारत की सबसे बड़ी ताजे पानी की झील है?

[Nagaland PSC (NPSC), 2018]

A. डल झील
B. पुलिकट झील
C. वुलर झील
D. चिल्का झील

Q.113 निम्नलिखित में से कौन सी नदी भारत में उत्पन्न नहीं होती है?
A. व्यास
B. चेनाब
C. रावी
D. सतलुज

Q.114 भारत में सबसे लम्बी नदी कौन सी है ?
A. गोदावरी
B. यमुना
C. गंगा
D. ब्रह्मपुत्र

Q.115 निम्नलिखित में से कौन सा दुनिया का सबसे ऊंचा झरना है?
A. मुताराज़ी
B. मोंगे
C. तुगेला
D. एंजल

Q.116 भारत में निम्नलिखित में से कौन सा बाँध सबसे ऊंचा है?
A. भाखड़ा
B. कोयना
C. पोंग
D. टिहरी

Q.117 एशिया की सबसे बड़ी खारे पानी की झील कौन सी है?
A. चिलिका झील
B. वेम्बनाड झील
C. वुलर झील
D. इनमे से कोई भी नहीं

Q.118 निम्नलिखित में से किस नदी को 'नर्मदा के जुड़वां' के रूप में भी जाना जाता है?
A. साबरमती
B. ताप्ती
C. गोदावरी
D. माही

Q.119 गोदावरी नदी का उद्गम स्थल है?
A. मध्य प्रदेश
B. छत्तीसगढ़
C. महाराष्ट्र
D. ओडिशा

Q.120 शरवती पावर प्रोजेक्ट किस राज्य में स्थित है?
A. महाराष्ट्र
B. कर्नाटक
C. केरल
D. तमिलनाडु

Q.121 बेतवा नदी किन राज्यों के मध्य से बहती है?
A. केवल मध्य प्रदेश
B. मध्य प्रदेश और उत्तर प्रदेश
C. मध्य प्रदेश और छत्तीसगढ़
D. मध्य प्रदेश और राजस्थान

Q.122 जोग फॉल किस राज्य में स्थित है?

[Territorial Army Officer, 2019]

A. उत्तराखंड
B. कर्नाटक
C. झारखंड
D. सिक्किम

Q.123 भाखड़ा नांगल बांध किस नदी पर स्थित है?
A. सतलज
B. घग्गर
C. रावी
D. चेनाब

Q.124 निज़ाम सागर बांध निम्नलिखित में से किस राज्य में स्थित है?
A. कर्नाटक
B. तेलंगाना
C. पश्चिम बंगाल
D. आंध्र प्रदेश

Q.125 विजयवाड़ा शहर किस नदी के तट पर स्थित है?
A. कृष्णा
B. गोदावरी
C. तुंगभद्रा
D. मंजीरा

// स्मार्ट उत्तर पुस्तिका //

सही उत्तर उन छात्रों के प्रतिशत को इंगित करता है जिन्होंने प्रश्नों का सही उत्तर दिया था।

छोड़ दिया उन छात्रों के प्रतिशत को इंगित करता है जिन्होंने प्रश्नों को छोड़ दिया था।

प्रश्न संख्या	उत्तर	सही उत्तर	छोड़ दिया
1	A	53.02 %	7.92 %
2	D	51.7 %	20.38 %
3	C	20.38 %	17.54 %
4	C	33.4 %	22.64 %
5	C	42.64 %	20.94 %
6	A	55.66 %	19.43 %
7	D	54.72 %	21.88 %
8	D	30.38 %	21.7 %
9	C	48.3 %	21.7 %
10	B	28.68 %	20.75 %
11	B	60.94 %	18.49 %
12	C	52.64 %	21.7 %
13	B	51.89 %	14.34 %
14	C	51.13 %	21.7 %
15	A	42.64 %	17.74 %
16	A	68.68 %	17.74 %
17	B	59.25 %	21.88 %
18	B	27.74 %	21.69 %
19	D	70.19 %	8.11 %
20	D	75.85 %	16.23 %
21	D	60.0 %	14.72 %
22	B	41.51 %	21.7 %
23	A	26.23 %	8.3 %
24	A	46.23 %	22.07 %
25	B	25.85 %	21.7 %
26	D	43.02 %	21.89 %
27	A	44.91 %	13.39 %
28	B	38.11 %	22.46 %
29	A	55.28 %	15.47 %
30	B	41.32 %	19.81 %
31	C	67.55 %	19.24 %
32	B	62.08 %	17.54 %
33	B	45.09 %	11.7 %
34	B	55.85 %	21.7 %
35	A	36.98 %	18.11 %
36	B	58.49 %	18.87 %
37	A	22.08 %	22.83 %
38	B	53.21 %	21.32 %
39	D	61.13 %	21.89 %
40	A	59.43 %	22.27 %
41	A	62.83 %	14.34 %
42	C	27.55 %	21.7 %
43	B	36.04 %	17.73 %
44	D	54.91 %	21.88 %
45	A	73.21 %	15.28 %
46	B	41.51 %	21.51 %
47	A	17.74 %	18.11 %
48	D	24.34 %	22.26 %
49	A	33.4 %	22.83 %
50	C	26.04 %	20.56 %
51	B	25.47 %	16.79 %
52	D	29.81 %	16.42 %
53	B	55.28 %	22.27 %
54	B	66.79 %	20.0 %
55	B	22.26 %	18.31 %
56	A	32.26 %	21.7 %
57	D	40.38 %	21.88 %
58	C	22.08 %	20.18 %
59	C	40.75 %	17.93 %
60	A	48.11 %	16.98 %
61	C	30.94 %	21.51 %
62	C	44.72 %	21.32 %
63	A	43.02 %	18.11 %
64	D	34.72 %	22.07 %
65	C	39.62 %	21.13 %
66	C	20.57 %	20.56 %
67	C	27.74 %	21.51 %
68	C	56.04 %	21.88 %
69	D	60.75 %	21.89 %
70	D	39.06 %	22.26 %
71	C	15.47 %	10.38 %
72	D	51.13 %	16.98 %
73	B	18.87 %	23.02 %
74	B	51.13 %	21.7 %
75	B	50.75 %	21.33 %
76	A	21.13 %	18.87 %
77	D	23.77 %	22.46 %
78	C	70.75 %	21.7 %
79	D	68.49 %	11.7 %
80	A	72.83 %	18.49 %

प्रश्न संख्या	उत्तर	सही उत्तर	छोड़ दिया
81	C	65.09 %	13.78 %
82	D	19.62 %	20.57 %
83	A	31.13 %	21.51 %
84	C	17.74 %	19.43 %
85	B	53.96 %	22.46 %
86	A	42.08 %	21.69 %
87	D	51.51 %	22.07 %
88	A	27.92 %	22.27 %
89	D	43.77 %	21.89 %

प्रश्न संख्या	उत्तर	सही उत्तर	छोड़ दिया
90	B	42.45 %	21.7 %
91	A	56.23 %	22.07 %
92	B	56.79 %	21.32 %
93	B	80.57 %	13.96 %
94	B	53.77 %	22.46 %
95	A	43.02 %	18.68 %
96	C	62.64 %	19.62 %
97	D	67.55 %	22.64 %
98	A	70.19 %	21.89 %

प्रश्न संख्या	उत्तर	सही उत्तर	छोड़ दिया
99	B	46.42 %	17.92 %
100	D	38.87 %	18.3 %
101	A	72.08 %	21.88 %
102	A	47.55 %	21.88 %
103	A	72.08 %	22.64 %
104	B	60.94 %	19.44 %
105	D	63.4 %	22.07 %
106	B	50.0 %	22.08 %
107	C	68.87 %	18.11 %

प्रश्न संख्या	उत्तर	सही उत्तर	छोड़ दिया
108	A	40.75 %	22.46 %
109	B	29.25 %	14.9 %
110	C	63.96 %	21.7 %
111	B	58.49 %	12.08 %
112	C	62.08 %	22.07 %
113	D	63.4 %	13.2 %
114	C	69.62 %	22.08 %
115	D	69.43 %	18.87 %
116	D	37.17 %	21.7 %

प्रश्न संख्या	उत्तर	सही उत्तर	छोड़ दिया
117	A	60.57 %	12.83 %
118	B	64.15 %	21.7 %
119	C	61.89 %	13.02 %
120	B	58.11 %	16.42 %
121	B	55.28 %	15.85 %
122	B	57.74 %	22.45 %
123	A	72.64 %	17.55 %
124	B	34.15 %	22.27 %
125	A	36.6 %	22.27 %

कार्य विश्लेषण	
औसत अंक (%)	47.29%
टॉपर्स स्कोर (%)	100.0%
आपका स्कोर	

//संकेत और समाधान//

1. बायोम ग्रह का एक क्षेत्र है जिसे पौधों और जानवरों के अनुसार वर्गीकृत किया जा सकता है जो इसमें रहते हैं। तापमान, मिट्टी, और प्रकाश और पानी की मात्रा यह निर्धारित करती है कि जीवन बायोम में मौजूद है। बायोम विशिष्ट जैविक समुदाय हैं जो एक साझा भौतिक जलवायु के जवाब में बनते हैं। बायोम निवास स्थान की तुलना में एक व्यापक शब्द है। बायोम एक पारिस्थितिकी तंत्र से अलग है। एक पारिस्थितिकी तंत्र एक वातावरण में जीवित और गैर-जीवित चीजों की बातचीत है। बायोम एक विशिष्ट भौगोलिक क्षेत्र है जो वहां रहने वाली प्रजातियों के लिए उल्लेखनीय है। बायोम कई पारिस्थितिक तंत्रों से बना हो सकता है।
अतः विकल्प (A) सही है।

2. नीले हरे शैवाल(BGA) वास्तव में एक प्रकार के बैक्टीरिया हैं जिन्हें सियानोबैक्टीरिया के रूप में जाना जाता है। वे आम तौर पर हरे रंग के दिखते हैं और कभी-कभी जब फफोले मर रहे होते हैं तो वे नीले रंग में बदल सकते हैं। बीजीए व्यापक रूप से पृथ्वी पर वितरित किया जाता है। CO_2 से कार्बन का स्थिरीकरण करते समय, कुछ BGA वायुमंडल से डाइनाइट्रोजन को स्थिरीकरण कर सकते हैं और इसे नाइट्रोजन-फिक्सिंग BGA कहा जाता है, जिसमें मुक्तजीवित और सहजीवी रूप शामिल हैं।
अतः विकल्प (D) सही है।

3. प्रकाश के रूप में ऊर्जा के अवशोषण के कारण फोटोकेमिकल प्रतिक्रिया होती है। स्मॉग शब्द स्मॉग और फॉग से बना है। वायु प्रदूषण में फोटोकैमिकल स्मॉग का प्रमुख योगदान है और यह प्राथमिक और द्वितीयक प्रदूषकों से बना है। प्राथमिक नाइट्रोजन, नाइट्रोजन ऑक्साइड और वाष्पशील कार्बनिक यौगिक हैं। असंतृप्त हाइड्रोकार्बन वे होते हैं जिनमें आसन्न कार्बन परमाणुओं के बीच दोहरे या तिहरे सहसंयोजक बंधन होते हैं। जैसे, एथिलीन, गैसोलीन और प्राकृतिक गैस असंतृप्त हाइड्रोकार्बन के प्रमुख स्रोत हैं।
अतः विकल्प (C) सही है।

4. निरंतर कार्बनिक प्रदूषक (पीओपी) लगातार बने रहते हैं, ये मुख्य रूप से लिपिड में घुलनशील रसायन होते हैं जो वसायुक्त ऊतकों में जैव संचय करते हैं और खाद्य जाल को जैव-आवर्धित किया जाता है, और मानव स्वास्थ्य और पर्यावरण के लिए खतरा पैदा करता है। डाइक्लोरोडाईफिनाइलट्राईक्लोरोएथेन, जिसे आमतौर पर डीडीटी के रूप में जाना जाता है, एक रंगहीन, बेस्वाद और लगभग गंधहीन क्रिस्टलीय रासायनिक यौगिक है, जो एक ऑर्गेनोक्लोरीन है। मूल रूप से एक कीटनाशक के रूप में विकसित, यह अपने पर्यावरणीय प्रभावों के लिए बदनाम हो गया।

अतः विकल्प (C) सही है।

5. एक राष्ट्रीय उद्यान, अभयारण्य और बायोस्फीयर संरक्षण के प्रयोजनों के लिए उपयोग में एक पार्क है, जिसे राष्ट्रीय सरकारों ने बनाया और संरक्षित किया है। अक्सर यह प्राकृतिक, अर्ध-प्राकृतिक या विकसित भूमि का एक आरक्षित है जिसे एक संप्रभु राज्य घोषित करता है या उसका मालिक होता है, लेकिन एक चिड़ियाघर एक ऐसी सुविधा है जिसमें जानवरों को बाड़ों के भीतर रखा जाता है, उनकी देखभाल की जाती है, जनता के लिए प्रदर्शित किया जाता है, और कुछ मामलों में घृणा की जाती है। शब्द "जूलॉजिकल गार्डन" प्राणी विज्ञान, जानवरों के अध्ययन को संदर्भित करता है।
अतः विकल्प (C) सही है।

6. हानिकारक प्रजातियां संकटग्रस्त प्रजातियों के आईयूसीएन वर्गीकरण में शामिल नहीं हैं। आईयूसीएन रेड लिस्ट ऑफ थ्रेटेड स्पीशीज़, जिसे आईयूसीएन रेड लिस्ट भी कहा जाता है, पौधों, जानवरों की स्थिति और अन्य जीवों के विलुप्त होने का खतरा है को वर्गीकृत करने के लिए सबसे प्रसिद्ध उद्देश्य मूल्यांकन प्रणाली में से एक है। आईयूसीएन लाल सूची की स्थापना 1964 में हुई थी। यह एक हजार प्रजातियों और उप-प्रजातियों के विलुप्त होने के जोखिम का मूल्यांकन करने के लिए कई मानदंडों का उपयोग करता है।
अतः विकल्प (A) सही है।

7. एजेंडा 21 रियो डि जेनेरो, ब्राज़ील में UNCED 1992 में हस्ताक्षरित घोषणा पत्र था। एजेंडा 21 संयुक्त राष्ट्र प्रणाली द्वारा वैश्विक स्तर पर, राष्ट्रीय स्तर पर, और स्थानीय रूप से संयुक्त राष्ट्र प्रणाली, सरकारों और प्रमुख समूहों द्वारा हर क्षेत्र में मानव प्रभावों को प्रभावित करने के लिए यूएन शिखर सम्मेलन द्वारा अनुशंसित कार्रवाई की एक व्यापक योजना है। एजेंडा 21 ने वैश्विक सतत विकास को प्राप्त करने के उद्देश्य से हस्ताक्षर किए। 1992 में पर्यावरण और विकास पर संयुक्त राष्ट्र सम्मेलन में 178 से अधिक सरकारों द्वारा इसे अपनाया गया था। एजेंडा 21 को 40 अध्यायों में विभाजित किया गया है जिन्हें 4 खंडों और 351-पृष्ठ में बांटा गया है।
अतः विकल्प (D) सही है।

8. 1985 में ऑस्ट्रिया के वियना में आयोजित ओजोन परत के ह्रास पर वियना सम्मेलन पहला वैश्विक सम्मेलन था। ओजोन परत में अमेरीका के आकार जितने बड़े छिद्र के मिलने के बाद यह सम्मेलन आयोजित किया गया। इस सम्मेलन में, ओजोन परत के संरक्षण के लिए वियना सम्मेलन पर सहमति हुई।
अतः विकल्प (D) सही है।

9. रेड डेटा बुक एक सार्वजनिक दस्तावेज है जिसमें देश में मौजूद जानवरों, पौधों, कवक और कुछ स्थानीय उप-प्रजातियों सहित लुप्तप्राय और दुर्लभ प्रजातियों का डेटा शामिल है। यह प्रकृति संरक्षण हेतु अंतर्राष्ट्रीय संघ द्वारा प्रकाशित किया गया था। इस पुस्तक में मौजूद वन जीवों की कुल संख्या, सभी जानवरों और पक्षियों की पहचान और उनकी विलुप्त प्रजातियों के मूल्यांकन का डेटा शामिल है।
अतः विकल्प (C) सही है।

10. नागार्जुनसागर - श्रीशैलम टाइगर रिजर्व भारत का सबसे बड़ा बाघ अभयारण्य है। यह आंध्र प्रदेश में मौजूद है। इस रिजर्व का मुख्य क्षेत्र 1200 किमी^{2} है।
अतः विकल्प (B) सही है।

11. रबी फसल: इन कृषि फसलों को सर्दियों में बोया जाता है और दक्षिण एशिया में वसंत में कटाई की जाती है। रबी फसल का मौसम अक्टूबर से मार्च है। उदाहरण: गेहं, जो, जई(अनाज), अलसी, सरसों, मटर आदि।

खरीफ फसल: मानसून फसलों के रूप में खरीफ फसल घरेलु वनस्पति हैं जो बरसात के मौसम के दोरान बोई और काटी जाती है। (खरीफ फसल का मौसम अप्रैल से अक्टूबर तक है)। उदाहरण: चावल, मक्का, नाशपाती, बाजरा, दालें (अरहर), कपास, मकई आदि।
अतः विकल्प (B) सही है।

12. सूर्य का प्रकाश (सौर ऊर्जा) - गैर-पारंपरिक।

पवन - गैर-पारंपरिक।

परमाणु ऊर्जा - गैर-पारंपरिक।
अतः विकल्प (C) सही है।

13. उत्पादन के कारक भूमि, श्रम, पूंजी और उद्यमशीलता हैं। 'भूमि' उत्पादन के कारक के रूप में काफी व्यापक श्रेणी है जिसमें यह सभी प्राकृतिक संसाधनों को संदर्भित करता है। 'श्रम', उत्पादन के कारक के रूप में, किसी भी मानवीय इनपुट को शामिल करता है। श्रम की गुणवत्ता कार्यबल के कौशल, शिक्षा और प्रेरणा पर निर्भर करती है। "पूंजी' विनिर्मित संसाधनों जैसे कारखानों और मशीनों को संदर्भित करता है। 'उद्यमिता' - एक उद्यमी वह होता है जो उत्पादन के अन्य तीन कारकों को एक साथ लाने में शामिल आर्थिक जोखिम को उठाता है।
अतः विकल्प (B) सही है।

14. ड्रिप सिंचाई अभ्यास से अधिकतम जल संरक्षण होता है। यह पौधे के जड़ों क्षेत्र में सीधे जल और पोषक तत्व पहुंचाता है।

टपकन सिंचाई: प्रत्येक ड्रिपर जल और उर्वरकों से युक्त बूंदों का उत्सर्जन करता है, जिसके परिणामस्वरूप एक पूरे क्षेत्र में प्रत्येक पौधे के जड़ क्षेत्र में सीधे पानी और पोषक तत्वों का एक समान अनुप्रयोग होता है।
अतः विकल्प (C) सही है।

15. लाइमोनाइट अयस्क एक प्रमुख लौह अयस्क है। लाइमोनाइट अयस्क को लेमन रॉक या पीली लौह अयस्क भी कहा जाता है। लाइमोनाइट का उपयोग वर्णक के रूप में किया जाता है। लोहे के महत्वपूर्ण अयस्क: लाइमोनाइट, हेमेटाइट और मैग्नेटाइट हैं।
अतः विकल्प (A) सही है।

16. छोटानागपुर पठार भारतीय प्रायद्वीप के उत्तर-पूर्वी प्रक्षेपण का प्रतिनिधित्व करता है। इसमें झारखंड, छत्तीसगढ़ का उत्तरी भाग और पश्चिम बंगाल का पुरुलिया जिला शामिल है। यह पठार मुख्य रूप से गोंडवाना चट्टानों से बना है। दामोदर घाटी में विशाल कोयला भंडार है और हजारीबाग क्षेत्र दुनिया में अभ्रक के मुख्य स्रोतों में से एक है। अन्य खनिज तांबा, चूना पत्थर, बॉक्साइट, लौह अयस्क, अभ्रक और एपेटाइट (फॉस्फेट उर्वरकों के निर्माण में उपयोगी) है।
अतः विकल्प (A) सही है।

17.

सूची - I (औद्योगिक स्थल)	सूची - II (उद्योग)
A. लुधियाना	2. ऊनी कपड़े
B. कानपुर	3. चमड़ा
C. वाराणसी	4. हथकरघा
D. विजयवाड़ा	1. ऑटो पार्ट्स

अतः विकल्प (B) सही है।

18. वर्ष 1992 से वर्ष 1997 तक की आठवीं पंचवर्षीय योजना को अर्थव्यवस्था के उदारीकरण के रूप में भी जाना जाता है। इसे भारत में उदारीकरण, निजीकरण और वैश्वीकरण (एल.पी.जी.) की शुरुआत भी माना जाता था।
अतः विकल्प (B) सही है।

19. हुगली क्षेत्र में जूट उद्योग की वृद्धि के कारक हैं जूट उत्पादक क्षेत्रों की समीपता। मिलों को कच्चे माल की आवाजाही में मदद करने के लिए रेलवे, सड़क मार्ग, और जलमार्ग के अच्छे संजाल द्वारा समर्थित कम लागत वाला जल परिवहन। कच्चे जूट के प्रसंस्करण के लिए प्रचुर मात्रा में पानी। पश्चिम बंगाल और बिहार, उड़ीसा और उत्तर प्रदेश के निकटवर्ती राज्यों से सस्ता श्रम। कोलकाता एक शहरी केंद्र के रूप में जूट के सामान के निर्यात के लिए बैंकिंग, बीमा और बंदरगाह की सुविधा प्रदान करता है। 90% जूट की खेती कोलकाता में की जाती है। जूट एकमात्र ऐसी फसल है जो इस क्षेत्र में प्रमुख रूप से पैदा की जा सकती है। केवल पश्चिम बंगाल में ही कच्चे जूट के उत्पादन का 50 प्रतिशत से अधिक उत्पादन किया जाता है।
अतः विकल्प (D) सही है।

20. पृथ्वी पर उपलब्ध जल संसाधन हैं:

मीठे पानी: हिमनदी, बर्फ की टोपी, और बर्फ

भूजल: महासागरों, समुद्रों, धारा, नदियों, झीलों, तालाबों

जलमयभूमि: लगून, दलदल और कच्छ भूमि

वर्षण: वर्षा, हिमपात, और ओस

इसलिए, उपरोक्त बिंदुओं से, हम स्पष्ट रूप से अनुमान लगा सकते हैं कि पृथ्वी पर पानी के संसाधन महासागर, बर्फ, बारिश और भूमिगत पानी हैं।

अतः विकल्प (D) सही है।

21. मानव विकास सूचकांक (HDI) एक सांख्यिकीय उपकरण है जिसका उपयोग सामाजिक और आर्थिक आयामों में देश की समग्र उपलब्धि को मापने के लिए किया जाता है। किसी देश के सामाजिक और आर्थिक आयाम लोगों के स्वास्थ्य, उनके शैक्षिक स्तर और उनके जीवन स्तर पर निर्भर करते हैं। एक देश उच्च HDI स्कोर करता है यदि जीवनकाल अधिक है, शिक्षा का स्तर अधिक है, और प्रति व्यक्ति GDP अधिक है।
अतः विकल्प (D) सही है।

22. गिनी गुणांक आय के वितरण का प्रतिनिधित्व करते हैं। यह देश की आबादी में आय असमानता की स्थिति को मापता है। गिनी गुणांक का मान 0 से 1 तक भिन्न होता है। 0 का अर्थ है पूर्ण समानता हर किसी की आय समान है, और 1 का अर्थ है पूर्ण असमानता सभी आय एक एकल व्यक्ति द्वारा प्राप्त की जाती है। गिनी सूचकांक का आलेखीय प्रतिनिधित्व (लोरेंज वक्र)।

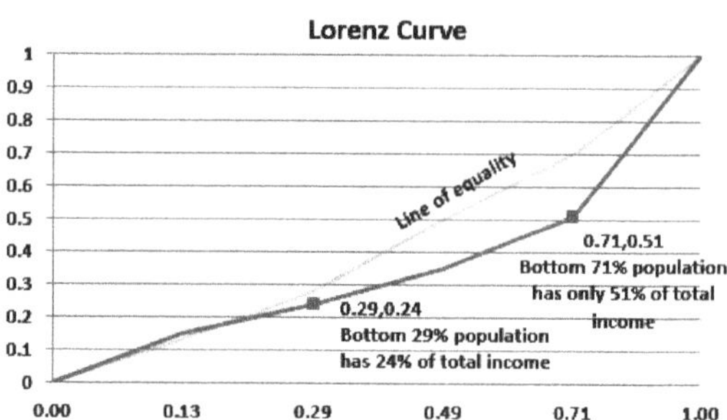

अतः विकल्प (B) सही है।

23. जब कोई देश अपनी मुद्रा के साथ या आधिकारिक प्रतिस्थापन के साथ दूसरे देश की मुद्रा का उपयोग करता है, तो उसे डॉलराइजेशन कहा जाता है। उदाहरण के लिए नेपाल और भूटान में भारतीय रुपया अपने स्वयं के आधिकारिक मुद्राओं के साथ क्रमशः नेपाली रुपया और भूटानी नोंग्लुम है। यह वित्तीय सुरक्षा और सीमा पार व्यापार के लिए किया जाता है।
अतः विकल्प (A) सही है।

24. केंद्रीय बजट 2021-22 के अंतर्गत सोने और चांदी पर सीमा शुल्क को तर्कसंगत बनाया गया है। इससे सोने और चांदी की कीमतों में कमी आएगी। वर्तमान में, सोना और चांदी 12.5% के मूल सीमा शुल्क को आकर्षित करते हैं। सोने और चांदी पर सीमा शुल्क मौजूदा 12.5% से घटाकर 7.5 % किया जाएगा। गोल्ड डोर बार पर 6.9% का सीमा शुल्क लगेगा (मौजूदा दर 11.85% है) सिल्वर डोर बार अब 6.1% (मौजूदा दर 11%) के सीमा शुल्क को आकर्षित करेगा। सोने और चांदी की वस्तुओ पर सीमा शुल्क मौजूदा 20% से 10% तक आधा हो जाएगा।
अतः विकल्प (A) सही है।

25. छठी पंचवर्षीय योजना ने आर्थिक उदारीकरण की शुरुआत को चिन्हित किया। मूल्य नियंत्रण को समाप्त कर दिया गया और राशन की दुकानें बंद कर दी गईं। इससे खाद्य पदार्थों की कीमतों में वृद्धि हुई और जीवन यापन की लागत में वृद्धि हुई। शिवरामन समिति की सिफारिश से 12 जुलाई 1982 को ग्रामीण क्षेत्रों के विकास के लिए राष्ट्रीय कृषि और ग्रामीण विकास बैंक की स्थापना की गई थी। परिवार नियोजन का भी विस्तार किया गया। 1985 में NCR योजना बोर्ड और छोटे और मध्यम शहरों का एकीकृत विकास (IDMST) छठी पंचवर्षीय योजना भारतीय अर्थव्यवस्था के लिए एक बड़ी सफलता थी। लक्ष्य वृद्धि दर 5.2% थी और वास्तविक विकास दर 5.7% थी।
अतः विकल्प (B) सही है।

26. भारत में तीन प्रकार के राशन कार्ड हैं:

अंत्योदय कार्ड गरीबों में सबसे गरीब के लिए

बीपीएल कार्ड गरीबी रेखा से नीचे वालों के लिए

एपीएल कार्ड अन्य सभी के लिए

हरित क्रांति से पहले 1960 के दशक के दौरान तीव्र भोजन की कमी के कारण राशन प्रणाली को पुनर्जीवित किया गया था। एफसीआई द्वारा खरीदे गए भोजन को सरकार द्वारा विनियमित राशन की दुकानों के माध्यम से समाज के गरीब

वर्ग में वितरित किया जाता है। इसे सार्वजनिक वितरण प्रणाली कहा जाता है।
अतः विकल्प (D) सही है।

27. निरपेक्ष गरीबी को उस स्थिति के रूप में परिभाषित किया जा सकता है जिसमें किसी विषय में उसकी बुनियादी जरूरतों को पूरा करने के लिए साधन का अभाव होता है। इस तरह की बुनियादी जरूरतों को अक्सर अंतरराष्ट्रीय गरीबी में कमी कार्यक्रमों में सूचीबद्ध किया जाता है, और आमतौर पर भोजन, पानी, आश्रय, बुनियादी शिक्षा और बुनियादी चिकित्सा देखभाल शामिल होती है। चरम गरीबी को आमतौर पर एक ऐसी अवस्था के रूप में परिभाषित किया जाता है, जिसमें किसी व्यक्ति को इन बुनियादी जरूरतों को पूरा करने के लिए आवश्यक सामग्रियों तक पहुंच की कमी होती है।
अतः विकल्प (A) सही है।

28. भारत में सेवा क्षेत्रों की वित्त वर्ष 2020 में विकास दर लगभग सात प्रतिशत थी, जो पिछले वर्ष की तुलना में वृद्धि में 0.7 प्रतिशत की कमी आई है। इन सेवाओं में व्यापार, आतिथ्य, परिवहन और संचार सेवाएं, वित्त, अचल संपत्ति और सार्वजनिक प्रशासन शामिल थे।
अतः विकल्प (B) सही है।

29. महेश्वर परियोजना: मध्य प्रदेश के खरगोन जिले में मंडलेश्वर शहर के पास मुख्य नर्मदा नदी पर ओंकारेश्वर बहुउद्देश्यीय परियोजना के लगभग 40 किमी नीचे स्थित महेश्वर हाइडल प्रोजेक्ट 400 मेगावाट।
अतः विकल्प (A) सही है।

30. महात्मा गांधी हाइड्रोइलेक्ट्रिक पावर स्टेशन और शरावती घाटी परियोजना, मोतियाबिंद की थोड़ी दूरी (पूर्व), कर्नाटक राज्य के लिए बहुत अधिक बिजली पैदा करती है।
अतः विकल्प (B) सही है।

31. समतापमंडल को उड़ने वाले जेट विमानों के लिए आदर्श कहा जाता है। ऐसा इसलिए है क्योंकि यह परत ओजोन में समृद्ध है जो ईंधन की खपत को कम करती है, तापमान स्थिर और विमान के इंजन की दक्षता के लिए आदर्श है, यह परत एंटी-एयरक्राफ्ट गन की फायरिंग रेंज और बादलों और अन्य मौसम की घटनाओं की अनुपस्थिति से बाहर है।
अतः विकल्प (C) सही है।

32. डॉल्ड्रम्स कम दबाव के साथ इक्वेटोरियल ज़ोन हैं। चूंकि यह क्षेत्र भूमध्य रेखा के साथ स्थित है, इसलिए इसे अधिक मात्रा में अपक्षय प्राप्त होता है। तीव्र हीटिंग के कारण, हवा गर्म हो जाती है और भूमध्यरेखीय क्षेत्र (संवहन) पर उग आती है। जब भी हवा की लंबवत गति होती है, सतह पर क्षेत्र कम दबाव पर होगा। इस प्रकार भूमध्य रेखा के साथ बेल्ट को इक्वेटोरियल लो प्रेशर बेल्ट कहा जाता है।
अतः विकल्प (B) सही है।

33. व्यापार हवाओं से अनुकूल रूप से प्रभावित होने वाले स्थान वेस्ट इंडीज, ब्राजील, मैक्सिको और मेडागास्कर हैं।

व्यापार हवाएं: जब आप बाहर होते हैं, तो आप देख सकते हैं कि एक दिन हवा एक दिशा में चल रही है और अगले दिन, हवा एक अलग दिशा में बह रही है। यह एक सामान्य घटना है। हालांकि, पृथ्वी पर कई हवाएं काफी अनुमानित हैं। उदाहरण के लिए, वायुमंडल में उच्च, जेट धाराएँ आम तौर पर पश्चिम से पूर्व की ओर पृथ्वी पर बहती हैं। व्यापार हवाएं पृथ्वी की सतह के करीब हवा की धाराएं हैं जो भूमध्य रेखा के पास पूर्व से पश्चिम तक उड़ती हैं।
अतः विकल्प (B) सही है।

34. उत्तरी गोलार्ध में, अश्व अक्षांश से डोलड्रम्स तक बहने वाली हवा को व्यापार हवा कहा जाता है। उपोष्णकटिबंधीय उच्च दबाव बेल्ट से व्यापार हवा बाहर उड़ा। उत्तरी गोलार्ध में, वे विषुवत रेखा की ओर बढ़ते हैं और उत्तर पूर्व व्यापार हवा कहलाते हैं। दक्षिणी गोलार्ध में वे भूमध्यरेखीय निम्न की ओर उड़ते हैं और दक्षिण पूर्व व्यापार हवाएँ बन जाते हैं।
अतः विकल्प (B) सही है।

35. वायुमण्डल की निचली परतों में धुएँ के कणों पर छोटे-छोटे पानी का घना द्रव्यमान धुंध है। धुंध एक तरह का वायु प्रदूषण है, जिसका नाम मूल रूप से हवा में धुएं और कोहरे के मिश्रण के लिए रखा गया है। एक क्षेत्र में बड़ी मात्रा में कोयला जलने से उत्कृष्ट धुंध निकलता है और यह धुएं और सल्फर डाइऑक्साइड के मिश्रण के कारण होता है।
अतः विकल्प (A) सही है।

36. आर्गन वातावरण में मौजूद रासायनिक रूप से निष्क्रिय गैस है। आर्गन एक रासायनिक तत्व है। आर्गन के लिए प्रतीक Ar है, और इसकी परमाणु संख्या (या प्रोटॉन संख्या) 18 है। यह एक महान गैस है और इस परमाणु से कोई इलेक्ट्रॉनों या प्रोटॉन को खो या प्राप्त नहीं किया जा सकता है।
अतः विकल्प (B) सही है।

37. चूंकि योणमण्डल सबसे ऊपरी परतों में से एक है, सौर और ब्रह्मांडीय विकिरण इसे तेजी से गर्म करते हैं, यहां उपलब्ध गैसीय पदार्थ आयनिक अवस्था में है। इसलिए तापमान तेजी से बढ़ता है।
अतः विकल्प (A) सही है।

38. नाथू ला - अरुणाचल प्रदेश सही सुमेलित नहीं है।

- नाथू ला दर्रा भारत के सिक्किम राज्य को जोड़ता है।
- इसकी ऊंचाई लगभग 14450 फीट है।
- सिक्किम की राजधानी गंगटोक है।
- सिक्किम में जेलेप ला दर्रा भी है।

अतः विकल्प (B) सही है।

39. ध्रुवों की ओर तापमान आमतौर पर कम हो जाता है क्योंकि प्रति इकाई क्षेत्र में उत्तरोत्तर कम सौर ऊर्जा पृथ्वी की सतह पर गिरती है क्योंकि हम ध्रुवीय क्षेत्रों में जाते हैं। सूर्य की किरणों का मार्ग जितना लंबा होगा, वायुमंडल द्वारा ऊष्मा का परावर्तन और अवशोषण उतना ही अधिक होगा। नतीजतन, पृथक्करण की तीव्रता कम है।
अतः विकल्प (D) सही है।

40. वायुमंडल में अतिरिक्त कार्बन ग्रह को गर्म करता है, जब कार्बन डाइऑक्साइड सांद्रता बढ़ती है, हवा का तापमान बढ़ता है, और अधिक जल वाष्प वायुमंडल में वाष्पित हो जाता है जो तब ग्रीनहाउस हीटिंग को बढ़ाता है।
अतः विकल्प (A) सही है।

41. पृथ्वी पर वायुमंडलीय दबाव पृथ्वी के गुरुत्वाकर्षण खिंचाव के कारण है। आपके आस-पास की हवा में वजन होता है, और यह हर उस चीज को छूती है जो इसे छूती है। उस दबाव को वायुमंडलीय दबाव या वायुदाब कहते हैं।
अतः विकल्प (A) सही है।

42. केवल उष्णकटिबंधीय चक्रवात जो अटलांटिक महासागर या पूर्वी प्रशांत महासागर के ऊपर बनते हैं, उन्हें "तूफान" कहा जाता है। उष्णकटिबंधीय चक्रवात विशाल इंजन की तरह होते हैं जो ईंधन के रूप में गर्म, नम हवा का उपयोग करते हैं। यही कारण है कि वे भूमध्य रेखा के पास केवल गर्म महासागरीय क्षेत्रों का विकास करते हैं। समुद्र के ऊपर गर्म, नम हवा सतह के पास से ऊपर की ओर उठती है।
अतः विकल्प (C) सही है।

43. नमीयुक्त हवा या वर्षा का उत्पादन तब होता है जब नम हवा को उठाया जाता है क्योंकि यह एक पर्वत श्रृंखला पर चलती है। जैसे ही हवा बढ़ती है और ठंडी होती है, नमीयुक्त बादल बनते हैं और वर्षा के स्रोत के रूप में काम करते हैं, जिनमें से अधिकांश पर्वतीय रिज से नीचे की ओर गिरते हैं। कुछ रिज के नीचे थोड़ी दूरी पर गिरते हैं और कभी-कभी उन्हें स्पिलओवर भी कहा जाता है। पर्वत श्रृंखला के किनारे पर, वर्षा आमतौर पर कम होती है, और क्षेत्र को वर्षा छाया में कहा जाता है।
अतः विकल्प (B) सही है।

44. योणमंडल वायुमंडल की सबसे ऊपरी परत है। वायुमंडल की योणमंडल में रेडियो तरंगों को विक्षेपित किया जाता है। यह लगभग 60 किमी से 1000 किमी तक है। यह सौर विकिरण द्वारा आयनित होता है।
अतः विकल्प (D) सही है।

45. मानसून का दक्षिण और दक्षिण पूर्व एशिया में अच्छी तरह से विकसित चक्र है। अक्ष के माध्यम से मानसून अपनी स्थिति में दिन-प्रतिदिन बदलाव का

अनुभव करता है, जिसका क्षेत्र में मानसून वर्षा वितरण पर महत्वपूर्ण असर पड़ता है।
अतः विकल्प (A) सही है।

46. टैगा ठंडी, उप-आर्कटिक क्षेत्र का एक जंगल है। उप-आर्कटिक उत्तरी गोलार्ध का एक क्षेत्र है जो आर्कटिक सर्कल के दक्षिण में स्थित है टैगा उत्तर में टुंड्रा और दक्षिण में शीतोष्ण वनों के बीच स्थित है।

टैगा घने जंगल हैं। शंकुधारी पेड़, जैसे प्रायः स्प्रूस, पाइन और देवदार हैं। चोड़े पत्तों के बजाय शंकुधारी पेड़ों में सुइयां होती हैं, और उनके बीज सुरक्षात्मक, वुडी शंकु के अंदर विकसित होते हैं। जबकि शीतोष्ण वनों के पर्णपाती पेड़ सर्दियों में अपनी पत्तियों को गिरा देते हैं, शंकुधारी कभी भी अपनी सुइयों को नहीं खोते हैं।
अतः विकल्प (B) सही है।

47. रिंग ऑफ फायर को सर्कम-पैसिफिक बेल्ट के रूप में भी जाना जाता है। यह प्रशांत महासागर के किनारे एक रास्ता है। यह सक्रिय ज्वालामुखियों और लगातार भूकंपों की विशेषता है। इसकी लंबाई लगभग 40,000 किलोमीटर (24,900 मील) है। यह प्रशांत, जुआन डी फूका, कोकोस, भारतीय-ऑस्ट्रेलियाई, नाज़्का, उत्तरी अमेरिकी और फिलीपीन प्लेट्स सहित कई टेक्टोनिक प्लेटों के बीच की सीमाओं का पता लगाता है
अतः विकल्प (A) सही है।

48. फ्रंट के गुजरने से मध्य और उच्च अक्षांशों में क्षेत्र पर मौसम की स्थिति में अचानक परिवर्तन होता है। ध्रुवीय मोर्चे के साथ बाह्या उष्णकटिबंधीय चक्रवात बनते हैं। प्रारंभ में, सामने स्थिर है। उत्तरी गोलार्ध में, दक्षिण से गर्म हवा चलती है और सामने से उत्तर की ओर ठंडी हवा चलती है। जब दबाव सामने की ओर गिरता है, तो गर्म हवा उत्तर की ओर बढ़ती है, और ठंडी हवा चलती है, दक्षिण में गति एक एंटीलॉकवाइज़ साइक्लोनिक सर्कुलेशन में होती है। चक्रवाती परिसंचरण एक अच्छी तरह से विकसित एक्सट्रॉपिकल चक्रवात की ओर जाता है. जिसमें गर्म मोर्चे और ठंडे मोर्चे होते हैं।
अतः विकल्प (D) सही है।

49. यह एक गहरे पानी का बेसिन है जो लाल सागर और अरब सागर के बीच एक प्राकृतिक समुद्री लिंक बनाता है। दक्षिणी यमन में ऐडिन के बंदरगाह के लिए नामित खाड़ी अरब तट और हॉर्न ऑफ़ अफ्रीका के बीच स्थित है। पश्चिम में, यह तडजौरा की खाड़ी में फैला है, इसकी पूर्वी भौगोलिक सीमाएं केप गार्डाफुई (5116 E) के मेरिडियन द्वारा परिभाषित की गई हैं। हालाँकि, समुद्रशास्त्रीय और भूगर्भिक शब्दों में, यह खुरिया़ मुरिया (कुरिया मुरिया) द्वीपों के उत्तर और दक्षिण में सुकोत्रा द्वीप से परे महाद्वीपीय शेल्फ की पूर्वी सीमा तक फैला हुआ है, जो लगभग 205,000 वर्ग मील (530,000 वर्ग किमी) के क्षेत्र को कवर करता है।
अतः विकल्प (A) सही है।

50. यह एक संक्रमणकालीन प्रकार की जलवायु है जो भूमध्यरेखीय जंगलों और व्यापारिक हवाओं और गर्म रेगिस्तान के बीच पाई जाती है। यह उष्णकटिबंधीय क्षेत्र के भीतर सीमित है। यह सूडान में सबसे अच्छा विकसित है। इसे सूडान जलवायु भी कहा जाता है। यह एक वैकल्पिक गर्म, बरसात के मौसम और शांत, शुष्क मौसम की विशेषता है। मासिक तापमान 70 डिग्री F से 90 डिग्री F के बीच रहता है। वार्षिक तापमान सीमा 20 डिग्री F है लेकिन भूमध्य रेखा से दूर जाने पर यह बढ़ जाती है।
अतः विकल्प (C) सही है।

51. ये ऐसे देश हैं जिनमें समुद्रों की सीधी पहुंच नहीं है। इस भौगोलिक बाधा के कारण, वे लगभग पूरी तरह से अपने बाहरी व्यापार के लिए पड़ोसी पारगमन देशों पर निर्भर हैं। वे आम तौर पर उच्च लेनदेन लागत से पीड़ित होते हैं, विशेष रूप से विशाल परिवहन खर्च, अपर्याप्त बुनियादी ढांचे, और आयात और निर्यात आवश्यकताओं, साथ ही अक्षम सीमा शुल्क और पारगमन प्रक्रियाओं से जुड़ी बाधाओं के कारण।
अतः विकल्प (B) सही है।

52. संयुक्त राज्य अमेरिका में कनाडाई प्रांत न्यूफ़ाउंडलेंड और लाब्राडोर से मध्य अलबामा तक लगभग 2,000 मील (3,200 किमी) तक फैले, अप्पलाचियन पर्वत पूर्वी तटीय मैदान और उत्तरी अमेरिका के विशाल आंतरिक तराई क्षेत्रों के बीच एक प्राकृतिक अवरोधक बनाते हैं। नतीजतन, उन्होंने पूरे महाद्वीप के निपटान और विकास में महत्वपूर्ण भूमिका निभाई है। वे आर्थिक अभाव और पर्यावरणीय गिरावट की समकालीन समस्याओं के साथ प्राकृतिक सुंदरता की एक विरासत और एक विशिष्ट क्षेत्रीय संस्कृति को जोड़ते हैं। प्रणाली को तीन बड़े भौतिक क्षेत्रों में विभाजित किया जा सकता है: उत्तरी, मध्य और दक्षिणी अपलाचिया अपलाचियन में उच्चतम ऊंचाई उत्तरी डिवीजन में हैं।
अतः विकल्प (D) सही है।

53. जन्म दर - यह एक वर्ष में प्रति हजार व्यक्तियों पर जीवित जन्मों की संख्या है। यह वृद्धि का एक प्रमुख घटक है क्योंकि, भारत में जन्म दर हमेशा मृत्यु दर से अधिक रही है।

मृत्यु दर - यह एक वर्ष में प्रति हजार व्यक्तियों की मृत्यु की संख्या है। भारतीय जनसंख्या की वृद्धि दर का मुख्य कारण मृत्यु दर में तेजी से गिरावट है। जनसंख्या में प्राकृतिक वृद्धि जन्म दर और मृत्यु दर के बीच का अंतर है।
अतः विकल्प (B) सही है।

54. तिब्बत का पठार दुनिया का सबसे ऊँचा पठार है। तिब्बत के पठार को "दुनिया की छत" के रूप में भी जाना जाता है। यह क्षेत्र उत्तर में कुनलुन पर्वत और उससे जुड़ी पर्वतमाला और दक्षिण और दक्षिण पश्चिम में हिमालय और काराकोरम पर्वतमाला के बीच स्थित है।

अतः विकल्प (B) सही है।

55. भारतीय भूवैज्ञानिक सर्वेक्षण (जीएसआई) ने अरुणाचल प्रदेश के पापुम पारे जिले के डेपो और तमांग क्षेत्रों में वैनेडियम का भंडार पाया है। GSI खान मंत्रालय से जुड़ा कार्यालय है।

अतः विकल्प (B) सही है।

56. एक मुहाना एक ऐसा क्षेत्र है जहां एक मीठे पानी की नदी या धारा महासागर से मिलती है। एस्टुयरीज में, नमकीन महासागर एक मीठे पानी की नदी के साथ मिश्रित होता है, जिसके परिणामस्वरूप खारे पानी होता है। एक मुहाना को बे, लैगून, साउंड या स्लाउ भी कहा जा सकता है।
अतः विकल्प (A) सही है।

57. समुद्र के स्तर की आवधिक वृद्धि और गिरावट, दिन में एक या दो बार, मुख्य रूप से सूर्य और चंद्रमा के आकर्षण के कारण, ज्वार को कहा जाता है। मौसम संबंधी प्रभावों (हवाओं और वायुमंडलीय दबाव में परिवर्तन) के कारण पानी की गति को सर्ज कहा जाता है। लहरें, ज्वार की तरह नियमित नहीं होते हैं। ज्वार का अध्ययन बहुत जटिल, स्थानिक और अस्थायी रूप से होता है, क्योंकि इसमें आवृत्ति, परिमाण और ऊंचाई में बहुत भिन्नता होती है। चंद्रमा का गुरुत्वीय खिंचाव काफी हद तक और कुछ हद तक सूर्य के गुरुत्वाकर्षण खिंचाव, ज्वार की घटना के प्रमुख कारण हैं।
अतः विकल्प (D) सही है।

58. मृदा संरक्षण विधि जिसमें चट्टानों को पानी के प्रवाह को धीमा करने के लिए एकत्र किया जाता है जो जलमार्ग और मृदा क्षति को रोकती है चट्टान बांध कहा जाता है।

जैसा कि हम जानते हैं कि मिट्टी का अधिक क्षरण पानी के बहाव के कारण अर्थात बाढ़ के कारण होता है, इसलिए पानी के बहाव को कम करने के लिए पत्थर की बजरी से बने छोटे-छोटे चट्टान बांध और प्रवाह के मार्ग में कुछ अन्य टिकाऊ सामग्री का निर्माण किया जाता है, जो मिट्टी के कटाव की जाँच में मदद करता है।

अत: विकल्प (C) सही है।

59. यह प्रशांत महासागर की एक भुजा है जो पूर्वी एशियाई मुख्य भूमि की सीमा बनाती है और दक्षिण चीन सागर से उत्तर-पूर्व में फैली हुई है, जिससे यह ताइवान और मुख्य भूमि चीन के बीच उथले ताइवान जलडमरूमध्य द्वारा जुड़ा हुआ है। पूर्वी चीन सागर और दक्षिण चीन सागर मिलकर चीन सागर बनाते हैं। इसकी सीमा जापान से भी है।
अतः विकल्प (C) सही है।

60. इंटर-टॉपिकल कन्वर्जेंस ज़ोन, या ITCZ, वह क्षेत्र है जो भूमध्य रेखा के पास पृथ्वी को घेरता है. जहाँ उत्तरी और दक्षिणी गोलार्ध की व्यापारिक हवाएँ एक साथ आती हैं।
अतः विकल्प (A) सही है।

61. जब दो अलग-अलग वायु द्रव्यमान मिलते हैं, तो उनके बीच की सीमा क्षेत्र को एक मोर्चा कहा जाता है। मोर्चा के गठन की प्रक्रिया को फ्रंटोजेनेसिस के रूप में जाना जाता है। जब ठंडी हवा गर्म वायु द्रव्यमान की ओर बढ़ती है, तो इसके संपर्क क्षेत्र को ठंडा मोर्चा कहा जाता है। चार प्रकार के मोर्चे हैं ठंडे मोर्चों, गर्म मोर्चों, स्थिर मोर्चों और गुच्छित मोर्चों।
अतः विकल्प (C) सही है।

62. मानसून एक बड़े पैमाने पर समुद्र और भूमि की हलचल है। यह पृथ्वी की सतह के ताप में परिवर्तन के साथ हवा का मौसमी उलटाव है। मानसून की जलवायु में विशिष्ट गीले और सूखे मौसम होते हैं।
अतः विकल्प (C) सही है।

63. इस तरह की वर्षा उन क्षेत्रों में सबसे आम है जो तीव्रता से गर्म होते हैं। समशीतोष्ण क्षेत्रों में ग्रीष्मकाल के दौरान इसका अवलोकन किया जा सकता है। जब पृथ्वी की सतह को सूरज की गर्मी से गर्म किया जाता है, तो यह गर्म हवा की बढ़ती जेब बनाता है, जिसे संवहन धाराओं के रूप में जाना जाता है। गर्म हवा तेजी से बढ़ती है, जहां यह ठंडा होने लगती है और बादलों के रूप में संघनित होती है। ये बादल वर्षा और गरज के साथ वर्षा करते हैं।
अतः विकल्प (A) सही है।

64. वायुमंडल विभिन्न गैसों का मिश्रण है और यह पृथ्वी को चारों ओर से घेरे हुए है इसमें मनुष्यों और जानवरों के लिए ऑक्सीजन जैसी जीवन देने वाली गैसें और पौधों के लिए कार्बन डाइऑक्साइड शामिल हैं। वायु पृथ्वी के द्रव्यमान का एक अभिन्न हिस्सा है और वायुमंडल के कुल द्रव्यमान का 99 प्रतिशत पृथ्वी की सतह से 32 किमी की ऊंचाई तक सीमित है। ओजोन पृथ्वी की सतह से 10 से 50 किमी ऊपर पाया जाता है।
अतः विकल्प (D) सही है।

65. मोहोरोविक विच्छेदन: क्रस्ट एंड मेंटल के बीच परिवर्तन क्षेत्र।

कॉनराड विच्छेदन: ऊपरी और निचले क्रस्ट के बीच परिवर्तन क्षेत्र।

लेहमैन विच्छेदन: बाहरी कोर और आंतरिक कोर के बीच परिवर्तन क्षेत्र।
अतः विकल्प (C) सही है।

66. भेल संयंत्र ब्रिटेन के सहयोग से भोपाल में स्थित है। गन केरिज फैक्ट्री जबलपुर में स्थित हैं। एग्रो कॉम्प्लेक्स छिंदवाड़ा में स्थित हैं। स्टेनलेस स्टील कॉम्प्लेक्स सागर में स्थित है। ओरिएंट पेपर मिल अमलाई में स्थित है। सोयाबीन से बिस्कुट बनाने की फैक्ट्री भोपाल में स्थित है। मध्य प्रदेश वित्त निगम का मुख्यालय इंदौर में स्थित है।
अतः विकल्प (C) सही है।

67. हवाई अड्डा इंदौर में स्थित है हवाई अड्डा होलकर राज्य प्रशासन के द्वारा बनाया गया था। 1935 में मेसर्स टाटा एंड संस (एविएशन डिपार्टमेंट) के नेविल विंसेंट से परामर्श के बाद भूमि का चयन किया गया था। हवाई अड्डे का नाम मराठा साम्राज्य के होलकर राजवंश के महारानी अहिल्या बाई होल्कर के नाम पर रखा गया था। जुलाई 1948 में इंदौर से ग्वालियर, दिल्ली और मुंबई के लिए हवाई सेवा शुरू हुई। भारत सरकार ने 1950 में संचालन पर नियंत्रण कर लिया।
अतः विकल्प (C) सही है।

68. भारत म्यांमार के साथ 1,643 किलोमीटर लंबी सीमा साझा करता है जो अरुणाचल प्रदेश, नागालैंड, मणिपुर और मिजोरम राज्यों को स्पर्श करता है। भारत बांग्लादेश के साथ 4,096 किलोमीटर लंबी सीमा साझा करता है, जो असम, त्रिपुरा, मिजोरम, मेघालय और पश्चिम बंगाल राज्यों से छूती है।
अतः विकल्प (C) सही है।

69. नर्मदा नदी पूर्वी मध्य प्रदेश में निकलती है और विंध्य रेंज और सतपुड़ा रेंज के स्पर्स के बीच एक संकीर्ण घाटी के माध्यम से, पूरे राज्य में पश्चिम में बहती है। यह खंभात की खाड़ी में बहती है। विंध्य रेंज उत्तरी भारत को दक्षिणी मुख्य भूमि से अलग करती है।
अतः विकल्प (D) सही है।

70. मध्य प्रदेश के इंदौर जिले में सबसे अधिक शहरी आबादी है। मध्य प्रदेश के डिंडोरी जिले में न्यूनतम शहरी जनसंख्या प्रतिशत है जो 4.6% है। मध्य प्रदेश की जनसंख्या वृद्धि दर (2001-2011) 20.35% थी। ग्रामीण जनसंख्या वृद्धि 18.42% और शहरी वृद्धि 25.69% था। मध्य प्रदेश का बाल लिंगानुपात (2011) 918 है। 2001 में मध्य प्रदेश का बाल लिंगानुपात 932 था।
अतः विकल्प (D) सही है।

71. मध्य प्रदेश के जबलपुर जिले में राज्य के सभी जिलों से अधिक साक्षरता दर (81.07%) है। मध्य प्रदेश में सर्वाधिक साक्षरता दर वाले शीर्ष पांच जिले हैं- जबलपुर (81.07%), इंदौर (80.87%), भोपाल (80.37%), बालाघाट (77.09%), ग्वालियर (76.65%)| जनगणना 2011 के अनुसार मध्य प्रदेश राज्य की समग्र साक्षरता दर 69.32% थी। पुरुष साक्षरता दर 78.73% थी जबकि महिला साक्षरता दर 54.49% थी। राज्य में कुल साहित्यकारों की संख्या 42,851, 169 थी। मध्य प्रदेश में सबसे कम साक्षरता दर वाले जिले हैं - अलीराजपुर (36.1%), झबुआ (43.3%)।
अतः विकल्प (C) सही है।

72. कृष्णा नदी की प्रमुख सहायक नदियाँ कोयना, दुधगंगा, पंचगंगा, मालप्रभा, घटप्रभा, भीमा, तुंगभद्रा, मुसी आदि हैं। वेना, कोयना, वसना, पंचगंगा, दुधगंगा, घाटप्रभा, मालप्रभा और तुंगभद्रा नदियाँ दाहिने तट से कृष्णा में मिलती हैं, जबकि यरला नदी, मुसी नदी, मनेरु और भीमा नदियाँ बाएं तट से कृष्णा में मिलती हैं।
अतः विकल्प (D) सही है।

73. कर्क रेखा, जिसे कर्क रेखा के रूप में भी जाना जाता है, मध्य प्रदेश के 14 जिलों से होकर गुजरती है। ये जिले हैं- रतलाम, उज्जैन, शाजापुर, राजगढ़, सीहोर, भोपाल, विदिशा, रायसेन, सागर, दमोह, कटनी, जबलपुर, उमरिया और शहडोल, लेकिन इंदौर और बालाघाट से नहीं गुजरती है।

अतः विकल्प (B) सही है।

74. शिपकी-ला-दर्रा हिमाचल प्रदेश में ज़स्कर श्रेणियों के बीच स्थित है। शिमला से तिब्बत का रास्ता इसी दर्रे से होकर जाता है। सतलज नदी इस दर्रे से होकर बहती है। नाथुला दर्रा सिक्किम में डोगेकेया श्रेणी में स्थित है। यह भारतीय राज्य सिक्किम को चीन के तिब्बत स्वायत्त क्षेत्र से जोड़ता है। ज़ोजिला दर्रा जम्मू और कश्मीर में एक उच्च पर्वतीय दर्रा है। यह श्रीनगर-लेह राष्ट्रीय राजमार्ग पर फोटू दर्रे के बाद दूसरा सबसे ऊँचा दर्रा है। मन दर्रा उत्तराखंड में स्थित है।
अतः विकल्प (B) सही है।

75. बैकवाटर समुद्र तट के समानांतर नदियों में समुद्र के उथले इनलेट होते हैं। बैकवाटर्स, बाधा या ज्वार के बल द्वारा अपने मार्ग पर वापस भेज दिया गया पानी होता है। केरल में, इन बैकवाटर को स्थानीय स्तर पर कयाल के रूप में जाना जाता है। राज्य में बहुत प्रसिद्ध बैकवाटर में से एक वेम्बानाड है। कयाल का निर्माण लहर और किनारे की धाराओं से होता है जो निचले बाधा द्वीपों का गठन करते हैं। कयाल क्षेत्र में मीठा पानी, समुद्री जल के साथ मिलता है और इस प्रकार इसमें विविध वनस्पतियाँ और जीव पाए जाते हैं।
अतः विकल्प (B) सही है।

76. मध्य प्रदेश के अलीराजपुर जिले में सबसे अधिक बाल लिंगानुपात है। मध्य प्रदेश के अलीराजपुर जिले में 978 बाल लिंगानुपात है। मध्य प्रदेश के मुरैना जिले में न्यूनतम बाल लिंगानुपात 829 है। मध्य प्रदेश का बाल लिंगानुपात (2011) 918 है। 2001 में मध्य प्रदेश का बाल लिंगानुपात 932 था।
अतः विकल्प (A) सही है।

77. मध्य प्रदेश भारत में तांबे का सबसे बड़ा उत्पादक है। भारत में तांबे का दूसरा सबसे बड़ा उत्पादक राजस्थान है। भारत तांबे का शुद्ध आयातक है।
अतः विकल्प (D) सही है।

78. गुरु शिखर अरावली पर्वत की सबसे ऊँची चोटी है। गुरु शिखर, राजस्थान के अर्बुदा पर्वत में स्थित है। गुरु शिखर पर अरावली पर्वतमाला की सबसे ऊंची चोटी 1,722 मीटर (5,650 फीट) की ऊंचाई पर है। अरावली की पहाड़ियाँ

दुनिया की सबसे पुरानी पर्वतमाला में से एक है जो उत्तर-पश्चिम की ओर प्रायद्वीपीय पठार की सीमा बनाती है। अरावली पहाड़ियां दिल्ली के पास से शुरू होती है और हरियाणा और राजस्थान को पार करती है, फिर गुजरात में समाप्त होती है।
अतः विकल्प (C) सही है।

79. माजुली असम में ब्रह्मपुत्र नदी में स्थित दुनिया का सबसे बड़ा आबाद द्वीप है।। यह भारत का पहला द्वीप जिला है जिसमें लगभग 1.6 लाख की आबादी के साथ लगभग 144 गाँव हैं। यह 15वीं शताब्दी में संत सुधारक श्रीमंत शंकरदेव द्वारा शुरू किए गए नव वैष्णव संस्कृति का केंद्र है। इसके पास लगभग 65 सत्त हैं जो धार्मिक और सांस्कृतिक संस्था है। यह उत्तर में सुभासिनी नदी, दक्षिण में ब्रह्मपुत्र नदी और उत्तर पूर्व में खेरकुटिया द्वीपों से घिरा हुआ है।
अतः विकल्प (D) सही है।

80. भारत में, त्संगपो नदी को ब्रह्मपुत्र नदी के रूप में जाना जाता है। इसे तिब्बत क्षेत्र में यारलुंग त्संगपो के नाम से जाना जाता है। यह हिमालय में चेमायुंगडुंग ग्लेशियर से निकलती है और बंगाल की खाड़ी में जाती है। इसकी लंबाई लगभग 2,900 किमी है। तिब्बत से बहने के बाद यह अरुणाचल प्रदेश से होकर भारत में प्रवेश करती है और बंगाल की खाड़ी में जाने से पहले असम और बांग्लादेश से होकर बहती है नदी असम को पार करती है और बांग्लादेश में प्रवेश करती है जहां नदी को जमुना के रूप में जाना जाता है और गंगा में मिलती है और फिर अंत में बंगाल की खाड़ी में जाती है।
अतः विकल्प (A) सही है।

81. नीलगिरि पहाड़ियाँ टोडा जनजाति का मूल क्षेत्र है। नीलगिरि पहाड़ियाँ दक्षिण भारत में स्थित हैं। पश्चिमी घाटों का एक हिस्सा, कर्नाटक, केरेल और तमिलनाडु में फैला है। नीलगिरि पहाड़ियों की सबसे ऊंची चोटी डोड्डाबेट्टा है।
अतः विकल्प (C) सही है।

82. यह एक आलेखी चित्रण है जो जनसंख्या में विभिन्न आयु वर्गों (आमतौर पर देश या दुनिया के क्षेत्र) के वितरण को दर्शाता है, जो आबादी बढ़ने पर पिरामिड का आकार बनाता है। पारिस्थितिकी में इसका उपयोग जनसंख्या के समग्र आयु वितरण; प्रजनन क्षमता और एक प्रजाति की निरंतरता की संभावना का एक संकेत को निर्धारित करने के लिए भी किया जाता है। इसमें प्रमुख आयु वर्गों के भीतर प्रतिशत-वार वितरण का उल्लेख है।
अतः विकल्प (D) सही है।

83. मोनपा जनजाति अरुणाचल प्रदेश राज्य में पाई जाती है। वे पश्चिम कामेंग जिले और अरुणाचल प्रदेश के तवांग जिले में पाए जाते हैं। वे लोसर महोत्सव (जनजाति का नववर्ष) मनाने के लिए मोपा नृत्य करते हैं।
अतः विकल्प (A) सही है।

84. इस्पात के उत्पादन में शोरा (पोटेशियम नाइट्रेट) का उपयोग नहीं किया जाता है। इसका उपयोग उर्वरकों के उत्पादन, पेड़ की स्टंप हटाने, रॉकेट प्रणोदक और आतिशबाजी के उत्पादन में किया जाता है। यह बारूद (काला पाउडर) के प्रमुख घटकों में से एक है और इसका उपयोग मध्य युग से खाद्य संरक्षक के रूप में किया जाता है। रॉक फॉस्फेट का उपयोग उर्वरक के उत्पादन में किया जाता है न कि इस्पात के उत्पादन के लिए। भारत कोकिंग कोयले का आयात करता है।
अतः विकल्प (C) सही है।

85. 1914 में खोली गई पनामा नहर अटलांटिक महासागर और प्रशांत महासागर को जोड़ती है। यह अटलांटिक और प्रशांत महासागर को पनामा के संकीर्ण जल निकाय से जोड़ता है। यह पनामा में एक कृत्रिम 82 किमी जलमार्ग है।
अतः विकल्प (B) सही है।

86. भारत में जल परिवहन, परिवहन के सबसे सस्ते साधनों में से एक है। 1986 में भारत के अंतर्देशीय जलमार्ग प्राधिकरण द्वारा 6 राष्ट्रीय जलमार्ग स्थापित किए गए थे। 13 प्रमुख बंदरगाह और 187 लघु बंदरगाह।
अतः विकल्प (A) सही है।

87. चिली, अब तक दुनिया का प्रमुख तांबा उत्पादक है, 2019 में अनुमानित 5.6 मिलियन मीट्रिक टन तांबे का उत्पादन किया गया। दूसरे स्थान पर पेरू है, समान वर्ष में 2.4 मिलियन मीटिक टन की अनुमानित तांबे की खान उत्पादन के साथ। खानों से दुनिया का तीसरा सबसे बड़ा तांबा उत्पादक चीन है। 2019 में, चीन ने खानों से अनुमानित 1.6 मिलियन मीटिक टन तांबे का उत्पादन किया, जो कि चिली के उत्पादन से तीन गुना कम है।
अतः विकल्प (D) सही है।

88. कारजस खदान दुनिया की सबसे बड़ी लौह अयस्क खदान है। यह उत्तरी ब्राजील के कारजस पर्वत में पारा राज्य में स्थित है। खदान को एक ओपन-पिट खदान के रूप में संचालित किया जाता है, और इसमें लगभग 7.2 बिलियन टन लौह अयस्क प्लस सोना, मैंगनीज, बॉक्साइट, तांबा और निकल शामिल हैं। यह खदान कारजस नेशनल फॉरेस्ट के खनन सुविधा क्षेत्र में स्थित है, जिसमें 65.4% Fe (लोहे) की औसत ग्रेड के साथ 18 बिलियन टन के ऑर्डर के ज्ञात भंडार हैं। यह खदान काफी वृहत् रूप से तुचुरी बांध से पनबिजली द्वारा संचालित है।
अतः विकल्प (A) सही है।

89. यह वनस्पति से कोयला में परिवर्तन का पहला चरण है और इसमें कार्बन सामग्री न्यूनतम लगभग 40% होती है। यह उच्च आर्द्रता सामग्री के साथ रंग में हल्का भूरा होता है और यह कोयले का सबसे निम्न प्रकार है।
अतः विकल्प (D) सही है।

90. इलेक्ट्रॉनिक उपकरणों के उद्योग कंप्यूटर, सेल-फोन, टेलीफोन, लैपटॉप और विभिन्न अन्य उत्पादों का निर्माण करते हैं जहां इलेक्ट्रॉनिक घटक होते हैं। स्टील उद्योग देश की रीढ़ है, यह निर्माण सामग्री कारों, पुलों और कई और इस्पात उत्पादों का निर्माण करता है। एल्युमीनियम उद्योग का व्यापक रूप से विभिन्न घटकों जैसे ट्रांसमिशन तारों, बर्तन, हवाई जहाज आदि में उपयोग किया जाता है।
अतः विकल्प (B) सही है।

91. गुजरात भारत का सबसे पश्चिमी राज्य है और मध्य प्रदेश गुजरात के पूर्व में स्थित है। आंध्र प्रदेश मध्य प्रदेश के दक्षिण में स्थित है। इसलिए गांधीधाम से भोपाल जाते समय वह पूर्व दिशा की ओर जाएगा और फिर दक्षिणी दिशा में हैदराबाद की ओर बढ़ेगा। गांधीधाम गुजरात के कच्छ क्षेत्र का एक शहर है और इसे गुजरात की राजधानी गांधीनगर के साथ भ्रमित नहीं किया जाना चाहिए। भोपाल मध्य प्रदेश की राजधानी है और हैदराबाद आंध्र प्रदेश और तेलंगाना की राजधानी है। हैदराबाद अब तेलंगाना (आंध्र प्रदेश के विभाजन के बाद) का एक हिस्सा है।
अतः विकल्प (A) सही है।

92. मंगल और बृहस्पति की कक्षाओं के बीच एक बड़ा अंतर है। यह अंतर बड़ी संख्या में छोटी वस्तुओं द्वारा कब्जा कर लिया गया है जो सूर्य के चारों ओर घूमते हैं। इन्हें क्षुद्र ग्रह कहा जाता है। आठ ग्रहों में से, बुध, शुक्र, पृथ्वी और मंगल को आंतरिक ग्रह कहा जाता है क्योंकि वे सूर्य के बीच स्थित हैं। क्षुद्रग्रहों के बेल्ट और अन्य चार ग्रहों को बाहरी ग्रह कहा जाता है।
अतः विकल्प (B) सही है।

93. दिल्ली भारत की राजधानी है और यह यमुना नदी पर स्थित है। दिल्ली राष्ट्रीय राजधानी क्षेत्र (एनसीटी) और भारत का केंद्र शासित प्रदेश है यमुना नदी गंगा नदी की सबसे लंबी सहायक नदी है जो उत्तरी भारत में बहती है। यमुना नदी यमुनोत्री हिमनद से निकलती है और त्रिवेणी संगम इलाहाबाद में गंगा नदी के साथ मिल जाती है।
अतः विकल्प (B) सही है।

94. स्विट्जरलैंड को यूरोप के खेल के मैदान के रूप में भी जाना जाता है। लेखक स्टेफान लेस्ली ने इसे अपनी पुस्तक में इसलिए भी कहा है कि देश विभिन्न साहसिक गतिविधियों की पेशकश करता है। ओसाका को जापान के मैनचेस्टर के रूप में जाना जाता है। फिलाडेल्फिया को क्वेकर सिटी के रूप में जाना जाता है। क्यूबा को दुनिया का चीनी का कटोरा कहा जाता है।
अतः विकल्प (B) सही है।

95. यूएसडी $ 3 मिलियन के लिए पाकिस्तान ने चार साल की वार्ता के बाद 7 सितंबर 1958 को मस्कट और ओमान की सल्तनत से ग्वादर एन्क्लेव खरीदा।

174 वर्षों के ओमानी शासन के बाद, 8 दिसंबर 1958 को ग्वादर औपचारिक रूप से पाकिस्तान का हिस्सा बन गया और इसे चीन द्वारा बनाया और प्रबंधित किया गया। यह बंदरगाह पाकिस्तान के लिए बहुत रणनीतिक और आर्थिक महत्व रखता है क्योंकि यह अंतरराष्ट्रीय समुद्री नौवहन और तेल व्यापार मार्गों के क्रॉस-जंक्शन पर स्थित है।
अतः विकल्प (A) सही है।

96. यह सबसे बड़ी पश्चिम में बहने वाली नदी है। यह उत्तर और दक्षिण भारत के बीच सीमा के रूप में कार्य करती है। यह अमरकंटक पठार से निकलती है, जहाँ विंध्य और सतपुड़ा पर्वत श्रृंखलाएँ मिलती हैं। यह अरब सागर में खाली होने से पहले मध्य प्रदेश, महाराष्ट्र और गुजरात राज्यों से होकर बहती है।
अतः विकल्प (C) सही है।

97. मानव भूगोल के त्रि-संतुलन कारक हैं: जैविक, अजैविक और सांस्कृतिक कारक। अजैविक कारक पारिस्थितिकी तंत्र में गैर-जीवित भौतिक और रासायनिक तत्वों को संदर्भित करते हैं। अजैविक संसाधन आमतौर पर स्थलमंडल, वायुमंडल और जलमंडल से प्राप्त किए जाते हैं। अजैविक कारकों के उदाहरण हैं पानी, हवा, मिट्टी, धूप, और खनिज। जैविक पारिस्थितिक तंत्र में रहने वाले या एक बार रहने वाले जीव हैं। सांस्कृतिक कारक संस्कृति से संबंधित हैं।
अतः विकल्प (D) सही है।

98. चिनाब नदी भारत और पाकिस्तान से होकर बहने वाली एक प्रमुख नदी है और पंजाब क्षेत्र की 5 मुख्य नदियों में से एक है। यह हिमाचल प्रदेश राज्य के लाहौल और स्पीति जिले में ऊपरी हिमालय से शुरू होती है और जम्मू कश्मीर की जम्मू घाटी में पंजाब के मैदानों, पाकिस्तान में ऊच शरीफ के पास सिंधु नदी में गुजरती है। नदी दो नदियों, चंद्र और भगा द्वारा बनाई गई है, जो अभिसरण करती है।
अतः विकल्प (A) सही है।

99. 2011 की जनगणना के आंकड़ों के अनुसार, मुंबई सबसे अधिक आबादी वाला मेट्रो शहर है। इसकी आबादी 18,394,392 है। इसके बाद दिल्ली, कोलकाता और चेन्नई का स्थान है।
अतः विकल्प (B) सही है।

100. नोकरेक राष्ट्रीय उद्यान मेघालय के पश्चिम गारो जिले (तुरा रेंज) में स्थित नोकरेक जैव संरक्षित क्षेत्र का एक हिस्सा है। 1986 में, भारत सरकार ने इसे राष्ट्रीय उद्यान घोषित किया। इस जैव संरक्षित क्षेत्र को यूनेस्को जैव संरक्षित क्षेत्र (2009 में नामित) की सूची में शामिल किया गया है। गनोल, डारेंग और सिमसंग नदियाँ इस जैव संरक्षित क्षेत्र से होकर बहती हैं।
अतः विकल्प (D) सही है।

101. सरयू हिमालय में मानसरोवर झील से निकलती है। इसे घाघरा और मानस नंदिनी के नाम से भी जाना जाता है। यह बिहार में गंगा में विलीन हो जाती है। उत्तर प्रदेश में अयोध्या शहर सरयू नदी के तट पर स्थित है।
अतः विकल्प (A) सही है।

102. नासिक पहाड़ी गोदावरी नदी का उद्गम स्थल है। गंगा (केवल भारत में बहने वाली) के बाद गोदावरी भारत की दूसरी सबसे लंबी नदी है। गोदावरी नदी महाराष्ट्र, तेलंगाना, आंध्र प्रदेश, छत्तीसगढ़, उड़ीसा राज्यों से होकर बहती है।
अतः विकल्प (A) सही है।

103. इंदिरा गांधी नहर भारत की सबसे लंबी सिंचाई नहर है। यह हरिके में हरिके बैराज से शुरू होता है। इंदिरा गांधी नहर को औपचारिक रूप से राजस्थान नहर के रूप में जाना जाता था। इंदिरा गांधी नहर 649 किलोमीटर लंबी है। इंदिरा गांधी नहर में राजस्थान फीडर नहर और राजस्थान मुख्य नहर शामिल हैं। इंदिरा गांधी नहर पंजाब और हरियाणा में 167 किमी और राजस्थान में शेष 492 किमी के माध्यम से चलती है।
अतः विकल्प (A) सही है।

104. सागौन के पेड़ उष्णकटिबंधीय पर्णपाती वनों में उगते हैं। सागौन की लकड़ी मध्यम कठोर होती है, और सागौन टिकाऊ और अग्नि प्रतिरोधी होता है। यह आसानी से तपाया और काम किया जा सकता है। यह एक अच्छी पॉलिश लेता है और इस पर सफेद चींटियों द्वारा हमला नहीं किया जाता है। यह दुनिया में सबसे मूल्यवान लकड़ी के पेड़ों में से एक है। उष्णकटिबंधीय पर्णपाती वन भारत के सबसे व्यापक वन हैं। उन्हें मानसून वन भी कहा जाता है। उष्णकटिबंधीय पर्णपाती वन 200 सेमी और 70 सेमी के बीच वर्षा प्राप्त करते हैं।
अतः विकल्प (B) सही है।

105. नागार्जुन सागर बांध कृष्णा नदी पर बनाया गया है। नागार्जुन सागर परियोजना दुनिया का सबसे बड़ा और उच्चतम चिनाई वाला बांध है। यह तेलंगाना के नलगोंडा जिले और आंध्र प्रदेश के गुंटूर जिले के मध्य बनाया गया है। इस परियोजना का उद्घाटन 10 दिसंबर 1955 को भारत के तत्कालीन प्रधानमंत्री स्वर्गीय पंडित जवाहरलाल नेहरू द्वारा किया गया था। बांध में 10 एकड़ भूमि के लिए सिंचाई क्षमता के साथ लगभग 11,472 मिलियन घन मीटर की भंडारण क्षमता है। बांध की ऊँचाई 150 मीटर और लंबाई 16 किमी है।
अतः विकल्प (D) सही है।

106. जिस प्रकार की चट्टानें पुनर्वितरण के माध्यम से मौजूदा चट्टानों से बनती हैं उन्हें मेटामॉर्फिक चट्टानों के रूप में जाना जाता है। मेटामॉर्फिक शब्द का अर्थ है 'परिवर्तन का रूप'। आग्नेय चट्टानें गर्म पिघले हुए पदार्थ के जमने से बनती हैं जिसे मैग्मा या लावा कहा जाता है। आग्नेय शब्द की उत्पत्ति लैटिन शब्द 'इग्निस' के अर्थ फायर से हुई है।

अवसादी चट्टानें बहिर्जात बलों द्वारा चट्टानों के तलछट के जमाव से बनती हैं। शब्द 'सेडिमेंटरी' लैटिन शब्द सेडिमेंटम से लिया गया है, जिसका अर्थ है बसना।

अतः विकल्प (B) सही है।

107. रिंग ऑफ फायर, प्रशांत महासागर के बेसिन में 40,000 किमी लंबी घोड़े की नाल का आकार है, जो समुद्र की खाइयों, ज्वालामुखीय आर्क और ज्वालामुखी बेल्ट और / या प्लेट आंदोलनों की लगभग निरंतर श्रृंखला के साथ जुड़ा हुआ है।
अतः विकल्प (C) सही है।

108. 1647 में फ्रांसीसी वैज्ञानिक ब्लाइस पास्कल (1623-1662) ने पाया कि पानी सभी दिशाओं में एक ही दबाव डालता है। इस कथन को पास्कल के सिद्धांत के रूप में जाना जाता है।

पास्कल का नियम बताता है कि संतुलन में संलग्न तरल में एक बिंदु पर दबाव में वृद्धि तरल और कंटेनर के दीवारों में सभी दिशाओं में समान रूप से प्रसारित होती है। हाइड्रोलिक लिफ्ट, हाइड्रोलिक प्रेस और हाइड्रोलिक ब्रेक का काम पास्कल के नियम पर आधारित है।

अतः विकल्प (A) सही है।

109. टैगा को आमतौर पर उत्तरी अमेरिका में बोरियल वन या बर्फ के जंगल के रूप में संदर्भित किया जाता है। यह एक बायोम है जिसमें शंकुधारी जंगलों की विशेषता होती है, जिसमें ज्यादातर चीड़, स्प्रेज़ और लार्च शामिल होते हैं। टैगा या बोरियल वन दुनिया का सबसे बड़ा भूमि बायोम है। यह ज्यादातर उत्तरी यूरोप में है।
अतः विकल्प (B) सही है।

110. सांता एना, ब्रिकफिल्डर, सिरोको और खास्मिन गर्म हवाओं के उदाहरण हैं। गर्म स्थानीय हवाएं होती हैं क्योंकि डाउनस्लोप संपीड़ित हीटिंग को एडियाबेटिक हीटिंग के रूप में भी जाना जाता है। गर्म लोकल हवाओं के उदाहरणों में चिनूक, हरमाटन, फोहन, सिरोको, नॉरवेस्टर, ब्रिकफिल्डर, ख्मेसिन, सांता एना, लूओ आदि शामिल हैं।
अतः विकल्प (C) सही है।

111. पंजाब को "पांच नदियों की भूमि" के रूप में भी जाना जाता है। पाँच नदियाँ व्यास, चिनाब, झेलम, रावी और सतलुज हैं। आज के पंजाब में केवल सतलुज, रावी और व्यास नदियाँ बहती हैं। अन्य दो नदियाँ अब पाकिस्तान में स्थित पंजाब राज्य में हैं।
अतः विकल्प (B) सही है।

112. वुलर झील कश्मीर घाटी में स्थित है। यह जम्मू और कशमीर में बांदीपोरा जिले में स्थित है। इसे "महापद्म सार" के रूप में भी जाना जाता है। यह एशिया की दूसरी सबसे बड़ी ताजे पानी की झील है। झेलम नदी वुलर झील के पानी का मुख्य स्रोत है। यह टेक्टोनिक गतिविधि के परिणामस्वरूप बनता है। इसके केंद्र में एक छोटा द्वीप भी है जिसे 'ज़ेना लैंक' कहा जाता है।
अतः विकल्प (C) सही है।

113. सतलुज पश्चिमी तिब्बत में मानसरोवर-राकस झीलों से उगता है। पंजाब के मैदान में प्रवेश करने से पहले, यह नैना देवी धार में एक कण्ठ को काटता है, जहाँ प्रसिद्ध भाखड़ा बांध का निर्माण किया गया है। यह सिंधु नदी की पांच सहायक नदियों में सबसे लंबी है। यह अंततः पाकिस्तान में सिंधु में चला जाता है।
अतः विकल्प (D) सही है।

114. गंगा उत्तर भारतीय उपमहाद्वीप के मैदानों की एक विशाल नदी है। यह भारतीय राज्यों उत्तराखंड, उत्तर प्रदेश, बिहार, झारखंड, पश्चिमी बंगाल से होकर बहती है। गंगा नदी की लंबाई एशिया या विश्व की अन्य विशाल नदियों की तुलना में 1,560 मील कम है। गंगा नदी हिमालय गंगोत्री में निकलती है और बंगाल की खाड़ी में जाती है। यह भारत के क्षेत्र के 1/4 से अपवाहित होती है, और इसका बेसिंन लाखों व्यक्तियों का समर्थन करता है।
अतः विकल्प (C) सही है।

115. एंजेल की ऊंचाई लगभग 3212 फीट (979 मीटर) है जो दुनिया का सबसे ऊंचा झरना है।। इसके बाद दक्षिण अफ्रीका में तुगेला पड़ता है जिसकी ऊँचाई 3110 फीट (948 मी) है। यह झरना औयन-तपुई के किनारे पर पड़ता है जिसे शैतान का पहाड़ भी कहा जाता है। यह एक सपाट सतह के साथ भूमि का एक ऊंचा टुकड़ा है। यह वेनेज़ुएला के बोलिवर राज्य में केनाइमा नेशनल पार्क में स्थित है। इस झरने में चुरुन नदी का पानी डाला जाता है।
अतः विकल्प (D) सही है।

116. टिहरी की ऊँचाई 261 मीटर है, इसकी लंबाई 575 मीटर है और यह भारत का सबसे ऊँचा बाँध है और कुनिया का 8 वां सबसे ऊँचा बाँध है। यह उत्तराखंड में भागीरथी नदी के पार बनाया गया है। इसमें 3,200,000 एकड़ की जलाशय क्षमता है। यह बाँध पूरे उत्तराखंड के लिए बिजली पैदा करता है और पर्यटन क्षेत्र के लिए मत्स्य पालन का प्राथमिक संसाधन है।
अतः विकल्प (D) सही है।

117. चिलिका झील एशिया की सबसे बड़ी खारे पानी की लैगून और विश्व की दूसरी सबसे बड़ी तटीय लैगून है। यह भारत के पूर्वी तट पर ओडिशा राज्य के पुरी, खुर्दा और गंजम जिलों में फैली है, जो दया नदी के मुहाने पर है, जो बंगाल की खाड़ी में बहती है, जो 1,100 किमी से अधिक क्षेत्र को शामिल करती है। यह न्यू कैलेडोनियन बैरियर गोमांस के बाद भारत में सबसे बड़ा तटीय लैगून और विश्व में दूसरा सबसे बड़ा खारा लैगून है।
अतः विकल्प (A) सही है।

118. ताप्ती नदी प्रायद्वीपीय भारत की प्रमुख नदियों में से एक है और इसे नर्मदा के जुड़वां के रूप में भी जाना जाता है। ताप्ती नदी मध्य प्रदेश के बैतूल जिले में सतपुड़ा पर्वतमाला में निकलती है। ताप्ती नदी मध्य भारत में स्थित है। गोदावरी और नर्मदा नदी के बीच बहती है। नदी पश्चिम की ओर बहती है और अरब सागर में मिल जाती हैं।
अतः विकल्प (B) सही है।

119. गोदावरी नदी महाराष्ट्र के नासिक जिले में त्र्यंबकेश्वर से निकलती है। यह भारत की सबसे पुरानी नदी है। इसे दक्षिण भारत की गंगा के रूप में भी जाना जाता है। यह भारत की दूसरी सबसे लंबी नदी है। गोदावरी नदी पर बांध हैं - पोलावरम बांध (आंध्र प्रदेश), पोचमपाद बांध (तेलंगाना)।
अतः विकल्प (C) सही है।

120. शरवती पावर प्रोजेक्ट कर्नाटक में स्थित है। परियोजना शरवती नदी पर स्थित है। यह पश्चिमी घाटों में निकलती है। महात्मा गांधी हाइड्रोइलेक्ट्रिक पावर स्टेशन भी नदी पर स्थित है। जोग फॉल्स जो भारत के सबसे ऊंचे इरनों में से एक है, इस नदी पर स्थित है।
अतः विकल्प (B) सही है।

121. बेतवा उत्तरी भारत में एक नदी है और यमुना की एक सहायक नदी है। इसका उद्गम मध्य प्रदेश के होशंगाबाद के ठीक उत्तर में विंध्य श्रेणी (रायसेन) में है और मध्य प्रदेश और ओरछा से उत्तर प्रदेश की ओर उत्तर-पूर्व दिशा में बहती है। इसका लगभग आधा हिस्सा, जो कि नौगम्य नहीं है, मालवा पठार से होकर गुज़रता है। बेतवा और यमुना नदियों का संगम उत्तर प्रदेश में हमीरपुर जिला है, जो ओरछा के आसपास के क्षेत्र में है। भारतीय नौसेना ने बेतवा नदी के सम्मान में अपने फ्रिगेट का नाम आईएनएस बेतवा रखा।
अतः विकल्प (B) सही है।

122. जोग फॉल्स, कर्नाटक में शिमोगा जिले के पश्चिमी घाट सागर तालुक में स्थित शरवती नदी पर एक झरना है। यह भारत में दूसरा सबसे ऊँचा प्लंज झरना है। यह एक खंडित झरना है, जो बारिश और मौसम पर निर्भर करता है और प्लंज झरना बन जाता है। फॉल पर्यटकों के लिए प्रमुख आकर्षण हैं और मुक्त गिरते झरने की सूची में 36वें स्थान पर हैं, कुल ऊँचाई में दुनिया में 490 वें स्थान पर है, जलप्रपात डेटाबेस द्वारा विश्व में एकल-बूंद झरने की सूची में 128वें स्थान पर हैं।
अतः विकल्प (B) सही है।

123. भाखड़ा बांध उत्तरी भारत के हिमाचल प्रदेश के बिलासपुर में सतलज नदी पर एक ठोस गुरुत्वाकर्षण वाला बांध है। यह बांध गोविंद सागर झील का निर्माण करती है। भाखड़ा नांगल बांध के जनक सर चौधरी छोटू राम हैं। उन्होंनें भाखड़ा बांध की कल्पना 1923 में की थी, ताकि तत्कालीन पंजाब राज्य के तथाकथित आर्थिक प्लेग-स्थानों से किसानों को छुटकारा दिलाया जा सके। वह खेती पर उसके द्वारा किए गए कम से कम खर्चों के लिए किसान को मुआवजा देने की अवधारणा के प्रवर्तक भी थे, यह अवधारणा अब 'न्यूनतम समर्थन मूल्य' में विकसित हो गई है
अतः विकल्प (A) सही है।

124. निजाम सागर बांध: बांध तेलंगाना में स्थित है। यह मंजीरा नदी पर स्थित है। इसे 1923 में हैदराबाद के तक्कालीन शासक मीर उस्मान अली खान ने बनवाया था। मनिजरा नदी गोदावरी की एक सहायक नदी है।
अतः विकल्प (B) सही है।

125. विजयवाड़ा शहर कृष्णा नदी के तट पर स्थित है। यह विशाखापत्तनम शहर के बाद आंध्र प्रदेश राज्य का दूसरा सबसे बड़ा शहर है। यह कृष्णा जिले का जिला मुख्यालय है और आंध्र प्रदेश की नई राजधानी का हिस्सा है जिसे अमरावती कहा जाता है। इसमें कृष्णा नदी के समीप प्रसिद्ध प्रकाशम बैराज भी स्थित है।
अतः विकल्प (A) सही है।

मॉक टेस्ट 02

Q.1 वायुमंडल की कौन सी परत हवाई जहाज उड़ाने के लिए उपयुक्त है?
A. क्षोभमंडल **B.** तापमंडल
C. समतापमंडल **D.** आयनमंडल

Q.2 वायुमंडल की किस परत को ओजोनोस्फीयर भी कहा जाता है?
A. क्षोभमंडल **B.** समतापमंडल
C. आयनमंडल **D.** मध्यमंडल

Q.3 भूमध्यरेखीय निम्न वायुदाब पेटी फैली हुई है-
A. 10° उत्तर-10 ° दक्षिण **B.** 0° – 5° उत्तर
C. 5° उत्तर- 5° दक्षिण **D.** इनमे से को भी नहीं

Q.4 दूरसंचार के लिए वायुमंडल की किस परत का उपयोग किया जाता है?
A. क्षोभमंडल **B.** बाह्यवायुमंडल
C. समतापमंडल **D.** आयनमंडल

Q.5 सूर्य और पृथ्वी के बीच की दूरी सबसे कम कब होती है?
A. 21 जून **B.** 22 सितंबर
C. 22 दिसंबर **D.** 4 जनवरी

Q.6 ________ कम वायुमंडलीय दबाव का एक विषुवतीय बेल्ट है जहां व्यापार हवाएं परिवर्तित होती हैं।
A. मोरेन **B.** ला नीना **C.** एल नीनो **D.** डोलड्रम्स

Q.7 पारिस्थितिकी तंत्र में नाइट्रोजन किसके द्वारा परिचालित होता है?
[Territorial Army Officer, 2019]
A. केंचुआ **B.** जीवाणु **C.** कवक **D.** प्रोटोजोआ

Q.8 उच्चतम स्तर पर कौन से बादल होते हैं?
[Army Public School (PRT), 2019]
A. कपासी **B.** मेघपटल **C.** पक्षाभ **D.** चमक

Q.9 जलवायु के संदभ में, ITCZ का पूर्ण रूप क्या है?
[SSC Constable (GD), 2019]
A. इंडियन ट्रफ कन्वर्सेशन जोन
B. इंटर टॉपिकल कन्वर्जेंस जोन
C. इंट्रा टेम्परेट कंट्रोल जोन
D. आइलेंडिक ट्रॉपिकल क्लाइमेट जोन

Q.10 स्थलमण्डल में क्या-क्या निहित है?
A. ऊपरी और निचला मेंटल
B. क्रस्ट और कोर
C. क्रस्ट और ऊपरवाला ठोस मेंटल
D. मेंटल और कोर

Q.11 एक गहरी सीढ़ीनुमा ढलान की विशेषता वाली किस घाटी के रूप में जानी जाती है?
A. U — आकार की घाटी **B.** ब्लाइंड घाटी
C. गॉज **D.** कैन्यन

Q.12 स्टैलेक्टाइट, स्टैलाग्माईट और पिलर्स के डिपॉजिटल लैंडफॉर्म हैं-
A. बहता पानी **B.** हवा **C.** हिमनद **D.** भू - जल

Q.13 पृथ्वी के वायुमंडल के तापमान का सामान्य अंतराल दर 0 डिग्री सेल्सियस तक कहाँ गिर जाता है?
A. योणक्षेत्र का ऊपरी भाग
B. ट्रोपोपॉज़ की ऊपरी सीमा
C. मध्यमंडल का निचला हिस्सा
D. स्ट्रेटोपॉज़ की ऊपरी सीमा

Q.14 स्वेज नहर के बारे में निम्नलिखित में से कौन सा कथन सही नहीं है?
[UPSC NDA, 2019]
A. स्वेज नहर का निर्माण 1869 में किया गया था।
B. यह भूमध्य सागर और लाल सागर को जोड़ता है।
C. इसमें छह लॉक सिस्टम है और जहाज इन तालों के माध्यम से विभिन्न स्तरों को पार करते हैं।
D. इसने यूरोप को हिंद महासागर का एक नया प्रवेश द्वार दिया है।

Q.15 कोपेन के जलवायु वर्गीकरण के अनुसार, अक्षर कोड Cfa निरूपित करता है-
A. उष्णकटिबंधीय आर्द्र जलवायु
B. आर्द्र उपोष्णकटिबंधीय जलवायु
C. टुंड्रा जलवायु
D. उष्णकटिबंधीय आर्द्र और शुष्क जलवायु

Q.16 इंडोनेशिया के निम्नलिखित भूमि क्षेत्र में से कौन सा भूमध्य रेखा द्वारा छुआ नहीं जाता है?
[UPSC NDA, 2019]
A. सुमात्रा **B.** सुलावेसी **C.** जावा **D.** कलीमांटन

Q.17 निम्नलिखित में से कौन सा परिकल्पना / सिद्धांत ब्रह्मांड की उत्पत्ति की व्याख्या करता है?
A. नेबुलर परिकल्पना
B. द्विअंगी सिद्धांत
C. बिग बैंग सिद्धांत
D. प्लानेटसिमल परिकल्पना

Q.18 निम्नलिखित में से कौन सी महासागर धारा एक ठंडी धारा है?
[UPSC NDA, 2019]
A. दक्षिण अटलांटिक बहाव **B.** मोजाम्बिक धारा
C. पूर्वी ऑस्ट्रेलियाई धारा **D.** कैरेबियन धारा

Q.19 उत्तर-पश्चिम यूरोप की नदियाँ इसके अच्छे उदाहरण हैं-
A. जल निकासी के समानांतर पैटर्न
B. जल निकासी का रेडियल पैटर्न
C. जल निकासी का कांटेदार पैटर्न
D. जल निकासी का ट्रेलिस पैटर्न

Q.20 निम्नलिखित में से किसे 'पोलर फ्रंट थ्योरी' से अनिवार्य रूप से संबंधित कहा जा सकता है?
A. प्रतिचक्रवात **B.** उष्णकटिबंधीय चक्रवात
C. शीतोष्ण चक्रवात **D.** इंटर-ट्रॉपिकल कन्वर्जेंस

Q.21 निम्नलिखित में से कौन सी महासागर धारा एक ठंडी महासागर नहीं है?
A. कैनरी धारा **B.** कैलिफोर्निया धारा
C. कुरोशियो धारा **D.** ओयाशियो धारा

Q.22 "शामल" गर्म और शुष्क हवा एक "स्थानीय" हवा है जो किसमे पाई जाती है?

A. पूर्व एशिया
B. अफ्रीका का पश्चिमी तट
C. अफ्रीका का सहारा
D. मेसोपोटामिया

Q.23 "विटीकल्चर" निम्नलिखित में से किस ऑस्ट्रेलियाई शहर की एक सामान्य विशेषता है?

A. एडीलेड **B.** डार्विन **C.** होबार्ट **D.** ब्रिस्बेन

Q.24 वायु द्रव्यमान के संदर्भ में निम्नलिखित में से कौन सा सही नहीं है?

[UPSC NDA, 2019]

A. वायु द्रव्यमान उष्णकटिबंधीय या ध्रुवीय क्षेत्र में बनता है
B. वायु द्रव्यमान महाद्वीपों के साथ-साथ महासागर के ऊपर भी विकसित होता है
C. वायु द्रव्यमान एक चक्रवाती स्थिति में विकसित होता है
D. वायु द्रव्यमान मौसम की स्थिति को बदलता है

Q.25 किसी क्षेत्र को सूखाग्रस्त श्रेणी से बाहर करने के लिए, उसके सकल फसली क्षेत्र का कितना प्रतिशत सिंचाई के अंतर्गत होना चाहिए?

[UPSC NDA, 2020]

A. 10 प्रतिशत या अधिक
B. 20 प्रतिशत या अधिक
C. 25 प्रतिशत या अधिक
D. 30 प्रतिशत या अधिक

Q.26 चट्टानों के विंध्यन तंत्र किसके उत्पादन के लिए महत्वपूर्ण है?

A. लौह अयस्क और मैंगनीज
B. कीमती पत्थर और निर्माण सामग्री
C. तांबा और माइका
D. यूरेनियम और एल्यूमीनियम

Q.27 भारत में बाजरे का सबसे बड़ा उत्पादक राज्य कौन सा है?

A. केरल **B.** राजस्थान **C.** मध्य प्रदेश **D.** तापी

Q.28 भारत में चावल का सबसे बड़ा उत्पादक राज्य कौन सा है?

A. पश्चिम बंगाल
B. उत्तर प्रदेश
C. आंध्र प्रदेश
D. पंजाब

Q.29 निम्नलिखित में से किस राज्य में भारत का सबसे बड़ा कोयला भंडार पाया जाता है?

A. असम **B.** झारखंड **C.** मध्य प्रदेश **D.** ओडिशा

Q.30 भारत में चाय का सबसे बड़ा उत्पादक राज्य कौन सा है?

A. असम
B. पश्चिम बंगाल
C. त्रिपुरा
D. सिक्किम

Q.31 निम्नलिखित में से कौन सा राज्य टेरेस खेती के लिए जाना जाता है?

A. पंजाब
B. हरियाणा
C. उत्तर प्रदेश के मैदानी इलाके
D. उत्तराखंड

Q.32 निम्नलिखित खनिजों में से कौन सा चट्टानों के अपघटन द्वारा निर्मित होता है, जिससे अपक्षय सामग्री का अवशिष्ट द्रव्यमान बनता है?

A. कोयला **B.** बाक्साइट **C.** सोना **D.** जस्ता

Q.33 निम्नलिखित में से किस खनिज ने कोडरमा, झारखंड को प्रसिद्ध किया?

A. बाक्साइट
B. अभ्रक
C. लौह अयस्क
D. तांबा

Q.34 निम्नलिखित में से कौन सी चट्टान जमा होती है?

A. अवसादी चट्टानें
B. अग्निमय पत्थर
C. रूपांतरित चट्टानों
D. इनमें से कोई नहीं

Q.35 निम्नलिखित में से कौन सी एजेंसी सार्वजनिक क्षेत्र के संयंत्रों के लिए स्टील का विपणन करती है?

A. हेल
B. सेल
C. टाटा स्टील
D. एमएनसीसी

Q.36 निम्नलिखित में से कौन सा उद्योग बॉक्साइट को कच्चे माल के रूप में उपयोग करता है?

A. अल्युमीनियम
B. सीमेंट
C. जूट
D. इस्पात

Q.37 परिवहन का कौन सा मोड ट्रांस-शिपमेंट नुकसान और देरी को कम करता है?

A. रेलवे
B. पाइपलाइन
C. रोडवेज
D. जलमार्ग

Q.38 निम्नलिखित में से कौन सा बंदरगाह पूर्वी तट के साथ सबसे गहरी स्थलसीमा और अच्छी तरह से संरक्षित बंदरगाह है?

A. चेन्नई
B. टुटिकोरिन
C. पारादीप
D. विशाखापट्टनम

Q.39 भारत में शीत मरुस्थल स्थित है:

A. शिमला
B. श्रीनगर
C. लद्दाख
D. इनमे से कोई भी नहीं

Q.40 निम्नलिखित कथनों में से कौनसा सत्य नहीं है?

A. निचले वायुमंडल में जल वाष्प की उपस्थिति अत्यधिक परिवर्तनशील है।
B. अधिकतम तापमान का क्षेत्र भूमध्य रेखा के साथ स्थित है।
C. फ्रिगिड ज़ोन ध्रुवीय हलकों और ध्रुवों के बीच दोनों गोलार्धों में स्थित हैं।
D. जेट स्ट्रीम उच्च ऊंचाई वाली हवाएं हैं जो सतह के मौसम की स्थिति को प्रभावित करती हैं।

Q.41 "गर्जना चालीस" निम्नलिखित में से किस हवा का वर्णन करने के लिए प्रयोग किया जाता है?

A. दक्षिणी गोलार्ध में पूर्व से पश्चिम वायु हवाएँ
B. उत्तरी गोलार्ध में पश्चिम से पूर्व वायु हवाएँ
C. उत्तरी गोलार्ध में पूर्व से पश्चिम वायु हवाएँ
D. दक्षिणी गोलार्ध में पश्चिम से पूर्व वायु हवाएँ

Q.42 निम्नलिखित में से कौन सी परत एक समतापमंडल नहीं है?

A. बहिर्मंडल
B. क्षोभमंडल
C. योणमंडल
D. मध्यमंडल

Q.43 समुद्र तल पर वायुमंडलीय दबाव कितना होता है?

A. 1013.25 पास्कल
B. 14.696 पाउंड्स प्रति इंच वर्ग
C. 760 टौर
D. उपरोक्त सभी

Q.44 अंतर्राष्ट्रीय सम्मेलन द्वारा, कौन सी रेखा पृथ्वी के वायुमंडल की सबसे बाहरी सीमा को चिह्नित करती है?

A. अंतरिक्ष रेखा
B. सीमा रेखा
C. कर्मन रेखा
D. अंतरिक्ष यात्री लाइन

Q.45 वायुमंडल की कौन सी परत औरोरा निर्माण के लिए जिम्मेदार है?

A. ओज़ोन की परत
B. समतापमण्डल
C. बहिर्मंडल
D. योणमण्डल

Q.46 वर्तमान में लोगों के आराम का त्याग किए बिना भविष्य के लिए ऊर्जा और अन्य संसाधनों की बचत करना निम्न में से किस अवधारणा की परिभाषा है?

A. आर्थिक मूल्यह्रास **B.** आर्थिक विकास
C. सतत विकास **D.** मानव विकास

Q.47 जानवर जो संकट में हैं और जिन्हें संरक्षण के लिए एक विशेष देखभाल इकाई में रखा जाता है, को _________ कहा जाता है।
A. अवस्थानीय संरक्षण **B.** स्वस्थानीय संरक्षण
C. वन्यजीव अभयारण्य **D.** राष्ट्रीय उद्यान

Q.48 निम्नलिखित में से कौन सा जोड़ा गलत तरीके से मेल खाता है?
A. भितरकनिका: ओलिव रिडले कछुए
B. दलमा हिल्स: जंगली हाथी
C. काजीरंगा: एक सींग वाला गैंडा
D. दाचीगम: एशियाई शेर

Q.49 निम्नलिखित में से किस संगठन ने लिविंग प्लेनेट रिपोर्ट 2020 जारी की है?
A. प्रकृति संरक्षण के लिए अंतर्राष्ट्रीय संघ
B. प्रकृति के लिए विश्वव्यापी निधि
C. पर्यावरण, वन और जलवायु परिवर्तन मंत्रालय
D. विश्व प्रकृति संगठन

Q.50 'ग्रीन हाउस प्रभाव' क्या है?
A. वैश्विक तापमान में वृद्धि
B. वैश्विक तापमान में कमी
C. समुद्री जल के तापमान में वृद्धि
D. नदियों और झीलों के तापमान में वृद्धि

Q.51 एशियाई शेर के लिए विश्व का एकमात्र निवास स्थान निम्नलिखित में से किस राष्ट्रीय उद्यान में पाया जाता है?
A. बांधवगढ़ राष्ट्रीय उद्यान **B.** गिर राष्ट्रीय उद्यान
C. मुकुरथी नेशनल पार्क **D.** इनमे से कोई भी नहीं

Q.52 वन पारिस्थितिकी तंत्र में पाई जाने वाली खाद्य श्रृंखला का चयन करें:
A. फाइटोप्लांक्टन → जल का प्रवाह → छोटी मछली → टूना
B. घास → टिड्डा → मेंढक → साँप → बाज़
C. घासफूस → शैवाल → केकड़ा → छोटी मांसाहारी मछली → बड़ी मांसाहारी मछली
D. मृत कार्बनिक पदार्थ → कवक → जीवाणु

Q.53 मध्य प्रदेश में केन्द्रीय कृषि अभियांत्रिकी संस्थान कहाँ स्थित है?
A. भोपाल **B.** इंदौर **C.** ग्वालियर **D.** जबलपुर

Q.54 जल प्रदूषण के कारण होने वाली बीमारियों का सही समूह है:
A. हैजा, दस्त, हेपेटाइटिस A, टाइफाइड
B. हैजा, पीलिया, टाइफाइड, एनीमिया
C. एनीमिया, स्कर्वी, वातस्फीति, टाइफाइड
D. हैजा, पीलिया, टाइफाइड, स्कर्वी

Q.55 केंद्र सरकार के स्तर पर, किस एजेंसी को भारत में सतत विकास लक्ष्यों (SDG) के कार्यान्वयन की देखरेख की भूमिका सौंपी गई थी?
A. ऊर्जा संसाधन संस्थान (TERI)
B. नीति आयोग
C. भारत का पर्यावरणीय और सतत विकास केंद्र (CESDI)
D. भारत के नियंत्रक और महालेखा परीक्षक (CAG)

Q.56 वह पदार्थ जो अधिकतम वायु प्रदूषण का कारण बनता है?
A. धुआं
B. कार्बन मोनोऑक्साइड
C. सल्फर डाइऑक्साइड
D. नाइट्रोजन डाइऑक्साइड

Q.57 कीटनाशकों, तेल या सॉल्वेंट्स द्वारा दूषित भूमि या समुद्र के क्षेत्रों के उपचार के लिए रोगाणुओं का उपयोग करने की प्रक्रिया को जाना जाता है:
A. सुपोषण **B.** नाइट्रीकरण
C. अमोनीकरण **D.** जैविक उपचार

Q.58 निम्नलिखित में से कौन सा राज्य भारत का पहला कार्बन मुक्त राज्य बनने के रास्ते पर है?
A. केरल **B.** हिमाचल प्रदेश
C. उत्तराखंड **D.** अरुणाचल प्रदेश

Q.59 निम्नलिखित में से कौन सा जोड़ा सही ढंग से मेल नहीं खाता है?
A. बांदीपुर राष्ट्रीय उद्यान-कर्नाटक
B. मानस वन्यजीव अभयारण्य-असम
C. परियार वन्यजीव अभयारण्य-केरल
D. सिमलीपाल राष्ट्रीय उद्यान-मध्य प्रदेश

Q.60 जलवायु परिवर्तन पर संयुक्त राष्ट्र सम्मेलन, कोप 21 आयोजित किया गया था-
A. मास्को **B.** पेरिस **C.** बर्लिन **D.** टोक्यो

Q.61 'सागरमाथा' नेपाली नाम है:
A. माउंट एवरेस्ट **B.** मकालू
C. कंचनजंघा **D.** ल्होत्से

Q.62 निम्नलिखित में से कौन सी भारत की सबसे बड़ी मीठे पानी की झील है?
A. डल झील **B.** लोकतक **C.** चिलका **D.** वूलर

Q.63 गंगा का मैदान का सबसे बड़ा हिस्सा निम्नलिखित में से किस मिट्टी से ढका होता है?
A. बांगर की मिट्टी **B.** खादर की मिट्टी
C. भुर की मिट्टी **D.** रेगिस्तानी मिट्टी

Q.64 भारत का सबसे ऊँचा जलविद्युत संयंत्र कौन सा है?
A. टिहरी बांध **B.** श्रीशैलम बांध
C. सरदार सरोवर बांध **D.** नाथपा झाकरी बांध

Q.65 दक्कन के पठार का विस्तार कितने भारतीय राज्यों में है?
A. 5 **B.** 8 **C.** 6 **D.** 3

Q.66 दक्षिणी गोलार्ध में निम्नलिखित में से कौन सा अक्षांश से समांतर है?
A. आर्कटिक वृत्त **B.** आर्कटिक ध्रुव
C. मकर रेखा **D.** कर्क रेखा

Q.67 उत्तरी मैदानों में गर्मी के महीनों के दौरान जो गर्म और शुष्क हवाएँ चलती हैं, उन्हें कहा जाता है।
A. लू **B.** मंजरी वर्षा
C. आम्र वर्षा **D.** कालबैसाखी

Q.68 निम्नलिखित में से कौन सा पंजाब में भूमि क्षरण का मुख्य कारण है?
A. गहन खेती **B.** वनों की कटाई
C. अधिक सिंचाई **D.** चराई

Q.69 भाखड़ा नांगल किस बाँध नदी पर स्थित है?
[SSC Selection Post Phase IX, 2019]
A. सतलज **B.** चिनाब **C.** रावी **D.** ब्यास

Q.70 स्वर्णिम चतुर्भुज किन शहरों से जुड़े हैं?
A. श्रीनगर-तमिलनाडु- सिलचर-पोरबंदर
B. दिल्ली-अमृतसर
C. दिल्ली-मुंबई-चेन्नई-कोलकाता

D. दिल्ली- असम-बैंगलोर-गुजरात

Q.71 निम्नलिखित में से कौन सी अरब सागर में गिरती है?

A. बाणगंगा नदी **B.** साबरमती नदी
C. गंभीरी नदी **D.** कोठारी नदी

Q.72 निम्नलिखित में से किस नदी को दक्षिण गंगा के नाम से जाना जाता है?

A. गोदावरी **B.** ताप्ती **C.** कृष्णा **D.** कावेरी

Q.73 हमारे देश में निम्नलिखित में से कौन सा स्थान 'ठंडा रेगिस्तान' है?

A. जैसलमेर **B.** लद्दाख **C.** मेघालय **D.** दार्जिलिंग

Q.74 भारत में पश्चिमी तट के उत्तरी भाग को क्या कहते है?

A. कोंकण तट **B.** कोरोमंडल तट
C. मालाबार तट **D.** गोदावरी तट

Q.75 कोप्पेन के जलवायु वर्गीकरण में निम्नलिखित समूहों में से किसे हाइलैंड क्षेत्र की जलवायु के रूप में जाना जाता है?

A. A **B.** B **C.** E **D.** H

Q.76 हिमालयन ट्रिलियम के बारे में निम्नलिखित कथनों पर विचार कीजिए:

1. हिमालयन ट्रिलियम, हिमालय की एक आम जड़ी बूटी को IUCN द्वारा 'असुरक्षित 'घोषित किया गया था।
2. इस जड़ी बूटी का मानव के लिए कई उपयोग हैं और इस प्रकार लोगों को इसे उपयोग करने के लिए आमंत्रित किया जाता है, जो कि अतिपरिवर्तन का मार्ग प्रशस्त करता है।

उपरोक्त कथनों में से कौन सा सही है/हैं?

A. केवल 1 **B.** केवल 2
C. 1 और 2 दोनों **D.** न तो 1 और न ही 2

Q.77 हिमालयन सीरो के बारे में निम्नलिखित कथनों पर विचार कीजिए।

1. हिमालयन सीरो, या मकरिस सुमाट्रेन्सिस थार, मुख्य क्षेत्र सीरो की एक उप-प्रजाति है।
2. हिमालयन सीरो को अब आईयूसीएन रेड लिस्ट ऑफ थ्रेटेड स्पीसीज में 'असुरक्षित' के रूप में वर्गीकृत किया गया है।

ऊपर दिए गए कथनों में से कौन सा सही है/हैं?

A. केवल 1 **B.** केवल 2
C. 1 और 2 दोनों **D.** न तो 1 और न ही 2

Q.78 पूर्वी घाट पर्वत की सबसे दक्षिणी पहाड़ी है:

A. जावड़ी पहाड़ियाँ **B.** पलकोंडा श्रेणी
C. नल्लमाला पहाड़ियाँ **D.** शेवरॉय पहाड़ियाँ

Q.79 केन- बेतवा नदी इंटरलिंक परियोजना के संबंध में निम्नलिखित में से कौन सा कथन सही है/हैं?

1. यह देश की पहली नदी इंटरलिंकिंग परियोजना है।
2. परियोजना का उद्देश्य उत्तर प्रदेश में बेतवा से अधिशेष जल को मध्यप्रदेश में केन नदी में स्थानांतरित करना है।

नीचे दिए गए कोड का उपयोग करके सही उत्तर का चयन कीजिए।

A. केवल 1 **B.** केवल 2
C. 1 और 2 दोनों **D.** न तो 1 और न ही 2

Q.80 एक खारे पानी की झील को किसके द्वारा सैंडबार और विभाजन से समुद्र से अलग किया जाता है:

A. लैगून **B.** हिमनद / ग्लेशियर
C. झील **D.** मुहाना

Q.81 निम्नलिखित में से कौन सा दर्रा पीर पंजाल सीमा से होकर गुजरता है और मनाली और लेह को सड़क मार्ग से जोड़ता है?

A. बनिहाल दर्रा **B.** बारालाचा दर्रा
C. रोहतांग दर्रा **D.** नाथुला दर्रा

Q.82 निर्देश: निम्नलिखित पांच (5) मदों में दो कथन, कथन। और कथन ॥ शामिल हैं। इन दोनों कथनों की ध्यानपूर्वक पढ़ें और नीचे दिए गए कूट का उपयोग करके सही उत्तर का चयन करें।

कथन I: महाराष्ट्र के आंतरिक हिस्से में गर्मी के मौसम में पर्याप्त वर्षा नहीं होती है।

कथन II: महाराष्ट्र का आंतरिक हिस्सा पश्चिमी घाटों के वृष्टि छाया प्रदेश में स्थित है।

A. दोनों कथन व्यक्तिगत रूप से सही हैं और II कथन I का सही स्पष्टीकरण है।
B. दोनों कथन व्यक्तिगत रूप से सही हैं लेकिन कथन II कथन I का सही स्पष्टीकरण नहीं है।
C. कथन I सही है लेकिन कथन II गलत है।
D. कथन I गलत है लेकिन कथन II सही है।

Q.83 निम्नलिखित में से किसमें मैंग्रोव वनों का विश्व का सबसे बड़ा क्षेत्र है?

A. नामदफा राष्ट्रीय उद्यान **B.** कच्छ का रण
C. बालपक्रम राष्ट्रीय उद्यान **D.** सुंदरवन

Q.84 पोक्कल्ली, चावल की एक अनोखी किस्म जो लवणता को झेल सकती है, भारत के किस राज्य की स्थानीय चावल है?

[SSC Constable (GD), 2019]

A. गोवा **B.** आंध्र प्रदेश **C.** केरल **D.** तेलंगाना

Q.85 निम्नलिखित में से कौन सी नदी हिमालय में उत्पन्न नहीं होती है?

A. गंगा **B.** ब्रह्मपुत्र **C.** नर्मदा **D.** चिनाब

Q.86 वर्षा प्रमापी स्टेशन के लिए साइट का चयन करते समय निम्नलिखित में से किस बिंदु को ध्यान में रखा जाना चाहिए?

A. जिस स्थान पर वर्षा प्रमापी स्थापित है, वह मौसम संबंधी वेधशाला के करीब होना चाहिए
B. वर्षा प्रमापी एक पहाड़ी की चोटी पर होना चाहिए
C. बाड़, अगर मवेशियों आदि से वर्षा प्रमापी को बचाने के लिए स्थापित की जाती है, तो उसे बाड़ की ऊंचाई से दोगुनी ऊंचाई पर स्थापित किया जाना चाहिए
D. वर्षा प्रमापी और निकटतम वस्तु के बीच की दूरी वस्तु की ऊंचाई से कम से कम दोगुनी होनी चाहिए

Q.87 अंतःस्यंदन की दर हमेशा ______________ होती है।

A. अंतःस्यंदन की क्षमता से कम है
B. अंतःस्यंदन क्षमता के बराबर या उससे कम
C. अंतःस्यंदन क्षमता के बराबर या उससे अधिक
D. अंतःस्यंदन की क्षमता से अधिक है

Q.88 अगले 4 सालों में कम से कम एक बार 10 वर्ष की बाढ़ आने की संभावना _____ है।

A. .25 **B.** .35 **C.** .50 **D.** .65

Q.89 जल भराव के संबंध में निम्नलिखित कथनों पर विचार करें:

1. जल भराव से भूजल स्तर में वृद्धि होती है जिसके कारण लवणता में संभावित वृद्धि के परिणामस्वरुप फसलों की पैटावार में कमी आती है।
2. जल भराव को कुछ क्षेत्रों में समाप्त नहीं किया जा सकता है, लेकिन इसे केवल तभी नियंत्रित किया जा सकता है जब उस मृदा में रिसने वाली पानी की मात्रा की जाँच की जाए या उसे कम किया जाए।

उपरोक्त कथनों में से कोन सा सही है?

A. केवल 1 **B.** केवल 2
C. दोनों 1 और 2 **D.** न तो 1 न ही 2

Q.90 सिंचाई की सबसे अधिक जल बचाने वाली विधि कौन सी है?

A. फव्वारा सिंचाई
B. ड्रिप
C. अधस्तल
D. बेसिन

Q.91 यदि पानी की गहराई 10 दिनों के आधार अवधि में एक क्षेत्र पर 8.64 सेमी है, तो ड्यूटी कितनी होगी?
A. 10 हेक्टेयर प्रति क्युमेक् / सेकंड
B. 100 हेक्टेयर प्रति क्युमेक् / सेकंड
C. 864 हेक्टेयर प्रति क्युमेक् / सेकंड
D. 1000 हेक्टेयर प्रति क्युमेक् / सेकंड

Q.92 लेसीमीटर का उपयोग किसके मापन में किया जाता है?
A. अंतःस्यंदन
B. वाष्पन
C. वाष्प दाब
D. वाष्पन-उत्सर्जन

Q.93 अफ्रीका में विक्टोरिया फॉल्स स्थित हैं-
A. नाइजर नदी
B. कांगो नदी
C. ज़मबेज़ी नदी
D. नील नदी

Q.94 इकाई जलालेख किसके अनुमान पर आधारित होता है?
A. गैर-रैखिक प्रतिक्रिया और समय निश्चरता
B. रैखिक प्रतिक्रिया और गैर -रैखिक समय भिन्नता
C. समय निश्चरता और रैखिक प्रतिक्रिया
D. गैर-रैखिक प्रतिक्रिया और गैर -रैखिक समय निश्चरता

Q.95 वर्षण से संबंधित निम्नलिखित कथनों पर विचार करें:
1. औसत वर्षण का निर्धारण करने के लिए आइसोहायटेल मानचित्र विधि थिएसेन विधि से बेहतर मानी जाती है।
2. मेघ बीजन गतिविधि के कारण तूफ़ानों को नुकसान पहुंचने की कोई संभावना नहीं है।
3. मृदा के माध्यम से रिसने वाला पानी धाराओं में शुष्क मौसम प्रवाह के रूप में उभरता है।
उपरोक्त कथनों में से कौन सा सही हैं?
A. केवल 1 और 2
B. केवल 1 और 3
C. केवल 2 और 3
D. 1, 2 और 3

Q.96 140 मिनट में लगातार 20 मिनट की अवधि के लिए बारिश की दर 2.5,2.5,10,7.6,1.25, और 1.25 और 5 सेमी / घंटा है। फाइ सूचकांक का मान 3.2 सेमी / घंटा लेने पर,कुल अपवाह (सेमी में) कितना होगा?
A. 6
B. 4.33
C. 10
D. 5

Q.97 शिखा स्तर ______ में बड़े गेट्स के साथ निम्न रखा जाता है |
A. जलद्वार
B. निकास
C. नियामक
D. नदी बांध

Q.98 4 मीटर^3/ घंटा की क्षमता वाला एक नलकूप सिंचाई के मौसम में प्रत्येक दिन 20 घंटे तक काम करता है। यदि सिंचाई अंतराल 20 दिन है और सिंचाई की गहराई 7 सेमी है, तो कितने क्षेत्र में सिंचाई की जा सकती है?
A. 1.71×10^4 मीटर^2
B. 1.14×10^4 मीटर^2
C. 22.9×10^4 मीटर^2
D. 2.29×10^4 मीटर^2

Q.99 किसी भी दिए गए प्रतिमान, भंडारण और पुच्छ जल स्थिति के लिए जलाशयों से बहिर्वाह पैटर्न का निर्धारण करने वाली प्रक्रिया ही-
A. जलालेख
B. बाढ़ विसर्जन
C. अपवाह मापन
D. बाढ़ अनुमार्गण

Q.100 वह झरना जिसका उपयोग अशांति और पानी के प्रभाव को कम करने के लिए किया जाता है क्या कहलाता है?
A. इंग्लिस झरना
B. वेगवान झरना
C. सारदा प्रकार झरना
D. द्विज्या झरना

Q.101 ब्रह्मपुत्र नदी कहाँ प्रवाहित नहीं होती है?
A. भारत
B. बांग्लादेश
C. चीन
D. भूटान

Q.102 मैकमोहन रेखा ______ के बीच की सीमा रेखा है ।
A. भारत और पाकिस्तान
B. भारत और चीन
C. भारत और नेपाल
D. भारत और भूटान

Q.103 भारत के निम्नलिखित में से कौन से राज्य/केंद्र शासित प्रदेश पाकिस्तान के साथ सीमा साझा करते हैं?
A. जम्मू और कश्मीर, पंजाब, गुजरात और हिमाचल प्रदेश
B. हिमाचल प्रदेश, पंजाब, गुजरात
C. जम्मू और कश्मीर, पंजाब, गुजरात और हरियाणा
D. जम्मू और कश्मीर, पंजाब, गुजरात और राजस्थान

Q.104 विश्व की सबसे गहरी झील कौन सी है?
[HSSC Canal Patwari, 2019]
A. तंजानिका झील
B. वोस्तोक झील
C. बैकाल झील
D. झील प्रधान

Q.105 नील नदी का स्रोत है:
[Territorial Army Officer, 2019]
A. नासिर झील
B. चाड झील
C. विक्टोरिया झील
D. तंजानिका झील

Q.106 अल्प्स पर्वत किस प्रकार के पर्वत हैं?
A. ज्वालामुखी
B. वलित
C. अवशिष्ट
D. भ्रंश

Q.107 निम्नलिखित में से कौन सा देश भारत के साथ सबसे लंबी अंतर्राष्ट्रीय सीमा साझा करता है?
A. बांग्लादेश
B. चीन
C. पाकिस्तान
D. म्यांमार

Q.108 निम्नलिखित में से कौन सी एक अंतरराष्ट्रीय सीमा रेखा नहीं है?
A. ड्रेसडेन रेखा
B. डूरंड रेखा
C. मैजिनॉट लाइन
D. 38वां समानांतर

Q.109 विश्व का सबसे बड़ा नदी द्वीप कौन सा है?
A. श्रीरंगम द्वीप
B. माजुली द्वीप
C. भवानी द्वीप
D. अगत्ती द्वीप

Q.110 कौन सी जलसंधि यूरोप को अफ्रीका से विभाजित करती है?
A. बोस्पोरस
B. बेरेंग
C. जिब्राल्टर
D. डोवर

Q.111 विंध्य और सतपुड़ा पर्वत श्रृंखला के बीच कौन सी प्रमुख नदी बहती है?
A. नर्मदा
B. केन
C. ताप्ती
D. सोन

Q.112 पाक जलडमरूमध्य निम्नलिखित में से किस देश को अलग करता है?
A. भारत और श्रीलंका
B. भारत और भूटान
C. भारत और मालदीव
D. भारत और बांग्लादेश

Q.113 डंकन जलसन्धि किनके मध्य में स्थित है?
A. मिनिकॉय और अमिंदिव
B. दक्षिण अंडमान और छोटा अंडमान
C. मिनिकॉय और मालदीव
D. छोटा अंडमान और कार निकोबार

Q.114 निम्नलिखित में से किस देश की भारत के साथ सीमा नहीं लगती है?

A. म्यांमार B. भूटान C. मॉरीशस D. नेपाल

Q.115 'उज्जैन 'शहर किस नदी के किनारे स्थित है?

A. शिप्रा B. नर्मदा C. चम्बल D. बेतवा

Q.116 निम्न में से किसे पृथ्वी के गैसीय आवरण का वास्तविक "अंतिम सीमांत" माना जाता है?

A. आयनमंडल B. बहिर्मंडल
C. समताप मंडल D. उपरोक्त में से कोई नहीं

Q.117 भूगोल की दो मुख्य शाखाएँ हैं?

A. आर्थिक और सामाजिक
B. भौतिक और शहरी
C. राजनीतिक और ऐतिहासिक
D. भौतिक और मानवीय

Q.118 इनमें से किस विद्वान ने मानव भूगोल को 'मानव समाज और पृथ्वी की सतह के बीच संबंध के सिंथेटिक अध्ययन' के रूप में परिभाषित किया है?

A. पॉल विडाल डे ला ब्लाचे
B. एलेन सी. सेम्पल
C. फ्रेडरिक रैटज़ेल
D. कार्ल मार्क्स

Q.119 उस मानव भूगोल के विचार स्कूल का नाम बताएं जिसने मार्क्सियन सिद्धांत को नियोजित किया था?

A. विचारधारा का निर्धारक विद्यालय
B. विचार का व्यवहार विद्यालय
C. विचार का कट्टरपंथी स्कूल
D. मानवतावादी विचारधारा

Q.120 निम्नलिखित में से किस देश में भारत की तुलना में अधिक जनसंख्या घनत्व है?

A. बांग्लादेश B. नेपाल C. कोरिया D. कनाडा

Q.121 भारत की सबसे अधिक आबादी वाले राज्य उत्तर प्रदेश में भारत की कितनी प्रतिशत जनसंख्या निवास करती है?

A. 38.96 प्रतिशत B. 14.37 प्रतिशत
C. 16.16 प्रतिशत D. 20.56 प्रतिशत

Q.122 निम्नलिखित में से किस राज्य में जनसंख्या घनत्व 100 व्यक्ति प्रति वर्ग किलोमीटर से कम है?

A. जम्मू और कश्मीर B. उत्तराखंड
C. नगालैंड D. उपर्युक्त सभी

Q.123 भारत में निम्नलिखित में से किस राज्य में जनसंख्या घनत्व 250 व्यक्ति प्रति वर्ग किमी से कम है?

A. पंजाब B. हरियाणा
C. छत्तीसगढ़ D. इनमें से कोई नहीं

Q.124 जनसंख्या में बच्चों का एक बड़ा हिस्सा निम्नलिखित का परिणाम है?

A. उच्च मृत्यु दर B. उच्च विवाहित दर
C. उच्च जन्म दर D. इनमें से कोई नहीं

Q.125 हमारी जनसंख्या की उच्च वृद्धि का मुख्य कारण क्या है?

A. मृत्यु दर में वृद्धि B. मृत्यु दर में कमी
C. जन्म दर में गिरावट D. इनमें से कोई नहीं

// स्मार्ट उत्तर पुस्तिका //

सही उत्तर उन छात्रों के प्रतिशत को इंगित करता है जिन्होंने प्रश्नों का सही उत्तर दिया था।

छोड़ दिया उन छात्रों के प्रतिशत को इंगित करता है जिन्होंने प्रश्नों को छोड़ दिया था।

प्रश्न संख्या	उत्तर	सही उत्तर	छोड़ दिया
1	C	41.33 %	2.67 %
2	B	30.67 %	58.66 %
3	C	26.67 %	58.66 %
4	D	34.67 %	58.66 %
5	D	30.67 %	58.66 %
6	D	36.0 %	58.67 %
7	B	20.0 %	58.67 %
8	C	32.0 %	58.67 %
9	B	40.0 %	58.67 %
10	C	38.67 %	58.66 %
11	D	16.0 %	58.67 %
12	D	28.0 %	58.67 %
13	B	21.33 %	58.67 %
14	C	29.33 %	58.67 %
15	B	21.33 %	58.67 %
16	C	10.67 %	58.66 %
17	C	34.67 %	58.66 %
18	A	16.0 %	58.67 %
19	C	12.0 %	56.0 %
20	C	28.0 %	58.67 %
21	C	29.33 %	58.67 %
22	D	12.0 %	58.67 %
23	A	8.0 %	56.0 %
24	A	12.0 %	58.67 %
25	D	9.33 %	58.67 %
26	B	24.0 %	58.67 %
27	B	29.33 %	58.67 %
28	A	32.0 %	58.67 %
29	B	36.0 %	58.67 %
30	A	38.67 %	58.66 %
31	D	37.33 %	58.67 %
32	B	14.67 %	58.66 %
33	B	22.67 %	58.66 %
34	A	33.33 %	58.67 %
35	B	33.33 %	58.67 %
36	A	36.0 %	58.67 %
37	B	24.0 %	58.67 %
38	D	28.0 %	58.67 %
39	C	26.67 %	58.66 %
40	B	24.0 %	58.67 %
41	D	21.33 %	58.67 %
42	A	22.67 %	58.66 %
43	D	24.0 %	58.67 %
44	C	18.67 %	58.66 %
45	D	32.0 %	58.67 %
46	C	36.0 %	58.67 %
47	A	17.33 %	58.67 %
48	D	28.0 %	58.67 %
49	B	14.67 %	58.66 %
50	A	38.67 %	58.66 %
51	B	38.67 %	58.66 %
52	B	34.67 %	58.66 %
53	A	13.33 %	58.67 %
54	A	28.0 %	58.67 %
55	B	28.0 %	58.67 %
56	C	14.67 %	58.66 %
57	D	26.67 %	58.66 %
58	B	14.67 %	58.66 %
59	D	34.67 %	58.66 %
60	B	34.67 %	58.66 %
61	A	38.67 %	58.66 %
62	D	32.0 %	58.67 %
63	A	22.67 %	58.66 %
64	A	34.67 %	58.66 %
65	B	17.33 %	58.67 %
66	C	33.33 %	58.67 %
67	A	40.0 %	58.67 %
68	C	25.33 %	58.67 %
69	A	40.0 %	58.67 %
70	C	37.33 %	58.67 %
71	B	37.33 %	58.67 %
72	A	32.0 %	58.67 %
73	B	40.0 %	58.67 %
74	A	32.0 %	58.67 %
75	D	13.33 %	58.67 %
76	B	12.0 %	58.67 %
77	C	29.33 %	58.67 %
78	D	17.33 %	58.67 %
79	A	6.67 %	58.66 %
80	A	34.67 %	58.66 %

प्रश्न संख्या	उत्तर	सही उत्तर	छोड़ दिया
81	C	22.67 %	58.66 %
82	A	36.0 %	58.67 %
83	D	40.0 %	58.67 %
84	C	22.67 %	58.66 %
85	C	32.0 %	58.67 %
86	D	14.67 %	58.66 %
87	B	20.0 %	58.67 %
88	B	9.33 %	58.67 %
89	C	25.33 %	58.67 %

प्रश्न संख्या	उत्तर	सही उत्तर	छोड़ दिया
90	B	34.67 %	58.66 %
91	D	8.0 %	58.67 %
92	D	16.0 %	58.67 %
93	C	25.33 %	58.67 %
94	C	9.33 %	58.67 %
95	B	18.67 %	58.66 %
96	B	18.67 %	58.66 %
97	D	20.0 %	58.67 %
98	D	10.67 %	58.66 %

प्रश्न संख्या	उत्तर	सही उत्तर	छोड़ दिया
99	D	9.33 %	58.67 %
100	D	9.33 %	58.67 %
101	D	37.33 %	58.67 %
102	B	38.67 %	58.66 %
103	D	34.67 %	58.66 %
104	C	34.67 %	58.66 %
105	C	32.0 %	58.67 %
106	B	24.0 %	58.67 %
107	A	40.0 %	58.67 %

प्रश्न संख्या	उत्तर	सही उत्तर	छोड़ दिया
108	A	26.67 %	58.66 %
109	B	38.67 %	58.66 %
110	C	29.33 %	58.67 %
111	A	38.67 %	58.66 %
112	A	38.67 %	58.66 %
113	B	24.0 %	58.67 %
114	C	41.33 %	58.67 %
115	A	29.33 %	58.67 %
116	B	20.0 %	58.67 %

प्रश्न संख्या	उत्तर	सही उत्तर	छोड़ दिया
117	D	37.33 %	58.67 %
118	C	18.67 %	58.66 %
119	C	18.67 %	58.66 %
120	A	40.0 %	58.67 %
121	C	22.67 %	58.66 %
122	A	6.67 %	58.66 %
123	C	18.67 %	58.66 %
124	C	34.67 %	58.66 %
125	B	36.0 %	58.67 %

कार्य विश्लेषण	
औसत अंक (%)	45.65%
टॉपर्स स्कोर (%)	100.0%
आपका स्कोर	

//संकेत और समाधान//

1. समतापमंडल वह परत है जो हवाई जहाज को उड़ाने के लिए उपयुक्त है।

समतापमंडल- यह वायुमंडल की दूसरी परत है। यह 50 किमी की ऊंचाई तक फैला हुआ है। यह परत बहुत सूखी होती है क्योंकि इसमें जल वाष्प होता है। यह परत उड़ान के लिए फायदे प्रदान करती है क्योंकि यह तूफानी मौसम से ऊपर है और इसमें स्थिर और क्षैतिज हवाएं हैं। इस परत में ओजोन परत पाई जाती है।

क्षोभमंडल- इसे पृथ्वी के वायुमंडल की सबसे निचली परत माना जाता है। पृथ्वी की सतह और ध्रुवों पर 8 किमी और भूमध्य रेखा पर 18 किमी की ऊंचाई के बीच वायुमंडलीय परत, भूमध्य रेखा पर मोटाई अधिक होती है क्योंकि गर्म हवा अधिक ऊंचाइयों तक पहुंचती है। क्षोभमंडल मौसम और जेट धाराओं से प्रभावित होता है।

तापमंडल- बढ़ती ऊंचाई के साथ तापमान बहुत तेज़ी से बढ़ता है। यह रेडियो प्रसारण में मदद करता है। तापमंडल के अत्यधिक कम दबाव के कारण एक व्यक्ति को गर्म महसूस नहीं होगा। अंतर्राष्ट्रीय अंतरिक्ष स्टेशन और उपग्रह इस परत में स्थित हैं।

आयनमंडल- 80 किमी और 400 किमी के बीच स्थित है और एक विद्युत आवेशित परत है। यह परत परमाणुओं के आयनीकरण द्वारा विशेषित है।
अतः विकल्प (C) सही है।

2. समतापमंडल को ओजोनोस्फीयर भी कहा जाता है।

समतापमंडल- वातावरण में भिन्न घनत्व और तापमान के साथ विभिन्न परतें होती हैं। समतापमंडल पृथ्वी के वायुमंडल की दूसरी सबसे निचली परत है। समतापमंडल ट्रोपोपॉज़ के ऊपर पाया जाता है और 50 किमी की ऊँचाई तक फैला होता है। वायुमंडल के समताप मंडल को ओजोनोस्फीयर भी कहा जाता है। समताप मंडल में ओजोन परत पाई जाती है। समतापमंडल अल्ट्रा-वायलेट विकिरण को अवशोषित करता है और ऊर्जा के तीव्र, और हानिकारक रूपों से पृथ्वी पर जीवन को ढालता है। जेट विमान समताप मंडल के माध्यम से उड़ान भरते हैं। समतापमंडल में ऊंचाई के साथ तापमान बढ़ता है।

क्षोभमंडल- क्षोभमंडल सबसे कम वायुमंडलीय परत है। क्षोभमंडल में मौसम परिवर्तन होता है। अधिकांश मौसम और बादल क्षोभमंडल में पाए जाते हैं।

आयनमंडल- आयनमंडल तापमंडल का एक हिस्सा है। रेडियो तरंगें आयनमंडल में पाई जाती हे।

मध्यमंडल- मध्यमंडल समतापमंडल के ऊपर स्थित है। यह 80 किमी की ऊंचाई तक फैला हुआ है। इस परत में ऊंचाइ बढ़ने के साथ तापमान कम होने लगता है।
अतः विकल्प (B) सही है।

3. वायुमंडलीय दबाव बेल्ट: अक्षांश के पार वायुमंडलीय दबाव के वितरण को दबाव का वैश्विक क्षैतिज वितरण कहा जाता है। इसकी मुख्य विशेषता इसका कटिबंध चरित्र है जिसे दबाव बेल्ट के रूप में जाना जाता है। पृथ्वी की सतह पर, सात दबाव बेल्ट हैं। वे भूमध्यरेखीय निम्न, दो उपोष्णकटिबंधीय उच्च, दो उप-दाब और दो ध्रुवीय उच्च हैं।

यह बेल्ट उपोष्णकटिबंधीय उच्च दाब बेल्ट से दो गोलार्द्धों से शांत हवाओं के अभिसरण का क्षेत्र होता है। बेहद शांत हवा की चाल के कारण इस बेल्ट को शांत हवाओ की बेल्ट भी कहा जाता है। बेल्ट की स्थिति सूर्य के स्पष्ट गतिविधि के साथ बदलती है। जैसे-जैसे यह क्षेत्र भूमध्य रेखा के साथ स्थित है, इसे सबसे अधिक मात्रा में अंतर्ग्रहण प्राप्त होता है। तीव्र ताप के कारण, हवा गर्म हो जाती है और भूमध्यरेखीय क्षेत्र (संवहन) पर उठ जाती है। जब भी हवा की लंबवत गति होती है, सतह पर क्षेत्र कम दाब पर होगा। कम दबाव वाली बेल्ट भूमध्य रेखा के उत्तर और दक्षिण के 0 से 5 ° तक फैली हुई है। यहां सूर्य की ऊर्ध्वाधर किरणों के कारण तीव्र ताप होता है। हवा, इसलिए फैलती है और संवहन धारा के रूप में ऊपर उठती है जिससे यहां कम दबाव पैदा होता है। इस कम दबाव वाली बेल्ट को डोलड्रम्स भी कहा जाता है क्योंकि यह बिना किसी हवा के कुल शांत क्षेत्र है। इसलिए सही उत्तर 5° उत्तर- 5° दक्षिण है।
अतः विकल्प (C) सही है।

4. आयनमंडल पृथ्वी के वायुमंडल की ऊपरी परत है। वायुमंडल आंशिक रूप से सौर यूवी प्रकाश द्वारा आयनित होता है, और ऐसा आयनीकरण उच्च ऊंचाई पर बना रह सकता है। आयनमंडल लगभग 80 किमी की ऊंचाई से शुरू होता है और 1000 किमी से अधिक तक पहुंचता है। वायुमंडल के इस क्षेत्र में कई प्रवाहकीय परतें होती हैं जो रेडियो तरंगों को दर्शाती हैं, एक विशेषता जो वैज्ञानिकों और इंजीनियरों के लिए रुचि रखती है, विशेष रूप से दूरसंचार उद्योग में।
अतः विकल्प (D) सही है।

5. पृथ्वी 4 जनवरी को सूर्य के सबसे करीब होती है। वह बिंदु जो सूर्य के सबसे निकट होता है, उपसौर कहलाता है। वह बिंदु जो सूर्य से सबसे दूर होता है, उसे अपसौर कहा जाता है। हमारे सौर मंडल में सभी ग्रहों, क्षुद्रग्रहों और धूमकेतुओं द्वारा एक दीर्घवृत्तीय कक्षा का अनुसरण किया जाता है। कक्ष की समतलता को कक्षीय विकेन्द्रता द्वारा मापा जाता है। 4 जनवरी को, पृथ्वी प्रत्येक वर्ष सूर्य के सबसे करीब आती है। उत्तरी गोलार्ध में उस समय सर्दी होती है, जब पृथ्वी सूर्य के सबसे करीब होती है। उस समय दक्षिणी गोलार्ध में गर्मी होती है। 4 जुलाई को अपसौर होता है।
अतः विकल्प (D) सही है।

6. डोलड्रम्स कम वायुमंडलीय दबाव का एक विषुवतीय बेल्ट है जहां व्यापार हवाएं परिवर्तित होती हैं।

मोरेन: मोरेन मलबे की विशिष्ट लकीरें या टीले हैं जो एक चलते हुए ग्लेशियर द्वारा सीधे रखी जाती हैं। यह सामग्री आमतौर पर मिट्टी और चट्टान है। मोरेन केवल उन स्थानों पर दिखाई देते हैं, जहां ग्लेशियर होते थे। हिमनद बहुत बड़े हैं, बर्फ की चलती हुई नदियाँ हैं। ग्लेशियर नामक प्रक्रिया में परिदृश्य को आकार देते हैं। ग्लेशियर हजारों वर्षों से एक क्षेत्र में भूमि, चट्टानों और पानी को प्रभावित कर सकता है। यही कारण है कि मोरेन अक्सर बहुत पुराने होते हैं।

ला नीना: ला नीना एक जलवायु स्वरुप है, जो दक्षिण अमेरिका के उष्णकटिबंधीय पश्चिमी तट के साथ समुद्र के पानी के ठंडा होने का वर्णन करता है। ला नीना अल नीनो का समकक्ष है। ला लीना का मतलब स्पेनिश में छोटी लड़की है। ला लीना लगभग दो से सात वर्षों के अनियमित अंतराल पर होता है। ला नीना कर्क रेखा और मकर रेखा के बीच प्रशांत महासागर के क्षेत्र में उष्णकटिबंधीय प्रशांत में कूलर-से-सामान्य पानी के निर्माण के कारण होता है। असामान्य रूप से मजबूत, पूर्व की ओर बढ़ने वाली व्यापारिक हवाएं और महासागरीय धाराएं इस ठंडे पानी को सतह पर लाती हैं, एक प्रक्रिया जिसे अपवेलिंग कहा जाता है।

एल नीनो: एल नीनो एक जलवायु पैटर्न है जो पूर्वी उष्णकटिबंधीय प्रशांत महासागर में सतह के पानी के असामान्य वार्मिंग का वर्णन करता है। स्पेनिश में एल नीनो का अर्थ है क्राइस्ट चाइल्ड या लिटिल बॉय। अल नीनो के समय के दौरान, व्यापारिक हवाएं कमजोर हो गईं और गर्म पानी लेटिन अमेरिकी देशों के तट की ओर पूर्व में वापस चला गया। अल नीनो हमारे मौसम को काफी प्रभावित कर सकता है और हवाओं का व्यापार कर सकता है। प्रशांत क्षेत्र से अल नीनो समुद्री जीवन पर एक मजबूत प्रभाव डालता है।
अतः विकल्प (D) सही है।

7. नाइट्रोजन (N_2) को अमोनिया में बदलने की प्रक्रिया को नाइट्रोजन यौगिकीकरण कहा जाता है। नाइट्रोजन यौगिकीकरण में जीवाणु एक महत्वपूर्ण भूमिका निभाते हैं नाइट्रेजन यौगिकीकरण जीवाणु फलीदार पौधों की जड़ ग्रंथि में रहते हैं। नाइट्रोजन यौगिकीकरण जीवाणु में एंजाइम होता है जो वायुमंडलीय नाइट्रोजन का अमोनिया में रूपांतरण को उत्प्रेरित करता है।
अतः विकल्प (B) सही है।

8. बादल पानी की छोटी बूंदों या बर्फ का एक द्रव्यमान है जो प्रचुर मात्रा में मुक्त हवा में जल वाष्प के संघनन द्वारा बनता है। जैसे ही पृथ्वी की सतह पर कुछ ऊंचाई पर बादल बनते हैं, वे विभिन्न आकार लेते हैं। उनकी ऊंचाई के अनुसार, विस्तार, घनत्व और पारदर्शिता या अपारदर्शिता के अनुसार बादलों को चार प्रकारों में बांटा गया है: (i) पक्षाभ (ii) कपासी (iii) मेघपटल (iv) चमक

पक्षाभ उच्चतम ऊंचाई पर होते हैं। पक्षाभ के बादल 8,000-12,000 मीटर की ऊंचाई पर बने होते हैं। वे एक पतले पंख वाले पतले और अलग-थलग बादल हैं। वे हमेशा सफेद रंग के होते हैं।
अतः विकल्प (C) सही है।

9. इंटरट्रॉपिकल कन्वर्जेस जों, या।TCZ, वह क्षेत्र है जो भूमध्य रेखा के पास, पृथ्वी को घेरता है। यहाँ उत्तरी और दक्षिणी गोलार्ध की पूर्वी हवाएँ एक साथ आती हैं। भूमध्य रेखा का तीव्र सूर्य और गर्म पानी ।TCZ में हवा को गर्म करता है, इसकी आर्द्रता बढ़ाता है और इसे बहने योग्य बनाता है। पूर्वी हवाओं के अभिसरण की सहायता से, बहने योग्य हवा का उदय होता है। जैसे ही हवा निकलती है, वह विस्तृत होती है और ठंडी होती है, और यह जमा हुई नमी को गरज (थंडरस्टॉर्म) के साथ लगभग एक सतत श्रृंखला में जारी करती है।
अतः विकल्प (B) सही है।

10. पृथ्वी के स्थलमण्डल में क्रस्ट और ऊपरवाला ठोस मेंटल होता है। यह लगभग 100 किमी की गहराई तक फैला हुआ है। क्रस्ट में प्लेट टेक्टॉनिक थ्योरी द्वारा प्रस्तावित प्लेटों और कठोर ब्लॉकों की संख्या होती है। रेडियोधर्मी पदार्थो के कारण से आंतरिक ऊष्मा द्वारा उत्पन्न मेंटल में संवहन धाराएं, इन प्लेटों की गति के कारण माना जाता है। मेंटल 2890 किमी की गहराई तक फैला हुआ है। यह पृथ्वी की सबसे मोटी परत है जिसमें ऊपरी मेंटल और निचला मेंटल शामिल है। जबकि आंतरिक कोर 5150 से 6,276 किमी ठोस अवस्था में है, जबकि बाहरी कोर 2,897 से 5,150 किमी तरल अवस्था में है।
अतः विकल्प (C) सही है।

11. कैन्यन एक गहरी, खड़ी-दीवार, V-आकार की घाटी है। इन घाटियों ने चट्टानों के माध्यम से एक नदी को काट दिया। ये घाटियाँ नदियों के ऊपरी पाठ्यक्रमों में होती हैं। ऊपरी पाठ्यक्रम में इसकी घाटियों को खोदने वाली मजबूत, तेज धाराओं की विशेषता है। उदाहरण - संयुक्त राज्य अमेरिका में कोलोराडो।

उच्च ऊंचाई पर ग्लेशियरों के मजबूत पार्श्व क्षरण से एक U- आकार की घाटी का निर्माण होता है। ब्लाइंड घाटी एक संकरी, गहरी और सपाट तराई वाली घाटी है जिसका अचानक अंत होता है। गॉज खड़ी पहाड़ियों या पहाड़ियों के बीच एक संकीर्ण घाटी है।
अतः विकल्प (D) सही है।

12. स्टैलेक्टाइट, स्टैलाग्माईट और खंभे भूमिगत जल के अपभ्रंश भू-भाग हैं। इसलिए, गुफाओं में छतों से चलने वाले भूमिगत जल से ये अपभ्रंश भू-भाग बनते हैं। स्टैलेक्टाइट्स सुगठित और तेज हिमलंब हैं, जो विभिन्न व्यास के गुफाओ की छत्त से लटके हुए होते है। गुफा की सतह से टपकने वाले पानी से स्टैलेग्माइट्स बनते हैं। स्टैलेक्टाइट और स्टैलाग्माईट के विलय स्तंभ / स्तंभ बनाते हैं।

अतः विकल्प (D) सही है।

13. सामान्य अंतराल दर ट्रोपोपॉज़ की ऊपरी सीमा पर ऊंचाई के साथ तापमान में कमी की दर है। यह औसतन प्रति 1000 मीटर पर 6.5-डिग्री सेल्सियस है। ऊंचाई बढ़ने के साथ आमतौर पर क्षोभमंडल का तापमान कम हो जाता है। तापमान आमतौर पर बढ़ती ऊंचाई के साथ घटता जाता है।
अतः विकल्प (B) सही है।

14. स्वेज नहर एक समुद्र-स्तरीय जलमार्ग है जो लाल सागर और भूमध्य सागर को जोड़ने के लिए स्वेज के मिस्र के इस्तमुस में चलता है। स्वेज नहर पूरी तरह से 1869 तक बनी थी। स्वेज नहर बिना लॉक के एक खुली कट है। नहर यूरोप को हिंद महासागर के साथ-साथ पश्चिमी प्रशांत महासागरों के लिए एक नया प्रवेश द्वार प्रदान करने के लिए जिम्मेदार है।
अतः विकल्प (C) सही है।

15. Cfa, कोपेन के जलवायु वर्गीकरण के अनुसार आर्द्र उपोष्णकटिबंधीय जलवायु को दर्शाता है। ह्यूमिड उपोष्णकटिबंधीय जलवायु महाद्वीप के पूर्वी तटों पर होती है, जो आमतौर पर 20 सेकंड और 30 सेकंड डिग्री अक्षांश में होती है।

उष्णकटिबंधीय आर्द्र जलवायु को Af द्वारा निरूपित किया जाता है और इस प्रकार की जलवायु में वर्ष भर वर्षा होती है। टुंड्रा क्लाइमेट ET द्वारा निरूपित है। ट्रॉपिकल वेट और ड्राई क्लाइमेट या सवाना प्रकार की जलवायु को Aw द्वारा निरूपित किया जाता है। सर्दियों के दौरान इसका एक शुष्क मौसम होता है।
अतः विकल्प (B) सही है।

16. भूमध्य रेखा इंडोनेशिया के भूमि प्रदेशों में से एक जावा से नहीं गुजरती है। जावा सुमात्रा और बाली के बीच स्थित है। यह एक ज्वालामुखी-बिंदीदार द्वीप है। इंडोनेशिया के आर्थिक और भौगोलिक केंद्र में स्थित, यह इंडोनेशिया के आधे से अधिक लोगों का घर है। जावा इंडोनेशिया का सबसे बड़ा आधुनिक शहर है। जिन देशों के माध्यम से भूमध्य रेखा गुजरती है, उनमें शामिल हैं - इक्वाडोर, कोलम्बिया, ब्राजील, साओ टोम और प्रिंसिपे, गैबॉन, कांगो गणराज्य, कांगो लोकतांत्रिक गणराज्य, युगांडा, केन्या, सोमालिया, मालदीव, इंडोनेशिया और किरावती।
अतः विकल्प (C) सही है।

17. बिग बैंग सिद्धांत एक परिकल्पना है जो बताता है कि हमारे ब्रह्मांड की उत्पत्ति एक छोटी विलक्षणता से कैसे हुई। नेबुलर परिकल्पना सौर मंडल, सूर्य और सितारों की उत्पत्ति के बारे में है। द्विअंगी सिद्धांत बताता है कि कैसे सभी रासायनिक यौगिक विरोधी विशेषताओं के दो घटकों से बने होते हैं। प्लानेटसिमल परिकल्पना में कहा गया है कि ग्रह पदार्थ के छोटे-छोटे टुकड़ों के संचय का परिणाम हैं। प्लानेटसिमल ग्रह सूर्य के चारों ओर घूमते हैं।
अतः विकल्प (C) सही है।

18. दक्षिण अटलांटिक बहाव को अटलांटिक बहाव या वेस्टरलीज़ बहाव के रूप में भी जाना जाता है, और यह एक ठंडी धारा है जो ब्राज़ील धारा का एक पूर्ववर्ती विक्षेपण है। मोजाम्बिक धारा पश्चिमी हिंद महासागर का एक अपेक्षाकृत गर्म सतह का प्रवाह है। ईस्ट ऑस्ट्रेलियन धारा ऑस्ट्रेलिया की दक्षिण पश्चिमी सीमा में एक गर्म महासागरीय प्रवाह है। कैरिबियन धारा एक गर्म महासागरीय प्रवाह है जो दक्षिण अमेरिका के पूर्वी तट से कैरिबियन के माध्यम से उत्तर-पश्चिम के मैक्सिको की खाड़ी में बहती है।

अतः विकल्प (A) सही है।

19. उत्तर-पश्चिम यूरोप की नदियाँ जल निकासी के कांटेदार पैटर्न के अच्छे उदाहरण हैं। ऊँची उत्तर पश्चिमी यूरोपीय नदियों में एल्बे, वेसर, राइन, मीयूज, स्कैलड, टेम्स, सोम्मे और सीन की जल निकासी प्रणालियां शामिल हैं। ऐसा इसलिए है क्योंकि उत्तर-पश्चिमी नदियों में कुछ पैटर्न उभर कर आते हैं और टेक्टोनिक रूप से नियंत्रित चर की उपस्थिति का संकेत देते हैं। कांटेदार पैटर्न जल निकासी प्रणाली है जहां धारा अचानक पीछे मुड़ जाती है और कुछ विवर्तनिक गतिविधि के कारण एक रिवर्स दिशा में बहती है।

अतः विकल्प (C) सही है।

20. शीतोष्ण चक्रवात अतिरिक्त उष्णकटिबंधीय चक्रवात होते हैं जो मध्य और उच्च अक्षांशों पर उभरते हैं। ये कम दबाव वाले तंत्र वाताग्रो से जुड़े होते हैं - ठंडे, गर्म और गुच्छे वाले वाताग्र। ये चक्रवात ध्रुवीय वाताग्र पर बने हैं। एंटीसाइक्लोन वायु द्रव्यमान से बनते हैं, उच्च दबाव वाले चक्रवात होते हैं जो

एक बड़े क्षेत्र को प्रभावित करते हैं। इंटर-ट्रॉपिकल कन्वर्जेंस उत्तर और दक्षिण गोलार्ध के बीच व्यापारिक हवाओं के अभिसरण का क्षेत्र है।
अतः विकल्प (C) सही है।

21. कुरोशियो धारा एक गर्म धारा है, जिसे प्रशांत / जापान धारा भी कहा जाता है, जापान के तट से दूर उत्तर-पूर्व में एक गर्म उत्तरवर्ती तटीय क्षेत्र है।

कैनरी धारा एक ठंडी धारा है जो वेस्ट अफ्रीका, पुर्तगाल, स्पेन के मार्जिन के साथ उत्तरी अटलांटिक गीयर का एक हिस्सा है। कैलिफ़ोर्निया धारा संयुक्त राज्य अमेरिका के तट के साथ दक्षिण की ओर एक प्रशांत महासागर की ठंडी धारा है। ओयाशियो धारा एक ठंडी धारा है जो जापान के पूर्वी तट से कुरोशियो धारा से टकराती है और मछली पकड़ने के लिए एक आदर्श स्थान है।
अतः विकल्प (C) सही है।

22. शामल एक उत्तर-पश्चिमी हवा है जो इराक, फारस की खाड़ी के ऊपर मेसोपोटामिया क्षेत्र में बहती है, जिसमें कुवैत और सऊदी अरब शामिल हैं। हवाएं दिन के दौरान मजबूत होती हैं लेकिन रात के दौरान कमजोर हो जाती हैं। इराक क्षेत्र में सैंडस्टॉर्म के परिणाम, रेत के साथ, जॉर्डन और सीरिया से लिए गए । पूर्वी एशिया में स्थानीय पवन का नाम बुरान है। अफ्रीका के वेस्ट कोस्ट में स्थानीय पवन ऐलाईज़ मेरीटाइम है। सहारा में स्थानीय पवन कालिमा है।
अतः विकल्प (D) सही है।

23. एडिलेड, दक्षिण ऑस्ट्रेलिया की राजधानी, विटालिकल्चर के लिए प्रसिद्ध है। एडिलेड हिल्स की ऊंचाई और जलवायु अंगूर की खेती और शराब के उत्पादन के लिए उपयुक्त हैं। अंगूर की खेती, अंगूर की खेती और वाइन मेकिंग से संबंधित बागवानी की एक शाखा है। विटामिस्कल्चर के लिए उपयुक्त परिस्थितियाँ है- हल्की धूप, साल भर में 65-70 सेमी औसत वर्षा, ठंढ-मुक्त मौसम, ठीक से वातित मिट्टी।
अतः विकल्प (A) सही है।

24. वायु द्रव्यमान का निर्माण ध्रुवीय, साथ ही उष्णकटिबंधीय क्षेत्रों में भी हो सकता है। उष्णकटिबंधीय क्षेत्रों के पास या भूमध्य रेखा के पास बनने वाले वायु द्रव्यमान ध्रुवों के पास बनने वाले की तुलना में गर्म होते हैं। आम तौर पर, चार प्रकार के वायु द्रव्यमान होते हैं - महाद्वीपीय, उष्णकटिबंधीय, समुद्री, ध्रुवीय। समुद्री वायु द्रव्यमान में उच्च आर्द्रता होती है जो समुद्र से नमी लेती है और भारी वर्षा होती है। महाद्वीपीय वायु द्रव्यमान बड़े भूस्खलन के रूप में होते हैं और शुष्क होते हैं।
अतः विकल्प (A) सही है।

25. किसी क्षेत्र को सूखाग्रस्त श्रेणी से बाहर करने के लिए, उसके सकल फसली क्षेत्र का 30% या अधिक सिंचाई के अंतर्गत होना चाहिए। सिंचाई आयोग सूखे की पहचान करने के लिए वर्षा और सिंचाई दोनों को कारक मानता है। यह सिफारिश की गई कि सिंचाई के 30 % से अधिक कवरेज वाले क्षेत्रों को सूखाग्रस्त क्षेत्रों के रूप में सूचीबद्ध होने से बाहर रखा जाना चाहिए। एनडीएमए की भेद्यता प्रोफ़ाइल के अनुसार, भारत का लगभग 68 % कृषि योग्य क्षेत्र सूखे की चपेट में है। 60 सेंटीमीटर वार्षिक वर्षा वाले क्षेत्र सबसे अधिक सूखाग्रस्त हैं।
अतः विकल्प (D) सही है।

26. कीमती पत्थर और निर्माण सामग्री के उत्पादन के लिए चट्टानों की विंध्यन प्रणाली महत्वपूर्ण है। यह प्रणाली महान विंध्य के पहाड़ों से अपना नाम प्राप्त करती है। प्रणाली में प्राचीन तलछटी चट्टानें (4000 मीटर मोटी) शामिल हैं जो आर्कियन बेस पर सुपरिंपोज की गई हैं, ज्यादातर अनफॉसिलफेरस । इस बेल्ट का बड़ा क्षेत्र डेक्कन ट्रैप द्वारा कवर किया गया है।
अतः विकल्प (B) सही है।

27. राजस्थान देश में सबसे अधिक उत्पादन के साथ बाजरा का उच्चतम क्षेत्र है। 2013-14 में लगभग 3.63 मिलियन टन और 818 किलोग्राम / हेक्टेयर की उपज के साथ लगभग 4.43 मिलियन हेक्टेयर क्षेत्र पर राज्य का अधिकार है। पश्चिमी राजस्थान के अर्ध-शुष्क और शुष्क भाग बाजरे की खेती के लिए महत्वपूर्ण हैं। जोधपुर, बाड़मेर, नागौर, बीकानेर, चूरू, गंगानगर, सवाई माधोपुर, अलवर, कोटा, टोंक, झुंझुनू, पाली और जैसलमेर ऐसे महत्वपूर्ण जिले हैं जहाँ फसल कुल फसली क्षेत्र का 30-60% भाग घेरती है।
अतः विकल्प (B) सही है।

28. पश्चिम बंगाल भारत में चावल का सबसे बड़ा उत्पादक है। इस राज्य में एक वर्ष में चावल की दो फसलें उगाई जाती हैं। चावल को तटीय भारत और पूर्वी भारत के कुछ क्षेत्रों में मास्टर फसल माना जाता है। गर्मी और मानसून के मौसम के दौरान, उच्च तापमान और भारी वर्षा दोनों चावल की खेती के लिए आदर्श स्थिति प्रदान करते हैं। 2014-2015 में पश्चिम बंगाल राज्य का वार्षिक उत्पादन 14.68% था, जो किसी भी अन्य राज्य की तुलना में सबसे अधिक था।
अतः विकल्प (A) सही है।

29. भारत में दुनिया का चौथा सबसे बड़ा कोयला भंडार है। 31 मार्च 2019 तक, भारत के पास संसाधन का 326.49 बिलियन मीट्रिक टन (359.89 बिलियन लघु टन) था। पिछले वर्ष की तुलना में कोयले का ज्ञात भंडार 2.34% बढ़ा है, जिसकी अनुमानित अनुमानित 7.47 बिलियन मीट्रिक टन (8.23 बिलियन टन) है। 31 मार्च 2019 तक लिग्नाइट कोयले का अनुमानित कुल भंडार 45.76 बिलियन मीट्रिक टन (50.44 बिलियन लघु टन) था, जो पिछले वर्ष की तुलना में 0.22% बढ़ा है। कोयला जमा मुख्य रूप से पूर्वी और दक्षिण-मध्य भारत में पाया जाता है। झारखंड, ओडिशा, छत्तीसगढ़, पश्चिम बंगाल, मध्य प्रदेश, तेलंगाना और महाराष्ट्र भारत में कुल ज्ञात कोयला भंडार का 98.09% है। 31 मार्च 2019 तक, झारखंड और ओडिशा में क्रमशः 25.88% और 24.76% कोयले का सबसे बड़ा भंडार था।
अतः विकल्प (B) सही है।

30. असम भारत में चाय की सबसे बड़ी मात्रा का उत्पादन करता है, असम चाय अपने प्रधान भाग, उज्ज्वल रंग समृद्ध स्वाद और सुगंध के लिए जानी जाती है। असम की चाय की सम्पदा विश्व का सबसे बड़ा चाय उगाने वाला क्षेत्र है, जो ब्रह्मपुत्र नदी की घाटी में असम के तराई क्षेत्रों में उगाया जाता है।
अतः विकल्प (A) सही है।

31. टेरेस खेती का अभ्यास मुख्य रूप से पहाड़ी क्षेत्रों में किया जाता है। भारत में, यह मुख्य रूप से हिमाचल प्रदेश, उत्तराखंड और कुछ पूर्वोत्तर राज्यों जैसे पहाड़ी क्षेत्रों में प्रचलित है। यह आंध्र प्रदेश की तरह दक्षिण क्षेत्र में भी प्रचलित है। उत्तरांचल (अब उत्तराखंड) टेरेस खेती के लिए प्रसिद्ध है। कृषि में, एक छत एक पहाड़ी खेती वाले क्षेत्र का एक समतल खंड है, जिसे तेजी से सतह के अपवाह को धीमा करने या रोकने के लिए मिट्टी के संरक्षण की विधि के रूप में डिज़ाइन किया गया है। सीढ़ीदार खेती से पानी के मुक्त प्रवाह को रोकने में मदद मिलती है।
अतः विकल्प (D) सही है।

32. खनिज बॉक्साइट चट्टानों के अपघटन द्वारा उत्पन्न होता है जो अपक्षय सामग्री के अवशिष्ट द्रव्यमान को छोड़ देता है। कोयला- एक परत से दूसरी परत में जमा कार्बनिक पदार्थों का निर्माण। लाखों वर्षों के दौरान, भौतिक और रासायनिक परिवर्तनों के कारण, ऑक्सीजन को बाहर निकाला गया था और कार्बन-समृद्ध जमा के साथ छोड़ दिया गया था।
अतः विकल्प (B) सही है।

33. कोडरमा अभ्रक के प्रमुख उत्पादक हैं। यह झारखंड के हजारीबाग बेल्ट में स्थित है। झारखंड, एक पूरे के रूप में, खनिजों में काफी समृद्ध है। कोडरमा को अभ्रक के विश्व के प्रमुख संरक्षण के रूप में मान्यता प्राप्त है और कभी अपने पड़ोसी शहर झुमरी तेलैया के साथ एक जीवंत शहर था। कोडरमा झारखंड के उन जिलों में से एक है, जो पूरे जिले में प्रचुर मात्रा में प्राकृतिक संसाधनों और समृद्ध खनिज भंडार से समृद्ध है। पहले यह विश्वस्तरीय अभ्रक के उत्पादन के लिए प्रसिद्ध था और इसे भारत की माइका कैपिटल या अबरख-नगरी के रूप में जाना जाता था।
अतः विकल्प (B) सही है।

34. अवसादी चट्टानों में क्षैतिज स्तर होते हैं, जहां खनिज जमा होते हैं। एक तलछटी चट्टान बनाने वाले कणों को तलछट के रूप में जाना जाता है। खनिज तलछटी चट्टानों में परतों या स्ट्रैटा में पाए जाते हैं। लंबे समय तक उच्च ताप और दबाव के संपर्क में रहने के बाद खनिज क्षैतिज अवस्था में जमा हो जाते हैं। कोयला, लौह अयस्क, जिप्सम, पोटाश नमक आदि इस तरह से बनते हैं।
अतः विकल्प (A) सही है।

35. स्टील अथॉरिटी ऑफ इंडिया लिमिटेड (सेल) सबसे बड़ी राज्य के स्वामित्व वाली स्टील बनाने वाली कंपनी है जो सार्वजनिक क्षेत्र के संयंत्रों के लिए स्टील की आपूर्ति करती है। सेल भिलाई, राउरकेला, दुर्गापुर, बोकारो और बर्नपुर (आसनसोल) में पांच एकीकृत इस्पात संयंत्रों का संचालन और स्वामित्व करता है और सेलम, दुर्गापुर और भद्रावती में तीन विशेष इस्पात संयंत्र हैं। यह चंद्रपुर में फेरो एलॉय प्लांट का भी मालिक है। अपनी वैश्विक महत्वाकांक्षा के एक हिस्से के रूप में, कंपनी एक विशाल विस्तार और आधुनिकीकरण कार्यक्रम से गुजर रही है जिसमें अत्याधुनिक हरित प्रौद्योगिकी पर जोर देने के साथ नई सुविधाओं का उन्नयन और निर्माण शामिल है।
अतः विकल्प (B) सही है।

36. बॉक्साइट का उपयोग रासायनिक उद्योग, रिफ्रैक्टरी, अपघर्षक, सीमेंट, स्टील और पेट्रोल उद्योग जैसे अन्य उद्योगों में किया जाता है। रासायनिक रूप से, एल्युमिना के साथ बॉक्साइट का उपयोग एल्यूमीनियम रसायनों के निर्माण में किया जाता है। रिफ्रैक्टरी में, इसे कई उत्पादों को बनाने के लिए कच्चे माल के रूप में उपयोग किया जाता है। एल्युमिना और बॉक्साइट एल्यूमीनियम बनाने की प्रक्रिया में दो मुख्य कच्चे माल हैं। एल्यूमीनियम को एल्युमिना के इलेक्ट्रोलिसिस द्वारा प्राप्त किया जाता है जो एल्यूमिना से शुद्ध एल्यूमीनियम धातु को निकालता है।
अतः विकल्प (A) सही है।

37. पाइपलाइन ट्रांसपोर्टेशन देरी और नुकसान को कम करने में मदद करता है। इसके लिए न्यूनतम श्रम की आवश्यकता होती है। पाइपलाइन का विश्लेषण ट्रांस-शिपमेंट का सबसे अच्छा तरीका है। ऐसा इसलिए है क्योंकि यह भूमिगत स्थित है और सड़कों और रेलवे पर होने वाली किसी भी देरी से प्रभावित नहीं है।
अतः विकल्प (B) सही है।

38. विशाखापट्टनम भारत के पूर्वी तट के साथ सबसे गहरा भूमि-बंद और अच्छी तरह से संरक्षित बंदरगाह है। वह बंदरगाह जो समुद्र या महासागर की ओर जल मार्ग से चारों ओर से भूमि से घिरा होता है, उसे भूमि-बंद बंदरगाह कहा जाता है। इसे अक्सर "द ज्वेल ऑफ द ईस्ट कोस्ट" कहा जाता है, जो भारत के पूर्वी तट पर स्थित आंध्र प्रदेश राज्य में स्थित है। यह पूर्वी घाट की पहाड़ियों के बीच स्थित है और पूर्व में बंगाल की खाड़ी के सामने है।
अतः विकल्प (D) सही है।

39. भारत में शीत मरुस्थल लद्दाख में स्थित है।

- भारत का शीत मरुस्थल सांस्कृतिक परिदृश्य हिमालय में स्थित है और उत्तर में लद्दाख (जम्मू और कश्मीर राज्य में) से दक्षिण में किन्नौर (हिमाचल प्रदेश में) तक फैला है |
- जलवायु परिस्थितियों के साथ शीत मरुस्थल बायोम का गठन करता है, जिसे दो कारकों के लिए जिम्मेदार ठहराया जा सकता है। एक हिमालय के किनारे की तरफ इसका स्थान है, जो इसे एक वर्षा-छाया क्षेत्र बनाता है जो वार्षिक दक्षिण-पूर्वी मानसून हवाओं के लिए दुर्गम है जो देश के बाकी हिस्सों को प्रभावित करता है, इस प्रकार वर्षा के निम्न स्तर के साथ रेगिस्तान की स्थिति पैदा करता है।
- शीत मरुस्थल- यहाँ गर्म ग्रीष्मकाल लेकिन अत्यधिक ठंडी सर्दी होती है। ये रेगिस्तान उच्च, समतल क्षेत्रों में पाए जाते हैं, जिन्हें पठार कहा जाता है, या दुनिया के समशीतोष्ण क्षेत्रों में पहाड़ी क्षेत्र हैं। यहाँ का औसत शीतकालीन तापमान -2 से 4 डिग्री सेल्सियस के बीच है |

अतः विकल्प (C) सही है।

40. चूंकि, विषुवत रेखा भूमध्य रेखा पर उच्चतम है; तापमान भूमध्य रेखा पर उच्चतम और ध्रुवों के पास सबसे कम होना चाहिए, हालांकि वास्तव में ऐसा नहीं है। भूमध्य रेखा के उत्तर में कुछ डिग्री पर पृथ्वी का उच्चतम तापमान दर्ज किया गया है। ऊंचाई एक जगह के तापमान का दूसरा प्रमुख नियंत्रण है। तापमान सतह के एल्बिडो पर भी निर्भर करता है।

अतः विकल्प (B) सही है।

41. दक्षिणी गोलार्ध में पाई जाने वाली गर्जना चालीसा तीव्र गति से चलने वाली पछुवा हवाएं है जि कि भूमध्य रेखा से ध्रुवो को ओर हवाओ के विस्थापन के कारण होता है और प्रतियोगिताओं और यात्राओं पर यॉटसमैन की सहायता करती हैं। दूसरे शब्दों में, पश्चिम से पूर्व की वायु धाराएं वायु के संयोग से भूमध्य रेखा से दक्षिणी ध्रुव, पृथ्वी के परिक्रमण की दिशा में विस्थापित हो रही हैं, और भूस्खलन की कमी के कारण हवा विस्थापित होती है।

अतः विकल्प (D) सही है।

42. वायुमंडल की समतापमंडलीय परतों में वे परतें शामिल होती हैं जहां रासायनिक संरचना अशांति के कारण मिश्रण के कारण गैसों के आणविक भार से स्वतंत्र होती है। इसलिए, निचली परतें जैसे क्षोभमंडल, योणमंडल और मध्यमंडल समतापमंडल हैं।
अतः विकल्प (A) सही है।

43. मानक वायुमंडलीय दबाव को दबाव का 1 एटीएम कहा जाता है और यह 760 टौर और 1013.25 पास्कल के बराबर है। वायुमंडलीय दबाव को अक्सर पाउंड्स प्रति इंच वर्ग (Psi) के रूप में भी कहा जाता है। समुद्र तल पर वायुमंडलीय दबाव 14.696 पाउंड्स प्रति इंच वर्ग है। दबाव की विभिन्न इकाइयों के बीच परिवर्तित करने में सक्षम होना महत्वपूर्ण है।

अतः विकल्प (D) सही है।

44. कर्मन रेखा पृथ्वी और बाहरी अंतरिक्ष की वायुमंडलीय सीमा के बीच 100 किमी की ऊंचाई पर स्थित है। कर्मन लाइन वह ऊँचाई है जहाँ अंतरिक्ष शुरू होता है। यह 100 किमी (लगभग 62 मील) ऊँचा है। यह आमतौर पर पृथ्वी के वायुमंडल और बाहरी अंतरिक्ष के बीच की सीमा का प्रतिनिधित्व करता है। इस परिभाषा को फेडरेशन आइरोनॉटिक इंटरनेशनेल (FAI) द्वारा स्वीकार किया जाता है।
अतः विकल्प (C) सही है।

45. योणमण्डल वायुमंडल की एक माध्यमिक परत है जो दिन के समय मध्यमंडल, तापमण्डल और बहिर्मंडल के माध्यम से फैलती है और औरोरा के लिए जिम्मेदार है - उच्च ऊंचाई वाले क्षेत्र में आकाश में प्राकृतिक प्रकाश प्रदर्शन। योणमण्डल पृथ्वी के ऊपरी वायुमंडल का आयनित हिस्सा है, लगभग 48 किमी (30 मील) से 965 किमी (600 मील) की ऊँचाई तक, एक क्षेत्र जिसमें तापमण्डल और मध्यमंडल और बहिर्मंडल के कुछ हिस्से शामिल हैं। आयनमंडल सौर विकिरण द्वारा आयनित होता है।

अतः विकल्प (D) सही है।

46. 'वर्तमान में लोगों के आराम का त्याग किए बिना भविष्य के लिए ऊर्जा और अन्य संसाधनों की बचत करना' सतत विकास की परिभाषा है। यह विचार है कि मानव समाजों को अपनी जरूरतों को पूरा करने के लिए भावी पीढ़ियों की क्षमता से समझौता किए बिना रहना चाहिए और उनकी जरूरतों को पूरा करना चाहिए। सतत विकास की "आधिकारिक" परिभाषा 1987 में ब्रुंडलैंड रिपोर्ट में पहली बार विकसित की गई थी। 2015 में सभी संयुक्त राष्ट्र सदस्य राज्यों द्वारा अपनाया गया सतत विकास के लिए 2030 एजेंडा, लोगों और ग्रह, अब और भविष्य में शांति और समृद्धि के लिए एक साझा खाका प्रदान करता है। इसके केंद्र में 17 सतत विकास लक्ष्य (एसडीजी) हैं, जो वैश्विक साझेदारी में विकसित और विकासशील - सभी देशों द्वारा कार्रवाई करने की ज़रूरत है।
अतः विकल्प (C) सही है।

47. संरक्षण के लिए एक विशेष देखभाल इकाई में खतरे वाले जानवरों और पौधों को रखने को अवस्थानीय संरक्षण कहा जाता है। अवस्थानीय संरक्षण स्थल जंगली क्षेत्र या मनुष्यों की देखभाल के भीतर हो सकती हैं। शोइ इंडियन क्लोवर, वोलेमी पाइन उन जीवों के उदाहरण हैं जो अवस्थानीय संरक्षण के माध्यम से संरक्षित हैं। अवस्थानीय संरक्षण के सबसे पारंपरिक तरीके चिड़ियाघरों में हैं। 125 देशों में लगभग 2,107 जलचर और चिड़ियाघर हैं। 148 देशों में लगभग 2,000 वनस्पति उद्यान हैं।
अतः विकल्प (A) सही है।

48. सही उत्तर है दाचीगम: एशियाई शेर। दाचीगाम राष्ट्रीय उद्यान की कुछ प्रमुख विशेषताएं हैं:

यह 1981 में स्थापित किया गया था और कश्मीरी स्टैग या हंगुल का घर है। हंगुल जम्मू और कश्मीर का राज्य पशु है।

IUCN की स्थिति: संकटग्रस्त

अतः विकल्प (D) सही है।

49. WWF द्वारा हर 2 साल में लिविंग प्लैनेट रिपोर्ट प्रकाशित की जाती है। यह वैश्विक जैव विविधता और ग्रह के स्वास्थ्य में प्रवृत्तियों का एक व्यापक अध्ययन है। रिपोर्ट में लिविंग प्लैनेट इंडेक्स (LPI) के माध्यम से प्राकृतिक दुनिया की स्थिति का व्यापक अवलोकन प्रस्तुत किया गया है।
अतः विकल्प (B) सही है।

50. सरल शब्दों में, ग्रीनहाउस प्रभाव एक ऐसी प्रक्रिया है जो तब होती है जब पृथ्वी के वायुमंडल में गैसें सूर्य से प्राप्त ऊष्मा का एक आवरण बना लेती है जो तापमान को बढ़ाती हैं। जब सूर्य की ऊर्जा पृथ्वी के वायुमंडल में पहुँचती है, तो इसमें से कुछ वापस अंतरिक्ष में परावर्तित हो जाती है और बाकी ग्रीन हाउस गैसों द्वारा अवशोषित और पुनः विकीर्ण हो जाती है। ग्रीनहाउस गैसों में जल वाष्प, कार्बन डाइऑक्साइड, मीथेन, नाइट्रस ऑक्साइड, ओज़ोन और कुछ कृत्रिम रसायन जैसे क्लोरोफ्लोरोकार्बन (सीएफसी) शामिल हैं। अवशोषित ऊर्जा पृथ्वी की सतह और सतह को गर्म करती है। जलने वाले जीवाश्म ईंधन (कोयला, तेल और प्राकृतिक गैस), कृषि और भूमि समाशोधन जैसी मानवीय गतिविधियाँ - ग्रीनहाउस गैसों की सांद्रता को बढ़ा रही हैं। यह संवर्धित ग्रीनहाउस प्रभाव है, जिसका पृथ्वी के ग्लोबल वार्मिंग में योगदान है।
अतः विकल्प (A) सही है।

51. सही उत्तर है गिर नेशनल पार्क। एशियाई शेर बड़े बिल्ली परिवारों के हैं। यह भारत में पाई जाने वाली पांच प्रमुख बड़ी बिल्लियों में से एक है। एशियाई शेर एक लुप्तप्राय प्रजाति हैं और उनकी उपलब्धता केवल गुजरात, भारत में स्थित गिर राष्ट्रीय उद्यान तक ही सीमित है। गिर राष्ट्रीय उद्यान दुनिया का एकमात्र स्थान है जहाँ शेर और बाघ सह-अस्तित्व में हैं। इसे 1900 के प्रारंभ में संरक्षित क्षेत्र घोषित किया गया था। अप्रैल 2010 की जनगणना के अनुसार, शेर की गिनती 411 थी जो 2015 की एशियाई शेर की जनगणना के अनुसार बढ़कर 523 हो गई।
अतः विकल्प (B) सही है।

52. खाद्य श्रृंखला: एक खाद्य श्रृंखला एक विशेष वातावरण और / या निवास स्थान में विभिन्न जीवों के बीच भरण संबंध दिखाती है। एक खाद्य श्रृंखला से पता चलता है कि सूर्य से उत्पादकों, उत्पादकों से उपभोक्ताओं तक और उपभोक्ताओं से कवक जैसे विघटन के लिए ऊर्जा कैसे पारित की जाती है। वे यह भी दिखाते हैं कि जानवर भोजन के लिए अन्य जीवों पर कैसे निर्भर करते हैं।

खाद्य श्रृंखला स्वपोषी ,परपोषी, और अपघटक यानी उत्पादक, उपभोक्ता और अपघटक के बीच वितरित की जाती है।

स्वपोषी अपने स्वयं के भोजन का उत्पादन करते हैं जेसे पौधे, पेड़ और कुछ शैवाल।

परपोषी उपभोक्ता हैं यानी जानवर, आदमी, कीड़े आदि।

अपघटक जीवाणु , कवक आदि हैं।

इसलिए सही क्रम है:

घास → टिड्डा → मेंढक → साँप → बाज़

अतः विकल्प (B) सही है।

53. मध्य प्रदेश में भोपाल में कृषि अभियांत्रिकी का केंद्रीय संस्थान स्थित है। इसकी स्थापना 15 फरवरी 1976 को हुई थी। यह कृषि और किसान कल्याण मंत्रालय के अधीन एक सहायक निकाय है। यह भारतीय कृषि के मशीनीकरण के लिए प्रौद्योगिकियों को विकसित करने और लोकप्रिय बनाने के उद्देश्य से स्थापित किया गया था। भारत में 5 वीं पंचवर्षीय योजना के दौरान केंद्रीय कृषि संस्थान का गठन किया गया था। इसकी स्थापना डॉ. जेएस कंवर की अध्यक्षता वाली समिति की सिफारिश पर की गई थी।
अतः विकल्प (A) सही है।

54. जल-जनित रोग: ये रोगजनक सूक्ष्म जीवों के कारण होते हैं जो पानी में संचारित होते हैं। यह रोग स्नान, धोने या पानी पीने या संक्रमित पानी के संपर्क में आने वाले भोजन खाने से फैल सकता है और गंभीर, जानलेवा बीमारियों का कारण बन सकता है। उदाहरण टाइफाइड बुखार, हैजा और हेपेटाइटिस A या E हैं। अन्य सूक्ष्मजीव डायरिया जैसी खतरनाक बीमारियों को कम करते हैं।

हैजा: हैजा एक जलजनित बीमारी है और प्रकृति में दस्त है।

दस्त: दस्त सबसे आम जलजनित रोगों में से एक है जो ज्यादातर 5 साल से कम उम्र के बच्चों को प्रभावित करता है।

हेपेटाइटिस A: एक अन्य प्रकार का जलजनित रोग हेपेटाइटिस A है और यह हेपेटाइटिस ए वायरस के कारण होता है, जो यकृत को प्रभावित करता है।

टाइफाइड: यह एक और बीमारी है जो दूषित पानी पीने से फैलती है जो 'साल्मोनेला टाइफी बैक्टीरिया' को जन्म देती है।
अतः विकल्प (A) सही है।

55. भारत सरकार की एक एजेंसी "नीति आयोग" को सतत विकास लक्ष्यों को लागू करने और उनकी देखरेख करने का काम सौंपा गया है। नीति आयोग ने अपने उद्देश्यों से संबंधित सतत विकास लक्ष्यों और योजनाओं की पहचान की है। कई प्रमुख सरकारी कार्यक्रम, जैसे 'स्वच्छ भारत', 'मेक इन इंडिया', 'स्किल इंडिया' और 'डिजिटल इंडिया', सतत विकास लक्ष्यों के मूल में हैं। भारत में इन दिनों संयुक्त राष्ट्र राज्य सरकारों को सतत विकास लक्ष्यों को प्राप्त करने में मदद कर रहा है। ताकि राज्य स्तर पर विकास की प्रमुख चुनौतियों का समाधान किया जा सके।
अतः विकल्प (B) सही है।

56. वह पदार्थ जो अधिकतम वायु प्रदूषण का कारण बनता है वह सल्फर डाइऑक्साइड है। सल्फर डाइऑक्साइड रासायनिक यौगिक है जिसका सूत्र SO_2 है। यह जहरीली गैस है जो जले हुए माचिस की गंध के लिए जिम्मेदार है। ज्यादातर महक वाली ज्वालामुखी गतिविधियों, औद्योगिक प्रक्रियाओं और सल्फ्यूरिक एसिड के उत्पादन से उत्पन्न तीखी महक वाली रंगहीन गैस। सल्फर डाइऑक्साइड फेफड़ों पर हानिकारक प्रभावों डालती है।
अतः विकल्प (C) सही है।

57. जैविक उपचार जैसा कि नाम से पता चलता है कि जैविक साधनों के माध्यम से एक उपाय (एक समस्या का समाधान) है। जैविक उपचार एक ऐसी प्रक्रिया है जिसमें सूक्ष्मजीव या उनके एंजाइम का उपयोग प्रदूषकों के इलाज के लिए किया जाता है। यानी समस्या प्रदूषक है और इसका उपाय सूक्ष्म जीव हैं। चूंकि पृथ्वी पर कई सूक्ष्म जीव मौजूद हैं, ऐसे कई संभावनाएं हैं जिनमें मनुष्य उनका उपयोग कर सकते हैं। भविष्य में, सूक्ष्मजीव प्लास्टिक प्रदूषण की समस्या को भी हल कर सकते हैं।
अतः विकल्प (D) सही है।

58. हिमाचल प्रदेश, जिसने सभी सरकारी विभागों को पर्यावरण ऑडिट शुरू करने के लिए बाध्य किया है, देश का पहला कार्बन-मुक्त राज्य बनने के रास्ते पर है।

वे देश जो सबसे अधिक उत्सर्जन का उत्पादन करते हैं, 2019 में लाखों टन CO_2 में मापा जाता है:

1. चीन, 10,065 मिलियन टन से अधिक CO_2 जारी किया गया।

2. संयुक्त राज्य अमेरिका, 5,416 मिलियन टन CO_2 के साथ।

3. भारत, 2,654 मिलियन टन CO_2 के साथ।

4. रूस, 1,711 मिलियन टन CO_2 के साथ।

अतः विकल्प (B) सही है।

59. सिमिलिपाल राष्ट्रीय उद्यान एक राष्ट्रीय उद्यान और टाइगर रिजर्व है, जो भारतीय राज्य ओडिशा के मयूरभंज जिले में 2,750 किमी^{2}(1,060 वर्ग मील)

को कवर करता है। यह मयूरभिंज हाथी अभ्यारण्य का हिस्सा है, जिसमें तीन संरक्षित क्षेत्र शामिल हैं - सिमिलिपाल टाइगर रिज़र्व, 91.06 किमी² (73.77 वर्ग मील) के साथ हडगढ़ वन्यजीव अभयारण्य, और 272.75 किमी² (105.31 वर्ग मील) में कुलडीहा वन्यजीव अभयारण्य है। सिमलीपाल राष्ट्रीय उद्यान क्षेत्र में उगने वाले लाल रेशमी सूती वृक्षों की बहुतायत से इसका नाम रखता है।यह भारत का 7 वां सबसे बड़ा राष्ट्रीय उद्यान है। पार्क बंगाल टाइगर, एशियाई हाथीि, गौर, और चौसिंगा के साथ-साथ जोरांडा और बरहीपानी झरने जेसे कुछ खूबसूरत झरनों का वास-स्थान है। यह संरक्षित क्षेत्र 2009 से यूनेस्को के विश्ष नेटवर्क ऑफ बायोस्फीयर रिजर्व का हिस्सा है।
अतः विकल्प (D) सही है।

60. कांफ्रेंस ऑफ़ पार्टीज (सीओपी) के इक्कीसवें सत्र और पार्टियों के सम्मेलन के ग्यारहवें सत्र में क्योटो प्रोटोकॉल (सीएमपी) के लिए पार्टियों की बेठक 30 नवंबर से 11 दिसंबर 2015 तक पेरिस, फ्रांस में हुई। "यूएनएफसीसीसी" को 1992 में रियो डी जनेरियो अर्थ समिट के दौरान अपनाया गया था। पेरिस समझौता तापमान वृद्धि को 2 डिग्री सेल्सियस से कम करने के लिए आगे का मार्ग प्रदान करता है, शायद 1.5 भी हो सकता है। पार्टियों का सम्मेलन यूएनएफसीसीसी का सर्वोच्च निर्णय लेने वाला निकाय है। यह उन निर्णयों को लेने के लिए वार्षिक रूप से मिलता है जो जलवायु को प्राप्त करने के उद्देश्यों को सुनिश्चित करेंगे। दिसंबर 2020 तक, 194 यूएनएफसीसीसी सदस्यों ने समझौते पर हस्ताक्षर किए हैं, और 189 इसके लिए एक पार्टी बन गए हैं। पेरिस समझौता 2005 क्योटो प्रोटोकॉल के लिए एक प्रतिस्थापन है।
अतः विकल्प (B) सही है।

61. 'सागरमाथा' माउंट एवरेस्ट का नेपाली नाम है। माउंट एवरेस्ट दक्षिणी एशिया का महान हिमालय है जो नेपाल और चीन के तिब्बत स्वायत्त क्षेत्र की सीमा पर $27°59'N86°56'E$ पर स्थित है। 29,035 फीट $(8,850$ मीटर) की ऊँचाई पर पहुँचना दुनिया का सबसे ऊँचा पर्वत है इसका सबसे आम तिब्बती नाम, चोमोलुंगमा, जिसका अर्थ है "विश्त की देवी माँ" या "घाटी की देवी"। संस्कृत नाम सागरमाथा का शाब्दिक अर्थ है "स्वर्ग की चोटी।" एवरेस्ट का आकार तीन तरफा पिरामिड की तरह है।
अतः विकल्प (A) सही है।

62. वुलर झील भारत की सबसे बड़ी मीठे पानी की झील है और कशमीर घाटी में स्थित है। वुलर झील एशिया की सबसे बड़ी मीठे पानी की झीलों में से एक है। यह भारत के जम्मू और कश्मीर में बांदीपोरा जिले में स्थित है। झील घाटी को टेक्टोनिक गतिविधि के परिणामस्वरूप बनाया गया था और झेलम नदी द्वारा द्वारा सिंचित है। झील का आकार 12 से 100 वर्ग मील के मौसम में बदलता रहता है। वुलर झील मछली के निवास स्थान के लिए महत्वपूर्ण है , मुख्य प्रजाति सामान्य कार्प, रोजी बार्ब, मच्छरफिश, नेमाचिलस प्रजाति आदि।
अतः विकल्प (D) सही है।

63. गंगा की मिट्टी का सबसे बड़ा हिस्सा बांगर मिट्टी से ढका हुआ है। यह उन उच्च मैदानी क्षेत्रों में पाया जाता है जो बाढ़ के पानी से मुक्त होते हैं। यह कंकड़ों के कारण प्रकृति में बहुत उपजाऊ नहीं है। कंकड़ कैलकेरियस डिपॉजिट हैं। इसमें लैटराइट डिपॉजिट द्वारा कवर किया गया कम अपलैंड है। यह पुरानी और परिपक्व जलोढ़ मिट्टी है। खद्दर की मिट्टी की तुलना में इसे अक्सर नवीनीकृत नहीं किया जाता है। इसे मिट्टी, रेतीले, दोमट जैसे विभिन्न नामों से जाना जाता है। प्राचीन काल से कृषि के लिए इस मिट्टी के निरंतर उपयोग के कारण मिट्टी की उर्वरता खो गई है।
अतः विकल्प (A) सही है।

64. टिहरी बाँध देश का सबसे ऊँचा पनबिजली संयंत्र है। इसकी कुल क्षमता 2400 मेगावाट है। यह उत्तराखंड में स्थित है। श्रीशैलम बाँध, नाथपा झाकरी बाँध, और सरदार सरोवर बाँध भी भारत के शीर्ष पाँच सबसे बड़े पनबिजली संयंत्र में से एक है। श्रीशैलम बांध की क्षमता 1670 मेगावाट है। यह आंध्र प्रदेश में स्थित है। नाथपा झाकरी बांध से 1530 मेगावाट बिजली का उत्पादन होता है। यह हिमाचल प्रदेश में स्थित है। सरदार सरोवर बांध की क्षमता 1450 मेगावाट है। यह गुजरात में स्थित है।
अतः विकल्प (A) सही है।

65. दक्कन के पठार का विस्तार 8 भारतीय राज्यों में है। दक्कन का पठार देश के दक्षिणी भाग के अधिकांश भाग को कवर करता है। यह तीन पर्वत श्रृंखलाओं के बीच स्थित है और आठ भारतीय राज्यों में फैली हुई है।
तेलंगाना
महाराष्ट्र
कर्नाटक
आंध्र प्रदेश
केरल
तमिल नाडु

इसमें मध्यप्रदेश और छत्तीसगढ़ का कुछ हिस्सा शामिल है।
अतः विकल्प (B) सही है।

66. ग्लोब पर चलने वाली एक काल्पनिक रेखा इसे दो समान भागों में विभाजित करती है। इस रेखा को भूमध्य रेखा कहा जाता है। पृथ्वी के उत्तरी आधे भाग को उत्तरी गोलार्ध कहा जाता है। दक्षिणी आधे भाग को दक्षिणी गोलार्ध कहा जाता है। भूमध्य रेखा से ध्रुवों तक सभी समानांतर वृत्त अक्षांशों के समांतर कहलाते हैं। अक्षांशों को डिग्री में मापा जाता है। चार महत्वपूर्ण अक्षांशों के समांतर हैं:

मकर रेखा दक्षिणी गोलार्ध में है। कर्क रेखा उत्तरी गोलार्ध में है। आर्कटिक ध्रुव भूमध्य रेखा के उत्तर में है। अण्टार्कटिक वृत्त भूमध्य रेखा के दक्षिण में है। इस प्रकार, हम कह सकते हैं कि मकर रेखा दक्षिणी गोलार्ध में स्थित है।
अतः विकल्प (C) सही है।

67. गर्मियों के महीने, देश के उत्तरी हिस्से में अत्यधिक गर्मी और गिरते वायु दाब की अवधि होती है। पंजाब, हरियाणा, पूर्वी राजस्थान और उत्तर प्रदेश में मई के दौरान शाम को धूल भरी आंधी सामान्य है। दिल्ली और पटना के बीच उच्च तीव्रता के साथ पंजाब से बिहार तक उत्तरी मैदानी इलाकों में लू गर्म और शुष्क हवाएँ हैं।
अतः विकल्प (A) सही है।

68. पंजाब में भूमि क्षरण का प्रमुख कारण अधिक सिंचाई है। अधिक सिंचाई से जल जमाव होता है जो बदले में मिट्टी में क्षारीयता और लवणता को बढ़ाता है।
अतः विकल्प (C) सही है।

69. भाखड़ा बांध उत्तरी भारत में हिमाचल प्रदेश के बिलासपुर में सतलज नदी पर एक ठोस गुरुत्वाकर्षण बांध है। बांध गोविंद सागर जलाशय का निर्माण करती है। हिमाचल प्रदेश के बिलासपुर जिले में 226 मीटर की ऊँचाई पर स्थित भाखड़ा गाँव के पास (अब जलमग्न) नदी के पास एक घाट पर स्थित बांध है।
अतः विकल्प (A) सही है।

70. स्वर्णिम चतुर्भुज एक उच्च घनत्व वाला ट्रैफिक कॉरिडोर है जो भारत के चार बड़े शहरों यानी दिल्ली-मुंबई-चेन्नई-कोलकाता को जोड़ता है। यह दुनिया के सबसे लंबे राजमार्गों में से एक के रूप में नामित है। यह पूर्व प्रधानमंत्री अटल बिहारी वाजपेयी का पहला ड्रीम प्रोजेक्ट था और आजादी के बाद के भारत में रोडवेज क्षेत्र में सबसे बड़े बुनियादी ढांचे के रूप में जाना जाता है।
अतः विकल्प (C) सही है।

71. अरब सागर भारत के पश्चिमी हिस्से की ओर स्थित है। इस सागर में गिरती वाली सभी नदियाँ अरब सागर जल निकासी प्रणाली बनाती हैं। अरब सागर के पश्चिमी ओर गिरती वाली नदियों के उदाहरण साबरमती नदी, माही, लूनी हैं।

अतः विकल्प (B) सही है।

72. गोदावरी को भारत में दक्षिणा गंगा के नाम से जाना जाता है। गंगा के बाद गोदावरी भारत की दूसरी सबसे लंबी नदी है। इसका स्रोत महाराष्ट्र के त्रयंबकेश्वर में है।
अतः विकल्प (A) सही है।

73. ठंडा रेगिस्तान बेहद ठंडी सर्दियों वाले रेगिस्तान हैं। ये रेगिस्तान आमतौर पर पहाड़ी क्षेत्रों में पाए जाते हैं। लद्दाख भारत का एकमात्र ठंडा रेगिस्तान है, जो हिमालय में स्थित है। यह मानसून से प्रभावित नहीं होता क्योंकि यह हिमालय के वर्षा छाया क्षेत्र में स्थित है। इस क्षेत्र में वर्षा 10 सेमी सालाना

जितनी कम होती है।
अतः विकल्प (B) सही है।

74. भारत के पश्चिमी तट के उत्तरी भाग को कोकण तट के रूप में जाना जाता है। इसके बीहड़ और संकीर्ण हिस्से पश्चिमी घाट के पश्चिमी भाग पर स्थित है। इसमें महाराष्ट्र, कर्नाटक और गोवा राज्य शामिल हैं। भौगोलिक रूप से, कोंकण पश्चिम में अरब सागर, पूर्व में दक्कन पठार से घिरा हुआ है।

अतः विकल्प (A) सही है।

75. कोप्पेन जलवायु वर्गीकरण प्रणाली पांच प्रमुख जलवायु प्रकारों को पहचानती है और प्रत्येक प्रकार को एक बड़े अक्षर- A, B, C, D, E और H द्वारा निर्दिष्ट किया जाता है। A, C, D, E को नम माना जाता है जबकि B को सूखा माना जाता है। H को हाइलैंड क्षेत्रों की जलवायु के रूप में जाना जाता है।
अतः विकल्प (D) सही है।

76. हिमालयन ट्रिलियम जड़ी बूटी के मानव के लिए कई उपयोग हैं और इस प्रकार लोगों को इसे उपयोग करने के लिए आमंत्रित किया जाता है, जो कि अतिपरिवर्तन का मार्ग प्रशस्त करता है। हाल के वर्षों में, यह संयंत्र अपनी उच्च औषधीय गुणवत्ता के कारण, हिमालयी क्षेत्र के सबसे अधिक कारोबार वाले वाणिज्यिक संयंत्रों में से एक बन गया है। यह हिमालय के समशीतोष्ण और उप-अल्पाइन क्षेत्रों में समुद्र तल से $2,400 - 4,000$ मीटर की ऊंचाई पर पाया जाता है। उनका अस्तित्व भारत, भूटान, नेपाल, चीन, अफगानिस्तान और पाकिस्तान में भी पाया गया है। भारत में, यह केवल चार राज्यों- हिमाचल प्रदेश, जम्मू और कश्मीर, सिक्किम और उत्तराखंड में पाया जाता है। अक्सर नागचत्री कहा जाता है, स्थानीय क्षेत्रों में यह जड़ी बूटी $15 - 20$ सेमी की ऊंचाई तक बढ़ती है।
अतः विकल्प (B) सही है।

77. हिमालय के ठंडे रेगिस्तानी क्षेत्र में पहली बार हिमालय सीरो का एक दृश्य देखा गया। हिमाचल प्रदेश के स्पीति में हर्लिंग गांव के पास इस पशु को देखा गया था। वैज्ञानिक नाम: हिमालयन सीरो, या मकारिस सुमाट्रेन्सिस थार, मुख्य भूमि के उप-भाग (मकारिस सुमाट्रंसिस) की एक उप-प्रजाति है।
अतः विकल्प (C) सही है।

78. शेवारॉय हिल्स तमिलनाडु में स्थित हैं। सेवारायण पहाड़ियाँ, जिसका नाम शेरावॉय हिल्स है, दक्षिणी भारत के तमिलनाडु राज्य में सलेम शहर के पास एक विशाल पर्वत श्रृंखला है। यह तमिलनाडु के प्रमुख हिल स्टेशनों और पूर्वी घाटों में से एक है। स्थानीय तमिल नाम एक स्थानीय देवता, सेवारन से आता है।
अतः विकल्प (D) सही है।

79. केन-बेतवा लिंक परियोजना (KBLP) नदी इंटरलिंकिंग परियोजना है, जिसका उद्देश्य मुख्य रूप से उत्तर प्रदेश के झाँसी, बाँदा, ललितपुर और महोबा और मध्यप्रदेश के टिकमगढ़, पन्ना और छत्तरपुर जिलों में फैले सूखाग्रस्त बुंदेलखंड क्षेत्र को सिंचित करने के लिए मध्यप्रदेश में केन नदी से उत्तरप्रदेश के बेतवा में अधिशेष जल स्थानांतरित करना है । इसलिए, कथन 2 सही नहीं है। यह देश की पहली नदी इंटरलिंकिंग परियोजना है।
अतः विकल्प (A) सही है।

80. एक लैगून जल का एक उथला निकाय है जिसमें जल के एक बड़े निकाय के लिए छिद्र हो सकता है, लेकिन इसे एक सैंडबार या कोरल रीफ द्वारा भी संरक्षित किया जाता है। उदाहरण: हिल्टन लैगून, हवाई, विनीशियन लैगून, लेक नोके, गनेवी, बेनिन, पिस्सो झील, लाइबेरिया, लाइकियन लैगून। वेनिस लैगून इटली के शहर वेनिस की "महारानी एड्रियाटिक" का घर है।
अतः विकल्प (A) सही है।

81. रोहतांग दर्रा मनाली से लगभग 51 किमी दूर हिमालय के पीर पंजाल सीमा के पूर्वी छोर पर एक ऊंचा पहाड़ी दर्रा है। यह हिमाचल प्रदेश के लाहोल और स्पीति घाटियों के साथ कुल्लू घाटी को जोड़ता है। यह मनाली और लेह को सड़क मार्ग से जोड़ता है।

अतः विकल्प (C) सही है।

82. दोनों कथन व्यक्तिगत रूप से सही है और कथन II कथन I का सही स्पष्टीकरण है।
महाराष्ट्र के आंतरिक भाग में ग्रीष्म काल में पर्याप्त वर्षा नहीं होती है क्योंकि महाराष्ट्र का आंतरिक हिस्सा पश्चिमी घाटों के वृष्टि छाया प्रदेश में स्थित है। वृष्टि छाया एक पर्वत की ओट की तरफ है और पश्चिमी घाटों को इसकी भौगोलिक स्थिति के कारण अधिकतर पर्वतकृत वर्षा प्राप्त होती है।
अतः विकल्प (A) सही है।

83. मैंग्रोव वनों का विश्व का सबसे बड़ा क्षेत्र सुंदरवन है। सुंदरवन एक यूनेस्को विश्व धरोहर स्थल है और कोलकाता से लगभग 110 किलोमीटर दूर 24 परगना जिले के दक्षिणपूर्वी छोर पर स्थित है। सुंदरवन को इसका नाम सुंदरी (हेरीटिएरा माइनर) के रूप में जाना जाने वाले मैंग्रोव पौधों में से एक से मिला है सुंदरवन दुनिया के सबसे बड़े डेल्टा का एक हिस्सा है, जो गंगा, ब्रह्मपुत्र और मेघना नदियों से मिलकर बना है।
अतः विकल्प (D) सही है।

84. चावल की पोक्कल्ली किस्म अपने खारे पानी के प्रतिरोध के लिए जानी जाती है और तटीय अलाप्पुझा, एर्नाकुलम और केरल के त्रिशूर जिलों के धान के खेत में उपजती है।
अतः विकल्प (C) सही है।

85. नर्मदा की उत्पत्ति मध्य प्रदेश के अनूपपुर जिले के अमरकंटक पठार से हुई है। यह उत्तर भारत और दक्षिण भारत के बीच की पारंपरिक सीमा बनाती है और गुजरात के भरूच शहर के 30 किलोमीटर (18.6 मील) पश्चिम से निकलते हुए खंभात की खाड़ी से होकर अरब सागर मे गिरने से पहले 1,312 किमी (815.2 मील) की लंबाई में पश्चिम की ओर बहती है। गंगा ब्रह्मपुत्र और चिनाब सभी की उत्पत्ति हिमालय से हुई है।
अतः विकल्प (C) सही है।

86. वर्षा प्रमापी स्टेशनों के लिए साइट का चयन करते समय निम्नलिखित बिंदुओं पर विचार किया जाना चाहिए:

साइट समतल जमीन पर और खुली जगह में होनी चाहिए। यह कभी भी ढलान वाली जमीन पर नहीं होना चाहिए। साइट ऐसी होनी चाहिए कि गेज स्टेशन और वस्तुओं (जैसे कि एक पेड़, भवन, आदि) के बीच की दूरी वस्तुओं की ऊंचाई से कम से कम दोगुनी होनी चाहिए। पहाड़ी क्षेत्र में, जहां समतल जमीन उपलब्ध नहीं है, साइट को इस प्रकार चुना जाना चाहिए कि स्टेशन अधिक हवा से अच्छी तरह से परिरक्षित हो सके।
अतः विकल्प (D) सही है।

87. अंतःस्यंदन की दर हमेशा अंतःस्यंदन क्षमता के बराबर या उससे कम होती है। अंतःस्यंदन गुरुत्वाकर्षण क्रिया और दाब प्रभाव के अंतर्गत मृदा की सतह में छिद्रित माध्यम पानी का प्रवाह है। अंतःस्यंदन को प्रभावित करने वाले कारक जैसे बनावट, संरचना, द्रवगतिक विशेषताऐं होती हैं जो केशिका बलों और अवशोषण और मृदा आच्छादन को प्रभावित करते हैं।

अतः विकल्प (B) सही है।

88. वार्षिक अधिकतम बाढ़ परिमाण के प्राप्त होने की संभावना = 1/ वापसी की अवधि

$$\Rightarrow p = \frac{1}{T} = 0.1$$

$$\Rightarrow q = 1 - p = 0.9$$

अगले 4 सालों में कम से कम एक बार बाढ़ आने की संभावना

= 1 - अगले 4 सालों में कोई बाढ नहीं

$$= 1 - q^4$$

$$= 1 - (0.9)^4 = 0.35$$

अतः विकल्प (B) सही है।

89. जल भराव: एक कृषि भूमि में जल भराव कहा जाता है जब फसलों का मूल क्षेत्र उच्च भौम जल स्तर से भर जाता है और गलत ढंग से वातित हो जाता है। जल भराव की समस्या से उत्पादकता प्रभावित होती है।

जल भराव और लवणता: जब भौम जल स्तर में काफी वृद्धि होती है तो यह फसलों के मूल क्षेत्र के अंदर आ जाता है और पानी में मौजूद घुलनशील लवण भी सतह की ओर आ जाते हैं। इसलिए, जब पानी का वाष्पीकरण होता है तो लवण मूल क्षेत्र में जमा हो जाते हैं, जिसके परिणामस्वरूपप लवणता में वृद्धि होती है। इसलिए, यह परासरण की प्रक्रिया को प्रभावित करता है जिसके परिणामस्वरूप जड़ों की जल निकासी क्षमता में कमी आती है। इस प्रकार, जल भराव फसलों की उत्पादकता या उपज को कम कर देता है।

जल भराव पर नियंत्रण: सतह और उप-सतह के जल निकासी के उपयोग से तूफान के पानी और सिंचाई के अतिरिक्त पानी को निकालने के लिए दक्ष जल निकासी के प्रावधान से जल भराव को नियंत्रित किया जा सकता है। ये जल निकासी जांच करेगी और मृदा के द्रव्यमान में रिसाव के पानी को कम करेगी, जिससे जल भराव की संभावना कम हो जाएगी। लेकिन इसे पूरी तरह से समाप्त नहीं किया जा सकता है क्योंकि मृदा में हमेशा कुछ पानी का रिसाव होगा।
अतः विकल्प (C) सही है।

90. ड्रिप सिंचाई जल को कम दाब पर लैंडस्केप वानस्पतिक सामग्री के जड़ क्षेत्र पर अथवा इसके निकट धीरे धीरे पहुंचाने की विधि है। इसे अक्सर लक्षित या यथार्थ सिंचाई के रूप में संदर्भित किया जाता है, क्योंकि ड्रिप सिंचाई यथार्थ क्षेत्र को लक्षित करती है। सिंचाई की अधिकतम जल बचाने वाली विधि ड्रिप विधि है।
अतः विकल्प (B) सही है।

91. hectares per cum/s में ड्यूटी (D), मीटर में डेल्टा और आधार अवधि (B) के बीच का संबंध निम्नलिखित विवरणों द्वारा दिया गया है:

$$D = \frac{8.64B}{\Delta}$$

$$D = \frac{8.64\times10}{8.64\times10^{-2}}$$

$\therefore$ इसीलिए, ड्यूटी $= 1000$ हेक्टेयर प्रति क्युमेक् / सेकंड
अतः विकल्प (D) सही है।

92. वाष्पन: यह वह प्रक्रिया है जिसमें उष्मा ऊर्जा के स्थानांतरण के माध्यम से क्वथनांक के नीचे मुक्त सतह पर तरल गौसीय अवस्था में परिवर्तित होता है।

वाष्प दाब: वाष्प दाब को एक बंद प्रणाली में दिए गए तापमान पर अपने संघनित फेज (ठोस या तरल) के साथ ऊष्मागतिकी संतुलन में वाष्प द्वारा लगाऐ गए दाब के रूप में परिभाषित किया जाता है।

वाष्पन-उत्सर्जन: यह वह प्रक्रिया है जिसके द्वारा जल एक सजीव पौधे के शरीर को छोड़ देता है और जल वाष्प के रूप में वायुमंडल में पहुंच जाता है।
अतः विकल्प (D) सही है।

93. विक्टोरिया फॉल्स अफ्रीका के सबसे महान आकर्षणों में से एक है और दुनिया के सबसे शानदार झरनों में से एक है। विक्टोरिया फॉल्स अफ्रीका की चौथी सबसे बड़ी नदी, ज़ेम्बेजी नदी पर स्थित है, जो जाम्बिया और ज़िम्बाब्वे के बीच की सीमा को भी परिभाषित कर रही है।

अतः विकल्प (C) सही है।

94. इकाई जलालेख सिद्धांत में अनुमान:

1. समय निश्चरता: इसका अर्थ है कि जलग्रहण में एक दिए गए प्रभावी वर्षा (ER) के लिए प्रत्यक्ष अपवाह जलालेख समय निश्चर होता है अर्थात यह इसके होने के समय निरपेक्ष सदैव समान होता है।

2. रैखिक प्रतिक्रिया: अत्यधिक वर्षा के लिए प्रत्यक्ष अपवाह प्रतिक्रिया को रिखिक माना जाता है अर्थात इनपुट मान में कोई भी बदलाव रैखिक रूप से आउटपुट मान में प्रतिबिंबित होता है।
अतः विकल्प (C) सही है।

95. विभिन्न वर्षा प्रमापी स्टेशनों पर बिंदु वर्षा मान को एक जलग्रहण क्षेत्र पर औसत मान में परिवर्तित करने के लिए निम्न तरीके हैं:

1. अंकगणितीय माध्य विधि

2. थिएसेन बहुभुज विधि

3. आइसोहायटेल विधि
अतः विकल्प (B) सही है।

96. दिया गया है कि, ϕ सूचकांक =3.2 सेमी / घंटा

140 मिनट में लगातार 20 मिनट की अवधि के लिए बारिश की दर $2.5, 2.5, 10, 7.6, 1.25,$ और 1.25 और 5 सेमी / घंटा है।लेकिन इनमें से केवल $10, 7.6$ और 5 सेमी / घंटा की दर फाइ-सूचकांक से अधिक है। इसलिए, अपवाह (R) की गणना करने के लिए वर्षा की केवल इस दर पर विचार किया जा सकता है।

प्रभावी वर्षण का मान, $P = \frac{113}{15}$ सेमी, और वर्षा की प्रभावी अवधि $T = 1$ घण्टा.

$\therefore R = \frac{113}{15} - 3.2 \times 1 = 7.533 - 3.2 = 4.333$ सेमी
अतः विकल्प (B) सही है।

97. नदी बांध एक संरचना है जो एकमात्र अंतर के साथ वियर के समान है कि शिखा को निम्न स्तर पर रखा जाता है और पानी का पोंडिंग मुख्य रूप से गेट्स के माध्यम से पूरा किया जाता है। बाढ़ के दोरान इन गेटों को HFL से ऊपर उठाया जा सकता है और इस प्रकार उच्च बाढ़ को न्यूनतम एफ्लक्स से गुजरने में सक्षम बनाया जाता है।

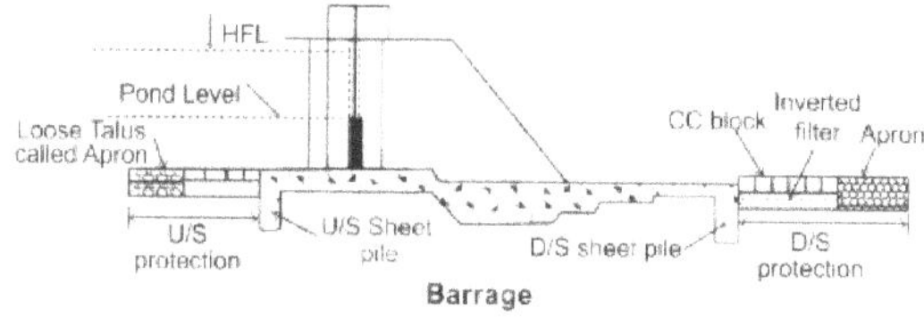

Barrage

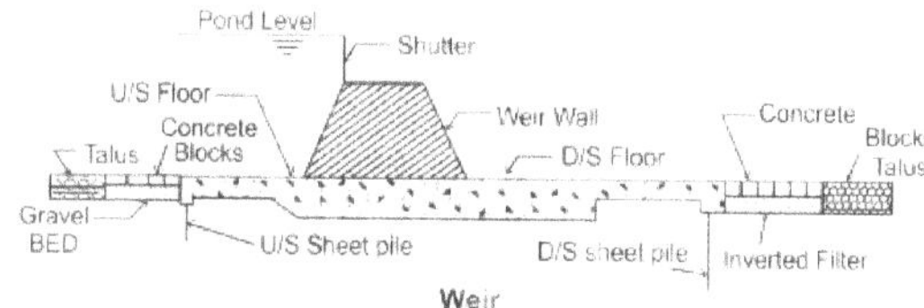

Weir

अतः विकल्प (D) सही है।

98. दिया हुआ है: कुएं की क्षमता = 4 मीटर³ / घंटा,

$\therefore$ 20 दिनों के लिए कुऐं से होने वाला कुल निस्सरण= $4 \times 20 \times 20 = 1600$ मीटर³

$\Rightarrow$ सिंचाई क्षेत्र $= \frac{1600}{0.07} = 2.29 \times 10^4$ मीटर² [$\because$ क्षेत्रफल = निस्सरण/ गहराई]

अतः विकल्प (D) सही है।

99. बाढ़ अनुमार्गण: यह नदी या जलाशय के एक भाग में या एक से अधिक ऊर्ध्वप्रवाह वर्गों में बाढ़ के प्रवाह का उपयोग करके बहिर्वाह पैटर्न या बाढ़ जलालेख को निर्धारित करने की तकनीक है।

जलालेख: एक हाइड्रोग्राफ एक ग्राफ या प्लॉट है जो एक विशिष्ट बिंदु या क्रॉस सेक्शन को देखते हुए समय के संबंध में जल प्रवाह की दर को दर्शाता है। ये ग्राफ अक्सर किसी विशेष परियोजना पर विचार करते हुए किसी विशेष साइट पर तूफानी जल अपवाह का मूल्यांकन करने के लिए उपयोग किए जाते हैं।

बाढ़ विसर्जन: यह शीर्ष प्रवाह पर जलागम क्षेत्रफल से विसर्जित होता है। इस पर विचार करते हुए पुलों, पुलिया जलमार्गों और उत्प्लव मार्ग और हाइड्रोलिक संरचनाओं का डिजाइन तैयार किया जाता है।

अपवाह मापन : अपवाह का अर्थ है एक सतह प्रणाली के माध्यम से एक जलग्रहण क्षेत्र से वर्षा की निकासी। इकाई जलालेख विधि का उपयोग अपवाह को निर्धारित करने के लिए किया जाता है।

अतः विकल्प (D) सही है।

100. द्विज्या झरना : इस प्रकार के झरने में, पानी को धीरे-धीरे उत्तल और अवतल वक्र प्रदान करके नीचे ले जाया जाता है जैसा कि नीचे चित्र में दिखाया गया है।

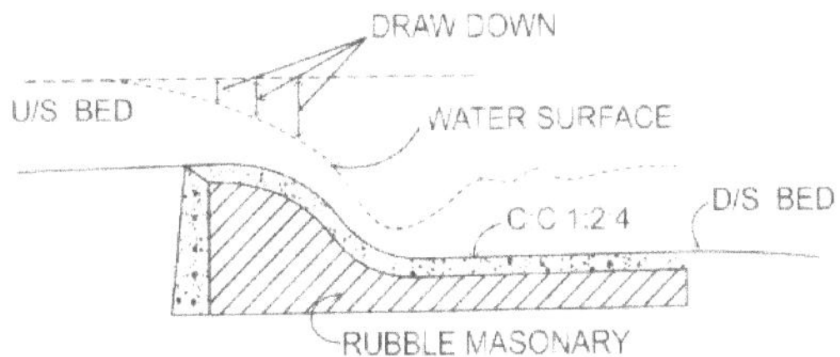

अतः विकल्प (D) सही है।

101. ब्रह्मपुत्र उत्पत्ति सियांग या दिहांग के नाम से होती है, जो मानसरोवर झील के पास कैलाश पर्वत के चेमायुंगडुंग ग्लेशियर से निकलती है। यह हिमालय के समानांतर पूर्व की ओर बहती है। यह तिब्बत में बड़ी संख्या में सहायक नदियाँ प्राप्त करता है और भारत, बांग्लादेश और चीन से होकर बहती है। पहली बड़ी सहायक नदी राग त्सांग्पो में ल्हात्से द्ज़ोंग के पास त्सांगपो में मिलती है। नामचा बरवा पहुंचने के बाद, यह "U" मोड़ (जिसे हेयर पिन मोड़ भी कहा जाता है) और हिमालय के गहरे दिहांग या सियांग मार्ग से होकर अरुणाचल प्रदेश के सदिया शहर के पश्चिम में प्रवेश करता है।
अतः विकल्प (D) सही है।

102. मैकमोहन रेखा चीन (तिब्बती क्षेत्र) और भारत (उत्तर-पूर्व क्षेत्र) के बीच की सीमा रेखा है। यह रेखा ब्रिटिश औपनिवेशिक प्रशासक हेनरी मैकमोहन के द्वारा 1914 में शिमला सम्मेलन में प्रस्तावित किया गया था। इसे तिब्बती प्रतिनिधियों और अंग्रेजों के बीच हस्ताक्षरित किया गया था।
अतः विकल्प (B) सही है।

103. तीन भारतीय राज्य और एक केंद्र शासित प्रदेश पाकिस्तान के साथ एक सीमा साझा करते हैं। भारतीय राज्य/केंद्र शासित प्रदेश जो पाकिस्तान के साथ सीमा साझा करते हैं:

1. जम्मू और कश्मीर

2. राजस्थान

3. गुजरात

4. पंजाब

अतः विकल्प (D) सही है।

104. बैकाल झील दुनिया की सबसे बड़ी मीठे पानी की झील है। बैकाल झील रूस में पूर्वी साइबेरिया क्षेत्र के दक्षिणी भाग में स्थित एक दरार नदी है। बैकाल झील में पृथ्वी की सतह पर मीठे पानी की झील का पांचवा हिस्सा है यह सतह क्षेत्र द्वारा सातवीं सबसे बड़ी झील है।
अतः विकल्प (C) सही है।

105. विक्टोरिया झील, जिसे अफ्रीका की सबसे बड़ी झील और नील नदी का प्रमुख जलाशय, विक्टोरिया नैन्याजा भी कहा जाता है, मुख्य रूप से तंजानिया और युगांडा में बहती है, लेकिन केन्या पर सीमावर्ती है। यह पृथ्वी पर तीसरी सबसे बड़ी ताजे पानी की झील भी है।
अतः विकल्प (C) सही है।

106. वलित पर्वत अंतर्जात बलों (भूकंप, भूस्खलन, आदि) द्वारा उत्पन्न संपीड़ित बलों के कारण बनता है। वलित पर्वतो के उदाहरण हिमालय, अल्प्स, एंडीज, रॉकीज, एटलस आदि हैं। नव वलित पर्वत: महाद्वीपीय बहाव के बाद यह अस्तित्व में आया। हिमालय को दुनिया का सबसे युवा पर्वत माना जाता है। पुराने पर्वत: वे पूर्व-बहाव युग से संबंधित हैं, फिर वंचना और उत्थान के अधीन हैं, उदा- अरावली (भारत), आदि।
अतः विकल्प (B) सही है।

107. भारत की सबसे लंबी सीमा बांग्लादेश के साथ है और सबसे छोटी सीमा अफगानिस्तान के साथ है। यह चीन के साथ लद्दाख, हिमाचल प्रदेश, उत्तराखंड, सिक्किम और अरुणाचल प्रदेश के साथ 3488 किलोमीटर लंबी सीमा साझा करता है। भारत- नेपाल सीमा उत्तराखंड, उत्तर प्रदेश, बिहार, पश्चिम बंगाल और सिक्किम राज्यों के साथ एक छिद्रपूर्ण 1051 किलोमीटर की सीमा है।
अतः विकल्प (A) सही है।

108. ड्रेसडेन रेखा प्राग में नई रेलवे लाइन है। रेडक्लिफ रेखा - यह सीमा रेखा भारत और पाकिस्तान के बीच है जो 1947 में सर सिरिल रेडक्लिफ द्वारा बनाई गई थी। डुरंड रेखा - यह पाकिस्तान और अफगानिस्तान के बीच है।
अतः विकल्प (A) सही है।

109. गिनीज बुक ऑफ वर्ल्ड रिकॉर्ड्स ने माजुली को दुनिया के सबसे बड़े नदी द्वीप का नाम दिया है। यह सुंदर नदी द्वीप असम में ब्रह्मपुत्र नदी पर स्थित है। यह दक्षिण में ब्रह्मपुत्र नदी, और उत्तर में खेरकुटिया खुटी, ब्रह्मपुत्र की उपधारा, सुबानसिरी नदी द्वारा बना है। यह द्वीप मिसिंग, देउरी और सोनोवाल कछारी जनजातियों द्वारा बसाया गया है।
अतः विकल्प (B) सही है।

110. जिब्राल्टर की जलसंधि अटलांटिक महासागर को भूमध्य सागर से जोड़ती है और यूरोपीय महाद्वीप पर स्पेन को अफ्रीकी महाद्वीप पर मोरक्को से अलग करती है।
अतः विकल्प (C) सही है।

111. नर्मदा और ताप्ती प्रमुख नदियाँ हैं जो अरब सागर में गिरती हैं। नर्मदा पूर्वी मध्य प्रदेश (भारत) में निकलती है और विंध्य रेंज और सतपुड़ा रेंज के स्पर्स के बीच एक संकीर्ण घाटी के माध्यम से, पूरे राज्य में पश्चिम में गिरती है।
अतः विकल्प (A) सही है।

112. पाक जलडमरूमध्य भारत और श्रीलंका के बीच एक जलडमरूमध्य है। यह उत्तर-पूर्व में बंगाल की खाड़ी को दक्षिण-पश्चिम में मन्नार की खाड़ी से जोड़ता है। यह श्रृंखला तामिलनाडु में पंबन (रामेश्वरम) द्वीप पर धनुषकोडी और श्रीलंका में मन्नार द्वीप के बीच फैली हुई है।
अतः विकल्प (A) सही है।

113. डंकन मार्ग हिंद महासागर में एक जलसन्धि है। यह लगभग 48 किमी (30 मील) चौड़ा है, यह उत्तर में रटलैंड द्वीप (ग्रेट अंडमान का हिस्सा) और दक्षिण में छोटा अंडमान को अलग करता है। डंकन जलसन्धि के पश्चिम में बंगाल की खाड़ी है, पूर्व में अंडमान सागर है।
अतः विकल्प (B) सही है।

114. मॉरीशस देश की भारत के साथ सीमा नहीं लगती है। यह औपचारिक रूप से मॉरीशस गणराज्य, जापानी राष्ट्र महाद्वीप में महासागर के भीतर छोटे दूरस्थ शुष्क भूमि का एक राष्ट्र विकासशील देश है इसकी राजधानी पोर्ट लुईस है।
अतः विकल्प (C) सही है।

115. उज्जैन मध्य प्रदेश में एक जिला है। यह चंबल नदी की सहायक नदी शिप्रा (शिप्रा) नदी के पूर्वी किनारे पर मालवा पठार पर स्थित है। उज्जैन, सात पवित्रतम हिंदू शहरों में से एक है। इसका नाम संस्कृत जय से लिया गया है। यह शहर आर्यन अवंती साम्राज्य (छठी-चौथी शताब्दी ईसा पूर्व) की राजधानी (उज्जयिनी के रूप में) प्राचीन हिंदू भूगोलवेत्ताओं के पहले मध्याह्न पर पड़ा था।
अतः विकल्प (A) सही है।

116. बहिर्मंडल को पृथ्वी के गैसीय आवरण का वास्तविक "अंतिम सीमांत" माना जाता है। बहिर्मंडल में "हवा" बहुत ही पतली परत के रूप में होती है,

जिससे यह इस परत को बाह्य वायुमंडल की तुलना में ओर भी अधिक अंतरिक्ष जैसा बना देता है। वास्तव में, बहिर्मंडल में हवा लगातार - हालांकि बहुत धीरे-धीरे - पृथ्वी के वायुमंडल से बाहरी अंतरिक्ष में "रिसाव" कर रही है।

अतः विकल्प (B) सही है।

117. भूगोल दो मुख्य शाखाओं में विभाजित है: मानवीय भूगोल और भौतिक भूगोल। मानव भूगोल या मानव विज्ञान, भूगोल की शाखा है जो संबद्ध है और मनुष्यों और समुदायों, संस्कृतियों, अर्थव्यवस्थाओं के साथ उनके संबंधों और स्थानों के साथ और उनके संबंधों का अध्ययन करके पर्यावरण के साथ संबंधित है।
अतः विकल्प (D) सही है।

118. फ्रेड्रिक रैटज़ेल के अनुसार, "मानव भूगोल मानव समाज और पृथ्वी की सतह के बीच संबंध का सिंथेटिक अध्ययन है"। रैटज़ेल के पिता बैडेन के ग्रैंड ड्यूक के घरेलू कर्मचारियों के प्रमुख थे। फ्रेडरिक ने 15 साल की उम्र में एपलसीरीज़ में प्रशिक्षु होने से पहले कार्ल्सुहे के हाई स्कूल में पढ़ाई की थी। 1863 में, वह स्विट्जरलैंड के ज्यूरिख झील पर रैपरस्विल गए, जहां उन्होंने क्लासिक्स का अध्ययन करना शुरू किया।
अतः विकल्प (C) सही है।

119. गरीबी, अभाव और सामाजिक असमानता के मूल कारण को समझाने के लिए विचारो के कट्टरपंथी स्कूल ने मार्क्सियन सिद्धांत को नियोजित किया। समकालीन सामाजिक समस्याएं पूंजीवाद के विकास से संबंधित थीं। मार्क्सवादी अर्थशास्त्र 19 वीं शताब्दी के अर्थशास्त्री और दार्शनिक कार्ल मार्क्स के काम पर आधारित आर्थिक विचार की एक पाठशाला है।
अतः विकल्प (C) सही है।

120. जनसंख्या घनत्व के अनुसार, बांग्लादेश 1 स्थान पर है, क्योंकि बांग्लादेश का भूमि क्षेत्र वहां के लोगों की संख्या के अनुसार छोटा है। बांग्लादेश लगभग 1260 लोगों के साथ प्रति वर्ग किलोमीटर में घनी आबादी है। यह अपने पड़ोसी देश भारत से लगभग तीन गुना घना है।
अतः विकल्प (A) सही है।

121. 166 मिलियन लोगों की आबादी वाला उत्तर प्रदेश भारत का सबसे अधिक आबादी वाला राज्य है। देश की आबादी का लगभग 16.16 प्रतिशत उत्तर प्रदेश में है।
अतः विकल्प (C) सही है।

122. जनसंख्या घनत्व की गणना के बीच सबसे आम प्रकार प्रति वर्ग किलोमीटर व्यक्तियों की संख्या द्वारा परिभाषित किया गया है। जनसंख्या घनत्व की गणना कुछ स्थानिक इकाइयों पर जनसंख्या की एकाग्रता को दर्शाती है, और भारत की जनगणना प्रति वर्ग किलोमीटर व्यक्तियों की संख्या को अपने सिद्धांत विधि के रूप में उपयोग करती है जिसके साथ जनसंख्या घनत्व को मापने के लिए। जम्मू और कश्मीर का जनसंख्या घनत्व 100 व्यक्ति प्रति वर्ग किलोमीटर से कम है, आधार जनसंख्या में प्रत्येक 100 व्यक्तियों के लिए दो व्यक्तियों की वृद्धि हुई थी।
अतः विकल्प (A) सही है।

123. नीती अयोग के रिकॉर्ड के अनुसार छत्तीसगढ़ वह राज्य है जहाँ जनसंख्या घनत्व 250 व्यक्ति प्रति वर्ग किमी से कम है। प्रति वर्ग किमी 250 से कम जनसंख्या घनत्व वाले अन्य राज्य हैं: अरुणाचल प्रदेश, हिमाचल प्रदेश, जम्मू और कश्मीर, मध्य प्रदेश, मणिपुर, मेघालय, नागालैंड, मिजोरम, राजस्थान सिक्किम और उत्तराखंड।

अतः विकल्प (C) सही है।

124. उच्च जन्म दर एक आबादी में बच्चों के बड़े अनुपात का परिणाम है। बच्चों और वृद्धों का प्रतिशत निर्भरता अनुपात को प्रभावित करता है क्योंकि ये समूह निर्माता नहीं हैं।
अतः विकल्प (C) सही है।

125. मृत्यु दर एक वर्ष में प्रति हजार व्यक्तियों की मृत्यु की संख्या है। भारतीय जनसंख्या की वृद्धि दर का मुख्य कारण मृत्यु दर में तेजी से गिरावट है।
अतः विकल्प (B) सही है।

मॉक टेस्ट 03

Q.1 वायुमंडल का एक स्तर जो आंशिक रूप से इलेक्ट्रॉनों और धनात्मक आयनों से बना होता है, उसे क्या कहा जाता है?

A. उष्णकटिबंधीय **B.** आयनोस्फियर
C. समतापमण्डल **D.** मेसोस्फीयर

Q.2 ग्रे वॉटर क्या है?

A. रसोई से निकलने वाला अपशिष्ट जल
B. शौचालयों से निकलने वाला अपशिष्ट जल
C. कारखानों से निकलने वाला अपशिष्ट जल
D. अस्पतालों से निकलने वाला अपशिष्ट जल

Q.3 दुनिया में सबसे बड़ा डेल्टा ____ है।

A. पीली नदी डेल्टा **B.** गंगा-ब्रह्मपुत्र डेल्टा
C. मिसिसिपी डेल्टा **D.** इनमें से कोई नहीं

Q.4 पाल्क जलडमरूमध्य भारत के तमिलनाडु राज्य और श्रीलंका के द्वीप राष्ट्र के उत्तरी प्रांत के ______ जिले के बीच एक जलडमरूमध्य है।

A. पट्टालम **B.** चुन्नाकम **C.** मन्नार **D.** चिलाव

Q.5 पृथ्वी का अपना वायुमंडल किसके कारण होता है?

A. पवन **B.** बादल
C. गुरुत्वाकर्षण **D.** पृथ्वी की घूर्णन

Q.6 कार्बन मोनोऑक्साइड प्रदूषक क्यों है?

A. हीमोग्लोबिन के साथ प्रतिक्रिया करता है
B. यह ग्लाइकोलिसिस को रोकता है
C. यह ऑक्सीजन के साथ प्रतिक्रिया करता है
D. इनमें से कोई नहीं

Q.7 पृथ्वी के वायुमंडल की कौन सी परत में ओजोन परत होती है?

A. उष्णकटिबंधीय **B.** मेसोस्फीयर
C. आयनमंडल **D.** स्ट्रेटोस्फीयर

Q.8 हिमालय की सबसे बाहरी श्रेणी को ___ कहा जाता है।

A. हिमाद्री **B.** शिवालिक **C.** हिमाचल **D.** कुमाऊं

Q.9 भारत किस देश के साथ सबसे लंबी अंतर्राष्ट्रीय सीमा साझा करता है?

A. बांग्लादेश **B.** चीन **C.** नेपाल **D.** भूटान

Q.10 प्रायद्वीपीय भारत में, प्रवाहित मानसून की हवा की दिशा क्या है?

A. दक्षिण-पूर्व से **B.** दक्षिण-पश्चिम से
C. उत्तर से **D.** दक्षिण से

Q.11 दक्षिणी दोलन की खोज किसके द्वारा की गई थी?

A. सर गिल्बर्ट वाकर **B.** फ्लोहन
C. सर पाल्कर **D.** सर थॉमसन

Q.12 कौन सा महीना मानसून के वापसी के समय के लिए जाना जाता हैं?

A. अप्रैल और मई **B.** जून और अगस्त
C. अक्टूबर और नवंबर **D.** मार्च और अप्रैल

Q.13 मृदा अपरदन किस कारण होता है?

A. पानी द्वारा क्षरण
B. हवा से क्षरण
C. पृथ्वी की प्लेट विवर्तनिकी के कारण
D. A और B दोनों

Q.14 भारत में सभी मृदा समूहों में कौन सा सबसे बड़ा मृदा समूह है?

A. लाल मृदा **B.** जलोढ़ मृदा
C. काली मृदा **D.** मरुस्थली मृदा

Q.15 कोववाड़ा परमाणु पार्क परियोजना किस राज्य में स्थापित करने का प्रस्ताव रखा गया है?

A. राजस्थान **B.** उत्तर प्रदेश
C. आंध्र प्रदेश **D.** कर्नाटक

Q.16 दुनिया का सबसे बड़ा द्वीप कौन सा है?

A. ग्रीनलैंड **B.** आइसलैंड
C. न्यू गिनी **D.** मेडागास्कर

Q.17 नंदादेवी चोटी __________ राज्य में स्थित है

A. हिमाचल प्रदेश **B.** उत्तराखंड
C. उत्तर प्रदेश **D.** सिक्किम

Q.18 निम्नलिखित में से कौन सा ऊर्जा का एक गैर पारंपरिक स्रोत नहीं है?

A. सौर ऊर्जा **B.** प्राकृतिक गैस
C. वायु ऊर्जा **D.** ज्वार शक्ति

Q.19 ओसांक क्या है?

A. वह तापमान जिस पर एक हवा असंतृप्त हो जाती है
B. वह तापमान जिस पर हवा गर्म से ठंडी हो जाती है
C. वह तापमान जिस पर एक हवा संतृप्त हो जाती है
D. उपरोक्त में से कोई भी नहीं

Q.20 विकिरण विलोमन केवल ___ पर होता है

A. वायु सतह
B. महासागर की सतह
C. भूतल
D. उपरोक्त में से कोई भी नहीं

Q.21 कुछ क्षेत्र की आर्द्रता के अधिकतम सीमा के साथ के तुलनात्मक अनुपात को क्या कहा जाता है?

A. सापेक्षिक क्षमता **B.** सापेक्ष आर्द्रता
C. अति आर्द्रता **D.** हल्की आर्द्रता

Q.22 ________ में परिवर्तन के कारण मार्बल का निर्माण होता है।

A. चिकनी मिट्टी **B.** चूना पत्थर
C. बलुआ पत्थर **D.** ग्रेनाइट

Q.23 लोएस एक है-

A. चट्टानों की क्षति **B.** पशु निक्षिप्त अवसाद
C. पानी निक्षिप्त अवसाद **D.** हवा निक्षिप्त अवसाद

Q.24 बैरन द्वीप पर, भारत का एकमात्र सक्रिय ज्वालामुखी कहाँ स्थित है?

A. अंडमान द्वीप समूह **B.** निकोबार द्वीप समूह
C. लक्षद्वीप **D.** मिनीकॉय

Q.25 ओजोन परत में कमी_________ के कारण होती है।

A. नाइट्रस ऑक्साइड **B.** कार्बन डाइऑक्साइड
C. क्लोरोफ्लोरोकार्बन **D.** मीथेन

Q.26 हिमालय _______ का उदाहरण है।

A. वलित पर्वत
B. ब्लाक पर्वत
C. प्राचीन पहाड़
D. अवशिष्ट पहाड़

Q.27 निम्नलिखित में से भारत में ही उत्पन्न होने वाली सबसे लम्बी नदी कौन सी है?

A. ब्रह्मपुत्र **B.** गंगा **C.** यमुना **D.** गोदावरी

Q.28 मालवा पठार किस राज्य का हिस्सा नहीं है?

A. राजस्थान **B.** गुजरात **C.** महाराष्ट्र **D.** मध्य प्रदेश

Q.29 निम्नलिखित में से कौन सा कथन गलत है?

A. सुंदरबन डेल्टा में विश्व का सबसे बड़ा मैन्ग्रोव वन है
B. भारत विश्व का सबसे बड़ा माइका उत्पादक है
C. ईस्टर आइलैंड एक मात्र ऐसा क्षेत्र है जो पृथ्वी पर भारत की ठीक विपरीत दिशा में स्थित है
D. भारत की सबसे बड़ी खारे पानी की झील गुजरात में स्थित है

Q.30 इंडोनेशिया की लदांग कृषि प्रणाली किस प्रकार की है?

A. रोपाई
B. स्थानान्तरण कृषि
C. मिश्रित खेती
D. बागवानी

Q.31 भूगोल में संवहन की वर्तमान परिकल्पना के सिद्धांत को किसने प्रतिपादित किया?

A. आर्थर होम्स
B. कार्ल रिटर
C. अर्नालदो फौस्टिनी
D. इमैनुअल कांट

Q.32 महाराष्ट्र सरकार द्वारा बनाया जा रहा बबली प्रोजेक्ट किस नदी पर स्थित है?

A. भीमा नदी
B. कृष्णा नदी
C. गोदावरी नदी
D. पैनगंगा नदी

Q.33 मतभंगा नदी किन दो देशों के बीच सीमा बनाती है?

A. भारत और नेपाल
B. भारत और बांग्लादेश
C. भारत और म्यांमार
D. भारत और श्रीलंका

Q.34 मणिकर्ण गर्म जल स्त्रोत किस राज्य में स्थित है?

A. उत्तराखंड
B. हिमाचल प्रदेश
C. जम्मू-कश्मीर
D. गुजरात

Q.35 भारत का 60% नमक किस राज्य द्वारा उत्पादित किया जाता है?

A. राजस्थान **B.** ओडिशा **C.** गुजरात **D.** महाराष्ट्र

Q.36 निम्नलिखित में से कौन सी दुनिया की सबसे बड़ी सिंचाई नहर है?

A. पनामा नहर
B. सरहिंद नहर
C. स्वेज़ नहर
D. इंदिरा गांधी नहर

Q.37 अरुणाचल प्रदेश को पूर्ण राज्य का दर्जा कब मिला?

A. 1985 **B.** 1986 **C.** 1987 **D.** 1988

Q.38 भारत में कोयर उद्योग मुख्य रूप से किस राज्य में केन्द्रित है?

A. कर्नाटक **B.** तमिलनाडु **C.** केरल **D.** आंध्र प्रदेश

Q.39 प्रायद्वीपीय भारत की तट रेखा और अंदमान निकोबार तथा लक्षद्वीप के तट का अनुपात क्या है?

A. 2:1 **B.** 2.5:1 **C.** 3:1 **D.** 3.5:1

Q.40 भारत का सबसे लम्बा राष्ट्रीय राजमार्ग कौन सा है?

A. राष्ट्रीय राजमार्ग 4
B. राष्ट्रीय राजमार्ग 7
C. राष्ट्रीय राजमार्ग 8
D. राष्ट्रीय राजमार्ग 10

Q.41 तालचर तापीय उर्जा प्लांट किस राज्य में स्थित है?

A. कर्नाटक
B. ओडिशा
C. पश्चिम बंगाल
D. हिमाचल प्रदेश

Q.42 निम्नलिखित में से किस बायोम में पेड़ नहीं है?

A. टैगा **B.** टुन्ड्रा **C.** चपरल **D.** सवाना

Q.43 भारत के विशाल मैदानों के सम्बन्ध में निम्नलिखित में से कौन सा कथन सही है?

1. भारत में विश्व का सबसे बड़ा अलुवियम निक्षेप पाया जाता है
2. खादर क्षेत्र की अपेक्षा बांगर में न्यू अलुवियम है
3. खादर क्षेत्र निम्न ऊंचाई वाले क्षेत्रों में स्थित है

A. केवल 1 और 2
B. केवल 2 और 3
C. केवल 1 और 3
D. 1, 2 और 3

Q.44 राजस्थान के कुल क्षेत्रफल का कितना प्रतिशत हिस्सा थार मरुस्थल में स्थित है?

A. 30% **B.** 40% **C.** 60% **D.** 70%

Q.45 डेम्पिएर-होजेस रेखा निम्नलिखित में से किससे सम्बंधित है?

A. खम्बात की खाड़ी
B. पल्क जलडमरूमध्य
C. अंदमान व निकोबार द्वीप समूह
D. सुंदरबन

Q.46 अफ़ग़ानिस्तान का हेलमंद प्रांत किसकी खेती के लिए प्रसिद्ध है?

A. तम्बाकू **B.** अफीम **C.** गेहूं **D.** कपास

Q.47 निम्नलिखित कथनों पर विचार कीजिये:

1. बेलेरिक द्वीप भूमध्य सागर में स्थित है
2. कोर्सिका और सार्दिनिया द्वीप इटली की पश्चिम में स्थित हैं

उपरोक्त में से कौन सा कथन सत्य है?

A. केवल 1
B. केवल 2
C. 1 और 2 दोनों सही हैं
D. दोनों कथन गलत हैं

Q.48 अफ्रीका के पेम्बा और जंजीबार द्वीप किसकी खेती व निर्यात के लिए जाने जाते हैं?

A. लौंग **B.** गन्ना **C.** तम्बाकू **D.** कॉफ़ी

Q.49 उत्तरी अमेरिका की कौन से मुख्य नदियाँ रॉकी पर्वत श्रेणी से निकलती हैं?

1. मिस्सीसिप्पी
2. मिसौरी
3. कोलोराडो
4. रिओ ग्रांदे
5. कोलंबिया

A. 1, 2 और 3
B. 1, 2, 3 और 4
C. 2, 3 और 5
D. उपरोक्त सभी

Q.50 ताप के अंतर का उपयोग निम्नलिखित में से किस कांसेप्ट के लिए किया जाता है?

A. मानसून
B. जेट स्ट्रीम
C. चक्रवात
D. मरुस्थलीय तूफ़ान

Q.51 अग्र कोहरा _____ में उत्पादित होता हैं

A. कम अक्षांश
B. उच्च अक्षांश
C. मध्य अक्षांश
D. इनमे से कोई नहीं

Q.52 कौन सी चट्टानों को प्राथमिक चट्टान कहा जाता है?

A. अवसादी चट्टानें
B. रूपांतरित चट्टानें
C. आग्नेय चट्टानें
D. उपरोक्त में से कोई नहीं

Q.53 भारतीय जलवायु सामान्यतः किससे प्रभावित होती है?

A. उत्तर में हिमालय की उपस्थिति
B. दक्षिण में हिन्द महासागर
C. उपरोक्त दोनों
D. उपर्युक्त में से कोई भी नहीं

Q.54 आईटीसीजेड (ITCZ) क्या है?
A. इंट्रा ट्रॉपिकल कन्वर्जेंस ज़ोन
B. इंटर ट्रॉपिकल कन्वर्जेंस ज़ोन
C. अंतर्राष्ट्रीय उष्णकटिबंधीय अभिसरण क्षेत्र
D. इनमें से कोई नहीं

Q.55 अल निनो किस करंट को विस्थापित करती है?
A. ग्रीनलैंड **B.** कुरोशियो
C. अटलांटिक महासागर **D.** हम्बोल्ट

Q.56 काली मिट्टी को ________भी कहा जाता है।
A. सामान्य मिट्टी **B.** गीली मिट्टी
C. रेगुर मिट्टी **D.** नमी युक्त मिट्टी

Q.57 निम्नलिखित में से कौन सा जिला जम्मू और कश्मीर और पाक अधिकृत कश्मीर के बीच सामान्य है?
A. पुंछ **B.** कारगिल
C. मुज़फ्फराबाद **D.** जम्मू

Q.58 दक्षिण भारत की सबसे ऊँची चोटी कौन सी है?
A. अनाइमुडी **B.** दोड्डबेट्ट
C. मीसापुलिमाला **D.** ऊटी

Q.59 कुंचिकल झरना किस राज्य में स्थित है?
A. केरल **B.** कर्नाटक **C.** तमिलनाडु **D.** आंध्र प्रदेश

Q.60 इगाजु फॉल्स किस देश में स्थित है?
A. ब्राजील **B.** घाना
C. अर्जेंटीना **D.** इनमें से कोई नहीं

Q.61 गुवाहाटी ______नदी के तट पर स्थित है।
A. तीस्ता **B.** ब्रह्मपुत्र **C.** हुगली **D.** सोन

Q.62 जीएमटी और आईएसटी (भारतीय मानक समय) के मध्य समय अंतराल (घंटों में) कितना है?
A. पांच **B.** छह **C.** साढ़े छह **D.** साढ़े पांच

Q.63 भारत में किस राज्य को 'पांच नदियों की भूमि' कहा जाता है?
A. उत्तर प्रदेश **B.** पंजाब
C. हरियाणा **D.** बिहार

Q.64 भारत में किस शहर को 'झीलो का शहर' कहा जाता है?
A. उदयपुर **B.** जयपुर **C.** रायपुर **D.** जोधपुर

Q.65 'अल-नीनो' भारत के दक्षिण पश्चिम मानसून के गठन से जुड़ा हुआ _________है।
A. एक आवधिक कम दबाव केंद्र
B. असामान्य रूप से गर्म महासागरीय धारा
C. एक आवधिक गर्म हवा द्रव्यमान
D. एक आवधिक गर्म हवा

Q.66 पृथ्वी के आतंरिक भाग में-
A. तापमान बढ़ती गहराई के साथ बढ़ता है
B. तापमान बढ़ती गहराई के साथ गिरता है
C. बढ़ती गहराई के साथ दबाव गिरता है
D. बढ़ती गहराई के साथ तापमान और दबाव दोनों गिरते हैं

Q.67 मुख्य रूप से समुद्री चट्टानों का निर्माण होता है-
A. महासागर धाराएँ **B.** शाल की संरचना
C. समुद्र का तट **D.** महासागर की गहराई

Q.68 हवाई द्वीप _______ में स्थित हैं।
A. उत्तरी अटलांटिक महासागर
B. दक्षिण अटलांटिक महासागर
C. उत्तरी प्रशांत महासागर
D. दक्षिण प्रशांत महासागर

Q.69 अफ्रीका में विक्टोरिया फॉल्स _______ पर स्थित हैं।
A. नाइजर नदी **B.** कांगो नदी
C. ज़मबेज़ी नदी **D.** नील नदी

Q.70 अटलांटिक महासागर के मार्ग प्रशांत महासागर के मार्गों की तुलना में व्यस्त हैं क्योंकि अटलांटिक महासागर _______।
A. मार्ग कम हैं
B. मार्ग इतने खतरनाक नहीं हैं
C. औद्योगिक राष्ट्रों द्वारा दोनों तरफ से घिरा हुआ है
D. बेहतर जलयात्रा सुविधाएं हैं

Q.71 कोहरे के गठन के एजेंटों में _______ शामिल नहीं है।
A. उच्च सापेक्ष आर्द्रता
B. छोटी श्रृंखलाओं का पूर्ण तापमान
C. सर्दियों का मौसम
D. तीव्र विकिरण

Q.72 निम्नलिखित में से कौन सा बल अपने वेग सहित हवा की गति को निर्धारित करने में सबसे शक्तिशाली है?
A. गुरुत्वाकर्षण बल **B.** केन्द्रापसारक बल
C. घर्षण बल **D.** दबाव वेग बल

Q.73 निम्नलिखित नदियों पर विचार करें-
1. तापी
2. माही
3. दामोदर

उपर्युक्त नदियों में से कौन-सी भ्रंश घाटियों से होकर प्रवाहित होती हैं?
A. केवल 1 और 2 **B.** केवल 2 और 3
C. 1, 2 और 3 **D.** केवल 1 और 3

Q.74 वायुमंडल की सबसे गर्म परत कौन सी है?
A. थर्मोस्फेयर **B.** क्षोभ मंडल
C. समताप मण्डल **D.** मीसोस्फीयर

Q.75 आतपन की तीव्रता पर निर्भर करता है-
A. ऊंचाई **B.** इलाके की प्रकृति
C. पवन **D.** कोण

Q.76 भारत में, जनसंख्या का उच्चतम घनत्व वाला राज्य है-
A. उत्तर प्रदेश **B.** बिहार
C. पश्चिम बंगाल **D.** हरियाणा

Q.77 जनसंख्या की वृद्धि दर का अर्थ है-
A. पुरुष और महिला की वृद्धि के बीच अंतर
B. शहरी और ग्रामीण क्षेत्रों की आबादी के बीच अंतर
C. प्रति हजार व्यक्तियों पर जन्म की संख्या
D. जन्म दर और मृत्यु दर के बीच अंतर

Q.78 अंडमान और निकोबार द्वीप समूह में जनजातीय आबादी किसकी है?

A. एस्ट्रलॉइड
B. कॉकसोइड्स
C. मोंगोलोएड
D. नेगोरॉयड्स

Q.79 अनुसूचित जनजातियों की सबसे बड़ी आबादी _______ में है।
A. हिमाचल प्रदेश
B. मध्य प्रदेश
C. अरुणाचल प्रदेश
D. सिक्किम

Q.80 भारत में महिला जनसंख्या की कमी के लिए मुख्य रूप से निम्नलिखित में से कौन जिम्मेदार है?
A. राजनीतिक कारक
B. आर्थिक कारक
C. सामाजिक कारक
D. अंधविश्वास

Q.81 डाइक का निर्माण विशेष रूप से _______ में किया जाता है।
A. नॉर्वे
B. हॉलैंड
C. फ्रांस
D. यूनाइटेड किंगडम

Q.82 गीजर और हॉट स्प्रिंग में क्या अंतर है?
A. गीजर में पानी को विस्फोटक तरीके से निकाला जाता है
B. गीजर से पानी ठंडा हो सकता है
C. गीजर ज्वालामुखीय पर्वतों पर पाए जाते हैं
D. ठंडे देशों में गीजर अधिक आम हैं

Q.83 भूकंप की तीव्रता _______ पर मापी जाती है।
A. ब्यूफोर्ट पैमाना
B. रिक्टर पैमाना
C. सेकेंड पैमाना
D. मरकेली पैमाना

Q.84 दो भूमि द्रव्यमानों को मिलाने वाली भूमि की संकीर्ण पट्टी को कहा जाता है-
A. केप
B. स्थलडमरूमध्य
C. जलसंधि
D. प्रायद्वीप

Q.85 निम्नलिखित में से कौन सा / से प्राथमिक भूकंपीय तरंग की सही विशेषता है?
A. यह एक अनुदैर्ध्य और संपीड़ित लहर है
B. यह ध्वनि तरंगों के अनुरूप है
C. यह ठोस पदार्थों के माध्यम से लेकिन धीरे-धीरे तरल पदार्थों के माध्यम से तेज गति से यात्रा करता है
D. उपरोक्त सभी तीन

Q.86 भूकंप में अनुप्रस्थ, अनुदैर्ध्य और सतह तरंगें _______ से उत्पन्न होती हैं।
A. पृथ्वी के शरीर के भीतर ध्यान केंद्रित
B. पृथ्वी की सतह पर ध्यान केंद्रित
C. पृथ्वी की सतह पर उपकेंद्र
D. पृथ्वी के शरीर के भीतर उपकेंद्र

Q.87 आधार स्तर अवधारणा ___ द्वारा प्रतिपादित किया गया था?
A. जेम्स हटन
B. जे. डब्लू. पॉवेल
C. डब्लू. एम. डेविस
D. वाल्थर पेनक

Q.88 जियोग्राफिया पुस्तक किसने लिखी है?
A. थेल्स
B. स्ट्रैबो
C. टॉलेमी
D. होमर

Q.89 निम्नलिखित भूगोलवेत्ताओं में से किसने सामान्य बनाम विशेष भूगोल के द्विविभाजन की नींव रखी?
A. इम्मैनुएल कांत
B. बर्नहार्ड वेरेनियस
C. पीटर एपिन
D. सेबस्टियन मुंस्टर

Q.90 निम्नलिखित में से कौन 'अल्मागेस्ट' नामक शास्त्रीय खगोल विज्ञान पर पाठ के लेखक थे?
A. स्ट्रैबो
B. प्लेटो
C. अरस्तू
D. टॉलेमी

Q.91 भूगोल में कार्टोग्राफी की तकनीक को संदर्भित करता है-
A. जियो-सूचना विज्ञान
B. क्षेत्र सर्वेक्षण के तरीके
C. मानचित्र बनाने का कौशल
D. सांख्यिकीय तकनीक

Q.92 स्टैलेक्टाइट्स और स्टैलेग्माइट्स किस प्रकार की भू-आकृतियों से संबंधित निक्षेपण विशेषताएं हैं?
A. कार्स्ट स्थलाकृति
B. बहता पानी
C. सागर की लहरें
D. इनमें से कोई नहीं

Q.93 जैव-भूगोल भूगोल की एक उप-शाखा है और विज्ञान के किस क्षेत्र से निकट से संबंधित है।
A. खगोल विज्ञान से संबंधित भौतिकी
B. पारिस्थितिकी से संबंधित वनस्पति विज्ञान
C. सांख्यिकी से संबंधित गणित
D. भूविज्ञान पृथ्वी विज्ञान से संबंधित है

Q.94 निम्नलिखित में से कौन-सी एक कायांतरित चट्टान है?
[UP Police Sub Inspector, 2017]
A. बेसाल्ट
B. साइनेइट
C. शैल
D. सैंडस्टोन

Q.95 दक्षिणी गोलार्द्ध में सबसे लम्बा दिन कब होता है?
A. 21 जून
B. 23 सितम्बर
C. 21 मार्च
D. 22 दिसम्बर

Q.96 विश्व के प्रमुख वाणिज्यिक मछली पकड़ने के मैदान ________ में स्थित हैं।
A. अपेक्षाकृत अधिक अक्षांशों में उत्तरी गोलार्ध का ठंडा पानी
B. विषुवतीय जल
C. उष्णकटिबंधीय समुद्रों का शीतोष्ण जल
D. दक्षिणी गोलार्ध में समुद्रों का गर्म पानी

Q.97 सेशेल्स के द्वीप _______ में स्थित हैं।
A. आर्कटिक महासागर
B. अटलांटिक महासागर
C. हिंद महासागर
D. प्रशांत महासागर

Q.98 पेडनेशन फॉर्मेशन का पार्श्व नियोजन सिद्धांत किसके द्वारा प्रस्तावित किया गया था?
A. लॉसन
B. डेविस
C. गिलबर्ट
D. मैकगी

Q.99 निम्नलिखित में से कौन सा टेक्टोनिक्स बलों के कारण बनता है?
A. दरार घाटी
B. लटकती घाटी
C. सुमधुर घाटी
D. एंटीकेडेंट घाटी

Q.100 निम्नलिखित में से कौन सा पर्वत एक महासागरीय और एक महाद्वीपीय प्लेट के अभिसरण के कारण बनता है?
A. यूराल
B. आल्पस
C. एंडीज
D. एपालाचियंस

Q.101 ढलान प्रतिस्थापन मॉडल द्वारा प्रस्तावित किया गया था?
A. वुड
B. डेविस
C. वाल्थर पेनक
D. स्ट्रालर

Q.102 वृष्टिछाया क्षेत्र किस प्रकार की वर्षा से संबंधित है?
A. संवहन वर्षा
B. ओरोग्राफिक वर्षा
C. चक्रवाती वर्षा
D. ललाट वर्षा

Q.103 निम्नलिखित में से कौन सा लेखक जियोसिन-क्लाइन की अवधारणा से जुड़ा है?

A. पेंक और डेविस
B. वोल्ड्रिज और मॉर्गन
C. हॉल और डाना
D. वोल्ड्रिज और लापीचन

Q.104 किस एकाग्रता (पीपीएम में), वायुमंडल में नाइट्रोजन मौजूद है?
A. 780,840 B. 390,420 C. 78,084 D. 900,000

Q.105 वायुमंडल की निचली परतों में, प्रकाश की तरंग दैर्ध्य किस सीमा तक प्रबल होती है?
A. 100 एनएम से कम
B. 300 एनएम से अधिक
C. 100-300 एनएम के बीच
D. सभी तरंग दैर्ध्य समान रूप से मौजूद हैं

Q.106 भूमध्यरेखीय क्षेत्र में हल्की और अनियमित हवा के क्षेत्र को क्या कहा जाता है?
A. व्यापारिक हवा
B. पच्छमी हवा
C. डोलड्रम्स
D. पूराब हवा

Q.107 कंपाला निम्नलिखित में से किस अफ्रीकी देश की राजधानी है?
A. युगांडा B. जाम्बिया C. केन्या D. अंगोला

Q.108 किस ग्रह को "ब्राइट वांडरिंग स्टार" के रूप में जाना जाता है?
A. मंगल ग्रह B. शुक्र C. शनि ग्रह D. बृहस्पति

Q.109 पृथ्वी की छाल में सबसे प्रचुर धातु कौन सी है?
A. सिलिकॉन
B. लोहा
C. एल्यूमीनियम
D. जस्ता

Q.110 किस देश का सुपष्ट रेड मेपल लीफ ध्वज है?
A. ऑस्ट्रिया
B. कनाडा
C. लेबनान
D. ऑस्ट्रेलिया

Q.111 शुक्र ग्रह सौरमंडल का सबसे गर्म ग्रह होने का क्या कारण है?
A. सूर्य से निकटता
B. वायुमंडल में ग्रीनहाउस गैसें
C. रोटेशन की उच्च गति
D. शक्तिशाली चुंबकीय क्षेत्र की उपस्थिति

Q.112 द्वीपसमूह सागर किस समुद्र का हिस्सा है?
A. अरब सागर
B. भूमध्य - सागर
C. बाल्टिक सागर
D. जापान का सागर

Q.113 अमेजन रीफ किस महासागर में स्थित है?
A. प्रशांत महासागर
B. हिंद महासागर
C. अटलांटिक महासागर
D. आर्कटिक महासागर

Q.114 किर्गिस्तान में सबसे तेज गति से बढ़ने वाला ग्लेशियर कौन सा है?
A. बाटूरा ग्लेशियर
B. एंगलिशेक ग्लेशियर
C. बीअफ़ो ग्लेशियर
D. बायर्ड ग्लेशियर

Q.115 वह कौन सी प्रक्रिया है जहाँ तारा सघन हो जाता है और हॉट्र अंततः हीलियम में बदल जाता है?
A. परमाणु विखंडन
B. विकिरण
C. चमक
D. परमाणु संलयन

Q.116 चंद्रमा का निर्माण किस ईऑन में हुआ था?
A. हेडियन
B. आर्कियन
C. फैनेरोज़ोइक
D. प्रोटेरोज़ोइक

Q.117 डब्लिन का तटीय शहर निम्नलिखित में से किस देश में स्थित है?
A. स्वीडन B. फ्रांस C. न्यूज़ीलैंड D. आयरलैंड

Q.118 एंट्रिम तट किस देश में स्थित है?
A. स्वीडन
B. ऑस्ट्रेलिया
C. नॉर्वे
D. उत्तरी आयरलैंड

Q.119 निम्नलिखित चोटियों में से कौन अलास्कन रेंज में स्थित है?
A. माउंट व्हिटनी
B. माउंट ब्लॉन्क
C. माउंट मैकिनले
D. माउंट एलबर्ट

Q.120 निम्नलिखित में से किस पर्वत को 'येलो माउंटेन' के नाम से भी जाना जाता है?
A. माउंट हुआंग
B. ऐओरकि माउंट कुक
C. माउंट किनाबालु
D. मोंटे फिज रॉय

Q.121 निम्नलिखित उच्चस्थली में से किसे 'फ्लड बेसाल्ट प्लैटुए ' कहा जाता है?
A. कोलोराडो उच्चस्थली
B. कोलंबिया-स्नेक उच्चस्थली
C. मैक्सिकन उच्चस्थली
D. तिब्बती उच्चस्थली

Q.122 जिस पर निम्नलिखित अक्षांशों में डोलड्रम्स अभिसंधि हैं?
A. 10 डिग्री उत्तर और 10 डिग्री दक्षिण अक्षांश
B. 35 डिग्री उत्तर और 35 डिग्री दक्षिण अक्षांश
C. 45 डिग्री उत्तर और 45 डिग्री दक्षिण अक्षांश
D. 90 डिग्री उत्तर और 90 डिग्री दक्षिण अक्षांश

Q.123 हवा की दिशा को मापने के लिए किस उपकरण का उपयोग किया जाता है?
A. बैरोमीटर
B. थर्मामीटर
C. वात दिग्दर्शक
D. आर्द्रतामापी

Q.124 विश्व का सबसे गर्म महासागर कौन सा है?
A. प्रशांत
B. अटलांटिक
C. हिंद महासागर
D. दक्षिणी

Q.125 सब ट्रॉपिकल हाई-प्रेशर बेल्ट के बारे में निम्नलिखित में से कौन सा कथन सही है?
1. यह उष्णकटिबंधीय के पास लगभग 35 डिग्री उत्तर और दक्षिण अक्षांश तक फैला हुआ है।
2. अधिकांश रेगिस्तान इस बेल्ट के साथ, दोनों गोलार्धों में मौजूद हैं।
3. उन्हें हॉर्स लैटिट्यूड्स के नाम से भी जाना जाता है
नीचे दिए गए विकल्पों में से सही कोड का चयन करें:
A. केवल 1
B. केवल 1 और 2
C. केवल 2 और 3
D. 1, 2 और 3

// स्मार्ट उत्तर पुस्तिका //

सही उत्तर उन छात्रों के प्रतिशत को इंगित करता है जिन्होंने प्रश्नों का सही उत्तर दिया था।

छोड़ दिया उन छात्रों के प्रतिशत को इंगित करता है जिन्होंने प्रश्नों को छोड़ दिया था।

प्रश्न संख्या	उत्तर	सही उत्तर	छोड़ दिया
1	B	46.15 %	0.0 %
2	A	7.69 %	48.08 %
3	B	44.23 %	48.08 %
4	C	32.69 %	50.0 %
5	C	40.38 %	50.0 %
6	A	26.92 %	48.08 %
7	D	40.38 %	50.0 %
8	B	34.62 %	48.07 %
9	A	46.15 %	50.0 %
10	B	40.38 %	48.08 %
11	A	38.46 %	48.08 %
12	C	46.15 %	48.08 %
13	D	46.15 %	48.08 %
14	B	44.23 %	48.08 %
15	C	26.92 %	48.08 %
16	A	40.38 %	48.08 %

प्रश्न संख्या	उत्तर	सही उत्तर	छोड़ दिया
17	B	46.15 %	50.0 %
18	B	34.62 %	48.07 %
19	C	38.46 %	48.08 %
20	C	25.0 %	48.08 %
21	B	36.54 %	48.08 %
22	B	36.54 %	50.0 %
23	D	42.31 %	48.07 %
24	A	40.38 %	50.0 %
25	C	46.15 %	50.0 %
26	A	46.15 %	50.0 %
27	B	40.38 %	48.08 %
28	C	21.15 %	50.0 %
29	D	38.46 %	48.08 %
30	B	42.31 %	48.07 %
31	A	42.31 %	48.07 %
32	C	13.46 %	48.08 %

प्रश्न संख्या	उत्तर	सही उत्तर	छोड़ दिया
33	B	9.62 %	48.07 %
34	B	25.0 %	50.0 %
35	C	46.15 %	48.08 %
36	D	48.08 %	48.07 %
37	C	30.77 %	50.0 %
38	C	17.31 %	48.07 %
39	B	25.0 %	50.0 %
40	B	42.31 %	50.0 %
41	B	42.31 %	48.07 %
42	B	28.85 %	50.0 %
43	C	30.77 %	48.08 %
44	C	15.38 %	50.0 %
45	D	13.46 %	48.08 %
46	B	42.31 %	50.0 %
47	C	42.31 %	48.07 %
48	A	30.77 %	50.0 %

प्रश्न संख्या	उत्तर	सही उत्तर	छोड़ दिया
49	C	11.54 %	50.0 %
50	A	26.92 %	48.08 %
51	B	19.23 %	48.08 %
52	C	50.0 %	48.08 %
53	C	38.46 %	50.0 %
54	B	46.15 %	48.08 %
55	D	44.23 %	48.08 %
56	C	44.23 %	50.0 %
57	A	9.62 %	50.0 %
58	A	40.38 %	48.08 %
59	B	23.08 %	48.07 %
60	D	0 %	100 %
61	B	44.23 %	50.0 %
62	D	48.08 %	48.07 %
63	B	48.08 %	48.07 %
64	A	40.38 %	50.0 %

प्रश्न संख्या	उत्तर	सही उत्तर	छोड़ दिया
65	B	30.77 %	50.0 %
66	A	46.15 %	48.08 %
67	A	19.23 %	50.0 %
68	C	36.54 %	50.0 %
69	C	36.54 %	50.0 %
70	C	42.31 %	50.0 %
71	B	21.15 %	48.08 %
72	D	25.0 %	48.08 %
73	C	19.23 %	50.0 %
74	A	40.38 %	48.08 %
75	D	36.54 %	50.0 %
76	B	42.31 %	48.07 %
77	D	26.92 %	50.0 %
78	D	32.69 %	48.08 %
79	B	42.31 %	48.07 %
80	C	40.38 %	48.08 %

प्रश्न संख्या	उत्तर	सही उत्तर	छोड़ दिया
81	A	26.92 %	48.08 %
82	A	23.08 %	48.07 %
83	B	34.62 %	50.0 %
84	B	38.46 %	48.08 %
85	D	38.46 %	50.0 %
86	A	30.77 %	48.08 %
87	B	32.69 %	50.0 %
88	B	30.77 %	50.0 %
89	B	34.62 %	50.0 %

प्रश्न संख्या	उत्तर	सही उत्तर	छोड़ दिया
90	D	28.85 %	50.0 %
91	C	36.54 %	50.0 %
92	A	42.31 %	50.0 %
93	B	44.23 %	48.08 %
94	C	28.85 %	50.0 %
95	D	36.54 %	48.08 %
96	A	19.23 %	48.08 %
97	C	38.46 %	50.0 %
98	C	25.0 %	48.08 %

प्रश्न संख्या	उत्तर	सही उत्तर	छोड़ दिया
99	A	42.31 %	48.07 %
100	C	38.46 %	48.08 %
101	C	34.62 %	50.0 %
102	B	28.85 %	50.0 %
103	C	30.77 %	50.0 %
104	A	19.23 %	48.08 %
105	B	9.62 %	50.0 %
106	C	38.46 %	50.0 %
107	A	32.69 %	48.08 %

प्रश्न संख्या	उत्तर	सही उत्तर	छोड़ दिया
108	D	3.85 %	50.0 %
109	C	11.54 %	48.08 %
110	B	25.0 %	48.08 %
111	B	26.92 %	48.08 %
112	C	13.46 %	50.0 %
113	C	42.31 %	48.07 %
114	B	9.62 %	50.0 %
115	D	34.62 %	48.07 %
116	A	15.38 %	50.0 %

प्रश्न संख्या	उत्तर	सही उत्तर	छोड़ दिया
117	D	32.69 %	48.08 %
118	D	7.69 %	48.08 %
119	C	34.62 %	48.07 %
120	A	15.38 %	48.08 %
121	B	19.23 %	48.08 %
122	A	42.31 %	50.0 %
123	C	34.62 %	48.07 %
124	C	28.85 %	50.0 %
125	D	36.54 %	50.0 %

कार्य विश्लेषण	
औसत अंक (%)	42.59%
टॉपर्स स्कोर (%)	92.71%
आपका स्कोर	

//संकेत और समाधान//

1. रेडियो तरंगों के प्रसार में मदद करने वाले आयनिक गैसीय अणुओं से बने वातावरण की परत आयनोस्फियर है। यह ऊपर से दूसरी परत है। यह 60 किमी से 1000 किमी तक है। यह पृथ्वी को उल्कापिंडों से भी बचाता है।

अतः विकल्प (B) सही है।

2. ग्रे वॉटर बाथरूम के सिंक, शावर, टब और वाशिंग मशीन के उपयोग में निकला हुआ पानी है। यह पानी मल से, न तो शौचालय से या डायपर धोने से निकला हुआ पानी है। ग्रे वॉटर में गंदगी, भोजन, तेल, बाल और कुछ घरेलू सफाई उत्पादों के कण सम्मिलित हो सकते हैं।

अतः विकल्प (A) सही है।

3. गंगा डेल्टा, जिसे आधिकारिक तौर पर गंगा-ब्रह्मपुत्र या बंगाल डेल्टा के रूप में जाना जाता है, भारतीय उपमहाद्वीप के बंगाल क्षेत्र में स्थित है जिसमें भारतीय राज्य पश्चिम बंगाल और बांग्लादेश देश शामिल हैं। यह डेल्टा दुनिया में सबसे बड़ा है और दुनिया के सबसे उपजाऊ क्षेत्रों में से एक है इसलिए इसका नाम ग्रीन डेल्टा है।

अतः विकल्प (B) सही है।

4. पाल्क जलडमरूमध्य भारत के तमिलनाडु राज्य और श्रीलंका के द्वीप राष्ट्र के उत्तरी प्रांत के मन्नार जिले के बीच एक जलडमरूमध्य है।

अतः विकल्प (C) सही है।

5. वातावरण का अर्थ ग्रह या अन्य भौतिक पिंड के आसपास गैसों की एक परत है, जो उस पिंड के गुरुत्वाकर्षण द्वारा जगह पर आयोजित किया जाता है। गुरुत्वाकर्षण के कारण पृथ्वी का अपना वातावरण भी है।

अतः विकल्प (C) सही है।

6. कार्बन मोनोऑक्साइड (CO) एक रंगहीन, गंधहीन, बेस्वाद और विषाक्त वायु प्रदूषक है। यह कार्बन युक्त ईंधनों के अधूरे दहन में निर्मित होता है, जैसे कि गैसोलीन, प्राकृतिक गैस, तेल, कोयला और लकड़ी। CO की उच्च सांद्रता में साँस लेने से हीमोग्लोबिन द्वारा ऑक्सीजन (O_2) परिवहन में कमी आती है।

अतः विकल्प (A) सही है।

7. पृथ्वी के वायुमंडल में ओजोन का लगभग 90% भाग स्ट्रेटोस्फीयर नामक क्षेत्र में पाया जाता है। यह पृथ्वी की सतह के ऊपर 16 से 48 किलोमीटर (10 और 30 मील) के बीच की वायुमंडलीय परत है।

अतः विकल्प (D) सही है।

8. हिमालय की सबसे बाहरी सीमा को शिवालिक कहा जाता है। शिवालिक हिल्स, जिसे चुरिया हिल्स के नाम से भी जाना जाता है।

अतः विकल्प (B) सही है।

9. भारत बांग्लादेश के साथ 4,096 किमी लंबी अंतर्राष्ट्रीय सीमा साझा करता है। भारत की स्थलीय सीमा 15106.7 किमी है जो 17 प्रदेशों के 92 जिलों में है। भारत सबसे लंबी स्थलीय सीमा बांग्लादेश से साझा करता है। भारत की जलीय सीमा 7516.6 किमी है जो 13 राज्यों और केंद्र शासित राज्यों में है।

अतः विकल्प (A) सही है।

10. यह गर्मियों के दौरान हवाओं की दिशा के पूर्ण उलट का कारण बनता है। दक्षिणी हिंद महासागर में उच्च दबाव वाले क्षेत्र से हवा दक्षिण-पूर्व दिशा में चलती है, जो भूमध्य रेखा को पार करती है, और भारतीय उपमहाद्वीप के ऊपर कम दबाव वाले क्षेत्रों की ओर मुड़ जाती है। इन्हें दक्षिण-पश्चिम मानसून हवाओं के रूप में जाना जाता है।

अतः विकल्प (B) सही है।

11. 20वीं सदी के मौसम विज्ञान के दो दिग्गज, सर गिल्बर्ट वाकर और जैकब बेज़र्केस को आमतौर पर अल नीनो-दक्षिणी दोलन की घटना की खोज के लिए श्रेय दिया जाता है।

अतः विकल्प (A) सही है।

12. अक्टूबर नवंबर के महीनों के दौरान, दक्षिण-पश्चिम मानसून हवाएँ अशक्त हो जाती हैं और उत्तर भारत के आसमान से स्थान छोड़ना शुरू कर देती हैं। मानसून के इस चरण को मानसून के वापसी के समय के रूप में जाना जाता है।

अतः विकल्प (C) सही है।

13. मृदा अपरदन पानी और हवा द्वारा क्षरण कारण के होता है।

मृदा अपरदन मिट्टी की ऊपरी परत का विस्थापन है, यह मिट्टी के क्षरण का एक रूप है। यह प्राकृतिक प्रक्रिया इरोसिव एजेंटों की गतिशील गतिविधि के कारण होती है, जो, पानी, बर्फ हवा, पौधे, जानवर और इंसान है।

अतः विकल्प (D) सही है।

14. जलोढ़ मृदा मुख्य रूप से भारत-गंगा-ब्रह्मपुत्र नदियों द्वारा जमा गाद के कारण बनती है। तटीय क्षेत्रों में लहर की अनुयोजन के कारण कुछ जलोढ़ निक्षेप बनते हैं। इस प्रकार इन मृदा की मूल सामग्री परिवहन मूल की है। वे लगभग 15 लाख वर्ग किमी या कुल क्षेत्र के लगभग 46 प्रतिशत को कवर करने वाले सबसे बड़े मृदा समूह हैं।

अतः विकल्प (B) सही है।

15. कोववाड़ा परमाणु ऊर्जा परियोजना भारत के आंध्र प्रदेश राज्य में प्रस्तावित 6,600 मेगावाट का परमाणु ऊर्जा केंद्र है। परियोजना 2067 एकड़ क्षेत्र में योजनाबद्ध है।

अतः विकल्प (C) सही है।

16. ग्रीनलैंड दुनिया का सबसे बड़ा द्वीप है जिसका कुल क्षेत्रफल 836,109 वर्ग मील (2,166,086 वर्ग किमी) है।

अतः विकल्प (A) सही है।

17. 1982 में स्थापित नंदा देवी राष्ट्रीय उद्यान, उत्तरी भारत में उत्तराखंड राज्य में नंदादेवी के शिखर (7816 मीटर) के आसपास स्थित एक राष्ट्रीय उद्यान है।

अतः विकल्प (B) सही है।

18. प्राकृतिक गैस ऊर्जा का एक पारंपरिक स्रोत है और ऊर्जा का गैर-पारंपरिक स्रोत नहीं है।

ऊर्जा के परम्परागत स्रोत महत्वपूर्ण हैं, इस तथ्य से इनकार नहीं किया जा सकता, तथापि ऊर्जा के गैर-परम्परागत स्रोतों अथवा वैकल्पिक स्रोतों पर भी ध्यान देने की आवश्यकता महसूस की जा रही है। गैर-परंपरागत ऊर्जा स्रोतों के उपयोग के उत्तरोत्तर बढ़ते महत्व को तेल संकट के तत्काल बाद 1970 के दशक के आरंभ में पहचाना जा सका।

अतः विकल्प (B) सही है।

19. ओसांक बिंदु वह तापमान होता है, जिसमें हवा को जल वाष्प से संतृप्त होने के लिए ठंडा किया जाना है। जब आगे ठंडा हो जाता है, तो हवाई जल वाष्प तरल पानी बनाने के लिए संघनन करेगा।

अतः विकल्प (C) सही है।

20. एक विपरीत विकिरण विलोमन आमतौर पर तब होता है जब शाम की हवा शांत होती है और ऊष्मा को रोकने के लिए कोई बादल मौजूद नहीं होता है। पृथ्वी द्वारा उत्सर्जित दीर्घ तरंगो के विकिरण के कारण सतह का तापमान गिर जाता है। चूंकि एक भूमि की सतह हवा की तुलना में अधिक उष्मा विकीर्ण करती है, इसलिए रात के समय जमीन हवा से अधिक तेजी से ठंडी होती है। नतीजतन, सबसे ठंडी हवा जमीन पर पड़ी होती है और यह गर्म हवा से ढकी होती है।

अतः विकल्प (C) सही है।

21. सापेक्ष आर्द्रता वर्तमान निरपेक्ष आर्द्रता का अनुपात उच्चतम संभव निरपेक्ष आर्द्रता (जो वर्तमान वायु तापमान पर निर्भर करता है) का अनुपात है। 100 प्रतिशत सापेक्ष आर्द्रता के होने का अर्थ है कि वायु पूरी तरह से जल वाष्प से संतृप्त है तथा अब और संतृप्त नहीं हो सकती है और बारिश की संभावना पैदा करती है।

अतः विकल्प (B) सही है।

22. मार्बल एक मेटामॉर्फिक चट्टान है जो रूपों का निर्माण करती है जब चूना पत्थर को मेटामार्फ़िज़्म की गर्मी और दबाव के अधीन किया जाता है। यह मुख्य रूप से खनिज कैल्साइट (CaCO3) से बना है और आमतौर पर इसमें अन्य खनिज, जैसे मिट्टी के खनिज, माइक, क्वार्ट्ज, पाइराइट, आयरन ऑक्साइड और ग्रेफाइट शामिल हैं।

अतः विकल्प (B) सही है।

23. लोएस अधिकतर हवा से बनाया गया है, लेकिन ग्लेशियरों द्वारा भी बनाया जा सकता है। जब ग्लेशियर चट्टानों को महीन पाउडर से पीसते हैं, तो लोएस बन सकता है। धाराएं ग्लेशियर के अंत तक चूर्ण ले जाती हैं।

अतः विकल्प (D) सही है।

24. बैरन द्वीप में, भारत का एकमात्र सक्रिय ज्वालामुखी अंडमान द्वीप समूह में स्थित है। बैरन द्वीप अंडमान सागर में स्थित है, और यह क्षेत्र की राजधानी पोर्ट ब्लेयर से लगभग 138 किमी (86 मील) दूर स्थित है। यह सुमात्रा से म्यांमार तक की श्रृंखला में एकमात्र सक्रिय ज्वालामुखी है और भारत में एकमात्र सक्रिय ज्वालामुखी भी है।

अतः विकल्प (A) सही है।

25. ओजोन परत पृथ्वी के समताप मंडल का एक क्षेत्र है जो सूर्य के पराबैंगनी (यूवी) विकिरण के अधिकांश को अवशोषित करता है। ओजोन परत में कमी क्लोरोफ्लोरोकार्बन के कारण होती है।

अतः विकल्प (C) सही है।

26. वलित पर्वत पृथ्वी की पपड़ी के तह से बनने वाले पर्वत हैं। जब दो प्लेटें एक साथ चलती हैं (एक कम्प्रेसनल प्लेट मार्जिन) तो वलित पर्वत बनते हैं। यह वह जगह हो सकती है जहां दो महाद्वीपीय प्लेटें एक दूसरे की ओर बढ़ती हैं या एक महाद्वीपीय और एक महासागरीय प्लेट होती हैं। हिमालय गुना पर्वतों का उदाहरण है।

अतः विकल्प (A) सही है।

27. गंगा नदी उत्तराखंड में गंगोत्री ग्लेशियर से निकलती है, इसकी कुल लम्बाई 2,525 किलोमीटर है। बांग्लादेश से होते हुए बंगाल की खाड़ी में गिरती है।

अतः विकल्प (B) सही है।

28. मालवा पठार राजस्थान, मध्य प्रदेश और गुजरात में फैला हुआ है। इसका कुल क्षेत्रफल लगभग 81,767 वर्ग किलोमीटर है। मालवा का पठार विंध्य पहाड़ियों के आधार पर त्रिभुजाकार पठार है। यह एक लावा पठार है। इसके पूर्व में बुंदेलखंड और उत्तर पश्चिम में अरावली पहाड़ियाँ स्थित है।

अतः विकल्प (C) सही है।

29. चिल्का झील भारत की सबसे बड़ी खारे पानी की झील है, यह झील लगभग 1,100 वर्ग किलोमीटर के क्षेत्र में फैली हुई है। यह झील ओडिशा में स्थित है।

अतः विकल्प (D) सही है।

30. यह स्थानान्तरण कृषि है, इसे मेक्सिको में मिल्पा, वेनेजुएला में कोनुको, ब्राज़ील में रोका, मध्य अफ्रीका में मसोले और वियतनाम में कहा जाता है।

अतः विकल्प (B) सही है।

31. आर्थर होम्स ने वर्ष 1928-29 में संवहन वर्तमान सिद्धांत को प्रतिपादित किया। यह महाद्वीपीय बहाव (अलग हटकर) के लिए व्यापक रूप से स्वीकृत ड्राइविंग युक्ति है जो आधुनिक प्लेट टेक्टोनिक्स की नींव को जन्म देता है। उनका मुख्य उद्देश्य महाद्वीप और महासागरों की उत्पत्ति का वैज्ञानिक स्पष्टीकरण खोजना था। लेकिन यह पहाड़ निर्माण की व्यापक रूप से स्वीकृत अवधारणा भी है।

अतः विकल्प (A) सही है।

32. बबली परियोजना/बाँध महाराष्ट्र सरकार द्वारा गोदावरी नदी पर बनाया जा रहा है, इस प्रोजेक्ट पर जल के बंटवारे को लेकर महाराष्ट्र, आंध्र प्रदेश और तेलंगाना के बीच विवाद है।

अतः विकल्प (C) सही है।

33. मतभंगा नदी भारत में कृष्णगंज से होकर गुज़रती है, यह नदी कई भागों में बंटी हुई है।

अतः विकल्प (B) सही है।

34. मणिकर्ण गर्म जल स्त्रोत हिमाचल प्रदेश के कुल्लू जिले में पार्वती नदी के किनारे स्थित है, यह गर्म जल स्त्रोत चर्म रोगों के उपचार में उपयोगी माना जाता है।

अतः विकल्प (B) सही है।

35. भारत विश्व का तीसरा सबसे बड़ा नमक उत्पादक देश है, भारत में 160 लाख टन नमक का उत्पादन किया जाता है। गुजरात, राजस्थान, आंध्र प्रदेश और तमिलनाडु भारत के सबसे बड़े नमक उत्पादक राज्य हैं।

अतः विकल्प (C) सही है।

36. इंदिरा गांधी नहर भारत की सबसे लंबी नहर और दुनिया की सबसे बड़ी सिंचाई परियोजना है। इंदिरा गांधी नहर 649 किमी लंबी है और इसमें राजस्थान संभरक नहर और राजस्थान मुख्य नहर शामिल हैं और पंजाब और हरियाणा में 167 किमी और राजस्थान में शेष 492 किमी चलती हैं।

अतः विकल्प (D) सही है।

37. 20 फरवरी, 1987 को अरुणाचल प्रदेश को पूर्ण राज्य का दर्जा दिया गया, इससे पहले अरुणाचल प्रदेश केंद्र शासित प्रदेश था।

अतः विकल्प (C) सही है।

38. यह उद्योग से नारियल पर निर्भर है केरल विश्व के कुल उत्पादन का 60% सफ़ेद कोयर का उत्पादन करता है।

अतः विकल्प (C) सही है।

39. भारत की कुल तट रेखा 7, 517 किमी है। प्रायद्वीपीय भारत की तट रेखा 5, 423 किमी है जबकि अंदमान द्वीप समूह और लक्षद्वीप की तट रेखा की लम्बाई 2, 049 किमी है।

अतः विकल्प (B) सही है।

40. राष्ट्रीय राजमार्ग 7 का नाम अब बदलकर राष्ट्रीय राजमार्ग 44 रखा गया है। यह राजमार्ग जम्मू-कश्मीर के श्रीनगर से शुरू होकर दक्षिण भारत के कन्याकुमारी तक जाता है। इसकी कुल लम्बाई 3,745 किमी है।

अतः विकल्प (B) सही है।

41. तालचर तापीय उर्जा प्लांट ओडिशा के अंगुल जिले में स्थित है। इस पॉवर प्लांट को फरवरी 1968 में कमीशन किया गया था। इसकी उर्जा उत्पादन क्षमता 460 मेगावाट है।

अतः विकल्प (B) सही है।

42. टुन्ड्रा क्षेत्र उत्तरी ध्रुव के समीप स्थित है, इस स्थान पर जलवायु अत्याधिक शीत होने के कारण यहाँ पर सीमित संख्या में ही वनस्पति उपलब्ध है।

अतः विकल्प (B) सही है।

43. उत्तर भारत में गंगा के विशाल मैदान विश्व के सबसे बड़े अलुवियम निक्षेप हैं, हिमालय से बहने वाली नदियों द्वारा यह पर उपजाऊ मिट्टी का निक्षेप किया जाता है। खादर क्षेत्र की रचना नयी अलुवियम से हुई है, यह निम्न ऊंचाई युक्त क्षेत्र है।

अतः विकल्प (C) सही है।

44. थार मरुस्थल विश्व का 10 सबसे बड़ा मरुस्थल है। यह मरुस्थल भारतीय उपमहाद्वीप में लगभग 2,00,000 वर्ग किमी क्षेत्र में फैला हुआ है।

अतः विकल्प (C) सही है।

45. डेम्पिएर-होजेस रेखा एक काल्पनिक रेखा है, जिसे 1829-30 में खींचा गया था, यह रेखा सुंदरबन डेल्टा की उत्तरी सीमा को दर्शाती है। यह रेखा पश्चिम बंगाल के 24 परगना जिले के समानांतर स्थित है।

अतः विकल्प (D) सही है।

46. हेलमंद अफ़ग़ानिस्तान के दक्षिण में स्थित है, क्षेत्रफल के आधार पर यह अफ़ग़ानिस्तान का सबसे बड़ा प्रांत है। हेलमंद प्रांत का कुल क्षेत्रफल 58,584 वर्ग किमी है। यह विश्व का सबसे बड़ा अफीम उत्पादक क्षेत्र है, विश्व का कुल उत्पादन की 75% अफीम हेलमंद में उत्पादित की जाती है।

अतः विकल्प (B) सही है।

47. बेलेरिक द्वीप समूह स्पेन का हिस्सा है, यह द्वीप समूह भूमध्य सागर में स्थित है, इसका कुल क्षेत्रफल 4,992 वर्ग किमी है। सार्दिनिया, सिसीली के बाद भू-मध्य सागर में स्थित दूसरा सबसे बड़ा द्वीप है, यह इटली का स्वायत्त क्षेत्र है।

अतः विकल्प (C) सही है।

48. पेम्बा द्वीप हिन्द महासागर में स्वाहिली तटीय क्षेत्र में स्थित है। जंजीबार तंज़ानिया का अर्ध-स्वायत्त क्षेत्र है, यह लौंग के उत्पादन व निर्यात के लिए प्रसिद्ध है।

अतः विकल्प (A) सही है।

49. मिसौरी नदी उत्तरी अमेरिका की सबसे लम्बी नदी है, यह पश्चिमी मोन्टाना से निकलती है। कोलोराडो नदी की लम्बाई 1,450 किलोमीटर है, यह अमेरिका और मेक्सिको में प्रवाहित होती है। कोलंबिया नदी कनाडा में ब्रिटिश कोलंबिया से निकलती है, यह नदी अमेरिका और कनाडा में बहती है।

अतः विकल्प (C) सही है।

50. मानसून की उत्पति स्थल और जल क्षेत्र में असमान ताप के कारण होती है। स्थल में तापमान अधिक होने के कारण वायुदाब कम होता है, जबकि जलीय क्षेत्र में दाब अपेक्षाकृत अधिक होता है। वायु उच्च वायुदाब के क्षेत्र से निम्न वायु दाब के क्षेत्र की ओर बहती है।

अतः विकल्प (A) सही है।

51. अग्र कोहरा, अग्र के निकट तब बन जाता है, जब वर्षा की बूंदें, अग्र की सतह के ऊपर से अपेक्षाकृत गर्म हवा से गिरती हैं, जो पृथ्वी की सतह के करीब ठंडी हवा में वाष्पित हो जाती हैं और यह संतृप्त हो जाती हैं। एक बर्फ कोहरे में दृश्यता अक्सर समान संघनित पानी के कोहरे की तुलना में काफी खराब होती है।

अतः विकल्प (B) सही है।

52. मैग्मा, पृथ्वी के केंद्र से पिघली हुई सामग्री से आग्नेय चट्टानें बनती हैं। आग्नेय चट्टानें चट्टान चक्र की शुरुआत करती हैं, और इसलिए प्राथमिक चट्टानें कहलाती हैं।

अतः विकल्प (C) सही है।

53. भारत की जलवायु महासागर, हिमालय और थार रेगिस्तान से बहुत प्रभावित है। हिमालय मध्य-एशिया से बहने वाली शुष्क काटाबेटिक हवाओं के अवरोधक के रूप में कार्य करता है जो समान अक्षांशों पर अधिकांश स्थानों की तुलना में भारतीय उपमहाद्वीप के अधिकांश हिस्सों को गर्म रखता है। भारत की जलवायु को मोटे तौर पर उष्णकटिबंधीय मानसून प्रकार के रूप में वर्णित किया जा सकता है। भारत की जलवायु दो मौसमी हवाओं उत्तर-पूर्व मानसून और दक्षिण-पश्चिम मानसूनसे प्रभावित होती है।

अतः विकल्प (C) सही है।

54. इंटर ट्रॉपिकल कन्वर्जेंस ज़ोन, या ITCZ, कम दबाव की एक बेल्ट है जो भूमध्य रेखा के पास आम तौर पर पृथ्वी की ओर जाती है जहां उत्तरी और दक्षिणी गोलार्ध की व्यापारिक हवाएं एक साथ आती हैं। यह संवहन गतिविधि की विशेषता है जो बड़े क्षेत्रों में अक्सर तेज आंधी उत्पन्न करती है। यह महाद्वीपीय भूमि पर दिन के समय सबसे अधिक सक्रिय है और समुद्रों पर अपेक्षाकृत कम सक्रिय है।

अतः विकल्प (B) सही है।

55. हम्बोल्ट धारा, जिसे पेरू धारा भी कहा जाता है, एक ठंडा, कम लवणता वाला महासागरीय प्रवाह है जो दक्षिण अमेरिका के पश्चिमी तट के उत्तर में बहता है। आम तौर पर, हर साल क्रिसमस के आसपास कुछ हफ्तों की अवधि के लिए, यह ठंडी धारा गर्म धारा से प्रतिस्थापित हो जाती है। इस घटना को एल नीनो कहा जाता है, जिसे "छोटे लड़के" के रूप में भी जाना जाता है। प्रत्येक 2 से 7 साल, की अवधि में यह गर्म पानी की घटना बहुत लंबे समय तक और बहुत अधिक स्पष्ट रहती है। तब इसे एक प्रमुख एल नीनो घटना कहा जाता है।

अतः विकल्प (D) सही है।

56. काली मिट्टी को रेगुर मिट्टी भी कहा जाता है। यह रंग में काली होती है और कपास उगाने के लिए आदर्श मिट्टी है। इस प्रकार की मिट्टी उत्तर-पश्चिम दक्कन के पठार में फैले डेक्कन ट्रैप (बेसाल्ट) क्षेत्र की विशिष्टता है और लावा प्रवाह से बनी है।

अतः विकल्प (C) सही है।

57. जिला पुंछ या पंच जम्मू और कश्मीर के सबसे दूरस्थ जिलों में से एक है। यह नियंत्रण रेखा (भारतीय और पाकिस्तान प्रशासित कश्मीर के बीच की सीमा) से तीन तरफ (उत्तर, पश्चिम और दक्षिण) से घिरा है।

अतः विकल्प (A) सही है।

58. अनाइमुडी भारत में पश्चिमी घाटों की सबसे ऊँची चोटी है, जिसकी ऊँचाई 2,695 मीटर (8,842 फीट) है। अनाइमुडी दक्षिण भारत का सबसे ऊँचा स्थान भी है।

अतः विकल्प (A) सही है।

59. कुंचिकल झरना, कर्नाटक राज्य के शिमोगा जिले में मस्थीकट्टे के निकट निदगोडु गाँव में स्थित है। कुंचिकल जलप्रपात वरही नदी द्वारा बनाया गया है।

अतः विकल्प (B) सही है।

60. इगाजु फॉल्स, इगाजु नदी में, दुनिया के सबसे बड़े झरनों में से एक है। वे अर्ध-गोलाकार आकार में 2,700 मीटर (लगभग 2 मील) तक फैले हुए हैं। इगाजु फॉल्स ब्राजील के राज्य पराना और अर्जेंटीना प्रांत मिनेस के बीच सीमा पर स्थित हैं।

अतः विकल्प (D) सही है।

61. गुवाहाटी (प्राचीन असम में प्रागज्योतिषपुरा, आधुनिक युग में गौहाटी) भारत के असम राज्य का सबसे बड़ा शहर और पूर्वोत्तर भारत का सबसे बड़ा शहरी क्षेत्र है। एक प्रमुख नदी बंदरगाह शहर और भारत में सबसे तेजी से बढ़ते शहरों में से एक, गुवाहाटी ब्रह्मपुत्र के दक्षिण तट पर स्थित है।

अतः विकल्प (B) सही है।

62. जीएमटी का मतलब है ग्रीनविच मीन / मेरिडियन टाइम और आईएसटी भारतीय मानक समय के लिए है। ग्रीनविच मीन टाइम (जीएमटी + 5.5) से आगे भारत का मानक समय (आईएसटी) 5:30 घंटे (5 घंटे 30 मिनट) है।

अतः विकल्प (D) सही है।

63. इस भूमि के माध्यम से बहने वाली पांच नदियों और पंजाब की सतलुज, ब्यास, रावी, चिनाब और झेलम के कारण इसका नाम रखा गया है।

अतः विकल्प (B) सही है।

64. उदयपुर शहर, औपचारिक रूप से झीलों और पूर्व के वेनिस के शहर के रूप में जाना जाता है। पूर्व रियासत की राजधानी उदयपुर, भारत के राजस्थान में एक खूबसूरत शहर है। उदयपुर को "पूर्व का वेनिस", "भारत का सबसे रोमांटिक शहर" और "राजस्थान का कश्मीर" भी कहा जाता है।

अतः विकल्प (A) सही है।

65. सामूहिक रूप से, 'अल-नीनो' और 'ला नीना' समुद्र-वायुमंडल प्रणाली में एक दोलन के भाग हैं, जिन्हें अल नीनो-दक्षिणी दोलन कहा जाता है। अल नीनो दक्षिणी दोलन, गर्म और ठंडे तापमान के चक्र को संदर्भित करते हैं, जैसा कि समुद्र की सतह के तापमान, एसएसटी, द्वारा मापा जाता है।

अतः विकल्प (B) सही है।

66. पृथ्वी के आंतरिक भाग की संरचना को मूल रूप से तीन परतों क्रस्ट, मेंटल और कोरमें विभाजित किया गया है। गहराई में वृद्धि के साथ तापमान में वृद्धि खानों और गहरे कुओं में देखी जाती है। पृथ्वी के आंतरिक भाग से पिघले हुए लावा के साथ-साथ साक्ष्य का समर्थन करता है कि तापमान बढ़ जाता है पृथ्वी का केंद्र। तापमान की तरह, पृथ्वी के केंद्र की ओर सतह से भी दबाव बढ़ रहा है।

अतः विकल्प (A) सही है।

67. समुद्री चट्टानें मुख्य रूप से महासागर धाराओं के कारण बनती हैं। मूविंग वॉटर डिग्रेडेशनल एजेंट (अपरदन) का काम करता है। जैसा कि महासागरीय धाराएँ अपने निश्चित पथ में निरंतर चलती रहती हैं। वे चट्टान को मिटा देते हैं जिसके खिलाफ वे प्रहार करते हैं।

अतः विकल्प (A) सही है।

68. मुख्य हवाई द्वीप समूह उत्तरी प्रशांत महासागर में स्थित बसे हुए द्वीपों का एक समूह है।

अतः विकल्प C) सही है।

69. विक्टोरिया जलप्रपात अफ्रीका के सबसे बडे आकर्षणों में से एक है और दुनिया के सबसे भव्य झरनों में से एक है, विक्टोरिया जलप्रपात अफ्रीका की चौथी सबसे बड़ी नदी, ज़म्बेजी नदी पर स्थित है, जो जाम्बिया और ज़िम्बाब्वे के बीच की सीमा को भी निर्धारित करती है।

अतः विकल्प (C) सही है।

70. अटलांटिक महासागर मार्ग प्रशांत महासागर मार्गों की तुलना में व्यस्त हैं क्योंकि अटलांटिक महासागर औद्योगिक देशों द्वारा दोनों तरफ से घिरा हुआ है। अटलांटिक महासागर प्रशांत महासागर के पीछे दूसरा सबसे बड़ा महासागर बेसिन है। इसके उत्तर में उत्तर और दक्षिण अमेरिका और पूर्व में अफ्रीका और यूरोप हैं। यह दुनिया का सबसे व्यस्त महासागर होने का भी दावा करता है।

अतः विकल्प (C) सही है।

71. कोहरे के गठन के एजेंटों में छोटी दूरी के दूर्नल तापमान शामिल नहीं हैं। ड्यूरनल तापमान रेंज (DTR) को दैनिक अधिकतम और न्यूनतम तापमान के बीच के अंतर के रूप में परिभाषित किया गया है, जो दिन के तापमान परिवर्तनशीलता का वर्णन करता है और मौसम की स्थिरता को दर्शाता है।

अतः विकल्प (B) सही है।

72. दबाव वेग बल अपने वेग सहित हवा की गति को निर्धारित करने में सबसे शक्तिशाली है। हवा पृथ्वी की सतह के पार हवा की गति है और एक स्थान से दूसरे स्थान के बीच हवा के दबाव में अंतर से उत्पन्न होती है।

अतः विकल्प (D) सही है।

73. नर्मदा, तापी, माही और दामोदर, ये सभी नदियाँ भ्रंश घाटियों से होकर प्रवाहित होती हैं। इसलिए विकल्प C सही है। नर्मदा नदी सतपुड़ा और विंध्य पर्वतमाला के मध्य स्थित भ्रंश घाटी में पश्चिम की ओर प्रवाहित होती है। दामोदर नदी छोटा नागपुर पठार स्थित भ्रंश घाटी से होकर प्रवाहित होती है। ताप्ती और माही नदियाँ भी विभिन्न श्रेणियों के मध्य भ्रंश घाटियों से होकर प्रवाहित होती हैं।

अतः विकल्प (C) सही है।

74. थर्मोस्फेयर पृथ्वी के वायुमंडल की एक परत है। थर्मोस्फेयर प्रत्यक्ष रूप से मेसोस्फीयर के ऊपर और एक्सोस्फीयर के नीचे होता है। यह ग्रह के ऊपर लगभग 90 किमी (56 मील) से 500 और 1,000 किमी (311 से 621 मील) तक फैला हुआ है। वायुमंडल में ऊर्ध्वाधर तापमान प्रोफ़ाइल के आधार पर, थर्मोस्फेयर उच्चतम परत है, और सबसे गर्म परत, जो मेसोस्फीयर के ऊपर स्थित है।

अतः विकल्प (A) सही है।

75. आतपन को प्रभावित करने वाले कारक क्षितिज के समतल पर सूर्यकिरणों की नति आतपन सौर उच्चता, या सौर किरणों द्वारा क्षितिज पर बनाए हुए कोण, पर निर्भर करता है। किसी क्षैतिज पृष्ठ पर आतपन की तीव्रता इस कोण की ज्या की अनुलोमानुपाती होती है।

अतः विकल्प (D) सही है।

76. भारत में, जनसंख्या का उच्चतम घनत्व वाला राज्य बिहार है। 1,106 प्रति वर्ग किलोमीटर जनसंख्या वाला बिहार सबसे अधिक आबादी वाला राज्य है, जिसके बाद पश्चिम बंगाल (1,028) और केरल (860) हैं।

अतः विकल्प (B) सही है।

77. जनसंख्या की वृद्धि दर का अर्थ है जन्म दर और मृत्यु दर के बीच अंतर। जन्म दर और मृत्यु दर के बीच अंतर की गणना करके इसे सबसे अच्छा माना जा सकता है।

अतः विकल्प (D) सही है।

78. अंडमान और निकोबार द्वीप समूह में जनजातीय आबादी नेगोरॉयड्स की है। नेगोरॉयड्स मानव का एक समूह है जिसे ऐतिहासिक रूप से जैविक कर के रूप में माना जाता है। शब्द का प्रयोग फोरेंसिक और भौतिक मानवविज्ञानी द्वारा व्यक्तियों और आबादी का उल्लेख करने के लिए किया गया है जो रूपात्मक और कंकाल लक्षण साझा करते हैं।

अतः विकल्प (D) सही है।

79. अनुसूचित जनजातियों की सबसे बड़ी आबादी मध्य प्रदेश में है। मध्य प्रदेश में सबसे अधिक जनजातीय आबादी है। यह 2011 की जनगणना के अनुसार राज्य की जनसंख्या का 21% है, जो 1.6 करोड़ से अधिक अनुसूची जनजाति आबादी है।

अतः विकल्प (B) सही है।

80. भारत में महिला जनसंख्या की कमी के लिए सामाजिक कारक मुख्य रूप से जिम्मेदार हैं। अन्य पूर्वाग्रहों के साथ दहेज और पितृसत्तात्मक मानसिकता जैसे सामाजिक कारक महिलाओं की जनसंख्या में कमी के लिए जिम्मेदार हैं।

अतः विकल्प (C) सही है।

81. डाइक का निर्माण विशेष रूप से नॉर्वे में किया गया है। आग्नेय शरीर की तरह तालिका या चादर है जो अक्सर खड़ी या खड़ी पूर्व-खड़ी चट्टानों के झुकाव के लिए उन्मुख होती है; इसी तरह के पिंडों को संलग्न चट्टानों के बिस्तर के समानांतर उन्मुख किया जाता है।

अतः विकल्प (A) सही है।

82. गीजर में पानी को विस्फोटक तरीके से निकाला जाता है। गीज़र और हॉट स्प्रिंग के बीच बड़ा अंतर यह है कि गीज़र की सतह के पास इसकी

हाइड्रोथर्मल प्लंबिंग में रुकावट होती है। गर्म स्प्रिंग्स में, पानी को सतह पर प्रसारित करने और भाप और गर्मी देने के लिए स्वतंत्र रूप से स्थानांतरित करने की अनुमति है। गीजर में, कब्ज उबलते पानी को भूमिगत रखते हैं।

अतः विकल्प (A) सही है।

83. भूकंप की तीव्रता रिक्टर पैमाने पर मापी जाती है। रिक्टर पैमाना भूकंप की तरंगों की तीव्रता मापने का एक गणितीय पैमाना है। किसी भूकम्प के समय भूमि के कम्पन के अधिकतम आयाम और किसी याद्दच्छ (आर्बिट्रेरी) छोटे आयाम के अनुपात के साधारण लघुगणक को 'रिक्टर पैमाना' कहते हैं। रिक्टर पैमाने का विकास 1130 के दशक में किया गया था।

अतः विकल्प (B) सही है।

84. दो स्थल खण्डो को मिलाने वाली भूमि की संकीर्ण पट्टी को स्थलडमरूमध्य कहा जाता है। स्थलडमरूमध्य भूमि की एक संकीर्ण पट्टी होती है (दोनों तरफ पानी के साथ) जो दो बड़े भूमि क्षेत्रों को जोड़ती है। पनामा का स्थलडमरूमध्य दक्षिण अमेरिका और उत्तरी अमेरिका को जोड़ता है, जबकि स्वेज का स्थलडमरूमध्य एशिया और अफ्रीका को जोड़ता है।

अतः विकल्प (B) सही है।

85. प्राथमिक भूकंपीय तरंग की विशेषता यह है कि यह एक अनुदैर्ध्य और संपीड़ित लहर है, यह ध्वनि तरंगों के अनुरूप है और यह ठोस पदार्थों के माध्यम से लेकिन धीरे-धीरे तरल पदार्थों के माध्यम से तेज गति से यात्रा करती है। प्राथमिक तरंगें (P- तरंगें) संकरी तरंगें हैं जो प्रकृति में अनुदैर्ध्य हैं।

अतः विकल्प (D) सही है।

86. भूकंप में अनुप्रस्थ, अनुदैर्ध्य और सतह तरंगें पृथ्वी के शरीर के भीतर फोकस से उत्पन्न होती हैं। भूकंप का केंद्र तरंगों को बाहर भेजता है जो पानी की एक स्थिर पिंड पर गिराई जाने वाली वस्तु की तरह होती हैं जो तरंगों को बाहर भेजती हैं। पत्थर के हिट के बाद पानी की लहरें हर दिशा में केंद्र से बाहर की ओर निकलती हैं। एक भूकंप ऊर्जा को शॉक वेव्स, तथाकथित भूकंपीय तरंगों के रूप में छोड़ता है, जो पृथ्वी की सतह पर व्याप्त होती हैं।

अतः विकल्प (A) सही है।

87. पहला औपचारिक बयान और अवधारणा का नामकरण जे. डब्ल्यू. पावेल ने 1875 में किया था, जिन्होंने लिखा था, '' हम समुद्र के स्तर को एक भव्य आधार स्तर मान सकते हैं, जिसके नीचे से शुष्क भूमि का क्षय नहीं हो सकता है, लेकिन हमारे पास स्थानीय और अस्थायी उद्देश्यों के लिए, क्षरण के अन्य आधार स्तर भी हो सकते हैं, जो बेड के स्तर हैं।

अतः विकल्प (B) सही है।

88. जियोग्राफिया या भूगोल, भौगोलिक ज्ञान का एक विश्वकोश है, जिसमें 17 'पुस्तकें' शामिल हैं, जो ग्रीक में लिखी गई हैं और ग्रीक वंश के रोमन साम्राज्य के एक शिक्षित नागरिक स्ट्रैबो को बताया गया है।

अतः विकल्प (B) सही है।

89. बर्नहार्ड वेरेनियस ने सामान्य बनाम विशेष भूगोल के डाइकोटॉमी की नींव रखी। वैज्ञानिक भौगोलिक चिंतन के विकास में बर्नहार्ड वेरेनियस (1622-1650) का काम था जिन्होंने एक सदी से अधिक समय तक भूगोल की सामग्री और कार्यक्षेत्र को गहराई से प्रभावित किया। वेरेनियस ने 1649 के पतन में अपने प्रसिद्ध काम जियोग्राफिया सामान्य पर काम शुरू किया और 1650 के वसंत में इसे पूरा किया। यह कभी-कभी कहा जाता है कि उनका ज्योग्राफिया सामान्य, मुंस्टर के 'कॉस्मोग्राफी यूनिवर्सलिस' का एक वैध उत्तराधिकारी था।

अतः विकल्प (B) सही है।

90. द अल्मागेस्ट, एक 2-सदी की ग्रीक भाषा का गणितीय और खगोलीय ग्रंथ है, जो स्टडियस टॉलेमी (सी. ई. 100 - सी. 170) द्वारा लिखे गए सितारों और ग्रहों के रास्तों के स्पष्ट गतियों पर आधारित है। अब तक के सबसे प्रभावशाली वैज्ञानिक ग्रंथों में से एक, इसने ब्रह्मांड के एक भू-माणिक मॉडल को रद्द कर दिया, जो मध्ययुगीन बीजान्टिन और इस्लामी दुनिया में, और मध्य युग के माध्यम से पश्चिमी यूरोप में, हेलेनिस्टिक अलेक्जेंड्रिया में अपने मूल से 1200 से अधिक वर्षों के लिए स्वीकार किया गया था। और जल्दी पुनर्जागरण कोपर्निकस तक। यह प्राचीन यूनानी खगोल विज्ञान के बारे में जानकारी का एक प्रमुख स्रोत भी है।

अतः विकल्प (D) सही है।

91. कार्टोग्राफी, कला और विज्ञान भौगोलिक रूप से भौगोलिक क्षेत्र का प्रतिनिधित्व करते हैं, आमतौर पर एक सपाट सतह पर जैसे कि एक नक्शा या चार्ट। इसमें भौगोलिक क्षेत्र के प्रतिनिधित्व पर राजनीतिक, सांस्कृतिक, या अन्य गैर भौगोलिक विभाजनों का समावेश हो सकता है।

अतः विकल्प (C) सही है।

92. स्टैलेक्टाइट्स और स्टैलेग्माइट्स कार्स्ट स्थलाकृति से संबंधित निक्षेपण विशेषताएं हैं।

स्टैलेक्टाइट्स: यह एक प्रकार की चट्टान है जो गुफा की छत से टपकने वाले पानी से खनिजों की वर्षा से उत्पन्न होती है। यह एक गुफा की छत से लटकी हुई होती है।

स्टैलेग्माइट्स: यह एक प्रकार की चट्टान है जो छत के टपकने से फर्श पर जमा सामग्री के जमा होने के कारण गुफा के फर्श पर उगती है।

बड़े पैमाने पर घुलनशील चूना पत्थर पर भूमिगत जल के उत्खनन प्रभाव के कारण कार्स्ट स्थलाकृति का निर्माण होता है। यह आमतौर पर बंजर, चट्टानी जमीन, गुफाओं, सिंकहोल, भूमिगत नदियों की विशेषता है।

अतः विकल्प (A) सही है।

93. पारिस्थितिकी जीवों और उनके भौतिक पर्यावरण के बीच आपसी संबंधों और बातचीत से संबंधित है। वातावरण, जलवायु और मिट्टी के भौतिक कारक पौधे की शारीरिक क्रियाओं को उसकी सभी अभिव्यक्तियों को प्रभावित करते हैं, ताकि, एक बड़ी हद तक, पौधे पारिस्थितिकी प्राकृतिक और अनियंत्रित परिस्थितियों में पौधे शरीर विज्ञान का एक चरण है।

अतः विकल्प (B) सही है।

94. शैल आमतौर पर अभिसरण प्लेट सीमाओं पर कायांतरित चट्टानों द्वारा बनता है।

- यह एक उच्च श्रेणी की कायांतरित चट्टान है जिसमें खनिज को तीव्र ऊष्मा और दाब के तहत पुनर्गठित किया जाता है
- बेसाल्ट एक गहरे रंग का, महीन, आग्नेय चट्टान है जो मुख्य रूप से प्लागियोक्लेज़ और पाइरॉक्सिन खनिजों से बना है।
- साइनेइट एक अंतर्वेधी आग्नेय चट्टान है जो फेल्डस्पार और फेरोमैग्नेसियन खनिज से बना है।
- रासायनिक रूप से, सेनाइटिस में मध्यम मात्रा में सिलिका, अपेक्षाकृत बड़ी मात्रा में क्षार और एल्यूमिना होते हैं।
- सैंडस्टोन एक अवसादी चट्टान है जो ज्यादातर कार्ट्ज रेत से बनी होती है।
- सैंडस्टोन जिसमें 90% से अधिक क्वार्ट्ज होते हैं उन्हें कार्ट्जोज सैंडस्टोन कहा जाता है।
- जब सैंडस्टोन में 25% से अधिक फेल्डस्पार होता है, तो इसे आर्कोज या आकोसिक सैंडस्टोन कहा जाता है।

अतः विकल्प (C) सही है।

95. 22 दिसम्बर के दिन दक्षिणी गोलार्द्ध पर सबसे लम्बा दिन होता है। ऐसा 22 दिसम्बर के दिन सूर्य की किरणों के मकर रेखा पर सीधे पड़ने के कारण होता है। उत्तरी गोलार्द्ध में सबसे लम्बा दिन 21 जून को होता है। ऐसा कर्क रेखा पर 21 जून को सूर्य की किरणों के सीधे पड़ने के कारण होता है।

अतः विकल्प (D) सही है।

96. विश्व का महासागर मछली पकड़ने का मैदान उत्तरी गोलार्ध के ठंडे पानी में स्थित है क्योंकि दक्षिणी गोलार्ध में वाणिज्यिक समुद्र में मछली पकड़ना कम विकसित होता है और महाद्वीपीय अलमारियों के ऊपर स्थापित सबसे अच्छे मछली पकड़ने के मैदान हैं।

अतः विकल्प (A) सही है।

97. सेशेल्स, पश्चिमी हिंद महासागर में द्वीप गणराज्य, जिसमें लगभग 115 द्वीप शामिल हैं, जिसमें रसीला उष्णकटिबंधीय वनस्पति, सुंदर समुद्र तट, और समुद्री जीवन की एक विस्तृत विविधता है।

अतः विकल्प (C) सही है।

98. गिलबर्ट द्वारा पेडनेशन फॉर्मेशन के पार्श्व नियोजन सिद्धांत का प्रस्ताव किया गया था। शुष्क जलवायु में पेडिस अत्यधिक स्पष्ट हैं। यह जानना आवश्यक है कि इसने एक अत्यंत शुष्क जलवायु तंत्र का नेतृत्व किया है।

अतः विकल्प (C) सही है।

99. प्लेट टेक्टोनिक्स के सिद्धांत के संदर्भ में, दरार घाटी, विचलन क्षेत्रों में होती है जहां पृथ्वी की सतह बनाने वाली विभिन्न लिथोस्फेरिक प्लेटों में से दो अलग हो रही हैं। पृथ्वी के महासागरों में चलने वाली बड़ी-बड़ी लकीरों के गुच्छों के साथ कई पनडुब्बी दरार घाटियों की खोज की गई है।

अतः विकल्प (A) सही है।

100. एंडीज का गठन विवर्तनिकी गतिविधि द्वारा किया गया था, जिसके तहत एक प्लेट (महासागरीय क्रस्ट) के एक अन्य प्लेट (महाद्वीपीय क्रस्ट) के नीचे जाने से पृथ्वी के उत्थान के रूप में किया जाता है। एक सबडक्शन ज़ोन सेटिंग में इस तरह की एक उच्च पर्वत श्रृंखला प्राप्त करना असामान्य है, जो यह पता लगाने की कोशिश के महत्व को जोड़ता है कि यह कब और कैसे हुआ। दक्षिण अमेरिका के पश्चिमी भाग के साथ चलने वाला एंडीज़ दुनिया की सबसे लंबी पर्वत श्रृंखलाओं में से एक है।

अतः विकल्प (C) सही है।

101. ढलान विकास पर डेविस के विचारों को चुनौती देने वाले वाल्थर पेनक द्वारा पहली बार ढलान प्रतिस्थापन को प्रतिपादित किया गया ढलान प्रतिस्थापन ढलानों के विकास का वर्णन करता है जो समग्र क्षरण (घटाव) की घटती दरों के साथ जुड़ा हुआ है।

अतः विकल्प (C) सही है।

102. वृष्टिछाया क्षेत्र ओरोग्रेफिक वर्षा के साथ जुड़ा हुआ है। जब संतृप्त वायु एक भौगोलिक बाधा जैसे पर्वत द्वारा बाधित होती है, तो यह इसपर चढ़ने के लिए मजबूर हो जाता है और जैसे यह ऊपर की ओर बढ़ता है, यह फैलता है और तापमान गिरता है। परिणामस्वरूप, संघनन होता है और वर्षा होती है। इस प्रकार की प्रस्तुति में, पहाड़ की घुमावदार ढलान अधिकतम बारिश प्राप्त करती है और विपरीत ढलान आम तौर पर सूख जाता है और वृष्टि छाया क्षेत्र के रूप में जाना जाता है।

अतः विकल्प (B) सही है।

103. जियोसिन-क्लाइन अवधारणा की पहली बार 19 वीं शताब्दी के मध्य में अप्लेशियन पर्वन के क्लासिक अध्ययन के दौरान अमेरिकी भूवैज्ञानिक जेम्स हॉल और जेम्स ड्वाइट डाना ने कल्पना की थी, एमिल हाग ने आगे चलकर जियोसिन-क्लाइन अवधारणा विकसित की और इसे 1900 में यूरोप में पेश किया।

अतः विकल्प (C) सही है।

104. नाइट्रोजन वायुमंडल का 78% हिस्सा है। तो 78% एक मिलियन = 780,840 पीपीएम - वायुमंडल में नाइट्रोजन गैस की एकाग्रता है।

अतः विकल्प (A) सही है।

105. वायुमंडल की निचली परतों में, 300 एनएम से अधिक तरंग दैर्ध्य का प्रकाश मौजूद है और यह इस कारण से है, आमतौर पर जमीनी स्तर पर ओजोन का गठन नहीं होता है।

अतः विकल्प (B) सही है।

106. डोलड्रम्स अनियमित हवाएं हैं और उनका सटीक स्थान विश्लेषण करना कठिन है। डोलड्रम्स के क्षेत्र में जहाजों को उचित हवा की कमी के कारण अपने गति को प्रतिबंधित करती है।

अतः विकल्प (C) सही है।

107. कंपाला युगांडा की राष्ट्रीय और व्यावसायिक राजधानी है। यह विक्टोरिया झील की सीमा के पास है, जो अफ्रीका की सबसे बड़ी झील है। युगांडा शिलिंग (यू जी एक्स) यूगांडा की मुद्रा है।

अतः विकल्प (A) सही है।

108. बृहस्पति आकाश में चौथी सबसे चमकीली वस्तु है (सूर्य, चंद्रमा और शुक्र के बाद), इसे प्रागैतिहासिक काल से एक "ब्राइट वांडरिंग स्टार" के रूप में जाना जाता है।

अतः विकल्प (D) सही है।

109. एल्यूमीनियम पृथ्वी की छाल में सबसे प्रचुर धातु है। पृथ्वी की छाल में ऑक्सीजन सबसे प्रचुर तत्व है।

अतः विकल्प (C) सही है।

110. कनाडा ध्वज को मेपल लीफ फ्लैग के नाम से भी जाना जाता है। इसमें एक लाल क्षेत्र के साथ एक सफेद वर्ग होता है, जिसके केंद्र में 11-नुकीले लाल मेपल का लीफ होता है।

अतः विकल्प (B) सही है।

111. शुक्र की सतह का तापमान 400° C से अधिक है और यह सौर मंडल का सबसे गर्म ग्रह है, जो वायुमंडल में ग्रीनहाउस गैसों की मात्रा के कारण सबसे अधिक गर्म ग्रह है।

अतः विकल्प (B) सही है।

112. द्वीपसमूह सागर बाल्टिक सागर का एक हिस्सा है और यह दुनिया का दूसरा सबसे बड़ा द्वीपसमूह है, जिसमें लगभग 40,000 द्वीप समूह और चट्टानें हैं। यह बोथोनिगा की खाड़ी, फिनलैंड की खाड़ी और अलंड के सागर के बीच स्थित है।

अतः विकल्प (C) सही है।

113. अमेजन रीफ अटलांटिक महासागर में फ्रेंच गयाना और ब्राजील के तट पर स्थित है। यह कोरल और स्पंज रीफ सिस्टम है। यह दुनिया की सबसे बड़ी ज्ञात रीफ प्रणालियों में से एक है।

अतः विकल्प (C) सही है।

114. एंगलिशेक ग्लेशियर किर्गिस्तान में सबसे बड़ा और सबसे तेज गति से बढ़ने वाला ग्लेशियर है। यह पूर्वोत्तर किर्गिस्तान क्षेत्र के केंद्रीय तियान शान पर्वत में स्थित है। साथ ही, यह दुनिया का छठा सबसे लंबा गैर ध्रुवीय ग्लेशियर है।

अतः विकल्प (B) सही है।

115. जब तारे का कोर पर्याप्त गर्म होता है, तो न्यूक्लियर फ्यूजन होता है। फ्यूजन एक ऐसी प्रक्रिया है जिसमें दो हाइड्रोजन परमाणु मिलकर एक हीलियम परमाणु बनाते हैं, जिससे ऊर्जा निकलती है।

अतः विकल्प (D) सही है।

116. चंद्रमा का गठन हडियन ईऑन (लगभग 4533- 4527 मिलियन वर्ष पूर्व) में हुआ था।

अतः विकल्प (A) सही है।

117. तटीय शहर, डबलिन आयरलैंड की सांस्कृतिक राजधानी है। यह किसी भी अन्य यूरोपीय शहर की तुलना में प्रति किलोमीटर अधिक हरा स्थान है। यह गिनीज ब्रेवरी के लिए प्रसिद्ध है।

अतः विकल्प (D) सही है।

118. एंट्रिम तट उत्तरी आयरलैंड में स्थित है। यह सबसे अच्छी तरह से यूनेस्को की विश्व धरोहर स्थल जाइंट कॉजवे के लिए जाना जाता है।

अतः विकल्प (D) सही है।

119. माउंट मैकिनले को डेनाली के नाम से भी जाना जाता है जो उत्तरी अमेरिका की सबसे ऊंची चोटी है। यह उत्तरी अमेरिका में अलास्का रेंज में स्थित है।

अतः विकल्प (C) सही है।

120. माउंट हुआंग को हुआंगशान या येलो माउंटेन के रूप में भी जाना जाता है जो पूर्वी चीन में स्थित है। कमल की चोटी हुआंगशान पर्वत श्रृंखला की सबसे ऊंची चोटी है।

अतः विकल्प (A) सही है।

121. वाशिंगटन, ओरेगन और इडाहो (यूएसए) में कोलंबिया-स्नेक उच्चस्थली ज्वालामुखी के विस्फोट के कारण बना है, जिसके परिणामस्वरूप बेसाल्ट लवे की कोटिंग होती है। इसलिए इसे 'फ्लड बेसाल्ट प्लैटुए' कहा जाता है।

अतः विकल्प (B) सही है।

122. इक्वेटोरियल लो-प्रेशर बेल्ट 10 डिग्री N और 10 डिग्री S अक्षांश के बीच स्थित है। अत्यंत शांत हवा के गति के कारण इस बेल्ट को डोलड्रम्स भी कहा जाता है। यह बेल्ट उप-उष्णकटिबंधीय उच्च बाध्यता बेल्ट से दो गोलार्धों से व्यापार हवाओं के अभिसरण का क्षेत्र है। यह शांत स्थितियों के साथ अत्यंत कम बाध्यता की विशेषता है।

अतः विकल्प (A) सही है।

123. हवा एक गति है जो दिशा और गति दोनों है। हवा की दिशा एक पारंपरिक उपकरण द्वारा मापी जाती है जिसे मौसम वेन या वात दिग्दर्शक कहा जाता है।

अतः विकल्प (C) सही है।

124. हिंद महासागर दुनिया का सबसे गर्म महासागर है। लंबे समय तक महासागर के तापमान के रिकॉर्ड हिंद महासागर में लगभग 1.2 डिग्री सेल्सियस पर तेजी से, निरंतर वार्मिंग दिखाते हैं। मानव-प्रेरित ग्रीनहाउस वार्मिंग, और एल नीनो (या हिंद महासागर डिपोल) की आवृत्ति और परिमाण में परिवर्तन, घटनाएं हिंद महासागर में इस मजबूत वार्मिंग के लिए एक ट्रिगर हैं।

अतः विकल्प (C) सही है।

125. सब ट्रॉपिकल हाई-प्रेशर बेल्ट उष्णकटिबंधीय के पास लगभग 35 डिग्री उत्तर और दक्षिण अक्षांश तक फैली हुई है। इस बेल्ट के साथ उच्च दबाव भूमध्यरेखीय क्षेत्र से आने वाली हवा के उपसमूह के कारण होता है जो भारी होने के बाद घटता है।

अतः विकल्प (D) सही है।

मॉक टेस्ट 04

Q.1 भूगोल के लिए 'ज्योग्रेफिका' (Geographica) शब्द का प्रयोग सर्वप्रथम किसने किया?

A. हिकैटियस **B.** हेरोडोटस
C. इरैटोस्थनीज **D.** अरस्तू

Q.2 "मानव भूगोल अस्थायी पृथ्वी एवं चंचल मानव के पारस्परिक परिवर्तनशील सम्बन्धों का अध्ययन है।' कथन किसका है?

A. ब्लॉश **B.** हंटिंगटन
C. एलन सैम्पल **D.** हम्बोल्ट

Q.3 "वर्तमान भूत की कुंजी है।" कथन किस विद्वान का है?

A. डटन **B.** जेम्स हटन
C. डेविस **D.** वाल्टर पेंक

Q.4 'रूको और जाओ नियतिवाद' (Stop and Go Determinism) की विचारधारा के प्रतिपादक कौन है?

A. ए.जे. हरबर्टसन **B.** जॉर्ज टैथम
C. हार्टशोर्न **D.** ग्रिफिथ टेलर

Q.5 भूगोल को 'मानव पारिस्थितिकी' के रूप में परिभाषित करने वाला विद्वान कौन है?

A. विडाल डि-ला-ब्लॉश **B.** जीन ब्रून्श
C. हेटनर **D.** एच. एच. बैरोज

Q.6 "यदि इतिहास 'कब' का वैज्ञानिक अध्ययन प्रस्तुत करता है तो भूगोल कहाँ' (where) का वैज्ञानिक एवं तार्किक अध्ययन करता है।" कथन निम्नलिखित में से किस विद्वान का है?

A. कार्ल सावर **B.** एन.जे. स्पाइकमैन
C. एच.जे. मैकिण्डर **D.** डी.एच. ह्विटिल्सी

Q.7 'भूगोल का जनक' किसे कहा जाता है?

A. हेरोडोटस **B.** अरस्तू
C. इरेटोस्थनीज **D.** हिकैटियस

Q.8 "स्थलरूप संरचना, प्रक्रम तथा अवस्था का प्रतिफल होता है।" कथन किसका है?

A. वाल्टर पेंक **B.** डब्ल्यू.एम. डेविस
C. एल.सी. किंग **D.** पेल्टियर

Q.9 भू-आकृति विज्ञान (Geomorphology) का जन्मदाता किसे माना जाता है?

A. डेविस **B.** पेशल **C.** पेंक **D.** हट्टन

Q.10 भूगोल को एक अलग अध्ययन शास्त्र के रूप में स्थापित करने का श्रेय निम्न में से किस विद्वान को है?

A. इरैटोस्थनीज **B.** हिप्पार्कस
C. हिकैटियस **D.** हेरोडोटस

Q.11 बादलों की दिशा एवं गति को मापने वाला यन्त्र कहलाता है:

A. एनीमोमीटर **B.** रेनगेज
C. नेफोस्कोप (मेघमापी) **D.** हाइग्रोमीटर

Q.12 सापेक्षिक आर्द्रता को निम्नलिखित में से किस ग्राफ पर दिखाया जाता है?

A. बैरोग्राफ **B.** क्लाइमोग्राफ
C. हीदरग्राफ **D.** हिप्सोमेट्रिक ग्राफ

Q.13 निम्न में से कौन भू-तुल्यकालिक उपग्रह है?

A. लेण्डसेट **B.** मीटिओसेट
C. आई आर एस **D.** किटसेट

Q.14 सिस्मोग्राफ (भूकंपमापी) क्या रिकॉर्ड करता है?

A. हृदय की धड़कन **B.** वायुमण्डल का दबाव
C. भूकम्प की तीव्रता **D.** इनमें से कोई नहीं

Q.15 लाइसोमीटर से निम्न में से किसका मापन किया जाता है?

A. वायुमण्डलीय आर्द्रता
B. मेघों की दिशा तथा गति
C. सौर विकिरण की मात्रा
D. मृदा से होकर नीचे जाने वाली अन्तः स्रावी जल की मात्रा

Q.16 भारत का सर्वाधिक वृहदाकार भू-आकृतिक प्रदेश कौन सा है?

A. वृहत् उत्तरी मैदान **B.** वृहत् भारतीय पठार
C. वृहत्तर हिमालय **D.** सागर तटीय मैदान

Q.17 सम्बंध के आधार पर निर्धारित प्रदेशों को कहा जाता है:

A. प्राकृतिक प्रदेश **B.** नोडल प्रदेश
C. नियोजन प्रदेश **D.** विकासशील प्रदेश

Q.18 लौह-इस्पात उद्योग की स्थापना के लिए निम्न में से कौन सा आदर्श समायोजन होगा?

A. कोयला-विद्युत-बाजार
B. कोयला-लौह अयस्क-जल
C. विद्युत-जल-लौह अयस्क
D. कोयला-जल-कपास

Q.19 मौसमी दशाएँ, शुद्ध क्षेत्रफल, सस्यकाल आदि एक साथ दर्शाए जा सकते हैं:

A. हीदरग्राफ पर **B.** इर्गोग्राफ पर
C. क्लाइमोग्राफ पर **D.** बैण्डग्राफ पर

Q.20 आकाश के नीलापन का मापन किस भौगोलिक यन्त्र द्वारा किया जाता है?

A. साइनोमीटर **B.** एक्टिनोमीटर
C. क्लाइनोमीटर **D.** पायरोमीटर

Q.21 महासागरों व सागरों की लवणीयता को मानचित्र पर प्रदर्शित करने वाली रेखाएँ क्या कहलाती है?

A. आइसोथर्म **B.** आइसोबार
C. आइसोहेलाइन **D.** आइसोहाइट

Q.22 भूकम्प के एक ही समय पर आने वाले स्थानों को मिलाने वाली रेखा क्या कहलाती है?

A. आइसोसिस्मल **B.** होमोसिसमल
C. आइसोब्राण्ट **D.** आइसोगोनल

Q.23 भूकम्पीय तीव्रता की समानता वाले स्थानों को मिलाने वाली रेखा क्या कहलाती है?

A. आइसोगोनल **B.** होमोसिस्मल
C. आइसोसिस्मल **D.** आइसोहेल

Q.24 भारत में घटित निम्नलिखित में से कौन सा भूकम्प अत्यधिक उजाड़ने वाला और विनाशकारी था?

A. 1905 का कांगड़ा का भूकम्प
B. 1934 का बिहार का भूकम्प
C. 2001 का गुजरात का भूकम्प
D. 1967 का कोयना का भूकम्प

Q.25 किसी प्रदेश में समान भाषा वाले स्थानों को वर्गीकृत करने वाली सीमा रेखा क्या कहलाती है?

A. आइसोपाइक्निक
B. आइसोनिफ
C. कंटूर
D. आइसोग्लॉस

Q.26 भारत में आर्थिक सुधार ले जा रहे हैं:

I. आर्थिक क्रिया-कलापों के संकेन्द्रण की ओर।
II. सम्पन्न एवं निर्धन जनों के मध्य बढ़ते अन्तराल की ओर।
III. महानगरीय क्षेत्रों की अपेक्षाकृत उच्च वृद्धि दर की ओर।
IV. नगरीय सुविधाओं एवं सेवाओं की न्यून लागत अभिगम्यता की ओर।

A. I एवं II सही हैं
B. I, II एवं III सही हैं
C. II एवं IV सही हैं
D. I, III एवं IV सही हैं

Q.27 आइसोथर्म नामक रेखाएँ मानचित्र पर उन स्थानों को दर्शाने के लिए बनायी जाती हैं, जहाँ पर:

A. एकसमान तापमान रहता है
B. एकसमान दबाव रहता है
C. एकसमान लवणता रहती है
D. एकसमान ऊँचाई होती है

Q.28 यह किसने कहा कि उत्थान की क्रिया के अनुसार ढाल परिच्छेदिका उन्नतोदर, समतल या नतोदर होती है?

A. डेविस
B. पैंक
C. जॉनसन
D. वुड

Q.29 निम्नलिखित में से पटल विवर्तनिकी सिद्धांत किसके उद्गम और अवस्थिति को स्पष्ट करने में सहायक नहीं होता है?

A. भूकंप
B. पर्वत
C. समुद्री धाराएँ
D. प्रमुख समुद्री तल के लक्षण

Q.30 निम्नलिखित में से कौन सी पवन हेडली सेल के क्षेत्र में आती है?

A. मानसून पवनें
B. व्यापारिक पवनें
C. पछुवा पवनें
D. ध्रुवीय पवनें

Q.31 डायमण्ड रिंग की घटना होती है:

A. प्रत्येक पूर्णिमा के दिन
B. प्रत्येक अमावस्या के दिन
C. सूर्य ग्रहण के दिन
D. चन्द्र ग्रहण के दिन

Q.32 यदि पृथ्वी एवं अन्तरिक्ष के बीच से वायुमण्डल को हटा हुआ माना जाये तो आसमान का रंग कैसा होगा?

A. नीला
B. लाल
C. सफेद
D. काला

Q.33 पृथ्वी से आकार में छोटे ग्रह हैं:

A. अरुण और मंगल
B. वरुण और शुक्र
C. शुक्र और मंगल
D. वरुण और मंगल

Q.34 निम्न में से किसने पहली बार कहा कि पृथ्वी गोल है?

A. अरस्तु
B. कॉपरनिकस
C. स्ट्राबो
D. कोई नहीं

Q.35 पृथ्वी की परिधि है:

A. 35,000 किमी
B. 40,075 किमी
C. 45,000 किमी
D. 47,050 किमी

Q.36 तापमान में रुद्धोष्म परिवर्तन शब्द से तात्पर्य है:

A. वर्षण के बाद तापमान में गिरावट
B. सम्पीडन और विस्तार के माध्यम से आरोही या अवरोही वायु का तापन और शीतलन
C. आरोही पवन का तापन
D. अवरोही पवन का शीतलन

Q.37 सूर्य और पृथ्वी के मध्य न्यूनतम दूरी कब होती है?

A. 22 दिसम्बर को
B. 21 जून को
C. 22 सितम्बर को
D. 3 जनवरी को

Q.38 यह किसने सर्वप्रथम प्रतिपादित किया कि सूर्य हमारे सौरमण्डल का केन्द्र है और पृथ्वी उसकी परिक्रमा करती है?

A. न्यूटन
B. गैलीलियो
C. पाणिनि
D. कॉपरनिकस

Q.39 सूर्य से पृथ्वी की दूरी कितनी है?

A. 149 मिलियन किमी
B. 150 मिलियन किमी
C. 227 मिलियन किमी
D. 300 मिलियन किमी

Q.40 ज्वालामुखी में जलवाष्प के अलावा मुख्य गैसें होती हैं:

A. नाइट्रोजन, ऑक्सीजन
B. हाइड्रोजन, ऑक्सीजन
C. कार्बन डाइ-ऑक्साइड, हाइडोजन, नाइट्रोजन
D. सल्फर डाइ-ऑक्साइड, कार्बन डाइ-ऑक्साइड, नाइट्रोजन

Q.41 पृथ्वी के कुल आयतन का लगभग कितना प्रतिशत भाग मैंटल में पाया जाता है?

A. 32%
B. 52%
C. 68%
D. 83%

Q.42 मोहो असम्बद्धता कहाँ स्थित है?

A. क्रस्ट तथा मेंटल के बीच
B. मेंटल एवं कोर के बीच
C. ऊपरी मेंटल तथा निचली मेंटल के बीच
D. आन्तरिक मेंटल तथा बाह्य मेंटल के बीच

Q.43 धरातल से भूगर्भ की ओर जाने पर गहराई के साथ तापमान वृद्धि की दर क्या है?

A. $1^{\circ}C$ प्रति 165 मीटर
B. $1^{\circ}C$ प्रति 165 फीट
C. $1^{\circ}C$ प्रति 32 मीटर
D. $1^{\circ}C$ प्रति 32 फीट

Q.44 मेंटल में निम्नलिखित में से किन तत्त्वों की प्रधानता होती है?

A. सिलिका और मैंगनीज
B. सिलिका और ऐल्युमिनियम
C. सिलिका और मैग्नीशियम
D. सिलिका और लोहा

Q.45 सियाल, सीमा तथा निफे के रूप में भूगर्भ का विभाजन किसके द्वारा किया गया है?

A. वैन डरग्रैट द्वारा
B. डेली द्वारा
C. होम्स द्वारा
D. स्वेस द्वारा

Q.46 भू-पर्पटी में पाये जाने वाले विभिन्न तत्त्वों की मात्रा का सही अवरोही क्रम क्या है?

A. ऑक्सीजन, सिलिकॉन, लोहा, ऐल्युमिनियम
B. सिलिकॉन, ऑक्सीजन, ऐल्युमिनियम, लोहा
C. लोहा, सिलिकॉन, ऑक्सीजन, ऐल्युमिनियम
D. ऑक्सीजन, सिलिकॉन, ऐल्युमिनियम, लोहा

Q.47 स्थलमण्डल में क्या सम्मिलित है?
A. केवल ऊपरी भू-पटल
B. ऊपरी भू-पटल तथा निचली भू-पटल दोनों
C. ऊपरी भू-पटल, निचली भू-पटल तथा मेंटल का ठोस ऊपरी भाग
D. उपर्युक्त में से कोई नहीं

Q.48 चूना पत्थर (Lime Stone) का कायान्तरित रूप है:
A. संगमरमर **B.** स्लेट
C. ग्रेनाइट **D.** क्वार्ट्जाइट

Q.49 निम्नलिखित में से कौन परतदार चट्टान नहीं है?
A. जिप्सम **B.** कांग्लोमरेट
C. डोलोमाइट **D.** स्लेट

Q.50 पृथ्वी की आन्तरिक संरचना के सम्बन्ध में सर्वाधिक महत्वपूर्ण जानकारी का स्रोत क्या है?
A. अप्राकृतिक साधन **B.** भूकम्प विज्ञान
C. ज्वालामुखी क्रिया **D.** प्लेट विवर्तनिकी

Q.51 ऑस्ट्रेलिया महाद्वीप का सर्वोच्च पर्वत-शिखर है:
A. माउण्ट कोज़िअस्को **B.** माउण्ट विन्सन मैसिफ
C. माउण्ट मैकिन्ले **D.** माउण्ट एल्ब्रुश

Q.52 निम्नलिखित में कौन-सा एक 'द्वीपीय महाद्वीप' के नाम से जाना जाता है?
A. एशिया **B.** यूरोप
C. ऑस्ट्रेलिया **D.** अण्टार्कटिका

Q.53 यूरोप महाद्वीप की सबसे बड़ी झील है:
A. ओनेगा झील **B.** लैडोगा झील
C. साइमा कॉम्लेक्स **D.** इनमें से कोई नहीं

Q.54 उत्तरी अमेरिका महाद्वीप की सबसे बड़ी झील है:
A. सुपीरियर झील **B.** हयूरन झील
C. मिशिगन झील **D.** ग्रेट बियर झील

Q.55 अण्टार्कटिका महाद्वीप का सर्वोच्च पर्वत _____ शिखर है।
A. माउण्ट एल्ब्रुश **B.** माउण्ट मैकिन्ले
C. माउण्ट एकांकागुआ **D.** माउण्ट विन्सन मैसिफ

Q.56 जावा और सुमात्रा द्वीप किस देश में हैं?
A. फिलीपीन्स **B.** न्यूजीलैंड
C. इण्डोनेशिया **D.** जापान

Q.57 एशिया का सबसे बड़ा द्वीप है:
A. बोर्नियो **B.** सुमित्रा **C.** जावा **D.** श्रीलंका

Q.58 किस द्वीप को 'प्रशांत महासागर का चौराहा' कहा जाता है?
A. फिज़ी **B.** टोंगा **C.** पूर्वी तिमोर **D.** हवाई द्वीप

Q.59 जापान की राजधानी 'टोक्यो' निम्नलिखित में से किस द्वीप पर स्थित है?
A. होन्शू **B.** शिकोकू **C.** होकाइडो **D.** क्यूशू

Q.60 इण्डोनेशिया की राजधानी 'जकार्ता' किस द्वीप पर स्थित है?
A. सुलाबेसी **B.** जावा **C.** सुमात्रा **D.** बाली

Q.61 वेग्नर के अनुसार पैंजिया का विखण्डन किस युग में प्रारम्भ हुआ?
A. कैम्ब्रियन **B.** प्रीकैम्ब्रियन
C. कार्बोनिफेरस **D.** पर्मियन

Q.62 महाद्वीप और महासागर किस श्रेणी के उच्चावच है?
A. प्रथम श्रेणी **B.** द्वितीय श्रेणी
C. तृतीय श्रेणी **D.** चतुर्थ श्रेणी

Q.63 पृथ्वी के धरातल के कितने प्रतिशत भाग पर महाद्वीपों का विस्तार पाया जाता है?
A. 25.5 **B.** 29.2 **C.** 35.6 **D.** 40.7

Q.64 विश्व का सबसे गहरा गर्त स्थित है:
A. फिजी के निकट
B. गुआम द्वीपमाला के निकट
C. जापान के पूर्वी तट पर
D. फिलीपीन्स के पूर्वी तट पर

Q.65 संसार के समस्त महासागरों में अब तक कितने महासागरीय गर्तों का पता चला है?
A. 19 **B.** 32 **C.** 51 **D.** 57

Q.66 निर्माण की दृष्टि से निम्न में से कौन-सी चट्टान सर्वाधिक प्राचीन है?
A. आग्नेय **B.** कायान्तरित
C. अवसादी **D.** अधिवितलीय

Q.67 आग्नेय शैल कहलाती है:
A. कठोर शैल **B.** मौलिक शैल
C. गौण शैल **D.** इनमें से कोई नहीं

Q.68 आग्नेय चट्टान के सम्बन्ध में निम्नलिखित में से कौन-सा कथन असत्य है?
A. आग्नेय चट्टानों में परतों का पूर्णत: अभाव पाया जाता है
B. इन चट्टानों में रवे (crystals) पाये जाते हैं
C. इन चट्टानों में जीवावशेष (Fossils) का अभाव पाया जाता है
D. इन चट्टानों में जोड़ (Joints) पाये जाते है

Q.69 धरातल के सर्वाधिक भाग पर निम्नलिखित में से किस चट्टान का विस्तार पाया जाता है?
A. आग्नेय चट्टान **B.** अवसादी चट्टान
C. कायान्तरित चट्टान **D.** इनमें से कोई नहीं

Q.70 पृथ्वी पर लगभग 2000 प्रकार के खनिज पाये जाते हैं, किन्तु इनमें से कुछ खनिजों से ही चट्टानों की रचना होती है। इन खनिजों की संख्या कितनी है?
A. 10 **B.** 20 **C.** 500 **D.** 150

Q.71 'एन्थ्रोपोज्योग्राफी' अथवा 'मानव भूगोल' के लेखक कौन हैं?
A. एलेन चर्चिल सेम्पल **B.** रेटजेल
C. हण्टिंगटन **D.** ब्लॉश

Q.72 एक ही समय में कम्पन करने वाले स्थानों को जोड़ने वाली रेखाओं की श्रृंखला कहलाती है:
A. सहभूकम्प रेखाएँ (होमोसीस्मल लाइन्स)
B. भूकम्पन रेखाएँ (सीस्मोलाइन्स)
C. सहभूकम्पन रेखाएँ (कोसीस्मल लाइन्स)
D. समभूकम्पन रेखाएँ (आईसोसीस्मल लाइन्स)

Q.73 निम्नलिखित में से कौन-सी भूकम्पीय तरंगें सर्वाधिक क्षति पहुँचाती हैं?
A. प्राथमिक **B.** द्वितीयक
C. दीर्घ पृष्ठीय **D.** क्षितिजीय

Q.74 भूकम्प-मूल वह स्थान होता है जहाँ-
A. धरातल पर भूकम्पीय लहरों का सर्वप्रथम ज्ञान होता है
B. जहाँ से भूकम्प की उत्पति होती है
C. जहाँ से भूकम्प की उत्पत्ति के पश्चात् उसकी लहरें ठीक नीचे स्थित

स्थान तक यात्रा करके पुन: वापस लौट आती है

D. उपर्युक्त में से कोई नहीं

Q.75 तमिलनाडु के दो-तिहाई क्षेत्र पर किस मिट्टी का विस्तार पाया जाता है?

A. लाल मिट्टी **B.** काली मिट्टी
C. लेटेराइट मिट्टी **D.** जलोढ़ मिट्टी

Q.76 निम्नलिखित में से ज्वालामुखी के मुख को क्या कहते हैं?

A. क्रेटर **B.** प्रसुप्त **C.** मृत **D.** अन्तार्जाल

Q.77 पृथ्वी की पपड़ी की ठोस चट्टानों के नीचे जो पिघला हुआ पदार्थ होता है, जो कभी-कभी ज्वालामुखी के उद्गार के साथ धरती के ऊपरी तल पर आ जाता है, उसे क्या कहते हैं?

A. मैग्मा **B.** मैक्युस **C.** मार्श **D.** मेसेटा

Q.78 विश्व के अधिकांश सक्रिय ज्वालामुखी पाये जाते हैं:

A. प्राचीन पठारी क्षेत्रों में
B. गहन सागरीय मैदानों में
C. नवीन मोड़दार पर्वतीय क्षेत्रों में
D. मैदानी क्षेत्रों में

Q.79 उत्तर प्रदेश की जलवायु को _______ के रूप में संदर्भित किया जा सकता है।

A. आर्द्र उपोष्णकटिबंधीय जलवायु
B. शीतोष्ण जलवायु
C. शुष्क जलवायु
D. उष्णकटिबंधीय जलवायु

Q.80 ज्वालामुखी क्या होता है?

A. तप्त शैल के टुकड़े और लावा
B. लावा स्तर
C. निराविषी गैस
D. भाप विस्फोटक

Q.81 लैटेराइट मिट्टी का प्रधान्य है:

A. मालाबार तटीय प्रदेश मे
B. कोरोमण्डल तटीय प्रदेश में
C. बुन्देलखण्ड में
D. बघेलखण्ड में

Q.82 पर्वतों के मध्य स्थिर पठार को निम्नलिखित में से क्या कहते है?

A. एकमुखी पठार **B.** अन्तर्पर्वतीय पठार
C. महाद्वीपीय पठार **D.** इनमें से कोई नहीं

Q.83 पिरेनीज पर्वत निम्नलिखित में से किन-किन देशों के बीच स्थित है?

A. फ्रांस और स्पेन **B.** इंग्लैंड और आयरलैंड
C. इटली और फ्रांस **D.** बुल्गारिया और यूनान

Q.84 एण्डीज पर्वतमाला की सर्वोच्च चोटी है:

A. एकांकागुआ **B.** ओजोस डेल सेलाडो
C. चिम्बोरेजो **D.** हुएला

Q.85 किस मिट्टी का निर्माण बैसाल्ट चट्टानों के विखण्डन से हुआ है?

A. काली मिट्टी **B.** लाल मिट्टी
C. लैटेराइट मिट्टी **D.** जलोढ़ मिट्टी

Q.86 विश्व का सर्वाधिक चौड़ा महाद्वीपीय मग्न तट किस महासागर में स्थित है?

A. प्रशान्त महासागर **B.** आर्कटिक महासागर
C. अटलांटिक महासागर **D.** हिन्द महासागर

Q.87 अटलांटिक महासागर में स्थित मध्य अटलांटिक कटक की लम्बाई लगभग है:

A. 11,000 किमी **B.** 14,000 किमी
C. 18,000 किमी **D.** 20,000 किमी

Q.88 बलुआ पत्थर परिवर्तित होता है:

A. नीस में **B.** सिस्ट में
C. क्वार्टजाइट में **D.** ग्रेफाइट में

Q.89 पृथ्वी के द्रव पदार्थों के घनीभूत हो जाने से बनी चट्टानों को कहते है:

A. आग्नेय **B.** अवसादी
C. रूपान्तरित **D.** कोई नहीं

Q.90 जानवरों, वनस्पतियों एवं सूक्ष्म जीवों के अवशेष किस प्रकार की चट्टानों में पाये जाते हैं?

A. आग्नेय चट्टानों में **B.** अवसादी चट्टानों में
C. कायान्तरित चट्टानों में **D.** अधिवितलीय चट्टानों में

Q.91 सुमेलित कीजिए:

	सूची I (राज्य)		**सूची II (राष्ट्रीय उद्यान)**
A.	उत्तर प्रदेश	1.	बाँदीपुर
B.	असम	2.	दुधवा
C.	ओडिशा	3.	सिमलीपाल
D.	कर्नाटक	4.	मानस

A. A-1,B-2,C-3,D-4 **B.** A-2,B-4,C-3,D-1
C. A-4,B-3,C-2,D-1 **D.** A-2,B-3,C-1,D-4

Q.92 विश्व का सबसे ऊँचा पर्वत-शिखर कहाँ स्थित है?

A. भारत **B.** तिब्बत **C.** नेपाल **D.** भूटान

Q.93 कौन-सा पर्वत महाद्वीपीय जलविभाजक के रूप में जाना जाता है?

A. हिमालय **B.** एण्डीज
C. रॉकीज **D.** ग्रेट डिवाइडिंग रेंज

Q.94 निम्नलिखित में से किस प्रकार के ज्वालामुखी की आकृति गोभी के फूल जैसी होती है?

A. वल्केनियन तुल्य **B.** पीलियन तुल्य
C. स्ट्राम्बोली तुल्य **D.** हवाई तुल्य

Q.95 गंगा के मैदानों की पुरानी कछारी मिट्टी कहलाती है:

A. बांगर **B.** खादर **C.** कल्लर **D.** रेगुड़

Q.96 क्राकाटाओ ज्वालामुखी निम्नलिखत में से किस द्वीप समूह में स्थित है?

A. पापुआ न्यू गिनी में **B.** स्प्रैटली द्वीप समूह में
C. इण्डोनेशिया में **D.** पश्चिमी द्वीप समूह में

Q.97 निम्नलिखित में से कौन-सी गैस ज्वालामुखी उद्भेदन के समय नहीं निकलती हैं?

A. ऑक्सीजन **B.** हाइड्रोजन
C. अमोनिया **D.** कार्बन डाइ-ऑक्साइड

Q.98 ग्रेनाइट और नाइस चट्टानों से किस प्रकार की मिट्टी का निर्माण होता है?

A. लाल मिट्टी **B.** काली मिट्टी
C. जलोढ़ मिट्टी **D.** लैटेराइट मिट्टी

Q.99 'साल' वृक्ष क्या है?

A. उष्णकटिबन्धीय सदाबहार वृक्ष
B. उष्णकटिबन्धीय अर्द्धसदाबहार वृक्ष
C. शुष्क पर्णपाती वृक्ष

D. आर्द्र पर्णपाती वृक्ष

Q.100 विश्व के सर्वाधिक भूकम्प निम्न में से किस पेटी में आते हैं?

A. परिप्रशान्त महासागरीय पेटी
B. मध्य महाद्वीपीय पेटी
C. मध्य अटलांटिक पेटी
D. हिन्द महासागरीय पेटी

Q.101 इटली के एटना ज्वालामुखी को निम्न में से किस प्रकार में रखा जा सकता है?

A. सक्रिय B. शान्त C. मृत D. सुषुप्त

Q.102 कोयला किस चट्टान में पाया जाता है?

A. परिवर्तित चट्टान B. परतदार चट्टान
C. अजैव चट्टान D. आग्नेय चट्टान

Q.103 पर्यावरण अपकर्ष से अभिप्राय है:

A. पर्यावरणीय गुणों का पूर्ण रूप से निम्नीकरण
B. मानवीय क्रिया-कलापों से विपरीत परिवर्तन लाना
C. पारिस्थितिकीय विभिन्नता के परिणामस्वरूप पारिस्थितिकीय असन्तुलन
D. उपरोक्त सभी

Q.104 पेट्रोलियम (खनिज तेल) किन चट्टानों में पाया जाता है?

A. आग्नेय B. नवीन संस्तरित
C. प्राचीन संस्तरित D. परिवर्तित

Q.105 अम्लीय वर्षा पर्यावरण में निम्न प्रदूषण से होती है:

A. कार्बन मोनोऑक्साइड एवं कार्बन डाइ-ऑक्साइड
B. कार्बन डाइ-ऑक्साइड एवं नाइट्रोजन
C. ओजोन एवं कार्बन डाइ-ऑक्साइड
D. नाइट्रस ऑक्साइड एवं सल्फर डाइ-ऑक्साइड

Q.106 निम्नलिखित में से कौन रूपान्तरित चट्टान नहीं है?

A. स्लेट B. स्फटिक C. संगमरमर D. ग्रेनाइट

Q.107 फ्लाई ऐश एक पर्यावरणीय प्रदूषक है, जो उत्पन्न होता है:

A. तापीय शक्ति संयन्त्रों द्वारा
B. तेल शोधक कारखानों द्वारा
C. उर्वरक संयन्त्रों द्वारा
D. स्ट्रप माइनिंग द्वारा

Q.108 मृदा क्षरण (अपरदन) अधिक होता है, जब:

A. अधिक वर्षा होती है B. वर्षा नहीं होती है
C. कम वर्षा होती है D. इनमें से कोई नहीं

Q.109 वायु में आपेक्षिक आर्द्रता मापन हेतु प्रयुक्त उपकरण है:

A. हाइग्रोमीटर B. हाइडोग्राफ
C. पैन्टोग्राफ D. बैरोग्राफ

Q.110 निम्नलिखित में कौन-से दो महाद्वीप एक-दूसरे का दर्पण प्रतिबिम्ब प्रस्तुत करते हैं?

A. दक्षिणी अमेरिका तथा ऑस्ट्रेलिया
B. दक्षिणी अमेरिका तथा अफ्रीका
C. यूरेशिया तथा उत्तरी अमेरिका
D. यूरोप तथा ऑस्ट्रेलिया

Q.111 अफ्रीका महाद्वीप का दक्षिणतम बिन्दु है:

A. आशा अन्तरीप B. केप अगुलहास
C. केपटाऊन D. नेटाल

Q.112 निम्नलिखित में से किस महाद्वीप का विस्तार उत्तरी, दक्षिणी, पूर्वी तथा पश्चिमी सभी गोलार्द्धों में है?

A. एशिया B. यूरोप
C. अफ्रीका D. दक्षिण अमेरिका

Q.113 सर्वाधिक देशों वाला महाद्वीप है:

A. एशिया B. यूरोप
C. उ. अमेरिका D. अफ्रीका

Q.114 दक्षिणी अमेरिका महाद्वीप में प्रवाहित होने वाली सबसे लम्बी नदी है?

A. पराना B. मडेरिया C. अमेजन D. ओरिनोको

Q.115 जापान का नागासाकी नगर किस द्वीप पर स्थित है?

A. होन्शू B. शिकोकू C. होकाइडो D. क्यूशू

Q.116 जापान का सबसे छोटा द्वीप है:

A. होन्शू B. होकाइडो C. शिकोकू D. क्यूशू

Q.117 महाद्वीपीय प्रवाह सिद्धांत के समर्थक हैं:

A. प्राट B. वेग्नर C. होम्स D. ग्रेगरी

Q.118 प्लेट विवर्तनिकी सिद्धान्त का प्रतिपादन किसने किया था?

A. हैरी हैस B. टेलर C. जेप्रीज D. डाना

Q.119 वेग्नर के अनुसार महाद्वीपीय विस्थापन जिस दिशा में हुआ, वह है:

A. भूमध्य रेखा व उत्तरी ध्रुव
B. भूमध्य रेखा व पश्चिमी
C. भूमध्य रेखा व दक्षिणी ध्रुव
D. भूमध्य रेखा व पूर्व

Q.120 महाद्वीपीय विस्थापन को स्पष्ट करने वाला नवीनतम सिद्धान्त कौन-सा है?

A. टेलर की महाद्वीपीय विस्थापन परिकल्पना
B. वेग्नर का महाद्वीपीय विस्थापन सिद्धान्त
C. चतुष्फलक परिकल्पना
D. प्लेट विवर्तनिकी सिद्धान्त

Q.121 ब्यूफोर्ट स्केल पर निम्न में से क्या दर्शाया जाता है?

A. भूकम्पीय तरंगों की गति B. पवन की गति
C. बहते हुए जल की गति D. ये सभी

Q.122 महासागर में सबसे अधिक गहराई प्रशान्त महासागर के मेरियाना गर्त की है, जो है:

A. समुद्रतल से 9,200 मी. नीचे
B. समुद्रतल से 10,500 मी. नीचे
C. समुद्रतल से 10,500 मी. नीचे
D. समुद्रतल से 11,500 मी. नीचे

Q.123 सिजिगी (Syzygy) है:

A. सूर्य, पृथ्वी तथा चन्द्रमा की एक ही सीधी रेखा की स्थिति
B. सूर्य तथा चन्द्रमा के सापेक्ष पृथ्वी की स्थिति
C. पृथ्वी के एक ही ओर सूर्य तथा चन्द्रमा की स्थिति
D. सूर्य, चन्द्रमा और पृथ्वी की समकोणिक स्थिति

Q.124 सपाट शीर्ष वाले समुद्री पर्वतों को किस नाम से जाना जाता है?

A. मोनेडनॉक B. गुयॉट C. इन्सेलबर्ग D. ज्यूजेन

Q.125 निम्नलिखित देशों में से किसमें जनसंख्या का घनत्व सबसे अधिक है?

A. बांग्लादेश B. पाकिस्तान C. श्रीलंका D. भारत

// स्मार्ट उत्तर पुस्तिका //

सही उत्तर उन छात्रों के प्रतिशत को इंगित करता है जिन्होंने प्रश्नों का सही उत्तर दिया था।

छोड़ दिया उन छात्रों के प्रतिशत को इंगित करता है जिन्होंने प्रश्नों को छोड़ दिया था।

प्रश्न संख्या	उत्तर	सही उत्तर	छोड़ दिया
1	C	56.67 %	0.0 %
2	C	23.33 %	26.67 %
3	B	30.0 %	26.67 %
4	D	50.0 %	30.0 %
5	D	33.33 %	30.0 %
6	A	30.0 %	26.67 %
7	D	16.67 %	30.0 %
8	B	46.67 %	26.66 %
9	B	6.67 %	30.0 %
10	A	36.67 %	26.66 %
11	C	46.67 %	26.66 %
12	B	13.33 %	26.67 %
13	B	10.0 %	26.67 %
14	C	63.33 %	26.67 %
15	D	30.0 %	26.67 %
16	B	30.0 %	26.67 %
17	B	40.0 %	30.0 %
18	B	50.0 %	26.67 %
19	B	20.0 %	26.67 %
20	A	20.0 %	26.67 %
21	C	63.33 %	26.67 %
22	B	16.67 %	26.66 %
23	C	46.67 %	26.66 %
24	C	43.33 %	30.0 %
25	D	6.67 %	30.0 %
26	D	26.67 %	26.66 %
27	A	56.67 %	26.66 %
28	B	36.67 %	30.0 %
29	C	43.33 %	26.67 %
30	B	53.33 %	26.67 %
31	C	40.0 %	26.67 %
32	D	53.33 %	26.67 %
33	C	46.67 %	26.66 %
34	A	33.33 %	30.0 %
35	B	46.67 %	26.66 %
36	B	60.0 %	26.67 %
37	D	56.67 %	30.0 %
38	D	50.0 %	26.67 %
39	A	36.67 %	30.0 %
40	C	13.33 %	30.0 %
41	D	23.33 %	26.67 %
42	A	53.33 %	30.0 %
43	C	50.0 %	26.67 %
44	C	40.0 %	30.0 %
45	D	40.0 %	26.67 %
46	D	36.67 %	30.0 %
47	C	40.0 %	26.67 %
48	A	50.0 %	30.0 %
49	D	23.33 %	30.0 %
50	B	50.0 %	26.67 %
51	A	26.67 %	26.66 %
52	C	46.67 %	26.66 %
53	B	26.67 %	30.0 %
54	A	53.33 %	26.67 %
55	D	43.33 %	26.67 %
56	C	60.0 %	30.0 %
57	A	30.0 %	30.0 %
58	D	36.67 %	26.66 %
59	A	53.33 %	26.67 %
60	B	33.33 %	26.67 %
61	C	36.67 %	30.0 %
62	A	43.33 %	26.67 %
63	B	56.67 %	26.66 %
64	B	16.67 %	30.0 %
65	D	20.0 %	30.0 %
66	A	43.33 %	26.67 %
67	B	56.67 %	30.0 %
68	D	23.33 %	30.0 %
69	B	36.67 %	30.0 %
70	B	33.33 %	30.0 %
71	B	60.0 %	26.67 %
72	A	10.0 %	26.67 %
73	C	46.67 %	30.0 %
74	B	43.33 %	26.67 %
75	A	30.0 %	30.0 %
76	A	56.67 %	26.66 %
77	A	56.67 %	30.0 %
78	C	50.0 %	26.67 %
79	A	40.0 %	26.67 %
80	A	46.67 %	26.66 %

प्रश्न संख्या	उत्तर	सही उत्तर	छोड़ दिया
81	A	43.33 %	26.67 %
82	B	56.67 %	26.66 %
83	A	26.67 %	30.0 %
84	A	43.33 %	26.67 %
85	A	43.33 %	30.0 %
86	B	26.67 %	26.66 %
87	B	30.0 %	30.0 %
88	C	60.0 %	30.0 %
89	A	46.67 %	30.0 %
90	B	56.67 %	30.0 %
91	B	60.0 %	30.0 %
92	C	53.33 %	30.0 %
93	C	13.33 %	26.67 %
94	A	16.67 %	30.0 %
95	A	50.0 %	26.67 %
96	B	10.0 %	26.67 %
97	A	23.33 %	30.0 %
98	A	20.0 %	26.67 %
99	D	26.67 %	26.66 %
100	A	43.33 %	26.67 %
101	D	3.33 %	30.0 %
102	B	36.67 %	30.0 %
103	D	30.0 %	30.0 %
104	C	56.67 %	26.66 %
105	D	53.33 %	30.0 %
106	D	50.0 %	30.0 %
107	A	23.33 %	26.67 %
108	A	23.33 %	30.0 %
109	A	53.33 %	26.67 %
110	B	60.0 %	26.67 %
111	B	33.33 %	26.67 %
112	C	33.33 %	30.0 %
113	D	33.33 %	26.67 %
114	C	60.0 %	30.0 %
115	D	23.33 %	26.67 %
116	C	23.33 %	30.0 %
117	B	46.67 %	26.66 %
118	A	53.33 %	26.67 %
119	B	50.0 %	26.67 %
120	D	43.33 %	26.67 %
121	B	26.67 %	26.66 %
122	C	10.0 %	30.0 %
123	A	53.33 %	26.67 %
124	B	46.67 %	30.0 %
125	A	53.33 %	30.0 %

कार्य विश्लेषण	
औसत अंक (%)	32.0%
टॉपर्स स्कोर (%)	92.0%
आपका स्कोर	

//संकेत और समाधान//

1. इरैटोस्थनीज (250 ईसा पूर्व) ने भूगोल के लिए 'ज्योग्रेफिका' (Geographica) शब्द का प्रयोग सर्वप्रथम किया था तथा ग्लोब का मापन किया था। इन्होंने अक्षांश और ऋतु के साथ जलवायु के अंतर के सिद्धांत तथा समुद्र और नदियों में जल प्रवाह की धारणा का भी संकेत किया था।

अतः विकल्प (C) सही है।

2. एलन सैम्पल के अनुसार, "मानव भूगोल चंचल मानव और अस्थायी पृथ्वी के पारस्परिक परिवर्तनशील सम्बन्धों का अध्ययन है।" मानव भूगोल विभिन्न प्रदेशों के पारिस्थितिक समायोजन और क्षेत्र संगठन के अध्ययन पर विशेषतः केन्द्रित रहता है। इसमें मानव को केन्द्र बिन्दु माना जाता है।

अतः विकल्प (C) सही है।

3. "वर्तमान भूत की कुंजी है।" यह कथन जेम्स हटन का है।

जेम्स हटन ने 1785 में 'एकरुपतावाद के सिद्धान्त' का प्रतिपादन किया। इसके अनुसार वर्तमान समय में जो भूगार्भिक प्रक्रम तथा नियम कार्यरत है, वे ही समस्त भूगर्भिक इतिहास में कार्यरत थे परन्तु उनकी सक्रियता में अन्तर था।

अतः विकल्प (B) सही है।

4. 'रूको और जाओ नियतिवाद' (Stop and Go Determinism) की विचारधारा के प्रतिपादक ग्रिफिथ टेलर है। सर्वप्रथम ग्रिफिथ टेलर (Grifith Taylor) ने नियतिवादी विचारधारा में संशोधन कर इस नयी विचारधारा का सूत्रपात किया। ग्रिफिथ टेलर का मत है कि मनुष्य एवं प्रकृति की प्रक्रियाएँ पारस्परिक हैं। दोनों ही तत्व गतिज हैं। दोनों परिवर्तनशील हैं तथा एक-दूसरे पर प्रभाव डालते हैं।

अतः विकल्प (D) सही है।

5. भूगोल को 'मानव पारिस्थितिकी' के रूप में परिभाषित करने वाला विद्वान एच. एच. बैरोज है। प्रसिद्ध भूगोलवेत्ता एच. एच. बैरोज ने एसोशियेशन ऑफ अमेरिकन ज्याग्रफर्स के 1922 ई. के वार्षिक अधिवेशन में मानव भूगोल को मानव पारिस्थितिकी के रूप में विकसित करने का समर्थन किया।

अतः विकल्प (D) सही है।

6. "यदि इतिहास 'कब' का वैज्ञानिक अध्ययन प्रस्तुत करता है तो भूगोल कहाँ' (where) का वैज्ञानिक एवं तार्किक अध्ययन करता है।" कथन निम्नलिखित में से कार्ल सावर का है। कार्ल सावर प्रसिद्ध अमेरिकन सांस्कृतिक भूगोलवेत्ता थे। इन्होने 1915 में शिकागो विवि में शोध उपाधि ली। इन्हें सांस्कृतिक भूगोल का पिता कहा जाता है।

अतः विकल्प (A) सही है।

7. 'भूगोल का जनक' हिकैटियस को कहा जाता है। इन्होने स्थल भाग को सागरों से घिरा हुआ माना तथा दो महादेशों का ज्ञान दिया। इनकी प्रसिद्ध पुस्तक 'जस पीरियड्स (Ges- Periods) अर्थात् 'पृथ्वी का वर्णन' थी जो सम्भवतः छठी शताब्दी के अन्त में प्रकाशित हुई थी। 'जस पीरियड्स (Ges-Periods) अर्थात् 'पृथ्वी का वर्णन' विश्व का प्रथम क्रमबद्ध वर्णन है और इसी लिए हिकेटियस को 'भूगोल का जनक' कहा जाता है।

अतः विकल्प (D) सही है।

8. भूदृश्य के विकास और रूपांतरण से संबंधित 'अपरदन का भौगोलिक चक्र' डब्ल्यू.एम. डेविस की एक संकल्पना है जिसमें उसने किसी स्थान की भू-आकृतियों के विकास में तीन कारकों को महत्त्वपूर्ण माना है। ये कारक हैं : (i) संरचना (ii) प्रक्रम (iii) समय या अवस्था। इन कारकों को डब्ल्यू.एम. डेविस का त्रिकूट कहा जाता है और एक वाक्य में व्यक्त किया गया है कि "स्थलरूप संरचना, प्रक्रम और अवस्था का प्रतिफल होता है।

अतः विकल्प (B) सही है।

9. भू-आकृति विज्ञान (Geomorphology) का जन्मदाता पेशल को माना जाता है। भू-आकृति विज्ञान भू-आकृतियों और उनको आकार देने वाली प्रक्रियाओं का वैज्ञानिक अध्ययन है; तथा अधिक व्यापक रूप में, उन प्रक्रियाओं का अध्ययन है जो किसी भी ग्रह के उच्चावच और स्थलरूपों को नियंत्रित करती हैं।

अतः विकल्प (B) सही है।

10. भूगोल को एक अलग अध्ययन शास्त्र के रूप में स्थापित करने का श्रेय निम्न में से इरैटोस्थनीज को है। इरैटोस्थनीज यूनान का गणितज्ञ, भूगोलविद, कवि, खगोलविद एवं संगीत सिद्धान्तकार थे। भूगोल को एक अलग अध्ययन शास्त्र के रूप में स्थापित किया और भूगोल के लिए 'ज्योग्रैफिका' शब्द का प्रयोग किया। इसलिए इनको व्यवस्थित भूगोल का जनक भी कहते है। इन्होंने ही भू-भौतिकी को जन्म दिया।

अतः विकल्प (A) सही है।

11. बादलों की दिशा एवं गति को मापने वाला यन्त्र नेफोस्कोप (मेघमापी) कहलाता है।बादलों की प्रवाह गति तथा दिशा को मापने का यंत्र जिसका प्रयोग प्रायः मध्यम ऊँचाई वाले तथा उच्चवर्ती बादलों के प्रेक्षणों में किया जाता है। यह कई प्रकार का होता है जिनमें 'बिसन कंघा मेघमापी' अधिक प्रचलित है।

अतः विकल्प (C) सही है।

12. सापेक्षिक आर्द्रता को निम्नलिखित में से क्लाइमोग्राफ पर दिखाया जाता है। यह एक प्रकार का आरेख जिसमें किसी स्थान के दो जलवायवी तत्वों (जैसे – आर्द्र बल्ब और शुष्क बल्ब तापमान; ताप और वर्षण) को किसी ग्राफ पर आमने-सामने प्रदर्शित करते हैं। सर्वप्रथम इसका प्रयोग ग्रिफिथ टेलर महोदय ने किया था।

अतः विकल्प (B) सही है।

13. मीटिओसेट मौसम सम्बन्धी जानकारी देने के लिए उपयोग किया जाने वाला एक भू-तुल्यकालिक उपग्रह है। भू-तुल्यकालिक उपग्रह जमीन की किसी विशेष स्थिति से प्रेक्षण पर संख्या आठ (8) की आकृति जैसा प्रतीत होता है

अतः विकल्प (B) सही है।

14. सिस्मोग्राफ (भूकंपमापी) भूकम्प की तीव्रता रिकॉर्ड करता है। सिस्मोग्राफ (भूकंपमापी) भूगति के एक घटक को प्रत्यक्ष या अप्रत्यक्ष विधि से अधिक यथार्थतापूर्वक अभिलिखित करने वाला उपकरण है। सुपरिचित प्राकृतिक भूकंपों, भूमिगत परमाणु परीक्षण एवं पेट्रोलियम अन्वेषण आदि में मनुष्यकृत विस्फोटों तथा तेज हवा, समुद्री तरंग, तेज मानसून एवं समुद्री क्षेत्र में तूफान या अवनमन आदि से उत्पन्न सूक्ष्मकंपों के कारण भूगति उत्पन्न हो सकती है।

अतः विकल्प (C) सही है।

15. लाइसोमीटर से निम्न में से मृदा से होकर नीचे जाने वाली अन्त: स्रावी जल की मात्रा का मापन किया जाता है। फसलों या वनस्पतियों के वाष्पोत्सर्जन को नापने वाले यंत्र को लाइसोमीटर कहते है।

अतः विकल्प (D) सही है।

16. भारत का सर्वाधिक वृहदाकार भूआकृतिक प्रदेश वृहत भारतीय पठार है। यह पठार तापी नदी के दक्षिण में त्रिभुजाकार रूप में फैला हुआ है। उत्तर पश्चिम में सतपुड़ा एवं विन्ध्याचल, उत्तर में महादेव तथा मकालू, पूर्व में पूर्वी घाट तथा पश्चिम में पश्चिमी घाट इसकी सीमाएँ बनाते है। इसकी औसत ऊंचाई 600 मीटर है। दक्षिण में यह पठार 2000 मीटर ऊँचा है परन्तु उत्तर में इसकी ऊचाई केवल 500 मीटर है। लगभग 2 लाख वर्ग किलोमीटर क्षेत्रफल वाले इस विशाल पठार की ढाल पश्चिम से पूर्व की ओर है।

अतः विकल्प (B) सही है।

17. सम्बन्ध के आधार पर निर्धारित प्रदेशों को नोडल प्रदेश कहा जाता है। नियोजन प्रदेश एक विशिष्ट क्षेत्रीय इकाई है जिसके सामाजिक आर्थिक विकास के लिए कोई सुनिश्चित योजना होती है। एक श्रेष्ठ नियोजन प्रदेश में सामान्यत:

प्राकृतिक दशाओं, आर्थिक संसाधनों, सामाजिक एवं आर्थिक दशाओं तथा राजनीतिक कारकों की समांगता पायी जाती है।

अतः विकल्प (B) सही है।

18. लौह-इस्पात उद्योग की स्थापना के लिए कोयला-लौह अयस्क एवं जल आदर्श समायोजन होगा। लौह इस्पात उद्योग की स्थापना के लिए कोयला तथा लौह अयस्क आधारभूत कच्चे माल के रूप में प्रयोग किये जाते है तथा जल, जलविद्युत के लिए एक अनिवार्य तत्व है। इसके अलावा लौह इस्पात उद्योग के स्थानीकरण के लिए चूना भी आवश्यक कच्चा माल है।

अतः विकल्प (B) सही है।

19. मौसमी दशाएँ, शुद्ध क्षेत्रफल, सस्यकाल आदि एक साथ इर्गोग्राफ पर दर्शाए जा सकते हैं। इर्गोग्राफ मौसमी वर्ष के बीच एक संबंध दर्शाता है। यह या तो ध्रुवीय समन्वय (गोलाकार) या कार्टेशियन समन्वय (आयताकार) ग्राफ हो सकता है, और रेखा ग्राफ या बार ग्राफ ध्रुवीय रूप में, वर्ष के महीनों को परिधि के चारों ओर चिह्नित किया जाता है, जिससे 30° सेक्टर बनता है। केंद्रित रेखाएं मापी जा रही वैल्यू को प्रदर्शित करती हैं।

अतः विकल्प (B) सही है।

20. आकाश के नीलापन का मापन साइनोमीटर यन्त्र द्वारा किया जाता है। 1789 में साइनोमीटर का आविष्कार करने का श्रेय डी सॉसरस को दिया जाता है। डी सॉसरस के साइनोमीटर में 53 खंड थे। डी सॉसरस ने निष्कर्ष निकाला, कि आकाश का रंग वायुमंडल में निलंबित कणों की मात्रा पर निर्भर था।

अतः विकल्प (A) सही है।

21. महासागरों व सागरों की लवणीयता को मानचित्र पर प्रदर्शित करने वाली रेखाएँ आइसोहेलाइन कहलाती है। एकसमान तापमान वाले स्थानों को दर्शाने वाली रेखा आइसोथर्म कहलाती है। आइसोबार रेखा मानचित्र पर एकसमान वायुदाब प्रदर्शित करती है। आइसोहाइट रेखा समान वर्षा वाले स्थानों को मिलाने वाली रेखा को कहा जाता है।

अतः विकल्प (C) सही है।

22.

- भूकम्प के एक ही समय पर आने वाले स्थानों को मिलाने वाली रेखा होमोसिसमल कहलाती है।
- भूकम्प की एक समान तीव्रता वाले स्थानों को मिलाने वाली रेखा "आइसोसिस्मल" कहलाती है।
- "आइसोब्राण्ट रेखा" एक समय पर तूफ़ान आने वाले स्थानों को मिलाती है।
- "आइसोगोनल रेखा" समान चुम्बकीय झुकाव वाले स्थानों को मिलाती है।

अतः विकल्प (B) सही है।

23.

- भूकम्पीय तीव्रता की समानता वाले स्थानों को मिलाने वाली रेखा आइसोसिस्मल कहलाती है।
- "आइसोगोनल रेखा" समान चुम्बकीय झुकाव वाले स्थानों को मिलाती है।
- भूकम्प के एक ही समय पर आने वाले स्थानों को मिलाने वाली रेखा होमोसिस्मल कहलाती है।
- "आइसोहेल रेखा" समान सूर्यताप वाले स्थानों को मिलाती है।

अतः विकल्प (C) सही है।

24. 26 जनवरी, 2001 को गुजरात के भुज में आये भूकम्प अत्यधिक उजाड़ने वाला एवं विनाशकारी था। इस भूकम्प में हजारों लोगों की मौत एवं लाखों लोग जख्मी हुए थे।

अतः विकल्प (C) सही है।

25.

- किसी प्रदेश में समान भाषा वाले स्थानों को वर्गीकृत करने वाली सीमा रेखा आइसोग्लॉस कहलाती है।
- समान जन घनत्व को मिलाने वाली रेखा "आइसोपाइक्निक" कहलाती है।
- "आइसोनिफ रेखा" समान हिमपात वाले स्थानों को प्रदर्शित करती हैं।
- "कंटूर रेखा" समुद्र तल से बराबर ऊंचाई वाले स्थानों को मिलाती हैं।

अतः विकल्प (D) सही है।

26. भारत में आर्थिक सुधार आर्थिक क्रिया-कलाप की संकेन्द्रण की ओर बढ़ रहा है। इसके साथ ही साथ महानगरीय क्षेत्रों की अपेक्षा उच्च वृद्धि दर एवं नगरीय सुविधाओं एवं सेवाओं की न्यून लागत अभिगम्यता की ओर बढ़ रहा है।

अतः विकल्प (D) सही है।

27. आइसोथर्म नामक रेखाएँ मानचित्र पर उन स्थानों को दर्शाने के लिए बनायी जाती हैं, जहाँ पर एकसमान तापमान रहता है।

अतः विकल्प (A) सही है।

28. पैंक ने कहा कि उत्थान की क्रिया के अनुसार ढाल परिच्छेदिका उन्नतोदर, समतल या नतोदर होती है। जर्मन विज्ञानी वाल्टर पैंक ने डेविस की समय निर्भर स्थलरूप की संकल्पना तथा भौगोलिक चक्र को अस्वीकार करते हुए स्थलरूपों के उद्भव एवं विकास की व्याख्या के लिए 'मोर्फोलॉजिकल सिस्टम' या 'आकृतिक विश्लेषण' मॉडल का प्रतिपादन किया। पैंक के सिद्धान्त का मुख्य उद्देश्य बहिजीत प्रक्रमों तथा आकृतिक विशेषताओं के आधार पर धरातलीय संचलन के विकास एवं उसके कारणों का पता करना था।

अतः विकल्प (B) सही है।

29. प्लेट विवर्तनिकी सिद्धान्त भूकम्प, पर्वत तथा प्रमुख समुद्री तल के लक्षण के उद्गम और अवस्थिति को स्पष्ट करने में सहायक है। प्लेट विवर्तनिकी सिद्धान्त के अनुसार जब महाद्वीपीय व महासागरीय प्लेटों का अभिसरण होता है तब महासागरीय प्लेट भारी होने के कारण महाद्वीपीय प्लेट के नीचे जाती है जिस कारण ज्वालामुखी का उद्गार होता है। इसका प्रमुख उदाहरण दक्षिण अमेरिकी महाद्वीपीय प्लेट के नीचे प्रशान्त महासागरीय प्लेट के क्षेपण करने से एण्डीज पर्वतमाला का निर्माण हुआ। इसी प्रकार मध्य महासागरीय कटक के द्वारा समुद्री नितल का निर्माण होता है।

अतः विकल्प (C) सही है।

30. उष्णकटिबन्धीय क्षेत्र (0°-5°) से पवनें गर्म होकर ऊपर उठती है, पुनः (30°-35°) अक्षांशों पर वायुमण्डलीय दाब के अधिक होने पर उतरती है जिससे वायुमण्डल में एक वायु परिसंचरण का निर्माण होता है जिसे हेडली सेल कहते है। ये पवनें ही व्यापारिक पवनें कहलाती है। अतः व्यापारिक पवनें हेडली सेल के क्षेत्र में आती है।

अतः विकल्प (B) सही है।

31. डायमण्ड रिंग की घटना सूर्य ग्रहण के दिन होती है। पूर्ण सूर्यग्रहण के दौरान सूर्य के अंधेरे में डूबने से पहले सूर्य के किनारे पर रोशनी के टुकड़े दिखाई देते हैं, ये माला के मोतियों जैसे लगते हैं। इसे बेलीबीड्स कहते हैं। बेलीबीड्स का ही एक चमकदार मोती रह जता है, जो देखने में हीरे की अंगूठी जैसे लगता है। इसे डायमंड रिंग कहते हैं।

अतः विकल्प (C) सही है।

32. यदि पृथ्वी एवं अन्तरिक्ष के बीच से वायुमण्डल को हटा हुआ माना जाये तो आसमान का रंग काला होगा। अन्तरिक्ष में जहां वायुमंडल नहीं है, वहां सूर्य सफेद और आकाश काला दिखता है, क्योंकि वहां प्रकाश बिखरता नहीं है।

अतः विकल्प (D) सही है।

33. पृथ्वी से आकार में छोटे ग्रह शुक्र और मंगल हैं। शुक्र चंद्रमा के बाद यह रात्रि आकाश में सबसे चमकीली प्राकृतिक वस्तु है। शुक्र आकार और दूरी दोनों में पृथ्वी के निकटतम है। मंगल गृह सौरमंडल में सूर्य से चौथा ग्रह है। इसे "लाल ग्रह" के नाम से भी जाना जाता है। पृथ्वी की तरह, मंगल भी एक स्थलीय धरातल वाला ग्रह है।

अतः विकल्प (C) सही है।

34. अरस्तु यूनानी दार्शनिक थे। वे प्लेटो के शिष्य व सिकंदर के गुरु थे। 340 ईसा पूर्व में अरस्तू ने पहली बार कहा था कि पृथ्वी अपनी पुस्तक "ऑन द हैवन" में गोलाकार है।

अतः विकल्प (A) सही है।

35. पृथ्वी सौरमण्डल का एक ग्रह है जिसे विश्व भी कहा जाता है। यह दूरी के आधार पर सूर्य से तीसरा ग्रह है। यह एक ऐसा ग्रह है जिस पर जीवन पाया जाता है। इसकी सतह का 71% भाग जल से तथा 29% भाग भूमि से ढका हुआ है। पृथ्वी की परिधि 40,075 किमी है।

अतः विकल्प (B) सही है।

36. क्षोभमण्डल में ताप की मात्रा पर वायुमण्डलीय घनत्व, आयतन का विस्तार अथवा संकुचन इत्यादि कारकों का भी प्रभाव पड़ता है। जब इन कारकों से अथवा इनके प्रभाव में बिना किसी बाह्य स्रोत से प्राप्त किये अथवा निर्गत किये वायुमण्डलीय ताप में परिवर्तन होता है। तब इस परिवर्तन की रुद्रोष्म परिवर्तन कहते है। तापमान में रुद्धोष्म परिवर्तन शब्द से तात्पर्य सम्पीडन और विस्तार के माध्यम से आरोही या अवरोही वायु का तापन और शीतलन से है।

अतः विकल्प (B) सही है।

37. परिक्रमा पथ पर पृथ्वी 3 जनवरी को सूर्य से सबसे न्यूनतम दूरी पर रहती है, इसे उपसौर की स्थिति कहते हैं। जबकि 4 जुलाई को पृथ्वी सूर्य से अधिकतम दूरी पर होता है, इसे अपसौर की स्थिति कहते हैं।

अतः विकल्प (D) सही है।

38. यह कॉपरनिकस ने सर्वप्रथम प्रतिपादित किया कि सूर्य हमारे सौरमण्डल का केन्द्र है और पृथ्वी उसकी परिक्रमा करती है। कॉपरनिकस पोलिश खगोलशास्त्री व गणितज्ञ थे। उन्होंने यह क्रांतिकारी सूत्र दिया था कि पृथ्वी अंतरिक्ष के केन्द्र में नहीं है।

अतः विकल्प (D) सही है।

39. सूर्य से पृथ्वी की दूरी 149 मिलियन किमी है। तथा सूर्य से पृथ्वी पर प्रकाश को आने में 8.3 मिनट का समय लगता है। इसी प्रकाशीय ऊर्जा से प्रकाश-संश्लेषण नामक एक महत्वपूर्ण जैव-रासायनिक अभिक्रिया होती है जो पृथ्वी पर जीवन का आधार है।

अतः विकल्प (A) सही है।

40. ज्वालामुखी विस्फोट के समय कई प्रकार की गैसें निकलती हैं। जिनमें हाइडोजन, हाइड्रोजन सल्फाइड, नाइट्रोजन, कार्बन डाइ-ऑक्साइड, हाइड्रोक्लोरिक अम्ल एवं अमोनिया क्लोराइड प्रमुख हैं। गैसों में जलवाष्प का महत्व सबसे अधिक है। ज्वालामुखी से बाहर निकलने वाली गैसों में 60 से 90% भाग जलवाष्प का ही होता है।

अतः विकल्प (C) सही है।

41. पृथ्वी के कुल आयतन का लगभग 83 प्रतिशत मैंटल में पाया जाता है।

- पृथ्वी की आंतरिक संरचना कई स्तरों में विभाजित है। पृथ्वी की आंतरिक संरचना के तीन प्रधान भाग हैं- ऊपरी सतह भूपर्पटी, मध्य स्तर मैंटल और आंतरिक स्तर धात्विक क्रोड। पृथ्वी के कुल आयतन का लगभग 0.5 प्रतिशत भाग भूपर्पटी का है जबकि 83 प्रतिशत भाग में मैंटल विस्तृत है। शेष 16 प्रतिशत भाग क्रोड है।
- मैंटल की मोटाई लगभग 2895 किमी. है। यह अद्र्ध-ठोस अवस्था में है। एक संक्रमण परत जो मैंटल को क्रोड या कोर से विभक्त करती है उसे गुटेनबर्ग असंबद्धता कहते हैं।

अतः विकल्प (D) सही है।

42. भूपर्पटी अथवा क्रस्ट की मोटाई 8 से 40 किमी तक मानी जाती है। इस परत की निचली सीमा को मोहोरोविसिक असंबद्धता या मोहो असंबद्धता कहा जाता है। पृथ्वी पर महासागर और महाद्वीप केवल इसी भाग में स्थित हैं। मोहो असम्बद्धता क्रस्ट तथा मेंटल के बीच स्थित है।

अतः विकल्प (A) सही है।

43. भूतापीय ढाल वह राशि है जो पृथ्वी का तापमान गहराई के साथ बढ़ता है। यह पृथ्वी के गर्म आंतरिक भाग से इसकी सतह तक तापमान के कारण के बारे में बताता है। धरातल से भूगर्भ की ओर जाने पर गहराई के साथ तापमान वृद्धि की दर $1^{\circ}C$ प्रति 32 मीटर है।

अतः विकल्प (C) सही है।

44. मेंटल ग्रह के अंदर की एक परत है जो एक कोर द्वारा नीचे और एक क्रस्ट द्वारा ऊपर सीमाबद्ध होती है। मेंटल से पृथ्वी की सतह पर ज्वालामुखी लावा, स्तंभ जैसी संरचना के माध्यम से आता है। इस स्तंभ रूपी संरचना को मेंटल प्लम कहते हैं। मेंटल में सिलिका और मैग्नीशियम तत्त्वों की प्रधानता होती है।

अतः विकल्प (C) सही है।

45. सियाल, सीमा तथा निफे के रूप में भूगर्भ का विभाजन स्वेस द्वारा किया गया है। भूपर्पटी की रचना में सर्वाधिक मात्रा आक्सीजन की है। स्वेस ने इसे सियाल नाम दिया था क्योंकि यह सिलिका और एल्युमिनियम की बनी है। सीमा परत के नीचे पृथ्वी की तीसरी तथा अंतिम परत पाई जाती है, जिसे क्रोड कहते है। इसमे निकल (Ni) तथा लोहा (Fe) की प्रधानता होती है। इसलिए इस परत का नाम निफे (NiFe) है।

अतः विकल्प (D) सही है।

46. भू-पर्पटी में पाये जाने वाले विभिन्न तत्त्वों की मात्रा का सही अवरोही क्रम ऑक्सीजन, सिलिकॉन, ऐल्युमिनियम, लोहा है।

भू-पर्पटी में पाये जाने वाले विभिन्न तत्त्वों की मात्रा:

- आक्सीजन -(46%),
- सिलिकान -(28%),
- एल्युमीनियम -(8%),
- लोहा -(6%)

अतः विकल्प (D) सही है।

47. स्थलमण्डल भूगोल और भूविज्ञान में किसी पथरीले ग्रह या प्राकृतिक उपग्रह की सबसे ऊपरी पथरीली या चट्टान निर्मित परत को कहते हैं। स्थलमण्डल में ऊपरी भू-पटल, निचली भू-पटल तथा मेंटल का ठोस ऊपरी भाग सम्मिलित है।

अतः विकल्प (C) सही है।

48. चूना पत्थर एक अवसादी चट्टान है जो, मुख्य रूप से कैल्शियम कार्बोनेट ($CaCO_3$) के विभिन्न क्रिस्टलीय रूपों जैसे कि खनिज केल्साइट या एरेगोनाइट से मिलकर बनी होती है। इसका कायान्तरित रूप संगमरमर है।

अतः विकल्प (A) सही है।

49. स्लेट एक सुस्त चट्टान के साथ एक मेटामॉर्फिक चट्टान है। स्लेट का सबसे आम रंग ग्रे है, लेकिन यह भूरा, हरा, बैंगनी या नीला भी हो सकता है। स्लेट तब बनता है जब एक तलछटी चट्टान (शेल, मडस्टोन, या बेसाल्ट) को संकुचित किया जाता है। स्लेट परतदार चट्टान नहीं है।

अतः विकल्प (D) सही है।

50. पृथ्वी की आन्तरिक संरचना के सम्बन्ध में सर्वाधिक महत्वपूर्ण जानकारी का स्रोत भूकम्प विज्ञान है। भूकम्प विज्ञान भौतिक भूगोल की एक प्रमुख शाखा हैं, जिसके अन्तर्गत भूकम्पों का वैज्ञानिक अध्ययन एवं तथ्यपूर्ण विश्लेषण शामिल किया गया हैं।

अतः विकल्प (B) सही है।

51. ऑस्ट्रेलिया महाद्वीप का सर्वोच्च पर्वत-शिखर माउण्ट कोज़िअस्को है। कोज़िअस्को पर्वत ऑस्ट्रेलिया के न्यू साउथ वेल्स राज्य में स्नोई पहाड़ियों की मुख्य श्रृंखला में स्थित एक पर्वत है। समुद्रतल से 2228 मीटर (7390 फुट) ऊँचा यह पर्वत ऑस्ट्रेलिया की मुख्यभूमि का सबसे ऊँचा बिन्दु है।

अतः विकल्प (A) सही है।

52. ऑस्ट्रेलिया सरकारी तौर पर ऑस्ट्रेलियाई राष्ट्रमंडल दक्षिणी गोलार्द्ध के महाद्वीप के अर्न्तगत एक देश है जो दुनिया का सबसे छोटा महाद्वीप भी है और दुनिया का सबसे बड़ा द्वीप भी, जिसमें तस्मानिया और कई अन्य द्वीप हिंद और प्रशांत महासागर में है। इसीलिए ऑस्ट्रेलिया 'द्वीपीय महाद्वीप' के नाम से जाना जाता है।

अतः विकल्प (C) सही है।

53. यूरोप महाद्वीप की सबसे बड़ी लैडोगा झील है। लैडोगा झील पश्चिमोत्तरी रूस में कारेलिया गणतंत्र व लेनिनग्राद ओब्लास्त के क्षेत्रों में स्थित एक मीठे पानी की झील है। यह यूरोप की सबसे बड़ी झील है और क्षेत्रफल के हिसाब से दुनिया की 14वी सबसे बड़ी मीठे पानी की झील है।

अतः विकल्प (B) सही है।

54. उत्तरी अमेरिका महाद्वीप की सबसे बड़ी सुपीरियर झील है। सुपीरियर, ह्यूरान, ईरी तथा ओंटोरियों झील,संयुक्त राज्य अमेरिका और कनाडा की सीमा पर स्थित हैं। इन झीलों के जल का उपयोग दोनों देश बराबर मात्रा में करते है।

अतः विकल्प (A) सही है।

55. अण्टार्कटिका महाद्वीप का सर्वोच्च पर्वत माउण्ट विन्सन मैसिफ शिखर है। माउण्ट विन्सन मैसिफ अंटार्कटिका के एल्स्वर्थ पहाड़ियों की सेंटिनल पर्वतमाला नामक शाखा में स्थित एक बड़ा पर्वतीय मैसिफ़ है जो 21 किमी (13 मील) लम्बा और 13 किमी (8.1 मील) चौड़ा है।

अतः विकल्प (D) सही है।

56. जावा और सुमात्रा द्वीप इण्डोनेशिया देश में हैं। जावा द्वीप इंडोनेशिया का सबसे अधिक जनसंख्या वाला द्वीप है। जावा इंडोनेशिया गणराज्य में द्वीप है, जो मलाया द्वीपश्रृंखला में बृहत्तम तथा सर्वप्रसिद्ध है। इसका क्षेत्रफल 132174 वर्ग मील है। इसके उत्तर में जावा समुद्र, दक्षिण में हिंद महासागर और पूर्व में बाली तथा पश्चिम में सुमात्रा द्वीप हैं।

अतः विकल्प (C) सही है।

57. एशिया का सबसे बड़ा द्वीप बोर्नियो द्वीप है। बोर्नियो विश्व का तीसरा सबसे बड़ा और एशिया का सबसे बड़ा द्वीप है। भौगोलिक रूप से यह जावा से उत्तर में, सुलावेसी से पश्चिम में और सुमात्रा से पूर्व में स्थित है। यह इंडोनेशिया, मलेशिया एवं ब्रुनेई देशों में बंटा हुआ है।

अतः विकल्प (A) सही है।

58. हवाई द्वीप को 'प्रशांत महासागर का चौराहा' कहा जाता है। हवाई द्वीप संयुक्त राज्य अमेरिका का प्रशान्त महासागर के मध्य में स्थित एक प्रान्त है। यह अमेरिका का अकेला प्रांत है जो पूरी तरह द्वीपों से ही बना हुआ है और हवाई द्वीप समूह के अधिकांश द्वीप इसी प्रांत में सम्मिलित हैं।

अतः विकल्प (D) सही है।

59. जापान की राजधानी 'टोक्यो' होन्शू द्वीप पर स्थित है। होन्शू पर सन् 2005 में 10.3 करोड़ लोग रह रहे थे। इसका क्षेत्रफल 2,27,962 वर्ग किमी है, जो ब्रिटेन से बड़ा है और भारत के उत्तर प्रदेश राज्य से छोटा है। जापानी भाषा में 'होन शू' का अर्थ 'मुख्य प्रांत' होता है।

अतः विकल्प (A) सही है।

60. इण्डोनेशिया की राजधानी 'जकार्ता' जावा द्वीप पर स्थित है। जकार्ता इंडोनेशिया की राजधानी एवं सबसे बड़ा नगर है। इसका पुरा नाम बटाबिया है। इसका कुल क्षेत्रफल 661 किमी है एवं 2010 की जनगणना के अनुसार यहाँ की जनसंख्या लगभग 95,80,000 है।

अतः विकल्प (B) सही है।

61. वेग्नर के अनुसार पैंजिया का विखण्डन कार्बोनिफेरस युग में प्रारम्भ हुआ था। पैंजिया के विखंडन के तीन प्रमुख चरण थे। पहला चरण प्रारंभिक-मध्य जुरासिक काल (कार्बोनिफेरस युग में) में शुरू हुआ था जब पैंजिया पूर्व में टेथिस महासागर से और पश्चिम में प्रशांत महासागर से अलग होना शुरू हुआ, जिससे अंततः विशाल महाद्वीपों लॉरेशिया और गोंडवाना का विकास हुआ। जो दरार उत्तरी अमेरिका और अफ्रीका के बीच बनाना शुरू हुआ था उसने कई असफल दरारों को जन्म दिया। एक दरार के परिणाम स्वरूप नए महासागर, उत्तर अटलांटिक महासागर का निर्माण हुआ।

अतः विकल्प (C) सही है।

62. उच्चावच धरातल की ऊँचाई-निचाई से बनने वाले प्रतिरूप या पैटर्न को कहते हैं। प्रथम श्रेणी उच्चावच के अन्तर्गत महाद्वीप एवं महासागरीय बेसिन को शामिल किया जाता है। पर्वत, पठार, मैदान तथा झील आदि द्वितीय श्रेणी के उच्चावच हैं। महाद्वीप और महासागर प्रथम श्रेणी के उच्चावच है।

अतः विकल्प (A) सही है।

63. महाद्वीप एक विस्तृत जमीन का फैलाव है जो पृथ्वी पर समुद्र से अलग दिखाई देते हैं। महाद्वीप को व्यक्त करने के कोई स्पष्ट मापदण्ड नहीं है। पृथ्वी के धरातल के 29.2 प्रतिशत भाग पर महाद्वीपों का विस्तार पाया जाता है।

अतः विकल्प (B) सही है।

64. विश्व का सबसे गहरा गर्त गुआम द्वीपमाला के निकट स्थित है। मारियाना गर्त विश्व का एक प्रमुख और बहुत ही गहरा महासागरीय गर्त हैं। गुआम द्वीप मारियाना द्वीपसमूह का सबसे दक्षिणी और सबसे बड़ा द्वीप है, तथा साथ-ही-साथ माइक्रोनीशिया भूक्षेत्र का सबसे बड़ा द्वीप भी है।

अतः विकल्प (B) सही है।

65. संसार के समस्त महासागरों में अब तक 57 महासागरीय गर्तो का पता चला है।महासागरीय गर्त महासागरीय बेसिन के सबसे निचला भाग हैं और इनकी तली औसत महासागरीय नितल के काफी नीचे मिलती हैं। इनकी स्थिति सर्वत्र न मिलकर यत्र-तत्र बिखरे हुए रूप में मिलती हैं।

अतः विकल्प (D) सही है।

66. निर्माण की दृष्टि से आग्नेय चट्टान सर्वाधिक प्राचीन है। आग से बनी चट्टानें यानी ज्वालामुखी से निकले लावा, मैग्मा एवं धूल के कणों के ठंडा होने पर जो चट्टाने बनती है वे आग्नेय चट्टाने कहलाती है।

अतः विकल्प (A) सही है।

67. आग्नेय शैल मौलिक शैल कहलाती है। पृथ्वी के धरातल की उत्पत्ति में सर्वप्रथम इनका निर्माण होने के कारण इन्हें 'प्राथमिक शैल' भी कहा जाता है। यही वे पहली चट्टानें हैं जो पिघले हुए चट्टानी पदार्थ से बनती हैं, जबकि अवसादी या रूपांतरित चट्टानें इन आग्नेय चट्टानों के टूटने या ताप और दाब के प्रभाव आकार में बदलने से बनती हैं।

अतः विकल्प (B) सही है।

68. आग्नेय चट्टानें पिघले हुए चट्टानी पदार्थ के ठंडी होकर जम जाने से बनती हैं। ये रवेदार भी हो सकती है और बिना कणों या रवे के भी। ये चट्टानें पृथ्वी पर पायी जाने वाली अन्य दो प्रमुख चट्टानों, अवसादी और रूपांतरित के साथ मिलकर पृथ्वी पर पायी जाने वाली चट्टानों के तीन प्रमुख प्रकार बनाती हैं। आग्नेय चट्टानों में परतों का पूर्णतः अभाव पाया जाता है।

अतः विकल्प (D) सही है।

69. धरातल के सर्वाधिक भाग पर अवसादी चट्टान का विस्तार पाया जाता है।अवसादी चट्टानों का निर्माण आग्नेय चट्टान से ही होता है। आग्नेय चट्टाने हवा व पानी की वजह से दूर जाकर जमने लगती है। इसी से अवसादी चट्टानों का निर्माण होता है। आग्नेय चट्टान की परत दर परत जमने से अवसादी चट्टाने बनती है।

अतः विकल्प (B) सही है।

70. पृथ्वी पर लगभग 2000 प्रकार के खनिज पाये जाते हैं, किन्तु इनमें से कुछ खनिजों से ही चट्टानों की रचना होती है। इन खनिजों की संख्या 20 है। मुख्य रूप से भू-पटल (चट्टानों) की संरचना में ऑक्सीजन 46.6 %, सिलिकन 27.7%, एल्यूमिनियम 8.1 %, लोहा 5%, कैल्सियम 3.6%, सोडियम 2.8%, पौटैशियम 2.6% तथा मैग्नेशियम 2.1% भाग का निर्माण करते हैं।

अतः विकल्प (B) सही है।

71. रेटजेल एक प्रमुख भूगोलवेत्ता थे। उन्होंने 1869 में सर्वप्रथम डार्विन के विकासवादी ग्रन्थ की समालोचना प्रस्तुत की। तब से जीवन-प्रयन्त उन्होंने जीव-विज्ञान, भू-विज्ञान, भौतिक, मानव एवं राजनीतिक भूगोल पर लेख एवं ग्रन्थ लिखें। 'एन्थ्रोपोज्योग्राफी' अथवा 'मानव भूगोल' के लेखक रेटजेल हैं।

अतः विकल्प (B) सही है।

72. एक ही समय में कम्पन करने वाले स्थानों को जोड़ने वाली रेखाओं की श्रृंखला सहभूकम्प रेखाएँ (होमोसीस्मल लाइन्स) कहलाती है।

अतः विकल्प (A) सही है।

73. दीर्घ पृष्ठीय भूकम्पीय तरंगें सर्वाधिक क्षति पहुँचाती हैं। इन तरंगों का वेग सबसे कम (1.5 से 3 किमी/सेकण्ड) होता है। ये धरातल पर सबसे अन्त में पहुँचती है। जिसका भ्रमण पथ उत्तल होता है यह सर्वाधिक विनाशक तरंग होती है।

अतः विकल्प (C) सही है।

74. भूकम्प-मूल वह स्थान होता है जहाँ से भूकम्प की उत्पति होती है। पृथ्वी की सतह के नीचे जिस स्थान पर चट्टानें टूटती हैं उसे भूकम्प का केन्द्र कहते हैं। रेखागणित के स्थापित नियमों के अनुसार पृथ्वी की सतह पर यह स्थान भूकम्प के केन्द्र से सबसे नजदीक होता है इसलिये भूकम्प के झटकों की तीव्रता या उससे होने वाला नुकसान इस स्थान के आस-पास अपेक्षाकृत ज्यादा होता है।

अतः विकल्प (B) सही है।

75. तमिलनाडु के दो-तिहाई क्षेत्र पर लाल मिट्टी का विस्तार पाया जाता है। लाल मिट्टी लाल, पीली एवं चाकलेटी रंग की होती है। शुष्क और तर जलवायु में प्राचीन रवेदार और परिवर्तित चट्टानों की टूट-फूट से बनती है और यह मिट्टी पानी के संपर्क में आने से हल्की-हल्की पीली दिखती है इस मिट्टी में लोहा, ऐल्युमिनियम और चूना अधिक होता है। यह मध्यप्रदेश, छत्तीसगढ़, झारखण्ड, पश्चिमी बंगाल, मेघालय, नागालैण्ड, उत्तर प्रदेश, राजस्थान, तमिलनाडु तथा महाराष्ट्र में मिलती है।

अतः विकल्प (A) सही है।

76. ज्वालामुखी, पृथ्वी की सतह पर उपस्थित ऐसी दरार या मुख होता है जिससे पृथ्वी के भीतर का गर्म लावा, गैस, राख आदि बाहर आते हैं। उस मुख को क्रेटर कहते हैं।

अतः विकल्प (A) सही है।

77. पृथ्वी की पपड़ी की ठोस चट्टानों के नीचे जो पिघला हुआ पदार्थ होता है, जो कभी-कभी ज्वालामुखी के उद्गार के साथ धरती के ऊपरी तल पर आ जाता है, उसे मैग्मा कहते हैं। भूमि के अन्दर जनित, तप्त गतिशील पदार्थ जो गलित सिलिकेटों, जल, भाप और अन्य वाष्पशील घटकों से संघटित होता है। यह पिघला हुआ शैल-पदार्थ भूपर्पटी की ठोस चट्टानों के नीचे पाया जाता है, और इसका तापमान बहुत अधिक होता है तथा जिसमें गैसें एवं अन्य प्रस्फोटी पदार्थ भी पाए जाते हैं।

अतः विकल्प (A) सही है।

78. विश्व के अधिकांश सक्रिय ज्वालामुखी नवीन मोड़दार पर्वतीय क्षेत्रों में पाये जाते हैं। सक्रिय ज्वालामुखी उन ज्वालामुखी पर्वतों को कहा जाता है, जिनमें अक्सर उदगार (विस्फोट) होता रहता है। इन ज्वालामुखियों में प्रमुख हैं, इटली का 'एटना' तथा 'स्ट्राम्बोली'। सबसे अधिक सक्रिय ज्वालामुखी अमेरिका एवं एशिया महाद्वीप के तटों पर स्थित हैं।

अतः विकल्प (C) सही है।

79. उत्तर प्रदेश की जलवायु को आर्द्र उपोष्णकटिबंधीय जलवायु के रूप में संदर्भित किया जा सकता है। उत्तर प्रदेश 23°52'N और 31°28'N अक्षांशों के बीच और 77°3' और 84°39'E देशान्तरों के बीच स्थित है।

एक आर्द्र उपोष्णकटिबंधीय जलवायु आमतौर पर अक्षांश 20° और 35° के बीच स्थित होती है। आर्द्र उपोष्णकटिबंधीय जलवायु, कोपेन वर्गीकरण का एक प्रमुख जलवायु प्रकार है। आर्द्र उपोष्णकटिबंधीय जलवायु अपेक्षाकृत उच्च तापमान की विशेषता है।

अतः विकल्प (A) सही है।

80. ज्वालामुखी भूपटल पर वह प्राकृतिक छिद्र या दरार है जिससे होकर पृथ्वी का पिघला हुआ पदार्थ लावा, राख, भाप तथा अन्य गैसें बाहर निकलती है। जो लावा बाहर निकलकर हवा में उड़ जाता है वह शीघ्र ही ठंडा होकर छोटे-छोटे टुकड़ों में बदल कर निचे गिर जाता है जिसे हम सेंडर कहते हैं।

अतः विकल्प (A) सही है।

81. मालाबार तटीय प्रदेश मे लैटेराइट मिट्टी का प्रधान्य है। यह मिट्टी प्रायः उन उष्ण कटिबन्धीय प्रदेशों में पायी जाती हैं, जहाँ ऋतुनिष्ठ वर्षा होती है। इस मिट्टी का रंग लाल होता है, लेकिन यह 'लाल मिट्टी' से अलग होती है।

अतः विकल्प (A) सही है।

82. पर्वतों के मध्य स्थिर पठार को अन्तर्पर्वतीय पठार कहते है। ऐसे पठारों का निर्माण भूगर्भ की आन्तरिक शक्तियों के परिणामस्वरुप उच्च पर्वत श्रेणियों के निर्माण के साथ ही पूरा होता हैं तथा ये चारों ओर से पर्वतों से घिरे होते हैं।

अतः विकल्प (B) सही है।

83. पिरेनीज पर्वत फ्रांस और स्पेन देश के बीच स्थित है। पिरेनीज पर्वत दक्षिण पश्चिम यूरोप में स्पेन और फ्रांस की सीमा पर स्थित एक पर्वतमाला है। यह इबेरिया प्रायद्वीप को यूरोप के महाद्वीप के अन्य भागों से अलग करती है।

अतः विकल्प (A) सही है।

84. एण्डीज पर्वतमाला की सर्वोच्च चोटी एकांकागुआ है। एकांकागुआ दक्षिण अमेरिका की ऐन्डीज़ पर्वतमाला का सबसे ऊँचा पहाड़ है। एकांकागुआ चिली और आरजेन्टीना देशों की सरहद पर स्थित है, हालांकि इसका शिखर आरजेन्टीना की भूमि पर पड़ता है।

अतः विकल्प (A) सही है।

85. काली मिट्टी का निर्माण बैसाल्ट चट्टानों के विखण्डन से हुआ है। काली मिट्टी एक परिपक्व मिट्टी है जो मुख्यतः दक्षिणी प्रायद्वीपीय पठार के लावा क्षेत्र में पायी जाती है। इसका निर्माण चट्टानों के दो वर्ग दक्कन ट्रैप एवं लौहमय नीस और शिस्ट से हुआ है।

अतः विकल्प (A) सही है।

86. विश्व का सर्वाधिक चौड़ा महाद्वीपीय मग्न तट आर्कटिक महासागर में स्थित है।आर्कटिक महासागर पृथ्वी के उत्तरी गोलार्ध में स्थित है। इसका विस्तार अधिकतर आर्कटिक उत्तर ध्रुवीय क्षेत्र में है। विश्व के पाँच प्रमुख समुद्री प्रभागों अर्थात् पाँच महासागरों में से यह सबसे छोटा और उथला महासागर है।

अतः विकल्प (B) सही है।

87. अटलांटिक महासागर में स्थित मध्य अटलांटिक कटक की लम्बाई 14,000 किमी लगभग है। अटलांटिक महासागर उस विशाल जलराशि

का नाम है जो यूरोप तथा अफ्रीका महाद्वीपों को नई दुनिया के महाद्वीपों से पृथक करती है।

अतः विकल्प (B) सही है।

88. बलुआ पत्थर क्वार्टजाइट में परिवर्तित होता है। बलुआ पत्थर ऐसी दृढ़ शिला है जो मुख्यतया बालू के कणों का दबाव पाकर जम जाने से बनती है और किसी योजक पदार्थ से जुड़ी होती है। बालू के समान इसकी रचना में भी अनेक पदार्थ विभिन्न मात्रा में हो सकते हैं, किंतु इसमें अधिकांश स्फटिक ही होता है।

अतः विकल्प (C) सही है।

89. पृथ्वी के द्रव पदार्थों के घनीभूत हो जाने से बनी चट्टानों को आग्नेय कहते है। पृथ्वी के धरातल की उत्पत्ति में सर्वप्रथम आग्नेय चट्टानों का निर्माण होने के कारण इन्हें 'प्राथमिक शैल' भी कहा जाता है। ऐसा इसलिए भी कहा जाता है कि यही वे पहली चट्टानें हैं जो पिघले हुए चट्टानी पदार्थ से बनती हैं, जबकि अवसादी या रूपांतरित चट्टानें इन आग्नेय चट्टानों के टूटने या ताप और दाब के प्रभाव आकार में बदलने से से बनती हैं।

अतः विकल्प (A) सही है।

90. जानवरों, वनस्पतियों एवं सूक्ष्म जीवों के अवशेष अवसादी प्रकार की चट्टानों में पाये जाते हैं। प्रकृति के कारकों द्वारा निर्मित छोटी-छोटी चट्टानें किसी स्थान पर जमा हो जाती हैं और बाद में रासायनिक प्रतिक्रिया या अन्य कारणों से परत जैसी ठोस रूप में निर्मित हो जाती हैं। इन्हे ही अवसादी चट्टान कहते हैं।

अतः विकल्प (B) सही है।

91.

	सूची I (राज्य)		सूची II (राष्ट्रीय उद्यान)
A.	उत्तर प्रदेश	2.	दुधवा
B.	असम	4.	मानस
C.	ओडिशा	3.	सिमलीपाल
D.	कर्नाटक	1.	बाँदीपुर

अतः विकल्प (B) सही है।

92. विश्व का सबसे ऊँचा पर्वत-शिखर नेपाल में स्थित है। जिसका नाम माउंट एवरेस्ट है। और ऊँचाई 8,850 मीटर है। पहले इसे XV के नाम से जाना जाता था।

अतः विकल्प (C) सही है।

93. रॉकीज पर्वत महाद्वीपीय जलविभाजक के रूप में जाना जाता है। रॉकीज पर्वत या रॉकीज उत्तरी अमरीका के पश्चिमी भाग से सामान्यत: उत्तर-दक्षिण दिशा, में अलस्का से उत्तरी न्यूमेक्सिको तक, फैली हुई पर्वतमाला का नाम है। पर्वतों की ऊँचाई 1,000 फुट से 14,431 फुट तक है और पर्वतमाला का स्थलीय प्रसार 4,000 मील से कुछ अधिक है।

अतः विकल्प (C) सही है।

94. वल्केनियन तुल्य के ज्वालामुखी की आकृति गोभी के फूल जैसी होती है। वल्केनियन तुल्य ज्वालामुखी से निकलने वाला लावा चिपचिपा और लेसदार होता है। जो शीघ्र ही ज्वालामुखी के द्वार पर जमकर मार्ग को अवरुद्ध कर देता है। जब नीचे अधिक मात्रा में गैस एकत्रित होती है। तो वह अत्यधिक शक्ति के साथ ऊपर के अवरोध को हटा देती है।

अतः विकल्प (A) सही है।

95. गंगा के मैदानों की पुरानी कछारी मिट्टी बांगर कहलाती है। बांगर की मिट्टी में रेत व कंकड़ पाए जाते है। बांगर मैदान का सबसे ऊंचा जमीन है। इनका निर्माण मध्य एवं ऊपरी प्लास्टोसीन काल में हुआ था।

अतः विकल्प (A) सही है।

96. क्राकाटाओ ज्वालामुखी स्प्रैटली द्वीप समूह में स्थित है। यह ज्वालामुखी सुमात्रा व जावा द्वीप के मध्य सुंडा के पास स्थित हैं। यह हिन्द महासागर मे सिथत है यह पिलीयन तुलय जवालामुखी है।

अतः विकल्प (B) सही है।

97. ऑक्सीजन गैस ज्वालामुखी उद्भेदन के समय नहीं निकलती हैं। ज्वालामुखी विस्फोट के समय कई प्रकार की गैसें निकलती हैं जिनमें हाइड्रोजन सल्फाइड, कार्बन डाइ-ऑक्साइड, हाइड्रोक्लोरिक अम्ल एवं अमोनिया क्लोराइड प्रमुख हैं। गैसों में जलवाष्प का महत्व सबसे अधिक है। ज्वालामुखी से बाहर निकलने वाली गैसों में 60 से 90% भाग जलवाष्प का ही होता है।

अतः विकल्प (A) सही है।

98. ग्रेनाइट और नाइस चट्टानों से लाल मिट्टी का निर्माण होता है। लाल मिट्टी लाल, पीली एवं चाकलेटी रंग की होती है। शुष्क और तर जलवायु में प्राचीन रवेदार और परिवर्तित चट्टानों की टूट-फूट से बनती है और यह मिट्टी पानी के संपर्क में आने से हल्की-हल्की पीली दिखती है इस मिट्टी में लोहा, ऐल्युमिनियम और चूना अधिक होता है।

अतः विकल्प (D) सही है।

99. 'साल' वृक्ष एक द्विबीजपत्री बहुवर्षीय वृक्ष है। इसकी लकड़ी इमारती कामों में प्रयोग की जाती है। इसकी लकड़ी बहुत ही कठोर, भारी, मजबूत तथा भूरे रंग की होती है। 'साल' वृक्ष आर्द्र पर्णपाती वृक्ष होता है।

अतः विकल्प (D) सही है।

100. विश्व के सर्वाधिक भूकम्प परिप्रशान्त महासागरीय पेटी में आते हैं। इस पेटी में विश्व के लगभग 63 प्रतिशत भूकम्प आते हैं। यह पेटी प्रशांत महासागर के चारों ओर एक वृत्त की परिधि की तरह द्वीपों तथा महाद्वीपों में स्थित है। यहाँ पर भूकम्प की चार प्रमुख दशायें सागर तथा स्थल मिलन क्षेत्र, नवीन वलित पर्वत क्षेत्र, ज्वालामुखी क्षेत्र विनाशकारी प्लेट, सीमा अपसरण क्षेत्र मिलती हैं।

अतः विकल्प (A) सही है।

101. जिन ज्वालामुखियों से निरन्तर लावा, गैस व अनेक प्रकार के पदार्थ निकलते रहते हैं, ऐसे ज्वालामुखी सक्रिय ज्वालामुखी कहलाते हैं। विश्व में ऐसे ज्वालामुखियों की संख्या लगभग 500 है। ऐसे ज्वालामुखियों में इटली का एटना तथा स्ट्राम्बोली प्रमुख हैं।

अतः विकल्प (D) सही है।

102. कोयला एक ठोस कार्बनिक पदार्थ है जिसको ईंधन के रूप में प्रयोग में लाया जाता है। ऊर्जा के प्रमुख स्रोत के रूप में कोयला अत्यन्त महत्वपूर्ण हैं। कोयला परतदार चट्टान में पाया जाता है। कोयले से अन्य दहनशील तथा उपयोगी पदार्थ भी प्राप्त किए जाते हैं। ऊर्जा के अन्य स्रोतों में पेट्रोलियम तथा उसके उत्पाद का नाम सर्वोपरि है। विभिन्न प्रकार के कोयले में कार्बन की मात्रा अलग-अलग होती है।

अतः विकल्प (B) सही है।

103. पर्यावरण अपकर्ष का अभिप्राय पर्यावरणीय गुणों का पूर्ण रूप से निम्नीकरण, मानवीय क्रिया-कलापों से विपरीत परिवर्तन लाना और पारिस्थितिकीय विभिन्नता के परिणामस्वरूप पारिस्थितिकीय असन्तुलन से है। पर्यावरणीय अवनयन के अंतर्गत पर्यावरण में होने वाले वे सारे परिवर्तन आते हैं जो अवांछनीय हैं और किसी क्षेत्र विशेष में या पूरी पृथ्वी पर जीवन और संधारणीयता को खतरा उत्पन्न करते हैं। अतः इसके अंतर्गत प्रदूषण, जलवायु परिवर्तन, जैव विविधता का क्षरण और अन्य प्राकृतिक आपदाएं इत्यादि शामिल की जाती हैं।

अतः विकल्प (D) सही है।

104. पेट्रोलियम (खनिज तेल) प्राचीन संस्तरित चट्टानों में पाया जाता है। पेट्रोलियम शब्द की उत्पत्ति पेट्रा (चट्टान) एवं ओलियम (तेल) से हुई है

क्योंकि ये ज़मीन के नीचे की चट्टानों के मध्य से निकाला जाता है। ये ईंधन प्राकृतिक स्रोत से प्राप्त होते हैं।

अतः विकल्प (C) सही है।

105. अम्लवर्षा में अम्ल दो प्रकार के वायु प्रदूषणों से आते हैं : सल्फर डाइ-ऑक्साइड (SO_2) और नाइट्रस ऑक्साइड (NO_2), ये प्रदूषक प्रारंभिक रूप से कारखानों की चिमनियों, बसों व स्वचालित वाहनों के जलाने से उत्सर्जित होकर वायुमंडल में मिल जाते है।

अतः विकल्प (D) सही है।

106. ग्रेनाइट रूपान्तरित चट्टान नहीं है। ग्रेनाइट मणिभीय दानेदार शिला है, जिसके प्रमुख अवयव स्फटिक और फेल्स्पार हैं। यह आग्नेय पाषाण है। ग्रेनाइट शब्द का सर्वप्रथम उपयोग प्राचीन इटालियन संग्रहकर्ताओं ने किया था। रोम के शिल्पकार फ्लेमिनियस वेका के एक वर्णन में इसका प्रथम सन्दर्भ मिलता है।

अतः विकल्प (D) सही है।

107. 'फ्लाई ऐश' तापीय शक्ति संयन्त्रों में कोयले के जलने से उत्पन्न उपोत्पाद है।

- फ्लाई ऐश प्राय: कोयला संचालित विद्युत संयंत्रों से उत्पन्न प्रदूषक है, जिसे दहन कक्ष से निकास गैसों द्वारा ले जाया जाता है।
- इसे इलेक्ट्रोस्टैटिक प्रीसिपिटेटर या बैग फिल्टर द्वारा निकास गैसों से एकत्र किया जाता है।
- फ्लाई ऐश में पर्याप्त मात्रा में सिलिकॉन डाइऑक्साइड (SiO_2), एल्युमीनियम ऑक्साइड (Al_2O_3), फेरिक ऑक्साइड (Fe_2O_3) और कैल्शियम ऑक्साइड (CaO) शामिल होते हैं।

अतः विकल्प (A) सही है।

108. मृदा क्षरण (अपरदन) अधिक होता है, जब अधिक वर्षा होती है। भूमि के कणों का अपने मूल स्थान से हटने एवं दूसरे स्थान पर एकत्र होने की क्रिया को भू-क्षरण या मृदा क्षरण कहते हैं।

अतः विकल्प (A) सही है।

109. वायु में आपेक्षिक आर्द्रता मापन हेतु प्रयुक्त उपकरण हाइग्रोमीटर है। हाइग्रोमीटर एक मौसम यंत्र है जिसका उपयोग वातावरण में आर्द्रता की मात्रा को मापने के लिए किया जाता है। दो मुख्य प्रकार के हाइग्रोमीटर हैं - एक सूखा और गीला बल्ब साइकोमीटर और एक मैकेनिकल हाइग्रोमीटर।

अतः विकल्प (A) सही है।

110. दक्षिणी अमेरिका तथा अफ्रीका महाद्वीप एक-दूसरे का दर्पण प्रतिबिम्ब प्रस्तुत करते हैं।दक्षिण अमेरिका उत्तर अमेरिका के दक्षिण पूर्व में स्थित पश्चिमी गोलार्द्ध का एक महाद्वीप है। अफ्रीका महाद्वीप एशिया के बाद विश्व का सबसे बड़ा महाद्वीप है। यह 37°14' उत्तरी अक्षांश से 34°50' दक्षिणी अक्षांश एवं 17°33' पश्चिमी देशांतर(देशान्तर) से 51°23' पूर्वी देशांतर (देशान्तर) के मध्य स्थित है।

अतः विकल्प (B) सही है।

111. अफ्रीका महाद्वीप का दक्षिणतम बिन्दु केप अगुलहास है। केप अगुलहास दक्षिण अफ्रीका के राज्य पश्चिमी केप, में स्थित एक चट्टानी अंतरीप है। भौगोलिक रूप से यह अफ्रीका का दक्षिणी सिरा है और आधिकारिक रूप से अन्ध महासागर और हिन्द महासागर का विभाजन बिंदु है।

अतः विकल्प (B) सही है।

112. अफ्रीका महाद्वीप का विस्तार उत्तरी, दक्षिणी, पूर्वी तथा पश्चिमी सभी गोलार्द्धों में है। अफ्रीका एशिया के बाद विश्व का सबसे बड़ा महाद्वीप है। यह 37°14' उत्तरी अक्षांश से 34°50' दक्षिणी अक्षांश एवं 17°33' पश्चिमी देशांतर से 51°23' पूर्वी देशांतर के मध्य स्थित है।

अतः विकल्प (C) सही है।

113. सर्वाधिक देशों वाला महाद्वीप अफ्रीका है। अफ्रीका एशिया के बाद विश्व का सबसे बड़ा महाद्वीप है। अफ्रीका के उत्तर में भूमध्यसागर एवं यूरोप महाद्वीप, पश्चिम में अंध महासागर, दक्षिण में दक्षिण महासागर तथा पूर्व में अरब सागर एवं हिंद महासागर हैं। इस महाद्वीप में विशाल मरुस्थल, अत्यन्त घने वन, विस्तृत घास के मैदान, बड़ी-बड़ी नदियाँ व झीलें तथा विचित्र जंगली जानवर हैं।

अतः विकल्प (D) सही है।

114. दक्षिणी अमेरिका महाद्वीप में प्रवाहित होने वाली सबसे लम्बी अमेजन नदी है। अमेजन नदी दक्षिण अमेरिका से होकर बहने वाली एक नदी है। आयतन के हिसाब से यह विश्व की सबसे बड़ी और लम्बाई के हिसाब से दूसरी नदी है। यह ब्राजील, पेरु, बोलविया, कोलम्बिया तथा इक्वाडोर से होकर बहती है।

अतः विकल्प (C) सही है।

115. जापान का नागासाकी नगर क्यूशू द्वीप पर स्थित है। क्यूशू द्वीप जापान के चारों मुख्य द्वीपों में से तीसरा सब से बड़ा और सब से दक्षिणपश्चिमी द्वीप है। कुल मिलकर क्यूशू का क्षेत्रफल 35680 वर्ग किमी है और इसकी जनसंख्या सन् 2006 में 1,32,31,995 थी। यह होन्शू और शिकोकू द्वीपों के दक्षिण-पश्चिम में स्थित है।

अतः विकल्प (D) सही है।

116. जापान कोई 3800 द्वीपों से मिलकर बना है। इनमें से केवल 340 द्वीप 1 वर्ग किलोमीटर से बड़े हैं। जापान को प्रायः चार बड़े द्वीपों का देश कहा जाता है। ये द्वीप हैं - होक्काइडो, होन्शू, शिकोकू तथा क्यूशू। जापान का सबसे छोटा द्वीप शिकोकू है।

अतः विकल्प (C) सही है।

117. महाद्वीपीय प्रवाह सिद्धांत के समर्थक वेग्नर हैं।

वेग्नर जर्मनी के ध्रुवीय शोधकर्ता, भूभौतिकीविद्, और मौसम विज्ञानी थे। इन्होंने महाद्वीपीय प्रवाह सिद्धांत 1912 में दिया था। इनका जीवन काल 1880 से 1930 तक रहा। महाद्वीपीय प्रवाह एक सिद्धांत था जिसने समझाया कि कैसे महाद्वीप पृथ्वी की सतह पर स्थिति बदलते हैं।

अतः विकल्प (B) सही है।

118. प्लेट विवर्तनिकी सिद्धान्त का प्रतिपादन हैरी हैस ने किया था। प्लेट विवर्तनिकी सिद्धांत प्लेटों के स्वभाव एवं प्रवाह से सम्बन्धित अध्ययन है। इस सिद्धांत का प्रतिपादन 1960 के दशक में किया गया। हैरी हेस, विल्सन, मा◌ॅर्गन, मैकेन्जी तथा पार्कर आदि विद्वानों ने इस दिशा में महत्वपूर्ण योगदान दिया।

अतः विकल्प (A) सही है।

119. वेग्नर के अनुसार महाद्वीपीय विस्थापन जिस दिशा में हुआ, वह है भूमध्य रेखा व पश्चिमी।महाद्वीपीय विस्थापन पृथ्वी के महाद्वीपों के एक-दूसरे के सम्बन्ध में हिलने को कहते हैं। यदि करोड़ों वर्षों के भौगोलिक युगों में देखा जाए तो प्रतीत होता है कि महाद्वीप और उनके अंश समुद्र के फ़र्श पर टिके हुए हैं और किसी-न-किसी दिशा में बह रहे हैं।

अतः विकल्प (B) सही है।

120. महाद्वीपीय विस्थापन को स्पष्ट करने वाला नवीनतम सिद्धान्त प्लेट विवर्तनिकी सिद्धान्त है। प्लेट विवर्तनिकी सिद्धांत प्लेटों के स्वभाव एवं प्रवाह से सम्बन्धित अध्ययन है। इस सिद्धांत के अनुसार पृथ्वी का भू-पटल मुख्यतः छः बड़े और छः छोटे प्लेटों में विभाजित है तथा ये प्लेटें लगातार गति कर रही हैं ये प्लेटें एक-दूसरे के संदर्भ में तथा पृथ्वी के घूर्णन-अक्ष के संदर्भ में निरंतर गति कर रही है।

अतः विकल्प (D) सही है।

121. ब्यूफोर्ट स्केल पर पवन की गति दर्शायी जाती है। इस पैमाने को 1805 में आयरिश हाइड्रोग्राफर फ्रांसिस ब्यूफोर्ट द्वारा तैयार किया गया था। ब्यूफोर्ट पैमाने को 1946 में बढ़ाया गया था जब 13 से 17 बलों को जोड़ा गया था।

अतः विकल्प (B) सही है।

122. महासागर में सबसे अधिक गहराई प्रशान्त महासागर के मेरियाना गर्त की है, जो है समुद्रतल से 10,500 मी. नीचे है। मेरियाना गर्त विश्व का एक प्रमुख और बहुत ही गहरा महासागरीय गर्त हैं। यह पश्चिमी प्रशांत महासागर में मेरियाना द्वीपसमूह से 200 किलोमीटर (124 मील) पूर्व में स्थित है।

अतः विकल्प (C) सही है।

123. सिजिगी एक गुरुत्वाकर्षण प्रणाली में तीन खगोलीय पिंडों का एक सरल रेखीय विन्यास है। जब सूर्य, पृथ्वी और चंद्रमा एक सीध में होते हैं तो यह स्थिति सिजिगी कहलाती है। सिजिगी स्थिति में चंद्रमा या तो सूर्य के साथ संयोजन में होता है या सूर्य से विमुख होता है। सूर्य ग्रहण और चंद्र ग्रहण सिजिगी के समय पर होता है।

अतः विकल्प (B) सही है।

124. सपाट शीर्ष वाले समुद्री पर्वतों को गुयॉट नाम से जाना जाता है। महासागरों में गुयॉट या निमग्न द्वीप पर्वत शिखरों की भाँति होते है। गुयॉट का शिखर सपाट होता है। गुयॉट के ऊपर अधिकांशतः प्रवाल का विकास होता है।

अतः विकल्प (B) सही है।

125. दिए गए विकल्पों में बांग्लादेश का जनसंख्या घनत्व सर्वाधिक है।

देश	जनघनत्व
बांग्लादेश	1179
श्रीलंका	333
पाकिस्तान	225
भारत	382

अतः विकल्प (A) सही है।

मॉक टेस्ट 05

Q.1 निम्नलिखित कथनों पर विचार कीजिए:
1. सूर्य, चंद्रमा और पृथ्वी एक सीधी रेखा में होते हैं।
2. चंद्रमा की कक्षा पृथ्वी के निकटतम होती है।
3. ज्वारीय क्रम सामान्य से अधिक होता है।
उपर्युक्त परिस्थितियां निम्नलिखित में से किस ज्वारभाटा को परिभाषित करती हैं?
A. अपभू वृहत ज्वार-भाटा
B. उपसौर वृहत ज्वार-भाटा
C. उपभू वृहत ज्वार-भाटा
D. अपसौर वृहत ज्वार-भाटा

Q.2 निम्नलिखित में से कौन-सा/से मृदा में कार्बनिक पदार्थ के तीव्रता से अपघटन के लिए अनुकूल स्थिति/स्थितियाँ है/हैं?
1. आक्सीजन की कमी
2. नाइट्रोजनस पदार्थों से समृद्ध अपरद
3. कम (ठंडा) तापमान
नीचे दिए गए कूट का प्रयोग कर सही उत्तर चुनिए।
A. केवल 2 **B.** केवल 1 और 2
C. केवल 2 और 3 **D.** 1, 2 और 3

Q.3 निम्नलिखित में से कौन-से भारतमाला परियोजना के घटक हैं?
1. आर्थिक गलियारों का विकास।
2. सीमा और अंतराष्ट्रीय संपर्क सड़कों का विकास।
3. बंदरगाह संपर्क सड़कों का विकास।
4. एक्सप्रेसवे का विकास
नीचे दिए गए कूट का प्रयोग कर सही उत्तर चुनिए।
A. केवल 1 और 3 **B.** केवल 2 और 4
C. 1, 2, 3 और 4 **D.** केवल 1, 2 और 3

Q.4 आग्नेय चट्टानों के संदर्भ में, निम्नलिखित कथनों में से कौन-सा/से सही है/हैं?
1. इनका निर्माण पृथ्वी की सतह के साथ-साथ गहराई में भी हो सकता हैं।
2. ये जीवाश्म रहित होती हैं।
3. क्वार्टजाइट और ग्रेनाइट आग्नेय चट्टानें हैं।
नीचे दिए गए कूट का प्रयोग कर सही उत्तर चुनिए।
A. केवल 1 और 2 **B.** केवल 2 और 3
C. केवल 1 **D.** 1, 2 और 3

Q.5 ये क्षेत्र शीतोष्ण पश्चिमी सीमांत क्षेत्र वर्ष पर्यन्त पछुवा पवनों के स्थायी प्रभाव में रहते हैं। ये अत्यधिक चक्रवाती गतिविधियों के क्षेत्र भी हैं। ग्रीष्मकाल कभी भी बहुत उष्ण नहीं होता है। इस जलवायु प्रकार की प्राकृतिक वनस्पति में ओक, एल्म, ऐश, बर्च, बीच, चिनार और हॉर्नबीम जैसे पर्णपाती वृक्ष सम्मिलित हैं।
उपर्युक्त परिच्छेद में निम्नलिखित जलवायु प्रकारों में से किसका वर्णन किया गया है?
A. भूमध्यसागरीय जलवायु **B.** ब्रिटिश तुल्य जलवायु
C. स्टेपी जलवायु **D.** नटाल तुल्य जलवायु

Q.6 निम्नलिखित में से कौन 'मानसून विच्छेद' परिघटना का सही वर्णन करता है?
A. किसी क्षेत्र में वर्षा की कमी वाली स्थिति जब औसत वार्षिक वर्षा सामान्य वर्षा के 75% से कम हो।
B. दक्षिण-पश्चिम मानसून अवधि के दौरान जब कुछ, दिनों तक वर्षा होने के पश्चात् एक या एक से अधिक सप्ताह तक वर्षा न हो।
C. अरब सागर शाखा और बंगाल की खाड़ी की शाखा में मानसूनी पवनों का द्विभाजन।
D. प्रचंड गर्जन और बिजली की चमक के साथ आर्द्रता युक्त पवनों का अचानक चलना।

Q.7 निम्नलिखित प्रमाणों में से कौन-से अल्फ्रेड वेगनर द्वारा प्रस्तावित महाद्वीपीय प्रवाह सिद्धांत का समर्थन करते हैं?
1. दक्षिण अमेरिकी और अफ्रीकी समुद्र तट में साम्यता।
2. उद्गम चट्टानों की अनुपस्थिति के बावजूद घाना तट पर सोने के समृद्ध प्लेसर निक्षेप की उपस्थिति।
3. महासागरों के दोनों किनारों पर समान जीवाश्मों का वितरण।
नीचे दिए गए कूट का प्रयोग कर सही उत्तर चुनिए।
A. केवल 1 और 2 **B.** केवल 2 और 3
C. केवल 1 और 3 **D.** 1, 2 और 3

Q.8 महासागरीय गर्तों के संबंध में निम्नलिखित कथनों पर विचार कीजिए:
1. वे अपसारी प्लेट सीमाओं के साथ अवस्थित होते हैं।
2. वे सक्रिय ज्वालामुखियों और प्रबल भूकंपों से संबद्ध हैं।
3. टोंगा गर्त और मारियाना गर्त प्रशांत महासागर में अवस्थित हैं।
उपर्युक्त कथनों में से कौन-सा/से सही है/हैं?
A. केवल 2 **B.** केवल 1 और 3
C. केवल 2 और 3 **D.** 1, 2 और 3

Q.9 अक्षांश और देशांतर के संबंध में निम्नलिखित कथनों पर विचार कीजिए:
1. अक्षांश को पृथ्वी की सतह पर विषुवत रेखा के उत्तर या दक्षिण में किसी बिंदु की कोणीय दूरी के रूप में मापा जाता है।
2. किसी स्थान के अक्षांश और देशांतर दोनों को पृथ्वी के केंद्र से मापा जाता है।
उपर्युक्त कथनों में से कौन-सा/से सही है/हैं?
A. केवल 1 **B.** केवल 2
C. दोनो 1 और 2 **D.** न तो 1 न ही 2

Q.10 भू-आकृति विजान के संदर्भ में, 'प्लाया' पद संदर्भित करता है:
A. मरुस्थली क्षेत्रों में पाए जाने वाले मैदानों के गर्तों में बनी उथली झीलों को
B. पिघलते हुए हिमनदों द्वारा मिश्रित रूप में भारी व महीन मलबे के निक्षेप को
C. हिमनद द्वारा कर्षित बड़े गोलाश्मों को
D. चूना पत्थर चट्टानों की सतहों पर निर्मित लघु, गोल एवं उथले गर्तों को

Q.11 निम्नलिखित कथनों में से कौन-सा/से पश्चिमी विक्षोभों के संदर्भ में सही है/हैं?
1. ये पूर्वी सागर के ऊपर उत्पन्न होने वाले हल्के चक्रवातीय अवदाब हैं।
2. रात के सामान्य तापमान में अचानक गिरावट भारत में इनके आगमन का संकेत देती है।
3. ये उत्तरी भारत में रबी की फसलों हेतु अत्यधिक लाभप्रद होते हैं।
नीचे दिए गए कूट का प्रयोग कर सही उत्तर चुनिए।
A. केवल 1 और 2 **B.** केवल 2
C. केवल 1 और 3 **D.** 1, 2 और 3

Q.12 पृथ्वी के गुरुत्व (g) के संदर्भ में, निम्नलिखित कथनों पर विचार कीजिए:

1. यह पृथ्वी के भीतर पदार्थ के द्रव्यमान के वितरण से प्रभावित होता है।
2. भूमध्य रेखा की तुलना में ध्रुवों के पास इसका मान अधिक होता है।
उपर्युक्त कथनों में से कौन-सा/से सही है/हैं?

A. केवल 1 **B.** केवल 2
C. दोनो 1 और 2 **D.** न तो 1 न ही 2

Q.13 निम्नलिखित में से कौन-सा/से पृथ्वी के गोलाकार होने का/के प्रमाण है।हैं?
1. बिना तीव्र ढाल के पृथ्वी का संभावित परिनौसंचलन।
2. पृथ्वी के विभिन्न स्थानों पर सूर्योदय एवं सूर्यास्त का अलग-अलग समय पर होना।
3. चंद्रग्रहण के दौरान पृथ्वी की छाया का आकार। नीचे दिए गए कूट का प्रयोग कर सही उत्तर चुनिए।

A. केवल 1 और 2 **B.** केवल 1 और 3
C. केवल 2 **D.** 1, 2 और 3

Q.14 लूनी नदी के संदर्भ में, निम्नलिखित कथनों में से कौन- सा सही है?
A. इसका निर्माण दो धाराओं सरस्वती और साबरमती से हुआ है।
B. यह मध्य प्रदेश, राजस्थान और गुजरात राज्यों से होकर प्रवाहित होती है।
C. यह खंभात की खाड़ी में गिरती है।
D. यह कर्क रेखा को दो बार काटती है।

Q.15 पश्चिमी घाट को स्थानीय रूप से विभिन्न नामों से जाना जाता है। इस संदर्भ में, निम्नलिखित युग्मों पर विचार कीजिए:

स्थानीय नाम	क्षेत्र
1. सहयाद्री	महाराष्ट्र
2. नीलगिरी	तमिलनाडु
3. अन्नामलाई	कर्नाटक

ऊपर्युक्त युग्मों मे से कौन सा सही सुमेलित है?

A. केवल 1 और 2 **B.** केवल 1 और 3
C. केवल 1 **D.** केवल 2 और 3

Q.16 लक्षद्वीप द्वीपसमूह के संदर्भ में, निम्नलिखित में से कौन-सा कथन सही है?
A. संपूर्ण द्वीप समूह प्रवाल निक्षेपों से निर्मित है।
B. नॉरकोंडम लक्षद्वीप समूह में एक लघु ज्वालामुखी द्वीप है।
C. लक्षद्वीप द्वीप समूह की सर्वाधिक ऊंची चोटी सैडल पीक है।
D. ग्यारह डिग्री चैनल लक्षद्वीप को मालदीव से पृथक करता है।

Q.17 निम्नलिखित में से कौन-से भारतीय जलवायु पर हिमालय पर्वत के प्रभाव हैं?
1. यह ठंडी उत्तरी पवनों से उपमहाद्वीप को सुरक्षा प्रदान करता है।
2. यह मानसूनी पवनों को अवरोधित करके उन्हें उपमहाद्वीप में वर्षा करने हेतु बाध्य करता है।
3. यह विभिन्न वायुदाब क्षेत्रों का निर्माण करता है जो मानसूनी पवनों के उत्क्रमण का कारण बनती हैं।
नीचे दिए गए कूट का प्रयोग कर सही उत्तर चुनिए।

A. केवल 1 और 2 **B.** केवल 2 और 3
C. केवल 1 और 3 **D.** 1, 2 और 3

Q.18 भारतीय भूगोल के संदर्भ में, करेवा हैं:
A. कश्मीर हिमालय में हिमनद चिकनी मिट्टी और दूसरे पदार्थों का हिमोढ़ पर मोटी परत के रूप में जमाव।
B. भारत के उत्तर पश्चिमी क्षेत्र में सिंधु की सहायक नदियों द्वारा निर्मित जलोढ़ पंख।
C. हिमालय की तलहटी में निम्नस्तरीय अपवाह युक्त, आर्द्र और सघन वनों की संकीर्ण पट्टी।
D. थार रेगिस्तान में विद्यमान मरुद्यान

Q.19 यह अलाप्पुझा, एर्नाकुलम और त्रिशूर जिलों के तटीय क्षेत्रों में उगने वाली चावल की एक विशिष्ट किस्म है। यह किस्म लवणीय जल सहिष्णु, ऊँची, बाढ़ जैसी परिस्थितियों में पनपने वाली और पूर्ण रूप से मत्स्यसंवर्धन फर्मों से बचे लगभग 6 माह के अवशेषों पर उगती है। फसल चक्र को 'एक मछली और एक चावल' के रूप में वर्णित किया जाता है, जिसमें 15 अप्रैल तक मछली पालन किया जाता है, जिसके बाद मौसम की पहली वर्षा से पूर्व खेतों को सुखा दिया जाता है ताकि उनसे नमक को हटाया जा सके। फसल चक्र अक्टूबर तक चलता है जब उन्हें मत्स्यपालन के लिए पुनः प्रयोग किया जाता है।
उपर्युक्त परिच्छेद में चावल की निम्नलिखित किस्मों में से किसका वर्णन किया गया है?

A. पोक्काली **B.** दामोदर **C.** पोर्टेरिशिया **D.** IR-8

Q.20 पृथ्वी की संरचना के संदर्भ में, निम्नलिखित कथनों पर विचार कीजिए:
1. बाह्य क्रोड तरल अवस्था में है जबकि आंतरिक क्रोड ठोस अवस्था में है।
2. बाह्य क्रोड मैग्मा का मुख्य स्रोत है जो ज्वालामुखी उदगारों के दौरान धरातल पर पहुँचता है।
उपर्युक्त कथनों में से कौन-सा/से सही है/हैं?

A. केवल 1 **B.** केवल 2
C. दोनो 1 और 2 **D.** न तो 1 न 2

Q.21 प्लेटों की निम्नलिखित सीमाओं मे से किस पर/किन पर नई भूपर्पटी का निर्माण होता है?
1. अभिसरण सीमा
2. अपसारी सीमा
3. रूपांतर सीमा
नीचे दिए गए कूट का प्रयोग कर सही उत्तर चुनिए।

A. केवल 1 और 2 **B.** केवल 2
C. केवल 1 और 3 **D.** 1, 2 और 3

Q.22 भारतीय भूगर्भ विज्ञान से संदर्भित, मालदा भ्रंश पृथक करता है:
A. सतपुड़ा पर्वत शृंखला से विंध्य पर्वत शृंखला को
B. अरावली पर्वत शृंखला से दिल्ली पर्वत श्रेणी को
C. पश्चिमी घाट से पूर्वी घाट को
D. प्रायद्वीपीय पठार से मेघालय के पठार को

Q.23 भारत में शीत ऋतु के दौरान निम्नलिखित में से कौन- सी मौसमी परिघटनाएं दृष्टिगोचर होती हैं?
1. हिमालय के उत्तर में अवस्थित क्षेत्र में उच्च वायुदाब केंद्र स्थापित हो जाता है।
2. मध्य एशिया से शुष्क धरातलीय पवनों का प्रवाह आरंभ हो जाता है।
3. प्रायद्वीपीय भारत पर एक पूर्वी जेट प्रवाह आरंभ हो जाता है ।
नीचे दिए गए कूट का प्रयोग कर सही उत्तर चुनिए।

A. केवल 1 और 2 **B.** केवल 2 और 3
C. केवल 1 और 3 **D.** 1, 2 और 3

Q.24 मध्यवर्ती उच्चभूमियों (या मध्य भारत का पठार) के संदर्भ में, निम्नलिखित कथनों पर विचार कीजिए:
1. उच्चभूमियों की सामान्य ढलान दक्षिण और दक्षिण-पूर्व की ओर है।
2. मूसी नदी बेसिन इस क्षेत्र के अधिकांश भाग का निर्माण करती है।
उपर्युक्त कथनों में से कौन-सा/से सही है/हैं?

A. केवल 1 **B.** केवल 2
C. दोनो 1 और 2 **D.** न तो 1 न 2

Q.25 निम्नलिखित स्थानीय पवनों पर विचार कीजिए:
1. सिरोको

2. मिस्ट्रल
3. फॉन
4. चिनूक
उपर्युक्त उल्लिखित पवनों में से कौन-सी भूमध्यसागरीय क्षेत्र में प्रवाहित होती हैं?
A. केवल 1 और 2 **B.** केवल 2 और 3
C. केवल 3 और 4 **D.** केवल 1 और 3

Q.26 भूवैज्ञानिक काल मापक्रम पर निम्नलिखित में से कौनसा कशेरुकी जीव सर्वप्रथम उत्पन्न हुआ था?
A. उभयचर **B.** मछली **C.** सरीसृप **D.** स्तनधारी

Q.27 भारचुक्की प्रपात भारत के किस राज्य में स्थित हैं?
A. कर्नाटक **B.** आंध्र प्रदेश **C.** तेलंगाना **D.** तमिलनाडु

Q.28 संकोश नदी किन दो राज्यों के बीच सीमा बनती है?
A. बिहार और पश्चिम बंगाल
B. असम और अरुणाचल प्रदेश
C. असम और पश्चिम बंगाल
D. बिहार और झारखण्ड

Q.29 निम्नलिखित में से कौन सा कथन गलत है?
A. खासी और मिज़ो पहाड़ियां पटकाई श्रेणी का हिस्सा हैं
B. फांगपुई मिज़ो हिल का सबसे ऊँचा स्थान है
C. खासी पहाड़ियों को स्थानीय भाषा में लुशाई पहाड़ियां कहा जाता है
D. उपरोक्त सभी कथन सही हैं

Q.30 भारत की स्थलीय सीमा कितने देशों से लगती है?
A. 6 **B.** 7 **C.** 8 **D.** 9

Q.31 दक्षिण से उत्तर दिशा की ओर दिए गए बंदरगाहों को व्यवस्थित कीजिये:
A. कोचीन→तिरुवनंतपुरम→कालीकट→मंगलोर
B. कालीकट→तिरुवनंतपुरम→कोचीन→मंगलोर
C. तिरुवनंतपुरम→कोचीन→कालीकट→मंगलोर
D. तिरुवनंतपुरम→कालीकट→मंगलोर→कोचीन

Q.32 सूची -1 के साथ सूची -2 का मिलान करें और नीचे दिए गए विकल्पो से सही उत्तर का चयन करें:

सूची-I (पुस्तक)	सूची-II (लेखक)
A. पेरीप्लस	1. एराटोस्थनीज
B. द गाइड टू ज्योग्राॅफी	2. टॉलेमी
C. हिस्ट्रोकिल मेमोर	3. हिकैटियस
D. द एक्यूमीन	4. स्टेबो

A. A-3, B-4, C-1, D-2 **B.** A-1, B-4, C-2, D-3
C. A-3, B-2, C-1, D-4 **D.** A-3, B-2, C-4, D-1

Q.33 पर्यावरण अवसरों की एक श्रृंखला प्रस्तुत करता है और मनुष्य उनके बीच चयन करने के लिए स्वतंत्र है। भूगोल में इस मूल आधार को ___ के रूप में जाना जाता है।
A. नियतवाद **B.** नव-निश्चयवाद
C. जीवाश्मवाद **D.** संभाव्यता

Q.34 निम्नलिखित में से किसने भूगोल को एक कालानुक्रमिक विज्ञान के रूप में परिभाषित किया है?
A. टॉलेमी **B.** रिचथोफेन
C. हैटनर **D.** पी. ई. जेम्स

Q.35 स्टाॅप एण्ड गो नियतिवाद किसके द्वारा प्रतिपादित किया गया था?
A. हमबोल्ड **B.** जीन ब्रूनस
C. ग्रिफिथ टाॅयलो **D.** रैटजेल

Q.36 भूगोल को मानव पारिस्थितिकी के रूप में किसने परिभाषित किया?
A. शेफर **B.** बैरो
C. हार्टशोर्न **D.** एलेन सेम्पल

Q.37 सूची- I के साथ सूची- II का मिलान करें और नीचे दिए गए कोड से सही उत्तर का चयन करें।

सूची-I (वर्ग)	सूची-II (लेखक)
I. साइकिल ऑफ़ इरोजन	A. फ्रेडरिक रैटजेल
II. द ओरिजिन ऑफ़ स्पेशीज	B. ऑस्कर पेशेल
III. ओरिजिनेटर ऑफ़ डुवलिज्म बिटविन फिजिकल & ह्यूमन ज्योग्राफी	C. डेविस
IV. थ्योरी ऑफ़ सोशल डार्विनिज्म	D. चार्ल्स डार्विन

A. I-B, II-C, III-A, IV-D
B. I-C, II-D, III-B, IV-A
C. I-D, II-A, III-C, IV-B
D. I-A, II-B, III-D, IV-C

Q.38 निम्नलिखित में से किस भूगोलवेत्ता ने सामान्य बनाम विशेष भूगोल की द्विधाकरण की नींव रखी?
A. इमैलुएल काण्ट **B.** बर्नहार्ड वेरेनियस
C. पीटर एपिन **D.** सेबस्टियन मुंस्टर

Q.39 कोटला झील कहाँ स्थित है?
A. गुरुग्राम **B.** फरीदाबाद **C.** नूंह **D.** हिसार

Q.40 रणजीत सागर बाँध नदी घाटी परियोजना किस नदी पर स्थित है?
A. रावी **B.** सतलुज **C.** झेलम **D.** सिन्धु

Q.41 सिन्धु नदी का उदगम स्थल कहाँ है?
A. डल झील **B.** मानसरोवर झील
C. शेषनाग झील **D.** वुलर झील

Q.42 "जवाहर सागर" बाँध किस नदी पर स्थित है?
A. कृष्णा **B.** चम्बल **C.** बेतवा **D.** सतलज

Q.43 भारत का सबसे लम्बी तटरेखा वाला राज्य कौन-सा हैं?
A. केरल **B.** गोवा
C. गुजरात **D.** आन्ध्रप्रदेश

Q.44 निम्नलिखित में से कौन-सा/से रा ष्ट्रीय वन नीति 1988 का/के उद्देश्य है/हैं?
1. भौगोलिक क्षेत्र के 33 प्रतिशत भाग को वनाच्छादन के अंतर्गत लाना।
2. बाढ़ एवं सूखे को कम करना।
3. वृक्षारोपण को प्रोत्साहित करने हेतु एक जनांदोलन का सृजन करना।
नीचे दिए गए कूट का प्रयोग कर सही उत्तर चुनिए।
A. केवल 1 **B.** केवल 2 और 3
C. केवल 1 और 3 **D.** 1, 2 और 3

Q.45 सौर प्रणाली के संबंध में निम्नलिखित कथनों पर विचार कीजिए:
1. सभी ग्रहों के एक से अधिक प्राकृतिक उपग्रह हैं।
2. सभी ग्रह पश्चिम से पूर्व दिशा में अपनी धुरी पर घूर्णन करते हैं।
3. शनि एकमात्र ऐसा ग्रह है जिसके चारों ओर एक वलय प्रणाली है।
उपर्युक्त कथनों में से कौन-सा/से सही हैं?

A. केवल 1
B. केवल 2 and 3
C. केवल 1 और 3
D. इनमें से कोई नहीं

Q.46 भूकंप के संबंध में निम्नलिखित कथनों पर विचार कीजिए:
1. सभी प्राकृतिक भूकंप स्थलमंडल में घटित होते हैं।
2. वह बिंदु जहाँ से ऊर्जा निकलती है, अधिकेंद्र कहलाता है।
उपर्युक्त कथनों में से कौन-सा/से सही है/हैं?
A. केवल 1
B. केवल 2
C. दोनो 1 और 2
D. न तो 1 न 2

Q.47 निम्नलिखित में से कौन-सी प्रमुख विवर्तनिक (tectonic) प्लेटें नहीं हैं?
1. अंटार्कटिका प्लेट
2. कोकोस प्लेट
3. अरेबियन प्लेट
4. दक्षिण अमेरिकी प्लेट
नीचे दिए गए कूट का प्रयोग कर सही उत्तर चुनिए।
A. केवल 1, 2 और 4
B. केवल 2 और 3
C. केवल 3 और 4
D. केवल 2, 3 और 4

Q.48 लोग मृत सागर (Dead Sea) में क्यों नहीं डूबते हैं?
A. समुद्र में समुद्री प्राणियों की उपस्थिति के कारण
B. मृत सागर का कम तापमान तैराकों को अधिक उत्प्लावकता प्रदान करता है
C. मृत सागर में नमक की अत्यधिक सांद्रता जल के घनत्व में वृद्धि करती है
D. थर्मोक्लाइन (तीव्र ताप परिवर्तन) की गहराई मृत सागर में सतह के पास ही अवस्थित है

Q.49 रटेन और लियाना कुछ विशिष्ट प्रकार की वनस्पतियों के प्रकार हैं, ये निम्नलिखित में किस जलवायु प्रदेश में पाई जाती हैं?
A. उष्ण मरुस्थलीय क्षेत्र में
B. शीतोष्ण घासभूमियों में
C. आर्कटिक क्षेत्र में
D. विषुवतरेखीय क्षेत्र में

Q.50 निम्नलिखित कथनों में से कौन-सा नदी बहाव प्रवृत्ति का सही वर्णन करता है?
A. यह दो नदियों के बीच का विभाजक क्षेत्र है
B. यह वर्षपर्यंत नदी मार्ग में जल प्रवाह का प्रतिरूप है
C. यह अवसादों के निक्षेपण के कारण अपने किनारों पर नदी द्वारा निर्मित स्थलाकृति है
D. यह नदी के उद्गम या स्रोत को संदर्भित करता है

Q.51 महासागरीय धाराओं की गति प्रभावित होती है
1. ग्रहीय पवनों की गति से
2. महासागर की लवणता से
3. पृथ्वी के घूर्णन से
4. भूसंहति वितरण से
5. गुरुत्वाकर्षण से
नीचे दिए गए कूट का प्रयोग कर सही उत्तर चुनिए।
A. केवल 1, 3 और 4
B. केवल 2, 3 और 5
C. केवल 1 और 4
D. 1, 2, 3, 4 और 5

Q.52 महासागरों में तापमान वितरण के संबंध में निम्नलिखित कथनों पर विचार कीजिए:
1. महासागरीय सतह का सर्वाधिक तापमान रेखा पर दर्ज किया जाता है।।
2. महासागर की गहराई में वृद्धि के साथ तापमान में एक समान दर से कमी होती है।
3. दक्षिणी गोलार्ध की तुलना में उत्तरी गोलार्ध में स्थित महासागरों का तापमान अपेक्षाकृत अधिक दर्ज किया जाता है।
उपर्युक्त कथनों में से कौन-सा/से सही है/हैं?
A. केवल 3
B. केवल 2
C. केवल 1 और 2
D. केवल 2 और 3

Q.53 उर्मिल (रोलिंग) पर्वतों की भूमि के रूप में ज्ञात यह क्षेत्र पर्वतों के समानांतर निर्मित उच्च अंतरीप बेसिनों (घाटी के जैसे गर्तों) के साथ सहगत है। इन गर्तों में विस्तृत रूप से मृदु असंगठित निक्षेप जमा हैं, जिनसे मोलेसिस बेसिन का निमाण होता है।
उपर्युक्त गद्यांश में किस भारतीय राज्य को वर्णित किया जा रहा है?
A. असम
B. मणिपुर
C. हिमाचल प्रदेश
D. मिजोरम

Q.54 चीन तुल्य जलवायु के निर्माण हेतु निम्नलिखित परिस्थितियों में से कौन-सी उत्तरदायी हैं?
1. ग्रीष्म ऋतु में एशिया के महाद्वीपीय आंतरिक क्षेत्रों में तीक्ष्ण गर्मी
2. शीत ऋतु में मंगोलिया और साइबेरिया के ठंडे आंतरिक क्षेत्रों और गर्म प्रशांत तट के मध्य उच्च दाब प्रवणता
नीचे दिए गए कूट का प्रयोग कर सही उत्तर चुनिए।
A. केवल 1
B. केवल 2
C. दोनो 1 और 2
D. न तो 1 न 2

Q.55 निम्नलिखित कथनों में से कौन-सा कृषि वानिकी का उपयुक्त वर्णन करता है?
A. सार्वजनिक भूमि जैसे चारागाह और मंदिर की भूमि, सड़क के किनारे आदि पर वृक्षारोपण
B. सार्वजनिक एवं निजी भूमि पर वृक्षारोपण और प्रबंधन
C. कृषि योग्य भूमि पर वाणिज्यिक और गैरवाणिज्यिक प्रयोजनों हेतु वृक्षारोपण
D. बंजर भाग सहित एक ही भूमि पर वृक्षारोपण और कृषि फसलें उगाना

Q.56 ये चिकनी अंडाकार कटक जैसी निक्षेपणात्मक आकृतियां हैं जो मुख्य रूप से बजरी और रेत के साथ हिमगोलाश्म मृत्तिका से निर्मित होती हैं। हिमनद का अभिमुख छोर और पृच्छ छोर की तुलना में खुरदरा और तीक्ष्ण ढाल युक्त होता है। इनके द्वारा हिमनदीय गति की दिशा इंगित की जाती है।
उपर्युक्त गद्यांश में निम्नलिखित में से किस भू-आकृति का वर्णन किया गया है?
A. हिमोढ़
B. एस्कर
C. ड्रमलिन
D. सिरेटेड कटक

Q.57 पश्चिमी तटीय मैदानों के संदर्भ में, निम्नलिखित कथनों में से कौन-सा/से सही है/हैं?
1. इनका विस्तार पाँच भारतीय राज्यों में है।
2. ये मैदान मध्य में चौड़े हैं और उत्तर व दक्षिण की ओर संकीर्ण हैं।
3. पश्चिमी तटीय मैदान के मालाबार विस्तार में कयाल नामक पश्चजल पाये जाते हैं।
नीचे दिए गए कूट का प्रयोग कर सही उत्तर चुनिए।
A. केवल 1
B. केवल 1 और 3
C. केवल 2
D. केवल 3

Q.58 वंशधारा नदी के संदर्भ में, निम्नलिखित कथनों पर विचार कीजिए:
1. यह ऋषिकुल्या और गोदावरी के मध्य पूर्व की ओर बहने वाली नदी है।
2. यह नदी आंध्र प्रदेश और उड़ीसा से होकर गुजरती है।
3. सिंचाई की आवश्यकता को पूर्ण करने हेतु इस पर बोडुुपल्ली राजगोपाल राव परियोजना का निर्माण किया गया है।
उपर्युक्त कथनों में से कौन-सा/से सही है/हैं?
A. केवल 1
B. केवल 1 और 3
C. केवल 2 और 3
D. 1, 2 और 3

Q.59 दक्कीन के पठार में लाल और पीली मृदाएं व्यापक रूप से फैली हुई हैं। इन मृदाओं के संदर्भ में, निम्नलिखित कथनों पर विचार कीजिए:

1. इनका विकास रवेदार आग्नेय चट्टानों पर कम वर्षा वाले क्षेत्रों में होता है।
2. मृदा का लाल रंग लौह धातु के विसरण के कारण होता है।

उपर्युक्त कथनों में से कौन-सा सही है?

A. केवल 1 **B.** केवल 2
C. दोनो 1 और 2 **D.** न तो 1 न 2

Q.60 महासागरीय अधस्तल के भाग के रूप में, महाद्वीपीय मग्नतट के संदर्भ में, निम्नलिखित कथनों पर विचार कीजिए:

1. यह महासागर का सर्वाधिक उथला भाग होता है।
2. महाद्वीपीय मग्नतट की चौड़ाई एक महासागर से दूसरे महासागर में भिन्न-भिन्न होती है।
3. महाद्वीपीय मग्नतट पर प्लवकों की उपलब्धता के कारण समृद्ध मत्स्यन क्षेत्र पाए जाते हैं।

उपर्युक्त कथनों में से कौन-से सही है/हैं?

A. केवल 1 और 2 **B.** केवल 2 और 3
C. केवल 1 और 3 **D.** 1, 2 और 3

Q.61 निम्नलिखित में से कौन-सी अटलांटिक महासागर की धाराएं हैं?

1. बेंगुएला धारा
2. कनारी धारा
3. अलास्का धारा
4. हम्बोल्ट धारा
5. लैब्राडोर धारा

नीचे दिए गए कूट का प्रयोग कर सही उत्तर चुनिए।

A. केवल 1, 2 और 5 **B.** केवल 2, 4 औऱ 5
C. केवल 1, 3 और 5 **D.** केवल 1, 2, 3 और 4

Q.62 काली मृदा के संदर्भ में, निम्नलिखित कथनों पर विचार कीजिए:

1. यह उत्तरी और पूर्वी मैदान में व्यापक रूप से विस्तृत है।
2. यह सामान्य तौर पर मृण्मय, गहरी और अपारगम्य होती है।
3. इन्हें रेगुर मृदा के रूप में भी जाना जाता है।

उपर्युक्त कथनों में से कौन-सा/से सही है/हैं?

A. केवल 1 और 3 **B.** केवल 2 और 3
C. केवल 3 **D.** केवल 2

Q.63 निम्नलिखित में से किसके प्रभावस्वरूप ग्रीष्म ऋतु और शीत ऋतु के मध्य उत्तर हिंद महासागर की धारा का पूर्ण व्युत्क्रमण होता है?

A. कोरिआलिस बल
B. थर्मोहेलाइन परिसंचरण
C. प्रति विषुवतीय धारा का प्रवाह
D. मानसूनी पवनें

Q.64 निम्नलिखित यूनेस्को बायोस्फीयर रिजर्व में से कौनसा नर्मदा और तापी नदी घाटियों के मध्य अवस्थित है?

A. पंचमढ़ी
B. अचानकमार-अमरकंटक
C. अगसत्यमलाई
D. सिमलीपाल

Q.65 महासागरों में लवणता के संदर्भ में, निम्नलिखित में से कौन-सा कथन सही है?

A. भूमध्यरेखीय जल में लवणता औसत महासागरीय जल की लवणता से अधिक है
B. हैलोक्लाइन क्षेत्र में, गहराई बढ़ने के साथ लवणता में तेजी से कमी आती है
C. महासागरीय जल में घुलित खनिजों में 75 % से अधिक भाग सोडियम क्लोराइड है
D. अरब सागर में बंगाल की खाड़ी की तुलना में कम लवणता की प्रवृत्ति देखी जाती है

Q.66 अल-नीनो की घटना का/के निम्नलिखित में से कौनसा/से प्रभाव हैं?

1. भूमध्यरेखीय वायुमंडलीय परिसंचरण की विकृति
2. भारतीय उपमहाद्वीप पर दक्षिण-पश्चिम मानसून के आगमन में विलंब
3. पेरू तट पर समुद्र में मछलियों की संख्या में कमी

नीचे दिए गए कूट का प्रयोग कर सही उत्तर चुनिए।

A. केवल 1 और 2 **B.** केवल 2
C. केवल 2 और 3 **D.** 1, 2 और 3

Q.67 निम्नलिखित क्षेत्रों में से किसका "बुश-वेल्ड" भूदृश्य के माध्यम से सर्वोत्तम वर्णन किया जा सकता है?

A. स्टेपी घासभूमियां **B.** भूमध्यसागरीय क्षेत्र
C. सवाना घासभूमियां **D.** उष्ण मरूस्थल

Q.68 यमुना नदी के संदर्भ में, निम्नलिखित कथनों पर विचार कीजिए:

1. यह गंगा नदी की सर्वाधिक पश्चिमी सहायक नदी है।
2. इसका उदगम उत्तराखंड में बंदरपूंछ श्रृंखला की पश्चिमी ढालों पर होता है।
3. यह भारत के चार राज्यों और एक संघ राज्य क्षेत्र से होकर प्रवाहित होती है।

उपर्युक्त कथनों में से कौन-सा/से सही है/हैं?

A. केवल 1 और 3 **B.** केवल 2
C. केवल 1 और 2 **D.** 1,2 और 3

Q.69 ये मैग्मा प्रकोष्ठ के ठंडे होने से निर्मित गुंबदाकार ग्रेनाईट पिंड हैं। अनाच्छादन प्रक्रियाओं के द्वारा ऊपरी पदार्थ के हट जाने पर ही ये धरातल पर प्रकट होते हैं। ये विशाल क्षेत्र में विस्तृत होते हैं, और कभी-कभी इनकी गहराई कई किलोमीटर तक होती है।

उपर्युक्त परिच्छेद में निम्नलिखित में से किस ज्वालामुखीय स्थलाकृति का वर्णन किया गया है?

A. फैकोलिथ **B.** लैपोलिथ **C.** डाइक **D.** बैथोलिथ

Q.70 'इस प्रकार की जलवायु उष्णकटिबंधीय भूमि के पूर्वी तटों के साथ पायी जाती है, जहां व्यापारिक पवनों से वर्षपर्यंत वर्षा होती है। पर्वतीय और संवहनीय दोनों प्रकार की वर्षा होती है। प्रत्येक महीने में वर्षा होती है।"

उपर्युक्त परिच्छेद में किस प्रकार की जलवायु को संदर्भित किया जा रहा है?

A. उष्ण, आर्द्र विषुवतरेखीय जलवायु
B. उष्णकटिबंधीय समुद्री जलवायु
C. उष्णकटिबंधीय मानसूनी जलवायु
D. सूडान तुल्य जलवायु

Q.71 निम्नलिखित युग्मों पर विचार कीजिए:

मरूस्थल	देश
1. पेटागोनियन मरूस्थल	सऊदी अरब
2. मोजावे मरूस्थल	संयुक्त राज्य अमेरिका
3. गिब्सन मरूस्थल	तुर्की

उपर्युक्त युग्मों में से कौन-सा/से सही सुमेलित है/हैं?

A. केवल 1 **B.** केवल 1 और 3
C. केवल 2 **D.** 1, 2 और 3

Q.72 नीचे दिए गए परिच्छेद में चट्टान निर्माण की निम्नलिखित में से कौन-सी प्रक्रिया का वर्णन किया जा रहा है?

जब पृथ्वी की सतह की चट्टानें अपक्षयकारी कारको के प्रति अनावृत होती हैं, तो ये विभिन्न आकारों के उपखंडो में विखंडित हो जाती हैं। इस प्रकार के

उपखंडो का विभिन्न बहिजात कारकों द्वारा संवहन एवं निक्षेपण होता है। संघनन के माध्यम से ये संचित पदार्थ शैलों में परिणत हो जाते हैं। यह संघनन एवं किण्वन के माध्यम से संरध्रता विनाश की प्रक्रिया है।
नीचे दिए गए कूट का प्रयोग कर सही उत्तर चुनिए।

A. पुनःक्रिस्टलीकरण **B.** पत्रण
C. शिलीभवन **D.** अपशल्कन

Q.73 निम्नलिखित युग्मों पर विचार कीजिए:

जल मार्ग	पृथक होने वाले क्षेत्र
1. 10 डिग्री चैनल	अंडमान और निकोबार द्वीप समूह
2. डंकन पैसेज	मिडिल अंडमान और लिटिल अंडमान
3. कोको जलडमरुमध्य	ग्रेट निकोबार और सुमात्रा द्वीप

उपर्युक्त युग्मों में से कौन-सा/से सही सुमेलित है/हैं?

A. केवल 1 और 2 **B.** केवल 2 और 3
C. केवल 1 और 3 **D.** केवल 1

Q.74 निम्नलिखित आधुनिक भारतीय भाषा परिवारों में से किसके बोलने वालों की संख्या भारत में सर्वाधिक है?

A. आस्ट्रिक **B.** द्रविड़
C. चीनी-तिब्बती **D.** भारोपीय

Q.75 निम्नलिखित कथनों पर विचार कीजिए:
1. चीनी उद्योग एक मौसमी उद्योग है।
2. भारत विश्व में सबसे बड़ा गन्ना उत्पादक देश है।
3. गन्ने की फसल की पैदावार दक्षिणी भारत की तुलना में उत्तरी भारत में अधिक है।
उपर्युक्त कथनों में से कौन-सा/से सही है/हैं?

A. केवल 1 **B.** केवल 2 और 3
C. केवल 1 और 3 **D.** 1, 2 और 3

Q.76 निम्नलिखित कथनों में से कौन-सा कपास उद्योग के संदर्भ में, सही है?

A. कपास भारह्रासी कच्चा माल नहीं है
B. कपास उद्योग अधिकांशत: बाजार आधारित उद्योग हैं
C. महाराष्ट्र, गुजरात और आंध्र प्रदेश अग्रणी कपास उत्पादक राज्य हैं
D. सभी कथन सही हैं

Q.77 निम्नलिखित में से किन गतिविधियों को गोल्ड-कॉलर व्यवसाय कहा जाता है?

A. पंचक गतिविधियां **B.** चतुर्थक गतिविधियां
C. द्वितीयक गतिविधियां **D.** प्राथमिक गतिविधियां

Q.78 वैश्विक जनसंख्या वृद्धि की प्रवृत्ति के संदर्भ में, निम्नलिखित कथनों पर विचार कीजिए:
1. विगत सदी में विश्व जनसंख्या के दोगुना होने के समय में वृद्धि हुई है।
2. बीसवीं सदी के आरंभ में, विश्व की जनसंख्या अपने वर्तमान स्तर से आधे से भी कम थी।
उपर्युक्त कथनों में से कौन-सा/से सही है/हैं?

A. केवल 1 **B.** केवल 2
C. 1 और 2 दोनों **D.** न तो 1, न ही 2

Q.79 भारत में अवसादी बेसिनों के संदर्भ में, निम्नलिखित कथनों पर विचार कीजिए:
1. भारत में अवसादी बेसिन केवल अपतटीय क्षेत्रों के समानांतर स्थित हैं।
2. अवसादी बेसिन तेल, प्राकृतिक गैस और पेट्रोलियम का महत्वपूर्ण स्रोत हैं।
उपर्युक्त कथनों में से कौन-सा/से सही नहीं है/हैं?

A. केवल 1 **B.** केवल 2
C. 1 और 2 दोनों **D.** न तो 1, न ही 2

Q.80 निम्नलिखित कथनों पर विचार कीजिए:
1. भारत में सतही जल का अधिकतम प्रतिशत औद्योगिक क्षेत्र द्वारा उपयोग किया जाता है।
2. भारत में भूजल का अधिकतम प्रतिशत कृषि क्षेत्र द्वारा उपयोग किया जाता है।
उपर्युक्त कथनों में से कौन-सा/से सही है/हैं?

A. केवल 1 **B.** केवल 2
C. 1 और 2 दोनों **D.** न तो 1, न ही 2

Q.81 निम्नलिखित में से कौन-से कारक भारत में ग्रामीण बस्तियों की प्रकृति निर्धारित करने में महत्वपूर्ण भूमिका का निर्वहन करते हैं?
1. भूभाग की प्रकृति
2. जाति और लोगों की नृजातीयता
3. जल की उपलब्धता
नीचे दिए गए कूट का प्रयोग कर सही उत्तर चुनिए।

A. केवल 1 और 2 **B.** केवल 2 और 3
C. केवल 1 और 3 **D.** 1, 2 और 3

Q.82 निम्नलिखित में से कौन -सा/से धात्विक खनिज है/हैं?
1. तांबा
2. ग्रेफाइट
3. बॉक्साइट
4. चूना पत्थर
नीचे दिए गए कूट का प्रयोग कर सही उत्तर चुनिए।

A. केवल 1 और 2 **B.** केवल 1 और 3
C. केवल 3 **D.** केवल 1, 2 और 4

Q.83 निम्नलिखित में से किसे अन्वेषण के लिए शेल गैस बेसिन के रूप में चिन्हित किया गया है?
1. खंभात
2. के-जी बेसिन
3. असम-अराकान
4. सिंधु नदी का बेसिन
नीचे दिए गए कूट का प्रयोग कर सही उत्तर चुनिए।

A. केवल 1 और 4 **B.** केवल 1, 2 और 3
C. केवल 2, 3 और 4 **D.** 1, 2, 3 और 4

Q.84 निम्नलिखित युग्मों पर विचार कीजिए:

परमाणु संयंत्र	राज्य
1. तारापुर	महाराष्ट्र
2. रावतभाटा	राजस्थान
3. कलपक्कम	कर्नाटक
4. कैगा	तमिलनाडु

उपर्युक्त युग्मों में से कौन-सा/से सही सुमेलित है/हैं?

A. केवल 1, 2 और 3 **B.** केवल 1 और 4
C. केवल 1 और 2 **D.** केवल 2 और 3

Q.85 निम्नलिखित पर विचार कीजिए:
जनसांख्यिकीय संक्रमण सिद्धांत की इस अवस्था की विशेषता उच्च जन्म दर लेकिन ह्रासमान मृत्यु दर होती है जिसके कारण जनसंख्या में प्राकृतिक वृद्धि होती है। वर्तमान में केन्या और श्रीलंका जैसे देश इसी चरण में हैं।
उपर्युक्त परिच्छेद में जनसांख्यिकीय संक्रमण सिद्धांत के निम्नलिखित में से किस चरण का वर्णन किया जा रहा है?

A. प्रथम चरण **B.** द्वितीय चरण

C. तृतीय चरण
D. उपर्युक्त में से कोई नहीं

Q.86 निम्नलिखित युग्मों पर विचार कीजिए:

बस्ती	क्षेत्र
1. परिक्षिप्त	हिमाचल प्रदेश
2. गुच्छित	बुंदेलखंड
3. पल्लीकृत	गंगा का निचला मैदान

उपर्युक्त युग्मों में से कौन-सा/से सही सुमेलित है/हैं?

A. केवल 1
B. केवल 2 और 3
C. 1, 2 और 3
D. उपर्युक्त में से कोई नहीं

Q.87 निम्नलिखित में से कौन-सा कथन 'ट्रक फार्मिंग' का सर्वश्रेष्ठ वर्णन करता है?

A. इस प्रकार की कृषि में कृषक को सब्जी उत्पादन में विशेषज्ञता प्राप्त होती है।
B. इस प्रकार की कृषि में पशुओं को व्यापार के लिए एक स्थान से दूसरे स्थान पर ले लाया जाता है।
C. इस प्रकार की कृषि में फसलों की कटाई के लिए भारी मशीनरी का उपयोग किया जाता है।
D. यह दुग्ध उत्पादन का वह भाग है जिसमें दूध को एक स्थान से दूसरे स्थान तक ले जाने के लिए ट्रकों का उपयोग किया जाता है।

Q.88 लौह और इस्पात उद्योगों के संदर्भ में, निम्नलिखित कथनों पर विचार कीजिए:

1. लौह और इस्पात उद्योग में उपयोग किया जाने वाला सम्पूर्ण कच्चा माल गैर-स्थूल (भार में ह्रास वाले) प्रकृति का होता है।
2. भारत में सभी इस्पात संयंत्र कच्चे माल स्रोतों के निकट अवस्थित हैं।

उपर्युक्त कथनों में से कौन-सा/से सही है/हैं?

A. केवल 1
B. केवल 2
C. 1 और 2 दोनों
D. न तो 1, न ही 2

Q.89 मानव विकास सूचकांक के संदर्भ में, निम्नलिखित कथनों पर विचार कीजिए:

1. यह प्रति वर्ष विश्व बैंक द्वारा जारी किया जाता है।
2. इसकी गणना स्वास्थ्य, शिक्षा और जीवन स्तर के संकेतकों के ज्यामितीय माध्य के रूप में की जाती है।

उपर्युक्त कथनों में से कौन-सा/से सही है/हैं?

A. केवल 1
B. केवल 2
C. 1 और 2 दोनों
D. न तो 1, न ही 2

Q.90 भूमध्यसागरीय प्रदेश में कृषि के संदर्भ में, निम्नलिखित कथनों पर विचार कीजिए:

1. भूमध्यसागरीय भू-भाग को विश्व के फलोद्यान रूप में जाना जाता है।
2. अंगूर की खेती भूमध्यसागरीय क्षेत्र का पारंपरिक व्यवसाय है।
3. पर्वतीय क्षेत्रों में ऋतु प्रवास का व्यापक रूप से प्रच्चन है।

उपर्युक्त कथनों में से कौन-सा/से सही है/हैं?

A. केवल 1
B. केवल 1 और 3
C. केवल 2 और 3
D. 1,2 और 3

Q.91 जनांकिकीय संक्रमण सिद्धांत के संदर्भ में, निम्नलिखित कथनों पर विचार कीजिए:

1. इस सिद्धांत के अनुसार, किसी निश्चित क्षेत्र की जनसंख्या उच्च जन्म दर और उच्च मृत्यु दर से निम्न जन्म दर और निम्न मृत्यु दर में परिवर्तित होती है।
2. पूर्ण जनसांख्यिकीय चक्र के दौरान, ग्रामीण खेतिहर समाज का नगरीय और औद्योगिक अर्थव्यवस्थाओं में रूपांतरण हो जाता है।

उपर्युक्त कथनों में से कौन-सा/से सही है/हैं?

A. केवल 1
B. केवल 2
C. दोनो 1 और 2
D. न तो 1 न 2

Q.92 निम्नलिखित धर्मों को भारत में, उन्हें मानने वाले लोगों की संख्या के बढ़ते क्रम में व्यवस्थित कीजिए?

1. सिख
2. ईसाई
3. मुस्लिम
4. बौद्ध

नीचे दिए गए कूट का प्रयोग कर सही उत्तर चुनिए।

A. 2-1-3-4
B. 3-1-2-4
C. 3-2-1-4
D. 1-2-3-4

Q.93 पंचम क्रियाकलाप के संबंध में, निम्नलिखित कथनों पर विचार कीजिए:

1. उच्चतम स्तर के निर्णय लेने वाले या नीति निर्माता पंचम क्रियाकलापों को निभाते हैं।
2. बैंकिंग व विधि परामर्श पंचम क्रियाकलापों के प्रमुख उदाहरण हैं।

उपर्युक्त कथनों में से कौन-सा/से सही है/हैं?

A. केवल 1
B. केवल 2
C. दोनो 1 और 2
D. न तो 1 न 2

Q.94 भारत में निम्नलिखित में से कौन-से प्रमुख औद्योगिक प्रदेश हैं?

1. मुंबई-पुणे प्रदेश
2. विशाखापट्नम-गुंटूर प्रदेश
3. छोटानागपुर प्रदेश
4. अंबाला-अमृतसर प्रदेश

नीचे दिए गए कूट का प्रयोग कर सही उत्तर चुनिए।

A. केवल 1, 2 और 3
B. केवल 1 और 3
C. केवल 2 और 4
D. 1, 2, 3 और 4

Q.95 हिमालय में गुज्जर, बकरवाल, गद्दी और भोटिया जैसी कुछ जनजातियां प्रत्येक ऋतु में, ग्रीष्मकाल में मैदानों से पहाड़ों की ओर और शीत काल में ऊंचाई वाले क्षेत्रों से मैदानों की ओर प्रवास करती हैं।

उपर्युक्त कथन में निम्नलिखित में से किस प्रथा का वर्णन किया गया है?

A. झूमिंग
B. ऋतु प्रवास
C. संग्रह
D. पशुचारणता

Q.96 निम्नलिखित कथनों पर विचार कीजिए:

1. कोयला भारत की आधे से अधिक ऊर्जा आवश्यकताओं की पूर्ति करता है।
2. भारत का अधिकांश कोयला भंडार गैर-कोकिंग श्रेणी का है।

उपर्युक्त कथनों में से कौन-सा/से सही है/हैं?

A. केवल 1
B. केवल 2
C. दोनो 1 और 2
D. न तो 1 न 2

Q.97 निम्नलिखित युग्मों पर विचार कीजिए:

फसल/वृक्ष	अग्रणी उत्पादक देश
1. पाम आयल	इण्डोनेशिया
2. जूट	बांग्लादेश
3. सागौन	भारत

उपर्युक्त युग्मों में से कौन-सा/से सही सुमेलित है/हैं?

A. केवल 1
B. केवल 2 और 3
C. केवल 1 और 2
D. 1, 2 और 3

Q.98 निम्नलिखित कथनों पर विचार कीजिए:

1. प्रवास, लोगों के केवल रोजगार की तलाश में ग्रामीण से शहरी क्षेत्रों में पलायन की स्थिति में होता है।
2. भारत में अंतिम निवास स्थान के आधार पर अंतःराज्यीय ग्रामीण से ग्रामीण प्रवास में महिलाओं का प्रभुत्व है।

उपर्युक्त कथनों में से कौन-सा/से सही है/हैं?

A. केवल 1 B. केवल 2
C. दोनो 1 और 2 D. न तो 1 न 2

Q.99 निम्नलिखित गतिविधियों पर विचार कीजिए:
1. आखेट और भोजन संग्रह
2. पशुचारण
3. मत्स्य पालन
4. वानिकी
5. खनन और उत्खनन
उपर्युक्त में से कौन-सी गतिविधियाँ प्राथमिक क्रियाएँ मानी जाती है?
A. केवल 3 और 4 **B.** केवल 1, 2 और 3
C. केवल 2, 4 और 5 **D.** 1, 2, 3, 4 और 5

Q.100 निम्नलिखित में से कौन-से कारक 'जनसंख्या के वृद्ध होने' में योगदान देते हैं?
1. जनन दर में गिरावट
2. जीवन प्रत्याशा में वृद्धि
3. कार्यशील-आयु की जनसंख्या के अनुपात में वृद्धि
नीचे दिए गए कूट का प्रयोग कर सही उत्तर चुनिए।
A. केवल 1 और 2 **B.** केवल 2 और 3
C. केवल 1 और 3 **D.** 1, 2 और 3

Q.101 निम्नलिखित युग्मों पर विचार कीजिए:

अंतर्देशीय जलमार्ग	मूल देश
1. राइन जलमार्ग	जर्मनी
2. डेन्यूब जलमार्ग	फ्रांस
3. वोल्गा जलमार्ग	रुस

उपर्युक्त युग्मों में से कौन-सा/से सही सुमेलित हैं?
A. केवल 1 **B.** केवल 1 और 3
C. केवल 3 **D.** केवल 2 और 3

Q.102 निम्नलिखित कथनों पर विचार कीजिए:
1. उत्तरी अमेरिका में सङक घनत्व विश्व में सर्वाधिक है।
2. अफ्रीका में अंतर्देशीय जलमार्ग की लंबाई विश्व में सर्वाधिक है।
उपर्युक्त कथनों में से कौन-सा/से सही हैं?
A. केवल 1 **B.** केवल 2
C. दोनो 1 और 2 **D.** न तो 1 न 2

Q.103 भारत की जनगणना (2011) के संदर्भ में, निम्नलिखित कथनों पर विचार कीजिए:
1. 10 मिलियन से अधिक आबादी वाले शहरी क्षेत्रों को मेगासिटी के रूप में जाना जाता है।
2. भारत की 40 % से अधिक जनसंख्या शहरों और नगरीय क्षेत्रों में निवास करती है।
उपर्युक्त कथनों में से कौन-सा/से सही है?
A. केवल 1 **B.** केवल 2
C. दोनो 1 और 2 **D.** न तो 1 न 2

Q.104 भारत की पहली अंतरराज्यीय गैस पाइपलाइन, हजीरा-विजयपुर-जगदीशपुर पाइपलाइन प्रणाली निम्नलिखित में से किन भारतीय राज्यों से होकर गुजरती है?
1. मध्य प्रदेश
2. महाराष्ट्र
3. गुजरात
4. उत्तर प्रदेश
नीचे दिए गए कूट का प्रयोग कर सही उत्तर चुनिए।
A. केवल 1, 3 और 4 **B.** केवल 1 और 3
C. केवल 2, 3 और 4 **D.** केवल 2 और 4

Q.105 निम्नलिखित कथनों पर विचार कीजिए:
1. कोयला का भंडार सभी जीवाश्म ईंधनों में सर्वाधिक व्यापक रूप से वितरित है।
2. संयुक्त राज्य अमेरिका विश्व में कोयले का अग्रणी उत्पादक देश है।
उपर्युत्त कथनों में से कौन-सा सही है।
A. केवल 1 **B.** केवल 2
C. दोनो 1 और 2 **D.** न तो 1 न 2

Q.106 निम्नलिखित में से कौन -सा/से स्वच्छंद (फुटलूज़) उद्योग का/के अभिलक्षण है/हैं?
1. स्वच्छंद उद्योग विशिष्ट कच्चे माल पर निर्भर होते हैं।
2. स्वच्छंद उद्योग सामान्यत: गैर-प्रदूषणकारी उद्योग होते हैं।
नीचे दिए गए कूट का प्रयोग कर सही उत्तर चुनिए।
A. केवल 1 **B.** केवल 2
C. दोनो 1 और 2 **D.** न तो 1 न 2

Q.107 निम्नलिखित कथनों पर विचार कीजिए:
1. भारत विश्व में कॉफी का सबसे बड़ा उत्पादक देश है।
2. भारत में अधिकांशत: अरेबिका कॉफी का उत्पादन होता है।
3. केरल भारत का सबसे बड़ा कॉफी उत्पादक राज्य है।
उपर्युक्त कथनों में से कौन-सा/से सही है/है?
A. केवल 2 **B.** केवल 1 और 3
C. केवल 1 और 2 **D.** सभी कथन गलत है

Q.108 शहरी क्षेत्रों से प्रवासी श्रमिक के व्यापक स्तर पर पलायन हेतु निम्नलिखित में से कौन-सा/से 'प्रतिकर्ष कारक' उत्तरदायी है/हैं?
1. ग्रामीण क्षेत्रों में रहन-सहन की बेहतर स्थिति
2. शहरी क्षेत्रों में फैली महामारी
3. ग्रामीण क्षेत्रों में रोजगार अवसरों की कमी
नीचे दिए गए कूट का प्रयोग कर सही उत्तर चुनिए।
A. केवल 1 और 2 **B.** केवल 2
C. केवल 1 और 3 **D.** 1, 2 और 3

Q.109 निम्नलिखित युग्मों पर विचार कीजिए:

फसली मौसम	फसल
1. खरीफ का मौसम	गेहूँ
2. रबी का मौसम	कपास
3. जायद का मौसम	खीरा

उपर्युक्त युग्मों में से कौन-सा/से सही सुमेलित है/हैं?
A. केवल 1 और 2 **B.** केवल 2 और 3
C. केवल 3 **D.** 1, 2 और 3

Q.110 निम्नलिखित युग्मों पर विचार कीजिए:

जनजाति	क्षेत्र
1. पिग्मी	मलेशिया
2. इण्डियन	अमेज़न बेसिन
3. ओरंग असली	कांगो बेसिन

उपर्युक्त युगमों में से कौन-सा/से सही सुमेलित है/हैं?
A. केवल 1 **B.** केवल 1 और 2
C. केवल 2 और 3 **D.** केवल 2

Q.111 निम्नलिखित कथनों पर विचार कीजिए:

1. आदिम मानव समाज प्रकृति की प्रबल शक्तियों से अत्यधिक प्रभावित था।
2. तकनीकी विकास का स्तर निम्न था एवं मानव प्रकृति के प्रकोप से भयभीत होते थे।
3. एलेन सेम्पल मानव भूगोल की इस विचारधारा की प्रतिपादक थी।
उपर्युक्त कथन मानव भूगोल की निम्नलिखित में से कौन-सी विचारधारा को संदर्भित कर रहे हैं?

A. संभववाद **B.** पर्यावरणीय निश्चयवाद
C. सांस्कृतिक निश्चयवाद **D.** नव-निश्चयवाद

Q.112 मयूरभंज, कुद्रेमुख और बैलाडिला के स्थलों में क्या एकसमान है?

A. ये महत्वपूर्ण तेल क्षेत्र हैं
B. ये भारत में लौह अयस्क की पेटियां हैं
C. ये परमाणु ऊर्जा संयंत्रों के सुप्रसिद्ध स्थल हैं
D. ये तांबा खदानों के वृहत स्थलों में से एक हैं

Q.113 किसी निश्चित समयावधि में, निम्नलिखित में से कौन- सा एक निर्दिष्ट क्षेत्र की 'जनसंख्या की वास्तविक वृद्धि' शब्द का सर्वश्रेष्ठ वर्णन करता है?

A. यह नवीन जन्मों की संख्या में कुल वृद्धि है
B. यह केवल नवीन जन्मों एवं मृत्युओं के लेखांकन के पश्चात किसी क्षेत्र की जनसंख्या में शुद्ध वृद्धि है
C. यह प्रवासन के साथ-साथ जन्म, मृत्यु के कारण किसी क्षेत्र के निवासियों की संख्या में परिवर्तन को संदर्भित करता है
D. यह जनसंख्या के प्रजनन दर में परिवर्तन को संदर्भित करता है

Q.114 स्थानांतरित कृषि के संदर्भ में निम्नलिखित युग्मों पर विचार कीजिए:

स्थानीय नाम	क्षेत्र
1. मिल्पा	भारत
2. टौंगिया	म्यांमाक
3. लडांग	मलेशिया

उपर्युक्त युग्मों में से कौन-से सही सुमेलित है/हैं?

A. केवल 1 और 2 **B.** केवल 2 और 3
C. केवल 1 और 3 **D.** 1, 2 और 3

Q.115 भारत के राज्यों की निम्नलिखित कार्यकारी राजधानी के नगरों को उत्तर से दक्षिण दिशा में व्यवस्थित कीजिए:

1. बेंगलुरू
2. विशाखापट्टनम
3. रायपुर
4. तिरूवनंतपुरम

नीचे दिए गए कूट का प्रयोग कर सही उत्तर चुनिए।

A. 3-2-4-1 **B.** 3-2-1-4 **C.** 2-3-1-4 **D.** 2-3-4-1

Q.116 निम्नलिखित में से कौन सा/से 'शहरी संकुलन' को व्यक्त करता है /करते हैं ?

1. क़स्बा और उससे संलग्न शहरी उद्‌वृद्धि।
2. अपनी उद्‌वृद्धि के साथ या उसके बिना दो या अधिक संस्पर्शी शहर।
3. एक साथ मिलकर संस्पर्शी प्रसार का निर्माण करने वाले शहर और एक या एक से अधिक समीपवर्ती कस्बे।

नीचे दिए गए कूट का प्रयोग कर सही उत्तर चुनिए।

A. केवल 3 **B.** केवल 1 और 2
C. केवल 2 और 3 **D.** 1, 2 और 3

Q.117 जनसंख्या के आंकड़ों के संदर्भ में, निम्नलिखित में से कौन-सा/से कथन सही नहीं है?

A. भारत की जनसंख्या उत्तरी अमेरिका की सम्पूर्ण जनसंख्या से अधिक है
B. स्वतंत्रता के पश्चात भारत का जनघनत्व दोगुने से अधिक हो गया है
C. पश्चिम बंगाल भारत में सर्वाधिक जनघनत्व वाला राज्य है
D. भारत में समस्त राज्यों में अरुणाचल प्रदेश का जनघनत्व सबसे कम है

Q.118 हाल ही में सुर्खियों में रहा, वैश्विक वन संसाधन मूल्यांकन 2020, प्रकाशित किया गया है:

A. ग्लोबल ग्रीन ग्रोथ इंस्टिट्यूट द्वारा
B. जलवायु परिवर्तन पर अंतराष्ट्रीय पैनल द्वारा
C. संयुक्त राष्ट्र खाद्य एवं कृषि संगठन द्वारा
D. संयुक्त राष्ट्र पर्यावरण कार्यक्रम द्वारा

Q.119 आर्थिक भूगोल के संदर्भ में, मार्ग पत्तन (Ports of Call) क्या हैं?

A. एकत्रण केंद्रों के रूप में कार्य करने वाले पत्तन जहाँ विभिन्न देशों से निर्यात के लिए वस्तुएं लाई जाती हैं।
B. छोटी दूरियों को तय करने वाले जलीय क्षेत्रों के आर-पार यात्रियों और डाक के परिवहन से संबंधित पत्तन।
C. युद्धपोतों की आवश्यकता पूरी करने वाले पत्तन जहां उनके लिए मरम्मत कार्यशालाएँ होती हैं।
D. मुख्य समुद्री मार्गों पर विकसित पत्तन जहाँ जहाज पुनःईंधन भरने, जल और खाद्य सामग्री लेने के लिए लंगर डालते हैं।

Q.120 निम्नलिखित उद्योगों में से किनके अपने कच्चे माल के उत्पादन क्षेत्रों के समीप स्थापित होने की सर्वाधिक संभावना है?

1. लुगदी उद्योग
2. ताम्र प्रगलन
3. पिग आयरन उद्योग
4. संश्लेषित नाइट्रोजन विनिर्माण उद्योग

उपर्युक्त कथनों में से कौन-सा/से सही है/हैं?

A. केवल 1 और 2 **B.** केवल 1, 3 और 4
C. केवल 1, 2 और 3 **D.** केवल 2 और 4

Q.121 निम्नलिखित युग्मों पर विचार कीजिए:

जनजाति	निवास-स्थान
1. बिन्दीबू	ज़रीबा
2. तुआरेग	वुर्लीज
3. गोबी मंगोल	युर्त

उपर्युक्त युग्मों में से कौन-सा/से सही सुमेलित है/हैं?

A. केवल 1 और 2 **B.** केवल 2 और 3
C. केवल 3 **D.** 1, 2 और 3

Q.122 निम्नलिखित परिस्थितियों में से कौन-सी चाय की खेती के लिए अनुकूल है?

1. मध्यम स्तर का तापमान
2. औसत वर्षा
3. अच्छी जलनिकासी वाली उच्चभूमि की ढलानें

नीचे दिए गए कूट का प्रयोग कर सही उत्तर चुनिए।

A. केवल 1 और 2 **B.** केवल 2 और 3
C. केवल 1 और 3 **D.** 1, 2 और 3

Q.123 निम्नलिखित में से कौन-सा/से दर्रा/दर्रे भारत और नेपाल को जोड़ता/जोड़ते है/हैं?

1. लिपुलेख
2. नाथू ला
3. जेलेप ला
4. जोजिला

नीचे दिए गए कूट का प्रयोग कर सही उत्तर चुनिए।

A. केवल 1 और 2 **B.** केवल 1, 3 और 4
C. केवल 1 **D.** केवल 2, 3 और 4

Q.124 निम्नलिखित महाद्वीपों को उनके जनसंख्या घनत्व के आधार पर बढ़ते हुए क्रम में व्यवस्थित कीजिए।

1. एशिया
2. अफ्रीका
3. यूरोप

नीचे दिए गए कूट का प्रयोग कर सही उत्तर चुनिए।

A. 2-1-3 **B.** 2-3-1 **C.** 1-2-3 **D.** 1-2-3

Q.125 भारत में निम्नलिखित राज्यों में से कौन-सा स्तनधारियों हेतु प्रथम आब्जर्वेटरी (पर्यवेक्षणशाला) स्थापित कर रहा है?

A. ओडिशा **B.** उत्तर प्रदेश
C. बिहार **D.** पश्चिम बंगाल

// स्मार्ट उत्तर पुस्तिका //

सही उत्तर उन छात्रों के प्रतिशत को इंगित करता है जिन्होंने प्रश्नों का सही उत्तर दिया था।

छोड़ दिया उन छात्रों के प्रतिशत को इंगित करता है जिन्होंने प्रश्नों को छोड़ दिया था।

प्रश्न संख्या	उत्तर	सही उत्तर	छोड़ दिया
1	C	40.0 %	3.33 %
2	A	33.33 %	33.34 %
3	C	46.67 %	33.33 %
4	A	26.67 %	36.66 %
5	B	33.33 %	36.67 %
6	B	50.0 %	33.33 %
7	D	40.0 %	36.67 %
8	C	20.0 %	36.67 %
9	C	43.33 %	36.67 %
10	A	46.67 %	33.33 %
11	C	16.67 %	33.33 %
12	C	43.33 %	36.67 %
13	D	53.33 %	33.34 %
14	A	20.0 %	36.67 %
15	A	43.33 %	33.34 %
16	A	56.67 %	33.33 %
17	A	6.67 %	36.66 %
18	A	53.33 %	36.67 %
19	A	53.33 %	30.0 %
20	A	36.67 %	33.33 %
21	B	36.67 %	33.33 %
22	D	40.0 %	36.67 %
23	A	16.67 %	30.0 %
24	D	3.33 %	36.67 %
25	A	30.0 %	36.67 %
26	B	23.33 %	36.67 %
27	A	40.0 %	33.33 %
28	B	36.67 %	36.66 %
29	C	6.67 %	33.33 %
30	B	46.67 %	33.33 %
31	C	33.33 %	33.34 %
32	D	30.0 %	33.33 %
33	C	23.33 %	30.0 %
34	C	26.67 %	36.66 %
35	C	46.67 %	33.33 %
36	B	40.0 %	33.33 %
37	B	40.0 %	36.67 %
38	B	53.33 %	33.34 %
39	C	33.33 %	36.67 %
40	A	26.67 %	36.66 %
41	B	56.67 %	33.33 %
42	B	40.0 %	36.67 %
43	C	53.33 %	33.34 %
44	D	40.0 %	36.67 %
45	D	46.67 %	33.33 %
46	A	26.67 %	36.66 %
47	B	60.0 %	33.33 %
48	C	56.67 %	36.66 %
49	D	23.33 %	36.67 %
50	B	26.67 %	33.33 %
51	D	33.33 %	33.34 %
52	A	40.0 %	33.33 %
53	D	26.67 %	36.66 %
54	C	50.0 %	33.33 %
55	D	20.0 %	33.33 %
56	C	26.67 %	36.66 %
57	B	43.33 %	36.67 %
58	D	36.67 %	33.33 %
59	C	50.0 %	33.33 %
60	D	60.0 %	33.33 %
61	A	46.67 %	36.66 %
62	B	50.0 %	33.33 %
63	D	50.0 %	33.33 %
64	A	33.33 %	36.67 %
65	C	40.0 %	36.67 %
66	D	46.67 %	33.33 %
67	C	33.33 %	36.67 %
68	D	23.33 %	36.67 %
69	D	40.0 %	36.67 %
70	B	26.67 %	36.66 %
71	C	46.67 %	30.0 %
72	C	26.67 %	33.33 %
73	D	13.33 %	36.67 %
74	D	36.67 %	33.33 %
75	A	33.33 %	36.67 %
76	D	53.33 %	33.34 %
77	A	33.33 %	36.67 %
78	B	13.33 %	33.34 %
79	A	20.0 %	30.0 %
80	B	33.33 %	33.34 %

प्रश्न संख्या	उत्तर	सही उत्तर	छोड़ दिया
81	D	56.67 %	33.33 %
82	B	43.33 %	33.34 %
83	B	30.0 %	36.67 %
84	C	40.0 %	33.33 %
85	B	50.0 %	36.67 %
86	C	23.33 %	33.34 %
87	A	43.33 %	36.67 %
88	D	13.33 %	36.67 %
89	B	33.33 %	36.67 %

प्रश्न संख्या	उत्तर	सही उत्तर	छोड़ दिया
90	D	56.67 %	36.66 %
91	C	50.0 %	36.67 %
92	C	33.33 %	36.67 %
93	C	40.0 %	33.33 %
94	A	20.0 %	36.67 %
95	B	56.67 %	33.33 %
96	C	53.33 %	33.34 %
97	A	10.0 %	36.67 %
98	B	43.33 %	33.34 %

प्रश्न संख्या	उत्तर	सही उत्तर	छोड़ दिया
99	D	53.33 %	33.34 %
100	A	26.67 %	33.33 %
101	C	10.0 %	36.67 %
102	A	26.67 %	36.66 %
103	A	33.33 %	36.67 %
104	A	46.67 %	33.33 %
105	A	26.67 %	36.66 %
106	C	20.0 %	36.67 %
107	D	46.67 %	33.33 %

प्रश्न संख्या	उत्तर	सही उत्तर	छोड़ दिया
108	B	36.67 %	36.66 %
109	C	46.67 %	33.33 %
110	D	23.33 %	33.34 %
111	B	53.33 %	30.0 %
112	B	56.67 %	36.66 %
113	C	43.33 %	33.34 %
114	B	40.0 %	36.67 %
115	B	60.0 %	33.33 %
116	D	40.0 %	36.67 %

प्रश्न संख्या	उत्तर	सही उत्तर	छोड़ दिया
117	C	56.67 %	33.33 %
118	C	16.67 %	36.66 %
119	C	33.33 %	33.34 %
120	C	40.0 %	33.33 %
121	C	16.67 %	33.33 %
122	C	16.67 %	36.66 %
123	C	40.0 %	33.33 %
124	C	23.33 %	36.67 %
125	C	23.33 %	36.67 %

कार्य विश्लेषण	
औसत अंक (%)	32.47%
टॉपर्स स्कोर (%)	85.65%
आपका स्कोर	

//संकेत और समाधान//

1. सूर्य और चंद्रमा के आकर्षण के कारण दिन में एक या दो बार समुद्र तल के नियतकालिक उठने या गिरने को ज्वार-भाटा कहा जाता है। चंद्रमा के गुरुत्वाकर्षण के कारण तथा कुछ हद तक सूर्य के गुरुत्वाकर्षण द्वारा ज्वार-भाटा की उत्पति होती है। दूसरा कारक, अपकेंद्रीय बल है, जो गुरुत्वाकर्षण को संतुलित करता है। गुरुत्वाकर्षण बल और अपकेंद्रीय बल दोनों सम्मिलित रूप से पृथ्वी पर दो महत्वपूर्ण ज्वार-भाटा को उत्पन्न करने के लिए उत्तरदायी हैं।

पृथ्वी के संदर्भ में सूर्य और चंद्रमा दोनों की स्थिति ज्वार की ऊंचाई को प्रत्यक्ष रूप से प्रभावित करती है। जब सूर्य, चंद्रमा और पृथ्वी एक सीधी रेखा में होते हैं, तब ज्वारीय उभार अधिकतम होगा। इनको वृहत ज्वार कहा जाता है। वृहत ज्वार माह में दो बार अर्थात पूर्णिमा और अमावस्या के दौरान घटित होते हैं। माह में एक बार, जब चंद्रमा की कक्षा पृथ्वी (उपभू स्थिति) के सबसे निकटतम होती है तब असामान्य रूप से उच्च और निम्न ज्वार घटित होते हैं।

इस दौरान ज्वारीय क्रम सामान्य से अधिक होता है। दो सप्ताह के पश्चात्, जब चंद्रमा, पृथ्वी से अधिकतम दूरी (अपभू स्थिति) पर होता है, तब चंद्रमा का गुरुत्वाकर्षण बल सीमित होता है और ज्वार-भाटा के क्रम उनकी औसत ऊंचाई से कम होते हैं।

यदि चंद्रमा की उपभू स्थिति, अमावस्या या पूर्णिमा (वृहत ज्वार घटित होते हैं) के दौरान होती है, तब उपभू वृहत ज्वार-भाटा का ज्वारीय क्रम अत्यधिक होता हैं।
अतः विकल्प (C) सही है।

2. ऑक्सीजन अपघटन की प्रक्रिया को तीव्र करती है। चूंकि प्रमुख जीव श्वसन और प्रजनन के लिए ऑक्सीजन पर निर्भर रहते हैं, वे अवकॉसीयता (हाइपॉक्सिक) परिस्थितियों में अपनी संख्या में वृद्धि नहीं कर सकते।

यदि अपरद नाइट्रोजन और जल में विलेय पदार्थों जैसे शर्करा से समृद्ध है तो अपघटन की दर तीव्र हो जाएगी और यदि अपरद लिग्निन और काइटिन से समृद्ध है, तो अपघटन की दर मंद हो जाएगी।

निम्न तापमान अपघटन की दर को बाधित करता है जिससे मृदा में कार्बनिक पदार्थों का जमाव होने लगता है। गर्म तापमान सूक्ष्मजीवों को सक्रिय और तीव्रतर बनाता है जिससे अपघटन की दर भी तीव्र हो जाती है।
अतः विकल्प (A) सही है।

3. भारतमाला परियोजना, राजमार्ग क्षेत्रक के लिए एक व्यापक योजना है जिसके प्रथम चरण को वर्ष 2017 से 2022 तक पूर्ण किया जाना था। चरण । में लगभग 24,800 किमी का निर्माण किया जा रहा है। इसके अतिरिक्त, चरण । में राष्ट्रीय राजमार्ग परियोजना के तहत 10,000 किलोमीटर का सड़क निर्माण कार्य किया जाना शेष है। वर्ष 1998 में आरंभ की गई प्रमुख राष्ट्रीय राजमार्ग विकास परियोजना (NHDP) सहित सभी विद्यमान राजमार्ग परियोजनाओं को भारतमाला परियोजना में सम्मिलित किया गया है। भारतमाला परियोजना के 6 घटक निम्नलिखित हैं:

- आर्थिक गलियारों का विकास
- अंतर-गलियारे और फीडर सड़कें
- राष्ट्रीय गलियारों की दक्षता में सुधार:
- सीमा और अंतराष्ट्रीय संपर्क सड़कें
- तटीय और बंदरगाह संपर्क सड़कें
- एक्सप्रेसवे

अतः विकल्प (C) सही है।

4. पृथ्वी के आंतरिक भाग के मैग्मा और लावा से आग्नेय चट्टानों का निर्माण होता है, इसलिए उन्हें प्राथमिक चट्टानों के रूप में जाना जाता है। आग्नेय चट्टानों (आग्नेय लैटिन भाषा के इग्रिस शब्द से बना है जिसका अर्थ अग्नि होता है।) का निर्माण मैग्मा के शीतल होकर घनीभूत होने पर होता है। जब मैग्मा उध्र्ववामी गति में शीतल होकर ठोस रूप में परिवर्तित हो जाता है तो इसे आग्नेय चट्टान कहा जाता है। शीतलन और घनीमूत होने की प्रक्रिया पृथ्वी की पर्पटी (crust) के अंदर (प्लूटोनिक या पातालीय चट्टानें) या पृथ्वी की सतह पर (ज्वालामुखी चट्टानें) हो सकती है।

आग्नेय चट्टानों में किसी भी प्रकार का जीवाश्म नहीं पाया जाता हैं। ऐसा इसलिए है क्योंकि जब मूल चट्टान पिघलकर मैग्मा में परिवर्तित हुई होगी तब उसमें विद्यमान किसी भी प्रकार का जीवाश्म भी पिघल गया होगा।

कायांतरित चट्टानें विद्यमान चट्टानों मे पुन:क्रिस्टलीकरण की प्रक्रिया से निर्मित होती हैं। पट्टिताश्मीय, ग्रेनाइट, सायनाइट, स्लेट, शिस्ट, संगमरमर, क्वार्टजाइट आदि कायांतरित या रूपांतरित चट्टानों के कुछ उदाहरण हैं।
अतः विकल्प (A) सही है।

5. शीतोष्ण पश्चिमी सीमांत (ब्रिटिश तुल्य) जलवायु:

- शीतोष्ण पश्चिमी सीमांत क्षेत्र वर्ष पर्यंत पछुवा पवनों के स्थायी प्रभाव में रहता है।
- ये अत्यधिक चक्रवाती गतिविधियों का क्षेत्र भी है, जो ब्रिटेन की लाक्षणिक विशेषता है और इसलिए इसे ब्रिटिश तुल्य जलवायु का नाम दिया गया है।

स्थानिक प्रसार:

- इसमें ब्रिटेन, उत्तर-पश्चिम यूरोप की निम्नभूमियां, उत्तरी और पश्चिमी फ्रांस, बेल्जियम, नीदरलैंड्स, डेनमार्क, पश्चिमी नॉर्वे और उत्तर-पश्चिमी आइबेरिया भी सम्मिलित हैं।
- दक्षिणी गोलार्ध में यह दक्षिणी चिली, तस्मानिया और न्यूजीलैंड के अधिकांश हिस्सों में विस्तारित है।

तापमान:

- औसत वार्षिक तापमान सामान्यतः 5 डिग्री सेल्सियस से 15 डिग्री सेल्सियस के मध्य होता है। तापमान का वार्षिक परास सीमित होता है। ग्रीष्मकाल कभी भी बहुत उष्ण नहीं होता है।

वर्षण:

- ब्रिटिश तुल्य जलवायु में वर्ष पर्यंत पर्याप्त वर्षा होती है। यह मंद शीत ऋतु या शरद ऋतु में थोड़ी अधिक (चक्रवाती स्रोतों से) होती है।
- पश्चिम की ओर से वर्षा वाली पवनें आती हैं, जिनसे पश्चिमी सीमांत में अत्यधिक वर्षा होती है। समुद्र से बढ़ती दूरी के साथ वर्षा की मात्रा पूर्व की ओर घटती जाती है।

प्राकृतिक वनस्पति:

- इस जलवायु प्रकार की प्राकृतिक वनस्पति पर्णपाती वन है। शीत ऋतु में हिमपात और पाले से स्वयं की रक्षा हेतु, वृक्ष अपने पत्ते गिरा देते हैं।
- यहाँ पायी जाने वाली वृक्षों की सामान्य प्रजातियों में ओक (बलूत), एल्म, ऐश, बर्च (सनोवर), बीच, चिनार और हॉर्नबीम सम्मिलित हैं।
- विषुवतरेखीय वनों के विपरीत, पर्णपाती वृक्षों के समूह में एक ही प्रजाति के वृक्ष पाए जाते हैं और वाणिज्यिक दृष्टिकोण से लंबरिंग (काष्ठ कम) हेतु अत्यधिक मूल्यवान होते हैं।
- ईंधन और औद्योगिक उद्देश्यों हेतु पर्णपाती कठोर लकड़ी उत्कृष्ट होती है।

अर्थव्यवस्था:

- यह क्षेत्र अपनी अभूतपूर्व औद्योगिक उन्नति के परिप्रेक्ष्य में कई अन्य क्षेत्रों से भिन्न है।

अतः विकल्प (B) सही है।

6. दक्षिण-पश्चिम मानसून की ऋतु में जब कुछ दिनों तक वर्षा होने के पश्चात् एक या एक से अधिक सप्ताह तक वर्षा नहीं होती है तो इसे मानसून विच्छेद कहते हैं। ये विच्छेद विभिन्न क्षेत्रों में पृथक-पृथक कारणों से होते हैं:

- उत्तर भारत के विशाल मैदान में मानसून का विच्छेद, मानसून द्रोणी या इस क्षेत्र पर स्थित अंतःउष्ण कटिबंधीय अभिसरण क्षेत्र (ITCZ) में उष्ण कटिबंधीय चक्रवातों की संख्या कम हो जाने के कारण होता है।
- पश्चिमी तट पर मानसून विच्छेद तब होता है जब आर्द्र पवनें तट के सामानांतर बहने लगती हैं।

अतः विकल्प (B) सही है।

7. महाद्वीपीय प्रवाह के पक्ष में प्रमाणन -

अफ्रीका और दक्षिण अमेरिका के आमने-सामने की तटरेखाएं अद्भुत व त्रुटिरहित साम्य प्रदर्शित करती हैं। यह ध्यान देने योग्य है कि 1964 में बुलर्ड द्वारा कंप्यूटर प्रोग्राम का उपयोग करके अटलांटिक तटों (सीमांतों) को जोड़ते हुए एक मानचित्र प्रस्तुत किया गया था। तटों का यह साम्य बिलकुल सही सिद्ध हुआ। साम्य स्थापित करने का यह प्रयास वर्तमान तटरेखा के बजाय 1,000-फैदम की गहराई की तटरेखा के साथ किया गया था।

आधुनिक समय में विकसित की गई रेडियोमेट्रिक काल निर्धारण विधियों से विशाल महासागर में विभिन्न महाद्वीपों की चट्टानों के निर्माण के समय को सरलता से जाना जा सकता है। 2,000 मिलियन वर्ष (200 करोड़) की प्राचीन चट्टानों के समूह की पट्टी (बेल्ट) जो ब्राजील के तट और पश्चिमी अफ्रीका के तट पर मिलती है, वह परस्पर सुमेलित है। दक्षिण अमेरिका और अफ्रीका के समुद्र तट के साथ पाए जाने वाले आरंभिक समुद्री निक्षेप जुरासिक युग के हैं। इससे यह पता चलता है कि इस समय से पहले महासागर वहाँ विद्यमान नहीं था।

घाना तट पर सोने के समृद्ध प्लेसर निक्षेपो की उपस्थिती और उद्गम चट्टानो की पूर्ण अनुपस्थिती एक आश्चर्यजनक तथ्य है। सोनायुक्त शिराएँ (Gold bearing veins) ब्राजील में पाई जाती हैं और यह स्पष्ट है कि घाना में मिलने वाले सोने के निक्षेप ब्राजील के पठार से उस समय निकले होंगे, जब दोनों महाद्वीप एक दूसरे के जुड़े हुए थे।

यदि समुद्री अवरोधों के दोनों विपरीत किनारों पर जल व स्थल में पाए जाने वाले पौधों और जंतुओं की समान प्रजातियों पाई जाएं, तो उनके वितरण की व्याख्या में समस्याएँ उत्पन्न होती है। इस प्रक्षेपण से कि 'लैमूर' भारत, मेडागास्कर और अफ्रीका में मिलते हैं, उनमें से कुछ वैज्ञानिकों ने इन तीनों भू-भागों को जोड़कर एक सतत भू-भाग "लेमूरिया" की विद्यमानता को स्वीकार किया है। मेसोसारस नाम के छोटे रेंगने वाले जीव केवल उथले लवणीय जल में ही रहने के लिए अनुकूलित थे। इनकी अस्थियां केवल दो क्षेत्रों में पाई जाती हैं - दक्षिण अफ्रीका के दक्षिणी केप प्रांत में और ब्राज़ील में इरावर शैल समूह में। वर्तमान में ये दोनों क्षेत्र परस्पर 4,800 किमी दूर अवस्थित हैं और उनके मध्य एक महासागर है।
अतः विकल्प (D) सही है।

8. महासागरीय गर्त समुद्र तल पर लंबी, संकीर्ण खाईयां होती हैं। ये महासागरों के सबसे गहरे भाग होते हैं। ये गर्त अपेक्षाकृत खड़े किनारों वाले संकीर्ण बेसिन होते हैं। ये आसपास के समुद्र तल से लगभग 3-5 किमी गहरे होते हैं।

महासागरीय गर्त विवर्तनिकी गतिविधि के परिणामस्वरुप उत्पन्न होते हैं, जो पृथ्वी के स्थलमंडल के संचलन का वर्णन करती है। विशेषतः, महासागरीय गर्त अभिसारी प्लेट सीमाओं की विशेषता होते हैं, जहां दो या अधिक विवर्तनिकी प्लेटें परस्पर मिलती हैं। कई अभिसरण प्लेट सीमाओं पर, अधिक घनत्व वाला स्थलमंडल पिघल जाता है या कम-घनत्व वाले स्थलमंडल के नीचे क्षेपित हो जाता है, जिससे गर्त का निर्माण होता है।

ये महाद्वीपीय ढाल के आधार तथा द्वीपीय चापों के पास अवस्थित होते हैं और सक्रिय ज्वालामुखियों एवं प्रबल भूकंपों वाले क्षेत्रों से संबंधित होते हैं। यही कारण है कि ये प्लेटों के संचलन के अध्ययन में बहुत महत्वपूर्ण हैं। अभी तक लगभग 57 गर्तों की खोज की जा चुकी है, जिनमें से 32 प्रशांत महासागर में हैं, 19 अटलांटिक महासागर में और 6 हिंद महासागर में हैं।

सबसे गहरा ज्ञात गर्त गुआम द्वीप के पास मारियाना गर्त है जो 36,000 फीट से अधिक गहरा है। अन्य उल्लेखनीय महासागरीय गर्तों में टोंगा गर्त, जापानी गर्त, मिंडानाओ गर्त आदि सम्मिलित हैं। ये सभी प्रशांत महासागर में अवस्थित हैं।
अतः विकल्प (C) सही है।

9. अक्षांश को विषुवत रेखा के उत्तर या दक्षिण में स्थित किसी बिंदु की कोणीय दूरी (पृथ्वी की सतह पर) के रूप में माना जाता है। विषुवत वृत्त के आधार पर ही अन्य अक्षांशों को निर्धारित किया जाता है और विषुवत वृत्त 0 डिग्री अक्षांश होता है। सभी अक्षांश विषुवत वृत्त के समानांतर होते हैं, जो ध्रुवों के मध्य में होता है (यह गलोब को दो बराबर भागों में विभाजित करता है।। इसलिए इन रेखाओं को अक्षांश समानांतर कहा जाता है और गलोब पर ये वास्तविक वृत्त होते हैं, जो ध्रुवों की ओर बढ़ते अक्षांशों के साथ अनुपातिक रूप से छोटे होते जाते हैं। विषुवत रेखा 0 डिग्री अक्षांश का प्रतिनिधित्व करती है और उत्तरी ध्रुव एवं दक्षिणी ध्रुव क्रमशः 90 डिग्री उत्तरी और और 90 डिग्री दक्षिणी अक्षांश का प्रतिनिधित्व करते हैं।

देशांतर कोणीय दूरी होते हैं जिन्हें विषुवत रेखा पर प्रधान याम्योत्तर (ग्रीनविच) के पूर्व या पश्चिम में डिग्रियों में व्यक्त किया जाता है। ग्लोब पर देशांतरों को अर्ध-वृत्तों की एक शृंखला के रूप में दर्शाया जाता है जो विषुवत रेखा से होते हुए ध्रुव से ध्रुव तक जाते हैं। ऐसी रेखाओं को याम्योत्तर (मेरिडियन) भी कहा जाता है।
अतः विकल्प (C) सही है।

10. मरुभूमियों में मैदान सर्वाधिक प्रमुख स्थलरूप हैं। पर्वतों और पहाड़ियों से घिरे बेसिनों में अपवाह मुख्यतः बेसिनों के मध्य में होता है और बेसिन के किनारों से लगातार लाए हुए अवसाद के जमाव के कारण बेसिन के मध्य में लगभग एक समतल मैदान की रचना हो जाती है।

कभी-कभी गर्तों में एकत्रित जल वाष्पीकरण या रिसाव द्वारा पूरी तरह से लुप्त नहीं होता है और शेष बचा हुआ जल मैदान एवं गर्त को उथले जल निकाय के रूप आच्छादित किए रहता है। इस प्रकार की उथली जल झीलों को ही प्लाया (Playas) कहा जाता है, जहां वाष्पीकरण के कारण जल लघु अवधि के लिए ही उपस्थित रह पाता है और प्रायः प्लाया झीलों में लवणों का समृद्ध निक्षेप पाया जाता है। इस प्रकार ये मरुस्थलों में जल की क्रिया द्वारा निर्मित भू-आकृतियाँ होती हैं। लवणों से आच्छादित प्लाया मैदानों को क्षारीय क्षेत्र (Alkali flats) कहा जाता है।

चूना पत्थर चट्टानों के तल पर घुलन क्रिया द्वारा छोटे, गोल एवं उथले गर्तों का निर्माण होता है जिन्हें विलयन रंध्र (Swallow holes) कहा जाता है, जो कार्स्ट स्थलाकृति की एक सामान्य अपरदनात्मक विशेषता है। पिघलते हुए हिमनदों द्वारा निक्षेपित मिश्रित रूप में भारी व महीन मलबे को हिमनद गोलाश्म (Glacial till) कहा जाता है।
अतः विकल्प (A) सही है।

11. पश्चिमी विक्षोभ नक्तताती अवदाब (कमजोर समशीतोष्ण चक्रवात) होते हैं, जो पूर्वी विषुवत सागर पर उत्पन्न होते हैं तथा और पूर्व की ओर चलते हुए पश्चिम एशिया, ईरान, अफगानिस्तान और पाकिस्तान को पार करके भारत के उत्तर-पश्चिमी भागों में पहुँचते हैं।

इन आवदाबों को पश्चिमी जेट स्ट्रीम द्वारा भारत की ओर उन्मुख किया जाता है। इनके मार्ग में उत्तर में पड़ने वाले कैस्पियन सागर और दक्षिण में पड़ने वाली फारस की खाड़ी से इनकी आर्द्रता की मात्रा में वृद्धि हो जाती है। यद्यपि इनके द्वारा अल्प मात्रा में वर्षा होती है, इसके बावजूद ये रबी की फसल के लिए अत्यधिक लाभप्रद होते हैं।

ये गर्मियों के महीनों में हिमालयी नदियों में जल के प्रवाह को बनाए रखते हैं। रात के सामान्य तापमान में वृद्धि आम तौर पर इन चक्रवातों के आगमन का संकेत देती है।
अतः विकल्प (C) सही है।

12. पृथ्वी की सतह पर विभिन्न अक्षांशों पर गुरुत्व बल (g) एकसमान नहीं होता है। विभिन्न स्थानों पर गुरुत्व का मान पृथ्वी के भीतर पदार्थ के द्रव्यमान के असमान वितरण सहित कई अन्य कारकों से प्रभावित होता है। गुरुत्व का मान भी पदार्थ के द्रव्यमान के अनुसार भिन्न-भिन्न होता है। यह ध्रुवों के समीप सर्वाधिक तथा विषुवत रेखा पर सबसे कम होता है। इसका कारण केंद्र से विषुवत रेखा की दूरी ध्रुवों की तुलना में अधिक होना है। ये मान अपेक्षित मूल्यों से भिन्न होता है। इस प्रकार के अंतर को गुरुत्वीय विसंगति कहा जाता है। गुरुत्वीय विसंगतियाँ हमें पृथ्वी की पर्पटी में पदार्थ के द्रव्यमान के वितरण के

संदर्भ में जानकारी प्रदान करती हैं।
अतः विकल्प (C) सही है।

13. दूरबीनों के समस्त अवलोकन से पता चलता है कि ग्रहीय पिंड, सूर्य, चंद्रमा, उपग्रहों और तारों को चाहे जिस भी कोण से देखा जाए, उनकी आकृति वृत्ताकार ही दिखती है। वे बिल्कुल गोलाकार होते हैं। सादृश्यता द्वारा, पृथ्वी इसका एकमात्र अपवाद नहीं हो सकती है। वर्ष 1519 से 1522 तक फर्डिनेंड मैगलन एवं उनके चालक दल द्वारा विश्व की प्रथम समुद्री यात्रा ने इस शंका से परे यह सिद्ध किया कि पृथ्वी गोलाकार है। स्थल या समुद्री मार्ग से विश्व भ्रमण करने वाले किसी भी यात्री का ऐसी किसी अप्रत्याशित सीमा से सामना नहीं हुआ, जिसके आगे जाने पर वह गिर जाएगा।

समुद्र में जहाज के तल (डेक) से अथवा भूमि पर किसी भृगु (cliff) से दूर क्षितिज को देखने पर सदैव एवं प्रत्येक स्थान पर इसकी आकृति वृत्ताकार दिखती है। यह वृत्ताकार क्षितिज तुंगता (altitude) में वृद्धि के साथ विस्तृत होता जाता है और इसे केवल किसी गोलाकार खगोलीय पिंड पर ही देखा जा सकता है। विभिन्न स्थानों पर सूर्योदय एवं सूर्यास्त अलग-अलग समय पर होता है। चूँकि पृथ्वी पश्चिम से पूर्व की ओर घूर्णन करती है, पूर्वी स्थलों पर पश्चिम की तुलना में सूर्य पहले दिखाई देता है। यदि पृथ्वी समतल होती तो संपूर्ण विश्व में एक ही समय पर सूर्योदय एवं सूर्यास्त होता।।

चंद्र ग्रहण के दौरान पृथ्वी द्वारा चंद्रमा पर पड़ने वाली छाया सदैव वृत्ताकार होती है। यह एक वृत्त के एक चाप की रूपरेखा को प्रदर्शित करती है। केवल किसी गोलाकार पिंड से ही इस प्रकार की वृत्ताकार छाया पड़ सकती है।
अतः विकल्प (D) सही है।

14. लूनी राजस्थान की सबसे बड़ी नदी प्रणाली है, जो अरावली के पश्चिम में प्रवाहित होती है। यह पुष्कर के समीप दो धाराओं अर्थात- सरस्वती और साबरमती के रूप में उद्गमित होती है जो गोविंदगढ़ में एक-दूसरे के साथ मिल जाती हैं। यहाँ से, यह नदी अरावली से बाहर निकलती है और लूनी के रूप में जानी जाती है। तलवाड़ा तक यह पश्चिम की ओर प्रवाहित होती है और तत्पश्चात दक्षिण-पश्चिम दिशा में प्रवाहित होती हुई कच्छ के रण में समाहित हो जाती है। 495 किमी के अपने कुल अपवाह के दौरान, लूनी नदी राजस्थान और गुजरात राज्यों से होकर प्रवाहित होती है। यह संपूर्ण नदी-तंत्र अल्पकालिक है।

माही नदी भारत की एकमात्र ऐसी नदी है जो कर्क रेखा को दो बार काटती है। प्रथम बार यह कर्क रेखा को मध्य प्रदेश में, जहाँ से यह राजस्थान की ओर प्रवाहित होती है, तथा दूसरी बार गुजरात में प्रवेश करते समय काटती है।
अतः विकल्प (A) सही है।

15. पश्चिमी घाट को स्थानीय रूप से महाराष्ट्र में सहयाद्री, कर्नाटक तथा तमिलनाडु में नीलगिरि पहाड़ियों और केरल में अन्नामलाई पहाड़ियों एवं इलायची पहाड़ियों जैसे विभिन्न नामों से जाना जाता है। पूर्वी घाट की तुलना में पश्चिमी घाट उंचे एवं अविरत हैं। इनकी औसत ऊंचाई 1,500 मीटर है जो उत्तर से दक्षिण की तरफ निरंतर बढती जाती है। प्रायद्वीपीय पठार की सर्वाधिक ऊंची चोटी अनाईमुडी (2,695 मीटर) है जो पश्चिमी घाट की अन्नामलाई पहाड़ियों में स्थित है, प्रायद्वीपीय पठार की दूसरी सबसे ऊंची चोटी नीलगिरी पहाड़ियों में स्थित डोडाबेट्टा (2,637 मीटर) है। अधिकांश प्रायद्वीपीय नदियों का उद्गम पश्चिमी घाट से होता है।
अतः विकल्प (A) सही है।

16. अरब सागर के द्वीपों में लक्षद्वीप और मिनिका ॅय सम्मिलित हैं। संपूर्ण द्वीप समूह को मोटे तौर पर ग्यारह डिग्री चैनल (अक्षांश) द्वारा विभाजित किया गया है, जिसके उत्तर में अमिनी द्वीप तथा दक्षिण में कनानोर द्वीप स्थित है।

संपूर्ण द्वीप समूह प्रवाल निक्षेपों से निर्मित है।
अतः विकल्प (A) सही है।

17. हिमालय पर्वत श्रंखला भारतीय उपमहाद्वीप को साइबेरिया से आने वाली ठंडी उत्तरी पवनों से संरक्षण प्रदान करती है। यह मानसूनी पवनों को अवरोधित करके उन्हें उपमहाद्वीप में वर्षा करने हेतु बाध्य करती है। वायुदाब क्षेत्रों में परिवर्तन हेतु स्थल और समुद्र का विभेदित ताप और ITCZ का स्थानांतरण उत्तरदायी होता है, जो मानसूनी पवनों के उत्क्रमण को प्रेरित करता है।
अतः विकल्प (A) सही है।

18. करेवा हिमनदीय चिकनी मिट्टी और हिमोढ़ के साथ संबद्ध अन्य पदार्थों का मोटी परत के रूप में जमाव हैं। अधिक सटीक रूप से, करेवा सरोवरी निक्षेप हैं। भूगोलवेत्ताओं के अनुसार, करेवा का निर्माण प्लियो-प्लीस्टोसीन युग में हिमनदों-नदियों-झीलों और पवनों द्वारा लाए गए लोएस से हुआ है। ये उत्तर पश्चिम भारत में पीर पंजाल श्रेणी और वृहद् हिमालय श्रेणी के मध्य स्थित हैं।
अतः विकल्प (A) सही है।

19. पोक्काली अलाप्पुझा, एर्नाकुलम और त्रिशूर जिलों के तटीय क्षेत्रों में उगने वाली चावल की एक विशिष्ट किस्म है। यह किस्म लवणीय जल प्रतिरोधी, ऊँची, बाढ़ जैसी परिस्थितियों में उगने वाली किस्म है। यह पूर्ण रूप से मत्स्य-संवर्धन फर्मों से बचे लगभग 6 माह के अवशेषों पर उगती है। फसल चक्र को 'एक मछली और एक चावल' के रूप में वर्णित किया जाता है, जिसमें 15 अप्रैल तक मछली पालन किया जाता है, जिसके बाद मौसम की पहली वर्षा से पूर्व खेतों को सुखा दिया जाता है ताकि उनसे नमक को हटाया जा सके। फसल चक्र अक्टूबर तक चलता है जब उन्हें मत्स्यपालन के लिए पुनः प्रयोग किया जाता है।
अतः विकल्प (A) सही है।

20. पृथ्वी की संरचना तीन प्रमुख घटकों में विभाजित है: भूपर्पटी, मैंटल, क्रोड।

भूपर्पटी ठोस पृथ्वी का सबसे बाहरी भाग है। इसकी प्रकृति अत्यधिक भंगुर है। भूपर्पटी की मोटाई महासागरों और महाद्वीपीय क्षेत्रों के नीचे भिन्न-भिन्न होती है। महासागरों में भूपर्पटी की मोटाई महाद्वीपीय भूपर्पटी की तुलना में कम है। महासागरों के नीचे इसकी औसत मोटाई 5 किमी तक है, जबकि महाद्वीपों के नीचे यह लगभग 30 किमी तक है। मुख्य पर्वत शृंखलाओं के क्षेत्र में महाद्वीपीय भूपर्पटी की मोटाई और भी अधिक है। हिमालय पर्वतीय क्षेत्र में भूपर्पटी की मोटाई 70 किमी तक है।

भूपर्पटी के नीचे का भाग मैंटल कहलाता है। यह मोहो असांतत्य से आरंभ होकर 2,900 किमी. की गहराई तक पाया जाता है। मैंटल के ऊपरी भाग को दुर्बलतामंडल कहा जाता है। एस्थेनो (Astheno) शब्द का अर्थ दुर्बलता है। इसका विस्तार 400 किमी तक माना जाता है। यह ज्वालामुखी उद्गार के दौरान धरातल पर पहुँचने वाले लावा का मुख्य स्रोत है। भूपर्पटी एवं मैंटल का ऊपरी भाग मिलकर स्थलमंडल (Lithosphere) कहलाते हैं। इसकी मोटाई 10-200 किमी के मध्य पाई जाती है। निचले मैंटल का विस्तार दुर्बलतामंडल की अंतिम सीमा के बाद भी है। यह ठोस अवस्था में है।

क्रोड तथा मैंटल की सीमा 2,900 किमी की गहराई पर अवस्थित है। बाह्य क्रोड तरल अवस्था में है जबकि आंतरिक क्रोड ठोस अवस्था में है। क्रोड अत्यधिक भारी पदार्थों अधिकांशतः निकिल और लोहे से बना हुआ है। इसे निफे (NiFe) परत के रूप में भी संदर्भित किया जाता है।
अतः विकल्प (A) सही है।

21. जब दो प्लेटें एक दूसरे से विपरीत दिशा में अलग हटती हैं तब एक नई पर्पटी का निर्माण होता है, ऐसी प्लेटों को अपसारी प्लेट कहते हैं। वह स्थान जहाँ से प्लेटें एक-दूसरे से दूर हटती हैं प्रसारी स्थान कहलाता है। अपसारी सीमाओं का सर्वोत्तम उदाहरण मध्य-अटलांटिक कटक है। यहाँ से, अमेरिकी प्लेट, यूरेशियन व अफ्रीकी प्लेटों से अलग हो रही है।
अतः विकल्प (B) सही है।

22. पश्चिम बंगाल में मालदा भ्रंश उत्तर-पूर्वी भाग को छोटानागपुर पठार से पृथक करता है। सामान्यतः मालदा भ्रंश प्रायद्वीपीय पठार से मेघालय के पठार को पृथक करता है।
अतः विकल्प (D) सही है।

23. भारत में शीत ऋतु नवंबर से मार्च तक विस्तृत होती है। शीत ऋतु की विशेषताएं निम्नलिखित मौसमी परिघटनाओं से परिलक्षित होती हैं-

- हिमालय के उत्तर में अवस्थित क्षेत्र में उच्च वायुदाब केंद्र स्थापित हो जाता है।
- इस उच्च वायुदाब केंद्र के दक्षिण में (पर्वत के दक्षिण में) भारतीय उपमहाद्वीप की ओर उत्तर से निम्न स्तर पर धरातल के साथ-साथ

पवनों का प्रवाह प्रारंभ हो जाता है। मध्य एशिया के उच्च वायुदाब केंद्र से बाहर की ओर प्रवाहित धरातलीय पवनें भारत में शुष्क महाद्वीपीय पवनों के रूप में पहुँचती हैं।

- 9-13 किमी की ऊँचाई पर समस्त मध्य और पश्चिमी एशिया, पश्चिम से पूर्व की ओर प्रवाहित पश्चिमी जेट प्रवाह के प्रभावाधीन होता है। जेट प्रवाह की दक्षिणी शाखा भारत को शीत ऋतु के सन्दर्भ में महत्वपूर्ण रूप से प्रभावित करती है।
- पश्चिमी चक्रवातीय विक्षोभ भारतीय उपमहाद्वीप में शीत ऋतु में पश्चिम तथा उत्तर पश्चिम से प्रवेश करते हैं।
- उष्णकटिबंधीय चक्रवात बंगाल की खाड़ी तथा हिंद महासागर में उत्पन्न होते हैं।
- ग्रीष्म ऋतु के जून माह में प्रायद्वीप के दक्षिणी भाग पर एक पूर्वी जेट धारा प्रवाहित होती है।

अतः विकल्प (A) सही है।

24. मध्यवर्ती उच्चभूमियाँ जिसे मध्य भारत का पठार भी कहा जाता है। यह मारवाड़ या मेवाड़ उच्चभूमि के पूर्व और नर्मदा नदी के उत्तर में है। यह मालवा के पठार के अधिकांश भाग को आच्छादित करता है। पठार के अधिकांश क्षेत्र पर चंबल नदी के बेसिन का विस्तार है जो भ्रंश घाटी में प्रवाहित होती है। राणा प्रताप सागर से प्रवाहित होने वाली काली सिंध, मेवाड़ पठार से प्रवाहित होने वाली बनास, और मध्य प्रदेश से प्रवाहित होने वाली परवन और पार्वती नदियाँ चंबल की प्रमुख सहायक नदियाँ हैं। यह बलुआ पत्थर से निर्मित गोलाकार पहाड़ियों वाला एक उर्मिल पठार है। यहाँ सघन वन पाए जाते हैं। इसके उत्तर में चंबल नदी की उत्खात भूमि या खड्ड और सतपुड़ा श्रेणी, दक्षिण में दक्कन का पठार, और पश्चिम में अरावली श्रेणी अवस्थित हैं। इसकी ढाल प्रवणता उत्तर और पूर्वोत्तर दिशाओं की ओर है।
अतः विकल्प (D) सही है।

25. सिरोको और मिस्ट्रल भूमध्यसागरीय जलवायु की स्थानीय पवनें हैं।

सिरोको उष्ण, शुष्क रेत से भरी पवन है जिसका उद्गम सहारा रेगिस्तान में होता है। इसका उद्गम वर्ष के किसी भी समय हो सकता है लेकिन वसंत ऋतु में इसकी सबसे अधिक आवृत्ति होती है। यह रेगिस्तान के आंतरिक क्षेत्र से बाहर की ओर अपेक्षाकृत ठन्डे भूमध्यसागर की दिशा में बहती है। इसे भूमध्यसागरीय देशों में अलग-अलग नामों से जाना जाता है।

मिस्ट्रल उत्तर की ओर से आने वाली ठंडी पवन है, जो फ्रांस में रोन घाटी से भूमध्यसागर तक बहती है। फॉन और चिनूक शीतोष्ण महाद्वीपीय जलवायु की स्थानीय पवनें हैं। स्विट्जरलैंड में फॉन और रॉकी की पूर्वी ढलानों पर चिनूक स्थानीय चरागाहों को अत्यधिक प्रभावित करती हैं। ये उष्ण पवनें हैं और तापमान में लगभग 4 से 5 डिग्री सेल्सियस तक वृद्धि कर सकती हैं, परिणामस्वरूप इन पवनों के कारण शीतऋतु या वसंत के आरंभ में बर्फ पिघल जाती है जो कृषि के लिए लाभप्रद होती है। उष्ण आर्द्र पवन भूमध्यसागरीय क्षेत्र से बहती है और आल्प्स के दक्षिणी ढलानों पर वर्षण करती है। जब यह पवन स्विट्जरलैंड, जर्मनी और आस्ट्रिया में आल्प्स के उत्तरी ढलानों से नीचे उतरती है तो तापमान में एडियाबेटिक (रूद्धोष्म) वृद्धि के कारण यह पवन उष्ण हो जाती है, और अपनी मूल विशेषताओं को त्याग देती है। इस शुष्क उष्ण पवन को फॉन कहा जाता है।
अतः विकल्प (A) सही है।

26. भूवैज्ञानिक काल मापक्रम (GTS) कालानुक्रमिक निर्धारण की एक प्रणाली है जो भूवैज्ञानिक परतों (स्तरविन्यास या स्ट्रैटिग्राफी) के काल से संबंधित है। इसका उपयोग भूवैज्ञानिकों, जीवाश्म विज्ञानियों और अन्य पृथ्वी विज्ञानियों द्वारा पृथ्वी के इतिहास के दौरान होने वाली घटनाओं के समय और संबंधों का वर्णन करने के लिए किया जाता है। डिवोनीयन कल्प (Period) , भूवैज्ञानिक काल में, पुराजीव (पेलिओजोइक) महाकल्प (era) का एक अंतराल है जो सिलुरियन शक के पश्चात् और कार्बोनिफेरस शक से पहले होता है जिसकी कालावधि आज से लगभग 419.2 मिलियन और 358.9 मिलियन वर्ष पूर्व के मध्य की है। डिवोनीयन कल्प को "मत्स्य युग" (Age of Fishes) भी कहा जाता है क्योंकि विविधतापूर्ण, प्रचुर, और कुछ मामलों में, इन जीवों के विचित्र प्रकार डिवोनीयन समुद्रों पर तैरते थे।
अतः विकल्प (B) सही है।

27. भारचुक्की प्रपात बंगलौर से 130 किलोमीटर दूर स्थित हैं। वास्तव में यह जल प्रपात शिवनासमुद्रम प्रपात की ही हिस्सा है।
अतः विकल्प (A) सही है।

28. संकोश नदी उत्तरी भूटान से निकलती है, असम में यह नदी ब्रह्मपुत्र में सम्मिलित हो जाती है। यह नदी असम और अरुणाचल प्रदेश के बीच सीमा का निर्माण करती है।
अतः विकल्प (B) सही है।

29. मिज़ो पहाड़ियों को स्थानीय भाषा में लुशाई कहा जाता है। मिज़ो पहाड़ियां मिजोरम और त्रिपुरा में स्थित हैं। यह समुद्रतल से 2,157 मीटर की ऊंचाई पर स्थित है।
अतः विकल्प (C) सही है।

30. भारत की कुल स्थलीय सीमा 15,106 किलोमीटर है, इसमें 92 जिले और 17 राज्य शामिल हैं। भारत की स्थलीय सीमा पाकिस्तान, बांग्लादेश, चीन, नेपाल, म्यांमार, भूटान और अफ़ग़ानिस्तान लगती है।
अतः विकल्प (B) सही है।

31. उपरोक्त बंदरगाहों के दक्षिण से उत्तर दिशा की ओर सही क्रम यह होगा : तिरुवनंतपुरम→कोचीन→कालीकट→मंगलोर।
अतः विकल्प (C) सही है।

32.

सूची-I (पुस्तक)	**सूची-II (लेखक)**
A. पेरीप्लस	3. हिकैटियस
B. हिस्ट्रोकिल मेमोर	2. टॉलेमी
C. हिस्ट्रोकिल मेमोर	4. स्टेबो
D. द एक्यूमीन	1. एराटोस्थनीज

अतः विकल्प (D) सही है।

33. संभाव्यता, फेबवेर द्वारा शुरू किया गया दर्शन है, जो मनुष्य और पर्यावरण के संबंध को निर्धारकवाद के एक अलग तरीके से समझाने के लिए, मनुष्य को पर्यावरण में एक सक्रिय एजेंट के रूप में मानता है, जो यह कहता है कि प्राकृतिक वातावरण विकल्प प्रदान करता है, जिनमें ज्ञान और प्रौद्योगिकी की वृद्धि के साथ इनकी संख्या बढ़ती है।
अतः विकल्प (C) सही है।

34. जर्मन भूगोलवेत्ता अल्फर हैटनर ने भूगोल को कालानुक्रमिक विज्ञान के रूप में परिभाषित किया। उनका विचार था कि भूगोल का अध्ययन कालानुक्रमिक विज्ञान के रूप में किया जाना चाहिए, जो पृथ्वी पर व्याप्त क्षेत्रों में एक साथ मौजूद विभिन्न घटनाओं का अध्ययन करता है।
अतः विकल्प (C) सही है।

35. एक भूगोलवेत्ता, ग्रिफिथ टेलर ने एक अवधारणा पेश की, जो पर्यावरणीय नियतत्ववाद और आधिपत्यवाद के दो विचारों के बीच एक मध्यम मार्ग (मध्य मार्ग) को दर्शाता है। उन्होंने इसे नवनिश्चयवाद या स्टॉप एंड गो नियतिवाद की संज्ञा दी।
अतः विकल्प (C) सही है।

36. 1922 में बैरो द्वारा सिद्धांत को और मजबूत किया गया जब अमेरिकी एसोसिएशन ऑफ ज्योग्राफर्स के समक्ष अपने अध्यक्षीय भाषण में उन्होंने जोर दिया कि भूगोल में मानव पारिस्थितिकी मार्गदर्शक अवधारणा है। बैरो (1923) के शब्दों में - "भूगोल मानव को पारिस्थितिकी के विज्ञान के रुप में परिभाषित किया है।"
अतः विकल्प (B) सही है।

37.

सूची-I (वर्ग)	**सूची-II (लेखक)**

I. साइकिल ऑफ़ इरोजन	C. डेविस
II. द ओरिजिन ऑफ़ स्पेशीज	D. चार्ल्स डार्विन
III. ओरिजिनेटर ऑफ़ डुवलिज्म बिटविन फिजिकल & ह्यूमन ज्योग्राफी	B. ऑस्कर पेशेल
IV. थ्योरी ऑफ़ सोशल डार्विनिज्म	A. फ्रेडरिक रैटजेल

अतः विकल्प (B) सही है।

38. बर्नहार्ड वेरेनियस ने सामान्य बनाम विशेष भूगोल के द्विधाकरण की नींव रखी।

संक्षेप में, सामान्य भूगोल एक इकाई के रूप में पूरी दुनिया से संबंधित है। हालांकि, यह मुख्य रूप से भौतिक भूगोल तक ही सीमित था जिसे प्राकृतिक कानूनों के माध्यम से समझा जा सकता था। इसके विपरीत, विशेष भूगोल मुख्य रूप से व्यक्तिगत देशों और विश्व क्षेत्रों के विवरण के रूप में अभिप्रेत था।
अतः विकल्प (B) सही है।

39. हरियाणा के नूंह जिले में अरावली पर्वतमाला की तलहटी में कोटला झील है। इस झील की लंबाई 5 किलोमीटर और चौड़ाई 4 किलोमीटर है। यह हरियाणा की सबसे बड़ी झीलों में से एक है। कोटला झील नूंह और फिरोजपुर झिरका तहसीलों में स्थित है। कोटला झील को खेती के लिए भूमि उपलब्ध कराने के लिए नवंबर तक सुखाया जाता है।

अतः विकल्प (C) सही है।

40. रणजीत सागर बाँध को थिएम डैम भी कहा जाता है, यह जलविद्युत परियोजना पंजाब सरकार द्वारा पंजाब और जम्मू-कश्मीर राज्य की सीमा पर निर्मित की गयी है। इस झील का 60% भाग जम्मू-कश्मीर में स्थित है। इस परियोजना का कार्य 1981 में शुरू हुआ था, और 2001 में यह कार्य पूरा हुआ था। इसकी उत्पादन क्षमता 600 मेगावाट है।
अतः विकल्प (A) सही है।

41. The Indus River is one of the longest rivers in Asia. It flows through Pakistan, India (Jammu and Kashmir) and China (Western Tibet). The origin of the Indus River, near Mansarovar in Tibet, is believed to be a stream called Sin-Ka-Bab.
अतः विकल्प (B) सही है।

42. "जवाहर सागर" बाँध चम्बल नदी पर स्थित है।

चम्बल नदी मध्य भारत में यमुना नदी की सहायक नदी है। यह नदी "जानापाव पर्वत " बाचू पाईट महू से निकलती है। इसका प्राचीन नाम "चरमवाती " है। इसकी सहायक नदियाँ शिप्रा, सिन्ध (सिंध), काली सिन्ध, ओर कुनू नदी है। इस नदी पर चार जल विधुत परियोजना -गांधी सागर, राणा सागर, जवाहर सागर और कोटा बैराज (कोटा)- चल रही है।
अतः विकल्प (B) सही है।

43. भारत की कुल स्थलीय सीमा 15200 किमी है जबकि भारत की मुख्य भूमि की तटीय लंबाई 6100 किमी और द्वीपों को शामिल करके कुल तटीय लंबाई 7516.6 किमी है।

दिए गए विकल्पो में सबसे लम्बी तटरेखा वाला राज्य गुजरात है।
अतः विकल्प (C) सही है।

44. भारत सरकार ने वर्ष 1952 में राष्ट्रव्यापी वन संरक्षण नीति को अंगीकृत किया, जिसे वर्ष 1988 में संशोधित किया गया। वन नीति के मुख्य लक्ष्य हैं:

- निम्नीकृत भूमि पर वनारोपण और सामाजिक वानिकी कार्यक्रमों के माध्यम से 33% भौगोलिक क्षेत्रों को वनों से आच्छादित करना।
- जहां पर पारिस्थितिक संतुलन असंतुलित हो गया है वहां वनों को पुनस्थापित करना तथा पर्यावरणीय संतुलन को बनाए रखना।
- देश की प्राकृतिक विरासत, इसकी जैविक विविधता और आनुवंशिक संग्रह (पूल) को संरक्षित करना।
- मृदा अपरदन, मरुस्थली भूमि का विस्तार और बाढ़ एवं सूखे पर नियंत्रण स्थापित करना।
- वनों पर निर्भर रहने वाली ग्रामीण आबादी के लिए इमारती लकड़ी (Timber), ईंधन, चारा तथा खाद्य सामग्रियों को उपलब्ध कराने हेतु वन की उत्पादकता में वृद्धि करना और लकड़ी के प्रतिस्थापन को प्रोत्साहित करना।
- वृक्षारोपण को प्रोत्साहित करने हेतु महिलाओं को सम्मिलित करते हुए वृहत जनांदोलन का सृजन करना, वृक्षों की कटाई को रोकना तथा इस प्रकार, विद्यमान वनों पर दबाव को कम करना।

सरकार द्वारा वर्ष 1980 में वन संरक्षण अधिनियम को भी अधिनियमित किया गया है तथा भारत में वनों के मूल्यांकन एवं एकीकृत विकास हेतु वर्ष 2003 में एक राष्ट्रीय वन आयोग की भी स्थापना की गयी है।
अतः विकल्प (D) सही है।

45. हमारे सौर मंडल के कई ग्रहों के एक से अधिक चंद्रमा हैं। इनमें मंगल के 2, बृहस्पति के 67, शनि के 62, अरूण के 27 तथा वरुण के 14 चंद्रमा हैं। यह संख्या परिवर्तित और अद्यतित होती रहती है। आंतरिक ग्रहों में से बुध और शुक्र के पास कोई प्राकृतिक उपग्रह नहीं है; पृथ्वी के पास मात्र एक बड़ा प्राकृतिक उपग्रह है, जिसे चंद्रमा कहा जाता है; और मंगल के पास दो छोटे प्राकृतिक उपग्रह हैं, जिन्हें फोबोस और डीमोस कहते हैं।

शुक्र उन दो ग्रहों में से एक है जो अपने अक्ष पर पूर्व से पश्चिम की ओर घूर्णन करते हैं। केवल शुक्र और वरुण ही "विपरीत दिशा में" घूर्णन करते हैं। शुक्र 243 पृथ्वी दिनों में सूर्य की एक परिक्रमा पूरी करता है - यहां तक कि शुक्र पर हमारे सौर मंडल में किसी भी ग्रह का सबसे लंबा दिन होता है, यह पूरे एक वर्ष से अधिक समय का होता है। यूरेनस सूर्य की असामान्य रूप से परिक्रमा करता है, यह एकमात्र ऐसा ग्रह है जिसकी विषुवत रेखा अपनी कक्षा के दाहिने कोण पर लगभग 97.77 डिग्री के झुकाव पर स्थित है। इसके कारण, यह अपने अक्ष पर पूर्व से पश्चिम, अधिकांश ग्रहों की तुलना में विपरीत दिशा में घूर्णन करता है।

किसी ग्रह के चारों ओर स्थित वलय प्रणाली को ग्रहीय वलय प्रणाली के रूप में जाना जाता है। सौर मंडल में सबसे प्रमुख और सबसे प्रसिद्ध ग्रहीय वलय शनि के आसपास देखे जाते हैं, लेकिन अन्य तीन विशालकाय ग्रहों (बृहस्पति, अरुण और वरूण) में भी वलय प्रणालियाँ पायी जाती हैं।
अतः विकल्प (D) सही है।

46. सभी प्राकृतिक भूकंप स्थलमंडल (lithosphere) में घटित होते हैं। प्रायः भ्रंश के किनारे-किनारे ही ऊर्जा मुक्त होती है। भूपर्पटी की शैलों में गहन दरारें ही भ्रंश होती हैं। भ्रंश के दोनों तरफ शैलें विपरीत दिशा में गति करती हैं। चूंकि ऊपर के शैल खंड दबाव डालते हैं, अतः उनके बीच का घर्षण उन्हें परस्पर बाँधे रहता है। हालाँकि,अलग होने की प्रवृत्ति के कारण एक समय पर घर्षण का प्रभाव कम हो जाता है, जिसके परिणामस्वरूप शैलखंड विकृत होकर अचानक एक दूसरे के विपरीत दिशा में स्थानांतरित हो जाते हैं। इसके परिणामस्वरूप ऊर्जा निकलती है और ऊर्जा तरंगे सभी दिशाओं में गतिमान हो जाती हैं।

जिस बिंदु पर ऊर्जा मुक्त होती है, उसे भूकंप का उद्गम केंद्र कहा जाता है, इसे अवकेंद्र भी कहा जाता है। ऊर्जा तरंगें अलग-अलग दिशाओं में गति करती हुई पृथ्वी की सतह तक पहुँचती हैं।
अतः विकल्प (A) सही है।

47. एक विवर्तनिकी प्लेट (जिसे स्थलमंडलीय प्लेट भी कहा जाता है) ठोस चट्टान का एक विशाल, अनियमित आकार का खंड होता है, जो सामान्यतः महाद्वीपीय और महासागरीय स्थलमंडलों से मिलकर बना है। ये प्लेटें दुर्बलतामंडल पर एक दृढ़ इकाई के रूप में क्षैतिज अवस्था में गतिशील हैं।

प्रमुख प्लेटें इस प्रकार हैं:

- अंटार्कटिका और इसके चतुर्दिक महासागरीय प्लेट

- उत्तर अमेरिकी प्लेट (जिसमें कैरिबियन द्वीपसमूह के पास दक्षिणी अमेरिकी प्लेट से पृथक किया गया पश्चिमी अटलांटिक अधस्तल सम्मिलित है $)$
- दक्षिण अमेरिकी प्लेट (जिसमें कैरिबियन द्वीपसमूह के पास उत्तरी अमेरिकी प्लेट से पृथक किया गया पश्चिमी अटलांटिक अधस्तल सम्मिलित है)
- प्रशांत महासागरीय प्लेट
- इंडो-आस्ट्रेलिया-न्यूजीलैंड प्लेट
- अफ़्रीकी प्लेट (जिसमें पूर्वी अटलांटिक अधस्तल प्लेट सम्मिलित है)
- यूरेशियाई प्लेट (जिसमें संलग्न महासागरीय प्लेट सम्मिलित है)

अतः विकल्प (B) सही है।

48. मृत सागर एक स्थलरुद्ध सागर है। आसपास के नजदीकी क्षेत्रों से बह कर सभी खनिज इस सागर में आते हैं, अतः यहाँ सूर्य के तापमान के कारण जल वाष्पीकरण की दर अधिक होती है। इसके परिणामस्वरूप मृत सागर में नमक की सांद्रता बहुत अधिक हो जाती है।

जल में नमक की सांद्रता 34% तक पहुँच जाती है। जल में घुले खनिज लवणों की अतयधिक उच्च सांद्रता के कारण इसका घनत्व स्वच्छ जल की तुलना में अधिक हो जाता है। चूँकि इस जल के घनत्व की तुलना में हमारे शरीर का भार हल्का (कम घनत्व वाला) होता है, इसलिए हमारे शरीर को मृत सागर में अधिक उत्प्लावकता प्राप्त होती है, जिससे तैरना आसान हो जाता है।
अतः विकल्प (C) सही है।

49. उष्ण और आर्द्र विषुवतरेखीय क्षेत्रों में उच्च तापमान और प्रचुर मात्रा में वर्षण विभिन्न प्रकार की सघन वनस्पतियों उष्णकटिबंधीय वर्षा वन के विकास में सहायता प्रदान करते हैं। यहां मौसम वर्षपर्यंत आर्द्र होता है जिसके कारण यहां विकसित वनों की प्रकृति सदाबहार होती है।

अमेज़न उष्णकटिबंधीय वर्षा वनों को इसके हरे-भरे और चौड़े पत्तों वाले वृक्षों के कारण सेल्वास के नाम से जाना जाता है। इस क्षेत्र की वनस्पति में सदाबहार वृक्ष बहुतायत में शामिल हैं जो उष्णकटिबंधीय कठोर काष्ठ जैसे महोगनी, आबनूस, रोजबुड, कैबिनेट वुड आदि वनोपज प्रदान करते हैं। इसमें छोटे ताड़ के पेड़ और लिआना व रटेन जैसे आरोहण करने वाले पौधे भी पाये जाते हैं, जो अधिपादप (एक पौधा जो दूसरे पौधे पर उगता है और अवलंबन हेतु उस पर निर्भर करता है किन्तु भोजन हेतु नहीं) कहलाते हैं। वृक्षों के नीचे, फ़र्न, ऑर्किड और लालंग की प्रजातियां भी विकसित होती हैं। इससे वनों में एक अलग परत का निर्माण होता है, जिसके शीर्ष पर ऊंचे वृक्ष और उनका सघन वितान होता है, जबकि मध्य स्तर पर छोटे वृक्ष पाये जाते हैं तथा भूमि पर शाकीय फर्न और झाड़ियां विस्तृत होती हैं। इस तरह की वनस्पतियों में एकल प्रजातियों के वृक्षों की उपलब्धता अत्यंत दुर्लभ है। इसलिए उष्णकटिबंधीय काष्ठ का वाणिज्यिक दोहन अत्यधिक दुष्कर होता है।
अतः विकल्प (D) सही है।

50. वर्षपर्यंत नदी मार्ग में जल प्रवाह के प्रतिरूप को नदी बहाव प्रवृत्ति के रूप में जाना जाता है। हिमालय से निकलने वाली उत्तर भारतीय नदियां बारहमासी हैं क्योंकि ये हिमनदों से बर्फ पिघलने और वर्षा ऋतु में वर्षा से जल भी प्राप्त करती हैं। दक्षिण भारत की नदियों का उद्गम हिमनदों से नहीं होता है और उनके प्रवाह प्रतिरूप में उतार-चढ़ाव आता रहता है। मानसून की वर्षा के दौरान प्रवाह काफी बढ़ जाता है। इस प्रकार, दक्षिण भारत की नदियों के बहाव की प्रवृत्ति वर्षा द्वारा नियंत्रित होती है जो प्रायद्वीपीय पठार के एक भाग से दूसरे भाग में भी भिन्न होती है।
अतः विकल्प (B) सही है।

51. धाराओं को प्रभावित करने वाले प्राथमिक बल निम्नलिखित हैं:

सौर ऊर्जा से गर्म होने पर जल का प्रसार होता है। यही कारण है कि विषुवत रेखा के निकट समुद्र का जलस्तर मध्य अक्षांशों की तुलना में लगभग 8 से.मी. अधिक ऊंचा होता है। यह अत्यल्प प्रवणता का कारण बनता है और जल ढाल की ओर प्रवाहित होता है। समुद्र की सतह पर प्रवाहित पवनें जल की गति को प्रारंभ करतो हैं। वायु और जल की सतह के बीच घर्षण जल निकाय कि गति को उसके मार्ग में प्रभावित करता है।

गुरुत्वाकर्षण जल को एकत्र करने के लिए नीचे की ओर खींचता है और प्रवणता भिन्नता उत्पन्न करता है। कोरिओलिस बल हस्तक्षेप करता है जिससे जल उत्तरी गोलार्द्ध में दाईं ओर और दक्षिणी गोलार्द्ध में बाईं ओर गति करता है। जल के इन विशाल संचयों और उनके चारों ओर प्रवाह को गायर कहा जाता है। इनके द्वारा सभी महासागरीय बेसिनों में विशाल वृत्तीय धाराएं उत्पन्न की जाती हैं।

जल घनत्व में अंतर महासागरीय धाराओं की ऊर्ध्वाधर गति को प्रभावित करता है। उच्च लवणता वाला जल कम लवणता वाले जल की तुलना में सघन होता है और इसी प्रकार ठंडा जल गर्म जल की तुलना में सघन होता है। अपेक्षाकृत सघन जल नीचे बैठता है, जबकि अपेक्षाकृत हल्का जल ऊपर उठता है।

ठंडे जल की महासागरीय धाराएं तब उत्पन्न होती हैं जब ध्रुवों पर ठंडा जल नीचे बैठता है और धीरे-धीरे विषुवत रेखा की ओर बढ़ता है। गर्म जल की धाराएं सतह के साथ विषुवत रेखा से चलती हैं और नीचे बैठने वाले ठंडे जल का स्थान लेने के लिए ध्रुवों की ओर बहती हैं। महासागरीय बेसिनों और आस-पास की भू-संहति की स्थलाकृति और आकार भी महासागरीय धाराओं को प्रभावित करता है।
अतः विकल्प (D) सही है।

52. महासागरों का अधिकतम तापमान सदैव उनकी सतह पर होता है क्योंकि उन्हें सूर्य से सीधे ऊष्मा प्राप्त होती हैं और महासागरों के निचली परतों में ऊष्मा चालन की प्रक्रिया के माध्यम से संचारित होती है। इसके परिणामस्वरुप गहराई में वृद्धि के साथ तापमान में कमी होती है, लेकिन तापमान में कमी की यह दर प्रत्येक स्थान पर एक समान नहीं होती है। महासागरों की तापमान संरचना का त्रि-स्तरीय प्रणाली के रूप में वर्णन किया जा सकता है। पहली परत (शीर्ष परत) लगभग 500 मीटर मोटी होती है जिसका तापमान 20 से लेकर 25 डिग्री सेल्सियस के मध्य होता है। दूसरी परत (ताप प्रवणता/थर्मोक्लाईन) की विशेषता बढ़ती गहराई के साथ तापमान में तेजी से कमी होती है। यह परत लगभग 500 मीटर-1000 मीटर मोटी होती है। तीसरी परत बहुत ठंडी होती है और महासागरीय नितल तक विस्तृत होती है। यहां गहराई के साथ तापमान में परिवर्तन अत्यंत सीमित रूप में होता है।

महासागरीय सतह के जल का औसत तापमान लगभग 27 डिग्री सेल्सियस होता है और विषुवत रेखा से ध्रुवों की ओर इसमें क्रमिक रूप में कमी होती जाती है। दक्षिणी गोलार्द्ध की तुलना में उत्तरी गोलार्द्ध में स्थित महासागरों में अपेक्षाकृत अधिक तापमान दर्ज किया जाता है। अधिकतम तापमान विषुवत रेखा पर नहीं बल्कि इससे थोड़ा उत्तर की ओर दर्ज किया जाता है। उत्तरी और दक्षिणी गोलार्द्ध का औसत वार्षिक तापमान क्रमशः 19 डिग्री सेल्सियस और 16 डिग्री सेल्सियस के आसपास होता है। यह भिन्नता उत्तरी और दक्षिणी गोलार्द्धों में भूमि और जल के असमान वितरण के कारण है।
अतः विकल्प (A) सही है।

53. मिजोरम को उर्मिल (रोलिंग) पर्वतों की भूमि के रूप में जाना जाता है क्योंकि यहां पर्वतों की विशाल संख्या मौजूद है। अधिकांश पर्वत उच्च अंतरीप बेसिन की संरचना या साधारण शब्दों में घाटी प्रकार के गर्त के साथ सहगत हैं, जो पर्वतों के समानांतर स्थित हैं। इन गर्तों में असंगठित निक्षेप संचित हो जाते हैं जिन्हें मोलेसिस बेसिन के रूप में जाना जाता है। इसलिए इसे भारत के मोलेसिस बेसिन के रूप में भी जाना जाता है।
अतः विकल्प (D) सही है।

54. चीन तुल्य जलवायु को आर्द्र उपोष्ण जलवायु भी कहा जाता है। एशियाई महाद्वीप की वृहत भू-संहति और इसके आंतरिक पर्वतीय भागों के कारण ग्रीष्म ऋतु और शीत ऋतु के मध्य दाब में व्यापक परिवर्तन होता है। 'एशिया के मध्यवर्ती भागों में तीक्ष्ण गर्मी' ग्रीष्म ऋतु में निम्न दाब के क्षेत्र का निर्माण करती है जो उष्णकटिबंधीय प्रशांत वायु धारा को वर्षा-धारक दक्षिण-पूर्व मानसून के रूप में आकर्षित करता है। शीत ऋतु में, मंगोलिया और साइबेरिया के ठंडे आंतरिक भागों और अपेक्षाकृत गर्म प्रशांत तटभूमि के मध्य उच्च दाब प्रवणता निर्मित हो जाती है। साथ ही ध्रुवीय महाद्वीपीय वायुराशि उत्तर-पश्चिम मानसून के रूप में बाहर की ओर प्रवाहित होती है। जिससे कुछ क्षेत्रों की पवनाभिमुख

ढलानों पर अल्प वर्षा और अत्यधिक हिमपात होता है।
अतः विकल्प (C) सही है।

55. कृषि वानिकी बंजर भूमि सहित एक ही भूमि पर वृक्ष और कृषि फसलें उगाना है। अधिकांश कृषि वानिकी प्रणालियों का उद्देश्य कृषि प्रणालियों के उत्पादन और उत्पादकता को बढ़ाना या बनाए रखना है, कृषि आदानों को और इसी प्रकार उत्पादन लागत को कम करना, लकड़ी के बारहमासी उपयोग उदाहरण के लिए, भोजन, चारा, लकड़ी, निर्माण सामग्री और लकड़ी के ईंधन का उत्पादन करने के लिए पेड़ों या अन्य से उत्पादन में विविधता लाना है।

अतः विकल्प (D) सही है।

56. ड्रमलिन हिमनद द्वारा निक्षेपणात्मक भू-आकृतियां हैं। ये हिमनद मृत्तिका की अंडाकार समतल कटकनुमा आकृतियां हैं जिसमें रेत और बजरी के ढेर होते हैं। ड्रमलिन के लंबे भाग हिमनद के प्रवाह की दिशा में समानांतर होते हैं। ड्रमलिन का हिमनद सम्मुख भाग स्टौस कहलाता है जिसकी ढाल पुच्छ की अपेक्षा तीव्र होती है। इसका अग्र भाग या स्टॉस भाग प्रवाहित हिमखंड के कारण तीव्र हो जाता है। ड्रमलिन द्वारा हिमनद प्रवाह की दिशा इंगित की जाती है।
अतः विकल्प (C) सही है।

57. भारतीय तटीय मैदानों को स्थिति और सक्रिय भूआकृतिक प्रक्रियाओं के आधार पर व्यापक रूप से दो मैदानों में विभाजित किया जा सकता है। (i) पश्चिमी तटीय मैदान, (ii) पूर्वी तटीय मैदान।

पश्चिमी तटीय मैदान जलमग्न तटीय मैदानों के उदाहरण हैं। जलमग्न होने के कारण, यह एक संकीर्ण पट्टी है और पत्तनों व बंदरगाहों के विकास हेतु प्राकृतिक परिस्थितियां प्रदान करता है। यह उत्तर में गुजरात तट से लेकर दक्षिण में केरल तट तक अर्थात पांच भारतीय राज्यों (महाराष्ट्र, गोवा, कर्नाटक केरल और गुजरात) में विस्तारित है। यह मध्य में संकीर्ण और उत्तर व दक्षिण में चौड़ा है। मालाबार तट की विशेष स्थलाकृति 'कयाल' (पश्चजल) हैं, जिसका मछली पकड़ने, अंतःस्थलीय नौकायन आदि के लिए प्रयोग किया जाता है। साथ ही पर्यटकों के लिए यह एक विशेष आकर्षण का केंद्र भी है।
अतः विकल्प (B) सही है।

58. वंशधारा नदी ओडिशा और आंध्र प्रदेश में ऋषिकुल्या और गोदावरी के मध्य, पूर्व की ओर प्रवाहित होने वाली नदी है। इसका उद्गम स्थान ओडिशा के कालाहांडी जिले में है, यह ओडिशा में आंध्र प्रदेश के साथ संलग्न इसकी सीमा के साथ प्रवाहित होती है। अंत में यह आंध्रप्रदेश के कलिंगपटनम में बंगाल की खाड़ी में गिरती है। यह उत्तर-पूर्वी आंध्र क्षेत्र की एक मुख्य नदी है और इस क्षेत्र की सिंचाई आवश्यकताओं को पूर्ण करने हेतु इस पर बोडुपल्ली राजगोपाला राव परियोजना का निर्माण किया गया था।
अतः विकल्प (D) सही है।

59. लाल मृदा दक्कन पठार के पूर्वी और दक्षिणी भाग में रवेदार (क्रिस्टलीय) आग्नेय चट्टानों पर कम वर्षा वाले क्षेत्रों में विकसित हुई है। पश्चिमी घाट के गिरिपदीय क्षेत्र के साथ स्थित एक लंबी पट्टी पर लाल दोमट मृदा पाई जाती है। पीली और लाल मृदाएं, छत्तीसगढ़ और ओडिशा के कुछ भागों और मध्य गंगा मैदान के दक्षिणी भागों में भी पाई जाती हैं।

इन मृदाओं का लाल रंग रवेदार आग्नेय और कायान्तरित चट्टानों में लौह धातु के व्यापक विसरण के कारण होता है। जलयोजित (हाइड्रेटेड) रूप में घटित होने पर इसका रंग पीला हो जाता है। सूक्ष्म कणों वाली लाल और पीली मृदाएँ सामान्य रूप से उपजाऊ होती हैं, जबकि शुष्क उपरिभूमि क्षेत्रों में मोटे कणों वाली संरचना के कारण मृदा की उर्वरता कम होती है। उनमें सामान्यतः ह्यूमस, फास्फोरस और नाइट्रोजन की कमी होती है।
अतः विकल्प (C) सही है।

60. महाद्वीपीय मग्नतट, प्रत्येक महाद्वीप का विस्तृत सीमांत होता है जो अपेक्षाकृत उथले समुद्रों और खाड़ियों से घिरा होता है। यह महासागर का सर्वाधिक उथला भाग होता है जिसकी औसत प्रवणता 1 डिग्री या उससे भी कम होती है। यह मग्नतट प्रायः अत्यंत तीव्र ढ़ाल पर समाप्त होता है, जिसे मग्नतट अवकाश (shelf break) कहा जाता है। महाद्वीपीय मग्नतटों की चौड़ाई एक महासागर से दूसरे महासागर में भिन्न होती है। महाद्वीपीय मग्नतटों की औसत चौड़ाई लगभग 80 किमी होती है। कुछ सीमांतों के साथ मग्नतट या तो अनुपस्थित होते हैं या बहुत ही संकीर्ण होते हैं, जैसे चिली के तट तथा सुमात्रा के पश्चिमी तट आदि। इसके विपरीत, आर्कटिक महासागर में साइबेरियाई मग्नतट, विश्व में सबसे बड़ा मग्नतट है, जिसकी चौड़ाई 1,500 किमी है।

महाद्वीपीय मग्नतटों का अत्यधिक भौगोलिक महत्व होता है। उनका उथलापन सूर्य के प्रकाश को जल में प्रवेश करने में सक्षम बनाता है। यह प्लवकों की वृद्धि को प्रोत्साहित करता है जिस पर सतह और तल पर भोजन ग्रहण करने वाली विभिन्न मछली प्रजातियां विकसित होती हैं। यही कारण है कि महाद्वीपीय मग्नतट विश्व के सर्वाधिक समृद्ध मत्स्यन क्षेत्र होते हैं। उदाहरणस्वरूप: न्यूफ़ाउंडलैंड का ग्रैन्ड बैंक।
अतः विकल्प (D) सही है।

61. अटलांटिक महासागर की धाराओं में निम्नलिखित धाराएँ सम्मिलित हैं:

- उत्तरी विषुवतीय धारा (गर्म)
- गल्फ स्ट्रीम (गर्म)
- फ्लोरिडा धारा (गर्म)
- कनारी धारा (ठंडी)
- लैब्राडोर धारा (ठंडी)
- ब्राज़ील धारा (गर्म)
- फ़ॉकलैंड धारा (ठंडी)
- दक्षिणी अटलांटिक प्रवाह (ठंडी)
- बेंगुएला धारा (ठंडी)

अतः विकल्प (A) सही है।

62. काली मृदा दक्कन पठार के अधिकांश भाग को आच्छादित करती है जिसमें महाराष्ट्र, मध्य प्रदेश, गुजरात, आंध्र प्रदेश और तमिलनाडु के कुछ भाग सम्मिलित हैं। गोदावरी और कृष्णा के ऊपरी क्षेत्रों में, और दक्कन पठार के उत्तर-पश्चिमी भाग में, काली मृदा अत्यंत गहरी है। इन मृदाओं को रेगुर मृदा' या 'काली कपास मृदा' के रूप में भी जाना जाता है। काली मृदा सामान्य तौर पर मृण्मय (चिकनी मिट्टी जैसी), गहरी और अपारगम्य होती है। ये मृदाएं गीली होने पर फूल जाती हैं और चिपचिपी हो जाती हैं और सूखने पर सिकुड़ जाती हैं। इस प्रकार, शुष्क ऋतु में, इन मृदाओं में चौड़ी दरारें विकसित हो जाती हैं। इस प्रकार, इनमें एक प्रकार की 'स्व-जुताई' हो जाती है। आर्द्रता के मंद अवशोषण और आर्द्रता के क्षय से संबंधित विशेषता के कारण, काली मृदा में लंबी अवधि तक आर्द्रता बनी रहती है, जो विशेष रूप से वर्षा सिंचित फसलों को शुष्क मौसम के दौरान भी विकसित होने में सहायता करती है। रासायनिक रूप से, काली मृदा चूने, लोहे, मैग्नेशिया और एल्यूमिना से समृद्ध होती है। इनमें पोटाश भी पाया जाता है। किन्तु इनमें फॉस्फोरस, नाइट्रोजन और कार्बनिक पदार्थों का अभाव होता है। मृदा का रंग गाढ़े काले से लेकर धूसर तक होता है।
अतः विकल्प (B) सही है।

63. उत्तरी हिन्द महासागर में, ग्रीष्म ऋतु और शीत ऋतु के मध्य मानसूनी पवनों में परिवर्तन के कारण धाराओं का पूर्ण व्युत्क्रमण हो जाता है। ग्रीष्म ऋतु में जून से अक्टूबर के दौरान, जब दक्षिण पश्चिम मानसून प्रभावी होता है, तब दक्षिण पश्चिम मानसून प्रवाह के रूप में धाराओं का प्रवाह दक्षिण-पश्चिमी दिशा से होता है। दिसम्बर से प्रारंभ शीत ऋतु में इस प्रवाह का व्युत्क्रमण हो जाता है, क्योंकि इस समय उत्तर-पूर्वी मानसून, धाराओं को उत्तर-पूर्व दिशा से उत्तर-पूर्वी मानसून के रूप में प्रवाहित करता है। उत्तरी हिंद महासागर की धाराएं सर्वाधिक स्पष्ट रूप से महासागरीय धाराओं के परिसंचरण पर पवनों के प्रमुख प्रभाव को प्रदर्शित करती हैं।
अतः विकल्प (D) सही है।

64. पचमढ़ी बायोस्फीयर रिजर्व मध्य प्रदेश की सतपुड़ा श्रृंखला में स्थित है। सतपुड़ा श्रृंखला एक ऐसे जलग्रहण क्षेत्र का निर्माण करती है जिसके उत्तर में नर्मदा नदी और दक्षिण में तापी नदी प्रवाहित होती है। यूनेस्को द्वारा वर्ष 2009 में इसे बायोस्फीयर रिजर्व का दर्जा प्रदान किया गया था। इसमें तीन वन्यजीव

संरक्षण स्थल सम्मिलित हैं: बोरी अभयारण्य, पचमढ़ी अभयारण्य और सतपुड़ा राष्ट्रीय उद्यान।
अतः विकल्प (A) सही है।

65. समुद्र के जल में बड़ी मात्रा में घुलित खनिज पदार्थ होते हैं जिनमें सोडियम क्लोराइड की मात्रा 77 प्रतिशत से अधिक होती है। अन्य महत्वपूर्ण यौगिकों में मैग्नीशियम, कैल्शियम, पोटेशियम लवण सम्मिलित हैं।
अतः विकल्प (C) सही है।

66. अल-नीनो गर्म विषुवतरेखीय धारा का एक विस्तार मात्र है जो अस्थायी रूप से ठंडी पेरू धारा या हम्बोल्ट धारा पर प्रतिस्थापित हो जाती है। यह धारा पेरू के तट पर जल के तापमान को 10 डिग्री सेल्यियस तक बढ़ा देती है। इसके परिणामस्वरूप:

- विषुवतरेखीय वायुमंडलीय परिसंचरण में विकृति आ जाती है।
- समुद्री जल के वाष्पीकरण में अनियमितता उत्पन्न हो जाती है।
- प्लवकों की मात्रा में कमी हो जाती है जिससे समुद्र में मछलियों की संख्या कम हो जाती है।

भारत में मानसून की लंबी अवधि के पुर्वानुमान के लिए अल-नीनो का उपयोग किया जाता है।
अतः विकल्प (D) सही है।

67. सवाना घास के मैदानों में लंबी घासें और छोटे वृक्ष पाए जाते हैं। इसलिए सवाना को 'उष्णकटिवंधीय घास का मैदान' के रूप में वर्णित करना सही नहीं हैं, क्योंकि यहां प्रचुर मात्रा में पाई जाने वाली लंबी घास के साथ छोटे वृक्ष सदैव विद्यमान होते हैं। अत: "पार्कलैंड" और "बुश-बेल्ड" शब्द इस भूदृश्य का अधिक उपयुक्त वर्णन करते हैं।

सवाना-जलवायु उष्णकटिबंधीय क्षेत्रों तक सीमित है और सूडान में सर्वाधिक स्पष्ट रूप में विकसित हुई है, इसलिए इसे सूडान जलवायु के रूप में वर्णित किया गया है। यह संक्रमण क्षेत्रों में पाई जाने वाली जलवायु है जो विषुवतरेखीय वर्षा वनों और उष्ण मरुस्थलों के मध्य पाई जाती है।
अतः विकल्प (C) सही है।

68. यमुना गंगा की सबसे पश्चिमी और सर्वाधिक लंबी सहायक नदी है।

यमुना का उदगम उत्तराखंड में बंदरपूंछ शृंखला (6316 किमी) की पश्चिमी ढालों पर यमुनोत्री हिमनद से होता है। जबकि गंगा का उदगम गोमुख के निकट गंगोत्री हिमनद से होता है।

यमुना हिमाचल प्रदेश और उत्तराखंड के मध्य तथा हरियाणा, दिल्ली और उत्तर प्रदेश के मध्य राज्य की सीमा का निर्धारण करती है।
अतः विकल्प (D) सही है।

69. ये मैग्मा प्रकोष्ठ के ठंडे होने से निर्मित गुंबदाकार पिंड हैं। अनाच्छादन प्रक्रियाओं के द्वारा ऊपरी पदार्थ के हट जाने पर ही ये धरातल पर प्रकट होते हैं। ये विशाल क्षेत्र में विस्तृत होते हैं, और कभी-कभी इनकी गहराई कई किलोमीटर तक होती है।
अतः विकल्प (D) सही है।

70. उष्ण, आद्र विषुवतरेखीय जलवायु, वर्ष पर्यंत तापमान की अत्यधिक एकरूपता वाली जलवायु है। यह जलवायु विषुवत रेखा के उत्तर और दक्षिण में 5 डिग्री और 10 डिग्री के मध्य, अमेज़न की निम्न भूमियों में, अफ्रीका के पश्चिमी तट, मलेशिया, और इंडोनेशियाई द्वीपसमूह में पाई जाती है। हालांकि वर्षण वर्षपर्यंत सुवितरित बना रहता है, यहाँ अधिकतम वर्षा की दो अवधियां होती हैं, जो विषुवों (दिन रात की अवधि बराबर होती है) के शीर्‌ बाद ही होती हैं। वर्षण मुख्य रूप से तीव्र वाष्पीकरण के कारण संवहनीय प्रकार की होती है।

उष्णकटिबंधीय समुद्री जलवायु मध्य अमेरिका, वेस्टइंडीज, उत्तर-पूर्वी ऑस्ट्रेलिया, पूर्वी अफ्रीका आदि में उष्णकटिबंधीय भूमि के पूर्वी तट के साय पायी जाती है। यहां वर्ष पर्यंत व्यापारिक पवनों से निरंतर वर्षा होती है। यहाँ उन स्थलों पर पर्वतीय प्रकार की वर्षा होती है जहां बार्न्र ब्यापारिक पवनें उच्चभूमियों से टकराती हैं जैसा कि पूर्वी ब्राजील में, और दिन के दौरान एवं ग्रीष्म ऋतु में तीव्र ऊष्मन के कारण वर्षा संवहनी प्रकार की भी होती है। कोई भी माह वर्षा रहित नहीं होता है।
अतः विकल्प (B) सही है।

71. पैटागोनियाई स्टेपी के नाम से भी जाना जाने वाला पैटागोनियाई मरूस्थल अर्जेटीना का सबसे बड़ा मरूस्थल है।

माजेव मरूस्थल शुष्क वृष्टि छाया मरूस्थल और उत्तरि अमेरिका का सवार्धिक शुष्क मरूस्थल है।

गिब्सन मरूस्थल पश्चिमी आस्ट्रेलिया के आंतरिक भाग में एक शुष्क क्षेत्र है।
अतः विकल्प (C) सही है।

72. पृथ्वी की सतह की चट्टानें (आग्नेय, अवसादी और कायांतरित) विभिन्न अपक्षयकारी कारकों के प्रति अनावृत होती हैं और विभिन्न आकार के उपखंडो में विखंडित हो जाती हैं। इस प्रकार के उपखंडो का विभिन्न बहिर्जात कारकों द्वारा संवहन एवं निक्षेपण होता है। संघनन के माध्यम से ये संचित पदार्थ शैलों में परिणत हो जाते हैं।

शिलीभवन सघनता और किण्वन के माध्यम से सरंध्रता विनाश की प्रक्रिया है। कई अवसादी चट्टानों में, निक्षेपों की परतें शिलीभवन के बाद भी अपनी विशेषताओं को बनाए रखती हैं। इसलिए, बालुकाश्म, शेल आदि जैसी अवसादी चट्टानों में विभिन्न सांद्रता वाली कई परतें होती हैं।

अतः विकल्प (C) सही है।

73. दस डिग्री चैनल बंगाल की खाडी में अंडमान द्वीप समूह और निकोबार द्वीप समूह को एक दूसरे से पृथक करता है। ये दो द्वीप समूह संयुक्त रूप से भारतीय संघ राज्य क्षेत्र अंडमान निकोबार द्वीप समूह का निमाण करते हैं।

कोको जलहमरूमध्य उत्तर अंडमान द्वीप समूह और म्यांमार के कोको द्वीप समूह के मध्य स्थित है।

डंकन पैसेज साउथ अंडमान (ग्रेट अंडमान) और लिटिल अंडमान को पृथक करता है।

द ग्रेंड चैनल ग्रेट निकोबार द्वीप समूह और इंडोनेशिया के सुमात्रा द्वीपसमूह के मध्य स्थित है।
अतः विकल्प (D) सही है।

74. भारत में भारतीय-यूरोपीय या भारोपीय भाषा बोलने वालों की संख्या सर्वाधिक है। यह कुल भारतीय जनसंख्या का लगभग 73 % भाग है और भारत के भाषा समूहों में विशालतम है। इसमें उत्तरी एवं पश्चिमी भारत की सभी प्रमुख भाषाओं जैसे हिंदी, बंगाली, मराठी, गुजराती, पंजाबी, सिंधी, राजस्थानी, असमिया, उड़िया, पहाड़ी, बिहारी, कश्मीरी, उर्दू एवं संस्कृत शामिल हैं।
अतः विकल्प (D) सही है।

75. चीनी उद्योग देश का दूसरा सबसे महत्वपूर्ण कृषि-आधारित उद्योग है। ब्राजील विश्ध में सर्वाधिक गन्ना उत्पादन करने वाला देश है। वर्ष 2018 तक, ब्राजील में गन्ने का उत्पादन 746 मिलियन टन था, जो विश्व भर के गन्ने के उत्पादन का 39.20 % या। शीर्ष 5 देशों (भारत, चीन, थाईलैंड एवं पाकिस्तान सहित) की वैश्विक ग्ना उत्पादन में 73.70 % भागीदारी है।

कन्चे माल की उपलब्धता ऋतु-आाधारित होने के कारण चीनी उद्योग एक मौसमी उद्योग है।

उत्तर प्रदेश चीनी का दूसरा सबसे बड़ा उत्पादक राज्य है। चीनी मिलें दो क्षेत्रों में संकेंद्रित हैं - गंगा-यमुना दोआब एवं तराई क्षेत्र।

दक्षिणी मारत की तुलना में उत्तरी भारत में फसल की उपज कम है। उत्तर प्रदेश में उपज निम्र है, जवकि महाराष्ट्र, कर्नाटक व तमिलनाडु में उपज अधिक है।
अतः विकल्प (A) सही है।

76. कपास एक "विशुद्ध" कच्चा माल है, जिसका वजन विनिर्माण प्रक्रिया के दौरान कम नहीं होता है। यह एक भारह्रासी कच्चा माल नहीं है। इसलिए अन्य कारक, जैसे-करघे को चलाने के लिए विद्युत, श्रम, पूंजी या बाजार उद्योग की अवस्थिति का निर्धारण कर सकते हैं। वर्तमान में, इस उद्योग को बाजार में या

इसके निकट स्थापित करने की प्रवृत्ति व्याप्त है, क्योंकि बाजार के आधार पर ही कपड़े का उत्पादन निर्धारित होता है। इसके अतिरिक्त, तैयार उत्पादों के लिए बाजार अत्यंत परिवर्तनशील है, इसलिए बाजार के निकट मिलों को स्थापित करना महत्वपूर्ण हो जाता है।

सूती वस्त्र उद्योग भारत के पारंपरिक उद्योगों में से एक है। प्राचीन एवं मध्यकाल में यह केवल एक कुटीर उद्योग के रूप में परिचालित था। भारत मलमल (सूती कपड़े की एक श्रेष्ठ किस्म), कैलीकोस, चिंट्ज़ एवं अन्य विभिन्न प्रकार के महीन सूती वस्त्र के उत्पादन के लिए विश्व भर में प्रसिद्ध था। भारत में इस उद्योग के विकास हेतु अनेक कारण उत्तरदायी थे। प्रथम - यह एक उष्णकटिबंधीय देश है तथा उष्ण व आर्द्र जलवायु के लिए सूती सबसे आरामदायक वस्त्र है। दूसरा - भारत में बड़ी मात्रा में कपास उगाया जाता था। इस उद्योग के लिए आवश्यक प्रचुर मात्रा में कुशल श्रम इस देश में उपलब्ध था। वास्तव में, कुछ क्षेत्रों में, लोग पीढ़ियों से सूती वस्त्रों का उत्पादन कर रहे थे तथा कौशल को एक पीढ़ी से दूसरी पीढ़ी में स्थानांतरित कर रहे थे। इस प्रक्रिया ने उनके कौशल को परिपूर्ण किया।

कपास उत्पादक तीन प्रमुख क्षेत्र उत्तर-पश्चिम में पंजाब, हरियाणा व उत्तरी राजस्थान के कुछ भाग, पश्चिम में गुजरात व महाराष्ट्र तथा दक्षिण में आंध्र प्रदेश, कर्नाटक व तमिलनाडु के पठार हैं। इस फसल के प्रमुख उत्पादक राज्य गुजरात, महाराष्ट्र एवं तेलंगाना हैं। देश के उत्तर-पश्चिमी क्षेत्र में सिंचित परिस्थितियों में कपास का प्रति हेक्टेयर उत्पादन अधिक है। इसकी पैदावार महाराष्ट्र में बहुत निम्न है, जहां इसे वर्षा बाधारित परिस्थितियों में उगाया जाता है।

प्रारंभ में, अंग्रेजों ने स्वदेशी सूती वस्त्र उद्योग के विकास को प्रोत्साहित नहीं किया। उन्होंने मैनचेस्टर एवं लिवरपूल में अपनी मिलों को कच्चे कपास का निर्यात किया तथा तैयार उत्पादों की बिक्री हेतु भारतीय बाजार का उपयोग किया। यह कपड़ा सस्ता होता था, क्योंकि भारत के कुटीर आधारित उद्योगों की तुलना में ब्रिटेन के कारखानों में बड़े पैमाने पर इसका उत्पादन किया जाता था। वर्ष 1854 में मुंबई में पहली आधुनिक कपास मिल की स्थापना हुई।
अतः विकल्प (D) सही है।

77. पंचक (क्यूनरी) गतिविधियां ऐसी सेवाएं हैं, जो नवीन एवं विद्यमान विचारों के सृजन, पुनर्व्यवस्था एवं विवेचना; आंकड़ा निर्वचन और नई प्रौद्योगिकियों के उपयोग एवं मूल्यांकन पर केंद्रित हैं।

प्रायः 'गोल्ड का ॅलर' पेशेवरों के रूप में जानी जाने वाली ये गतिविधियां तृतीयक क्षेत्र के एक अन्य उपखंड का प्रतिनिधित्व करती हैं। इनमें मुख्यतः वरिष्ठ व्यापार प्रबंधकर्ता, सरकारी अधिकारियों, अनुसंधान वैज्ञानिकों, वित्तीय व कानूनी सलाहककारों, आदि विशिष्ट व उच्च भुगतान वाले कौशल शामिल होते हैं।
अतः विकल्प (A) सही है।

78. डब्लिंग टाइम (द्विगुणन अवधि) वह समय है जो किसी जनसंख्या के आकार को दोगुना होने में लगता है। विश्व की जनसंख्या तीव्र गति से दोगुनी हो रही है। विगत एक सदी में द्विगुणन की अवधि कम हुई है।

बीसवीं सदी (1900) के आरंभ में विश्व की जनसंख्या 2 अरब (विलियन) से कम थी, जबकि वर्तमान विश्व की जनसंख्या 7 अरब (बिलियन) है। इसलिए बीसवीं शताब्दी के आरंभ में विश्व की जनसंख्या अपने वर्तमान स्तरों के आधे से भी कम थी।
अतः विकल्प (B) सही है।

79. भारत में 3.14 मिलियन वर्ग किलोमीटर के क्षेत्र में विस्तृत 26 अवसादी बेसिन हैं। भारत के अवसादी बेसिन (स्थलीय एवं 200 मीटर आइसोबाथ तक अपतटीय) का क्षेत्रीय विस्तार लगभग 1.79 मिलियन वर्ग किमी है। 200 मीटर आइसोबाथ के अतिरिक्त गहरे जल में अवसादी क्षेत्रफल लगभग 1.35 मिलियन वर्ग किमी तक होना अनुमानित किया गया है। अतः अवसादी बेसिन का कुल क्षेत्रफल 3.14 मिलियन वर्ग किमी है। ये स्थलीय, अपतटीय एवं गहरे जल वाले क्षेत्रों में विस्तारित हैं।

विगत बारह वर्षों में, भारत के अवसादी बेसिन की हाइड्रोकार्बन क्षमता के अन्वेषण की दिशा में महत्वपूर्ण कदम उठाए गए हैं। अनन्वेषित क्षेत्र का आकार वर्ष 1995-96 के 50 % से घटकर 15 % रह गया है। ये तेल, पेट्रोलियम के साथ-साथ, प्राकृतिक गैस, कोलबेड मीथेन एवं शेल गैस के महत्वपूर्ण स्त्रोत हैं।
अतः विकल्प (A) सही है।

80. सतही जल एवं भूजल का अधिकांश उपयोग कृषि क्षेत्र में किया जाता है। यह सतही जल के उपयोग का 89 प्रतिशत एवं भूजल उपयोग का 92 प्रतिशत है। जबकि, औद्योगिक क्षेत्रक सतही जल के 2 प्रतिशत एवं भू-जल के 5 प्रतिशत उपयोग तक सीमित है। घरेलू क्षेत्रक में भूजल की तुलना में सतही जल का उपयोग अधिक (9 प्रतिशत) होता है। जल के कुल उपयोग में कृषि क्षेत्रक की हिस्सेदारी अन्य क्षेत्रों की अपेक्षा अत्यधिक है।

वर्षा सिंचित क्षेत्रों का देश के खाद्यान्न उत्पादन में महत्वपूर्ण योगदान रहा है। देश में 89 प्रतिशत बाजरा उत्पादन, 88 प्रतिशत दालें, 73 प्रतिशत कपास, 69 प्रतिशत तिलहन तथा 40 प्रतिशत चावल का उत्पादन इन्हीं क्षेत्रों में किया जाता है। इसके अतिरिक्त, वर्षा सिंचित क्षेत्र देश में 64 प्रतिशत मवेशियों, 74 प्रतिशत भेड़ों तथा 78 प्रतिशत बकरों की आबादी का भरण-पोषण करते हैं। भारत के लगभग 61 प्रतिशत कृषक वर्षा-सिंचित कृषि पर निर्भर हैं तथा सकल फसली क्षेत्र का 55 प्रतिशत वर्षासिंचित कृषि के अधीन है। भारत वर्षा-सिंचित कृषि के संदर्भ में, प्रथम स्थान पर है - क्षेत्रफल एवं उपज के मूल्य, दोनों दृष्टि से।
अतः विकल्प (B) सही है।

81. भारत में कुछ सौ घरों से युक्त संहत अथवा गुच्छित ग्राम, विशेष रूप से उत्तरी मैदानों में एक सार्वत्रिक लक्षण है। फिर भी, अनेक क्षेत्र ऐसे हैं, जहाँ अन्य प्रकार की ग्रामीण बस्तियां पायी जाती हैं। ग्रामीण बस्तियों के विभिन्न प्रकारों अनेक कारक और दशाएँ उत्तरदायी हैं।

इसके अंतर्गत हैं:

भौतिक लक्षण - भू -भाग की प्रकृति, ऊंचाई, जलवायु एवं जल की उपलब्धता

सांस्कृतिक एवं मानवजातीय कारक - सामाजिक संरचना, जाति और धर्म

सुरक्षा संबंधी कारक - चोरी एवं डकैती से सुरक्षा
अतः विकल्प (D) सही है।

82. रासार्यनिक एवं भौतिक गुणधर्मां के आधार पर खनिजों को धात्विक (धातु) व अधात्विक (अधातु) की दो प्रमुख श्रेणियों के अंतर्गत विभाजित किया जा सकता है। धातुओं के स्रोत धात्विक खनिज हैं। लौह अयस्क, तांबा, सोना (स्वर्ण) आदि से धातु प्राप्त होती है इन्हें धात्विक खनिज की श्रेणी में शामिल किया जाता है। धात्विक खनिजों को लौह एवं अलौह धात्विक श्रेणी में विभाजित किया जाता है। वे सभी प्रकार के खनिज, जिनमें लौह अंश समाहित होता है, जैसे कि लौह अयस्क, लौह धात्विक होते हैं तथा ऐसे खनिज जिनमें लौह अंश नहीं होता है, अलौह धात्विक खनिज की श्रेणी में शामिल होते हैं, जैसे ताँबा, बौक्साइट कादि।

कुछ अधात्विक खनिजों की उत्पत्ति कार्बनिक पदार्थों से होती है, जैसे जीवाश्म ईंधन, जिन्हें खनिज ईंधन के नाम से भी जाना जाता है तथा ये पृथ्वी में दबे हुए प्राणियों एवं पादपों से प्राप्त होते हैं जैसे कि कोयला और पेट्रोलियम आदि। अन्य प्रकार के अधात्विक खनिजो की उत्पति अकार्बनिक पदार्थों से होती है, जैसे कि अभ्रक, चूना-पत्थर, ग्रेफाइट आदि।
अतः विकल्प (B) सही है।

83. शेल गैस एवं तेल से आशय शेल संरचनाओं से प्राप्त प्राकृतिक गैस एवं तेल से है। शेल गैस, ऊर्जा का एक अपरंपरागत ग्रोत है। यह असरंध्र चट्टानों में पाई जाती है। शेल, इन अपरंपरागत हाइड्रोकार्बन के स्रोत तथा भंडार दोनों के रूप में कार्य करती है। पुराने शेल कुएं ऊर्ध्वाधर होते थे जबकि हाल ही में खोजे गए अधिकतर कुएं मुख्य रूप से क्षैतिज हैं तथा इनसे निष्कर्षण हेतु जलीय विभंजन (हाइड्रोलिक फ्रैक्चरिंग) जैसी कृत्रिम उत्प्रेरक तकनीकों की आवश्यकता होती है। केवल कुछ निश्चित विशेषताओं वाली शेल संरचनाएं ही गैस व तेल का उत्पादन करती हैं।

भारत सरकार द्वारा देश में शेल तेल व गैस संसाधनों का अभिनिर्धारण करने के लिए विभिन्न राष्ट्रीय तथा अंतर्राष्ट्रीय एजेंसियों के माध्यम से सर्वेक्षण किया गया है। विगत कई वर्षों से देश में पारंपरिक तेल/गैस के अन्वेषण से उपलब्ध

आंकड़ों के आधार पर देश में शेल गैस व तेल संसाधनों के आशाजनक भंडार ज्ञात हुए हैं और निम्नलिखित अवसादी बेसिन को शेल तेल व गैस के दृष्टिकोण से संभावित त्रोत माना जाता है:

- खंभात बेसिन
- गोंडवाना बेसिन
- के जी बेसिन
- कावेरी बेसिन
- सिंधु-गंगा बेसिन
- असम-बराकान बेसिन

अतः विकल्प (B) सही है।

84. हाल के वर्षों में, परमाणु ऊर्जा एक व्यवहार्य स्त्रोत के रूप में उभरी है। परमाणु ऊर्जा के उत्पादन हेतु उपयोग किए जाने वाले महत्वपूर्ण खनिज यूरेनियम और थोरियम हैं। यूरेनियम निक्षेप धारवाड़ शैलों में पाए जाते हैं।

महत्व पूर्ण परमाणु ऊर्जा परियोजनाएं हैं: तारापुर (महाराष्ट्र), कोटा के समीप रावतभाटा (राजस्थान), कलपक्कम (तमिलनाडु). नरोरा (उत्तर प्रदेश), कैगा (कर्नाटक) तथा काकरापाडा (गुजरात)।

अतः विकल्प (C) सही है।

85. जनसांख्यिकीय संक्रमण सिद्धांत की प्रयम अवस्षा में उच्च प्रजननशीलता और उच्च मृत्यु दर होती है। इस अवस्था में महामारियों व भोजन की अनिश्चित आपूर्ति के कारण होने वाली मृत्युं की क्षतिपूर्ति अधिक पुनरूत्पादन से करते हैं। जनसंख्या वृद्धि मंद होती है तथा अधिकांश लोग कृषि कार्यां में संलग्न होते हैं जहां बड़े परिवारों को परिसंपत्ति के रूप में देखा जाता है। जीवन प्रत्याशा निम्न होती है, अधिकांश लोग अशिक्षित होते हैं तथा प्रौद्योगिकी स्तर निम्न होता है। दो सौ वर्ष पूर्व विश्व के सभी देश इसी अवस्था में थे।

दूसरी अवस्या के आरम्म में प्रजननशीलता अधिक रहती है लेकिन समय के साय यह कम होती जाती है। यह अवस्था षटी हुई जनसंख्या में होने वाला शुद्ध योग भी कधिक होता है। कतः उध जन्म दर लेकिन ह्रास मान मृलु दर, जिसके कारण जनसंख्या में प्राकृतिक वृद्धि होती है, द्वितीय अवस्या की विशेषता है। वर्तमान में केन्या और श्रीलंका जैसे देश इसी अवस्या में हैं।
अतः विकल्प (B) सही है।

86. भारत में परीक्षित या एकाकी बस्ती प्रारूप सुदूर वनों में एकाकी झोपड़ियों या कुछ झोपड़ियों की पल्ली अथवा छोटी पहाड़ियों की ढालों पर खेतों या चारागाहों के रूप में दिखाई देता है। बस्ती का चरम विक्षेपण प्रायः भू-भाग और निवास योग्य क्षेत्रों भूमि संसाधन आधार की अत्यंत विखंडित प्रकृति के कारण होता है। मेघालय, उत्तराखंड, हिमाचल प्रदेश और केरल के कई क्षेत्रों में बस्ती का यह प्रकार पाया जाता है।

गुच्छित ग्रामीण बस्ती, घरों का एक संहत या संकुलित संरचनाओं वाला क्षेत्र होता है। इस प्रकार के गांव में, सामान्य निवास क्षेत्र सुस्पष्ट और आसपास के खेतों, खलिहान और चरागाहों से पृथक होता है। संकुलित निर्मित क्षेत्र और इसकी मध्यवर्ती सड़कें कुछ पहचाने जाने योग्य प्रतिरूप या ज्यामितीय आकृतियां प्रस्तुत करती हैं, जैसे कि आयताकार, अरीय, रंखिक, आदि। ऐसी बस्तियाँ प्रायः उपजाऊ जलोढ़ मैदानों और पूर्वोत्तर राज्यों में पाई जाती हैं। कभी-कभी, लोग सुरक्षा या रक्षा कारणों से संहत गांव में रहते हैं, जैसे कि मध्य भारत के बुंदेलसंड क्षेत्र में और नागालैंड में। राजस्थान में, जलाभाव के कारण उपलब्ध जल संसाधनों के अधिकतम उपयोग के लिए संहत बसावट की आवश्यकता को अनिवार्य बना दिया गया है।

कई बार बस्ती भौतिक रूप से एक-दूसरे से पृथक अनेक इकाईयों में विभाजित हो जाती हैं किन्तु उनका नाम एक रहता है। इन इकाइयों को देश के विभिन्न भागों में स्थानीय स्तर पर पन्ना, पाड़ा, पल्ली, नगला, ढाँणी, आदि कहा जाता है। किसी बड़े गाँव का यह विभाजन प्राय: सामाजिक और नृजातीय कारकों से प्रेरित होता है। इस प्रकार के गाँव अधिकतर गंगा नदी के मध्य और निचले मैदान, छत्तीसगढ़ और हिमालय की निचली घाटियों में बहुतायत में पाए जाते हैं।
अतः विकल्प (C) सही है।

87. ऐसे क्षेत्र जहां कृषक केवल सब्जियों की खेती करने में विशेषज्ञता रखते हैं, वहाँ इस प्रकार की खेती को ट्रक फार्मिंग के रूप में जाना जाता है। बाजार से ट्रक फार्मों की दूरी, ट्रक द्वारा रात भर में तय की जा सकने वाली दूरी से निर्धारित होती है इसलिए इसे ट्रक फार्मिंग कहा जाता है।

अतः विकल्प (A) सही है।

88. लौह और इस्पात उद्योग के लिए लौह अयस्क और कोकिंग कोयला के अतिरिक्त चूना पत्थर, डोलोमाइट, मैंगनीज और अग्निसह मृत्तिका आदि अन्य कच्चे माल की आवश्यकता होती हैं। ये सभी कच्चे माल स्थूल (भरा ह्रास वाले) प्रकृति के होते हैं, इसलिए लौह ओर इस्पात संयंत्रों की अवस्तिथि के लिए सबसे अच्छा स्थान कच्चे माल स्त्रोत के निकट होता है।

चौथी पंचवर्षीय योजना की अवधि में स्थापित किए गए नए इस्पात संयंत्र कच्चे माल के प्रमुख स्त्रोतों से दूर हैं। तीनों संयंत्र दक्षिण भारत में अवस्थित हैं। आंध्र प्रदेश के विशाखापट्टनम में विजाग इस्पात संयंत्र प्रथम पत्तन-आधारित संयंत्र है, जिसक संचालन 1992 में आरंभ हो गया था। इसकी पत्तन के निकट अवस्थिति लाभदायक है। प्रमुख इस्पात संयंत्रों के अतिरिक्त, देश लोहे की कतरन (स्क्रीप आयरन) का उपयोग करती हैं और उसे विद्युत भट्टियों में प्रक्रमित करती हैं।
अतः विकल्प (D) सही है।

89. मानव विकास सूचकांक (HDI) मानव विकास के प्रमुख आयामों अर्थात् - दीर्घ और स्वस्थ जीवन, शिक्षा तक पहुंच और सभ्य जीवन स्तर - की दृष्टि से औसत उपलब्धि की एक औसत माप होता है। मानव विकास सूचकांक तीन आयामों में से प्रत्येक के लिए सामान्यीकृत सूचकांकों का ज्यामितीय माध्य होता है।

मानव विकास सूचकांक (HDI) मानव विकास के तीन प्रमुख आयामों अर्थात् - दीर्घ और स्वस्थ जीवन, शिक्षा तक पहुंच और सभ्य जीवन स्तर- को प्रदर्शित करने के लिए एकल सूचकांक माप प्रदान करता है।
अतः विकल्प (B) सही है।

90. उष्ण, प्रकाशमान ग्रीष्मऋतु और शीतल, आर्द्र शीतकतु, इस प्रदेश में संतरे, नींबू, चकोतरा, बिजौरा और अंगूर जैसे विविध्ध प्रकार के खट्टे रसदार फलों की खेती संभव बनाती हैं। भूमध्यसागरीय प्रदेश विच्ध के बट्टे फलों के निर्यात में 70 प्रतिशत भागीदारी करता हैं। इसलिए इस क्षेत्र को विश्व का फलोद्यान के रूप में जाना जाता है।

भूमध्यसागरीय क्षेत्र में, 85 प्रतिशत अंगूर की बेती की उपज का उपयोग वाइन (wine) के उत्पादन में किया जाता है और यह विश्व उत्पादन का लगमग तीन-चौयाई भाग है। यहां, पारंपरिक रूप से कंगूर की वाणिज्यिक खेती की जाती है। कम गुणवत्ता वाले अंगूरों को सूखे अंगूरों के रूप में संरक्षित किया जाता है और निर्यात किया जाता है।

ग्रीष्मऋतु अधिकतर उष्ण और शुष्क होती हैं, तुलनात्मक रूप से ठंडी जलवायु वाले पहाड़ी क्षेत्रों में कुछ चरागाह पाए जाते हैं जहाँ भेड, बकरियों और कभी-कभी मवेशियों का पालन किया जाता है और यहाँ मौसमी/ऋतु प्रवास व्यापक रूप से प्रचलित है।
अतः विकल्प (D) सही है।

91. जनांकिकीय संक्रमण सिद्धांत का उपयोग किसी भी क्षेत्र की जनसंख्या का वर्णन करने और भविष्य की जनसंख्या के पूर्वानुमान के लिए किया जा सकता है। यह सिद्धांत व्यक्त करता है कि जब समाज ग्रामीण, खेतिहर और अशिक्षित अवस्था से उन्नति करके नगरीय औद्योगिक और साक्षर समाज बनता है तब उस क्षेत्र की जनसंख्या उच्च जन्म और उच्च मृत्यु से निम्न जन्मों और निम्न मृत्युओं की स्थिति में परिवर्तित हो जाती है। ये परिवर्तन अवस्थाओं में होते हैं जिन्हें सामूहिक रूप से जनांकिकीय चक्र के रूप में जाना जाता है।

प्रथम अवस्था में उच्च प्रजननशीलता और उच्च मृत्यु दर होती है क्योंकि लोग महामारियों व भोजन की अनिश्चित आपूर्ति के कारण होने वाली मृत्युओं की क्षतिपूर्ति अधिक पुनरुत्पादन के माध्यम से करते हैं। जनसंख्या वृद्धि मंद होती है तथा अधिकांश लोग कृषि कार्यों में संलग्न होते हैं जहां बड़े परिवारों को

परिसंपत्ति के रूप में देखा जाता है। जीवन प्रत्याशा निम्न होती है, अधिकांश लोग अशिक्षित होते हैं तथा प्रौद्योगिकी स्तर निम्न होता है। दो सौ वर्ष पूर्व विश्व के सभी देश इस अवस्था में थे। दूसरी अवस्था के आरम्भ में प्रजननशीलता अधिक रहती है लेकिन समय के साथ यह कम होती जाती है। यह अवस्था घटी हुई मृत्यु दर के साथ आती है। स्वच्छता और स्वास्थ्य परिस्थितियों में सुधार से मृत्यु दर में गिरावट आती है। इस अंतर के कारण जनसंख्या में होने वाला शुद्ध योग भी अधिक होता है। अंतिम अवस्था में, प्रजननशीलता और मृत्यु दर में दोनों में उल्लेखनीय गिरावट आती है। जनसंख्या या तो स्थिर रहती है या मंद गति से बढ़ती है। जनसंख्या नगरीय और साक्षर हो जाती है और उसे प्रौद्योगिकी का उच्चस्तरीय ज्ञान होता है और ऐसी जनसंख्या परिवार के आकार को विचारपूर्वक नियंत्रित करती है।

अतः सही विकल्प (C) है।

92. दिए गए धर्मों का उनकी जनसंख्या के बढ़ते क्रम में सही क्रम मुस्लिम-ईसाई-सिख-बौद्ध है।

अतः विकल्प (C) सही है।

93. उच्चतम स्तर के निर्णय लेने तथा नीतियों का निर्माण करने वाले पंचम क्रियाकलापों को निभाते हैं। इनमें और ज्ञान आधारित उद्योगों (जो सामान्यतः पंचम क्षेत्रक से संबद्ध हैं) में सूक्ष्म अंतर होता है।

पंचम क्रियाकलाप वे सेवाएं हैं जो नवीन एवं वर्तमान विचारों की रचना, उनके पुनर्गठन और व्याख्या; आंकड़ों की व्याख्या और प्रयोग, तथा नई प्रौद्योगिकियों के मूल्यांकन पर केंद्रित होती हैं। प्रायः 'स्वर्ण कॉलर' कहे जाने वाले वे व्यवसाय तृतीयक क्षेत्रक का एक और उप-विभाग हैं जो वरिष्ठ व्यावसायिक कार्यकारियों, सरकारी अधिकारियों, अनुसंधान वैज्ञानिकों, वित्त एवं विधि परामर्शदाताओं इत्यादि की विशेष और उच्च भुगतान वाली कुशलताओं का प्रतिनिधित्व करते हैं। उन्नत अर्थव्यवस्थाओं की संरचना में उनका महत्व उनकी संख्या से कहीं अधिक होता है।

ज्ञान प्रक्रमण बाह्यस्रोतन के उदाहरणों में अनुसंधान एवं विकास (R and D) क्रियाएं, ई-लर्निंग, व्यावसाय अनुसंधान, बौद्धिक संपदा (IP) अनुसंधान, विधिक व्यवसाय और बैंकिंग क्षेत्रक आते हैं।

अतः विकल्प (C) सही है।

94. देश के प्रमुख औद्योगिक प्रदेश हैं:

- मुंबई-पुणे प्रदेश
- हुगली प्रदेश
- बेंगलुरु-तमिलनाडु प्रदेश
- गुजरात प्रदेश
- छोटानागपुर प्रदेश
- विशाखापट्टनम-गुंटूर प्रदेश
- गुरुग्राम-दिल्ली-मेरठ प्रदेश, तथा
- कोल्लम-तिरुवनंतपुरम प्रदेश

अतः सही विकल्प (A) है।

95. ग्रीष्मऋतु में मैदानी क्षेत्रों से पर्वतीय चरागाहों में एवं शीतऋतु में पर्वतीय चरागाहों से मैदानी क्षेत्रों में प्रवास की प्रक्रिया को ऋतु प्रवास के रूप में वर्णित किया जाता है।

पर्वतीय क्षेत्रों, जैसे हिमालय में गुज्जर, बकरवाल, गद्दी एवं भोटिया ग्रीष्मऋतु में मैदानी क्षेत्रों से पहाड़ों की ओर तथा शीत ऋतु में ऊंचाई वाले क्षेत्रों से मैदानी क्षेत्रों की ओर प्रवास करते हैं।

अतः विकल्प (B) सही है।

96. कोयला भारत में सबसे महत्वपूर्ण एवं प्रचुर मात्रा में उपलब्ध जीवाश्म ईंधन है। यह देश की ऊर्जा आवश्यकताओं के 55 % की पूर्ति करता है। 27 प्रमुख कोलफील्डों में उपलब्ध कठोर कोयला भंडार मुख्यतः देश के पूर्वी व दक्षिण-मध्य भागों तक सीमित हैं। देश में अब तक 1200 मीटर की गहराई तक कुल 2,93,497 मिलियन टन कोयले के भूगर्भीय भंडार का अनुमान लगाया गया है।

बिटुमिनस कोयला या काला कोयला अपेक्षाकृत नरम कोयला होता है जिसमें टार के जैसा पदार्थ पाया जाता है जिसे बिटुमिनस कहा जाता है। कहा जाता है। इसकी गुणवत्ता लिग्नाइट कोयले की तुलना में उच्च परंतु एन्थ्रेसाइट कोयले की तुलना में निम्न होती है। बिटुमिनस कोयले में कार्बन की मात्रा लगभग 60-80% होती है, शेष जल, वायु, हाइड्रोजन व सल्फर होता है। भारत में लगमग 80 प्रतिशत कोयला भंडार बिटुमिनस प्रकार का है तथा गैर-कोकिंग श्रेणी का है।

अतः विकल्प (C) सही है।

97. इंडोनेशिया पाम आयल (ताड़ का तेल) का शीर्ष उत्पादक देश है, मलेशिया दूसरे स्थान पर है

भारत कच्चे जूट तथा जूट उत्पादों का विश्व का सबसे बड़ा उत्पादक देश है, जिनका योगदान वैश्विक उत्पादन में क्रमशः 50 प्रतिशत और 40 प्रतिशत से अधिक है।

म्यांमार विश्व में सागौन का अग्रणी उत्पादक देश है।

अतः विकल्प (A) सही है।

98. प्रवास स्थायी, अस्थायी या मौसमी हो सकता है। प्रवास ग्रामीण से ग्रामीण, ग्रामीण से नगरीय, नगरीय से नगरीय, तथा नगरीय से ग्रामीण क्षेत्र की ओर हो सकता है।

अंतः-राज्यीय व अंतर-राज्यीय दोनों प्रकार के प्रवासों में समीपस्थ ग्रामीण से ग्रामीण प्रवास की धाराओं में महिलाओं की संख्या सर्वाधिक हैं। इसके विपरीत, आर्थिक कारणों की वजह से अंतर-राज्यीय ग्रामीण से नगरीय क्षेत्र की ओर प्रवास में पुरुषों की संख्या सर्वाधिक हैं।

अतः विकल्प (B) सही है।

99. प्राथमिक क्रियाएँ प्रत्यक्ष रूप से पर्यावरण पर निर्भर होती हैं क्योंकि ये पृथ्वी के विभिन्न संसाधनों, जैसे भूमि, जल, वनस्पति, भवन निर्माण-सामग्री एवं खनिज इत्यादि के उपयोग को संदर्भित करती हैं। इस प्रकार, इन क्रियाओं के अंतर्गत आखेट, भोजन संग्रह, पशुचारण, मत्स्यपालन, वानिकी, कृषि एवं खनन तथा उत्खनन कार्य सम्मिलित किए जाते हैं।

अतः विकल्प (D) सही है।

100. जनसंख्या का वृद्ध होना वह प्रक्रिया है जिसके कारण वयोवृद्ध जनसंख्या का भाग आनुपातिक रूप से वृहद हो जाता है। यह बीसवीं सदी की एक नवीन परिघटना है। विश्व के अधिकांश विकसित देशों में, जीवन-प्रत्याशा बढ़ने के कारण उच्च आयु वर्ग की जनसंख्या में वृद्धि हुई है। जन्म दर में गिरावट होने से जनसंख्या में बच्चों के अनुपात में गिरावट आई है।

संयुक्त राष्ट्र जनसंख्या कोष (UNFPA) द्वारा परिभाषित जनसांख्यिकी लाभांश का अर्थ है, "आर्थिक विकास की क्षमता जो जनसंख्या की आयु संरचना में परिवर्तनों से उत्पन्न हो सकती है, मुख्य रूप से जब कार्यशील-आयु वर्ग (15 से 64 आयु वाली) जनसंख्या की भागीदारी गैर-कार्यशील आयु वर्ग (14 और उससे कम आयु वर्ग, और 65 और उससे अधिक आयु वर्ग) की भागीदारी से अधिक हो। इसलिए कार्यशील जनसंख्या के अनुपात में वृद्धि जनसंख्या के वृद्ध होने में योगदान नहीं करती है।

अतः विकल्प (A) सही है।

101. राइन नदी नीदरलैंड और जर्मनी से होकर प्रवाहित होती है और नीदरलैंड में स्थित राॅटरडम से स्विट्जरलैंड स्थित बेसल तक 700 किमी की दूरी तक नौगम्य है। यह, स्विट्जरलैंड, जर्मनी, फ्रांस, बेल्जियम और नीदरलैंड के औद्योगिक क्षेत्रों को उत्तरी अटलांटिक महासागर जलमार्ग से जोड़ता है।

डेन्यूब नदी का उद्गम जर्मनी के ब्लैक फाॅरेस्ट से होता है और यह कई देशों से होकर पूर्व दिशा की ओर प्रवाहित होती है। यह टर्नु सेवेरिन, रोमानिया तक नौगम्य है।

वोल्गा जलमार्ग रूस से आरम्भ होता है, तथा यह 11,200 किमी का नौगम्य जलमार्ग प्रदान करते हुए अंततः कैस्पियन सागर में समाहित हो जाता है। वोल्गा-मास्को नहर इसे मास्को क्षेत्र से और वोल्गा-डॉन नहर इसे काला सागर से जोड़ती है।

अतः विकल्प (C) सही है।

102. छोटी दूरियों के लिए सड़क परिवहन आर्थिक रूप से सर्वाधिक वहनीय होता है। मोटरवाहनों द्वारा यात्रा किए जाने योग्य विश्व की सम्पूर्ण सड़कों की लंबाई लगभग 15 मिलियन किमी है, जिसमें से उत्तरी अमेरिका में इस लंबाई का 33 प्रतिशत भाग विद्यमान है। इस महाद्वीप में वाहनों का उच्चतम सड़क घनत्व तथा पंजीकृत वाहनों की उच्चतम संख्या है।

रेलमार्ग लंबी दूरियों तक भारी वस्तुओं और यात्रियों के लिए भूमि परिवहन की सर्वोत्तम सुविधा है। यूरोप में रेल नेटवर्क विश्व के सर्वाधिक सघन रेल नेटवर्कों में से एक है। बेल्जियम में प्रत्येक 6.5 वर्ग किमी क्षेत्र के लिए 1 किमी रेलवे के रूप में सबसे अधिक घनत्व है।

नदियाँ, नहरें, झीलें और तटीय क्षेत्र महत्वपूर्ण जलमार्ग होते हैं। अंतर्देशीय जलमार्गों का विकास चैनल की नौगम्यता चौड़ाई व गहराई, जल प्रवाह में निरंतरता और उपयोग की गई परिवहन प्रौद्योगिकी पर निर्भर करता है। गंगा-ब्रह्मपुत्र नदी प्रणाली जैसी प्रमुख नदियों, बीजिंगहांग्जो ग्रैंड कैनाल आदि के कारण एशिया में अंतर्देशीय जलमार्गों की लंबाई सबसे अधिक है।

अतः विकल्प (A) सही है।

103. वर्ष 2011 की जनगणना के अनुसार, देश में 10 मिलियन से अधिक आबादी वाले कई अत्यधिक विशाल शहरी क्षेत्र हैं। इन्हें मेगासिटी के रूप में जाना जाता है। ये वृहत् मुंबई, दिल्ली और कोलकाता हैं। पिछले दशक में मेगासिटी की जनसंख्या वृद्धि में पर्याप्त कमी दर्ज की गई है। वृहत् मुंबई , जिसमें वर्ष 1991-2001 के दशक में जनसंख्या में 30.47 % की वृद्धि हुई थी, वहीं वर्ष 2001-2011 के दशक में 12.05% की वृद्धि दर्ज की गई। इसी प्रकार, दिल्ली (1991-2001 में 52.24\% की तुलना में वर्ष 2001-2011 में 26.69 की वृद्धि) और कोलकाता (1991-2001 में 19.60 % की तुलना में वर्ष 2001-2011 में 6.87% की वृद्धि) की भी जनसंख्या वृद्धि में पर्याप्त कमी दर्ज की गई।

नगरीकरण का स्तर, कुल जनसंख्या के प्रतिशत के रूप में शहरी जनसंख्या के परिमाण के संदर्भ में मापा जाता है। वर्ष 2001 में भारत में नगरीकरण का स्तर 28 प्रतिशत था। वर्ष 2011 की जनगणना के अनुसार देश में कुल नगरीय जनसंख्या 377 मिलियन से अधिक है, जो कुल जनसंख्या का 31.16 % है।

अतः विकल्प (A) सही है।

104. एचवीजे, हजीरा-विजयपुर-जगदीशपुर के लिए एक संक्षिप्त नाम है। इसे HBJ के रूप में भी जाना जाता है, जहाँ B बिजयपुर का द्योतक है, जो विजयपुर का ही अन्य नाम है। यह भारत की पहली अंतरराज्यीय (cross-state) गैस पाइपलाइन है। इस परियोजना का आरम्भ 1986 में उत्तर प्रदेश राज्य में स्थित उर्वरक संयंत्रों को गैस की आपूर्ति करने हेतु गेल (इंडिया) लिमिटेड के निगमन के पश्चात किया गया था। यह गुजरात, मध्य प्रदेश और उत्तर प्रदेश से होकर गुजरती है। गैर-शाखित 1,750 किलोमीटर ग्रिड वाली परियोजना के प्रथम चरण का आरंभ वर्ष 1997 में किया गया था। बाद में, राजस्थान, हरियाणा राज्यों, और राष्ट्रीय राजधानी क्षेत्र (NCT) में औद्योगिक और घरेलू उपयोग के लिए गैस की आपूर्ति हेतु अतिरिक्त शाखाओं के माध्यम से इस प्रणाली का विस्तार किया गया, जिससे ग्रिड की कुल लंबाई 3,474 किमी तक बढ़ गई। वर्ष 1998 में, नव स्थापित इंद्रप्रस्थ गैस लिमिटेड ने शहर का गैस ग्रिड स्थापित करने के लिए पाइपलाइन की दिल्ली शाखा का नियंत्रण प्राप्त किया।

अतः विकल्प (A) सही है।

105. तीन जीवाश्म ईंधनों (पेट्रोलियम, प्राकृतिक गैस और कोयला) में से, कोयले का भंडार सर्वाधिक व्यापक रूप से वितरित है। 100 से अधिक देशों में और अंटार्कटिका को छोड़कर सभी महाद्वीपों पर कोयले का खनन किया जाता है। संयुक्त राज्य अमेरिका, रूस, चीन, ऑस्ट्रेलिया और भारत में सबसे बड़े प्रमाणित भंडार पाए गए हैं। कोयला प्रमुख रूप से लिग्नाइट और एन्थ्रेसाइट के रूप में पाया जाता है।

उत्पादन के संदर्भ में, वर्ष 1983 के पश्चात से चीन शीर्ष कोयला उत्पादक देश है। वर्ष 2011 में चीन ने 3,520 मिलियन टन (mt) कोयले का उत्पादन किया। जो विश्व भर के 7,695 मिलियन टन कोयला उत्पादन का 49.5% है। वर्ष 2011 में अन्य बड़े कोयला उत्पादक देश संयुक्त राज्य अमेरिका (993 मिलियन टन), भारत (589 मिलियन टन), यूरोपीय संघ (576 मिलियन टन) और ऑस्ट्रेलिया (416 मिलियन टन) थे।

अतः विकल्प (A) सही है।

106. स्वच्छंद (फुटलूज़) उद्योग शब्द का प्रयोग सामान्य तौर पर ऐसे उद्योगों के लिए किया जाता है जो संसाधनों या यातायात के कारकों से प्रभावित हुए बिना कहीं भी लगाए या स्थापित किए जा सकते हैं।

स्वच्छंद उद्योगों की वृद्धि का कारण अत्यधिक परिष्कृत उत्पादों जिसमें वृहद स्तर पर वैज्ञानिक शोध और विकास की आवश्यकता होती है, का तीव्रता से विकास है। बाजार की मांग के अनुसार स्वच्छंद उद्योग अपने उत्पादों के त्वरित उत्पाद सुधार में सक्षम होते हैं। स्वच्छंद उद्योगों की विशेषताएं जो मुक्त रूप से स्थल के चयन की समर्थक हैं:

- हल्के उद्योग जो प्रायः कच्चे पदार्थों का उपयोग नहीं करते, बल्कि संघटक पुर्जों (component parts) का उपयोग करते हैं।
- ऊर्जा के रूप में सामान्यतः केवल बिजली की आवश्यकता होती है और यह राष्ट्रीय ग्रिड से उपलब्ध हो जाती है।
- अंतिम उत्पाद छोटे होते हैं और परिवहन हेतु प्रायः सस्ते और सुगम होते हैं।
- कम श्रम बल का नियोजन होता है।
- ये गैर-प्रदूषणकारी उद्योग होते हैं जो आवासीय क्षेत्रों में भी स्थापित किये जा सकते हैं।

अतः विकल्प (C) सही है।

107. सभी कथन गलत है क्योंकि:

- ब्राजील दुनिया का सबसे बड़ा कॉफी उत्पादक देश है। उदाहरण के लिए, 2016 में ऐसा माना जाता है कि अकेले ब्राजील में 2,595,000 मीट्रिक टन कॉफी बीन्स का उत्पादन किया गया था।
- भारत में रोबस्टा कॉफी का उत्पादन अरेबिका से लगभग दोगुना है; जबकि विशेष रूप से दोनों समान फसली क्षेत्र अर्थात रोबस्टा 52% और अरेबिका 48% साझा करते हैं। इसके अलावा, कर्नाटक और केरल अधिकता में रोबस्टा का उत्पादन करते हैं।
- भारत में कॉफी का उत्पादन दक्षिण भारतीय राज्यों के पहाड़ी इलाकों में होता है, जिसमें कर्नाटक में 71 प्रतिशत तथा फिर केरल और उसके बाद तमिलनाडु का स्थान है।

अतः विकल्प (D) सही है।

108. प्रतिकर्ष कारक मूल स्थान को कम आकर्षक प्रतीत कराते हैं, बेरोजगारी, जीनवयापन की खराब स्थिति, राजनीतिक अस्थिरता, प्रतिकूल जलवायु, प्राकृतिक आपदा, महामारी, और सामाजिक-आर्थिक पिछड़ापन आदि इसके प्रमुख कारण हैं। इसलिए शहरी क्षेत्रों में महामारी प्रतिकर्ष कारक है।

अपकर्ष कारक गंतव्य स्थान को मूल स्थान से अधिक आकर्षक प्रतीत कराते हैं। कार्य करने और जीवनयापन के बेहतर अवसर, शांति और स्थायित्व, जीवन और संपत्ति की सुरक्षा और सुखद जलवायु आदि इसके प्रमुख कारण हैं। इसलिए ग्रामीण क्षेत्रों में जीवनयापन की बेहतर स्थिति प्रतिकर्ष कारक है।

ग्रामीण क्षेत्रों में रोजगार के कम अवसर ग्रामीण क्षेत्रों से शहरी क्षेत्रों के प्रवासन हेतु प्रतिकर्ष कारक है, लेकिन वृहद संख्या में प्रवासी श्रमिकों का शहरी क्षेत्रों से ग्रामीण क्षेत्रों की ओर पलायन का कारक नही हैं।

अतः विकल्प (B) सही है।

109. खरीफ का मौसम सामान्यतया दक्षिण-पश्चिम मानसून के साथ प्रारंभ होता है, इसके अंतर्गत चावल, कपास, जूट, ज्वार, बाजरा और तूर जैसी उष्णकटिबंधीय फसलों की खेती की जाती है।

रबी के मौसम की शुरुआत अक्टूबर-नवंबर में शीत ऋतु के साथ होती है और मार्च-अप्रैल में समाप्त होता है। इस मौसम के दौरान तापमान कम होने के कारण गेंहू, चना और सरसों जैसी शीतोष्ण और उपोष्णकटिबंधीय फसलों की कृषि संभव हो पाती है।

ज़ायद ग्रीष्म काल की छोटी अवधि का फसली मौसम है जो रबी फसलों की कटाई के पश्चात् आरंभ होता है। इस मौसम में तरबूज, खीरा, सब्जियों और चारे वाली फसलों की सिंचित भूमि पर कृषि की जाती है।

अतः विकल्प (C) सही है।

110. अमेज़न बेसिन में इंडियन आदिवासी जंगली रबर का संग्रहण करते हैं, कांगों बेसिन में पिग्मीज़ अखरोट एकत्र करते हैं और मलेशिया के जंगलों में ओरंग असली बांस से निर्मित सभी तरह के उत्पादों का निर्माण करते हैं तथा उसे ग्राम और शहर के लोगों को बेचते हैं। रबर, कोको, गन्ना, काफी, चाय जैसी रोपण कृषि के माध्यम से आदिवासियों ने स्थिर जीवन की ओर बढ़ना शरू किया है।

हाल ही में अमेज़न की आग द्वारा अब तक संपर्क से बाहर रहे इंडियन आदिवासियों के प्राकृतिक वास नष्ट कर दिया गया, जिससे अब वे संकट में हैं क्योंकि उनके कुछ अंतिम आश्रय को भी आग ने समाप्त कर दिया है।

अतः विकल्प (D) सही है।

111. पर्यावरणीय निश्चयवाद मत या सिद्धांत इस तथ्य पर विश्वास करता है कि मानव की समस्त गतिविधियां प्रकृति के द्वारा नियंत्रित हैं। आदिम मानव प्राकृतिक पर्यावरण के साथ अन्योन्यक्रियाओं से अत्यधिक प्रभावित थे। तकनीकी का स्तर अत्यधिक निम्न था एवं मानव प्रकृति पर ध्यान देते थे, उसके प्रकोप से भयभीत होते थे और उसकी उपासना करते थे। इस सिद्धांत के प्रतिपादक रैटज़ेल, एलेन सेम्पल आदि थे।

अतः विकल्प (B) सही है।

112. भारत में प्रमुख लौह अयस्क पेटियां निम्नलिखित हैं-

ओडिशा-झारखंड पेटी: ओडिशा के मयूरभंज और केंदुझार जिलों में बादाम पहाड़ी के खदानों में उच्च कोटि का हेमेटाइट अयस्क पाया जाता है। समीपवर्ती झारखंड के सिंघभूमि जिले की गुआ और नोआमुंडी खदानों में हेमेटाइट अयस्क का खनन किया जाता है।

दुर्ग-बस्तर-चंद्रपुर पेटी: छत्तीसगढ़ और महाराष्ट्र में स्थित है। छत्तीसगढ़ के बस्तर जिले में प्रसिद्ध बैलाडिला पहाड़ियों की श्रेणी में अत्यधिक उच्च कोटि का हेमेटाइट पाया जाता है। पहाड़ियों की इस श्रेणी में उत्तम कोटि के हेमेटाइट अयस्क के 14 निक्षेप समाविष्ट हैं। इसमें इस्पात निर्माण हेतु आवश्यक सर्वोत्तम भौतिक गुण पाये जाते हैं। इन खदानों से उत्खनित लौह अयस्क विशाखापट्टनम पत्तन द्वारा जापान एवं दक्षिण कोरिया को निर्यात किए जाते है।

कर्नाटक में बेल्लारी-चिन्नदुर्ग-चिक्षमंगलुरू-तुमकुरु पेटी में लौह अयस्क के व्यापक भंडार हैं। कर्नाटक के पश्चिमी घाट में अवस्थित कुद्रेमुख खदानें 100 प्रतिशत निर्यातक ईकाई हैं। कुद्रेमुख निक्षेप विश्व के सर्वाधिक वृहत्तम निक्षेपों में से एक के रूप में जाने जाते हैं। अयस्क को घोल के रूप में एक पाइपलाइन के माध्यम से मंगलौर के समीप अवस्थित पत्तन तक पहुंचाया जाता है।

अतः विकल्प (B) सही है।

113. जनसंख्या वृद्धि दर यह जनसंख्या परिवर्तन को प्रतिशत में अभिव्यक्त करती है।

जनसंख्या की प्राकृतिक वृद्धि - यह किसी निर्दिष्ट क्षेत्र में दो समयावधियों के मध्य जन्म एवं मृत्यु के अंतर द्वारा जनसंख्या में होने वाली वृद्धि है।

- प्राकृतिक वृद्धि = जन्म - मृत्यु
- वास्तविक जनसंख्या वृद्धि = जन्म - मृत्यु + अंत: प्रवासन - बाह्य प्रवासन।

अतः विकल्प (C) सही है।

114. देशज लोगों के मध्य मधय स्थानांतरित कृषि इतने व्यापक रूप से प्रचलित है कि इसके लिए विभिन्न देशों विभिन्न स्थानीय नामों का उपयोग किया जाता है।

क्षेत्र	**स्थानीय नाम**
मलेशिया	लडांग
श्रीलंका	चैना
म्यांमार	टौंगिया
थाईलैंड	तमराय
जावा	हुमा
फिलीपींस	केंजिन
अफ्रीका और मध्य अमेरिका	मिल्पा
पूर्वोत्तर भारत	झूम

अतः विकल्प (B) सही है।

115. हालांकि भारत के अधिकांश राज्यों में राज्य की केवल एक राजधानी है, जबकि महाराष्ट्र (मुंबई और नागपुर) और हिमाचल प्रदेश (शिमला और धर्मशाला) प्रत्येक राज्य की दो राजधानियां हैं तथा आंध्र प्रदेश की तीन राजधानियां हैं (अमरावती-विधायी राजधानी, विशाखापत्तनम-कार्यकारी राजधानी और कुर्नूल-न्यायिक राजधानी)।

दिए गए नगरों का उत्तर से दक्षिण की दिशा में सही क्रम रायपुर-विशाखापत्तनम-बेंगलुरु-तिरुवनंतपुरम है।

अतः विकल्प (B) सही है।

116. अधिकांश महानगरीय और मेगा शहर शहरी संकुलन हैं। शहरी संकुलन में निम्नलिखित तीन संयोजनों में से कोई एक भी सम्मिलित हो सकता है: (i) शहर और उससे संलग्न शहरी उद्‌वृद्धि, (ii) अपनी उद्‌वृद्धि के साथ या उसके बिना दो या अधिक संस्पर्शी शहर, (iii) एक साथ मिलकर संस्पर्शी प्रसार का निर्माण करने वाले शहर और एक या एक से अधिक संस्पर्शी कस्बे।

शहरी उद्‌वृद्धि का उदाहरण कस्बे या शहर के समीपस्थ ग्राम या ग्रामों की राजस्व सीमा के अंतर्गत स्थित रेलवे कॉलोनियां, विश्वविद्यालय परिसर, पत्तन क्षेत्र, सैन्य छावनी आदि हैं। वर्ष 2011 की जनगणना अनुसार, शहरी संकुलन ऐसा संस्पर्शी शहरी प्रसार होता है जिसमें शहर और उससे संलग्न शहरी उद्‌वृद्धि या स्वयं की उद्‌वृद्धि के साथ या उसके बिना दो या दो से अधिक संस्पर्शी कस्बे सम्मिलित होते हैं।

अतः विकल्प (D) सही है।

117. उत्तर भारतीय राज्यों में, बिहार (1106), पश्चिम बंगाल (1028) और उत्तर प्रदेश (829) में जनघनत्व अधिकतम है, जबकि केरल (860) और तमिलनाडु (555) का जनघनत्व प्रायद्वीपीय भारतीय राज्यों में सर्वाधिक है। वही असम, गुजरात, आंध्र प्रदेश, हरियाणा, झारखंड, उड़ीसा जैसे राज्यों में मध्यम जनघनत्व पाया जाता है।

अतः विकल्प (C) सही है।

118. वैश्विक वन संसाधन मूल्यांकन संयुक्त राष्ट्र खाद्य एवं कृषि संगठन द्वारा प्रकाशित किया जाता है। वन संसाधन मूल्यांकन 2020, वर्ष 1990-2020 की अवधि में 236 देशों और क्षेत्रों में 60 से अधिक वनसंबंधित परिवर्ती कारकों के मूल्यांकन पर आधारित है। इसके अनुसार, वर्ष 1990-2020 की अवधि में वन हानि की दर में गिरावट हुई है।

अतः विकल्प (C) सही है।

119. मार्ग पत्तन (Ports of Call) समान की पुनःपूर्ति करने वाले पत्तन हैं जहाँ जहाज पुनःईंधन भरने, जल भरने तथा खाद्य सामग्री लेने के लिए ठहरते हैं। जैसे- अदन, जो अब वाणिज्यिक पत्तन में विकसित हो गए हैं।

अतः विकल्प (C) सही है।

120. भारह्रासी कच्चा माल उपयोग करने वाले उद्योग उन क्षेत्रों में स्थापित किए जाते हैं जहां कच्चा माल उपलब्ध होता है। भारत में चीनी मिलें, गन्ना उत्पादक क्षेत्रों के समीप स्थापित हैं। इसी प्रकार लुगदी उद्योग (pulp industry), तांबा प्रगलन और पिग आयरन उद्योग भी कच्चा माल प्राप्ति के स्थानों के निकट ही स्थापित किए जाते हैं। लोहा-इस्पात उद्योग में लोहा और कोयला दोनों भारह्रासी कच्चा माल हैं। इसलिए लोहा-इस्पात उद्योग की स्थिति के लिए अनुकूलतम स्थान कच्चा माल स्रोतों के निकट होना चाहिए। यही कारण है कि अधिकांश लोहा-इस्पात उद्योग या तो कोयला-क्षेत्रों (बोकारो, दुर्गापुर आदि) के निकट स्थित हैं अथवा लौह अयस्क के स्रोतों (भद्रावती, भिलाई और राउरकेला) के निकट स्थित हैं। इसी प्रकार, खराब होने वाले कच्चे माल पर आधारित उद्योग भी कच्चे माल के स्रोतों के निकट स्थापित हैं।

विद्युत मशीनों के लिए गतिदायी बल (चलाने के लिए बल) प्रदान करती है, इसलिए किसी भी उद्योग को स्थापित करने से पूर्व विद्युत् आपूर्ति सुनिश्चित करना आवश्यक है। हालांकि, एल्यूमिनियम और सिंथेटिक नाइट्रोजन उत्पादन उद्योग जैसे कुछ उद्योगों की प्रवृत्ति विद्युत स्त्रोतों के निकट स्थापित होने की रही है क्योंकि ये विद्युत गहन (power-intensive) उद्योग हैं और इनको अत्यधिक मात्रा में विद्युत की आवश्यकता होती है।

अतः विकल्प (C) सही है।

121. ओस्ट्रेलिया के बिन्दीबू या एबॉरिजीनी वुर्लीज में निवास करते हैं। वुलीज़ वृक्षों की शाखाओं, गुच्छों एवं घास से निर्मित साधारण आश्रय स्थल होते हैं।

सहारा के तुआरेग घास से निर्मित ज़ेरिबा में निवास करते हैं।

गोबी मंगोल सुवाह्य युर्त (एक प्रकार का तंबू) में निवास करते हैं।

अतः विकल्प (C) सही है।

122. चाय की उत्पत्ति चीन में हुई तथा वहां अभी भी यह एक प्रमुख फसल है, लेकिन इसके लिए मध्यम तापमान (18 डिग्री सेल्सियस से अधिक), भारी वर्षा (60 इंच से अधिक) एवं अच्छी जलनिकासी वाली उच्चभूमि की ढलानों (स्थिर जल इसकी जड़ों के लिए हानिकारक होता है) की आवश्यकता होती है, इसलिए यह उष्णकटिबंधीय मानसून क्षेत्र में अत्यधिक उच्च भूमि पर पूर्णतया विकसित होता है। चाय एक छाया-प्रिय पादप है तथा छायादार वृक्षों के साथ रोपण करने पर यह अत्यधिक प्रबलता से विकसित होता है।

इस प्रकार, यह फसल भारत व बांग्लादेश में हिमालय की तलहटी, श्रीलंका की मध्यवर्ती उच्च भूमि और पश्चिमी जावा में उत्कृष्टता से विकसित होती है। चीन विश्व में चाय का उत्पादन और निर्यात करने वाला अग्रणी देश है, इसके पश्चात भारत का स्थान है।

अतः विकल्प (C) सही है।

123. इसे लिपु-लेख दर्रा/किअंगला या ट्राई-कार्नर के नाम से भी जाना जाता है। यह पश्चिमी हिमालय में उच्च तुंगता पर अवस्थित एक पर्वतीय दर्रा है जिसकी ऊंचाई 5,334 मीटर या 17,500 फीट है। यह भारत, चीन एवं नेपाल के मध्य एक अंतर्राष्ट्रीय पर्वतीय दर्रा है।

जोजिला लद्दाख के कारगिल जिले में अवस्थित एक उच्च पर्वतीय दर्रा है। यह दर्रा लेह और श्रीनगर को जोड़ता है तथा केंद्र शासित प्रदेशों लद्दाख एवं कश्मीर के मध्य एक महत्वपूर्ण संपर्क प्रदान करता है।

जेलेप ला सिक्किम को भूटान के साथ जोड़ता है। यह चुंबी घाटी से होकर गुजरता है। यह सिक्किम और ल्हासा (तिब्बत की राजधानी) के मध्य महत्वपूर्ण संपर्क है।

नाथू ला सिक्किम को तिब्बत के साथ जोड़ता है। यह प्राचीन सिल्क मार्ग की एक उप-शाखा के भाग का निर्माण करता है तथा भारत और चीन के मध्य एक महत्वपूर्ण व्यापार मार्ग है।
अतः विकल्प (C) सही है।

124. जनसंख्या वितरण और घनत्व का प्रतिरूप (पैटर्न) किसी क्षेत्र की जनसांख्यिकीय विशेषताओं को समझने हेतु हमारी सहायता करता है। व्यापक तौर पर, विश्व की 90 प्रतिशत जनसंख्या विश्व की सम्पूर्ण भूमि के क्षेत्रफल के लगभग 10 प्रतिशत भाग पर निवास करती है। विश्व के 10 सर्वाधिक जनसंख्या वाले देशों का विश्व की जनसंख्या में लगभग 60 प्रतिशत का योगदान है। इन 10 देशों में से 6 एशिया में अवस्थित हैं।

बढ़ते हुए जनसंख्या घनत्व का सही क्रम है- एशिया (144 व्यक्ति/किमी^{2}), अफ्रीका (42 व्यक्ति/किमी^{2}) इसके पश्चात यूरोप (33 व्यक्ति/किमी^{2}) है।

अतः विकल्प (C) सही है।

125. बिहार सरकार द्वारा भागलपुर जिले के विक्रमशिला गांगेय डॉल्फिन अभ्यारण्य (VGDS) में स्तनधारी जीवों के लिए भारत की प्रथम आब्जर्वेटरी (पर्यवेक्षणशाला) स्थापित की जा रही है। इस आब्जर्वेटरी (पर्यवेक्षणशाला) का निर्माण गंगा नदी पर सुल्तानगंज-अगुवानी घाट पुल पर किया जा रहा है, यह गंगा नदी के मध्य में अवस्थित होगा जहां पुल की चौड़ाई लगभग 100 फीट होगी।
अतः विकल्प (C) सही है।

मॉक टेस्ट 06

Q.1 जापान के एक महत्वपूर्ण आदिवासी समूह का नाम बताइए।
A. होट्टेन्टोट **B.** एस्किमो **C.** फूला **D.** ऐनू

Q.2 एस्किमोस के शीतकालीन स्नो हाउस को कहा जाता है:
A. यर्ट **B.** इग्लू **C.** कश्ती **D.** तूफ़ानी

Q.3 निम्नलिखित कथनों पर विचार करें और नीचे दिए गए कूटों में से सही उत्तर का चयन करें:
अभिकथन (A): वैश्विक स्तर पर और प्रत्येक देश के भीतर क्षेत्रीय विकास में असमानताएं हैं।
कारण (R): इस तरह की असमानता मुख्य रूप से पर्याप्त कुशल श्रम की कमी के कारण होती है।
कूट:
A. A और R दोनों सत्य हैं और R, A की सही व्याख्या है।
B. A और R दोनों सत्य हैं, लेकिन R, A की सही व्याख्या नहीं है।
C. A सत्य है, लेकिन R असत्य है।
D. A गलत है, लेकिन R सत्य है।

Q.4 एशियाई टुंड्रा में बसे लोगों के समूह के रूप में जाना जाता है:
A. वेद्दा **B.** किरगिज़ **C.** समोयेड **D.** गाउचो

Q.5 निम्नलिखित में से कौन सा जोड़ा सही ढंग से मेल नहीं खाता है?
A. बर्बर-मोरक्को **B.** इनसाइट्स-कनाडा
C. सेमांग -इंडोनेशिया **D.** वेददास-श्रीलंका

Q.6 लैपलैंड एक सांस्कृतिक क्षेत्र है जो मुख्य रूप से स्कैंडिनेवियाई प्रायद्वीप के उत्तर में आर्कटिक वृत्त के भीतर है। लैपलैंड में किसका निवास था?
A. सामी लोग **B.** पड़ूंग लोग **C.** हमर लोग **D.** हिम्बा लोग

Q.7 तुआरेग एक देहाती खानाबदोश है जो _____ के रेगिस्तान में रहता है।
A. कालाहारी **B.** सहारा
C. अरब **D.** पेटागोनिया

Q.8 निम्नलिखित में से किस नस्लीय समूह में उत्तरी अमेरिका के मूल निवासी हैं?
A. आस्ट्रिक **B.** कौसासोइड
C. मोंगोलॉयड **D.** नीग्रोइड

Q.9 स्थानिक बातचीत की प्रक्रिया का वर्णन करने में, भूगोलवेत्ता _____ से सबसे अधिक चिंतित हैं।
A. घनत्व और फैलाव **B.** प्रसार और पैटर्न
C. पहुंच और अनुयोजकता **D.** पैदल चलने वाले शहर

Q.10 ब्रिटिश द्वीप समूह, भूमध्यसागरीय के बेलिएरिक द्वीप और एजियन सागर के भी उदाहरण हैं:
A. व्यक्तिगत द्वीप **B.** द्वीप समूह
C. फेस्टून **D.** ज्वालामुखी द्वीप

Q.11 महासागरीय द्वीपों के बारे में निम्नलिखित कथनों पर विचार करें।
1. ये सामान्य रूप से छोटे होते हैं और महासागरों के बीच में स्थित होते हैं।
2. पड़ोसी मुख्य भूमि के साथ उनका पूर्व संबंध समान शारीरिक संरचना से पता लगाया जा सकता है।
3. दुनिया के प्रमुख व्यापारिक केंद्रों से दूरस्थता इन द्वीपों की एक विशेषता है।
इनमें से कौन सा कथन सही है/सही हैं?
A. केवल 1 और 2 **B.** केवल 2 और 3
C. केवल 1 और 3 **D.** उपर्युक्त सभी

Q.12 कोरल द्वीप के बारे में निम्नलिखित कथनों पर विचार करें।
1. ज्वालामुखीय द्वीपों के विपरीत, प्रवाल द्वीप बहुत कम हैं और पानी की सतह के ठीक ऊपर उभरे हैं।
2. हिंद महासागर के मॉरीशस और रीयूनियन द्वीप इसके उदाहरण हैं।
इनमें से कौन सा कथन सही है/सही हैं?
A. केवल 1 **B.** केवल 2
C. दोनों **D.** इनमें से कोई नहीं

Q.13 कोरल पॉलीप्स द्वारा निम्नलिखित कथनों पर विचार करें।
1. वे अपनी छोटी कोशिकाओं के साथ कैल्शियम कार्बोनेट का स्राव करते हैं।
2. अनुकूल परिस्थितियों में, वे पानी के स्तर के ठीक नीचे बड़े भ्रम में बढ़ते हैं।
3. प्रत्येक पॉलीप कोरल के एक छोटे कप में रहता है और कोरल रीफ बनाने में मदद करता है।
इनमें से कौन सा कथन सही है/सही हैं?
A. केवल 1 और 2 **B.** केवल 2 और 3
C. केवल 1 और 3 **D.** ये सभी

Q.14 इनमें से कौन सही ढंग से मेल खाते हैं?
1. कीमती मूंगा - प्रशांत महासागर
2. लाल मूंगा - भूमध्यसागरीय
निम्नलिखित विकल्पों में से चुनें।
A. केवल 1 **B.** केवल 2
C. दोनों **D.** इनमें से कोई नहीं

Q.15 महासागरीय अपवाह के परिणामस्वरूप सतह पर उगने वाला पानी आमतौर पर है:
A. ठंडा और पोषक तत्वों में क्षीण
B. गर्म और पोषक तत्वों में क्षीण
C. ठंडा और पोषक तत्वों से भरपूर
D. गर्म और पोषक तत्वों से भरपूर

Q.16 विशिष्ट स्थानों पर समुद्र का स्तर कई कारकों के कारण वैश्विक औसत से अधिक या कम हो सकता है। इनमें से कौन सा कारक स्थानीय समुद्र स्तर और वैश्विक समुद्र स्तर के बीच अंतर पैदा कर सकता है?
1. स्थानीय भूमि उपधारा
2. महासागरीय धाराएँ
3. भूमि की ऊँचाई में परिवर्तन
नीचे दिए गए सही उत्तर को चुनें:
A. केवल 1 **B.** केवल 2
C. केवल 2 और 3 **D.** ऊपर के सभी

Q.17 एक खुले महासागर में, हवा की गति जितनी अधिक होती है और खुले पानी की दूरी जितनी लंबी होती है, उतनी ही तेज हवा और लहरें होंगी:
A. जितनी गहरी लहरें होंगी और उतनी कम और कम ऊर्जा होगी
B. लहरें बड़ी होंगी और उनमें अधिक ऊर्जा होगी
C. लहरें उत्तरोत्तर छोटी होंगी और कम ऊर्जा की होंगी
D. जल निकाय की भौगोलिक प्रोफ़ाइल के आधार पर उपरोक्त में से कोई भी

Q.18 निम्नलिखित कथनों पर विचार करें:
अभिकथन (A): समुद्र के किनारों और समुद्री द्वीपों के पास समुद्र के किनारे पर सीमेन्ट्स पाए जाते हैं।
कारण (R): अधिकांश सीम मूल में ज्वालामुखीय हैं।
उपरोक्त के संदर्भ में, इनमें से कौन सही है?

A. A सही है, और R, A का एक उपयुक्त स्पष्टीकरण है।
B. A सही है, लेकिन R, A का उपयुक्त स्पष्टीकरण नहीं है।
C. A सही है, लेकिन R गलत है।
D. A और R दोनों गलत हैं।

Q.19 नदी के निचले या सादे पाठ्यक्रम के बारे में निम्नलिखित कथनों पर विचार करें।
1. ऊपरी स्तर से नीचे की ओर बढ़ने वाली नदी ऊपरी मैदान से नीचे लाए गए मलबे के साथ भारी होती है।
2. पार्श्व गलियारे पार्श्व गलियारे के माध्यम से लगभग समाप्त हो गए हैं फिर भी आगे अपने बैंकों को नष्ट करने के लिए आगे बढ़ता है।
3. नदी का काम मुख्य रूप से बयान करना है, अपने बिस्तर का निर्माण करना और व्यापक बाढ़ के मैदान बनाना।
इनमें से कौन सा कथन सही है/सही हैं?

A. केवल 1 और 2 **B.** केवल 2 और 3
C. केवल 1 और 3 **D.** ये सभी

Q.20 निम्नलिखित कथनों पर विचार करें।
1. वार्षिक या छिटपुट बाढ़ के दौरान, कठोर सामग्री निचले-आसन्न क्षेत्रों में फैली हुई है, तलछट की एक परत इस प्रकार प्रत्येक बाढ़ के दौरान जमा होती है, धीरे-धीरे ऊपर लेव्स का निर्माण करती है।
2. जब नदी सामान्य रूप से बहती है, तो नदी का तल अपने साथ लाये गए पदार्थो तथा अवशेषों के जमाव के कारण ऊपर को उठ जाता है। यह अवशेष नदी द्वारा किनारो पर एकत्रित कर दिए जाते है जिसको बाढ़ समतल कहा जाता है।
इनमें से कौन सा कथन सही हैं?

A. केवल 1 **B.** केवल 2
C. दोनों **D.** इनमें से कोई नहीं

Q.21 निम्नलिखित कथनों पर विचार करें।
1. जब कोई नदी समुद्र तक पहुंचती है, तो उसके द्वारा अभी तक नहीं गिराए जाने वाले महीन पदार्थों को उसके मुहाने पर जमा किया जाता है, जिससे डेल्टा नामक पंखे के आकार का जलोढ़ क्षेत्र बनता है।
2. जमा जलोढ़ के कारण रुकावट के कारण, नदी अपने जल को कई चैनलों के माध्यम से डिस्चार्ज कर सकती है जिन्हें सहायक नदी कहा जाता है।
इनमें से कौन सा कथन सही है?

A. केवल 1 **B.** केवल 2
C. दोनों **D.** इनमें से कोई नहीं

Q.22 निम्न में से कौन सी अटलांटिक धारा है?

A. केयेन धारा **B.** कैलिफोर्निया धारा
C. कुरोशियो धारा **D.** पेरू प्रवृत्ति

Q.23 नदी पाठ्यक्रम के बारे में निम्नलिखित कथनों पर विचार करें।
1. भूमि के उत्थान या समुद्र के स्तर में गिरावट होने पर नकारात्मक आंदोलन होता है।
2. यह ढलान को स्थिर करेगा ताकि सक्रिय डाउन-कटिंग का नवीनीकरण हो।
3. समुद्र के स्तर में गिरावट, बाढ़-मैदान को समुद्र के स्तर से ऊपर की ऊंचाई पर छोड़ देती है।
इनमें से कौन सा कथन सही है/सही हैं?

A. केवल 1 और 2 **B.** केवल 2 और 3
C. केवल 1 और 3 **D.** उपरोक्त सभी

Q.24 जब कोई व्यक्ति कश्मीर से सिक्किम की ओर जाने वाले हिमालय से होता हुआ यात्रा करता है, तो निम्नलिखित में से कौन सा अनुक्रम सही होगा?

A. जोजिला - नाथूला -शिपकिला
B. नाथूला - शिपकिला - जोजिला
C. नाथूला - जोजिला - शिपकिला
D. जोजिला - शिपकिला - नाथूला

Q.25 निम्नलिखित में से कौन सबसे कम वार्षिक तापमान सीमा का अनुभव करते हैं?

A. भूमध्य रेखा **B.** कर्क रेखा
C. मकर रेखा **D.** आर्कटिक सर्कल

Q.26 भारत में निम्नलिखित में से कौन-सा एक राज्य लिग्राइट कोयले का सर्वाधिक उत्पादक है?

A. महाराष्ट्र **B.** गुजरात **C.** मध्य प्रदेश **D.** तमिलनाडु

Q.27 ब्रह्मपुत्र नदी का उद्गम स्थल क्या हैं?

A. मिलाम **B.** गंगोत्री
C. यमुनोत्री **D.** चेरायुंगडुंग

Q.28 किस राष्ट्रीय राजमार्ग को शेरशाह सूरी मार्ग कहते हैं?

A. राष्ट्रीय राजमार्ग नं. 3 **B.** राष्ट्रीय राजमार्ग नं. 8
C. राष्ट्रीय राजमार्ग नं. 7 **D.** राष्ट्रीय राजमार्ग नं. 1

Q.29 लक्षद्वीप द्वीपसमूह _______ में स्थित है।

A. हिन्द महासागर **B.** अरब सागर
C. बंगाल की खाड़ी **D.** दक्षिण चीन सागर

Q.30 स्थलीय ग्रहों की विशेषताओं के बारे में निम्नलिखित कथनों पर विचार करें।
1. स्थलीय ग्रहों का निर्माण मूल तारे के निकटवर्ती क्षेत्र में हुआ था जहाँ गैसों के ठोस कणों के लिए संघनित होने के लिए यह बहुत गर्म था।
2. स्थलीय ग्रह जोवियन ग्रहों की तुलना में बड़े होते है और गैसों का पलायन रोकता है।
सही कथन चुनें।

A. केवल 1 **B.** केवल 2
C. दोनों 1 और 2 **D.** इनमें से कोई नहीं

Q.31 तारों के निर्माण के संबंध में निम्नलिखित में से कौन सा कथन गलत है?

A. हीलियम गैस के संचय से एक आकाशगंगा (बड़ी संख्या में तारे) बनने लगते हैं।
B. माना जाता है कि तारों का निर्माण लगभग 5-6 मिलियन वर्ष पहले हुआ था।
C. प्रारंभिक ब्रह्मांड में प्रारंभिक घनत्व अंतर तारो के गठन का मुख्य कारण है।
D. (A) और (B) दोनों

Q.32 "प्लानेटिमल्स" ग्रह संरचनाओं के सिद्धांतों से जुड़े हैं?

A. वे कोर के चारों ओर पदार्थ के साथ संघनित गैस क्लाउड के छोटे गोल निकायों के समतलीकरण द्वारा बनते हैं।
B. वे धूमकेतु और उल्कापिंड के चारों ओर एक संयुक्त वस्तु हैं।
C. बड़ी संख्या में बौने ग्रह एक एक ग्रह बनाते हैं।
D. इनमें से कोई नहीं

Q.33 हिमनद अपरदन में सबसे महत्वपूर्ण प्रक्रिया है:

A. पृथक्करण **B.** अपघर्षण
C. तुषाराच्छादन **D.** इनमें से कोई नहीं

Q.34 निम्नलिखित में से कौन सा सही तरीके से नहीं है?

A. मयूराक्षी बांध - सुवर्णरेखा
B. इंदिरा गांधी - ब्यास नदी नहर परियोजना
C. पोचमपाद परियोजना - गोदावरी नदी
D. टिहरी बांध - भागीरथी

Q.35 निम्नलिखित में से किस खदान में सबसे बड़ी कोयले की तह है?
A. कारगलि **B.** पंचेत **C.** दामुड़ा **D.** तालचेर

Q.36 निम्नलिखित में से किसके पास कोयले का सबसे बड़ा भंडार है?
A. झारखंड **B.** मध्य प्रदेश
C. ओडिशा **D.** पश्चिम बंगाल

Q.37 निम्नलिखित में से कौन सा सही ढंग से मेल नहीं खाता है?
A. बोंगाईगाँव - असम **B.** कोयली - गुजरात
C. कोच्चि - कर्नाटक **D.** हल्दिया - पश्चिम बंगाल

Q.38 भारतीय पट्टी की उत्तरी सीमा किसकी दक्षिणी सीमा के साथ मिलती है:
A. काराकोरम **B.** तिब्बत **C.** टीएन शान **D.** जांस्कर

Q.39 भौगोलिक घटनाओं का तार्किक और भौतिक वर्गीकरण निम्नलिखित द्वारा दिया गया था:
A. कांत **B.** हम्बोल्ट **C.** रिटर **D.** वर्नियस

Q.40 दीवार के नक्शे आमतौर पर इसकी मदद से कम किए जाते हैं:
A. कैमरा ल्यूसिडा **B.** ईडियोग्राफ
C. पिंटोग्राफ **D.** वर्ग विधि

Q.41 निम्नलिखित में से किस राज्य में 2001 की जनगणना के अनुसार जनसंख्या घनत्व सबसे अधिक था?
A. बिहार **B.** पंजाब
C. उत्तर प्रदेश **D.** पश्चिम बंगाल

Q.42 निम्नलिखित में से कौन सा सुमेलित नहीं है?
A. TISCO - जमशेदपुर **B.** IISCO - बर्नपुर
C. HSL - कोयंबटूर **D.** VSP - विशाखापट्टनम

Q.43 पृथ्वी की उत्पत्ति के बारे में बाइनरी स्टार परिकल्पना को प्रस्तावित किया था:
A. एच.एन.रसेल **B.** आर. ए. लिटलटन
C. ओ. श्मिट **D.** वॉन वीज़सैकर

Q.44 'आधार स्तर' की अवधारणा विकसित की गई थी:
A. सी. ई. डटन **B.** जी.के. गिल्बर्ट
C. जे. डब्ल्यू. पॉवेल **D.** डब्ल्यू. एम. डेविस

Q.45 भूसंतुलन का सिद्धांत किसके द्वारा विकसित किया गया था?
A. सी.इ. ड्यूटन **B.** जी.के. गिल्बर्ट
C. जे.डब्ल्यू. पॉवेल **D.** प्रैट

Q.46 पृथ्वी के गोलाकार होने की अवधारणा का निषेध किसने किया था?
A. फ़िरमानस **B.** पोम्पोनियस
C. पोम्पोनियस **D.** सोलिनियस

Q.47 "हिंद महासागर एक बंद समुद्र है"। यह वक्तव्य इस प्रकार था:
A. एरेटोस्थेनेज **B.** हिकेटियस
C. हेरोडोटस **D.** टॉलेमी

Q.48 निम्नलिखित में से किसने पृथ्वी के घूर्णन से उत्पन्न पवन दिशा के विक्षेपण पर ध्यान दिया?
A. हम्बोल्ट **B.** कांत **C.** रिटर **D.** वर्नियस

Q.49 जापान की मदद से पूरा किया गया पाइथन (जयकवाड़ी) पनबिजली परियोजना, नदी पर है:
A. गंगा **B.** कावेरी **C.** नर्मदा **D.** गोदावरी

Q.50 भारत में सिंचित भूमि का प्रतिशत लगभग है:
A. 48 **B.** 65 **C.** 35 **D.** 25

Q.51 प्रायद्वीपीय भारत का सबसे दक्षिणी बिंदु, जो कन्याकुमारी में स्थित है:
A. कर्क रेखा के उत्तर में **B.** भूमध्य रेखा के दक्षिण में
C. मकर रेखा के दक्षिण में **D.** भूमध्य रेखा के उत्तर में

Q.52
दक्षिण भारत में नीलगिरि पहाड़ियों के दक्षिणी छोर पर स्थित दर्रे को कहा जाता है:
A. पालघाट खाई **B.** भोरघाट दर्रा
C. थलगट दर्रा **D.** बोलन दर्रा

Q.53
भारत में सर्वाधिक तांबा किस स्थान पर पाया जाता है?
A. बिहार का हजारीबाग और सिंहभूम
B. राजस्थान के खेतड़ी, दरीबा क्षेत्र में
C. आंध्र प्रदेश के अनंतपुर में
D. उत्तर प्रदेश और कर्नाटक में सिवालिक

Q.54 भारत में यरलुंग त्संगपो नदी को निम्न के रूप में जाना जाता है:
A. गंगा **B.** सिंधु **C.** ब्रह्मपुत्र **D.** महानदी

Q.55
किस नदी पर सलाल परियोजना स्थित है?
A. चिनाब **B.** झेलम **C.** रावी **D.** सतलुज

Q.56 देश का एकमात्र क्षेत्र जहाँ सर्वाधिक मात्रा में सोना पाया जाता है तथा साथ ही साथ वह लोहे के पाए जाने में भी समृद्ध है:
A. उत्तर-पूर्वी क्षेत्र **B.** उत्तर-पश्चिमी क्षेत्र
C. दक्षिणी क्षेत्र **D.** इनमें से कोई नहीं

Q.57
भारत द्वारा घिरी हुई पृथ्वी की सतह का प्रतिशत है:
A. 2.4 **B.** 3..4 **C.** 4.4 **D.** 5.4

Q.58 उपग्रह के आंकड़ों के अनुसार, भारत का वर्तमान वन क्षेत्र है:
A. बढ़ रहा
B. घट रहा
C. स्थिर
D. खुले वन क्षेत्र में कमी लेकिन बंद वन क्षेत्र में वृद्धि

Q.59 भारत में सर्वाधिक वर्षा कहाँ होती है?
[UPSSSC Rajasva Lekhpal, 2015]
A. नामची, सिक्किम **B.** चूरू, राजस्थान
C. मावसिनराम, मेघालय **D.** चंबा, हिमाचल प्रदेश

Q.60
आर्द्र उपोष्ण जलवायु के संदर्भ में निम्नलिखित कथनों पर विचार कीजियेः
1. यह जलवायु कर्क एवं मकर रेखा से ध्रुवों की ओर पाई जाती है।
2. चीन के दक्षिण भाग के मैदानों में इसी प्रकार की जलवायु मिलती है।
उपर्युक्त कथनों में कौन-सा/से सत्य हैं?
A. केवल 1 **B.** केवल 2
C. 1 और 2 दोनों **D.** न तो 1 न ही 2

Q.61 भारतीय कृषि का प्रमुख प्रकार क्या है?

A. वाणिज्यिक कृषि
B. व्यापक कृषि
C. वृक्षारोपण कृषि
D. निर्वाह कृषि

Q.62 रेडक्लिफ रेखा एक सीमा है:
A. भारत और पाकिस्तान
B. भारत और चीन
C. भारत और म्यांमार
D. भारत और अफगानिस्तान

Q.63 निम्नलिखित में से किसकी भारत में ज्वारीय ऊर्जा के दोहन की क्षमता है?
A. कैम्बे की खाड़ी
B. मन्नार की खाड़ी
C. केरल के बैकवाटर्स
D. चिल्का झील

Q.64 निम्नलिखित में से कौन रासायनिक अपक्षय नहीं है?
A. ऑक्सीकरण
B. हाइड्रोलिसिस
C. जमना
D. कार्बनीकरण

Q.65 कोहरा एक घटना है जो दर्शाता है:
A. कम औसत तापमान
B. तापमान में सामान्य कमी
C. तापमान का व्युत्क्रम
D. उच्च औसत तापमान

Q.66 निम्नलिखित में से कौन सी स्थानीय हवा अन्य तीन से अलग है?
A. सिरोको B. खमसिन C. फेन D. मिस्ट्रल

Q.67 तूफान के साथ जुड़े हैं:
A. बहुत सारे बादल
B. तूफ़ानी बादल
C. पक्षाभ बादल
D. फैला हुआ बादल

Q.68 सहारा रेगिस्तान में बहने वाली गर्म स्थानीय हवा को निम्न प्रकार से जाना जाता है:
A. हबूब B. करबुरान C. जूरन D. हरमाटन

Q.69 वायुमंडलीय परत जो रेडियो बुनाई को दर्शाती है उसे कहा जाता है:
A. बहिर्मंडल
B. आयन मंडल
C. समताप मंडल
D. क्षोभ मंडल

Q.70 वायु मंडल की परत जिसमें धूल के कण और जल वाष्प होता है:
A. समताप मंडल
B. क्षोभ मंडल
C. आयन मंडल
D. मध्य मंडल

Q.71 क्षोभसीमा अलग करती है:
A. क्षोभमंडल और ओजोनमंडल
B. समतापमंडल और क्षोभमंडल
C. समतापमंडल और आयनमंडल
D. क्षोभमंडल और आयनमंडल

Q.72 जेट धाराएँ क्षोभमंडल के ऊपरी हिस्से में पश्चिमी हवा है:
A. तेज बहने वाली
B. समुद्री धाराएँ
C. मानसूनी हवाएँ
D. इनमें से कोई नहीं

Q.73 ऑस्ट्रेलिया में उष्णकटिबंधीय चक्रवात कहलाते हैं:
A. विली विली
B. हरिकेन
C. ईस्टरली वेव्स
D. टाइफून

Q.74 निम्नलिखित कथनों पर विचार कीजिये-
1. भारत में हिमालय केवल पांच राज्यों में फैला हुआ है।
2. पश्चिमी घाट केवल पांच राज्यों में फैले हुए हैं।
3. पुलिकट झील केवल दो राज्यों में फैली हुई है।
उपर्युक्त कथनों में से कौन-सा/से सही हैं?
A. केवल 1 और 2
B. केवल 3
C. केवल 2 और 3
D. केवल 1 और 3

Q.75 उत्तर से शुरू कर दक्षिण की ओर नीचे दी गई पहाड़ियों का सही अनुक्रम कौन-सा है?
A. नल्लामलाई पहाड़ियां-नीलगिरी पहाड़ियां-जावड़ी पहाड़ियां-अन्नामलाई पहाड़ियां
B. अन्नामलाई पहाड़ियां-जावड़ी पहाड़ियां-नीलगिरी पहाड़ियां-नल्लामलाई पहाड़ियां
C. नल्लामलाई पहाड़ियां-जावड़ी पहाड़ियां-नीलगिरी पहाड़ियां-अन्नामलाई पहाड़ियां
D. अन्नामलाई पहाड़ियां-नीलगिरी पहाड़ियां-जावड़ी पहाड़ियां-नल्लामलाई पहाड़ियां

Q.76 नेलांग घाटी किस राज्य में स्थित हैं?
A. हिमाचल प्रदेश
B. सिक्किम
C. जम्मू एवं कश्मीर
D. उत्तराखंड

Q.77 उत्तर भारत में उप हिमालय क्षेत्र के सहारे फेले समतल मैदान को कहा जाता है-
A. तराई B. दून C. खादर D. भाभर

Q.78 निम्न कथनों पर विचार कीजिये-
1. मौन घाटी (साइलेंट वैली) राष्ट्रीय वन नल्लामलाई श्रेणी में है।
2. मौन घाटी (साइलेंट वैली) राष्ट्रीय वन के निकट पथरक्कडावु जलविद्युत परियोजना बनाने का प्रस्ताव है।
3. कुंती नदी मौन घाटी (साइलेंट वैली) के वर्षा-प्रचुर वनों से उद्भूत होती है।
उपरोक्त कथनों में से कौन-सा/से सही है/हैं?
A. 1 और 3
B. केवल 2
C. 2 और 3
D. 1, 2 और 3

Q.79 गुरू शिखर पर्वत चोटी कौन-से राज्य में अवस्थित है?
A. राजस्थान B. गुजरात C. मध्य प्रदेश D. महाराष्ट्र

Q.80 भारत के निम्न तटों में से कौन कृष्णा डेल्टा एवं केप कॉमोरिन के मध्य स्थित है?
A. कोरोमंडल तट
B. उत्तरी सरकार
C. मालाबार तट
D. कोंकण तट

Q.81 निम्नलिखित द्वीपों के युग्मों में से कौन-सा एक दस डिग्री जलमार्ग द्वारा एक दूसरे से पृथक् किया जाता है?
A. अंडमान एवं निकोबार
B. निकोबार एवं सुमात्रा
C. मालदीव एवं लक्षद्वीप
D. सुमात्रा एवं जावा

Q.82 हिमालय में हिम रेखा निम्न के बीच होती है:
A. 4300 से 6000 मीटर पूर्व में
B. 4000 से 5800 मीटर पश्चिम में
C. 4500 से 6000 मीटर पश्चिम में
D. उपर्युक्त में से कोई नहीं

Q.83 भारत से उपबंध पुराचंबकीय परिणामों से संकेत मिलते हैं कि भूतकाल में किस तरफ को भारतीय स्थलपिंड सरका है?
A. उत्तर को B. दक्षिण को C. पूर्व को D. पश्चिम को

Q.84 कोपेन ने जलवायु का वर्गीकरण कितने भागों में किया है?
A. 4 B. 5 C. 7 D. 9

Q.85 यह सन्देह है कि ऑस्ट्रेलिया में हाल में आई बाढ ला-नीना के कारण आई थी। ला-नीना, अल-नीनो से कैसे भिन्न है?

1. ला-नीना विषुवतीय हिन्द महासागर में समुद्र के असाधारण रूप से ठण्डे तापमान से चरित्रित होता है, जबकि अल-नीनो विषुवतीय प्रशान्त महासागर में समुद्र के असाधारण रूप से गर्म तापमान से चरित्रित होता है।

2. अल-नीनो का भारत के दक्षिण-पश्चिमी मानसून पर प्रतिकूल प्रभाव पड़ता है, किन्तु ला-नीना का मानसूनी जलवायु पर कोई प्रभाव नहीं पड़ता।

उपरोक्त कथनों में कौन-सा/से कथन सही है/हैं?

A. केवल 1 **B.** केवल 2
C. 1 और 2 **D.** न तो 1 न ही 2

Q.86 उष्ण कटिबन्धीय आर्द्र जलवायु के सम्बन्ध में निम्न कथनों पर विचार करें-

1. प्रत्येक माह औसत तापमान 18°C से अधिक रहता है।
2. यहां वर्ष भर वर्षा होती है।

उपरोक्त में से सत्य कथनों का चुनाव करें-

A. केवल 1 **B.** केवल 2
C. 1 और 2 **D.** न तो 1 न ही 2

Q.87 निम्न कथनों पर विचार करें-

1. कोपेन के अनुसार भारतीय प्रायद्वीप में उष्णकटिबंधीय मानसूनी जलवायु पाई जाती है।
2. भूमध्यसागरीय जलवायु में गर्मियां उष्ण व शुष्क तथा सर्दियां मृदु एवं वर्षायुक्त होती हैं।
3. टुण्ड्रा स्थायी तुषार का प्रदेश है।

उपरोक्त में से सत्य कथनों का चुनाव करें:

A. 1 और 2 **B.** 2 और 3
C. 1 और 3 **D.** 1, 2 और 3

Q.88 निम्न कथनों पर विचार करें-

1. उष्णकटिबंधीय आर्द्र जलवायु भूमध्य रेखा के निकट पाई जाती है।
2. उष्णकटिबंधीय आर्द्र जलवायु क्षेत्र में सदाहरित वन पाए जाते हैं।

उपरोक्त में से सत्य कथनों का चुनाव करें:

A. केवल 1 **B.** केवल 2
C. 1 और 2 **D.** न तो 1 न ही 2

Q.89 निम्नलिखित कथनों पर विचार कीजिए-

1. भूमध्यर्ती क्षेत्रों में, वर्ष चार मुख्य ऋतुओं में विभाजित होता है।
2. भूमध्य सागरीय क्षेत्र में, गर्मियों में अधिक वर्षा होती है।
3. चीन की तरह की जलवायु में पूरे वर्ष वर्षा होती है।
4. उष्णकटिबंधीय उच्च भूमियां विभिन्न जलवायुओं के ऊर्ध्वाधर अनुक्षेत्र वर्गीकरण को प्रदर्शित करती हैं।

इनमें से कौन-कौन से कथन सही हैं?

A. 1, 2, 3 और 4 **B.** 1, 2 और 3
C. 1, 2 और 4 **D.** 3 और 4

Q.90 नीलगिरी बायोस्फीयर रिजर्व की कुरिनजी प्रजाति एक बार ______ में एक बार फूल देती है।

A. 4 वर्ष **B.** 8 वर्ष **C.** 12 वर्ष **D.** 16 वर्ष

Q.91 शब्द "अंडरवाटर ट्रॉपिकल रेन फॉरेस्ट्स" निम्नलिखित जीवमंडल भंडार में से किसके साथ जुड़ा हुआ है?

A. सुंदरवन **B.** कच्छ की खाड़ी
C. ग्रेट निकोबार **D.** मन्नार की खाड़ी

Q.92 यूनेस्को द्वारा ______ में बायोस्फीयर रिजर्व कार्यक्रम शुरू किया गया था।

A. 1970 **B.** 1971 **C.** 1974 **D.** 1976

Q.93 पर्यावरण और पारिस्थितिकी विशेषज्ञों ने भारत को कितने जैव-भौगोलिक क्षेत्रों में विभाजित किया है?

A. 6 **B.** 8 **C.** 10 **D.** 17

Q.94 निम्नलिखित में से किस में माही नदी गिरती है?

A. कच्छ की खाड़ी **B.** कच्छ का रण
C. खंबात की खाड़ी **D.** मुन्नार की खाड़ी

Q.95 भारत का कौन सा राज्य भारत-चीन सीमा को स्पर्श नहीं करता है?

A. उत्तराखंड **B.** उत्तर प्रदेश
C. हिमाचल प्रदेश **D.** सिक्किम

Q.96 निम्नलिखित में से कौन सा राज्य भारत-नेपाल सीमा को स्पर्श नहीं करता है?

A. पश्चिम बंगाल **B.** हिमाचल प्रदेश
C. उत्तराखंड **D.** उत्तर प्रदेश

Q.97 भारत का कौन सा राज्य बांग्लादेश के साथ अंतर्राष्ट्रीय सीमा साझा नहीं करता है?

A. मणिपुर **B.** मेघालय **C.** मिजोरम **D.** त्रिपुरा

Q.98 प्रशांत द्वीप समूह से न्यू गिनी दक्षिण-पूर्व की ओर फिजी द्वीप समूह को कहा जाता है:

A. पोलिनेशिया **B.** मेलानेशिया
C. माइक्रोनेशिया **D.** ऑस्ट्रेलेशिया

Q.99 सामान्यत: पृथ्वी की सतह से ऊंचाई बढ़ने के साथ तापमान में कमी होती है, क्योंकि-

1. वायुमण्डल पृथ्वी की सतह से केवल ऊपर की ओर गर्म हो सकता है।
2. ऊपरी वायुमण्डल में आर्द्रता अधिक होती है।
3. ऊपरी वायुमण्डल में हवा कम घनी होती है।

निम्नलिखित कूटों के आधार पर सही उत्तर चुनिए -

A. केवल 1 **B.** केवल 2 और 3
C. केवल 1 और 3 **D.** 1, 2 और 3

Q.100 निम्नलिखित में से कौन-सा/सी, अन्य तीनों की तुलना में अधिक सूर्यातप को परावर्तित करता/करती है?

A. बालू मरुस्थल
B. धान के फसलयुक्त भूमि
C. नवपात हिम से आच्छादित भूमि
D. प्रेयरी भूमि

Q.101 सूर्य और पृथ्वी के बीच की दूरी सबसे कम कब होती है?

A. 21 जून **B.** 22 सितंबर
C. 22 दिसंबर **D.** 4 जनवरी

Q.102 निम्नलिखित कथनों पर विचार कीजिए-

1. अटलांटिक महासागर की तुलना में प्रशांत महासागर में तापमान का वार्षिक तापांतर अधिक है।
2. दक्षिणी गोलार्द्ध की तुलना में उत्तरी गोलार्द्ध में तापमान का वार्षिक तापांतर अधिक है।

उपर्युक्त कथनों में से कौन-सा/से सही हैं?

A. केवल 1 **B.** केवल 2
C. 1 और 2 दोनों **D.** न तो 1 और न ही 2

Q.103 वायुमंडल के संदर्भ में निम्नलिखित कथनों में से कौन-सा एक सही है?

A. वायुमंडल की निश्चित ऊपरी सीमाएं होती हैं, परंतु यह धीरे-धीरे विरल होता जाता है, जब तक की वह अविभेद्य न हो जाए।
B. वायुमंडल की कोई निश्चित ऊपरी सीमाएं नहीं होती है, परंतु यह धीरे-

धीरे विरल होता जाता है, जब तक की यह अविभेद्य न हो जाए।

C. वायुमंडल की निश्चित ऊपरी सीमाएं होती हैं, परंतु यह धीरे-धीरे घना होता जाता है, जब तक की यह अविभेद्य न हो जाए।

D. वायुमंडल की कोई निश्चित ऊपरी सीमाएं नहीं होती है, परंतु यह धीरे-धीरे घना होता जाता है, जब तक की यह अविभेद्य न हो जाए।

Q.104 पृथ्वी के समीप पायी जानेवाली वायुमंडलीय परत क्या कहलाती है?

A. क्षोभमंडल **B.** समतापमंडल
C. आयनमंडल **D.** बहिर्मण्डल

Q.105 ला नीना में ______ को ट्रिगर करने की एक विशाल प्रवृत्ति है।

A. ऊष्णकटिबंधीय बाढ़
B. ऊष्णकटिबंधीय सूखा
C. ऊष्णकटिबंधीय चक्रवात
D. ऊष्णकटिबंधीय भूस्खलन

Q.106 प्राकृतिक गैस आमतौर पर इसमें पाई जाती है:

A. गंगा- यमुना द्रोणी **B.** नर्मदा-तापी द्रोणी
C. कृष्णा- गोदावरी द्रोणी **D.** महानदी- गोदावरी द्रोणी

Q.107 भारत में दक्षिण-पश्चिमी मानसून ______ के माध्यम से आता है।

A. बंगाल की खाड़ी **B.** अरब सागर
C. (A) और (B) दोनों **D.** न तो (A) न तो (B)

Q.108 जलोढ़ मिट्टी में समृद्ध है:

A. गंधक का तेजाब **B.** फॉस्फोरिक अम्ल
C. नाइट्रिक अम्ल **D.** साइट्रिक अम्ल

Q.109 प्रधानमंत्री किसान योजना के तहत, प्रत्येक किसान को ______ की मासिक पेंशन प्राप्त होगी।

A. 3000 रूपए **B.** 4000 रूपए
C. 5000 रूपए **D.** 6000 रूपए

Q.110 छोटानागपुर पठार का जल निकासी पैटर्न क्या है?

A. चक्रीय **B.** परिपत्र **C.** रेडियल **D.** बेलनाकार

Q.111 अंडमान और निकोबार में कितने द्वीप हैं?

A. 472 **B.** 485 **C.** 572 **D.** 585

Q.112 निम्नलिखित में से किसके बीच दक्कन का पठार आता है?

A. शिवालिक और विंध्य **B.** अरावली और सतपुड़ा
C. सतपुड़ा और हिमाद्रि **D.** विंध्य और सतपुड़ा

Q.113 कौन सा जल निकाय अंडमान निकोबार द्वीप समूह से अलग करता है?

A. आठ डिग्री चैनल **B.** नौ डिग्री चैनल
C. दस डिग्री चैनल **D.** ग्यारह डिग्री चैनल

Q.114 लक्षद्वीप द्वीपसमूह में निम्नलिखित में से किस वन प्रकार की विशेषता है?

A. सदाबहार वन **B.** ऊष्णकटिबंधीय वर्षावन
C. अल्पाइन वन **D.** समशीतोष्ण शुष्क वन

Q.115 पश्चिमी घाट में किस जानवर की सबसे बड़ी उपस्थिति है?

A. तेंदुए **B.** शेर **C.** जिराफ़ **D.** बाघ

Q.116 भारत में किस राज्य की सबसे लंबी तट रेखा है?

A. तमिलनाडु **B.** गुजरात
C. आंध्र प्रदेश **D.** पश्चिम बंगाल

Q.117 काराकोरम राजमार्ग निम्नलिखित में से किस दो देशों को जोड़ता है?

A. भारत-नेपाल **B.** चीन-भारत
C. चीन-पाकिस्तान **D.** भारत-बांग्लादेश

Q.118 निम्नलिखित अक्षांशों में से कौन सा भारत से होकर गुजरता है?

A. भूमध्य रेखा **B.** मकर रेखा
C. आर्कटिक वृत्त **D.** कर्क रेखा

Q.119 भारत निम्नलिखित में से किस देश के साथ सबसे लंबी अंतर्राष्ट्रीय सीमा साझा करता है?

A. बांग्लादेश **B.** चीन **C.** नेपाल **D.** भूटान

Q.120 भारत का सबसे बड़ा दक्षिणी सबसे एकल द्वीप कौन सा है?

A. मिनिकॉय द्वीप **B.** कार निकोबार द्वीप
C. ग्रेट निकोबार द्वीप **D.** इनमें से कोई नहीं

Q.121 क्षेत्रफल के हिसाब से सबसे छोटा राज्य कौन सा है?

A. नगालैंड **B.** गोवा **C.** सिक्किम **D.** मेघालय

Q.122 भौगोलिक क्षेत्र की दृष्टि से निम्नलिखित में से कौन सा देश भारत से बड़ा नहीं है?

A. ऑस्ट्रेलिया **B.** ब्राज़िल
C. कनाडा **D.** इंडोनेशिया

Q.123 निम्नलिखित में से कौन सा राज्य भारत का सबसे बड़ा बॉक्साइट उत्पादक है?

A. उड़ीसा **B.** झारखंड **C.** राजस्थान **D.** कर्नाटक

Q.124 वह सीमा जो पूर्वी गुजरात राज्य में अरब सागर तट के पास उगती है, पूर्व में महाराष्ट्र और मध्य प्रदेश से होते हुए छत्तीसगढ़ तक जाती है?

A. विंध्य पर्वतमाला **B.** अरावली पर्वतमाला
C. तोबा ककर पर्वतमाला **D.** सतपुड़ा पर्वतमाला

Q.125 प्राकृतिक यूरेनियम की बड़ी निक्षेप, जो दुनिया के सर्वश्रेष्ठ 20 में से एक होने का दावा करती है, टुमलपल्ले बेल्ट में पाई गई है जो कि भारत के निम्नलिखित राज्यों में से एक में है:

A. केरल **B.** तमिलनाडु **C.** आंध्र प्रदेश **D.** ओडिशा

// स्मार्ट उत्तर पुस्तिका //

सही उत्तर उन छात्रों के प्रतिशत को इंगित करता है जिन्होंने प्रश्नों का सही उत्तर दिया था।

छोड़ दिया उन छात्रों के प्रतिशत को इंगित करता है जिन्होंने प्रश्नों को छोड़ दिया था।

प्रश्न संख्या	उत्तर	सही उत्तर	छोड़ दिया
1	D	36.36 %	6.06 %
2	B	45.45 %	48.49 %
3	C	9.09 %	48.49 %
4	C	30.3 %	48.49 %
5	C	21.21 %	48.49 %
6	A	27.27 %	48.49 %
7	B	15.15 %	48.49 %
8	C	24.24 %	48.49 %
9	C	30.3 %	48.49 %
10	B	27.27 %	48.49 %
11	C	15.15 %	48.49 %
12	A	12.12 %	48.49 %
13	D	39.39 %	45.46 %
14	C	39.39 %	48.49 %
15	C	36.36 %	48.49 %
16	D	30.3 %	48.49 %

प्रश्न संख्या	उत्तर	सही उत्तर	छोड़ दिया
17	B	24.24 %	48.49 %
18	A	21.21 %	48.49 %
19	D	42.42 %	39.4 %
20	D	0 %	100 %
21	A	18.18 %	45.46 %
22	A	30.3 %	48.49 %
23	D	36.36 %	39.4 %
24	D	39.39 %	48.49 %
25	A	27.27 %	48.49 %
26	D	39.39 %	48.49 %
27	D	45.45 %	45.46 %
28	D	36.36 %	48.49 %
29	B	45.45 %	45.46 %
30	A	33.33 %	48.49 %
31	D	36.36 %	48.49 %
32	A	36.36 %	48.49 %

प्रश्न संख्या	उत्तर	सही उत्तर	छोड़ दिया
33	B	18.18 %	42.43 %
34	A	15.15 %	48.49 %
35	D	33.33 %	48.49 %
36	A	42.42 %	48.49 %
37	C	42.42 %	48.49 %
38	B	33.33 %	48.49 %
39	A	6.06 %	48.49 %
40	A	21.21 %	48.49 %
41	D	36.36 %	45.46 %
42	C	12.12 %	48.49 %
43	A	36.36 %	48.49 %
44	C	39.39 %	48.49 %
45	A	24.24 %	45.46 %
46	A	6.06 %	48.49 %
47	D	24.24 %	48.49 %
48	B	9.09 %	48.49 %

प्रश्न संख्या	उत्तर	सही उत्तर	छोड़ दिया
49	D	24.24 %	48.49 %
50	A	30.3 %	48.49 %
51	D	42.42 %	48.49 %
52	A	42.42 %	48.49 %
53	A	6.06 %	48.49 %
54	C	45.45 %	48.49 %
55	A	33.33 %	48.49 %
56	C	39.39 %	48.49 %
57	A	42.42 %	48.49 %
58	B	6.06 %	48.49 %
59	C	48.48 %	48.49 %
60	C	27.27 %	48.49 %
61	D	45.45 %	48.49 %
62	A	45.45 %	48.49 %
63	A	39.39 %	48.49 %
64	C	45.45 %	48.49 %

प्रश्न संख्या	उत्तर	सही उत्तर	छोड़ दिया
65	C	42.42 %	48.49 %
66	D	30.3 %	48.49 %
67	B	36.36 %	48.49 %
68	D	33.33 %	48.49 %
69	B	45.45 %	48.49 %
70	B	42.42 %	48.49 %
71	B	42.42 %	42.43 %
72	A	45.45 %	48.49 %
73	A	45.45 %	48.49 %
74	B	9.09 %	48.49 %
75	C	36.36 %	48.49 %
76	D	18.18 %	48.49 %
77	D	18.18 %	48.49 %
78	C	9.09 %	48.49 %
79	A	42.42 %	42.43 %
80	A	45.45 %	48.49 %

प्रश्न संख्या	उत्तर	सही उत्तर	छोड़ दिया
81	A	42.42 %	45.46 %
82	A	27.27 %	48.49 %
83	A	30.3 %	48.49 %
84	B	39.39 %	48.49 %
85	D	12.12 %	48.49 %
86	C	36.36 %	48.49 %
87	D	39.39 %	48.49 %
88	C	39.39 %	48.49 %
89	D	27.27 %	48.49 %

प्रश्न संख्या	उत्तर	सही उत्तर	छोड़ दिया
90	C	24.24 %	48.49 %
91	D	15.15 %	48.49 %
92	B	18.18 %	48.49 %
93	C	24.24 %	45.46 %
94	C	30.3 %	48.49 %
95	B	45.45 %	48.49 %
96	B	33.33 %	48.49 %
97	A	30.3 %	48.49 %
98	B	21.21 %	48.49 %

प्रश्न संख्या	उत्तर	सही उत्तर	छोड़ दिया
99	C	21.21 %	48.49 %
100	C	45.45 %	48.49 %
101	D	18.18 %	48.49 %
102	B	21.21 %	48.49 %
103	B	18.18 %	48.49 %
104	A	48.48 %	48.49 %
105	C	12.12 %	48.49 %
106	C	27.27 %	48.49 %
107	C	36.36 %	48.49 %

प्रश्न संख्या	उत्तर	सही उत्तर	छोड़ दिया
108	B	36.36 %	48.49 %
109	A	24.24 %	45.46 %
110	C	39.39 %	48.49 %
111	C	30.3 %	42.43 %
112	D	21.21 %	48.49 %
113	C	39.39 %	45.46 %
114	B	27.27 %	48.49 %
115	D	18.18 %	48.49 %
116	B	39.39 %	48.49 %

प्रश्न संख्या	उत्तर	सही उत्तर	छोड़ दिया
117	C	18.18 %	42.43 %
118	D	45.45 %	48.49 %
119	A	48.48 %	42.43 %
120	C	18.18 %	48.49 %
121	B	45.45 %	45.46 %
122	D	42.42 %	48.49 %
123	A	48.48 %	48.49 %
124	D	18.18 %	48.49 %
125	C	18.18 %	48.49 %

कार्य विश्लेषण	
औसत अंक (%)	35.29%
टॉपर्स स्कोर (%)	91.29%
आपका स्कोर	

//संकेत और समाधान//

1. ऐनू जापान के महत्वपूर्ण आदिवासी समूहों में से एक है।

ऐनू या आयनू, जिसे ऐतिहासिक जापानी ग्रंथों में ईज़ो के रूप में भी जाना जाता है, एक पूर्वी एशियाई जातीय समूह हैं जो उत्तरी जापान, होक्काइडो के मूल निवासियों और इसके कुछ निकटवर्ती रूसी क्षेत्रों में हैं।

अतः विकल्प (D) सही है।

2. इग्लू एक शीतकालीन स्नो हाउस या स्नो हट है जिसे तब बनाया जाता है जब बर्फ को आसानी से जमाया जा सकता है।

हालांकि इग्लू को अक्सर सभी इनुइट और एस्किमो लोगों के साथ जोड़ा जाता है, वे पारंपरिक रूप से केवल कनाडा के सेंट्रल आर्कटिक और ग्रीनलैंड के थुले क्षेत्र के लोगों द्वारा उपयोग किए जाते थे। अन्य इनुइट ने अपने घरों को इन्सुलेट करने के लिए बर्फ का उपयोग करने का प्रयास किया, जो व्हेलबोन और खाल से बनाए गए थे। बर्फ का उपयोग किया जाता है क्योंकि इसमें फंसी हवा की जेब इसे एक इन्सुलेटर बनाती है। बाहर की ओर, तापमान −45 °C (−49 °F), के रूप में कम हो सकता है, लेकिन अंदर पर, तापमान −7 से लेकर 16 °C (19 से 61 ° F) तक हो सकता है, जब शरीर की गर्मी गर्म होती है।

अतः विकल्प (B) सही है।

3. वैश्विक स्तर पर क्षेत्रीय विकास में असमानता मुख्य रूप से पर्याप्त कुशल श्रम की कमी के कारण नहीं है।

क्षेत्रीय विषमता के कारण:

- ऐतिहासिक कारक।
- भौगोलिक कारक।
- स्थान विशिष्ट लाभ।
- प्रारंभिक प्रस्तावक लाभ।
- योजना तंत्र की विफलता।
- हरित क्रांति की प्रतिबंधित सफलता।
- कानून और व्यवस्था की समस्या।
- उच्च संसाधन केंद्र से पिछड़े राज्यों में स्थानांतरित होता है।

अतः विकल्प (C) सही है।

4. एशियाई टुंड्रा में बसे लोगों के समूह को समोयेड के नाम से जाना जाता है। समोएडिक लोग वे समूह हैं जो समोएडिक भाषा बोलते हैं, जो यूरालिक परिवार का हिस्सा हैं। वे एक भाषाई समूह हैं, न कि जातीय या सांस्कृतिक।

अतः विकल्प (C) सही है।

5. सेमांग मलय प्रायद्वीप का एक नेग्रिटो जातीय समूह है। वे मलेशिया के पेराक, केदाह और पहांग में पाए जाते हैं। औपनिवेशिक ब्रिटिश प्रशासन के दौरान, उत्तरी मलय प्रायद्वीप में रहने वाले ओरंग असली को सकई के रूप में वर्गीकृत किया गया था।

अतः विकल्प (C) सही है।

6. सामी लोग स्वपी के आर्कटिक क्षेत्र में बसे हुए एक स्वदेशी फिनो-उग्रिक लोग हैं, जो आज सुदूर उत्तरी नॉर्वे, स्वीडन, फिनलैंड, रूस के कोला प्रायद्वीप और दक्षिण और मध्य स्वीडन और नॉर्वे के बीच सीमा क्षेत्र के कुछ हिस्सों में निवास करते हैं।

अतः विकल्प (A) सही है।

7. तुआरेग एक देहाती खानाबदोश है जो सहारा के रेगिस्तान में रहता है। वे अल्जीरिया, माली बुर्किना फासो और नाइजर में पाए जाते हैं।

तुआरेग उत्तरी अफ्रीका के सहारा रेगिस्तान में पाए जाते हैं। वे क्षेत्र में दूर दक्षिण पश्चिम लीबिया से दक्षिणी अल्जीरिया, नाइजर, माली और बुर्किना फासो तक फैले हुए हैं। वे लगभग 2 मिलियन खानाबदोश लोग हैं और ज्यादातर मुस्लिम हैं।

अतः विकल्प (B) सही है।

8. उत्तरी अमेरिका के मूल निवासी मोंगोलॉयड जाति के हैं।

मोंगोलॉयड एशिया, पोलिनेशिया और अमेरिका के बड़े हिस्से में विभिन्न लोगों का एक पुराना ऐतिहासिक समूह है। अतीत में, "पीला", "एशियाई" और "ओरिएंटल" जैसे अन्य शब्दों को समानार्थक शब्द के रूप में इस्तेमाल किया गया है।

मानव जाति को तीन वर्गों में विभाजित करने की अवधारणा कौसासोइड, मोंगोलॉयड और नीग्रोइड को 1780 के दशक में गौटिंगेन स्कूल ऑफ हिस्ट्री के सदस्यों द्वारा पेश किया गया था और उपनिवेशवाद की उम्र के दौरान "विद्वान विचारधाराओं" के संदर्भ में पश्चिमी विद्वानों द्वारा विकसित किया गया था।

अतः विकल्प (C) सही है।

9. स्थानिक बातचीत एक स्थान से दूसरे स्थान पर एक गतिशील प्रवाह प्रक्रिया है। इसकी प्रक्रिया का वर्णन करने में, भूगोलकार सबसे अधिक पहुंच और अनुयोजकता से चिंतित हैं।

स्थानिक बातचीत लोगों के किसी भी आंदोलन, सामान या अंतरिक्ष के बारे में जानकारी के लिए सामान्य शब्द है जो निर्णय लेने की प्रक्रिया से उत्पन्न होती है।

अतः विकल्प (C) सही है।

10. द्वीपसमूह या द्वीप समूह- इनमें अलग-अलग आकार और आकार के द्वीपों के समूह शामिल हैं, जैसे कि ब्रिटिश द्वीप समूह, भूमध्यसागरीय के बेलिएरिक द्वीप और एजियन सागर के समूह शामिल हैं।

एक द्वीपसमूह एक ऐसा क्षेत्र है जिसमें झीलों, नदियों या समुद्र में बिखरे हुए द्वीपों की एक श्रृंखला या समूह होता है।

अतः विकल्प (B) सही है।

11. समुद्री द्वीप:

ये द्वीप सामान्य रूप से छोटे हैं और महासागरों के बीच में स्थित हैं। उनका मुख्य भूमि से कोई संबंध नहीं है, जो सैकड़ों या हजारों मील दूर हो सकता है।

उनके पास महाद्वीपों से संबंधित वनस्पति और जीव हैं। गैलापागोस द्वीप समूह में जानवरों की कई अनोखी प्रजातियां हैं।

दुनिया के प्रमुख व्यापारिक केंद्रों से उनकी दूरदर्शिता के कारण, अधिकांश समुद्री द्वीप बहुत कम आबादी वाले हैं।

अतः विकल्प (C) सही है।

12. प्रवाल द्वीप: ज्वालामुखी द्वीपों के विपरीत, प्रवाल द्वीप बहुत कम हैं और पानी की सतह के ठीक ऊपर उभरे हैं। विभिन्न प्रजातियों के प्रवाल जानवरों द्वारा निर्मित ये द्वीप मुख्य भूमि के पास और महासागरों के बीच में पाए जाते हैं।

अतः विकल्प (A) सही है।

13. मूंगे की चट्टानें:

कोरल जंतु और समुद्री जीवों के कई प्रकार जैसे कोरल पॉलीप्स, कैल्केयरस शैवाल, शेल बनाने वाले जीव और चूने-स्रावित पौधे ऊष्णकटिबंधीय समुद्रों में बड़ी कॉलोनियों में रहते हैं।

हालांकि वे बहुत छोटे जीव हैं, लेकिन उनके छोटे कोशिकाओं के भीतर कैल्शियम कार्बोनेट को स्रावित करने की उनकी क्षमता ने एक विशेष समुद्री भूमि के प्रकार को जन्म दिया है। वे कई रूपों, रंगों और आकारों की कई प्रजातियों में मौजूद हैं।

अनुकूल परिस्थितियों में, वे पानी के स्तर के ठीक नीचे बड़ी गहराई में विकसित होते हैं। एक पूरे के रूप में प्रवाल जानवरों को लेना, पॉलीप सबसे प्रचुर मात्रा में हैं और सबसे महत्वपूर्ण भी हैं।

अतः विकल्प (D) सही है।

14. गैर-रीफ़-बिल्डिंग प्रजातियाँ भी हैं जैसे कि प्रशांत महासागर के "कीमती मूंगे 'और भूमध्यसागरीय' लाल मूंगा 'जो ठंडी और गहरे पानी में भी जीवित रह सकते हैं। एक नियम के रूप में, वे केवल गर्म उष्णकटिबंधीय समुद्रतरह में अच्छी तरह पनपते हैं।

अतः विकल्प (C) सही है।

15. समुद्र की सतह पर उड़ने वाली हवाएँ पानी को दूर धकेलती हैं। पानी तो दूर धकेल दिया गया पानी को हटाने के लिए सतह के नीचे से आता है। इस प्रक्रिया को 'उत्स्रवण' के नाम से जाना जाता है। खुले समुद्र में और समुद्र तटों के साथ उत्स्रवण होता है।

पानी जो उगने के परिणामस्वरूप सतह पर आता है, आमतौर पर ठंडा होता है और पोषक तत्वों से भरपूर होता है। ये पोषक तत्व सतह के पानी को 'निषेचित' करते हैं, जिसका अर्थ है कि इन सतह के पानी में अक्सर उच्च जैविक उत्पादकता होती है। इसलिए, अच्छे मछली पकड़ने के मैदान आम तौर पर पाए जाते हैं।

अतः विकल्प (C) सही है।

16. वैश्विक समुद्र स्तर के रुझान और सापेक्ष समुद्र-स्तर के रुझान अलग-अलग माप हैं।

यह कई स्थानीय कारकों के कारण है: उप-धारा, महासागर की धाराएं, भूमि की ऊंचाई में भिन्नता, और क्या भूमि अभी भी हिमयुग ग्लेशियरों के संकुचित वजन से पलटाव कर रही है।

उदाहरण के लिए, भूमि के उपखंड में धीरे-धीरे बसना या पृथ्वी की सतह का अचानक डूबना शामिल है। इससे स्थानीय समुद्री स्तरों में अल्पकालिक परिवर्तन हो सकते हैं।

अतः विकल्प (D) सही है।

17. हवा न केवल धाराओं का उत्पादन करती है, यह तरंगों का निर्माण करती है।

जैसे ही हवा चिकनी पानी की सतह पर बहती है, हवा और पानी के बीच घर्षण या खिंचाव सतह को खींचता है। तरंगों के रूप में, सतह खुरदरी हो जाती है और हवा के लिए पानी की सतह को पकड़ना और लहरों को तेज करना आसान हो जाता है।

अतः विकल्प (B) सही है।

18. समुद्र तल का उत्थान तब होता है जब संवहन धाराएं महासागरीय पपड़ी के नीचे कण्ठ में उठती हैं और मैग्मा का निर्माण करती हैं जहां दो टेक्टोनिक प्लेटें एक विचलन सीमा पर मिलती हैं।

सीमॉन्ट इन लकीरों के करीब पाए जाते हैं। सीमॉन्ट दुनिया में हर महासागर के बेसिन में पाए जा सकते हैं, अंतरिक्ष और उम्र दोनों में बेहद व्यापक रूप से वितरित किए जाते हैं।

एक सीवन को तकनीकी रूप से आसपास के समुद्री क्षेत्र से 1,000 मीटर या उससे अधिक की ऊंचाई पर और शंक्वाकार रूप में एक सीमित शिखर क्षेत्र के साथ एक पृथक वृद्धि के रूप में परिभाषित किया गया है।

अतः विकल्प (A) सही है।

19. ऊपरी स्तर से मलबे के साथ एक व्यापक, समतल मैदान में नीचे की ओर बढ़ने वाली नदी भारी है।

पार्श्व गलियारे के माध्यम से ऊर्ध्वाधर गलियारे लगभग समाप्त हो गए हैं और अभी भी अपने बैंकों को और अधिक नष्ट करने के लिए आगे बढ़ता है।

नदी का काम मुख्य रूप से बयान करना है, अपने बिस्तर का निर्माण करना और व्यापक बाढ़ के मैदान बनाना।

अतिरिक्त मात्रा में आने वाली सहायक नदियों द्वारा पानी की मात्रा बहुत अधिक बढ़ जाती है।

मोटे पदार्थ गिराए जाते हैं, और महीन गाद को नदी के मुहाने तक ले जाया जाता है।

अतः विकल्प (D) सही है।

20. अपने निचले स्तर में नदियाँ बड़ी मात्रा में अवसादों को लेकर आती हैं। वार्षिक या छिटपुट बाढ़ के दौरान, ये अवसाद निचले-आसन्न क्षेत्रों में पूर्णता फ़ैल जाते हैं।

अवसाद की एक परत इस प्रकार प्रत्येक बाढ़ के दौरान जमा होती है, धीरे-धीरे उपजाऊ मैदान का निर्माण करती है।

जब नदी सामान्य रूप से बहती है, तो नदी का तल अपने साथ लाये गए पदार्थो तथा अवशेषों के जमाव के कारण ऊपर को उठ जाता है। यह अवशेष नदी द्वारा किनारो पर एकत्रित कर दिए जाते है जिसको लीव कहा जाता है।

अतः विकल्प (D) सही है।

21. जमा जलोढ़ के कारण रुकावट के कारण, नदी कई चैनलों के माध्यम से अपने पानी का वितरण कर सकती है जिसे वितरिका कहा जाता है। कुछ डेल्टा विशाल हैं। उदाहरण के लिए, गंगा का डेल्टा लगभग पूरे पश्चिम मलेशिया जितना बड़ा है।

अतः विकल्प (A) सही है।

22. उत्तरी अटलांटिक महासागर में, केयेन करेंट उत्तरी विषुवतीय धारा से जुड़ता है और प्रबलित होता है।

यह वर्तमान उत्तर-पश्चिम में कैरिबियन समुद्र में विषुवत जल के एक बड़े द्रव्यमान के रूप में है।

इस धारा को दो धाराओं में विभाजित किया गया है: द फ्लोरिडा करंट और द गल्फ स्ट्रीम।

ये सभी धाराएँ गर्म धाराएँ हैं।

अतः विकल्प (A) सही है।

23. एक नकारात्मक आंदोलन तब होता है जब भूमि का उत्थान या समुद्र-स्तर गिरता है। यह ढलान को स्थिर करेगा ताकि सक्रिय डाउन-कटिंग को नवीनीकृत किया जाए।

समुद्र तल में गिरावट, बाढ़-मैदान को समुद्र तल से ऊपर की ऊँचाई पर छोड़ देती है। नदी के नवीकरण के साथ नदी पूर्व बाढ़-मैदान में कट जाती है, जिससे नदी के दोनों किनारों पर छतों के पीछे छोड़ दिया जाता है।

नदी की श्रेणीबद्ध प्रोफ़ाइल में एक विराम भी है, जिसे अक्सर रैपिड्स की एक श्रृंखला द्वारा चिह्नित किया जाता है।

अतः विकल्प (D) सही है।

24. जोजिला भारत, कश्मीर में एक उच्च पर्वत मार्ग है, जो श्रीनगर और लेह के बीच भारतीय राष्ट्रीय राजमार्ग 1 डी पर स्थित है। शिपकिला भारत-चीन सीमा पर एक पहाड़ी दर्रा और सीमा चौकी है। नाथूला हिमालय में एक पहाड़ी दर्रा है। यह भारतीय राज्य सिक्किम को चीन के तिब्बत स्वायत्त क्षेत्र से जोड़ता है।

अतः विकल्प (D) सही है।

25. सूर्य दो उष्णकटिबंधीय के बीच दोलन करता रहता है जो भूमध्य रेखा के 23.43 ° उत्तर और दक्षिण में स्थित है और चूंकि भूमध्यरेखीय क्षेत्र दो उष्णकटिबंधीय के बीच स्थित है, इसलिए सूर्य पूरे वर्ष में कम या अधिक ऊपर की ओर बना रहता है। और प्रकाशन का चक्र हमेशा भूमध्य रेखा से गुजरता

है। यही कारण है कि भूमध्यरेखीय क्षेत्र में तापमान की वार्षिक सीमा छोटी होती है।

अतः विकल्प (A) सही है।

26. कोयला चार रूपों में उपलब्ध है: लिग्नाइट, बिटुमिनस, एन्थ्रेसाइट और सब-बिटुमिनस। एन्थ्रेसाइट 87% से ऊपर के कार्बन प्रतिशत के साथ उच्चतम रैंक वाला कोयला है। लिग्नाइट में कार्बन की मात्रा 60-70% है। तमिलनाडु लिग्नाइट कोयले का सबसे बड़ा उत्पादक है।

अतः विकल्प (D) सही है।

27. ब्रह्मपुत्र को त्सांग्पो-ब्रह्मपुत्र भी कहा जाता है, एक पार-सीमा नदी और एशिया की प्रमुख नदियों में से एक है।

चेरायुंगडुंग ग्लेशियर में इसकी उत्पत्ति के साथ, तिब्बत के बुरंग काउंटी में हिमालय के उत्तरी किनारे पर यारलुंगटसंग्पो नदी के रूप में स्थित है, यह दक्षिणी तिब्बत से होकर महान घाटियों (यारलुंगटसंग्पो ग्रैंड कैनियन सहित) और अरुणाचल प्रदेश में हिमालय से होकर निकलती है भारत), जहां इसे दिहांग या सियांग के नाम से जाना जाता है।

अतः विकल्प (D) सही है।

28. राष्ट्रीय राजमार्ग नं. 1 या NH1, उत्तरी भारत में एक राष्ट्रीय राजमार्ग है जो कि राष्ट्रीय राजधानी नई दिल्ली को भारत-पाकिस्तान सीमा के समीप पंजाब में अत्तारी कस्बे से जोड़ता है। यह ऐतिहासिक ग्रैंड ट्रंक सड़क (शेरशाह सूरी मार्ग) का एक अंश है, जो बंगाल से काबुल तक प्रसारित हुआ, जिसे अति प्राचीन समय से स्थित प्राचीन सड़कों पर निर्मित किया गया।

अतः विकल्प (D) सही है।

29. लक्षद्वीप द्वीप-समूह की उत्तपत्ति प्राचीनकाल में हुए ज्वालामुखीय विस्फोट से निकले लावा से हुई है। यह भारत की मुख्यभूमि से लगभग 300 कि॰मी॰ दूर पश्चिम दिशा में अरब सागर में अवस्थित है। लक्षद्वीप द्वीप-समूह में कुल 36 द्वीप है परन्तु केवल 7 द्वीपों पर जनजीवन है।

अतः विकल्प (B) सही है।

30. प्रथम चार ग्रहों को स्थलीय कहा जाता है, जिसका अर्थ है पृथ्वी के जैसे ही वे भी चट्टान और धातुओं से बने होते हैं, और अपेक्षाकृत उच्च घनत्व होता हैं। बाकी चार को जोवियन या गैस जाइंट ग्रह कहा जाता है। जोवियन का अर्थ है बृहस्पति जैसा। उनमें से अधिकांश स्थलीय ग्रहों की तुलना में बहुत बड़े हैं और घने वायुमंडल हैं, जिनमें से ज्यादातर हीलियम और हाइड्रोजन गैस पाई जाती हैं।

(i) स्थलीय ग्रहों का निर्माण मूल तारे के निकटवर्ती क्षेत्र में हुआ था जहाँ गैसों के लिए ठोस कणों के संघनन के लिए यह बहुत गर्म था। जोवियन ग्रहों का निर्माण काफी सुदूर हुआ था।

(ii) सूर्य के निकट सौर वायु सबसे तीव्र थी; इसलिए, इसने स्थलीय ग्रहों से बहुत सारी गैस और धूल उड़ा दी। सौर हवाएं जोवियन ग्रहों से गैसों को हटाने जितनी तीव्र नहीं थीं।

(iii) स्थलीय ग्रह आकार में छोटे होते हैं और क्षीण गुरुत्वाकर्षण पलायन होने वाली गैसों को पकड़ नहीं पता।

अतः विकल्प (A) सही है।

31. पदार्थ और ऊर्जा का वितरण भी प्रारंभिक ब्रह्मांड में नहीं था। इन प्रारंभिक घनत्व के अंतरों ने गुरुत्वाकर्षण बलों में अंतर को जन्म दिया। इनसे आकाशगंगाओं के विकास के लिए आधार बने। एक आकाशगंगा में बड़ी संख्या में तारे होते हैं। आकाशगंगाएँ विशाल दूरी पर फैली हुई हैं जिन्हें हजारों प्रकाश-वर्ष में मापा जाता है। नेबुला नामक एक बहुत बड़े बादल के रूप में हाइड्रोजन गैस के संचय से एक आकाशगंगा बनने लगती है। आखिरकार, बढ़ते नेबुला गैस के स्थानीयकृत क्लंप विकसित करता है। ये गुच्छे भी घने गैसीय पिंडों में बढ़ते रहते हैं, जिससे तारों का निर्माण होता है। माना जाता है कि लगभग 5-6 बिलियन साल पहले तारों का निर्माण हुआ था।

अतः विकल्प (D) सही है।

32. ग्रहों का विकास:

(i) तारे एक नेबुला के भीतर गैस के स्थानीयकृत गांठ होते हैं। गांठ के भीतर गुरुत्वाकर्षण बल से गैस बादल के लिए एक कोर के गठन की ओर जाता है और गैस कोर के चारों ओर गैस और धूल का एक बड़ा घूर्णन डिस्क विकसित होता है।

(ii) अगले चरण में, गैस बादल घनीभूत होने लगता है और कोर के चारों ओर का पदार्थ छोटी गोलाकार वस्तुओं में विकसित हो जाता है। सामंजस्य की प्रक्रिया से ये छोटे-गोल गोल ग्रहसमूह कहलाते हैं। टकराव से बड़े शरीर बनने लगते हैं और गुरुत्वाकर्षण आकर्षण के कारण सामग्री एक साथ चिपक जाती है। प्लानेटिमल्स छोटे निकायों की एक बड़ी संख्या है।

(iii) अंतिम चरण में, ये बड़ी संख्या में छोटे ग्रह ग्रहों के रूप में कम बड़े पिंड बनाने के लिए एकत्रित होते हैं।

अतः विकल्प (A) सही है।

33. अपघर्षण: हिमनदी अपघर्षण वह सतह है जिसके पास बर्फ या उपसमूह तलछट के भीतर मौजूद विभिन्न टुकडो या चट्टानों के अलग-अलग आकार होते हैं।

हिमनद मुख्य रूप से दो प्रकार के होते हैं:

1. महाद्वीपीय
2. अल्पाइन

अतः विकल्प (B) सही है।

34. 1951 में कोपई नदी पर निष्पादन के लिए मयूराक्षी जलाशय परियोजना शुरू की गई थी।

यह परियोजना वर्ष 1985 में सभी तरह से पूरी हो गई है। इस परियोजना के पूरा होने के माध्यम से निर्मित सिंचाई क्षमता बीरभूम, मुर्शिदाबाद और बर्दवान जिलों में 2,50,860 हेक्टेयर में आती है।

इस जलाशय से लगभग 6,000 हेक्टेयर क्षेत्र में झारखंड राज्य को सिंचाई का पानी भी दिया जाता है। इस परियोजना को भारत में सबसे अच्छा प्रदर्शन करने वाली सिंचाई परियोजनाओं में से एक माना जाता है।

अतः विकल्प (A) सही है।

35. एक कोयले की तह एक गहरे भूरे या काले रंग का बैंडेड कोयला है जो चट्टान की परतों के भीतर दिखाई देता है। ये तह भूमिगत स्थित हैं और सतह पर उनकी निकटता के आधार पर गहरी खनन या पट्टी खनन तकनीक का उपयोग करके खनन किया जा सकता है।

तालचेर कोयला खदानें 61.83 मिलियन टन प्रति वर्ष (MTPA) खदानों का जाल हैं, जिसका संचालन भारत के ओडिशा राज्य के अंगुल में तालचेर कोयला क्षेत्र में कोल इंडिया की सहायक कंपनी महानदी कोलफील्ड्स लिमिटेड द्वारा किया जाता है।

अतः विकल्प (D) सही है।

36. लाखों साल पहले कोयला तब बना था जब पृथ्वी विशाल दलदली जंगलों से आच्छादित थी जहाँ पौधे - विशाल फर्न, नरकट और काई - उगते थे। कोयला एक गैर नवीकरणीय जीवाश्म ईंधन है जिसका दहन किया जाता है और बिजली उत्पन्न करने के लिए इसका उपयोग किया जाता है। खनन तकनीक और दहन दोनों खनिक के लिए खतरनाक और पर्यावरण के लिए खतरनाक हैं।

झारखंड- उत्तर-पूर्व भारत में स्थित, झारखंड राज्य भारत के कोयला भंडार की सूची में शीर्ष पर है। राज्य के प्रमुख कोयला-खनन केंद्र झरिया, बोकारो, औरंगा, गिरिडीह, धनबाद, रामगढ़, करणपुर और हुटर हैं। इन कोयले के अधिकांश क्षेत्र एक संकीर्ण बेल्ट में स्थित हैं जो पूर्व से पश्चिम तक चलता है। झरिया कोयला क्षेत्र, जो धनबाद के दक्षिण में स्थित है, भारत का सबसे पुराना

और सबसे अमीर कोयला क्षेत्र है, जिसके भंडार में सबसे अच्छा बिटुमिनस कोयला है। झारखंड में कुल कोयला भंडार 83.15 बिलियन टन होने का अनुमान है।

अतः विकल्प (A) सही है।

37. BPCL कोच्चि रिफाइनरी, 1966 में 50,000 बैरल प्रति दिन की क्षमता के साथ अपनी सफ़र की शुरुआत की।

पूर्व में कोचीन रिफाइनरीज लिमिटेड के रूप में जाना जाता है, रिफाइनरी मूल रूप से फिलिप्स पेट्रोलियम कॉर्पोरेशन, यूएसए के साथ संयुक्त उद्यम के रूप में स्थापित की गई थी।

कोच्चि रिफाइनरी केरल के कोच्चि के पास अंबालामुगल में स्थित है।

अतः विकल्प (C) सही है।

38. भारतीय पट्टी की उत्तरी सीमा तिब्बत के दक्षिणी सीमा से मिलती है। भारत और एशिया के बीच टकराव का समय हिमालय या तिब्बती ऑरोजेनिक प्रणाली के विकास के लिए सभी मॉडलों में प्रमुख सीमा स्थिति है। यह गहन रूप से तिब्बती पठार के उत्थान से लेकर पूर्वी एशिया में महाद्वीपीय बहिर्वाह से जुड़ी भौगोलिक प्रक्रियाओं की एक संख्या की व्याख्या को प्रभावित करता है, साथ ही सेनोज़ोइक के दौरान वैश्विक जलवायु परिवर्तन की हमारी समझ को भी प्रभावित करता है।

अतः विकल्प (B) सही है।

39. व्यवस्थित भूगोल दृष्टिकोण सामान्य भूगोल के समान ही है। यह दृष्टिकोण अलेक्जेंडर वॉन हम्बोल्ट द्वारा पेश किया गया था। क्षेत्रीय भूगोल दृष्टिकोण दूसरे जर्मन भूगोलवेत्ता और हम्बोल्ट के समकालीन, कार्ल रिटर (1779-1859) द्वारा विकसित किया गया था।

अतः विकल्प (A) सही है।

40. मूल नक्शे के पैमाने में बदलाव के लिए मूल रूप से तैयार किए गए उपकरणों को एक पैनोग्राफ, ईडियोग्राफ और कैमरा ल्यूसिडा के रूप में जाना जाता है।

पैंटोग्राफ समान त्रिकोणों के सिद्धांत पर आधारित है।

यह अपने विस्तार की तुलना में मूल नक्शे की कमी में अच्छे परिणाम देता है।

ईडियोग्राफ का निर्माण दो समानांतर सलाखों के साथ किया जाता है, एक समर्थन के साथ।

अतः विकल्प (A) सही है।

41. पश्चिम बंगाल राज्य में जनसंख्या घनत्व सबसे अधिक था

दिए गए राज्यों के जनसंख्या घनत्व (2001) हैं:

- बिहार: 881
- पंजाब: 484
- उत्तर प्रदेश: 690
- पश्चिम बंगाल: 903

जनगणना 2011 के अनुसार तालिका में सभी विवरण है।

अतः विकल्प (D) सही है।

42. हिंदुस्तान शिपयार्ड लिमिटेड (HSL) भारत के पूर्वी तट पर विशाखापत्तनम में स्थित एक शिपयार्ड है। इसे सिंधिया स्टीम नेविगेशन कंपनी लिमिटेड के एक भाग के रूप में उद्योगपति वालचंद हीराचंद ने बनाया था। स्वतंत्रता के बाद भारत में पूरी तरह से निर्मित होने वाला पहला जहाज सिंधिया शिपयार्ड में बनाया गया था और जिसका नाम जल उषा था। यह 1948 में जवाहरलाल नेहरू द्वारा प्रारंभ किया गया था।

अतः विकल्प (C) सही है।

43. एच.एन.रसेल द्वारा 1937 में पृथ्वी की उत्पत्ति के बारे में बाइनरी स्टार परिकल्पना दी गई थी। आर.ए. लिटलटन ने इस सिद्धांत पर काम किया और सुधार किया।

ग्रहों के निर्माण का सबसे व्यापक रूप से स्वीकृत सिद्धांत इमैनुएल कांत कि नेबुलर परिकल्पना है। पियरे-साइमन लाप्लास ने 1796 में इसी तरह का एक सिद्धांत दिया था।

परिकल्पना के अनुसार - रसेल ने कहा कि ब्रह्मांड में आदिम सूर्य के पास दो तारे थे। शुरुआत में, 'साझा सितारा' आदिम सूरज के चारों ओर घूम रहा था।

अतः विकल्प (A) सही है।

44. 'आधार - स्तर' की अवधारणा पॉवेल द्वारा दी गई थी। भू-आकृति विज्ञान में आधार स्तर एक क्षरण प्रक्रिया के लिए निचली इकाई है। यह पद पॉवेल ने 1875 में दिया था।

अतः विकल्प (C) सही है।

45. भूसंतुलन का सिद्धांत पृथ्वी की भूपटल के संतुलन और पृथ्वी की भूपटल में पदार्थ के वितरण की प्रवृत्ति की व्याख्या करता है। यह सिद्धांत उत्प्लावकता और गुरुत्वाकर्षण के विरोधी प्रभाव पर आधारित है। यह 1889 में सी.इ.ड्यूटन द्वारा दिया गया था।

अतः विकल्प (A) सही है।

46. फ़िरमानस (260-340 A.D.), ईसाई धर्म के प्रमुख विरोधियों में से एक थे। इन्होने ही पृथ्वी के गोलाकार होने की अवधारणा का निषेध किया था। फ़िरमानस ने इथियोपिया, हिंद महासागर, सोकोट्रा, फारस की खाड़ी और सीलोन का दौरा किया। पृथ्वी की आकृति के सम्बन्ध में, उन्होंने कहा कि यह सपाट थी, जो ऊंची दीवारों से घिरी हुई थी।

अतः विकल्प (A) सही है।

47. टॉलमी ने टेरा-आस्ट्रेलिया-इनकोगनिटा की अवधारणा को घोषित करते हुए घोषणा की कि हिंद महासागर एक बंद समुद्र है। यह विचार शायद उसने हिप्पार्कस से उधार लिया था। टॉलमी उन प्रतिभाओं में से एक थे जिन्होंने गणितीय भूगोल के ध्वनि सिद्धांतों को विकसित किया। उनके लेखन ने भूगोल और खोजकर्ताओं को ग्रेट एज ऑफ डिस्कवरी (14 वीं, 15 वीं शताब्दी ए.डी.) के लिए प्रेरित किया, जो टेरा-इन्नोगिता (अज्ञात भूमि) का पता लगाने के लिए।

अतः विकल्प (D) सही है।

48. इमैनुअल कांत एक जर्मन दार्शनिक थे। उन्होंने 1755 में नेबुलर परिकल्पना का विकास किया। इस परिकल्पना का मानना था कि ग्रहों का निर्माण एक युवा सूरज से जुड़ी सामग्री के एक बादल से हुआ था, जो धीरे-धीरे घूम रहा था। 1754 में, बर्लिन अकादमी द्वारा पृथ्वी के घूमने की समस्या के बारे में एक पुरस्कार प्रश्न पर विचार करते हुए, उन्होंने तर्क दिया कि चंद्रमा का गुरुत्वाकर्षण पृथ्वी की स्पिन को धीमा कर देगा। उन्होंने इस तर्क को रखा कि गुरुत्वाकर्षण अंततः चंद्रमा के ज्वारीय लॉकिंग को पृथ्वी के घूर्णन के साथ मेल खाता है।

अतः विकल्प (B) सही है।

49. जयकवाड़ी बांध भारत के महाराष्ट्र में औरंगाबाद जिले के पैथन तालुका में जयकवाड़ी गाँव के स्थल पर गोदावरी नदी पर स्थित एक मिट्टी का बांध है। कठोर परियोजना भारतीय राज्य महाराष्ट्र में सबसे बड़ी सिंचाई परियोजनाओं में से एक है।

अतः विकल्प (D) सही है।

50. वर्तमान जल उपयोग का लगभग 80 प्रतिशत कृषि सिंचाई में उपयोग किया जाता है। भारत में 140 मिलियन हेक्टेयर (mha) कृषि भूमि का सिंचित क्षेत्र लगभग 48.8 प्रतिशत है। शेष 51.2 प्रतिशत वर्षा के द्वारा है। इस बढ़ते हुए अंतर का असर देश में बारिश द्वारा होने वाले उत्पादन पर भी पड़ता है।

अतः विकल्प (A) सही है।

51. कन्याकुमारी भूमध्य रेखा के उत्तर में और कर्क रेखा के दक्षिण में और मकर रेखा के उत्तर में स्थित है।

कन्याकुमारी का प्रायद्वीपीय सिरा लक्षद्वीप सागर द्वारा तीन ओर से घिरा हुआ है। यह पश्चिमी तटीय मैदानों और पूर्वी तटीय मैदानों के संगम पर स्थित है। कन्याकुमारी दक्षिणी सिरे पर है और सन्निहित भारतीय उपमहाद्वीप का सबसे दक्षिणी बिंदु है।

अतः विकल्प (D) सही है।

52. दक्षिण भारत में नीलगिरि पहाड़ियों के दक्षिणी छोर पर स्थित दर्रे को पालघाट खाई कहा जाता है।

पलक्कड़ खाई या पालघाट खाई तमिलनाडु के कोयम्बटूर और केरल के पलक्कड़ के बीच पश्चिमी घाट में एक पहाड़ी दर्रा है। 24-30 किलोमीटर (15-19 मील) की चौड़ाई के साथ इसकी औसत ऊंचाई 140 मीटर (460 फीट) है। दर्रा उत्तर में नीलगिरि पहाड़ियों और दक्षिण में अन्नामलाई पहाड़ियों के बीच स्थित है।

अतः विकल्प (A) सही है।

53. 5 मिलियन टन की धातु सामग्री के साथ भारत के तांबे अयस्क भंडार का अनुमान 400 मिलियन टन है। भारत की प्रमुख तांबे की पट्टी झारखंड के सिंहभूम और हजारीबाग में स्थित है। खनन केंद्र मोसाबनी, घाटशिला, थोबनी और बिहार के सिंगभूम, बिहार के हजारीबाग, राजस्थान के खेतड़ी और दरीबा क्षेत्रों और आंध्र प्रदेश के अग्निगुंडला में स्थित हैं। कुल उत्पादन 2.6 मिलियन टन है।

अतः विकल्प (A) सही है।

54. ब्रह्मपुत्र, जिसे तिब्बत में यरलुंग त्संगपो कहा जाता है, अरुणाचल प्रदेश में सियांग/दिहांग नदी और असम में दिलो, एक सीमापारिक (ट्रांस-बाउंड्री) नदी है, जो तिब्बत, भारत और बांग्लादेश से होकर बहती है। यह स्त्रावित होने के आधार पर दुनिया की 9 वीं सबसे बड़ी नदी है, और 15 वीं सबसे लंबी है।

अतः विकल्प (C) सही है।

55. सलाल पावर स्टेशन 690 मेगावाट की स्थापित क्षमता वाली नदी परियोजना है, जो चिनाब नदी की जल विद्युत क्षमता का उपयोग करती है। यह केंद्र शासित प्रदेश जम्मू और कश्मीर के रियासी जिले में स्थित है।

अतः विकल्प (A) सही है।

56. दक्षिणी क्षेत्र देश का एकमात्र क्षेत्र है जो सोने का उत्पादन करता है और लोहे से भी समृद्ध है।

तीन सेक्टर दक्षिणी सेक्टर, केरल और कर्नाटक सेक्टर, और वेस्टर्न सेक्टर साउथ जोन के प्रशासनिक/ऑपरेशनल अधिकार क्षेत्र के अंतर्गत, जैसे तमिलनाडु सेक्टर, और केके सेक्टर और महाराष्ट्र, गुजरात, गोवा के तहत साउथर्न सेक्टर, तमिलनाडु और आंध्र प्रदेश के पॉन्डिचेरी और पश्चिमी सेक्टर के अंतर्गत दीव, दमन और नगर हवेली (UT) क्षेत्र आते हैं।

अतः विकल्प (C) सही है।

57. भारत दुनिया के कुल भूमि क्षेत्र का 2.4 प्रतिशत हिस्सा है, लेकिन दुनिया की आबादी का 16.7 प्रतिशत का समर्थन करता है।

अतः विकल्प (A) सही है।

58. उपग्रह के आंकड़ों के अनुसार, भारत का वर्तमान वन क्षेत्र घट रहा है।

उपग्रह के आंकड़ों का विश्लेषण पर आधारित, द्विवार्षिक मूल्यांकन - भारतीय वन सर्वेक्षण (एफएसआई) द्वारा जारी किया गया और पर्यावरण, वन और जलवायु परिवर्तन मंत्रालय (एमओईएफसीसी) द्वारा जारी किया गया, जिसमें कुल वन और वृक्ष का आवरण लगभग 802,088 वर्ग किमी, जो देश के भौगोलिक क्षेत्र का लगभग 24.39 प्रतिशत है।

अतः विकल्प (B) सही है।

59. मावसिनराम पूर्वोत्तर भारत में मेघालय राज्य के पूर्वी खासी पहाड़ी जिले का एक शहर है, जो शिलांग से लगभग 60.9 किलोमीटर दूर है। भारत के मावसिनराम में सबसे अधिक वर्षा होती है।

अतः विकल्प (C) सही है।

60. कथन (1) सत्य है। आर्द्र उपोष्ण जलवायु उत्तरी गोलार्द्ध में कर्क रेखा (उत्तरी अक्षांश) और दक्षिणी गोलार्द्ध में मकर रेखा (दक्षिणी अक्षांश) से ध्रुवों की ओर पाई जाती है।

कथन (2) सत्य है। आर्द्र उपोष्ण जलवायु चीन के दक्षिणी भाग के मैदानों सहित भारत के उत्तरी मैदानों में पाई जाती है।

उल्लेखनीय है की आर्द्र उपोष्ण कटिबंधीय जलवायु उष्णकटिबंधीय आर्द्र एवं शुष्क जलवायु के ही समान होती है। किंतु, अपवादस्वरूप यहाँ सर्दियों में तामपान कोष्ण होता है।

अतः विकल्प (C) सही है।

61. भारतीय कृषि का प्रमुख प्रकार निर्वाह कृषि है। इसमें किसान अपना और अपने आश्रितों का पेट भरने के लिए अन्न उगाते हैं।

अतः विकल्प (D) सही है।

62. रेडक्लिफ रेखा ब्रिटिश भारत के पंजाब और बंगाल प्रांतों के भारतीय और पाकिस्तानी भागों के बीच की सीमांकन रेखा थी। इसका नाम इसके वास्तुकार सर सिरिल रेडक्लिफ के नाम पर रखा गया था, जिन्होंने दोनों प्रांतों के लिए दो सीमा आयोगों के संयुक्त अध्यक्ष के रूप में, 88 मिलियन लोगों के लिए 175,000 वर्ग मील (450,000 किमी^{2}) क्षेत्र को समान रूप से विभाजित करने की जिम्मेदारी प्राप्त की।

अतः विकल्प (A) सही है।

63. भारत में ज्वारीय ऊर्जा के दोहन के लिए कैम्बे की खाड़ी में क्षमता है।

खंभात की खाड़ी, जिसे कैम्बे की खाड़ी के रूप में भी जाना जाता है, भारत के अरब सागर तट पर एक खाड़ी है, जो मुंबई शहर के ठीक उत्तर में गुजरात राज्य की सीमा बनाती है। खंभात की खाड़ी लगभग 200 किमी (120 मील) लंबी है, उत्तर में लगभग 20 किमी (12 मील) चौड़ी और दक्षिण में 70 किमी (43 मील) चौड़ी है। गुजरात से निकलने वाली प्रमुख नदियाँ नर्मदा, ताप्ती, माही और साबरमती हैं जो खाड़ी में जलोढ़ियाँ बनाती हैं।

अतः विकल्प (A) सही है।

64. शारीरिक अपक्षय चट्टानों पर बदलते तापमान के प्रभाव के कारण होता है, जिससे चट्टान टूट जाती है। प्रक्रिया को कभी-कभी पानी द्वारा सहायता प्रदान की जाती है।

शारीरिक अपक्षय के दो मुख्य प्रकार हैं:

जमना-पिघलना तब होता है जब पानी लगातार दरारें, फ्रीज और फैलता है, अंततः चट्टान को तोड़ता है।

अपशल्कन तब होता है जब दरारें भूमि की सतह के समानांतर विकसित होती हैं, जो उत्थान और कटाव के दौरान दबाव में कमी का एक परिणाम है।

अतः विकल्प (C) सही है।

65. स्थिर रात्रि की स्थिति में, भूमि से लंबी दूरी की तरंग-चालन द्वारा प्रकीर्णित होती है; यह जमीन को ठंडा करती है, जिससे तापमान में गिरावट आती है। जमीन के पास नम हवा अपने ओसांक बिंदु को प्राप्त कर लेती है।

अतः विकल्प (C) सही है।

66. मिस्ट्रल स्थानीय हवा दूसरों से अलग है। उत्तर या उत्तर-पश्चिम से आने वाली फ्रांस में मिस्ट्रल एक मजबूत, ठंडी और आमतौर पर शुष्क क्षेत्रीय हवा है, जो कैमरन क्षेत्र के आसपास भूमध्य सागर के तट पर रोन और ड्यूरस नदियों के माध्यम से गुजरने पर तेज हो जाती है।

अतः विकल्प (D) सही है।

67. तूफ़ानी बादल (लैटिन क्यूम्यलस, "हीप्ड" और निंबस, "रेनस्टॉर्म") एक घना, ऊर्ध्वाधर बादल है, जो शक्तिशाली उर्ध्व वायु धाराओं द्वारा किए गए जल वाष्प से बनता है। यदि तूफान के दौरान देखा जाता है, तो इन बादलों को गरज के साथ कहा जा सकता है। तूफ़ानी बादल अकेले, गुच्छों में या ठंडे मोर्चे की रेखाओं के साथ बना सकते हैं। ये बादल बिजली और अन्य खतरनाक गंभीर मौसमों, जैसे कि बवंडर और ओलों के उत्पादन में सक्षम हैं। अविकसित क्यूम्यलस कंजेस्टस बादलों से तूफ़ानी बादल की प्रगति और आगे एक सुपरसेल के हिस्से के रूप में विकसित हो सकती है।

अतः विकल्प (B) सही है।

68. सहारा रेगिस्तान में बहने वाली एक गर्म स्थानीय हवा को हरमाटन के नाम से जाना जाता है। हरमाटन एक सूखा और धूल भरा पश्चिमी अफ्रीकी व्यापार पवन है। यह उत्तरपूर्वी दुनिया नवंबर के अंत और मार्च के मध्य के बीच सहारा से गिनी की खाड़ी में बहती है। तापमान 3 डिग्री सेल्सियस तक कम हो सकता है।

अतः विकल्प (D) सही है।

69. वायुमंडलीय परत जो रेडियो तरंगों को दर्शाती है उसे आयनमंडल कहा जाता है। आयनमंडल ऊपरी वायुमंडल का एक क्षेत्र है, जो लगभग 85 किमी (53 मील) से 600 किमी (370 मील) की ऊँचाई तक है, और इसमें बाह्य वायुमंडल और मध्यमंडल और बहिर्मंडल के कुछ हिस्से शामिल हैं। यह प्रतिष्ठित है क्योंकि यह सौर विकिरण द्वारा आयनित होता है। यह वायुमंडलीय बिजली में एक महत्वपूर्ण भूमिका निभाता है और चुंबक मंडल के आंतरिक किनारे बनाता है। इसका व्यावहारिक महत्व है क्योंकि, अन्य कार्यों के बीच, यह पृथ्वी पर दूर के स्थानों पर रेडियो प्रसार को प्रभावित करता है।

अतः विकल्प (B) सही है।

70. क्षोभ मंडल में धूल के कण और जल वाष्प होते हैं। यह वायु मंडल की सबसे महत्वपूर्ण परत है क्योंकि सभी प्रकार के मौसम परिवर्तन इस परत में ही होते हैं। इस परत में हवा कभी स्थिर नहीं रहती है। इसलिए इस परत को बदलते क्षेत्र 'या क्षोभ मंडल कहा जाता है।

अतः विकल्प (B) सही है।

71. क्षोभसीमा पृथ्वी के वायुमंडल में क्षोभमंडल और समतापमंडल के बीच की सीमा है। यह एक ऊष्मागतिक ढाल स्तरीकरण परत है, जो क्षोभमंडल के अंत को चिह्नित करता है। यह भूमध्यरेखीय क्षेत्रों से 17 किलोमीटर ऊपर और ध्रुवीय क्षेत्रों में लगभग 9 किलोमीटर की दूरी पर स्थित है।

अतः विकल्प (B) सही है।

72. जेट धाराएँ क्षोभमंडल के ऊपरी हिस्से में तेज बहने वाली वाली पश्चिमी हवा है। जेट धाराएँ पृथ्वी सहित कुछ ग्रहों के वायुमंडल में पाई जाने वाली तेज़ हवा की धाराएँ हैं। क्षोभसीमा के पास स्थित मुख्य जेट स्ट्रीम चाप, क्षोभमंडल (जहां तापमान ऊंचाई के साथ घटता है) और समतापमंडल (जहां तापमान ऊंचाई के साथ बढ़ता है) के बीच संक्रमण होता है।

अतः विकल्प (A) सही है।

73. ऑस्ट्रेलिया में उष्णकटिबंधीय चक्रवातों को विली विली कहा जाता है। विली विली एक छोटी सी हवा का झोंका है जो ज्यादातर शुष्क, बाहरी इलाकों में होता है। विली विली शब्द आदिवासी मूल का है। विली विली सामान्य रूप से उष्णकटिबंधीय चक्रवात हैं।

अतः विकल्प (A) सही है।

74. हिमालय का विस्तार वर्तमान में भारत के दो केंद्र शासित राज्यों, जम्मू-कश्मीर व लद्दाख में एवं हिमाचल प्रदेश, उत्तराखंड, सिक्किम, अरूणाचल प्रदेश में, व आंशिक रूप से बंगाल, असम, नागालैंड, मणिपुर, मिजोरम व त्रिपुरा राज्यों में है। इसलिए स्पष्ट है कि कथन-1 सही नहीं है।

भारत की दूसरी सबसे लम्बी पर्वतमाला पश्चिमी घाट का विस्तार गुजरात, महाराष्ट्र गोवा, कर्नाटक, केरल, तमिलनाडु राज्यों में है। इसे सहयाद्रि के नाम से जाना जाता है। इसलिए स्पष्ट है कि कथन-2 भी सत्य नहीं है।

पुलीकट झील आंध्र प्रदेश व तमिलनाडु राज्यों की सीमा में विस्तृत है। श्री हरिकोटा नामक द्वीप इस झील को सागर से अलग करता है तथा इसे लैगून का स्वरूप प्रदान करता है। इसलिए कथन-3 सत्य है।

अतः विकल्प (B) सही है।

75. पूर्वी घाट में विस्तृत पहाड़ियां प्राकृतिक सौंदर्य, पर्यटन व आर्थिक दृष्टि से महत्वपूर्ण हैं। आंध्रप्रदेश में विस्तृत पहाड़ियों का उत्तर से दक्षिण क्रम क्रमशः नल्लामलाई, वेलीकोंडा, पालकोंडा तथा नगारी है।

तमिलनाडु में विस्तृत पहाड़ियों का उत्तर से दक्षिण क्रम क्रमशः जावड़ी, शेवरॉय, पंचमलाई, तथा सिरूमलाई है।

केरल-तमिलनाडु में विस्तृत पहाड़ियों का उत्तर से दक्षिण क्रम क्रमशः नीलगिरी, अन्नामलाई व कामम (इलायची) व नागरकोयल है। अतः स्पष्ट है कि उपर्युक्त प्रश्न का उत्तर होगा।

अतः विकल्प (C) सही है।

76. भारत की प्रमुख घाटियां निम्नानुसार हैं-

जम्मू-कश्मीर	कश्मीर घाटी, मारखा घाटी, नुब्रा घाटी, सुरू घाटी
हिमाचल प्रदेश	कांगड़ा घाटी, किन्नौर घाटी, पार्वती घाटी, सांगला घाटी, मालना घाटी, कुल्लु घाटी, पांगी घाटी, स्पीती घाटी, लाहौल घाटी, चंबा घाटी
उत्तराखंड	दून घाटी, जोहर घाटी, फूलों की घाटी, दारमा घाटी, सोर घाटी, नेलांग घाटी
बंगाल	न्योरा घाटी
सिक्किम	चुंबी घाटी, युमथांग घाटी
नागालैंड	जुकू घाटी
आंध्रप्रदेश	अराकु घाटी
तमिलनाडु	कंबम घाटी
केरल	शांत घाटी

अतः विकल्प (D) सही है।

77. उत्तरी विशाल मैदान, संरचनात्मक रूप से शिवालिक के दक्षिण में भाभर, तराई व जलोढ़ मैदान (बांगर व खादर) के रूप में विस्तृत है।

भाभर - शिवालिक के गिरिपाद प्रदेश में और उसके समान सिंधु से तीस्ता नदी तक विस्तृत 8-10 किमी. चौड़ी पट्टी को भाभर कहा जाता है। यहां हिमालय पर्वत श्रेणियों से निकलती नदियां भारी जल-भार जैसे बड़े शैल, गोलाश्म आदि अवसाद एकत्रित कर देती हैं। और कभी-कभी स्वयं इसी में लुप्त हो जाती हैं।

तराई - भाभर के दक्षिण में और उसके समानांतर विस्तृत 10-20 किमी चौड़ी पट्टी को तराई कहा जाता है। इसी पट्टी में नदियां पुनः भाभर से बाहर निकलकर सतह पर प्रवाहित होने लगती हैं। बांगर -पुराने जलोढ़ मैदानों को बांगर कहा जाता है। ये बाढ़ के मैदानों से ऊपर स्थित होते हैं और खादर की तुलना में कम उपजाऊ होते हैं।

खादर - नवीन जलोढ़ मैदानों को खादर कहा जाता है। ये प्रायः बाढ़ के मैदानों में स्थित होते है। यहां प्रतिवर्ष नदियों द्वारा जलोढ़ निक्षेप का नवीनीकरण होता रहता है। ये सर्वाधिक उपजाऊ जलोढ़ मैदान होते हैं।

अतः विकल्प (D) सही है।

78. मौन घाटी (साइलेंट वैली) राष्ट्रीय वन क्षेत्र केरल में नीलगिरी पहाड़ियों पर स्थित है। नल्लामलाई पहाड़ियां केरल में न होकर तेलंगाना व आंध्रप्रदेश राज्य में विस्तरित हैं। अतः कथन - 1 गलत है। केरल सरकार द्वारा पथरक्कडावु जलविद्युत परियोजना का निर्माण साइलेंट वैली राष्ट्रीय उद्यान में किया गया है। साइलेंट वैली वन क्षेत्र से ही कुंथी नदी उद्गमित होती है। दक्षिण-पश्चिम में

प्रवाहित होती हुई अरब सागर में गिरती है। अत: स्पष्ट है कि कथन-2 व कथन-3 सही हैं, इसलिए उपरोक्त प्रश्न का उत्तर होगा।

अतः विकल्प (C) सही है।

79. राजस्थान में माऊंट आबू पर्वत पर स्थित गुरू शिखर (1722 मी.) अरावली पर्वत माला की सर्वोच्च चोटी है। माऊंट आबू में ही जैनियों का प्रसिद्ध धर्म स्थल, दिलवाड़ा जैन मंदिर स्थित है।

अतः विकल्प (A) सही है।

80. भारत का दक्षिणी भाग प्रायद्वीपीय होने के कारण यहां तटीय मैदान विकसित हुए हैं। इन तटीय मैदानों के निर्माण में नदियों द्वारा अपरदन एवं निक्षेप की महत्वपूर्ण भूमिका रही. है। अवस्थिति के आधार पर तटीय मैदानों को दो भागों में विभाजित किया गया हैपश्चिमी तटीय मैदान - गुजरात, राज्य से लेकर केरल राज्य तक अरब सागर एवं पश्चिम घाट के मध्य स्थित मैदानों को पश्चिम तटीय मैदान कहते हैं। पश्चिम तटीय मैदानों को स्थानीय स्तर पर निम्न 3 भागों में विभाजित किया गया-

1.	गुजरात से गोवा	कोंकण तट
2.	गोवा से मंगलौर	कन्नड तट
3.	मंगलौर से केरल	मालाबार तट

पूर्वी तटीय मैदान - बंगाल राज्य से लेकर कन्याकुमारी (तमिलनाडु) तक बंगाल की खाड़ी एवं पूर्वी घाट के मध्य स्थित मैदानों को पूर्वी तटीय मैदान कहा जाता है। पूर्वी तट्रीय मैदानों को भी स्थानीय स्तर पर 3 भागों में विभाजित किया गया है-

बंगाल से गोदावरी तट	उत्कल/उत्तरी सरकार तट
गोदावरी से कृष्णा डेल्टा	गोलकुण्डा तट
कृष्णा डेल्टा से कन्याकुमारी	कोरोमंडल तट

अतः विकल्प (A) सही है।

81. दस डिग्री जलसन्धि (Ten Degree Channel) भारत के अंडमान व निकोबार द्वीपसमूह में छोटे अण्डमान द्वीप को कार निकोबार द्वीप से अलग करने वाली जलसन्धि है, जो दस अक्षांश उत्तर पर स्थित है।

अतः विकल्प (A) सही है।

82. हिम रेखा - हिम रेखा से आशय बर्फ से ढकी एवं बर्फ रहित सतह के बीच की सीमा है। यह वह सीमा है जिसके ऊपर सदैव बर्फ रहती है। हिमालय पर्वतीय क्षेत्र में हिमरेखा की औसत ऊंचाई 4300 से 6000 मी. के मध्य है। हिमालय पर्वतीय क्षेत्र में पूर्व से पश्चिम बढ़ने पर हिम रेखा की ऊंचाई घटती जाती है। पूर्वी हिमालय में हिम रेखा की औसत ऊंचाई जहां 3500 मी. है वही यह पश्चिमी हिमालय में घटकर 2500 मी. हो जाती है। हिमरेखा की ऊंचाई में यह अंतर उच्च अंक्षाशों एवं वर्षा के कारण है। पश्मिची हिमालय में वर्षा तुलनात्मक रूप से कम होती है, और अधिकतर हिमपात के रूप में होती है। वही पूर्वी हिमालय में वर्षा अधिक होती है और अधिकतर जलकण के रूप में होती है।

अतः विकल्प (A) सही है।

83. अल्फ्रेड वेगनर (जर्मनी) द्वारा प्रतिपादित महाद्वीपीय विस्थापन सिद्धांत के अनुसार भारतीय स्थलपिंड प्राचीन गोंडवाना भू-भाग का हिस्सा है। जुरैसिक युग में गोंडवान-भू-भाग में चंद्रमा के आकर्षण बल व पृथ्वी के गुरूत्वाकर्षण व ध्रुवीय लीइंग बल के कारण विखण्डन से दक्षिण, अमेरिका, अफ्रीका, मेडागास्कर, प्रायद्वीपीय भारत व आस्ट्रेलिया का निर्माण हुआ। कालांतर में अफ्रीका यूरेशिया व प्रायद्वीपीय भारत में उत्तरी प्रवाह हुआ, जिसके परिणामस्वरूप एटलस, आलप्स व हिमालय जैसी नवीनं पर्वत श्रृंखलाओं का निर्माण हुआ।

अतः विकल्प (A) सही है।

84. जर्मन मौसम वैज्ञानिकवेत्ता व्लादिमिर कोपेन ने 1900 ई. के आसपास विश्व जलवायु को 5 भागों में वर्गीकृत किया, जिन्हें अंग्रेजी वर्णमाला के पांच बड़े अक्षरों (ABCDE) से इंगित किया जाता है। कोपेन ने अपने जलवायु के वर्गीकरण में वनस्पति के वितरण और जलवायु के बीच एक घनिष्ठ संबंध स्थापित किया है।

कोपेन जलवायु वर्गीकरण विभाजन मुख्य पांच जलवायु समूहों में विभाजित होता है, प्रत्येक समूह को मौसमी वर्षा और तापमान पैटर्न के आधार पर विभाजित किया जाता है। पांच मुख्य समूह A (उष्णकटिबंधीय), B (सूखा), C (समशीतोष्ण), D (महाद्वीपीय) और E (ध्रुवीय) हैं।न पर आधारित है। कोपेन द्वारा किया गया विश्व जलवायु का वर्गीकरण सामान्यत: सरल व सबसे ज्यादा प्रभावी है।

अतः विकल्प (B) सही है।

85. दक्षिण अमेरिकी देशों पेरू एवं इक्काडोर के समुद्री मछुआरों द्वारा प्रतिवर्ष दिसम्बर माह के. आस-पास प्रशांत महासागरीय धारा के तापमान में होने वाली वृद्धि को अल-नीनो कहा जाता था। अर्थात् अल-नीनो प्रशांत महासागर में पेरू के निकट समुद्री तट के गर्म होने की घटना है।

ला नीना, प्रशांत महासागर में पानी के ठंडे होने की प्रक्रिया है, अत: इसे एंटी-अल-निनो भी कहा जाता है। यह घटना सामान्यत: अल-नीनो के बाद होती है।

अल-नीनो में समुद्र की सतह का तापमान बहुत अधिक बढ़ जाता है जबकि ला-नीना में समुद्री सतह का तापमान बहुत कम हो जाता है।

भारत के लिए, दक्षिण-पश्चिम मानसून पर अल-नीनो के प्रतिकूल प्रभाव पड़ते हैं। दूसरी ओर, ला-नीना भारत के मानसून के लिए फायदेमंद होता है। भारत में अल-नीनो के कारण सूखे की स्थिति उत्पन्न होती है, जबकि ला-नीना के कारण अत्यधिक बारिश होती है।

अतः विकल्प (D) सही है।

86. कोपेन के जलवायु वर्गीकरण एवं उनके विश्लेषण के अनुसार उष्ण कटिबन्धीय आर्द्र जलवायु में वर्ष के प्रत्येक माह में औसत तापमान 18°C से अधिक रहता है।

इस जलवायु में शीत ऋतु का अभाव होता है। यहां वर्ष भर वाष्पीकरण की अपेक्षा हमेशा वर्षा अधिक होती है।

अतः विकल्प (C) सही है।

87. कोपेन के जलवायविक वर्गीकरण के अनुसार भारतीय प्रायद्वीप में उष्णकटिबंधीय मानसूनी जलवायु पाई जाती है। इस जलवायु प्रदेश में मूसलाधार वर्षा गर्मियों में होती है तथा शीत ऋतु शुष्क होती है। ऑस्ट्रेलिया के उत्तरी भाग दक्षिण-अमेरिका के उत्तर-पूर्वी भाग में भी यही जलवायु पाई जाती है।

भूमध्यसागरीय जलवायु भूमध्य सागर के चारों ओर तथा उपोष्ण कटिबंध से 30°से 40° अक्षांशों के बीच महाद्वीपों के पश्चिमी तट के साथ-साथ पाई जाती है।

इस प्रकार की जलवायु की विशेषता है कि यहां गर्मियां उष्ण व शुष्क तथा सर्दियां सामान्य एवं वर्षायुक्त होती हैं। मध्य कैलिफोर्निया, मध्य चिली तथा ऑस्ट्रेलिया के दक्षिण-पूर्वी एवं दक्षिण-पश्चिमी तट इसके उदाहरण हैं।

टुण्ड्रा स्थायी तुषार का प्रदेश है। जहां स्थल भाग में भी लगातार बर्फ जमी रहती है। काई, लाइकेन तथा पुष्पी पादप जैसी छोटी वनस्पतियां टुण्ड्रा जलवायु प्रदेशों में पाई जाती हैं।

अतः विकल्प (D) सही है।

88. उष्णकटिबंधीय आर्द्र जलवायु भूमध्य रेखा (0° अक्षांश) के निकट पाई जाती है। इस जलवायु के प्रमुख क्षेत्र दक्षिण पूर्वी एशिया के द्वीप,दक्षिण अमेरिका का अमेजन बेसिन, पश्चिमी विषुवतीय अफ्रीका तथा हैं।

इस जलवायु प्रदेश में अत्यधिक सघन, विशाल तथा व्यापक जैवविविधता वाले उष्णकटिबंधीय सदाहरित वन पाए जाते हैं। वस्तुत: इन जलवायु प्रदेशों में लगभग सम्पूर्ण वर्ष में दोपहर के बाद बिजली की कड़क के साथ मूसलाधार वर्षा होती है। तापमान समान रूप से ऊंचा और वार्षिक तापांतर नगण्य होता है।

अतः विकल्प (C) सही है।

89. भूमध्यवर्ती क्षेत्रों में मुख्यत: दो ऋतुएं ग्रीष्म और शीत होती हैं।

भूमध्यसागरीय जलवायु प्रदेश में अधिकांश वर्षा शीतकाल में होती है, किन्तु इसकी मात्रा अधिक नहीं होती जबकि ग्रीष्मप्राय: शुष्क रहती है। शीतकाल में धूप तेज होती है जिससे फलों के पकने में सहायता मिलती है।

चीन तुल्य जलवायु उत्तरी तया दक्षिणी गोलाद्धों में 30° से अक्षांशों के मध्य, महाद्वीपों के पूर्वी तटवर्ती भागों में पाए जाते हैं। यहां वर्षा यद्यपि वर्ष-पर्यन्त होती है, किन्तु शीतकाल में वर्षा की मात्रा कम जबकी अधिकांश वर्षा ग्रीष्म ऋतु में होती है।

ऊष्णकटिबंधीय उच्च पर्वतीय क्षेत्रों में विभिन्न प्रकार की जलवायु दशाएं यथा ऊष्णकटिबंध से लेकर शीतोष्ण और शीतकटिबंध तक की जलवायु दशाएं देखी जा सकती हैं। इस प्रकार इस जलवायु क्षेत्र को ऊर्ध्वाधर रूप में वर्गीकृत की जा सकता है।

अतः विकल्प (D) सही है।

90. स्ट्रोबिलैंथ्स कुन्थियाना, जिसे तमिल में कुरिनजी या नीलकुरिनजी के नाम से जाना जाता है, एक झाड़ी है जो केरल और तमिलनाडु में पश्चिमी घाटों के शोला जंगलों में पाया जाता है। नीलगिरि हिल्स, जिसका शाब्दिक अर्थ है नीले पहाड़, नीलाकुरिनजी के शुद्ध नीले फूलों से उनका नाम मिला जो केवल 12 वर्षों में एक बार खिलता है।

अतः विकल्प (C) सही है।

91. शब्द "अंडरवाटर ट्रॉपिकल रेन फॉरेस्ट्स" मन्नार की खाड़ी के साथ जुड़ा हुआ है।

मन्नार की खाड़ी हिंद महासागरीय क्षेत्र में 5.8 मीटर (19 फीट) की औसत गहराई के साथ एक बड़ी उथली खाड़ी है।

अतः विकल्प (D) सही है।

92. मैन एंड द बायोस्फियर प्रोग्राम (एमएबी) एक अंतरसरकारी वैज्ञानिक कार्यक्रम है, जिसे 1971 में यूनेस्को द्वारा शुरू किया गया था, जिसका उद्देश्य लोगों और उनके वातावरण के बीच संबंधों के सुधार के लिए वैज्ञानिक आधार स्थापित करना है।

अतः विकल्प (B) सही है।

93. भारत में 10 जैव-भौगोलिक क्षेत्र हैं। वे इस प्रकार हैं,

a) ट्रांस हिमालयन क्षेत्र,

b) हिमालयी क्षेत्र,

c) मरुस्थल क्षेत्र,

d) अर्द्धशुष्क क्षेत्र,

e) पश्चिमी घाट क्षेत्र,

f) दक्कन पठार क्षेत्र,

g) गंगा का मैदानी क्षेत्र,

h) उत्तर पूर्व क्षेत्र,

i) तटीय क्षेत्र,

j) तट रेखा के पास मौजूद द्वीप।

अतः विकल्प (C) सही है।

94. माही नदी भारत की ताप्ती नदी और नर्मदा नदी के साथ-साथ बहने वाली प्रमुख अंतरराज्यीय पश्चिम की नदियों में से एक है। माही की कुल लंबाई 583 किमी है। यह मध्य प्रदेश के धार जिले में सरदारपुर तहसील के ग्राम भोपावर के पास 500 मीटर की ऊँचाई पर विंध्य के उत्तरी ढलानों से माही कांटा पहाड़ियों में निकलती है। प्रारंभ में यह नदी मप्र के धार और झाबुआ जिलों से होकर उत्तर की ओर बहती थी। और फिर बाएं मुड़ता है और मप्र के रतलाम जिले से गुजरता है, फिर उत्तर - पश्चिम की ओर मुड़ता है, यह राजस्थान के बांसवाड़ा जिले में प्रवेश करता है और दक्षिण - पश्चिम दिशाओं में बहता है और इसके बाद गुजरात राज्य के पंचमहल जिले में प्रवेश करता है। फिर नदी गुजरात के खेड़ा जिले से होकर एक ही दिशा में बहती है और अंत में अरब सागर में खंबात की खाड़ी में गिर जाती है।

अतः विकल्प (C) सही है।

95. चीन के साथ उत्तर प्रदेश और भारत की सीमा के बीच में उत्तराखंड है।

यह उत्तर में चीन के तिब्बत स्वायत्त क्षेत्र की सीमा में आता है; पूर्व में नेपाल का सुदुरपश्चिम प्रदेश; भारतीय राज्य उत्तर प्रदेश के दक्षिण और हिमाचल प्रदेश पश्चिम और उत्तर-पश्चिम में हैं।

अतः विकल्प (B) सही है।

96. हिमाचल प्रदेश और भारत-नेपाल सीमा के बीच में उत्तराखंड स्थित है।

9 नवंबर, 2000 को उत्तराखंड बना और भारत का 27 वां राज्य बना। राज्य उत्तर में चीन (तिब्बत) और पूर्व में नेपाल के साथ अंतर्राष्ट्रीय सीमाएँ साझा करता है। उत्तर-पश्चिम में, यह हिमाचल प्रदेश के साथ घिरा है।

अतः विकल्प (B) सही है।

97. मणिपुर और भारत-बांग्लादेश सीमा के बीच असम का सिलचर जिला है।

मणिपुर भारतीय राज्यों में बांग्लादेश के साथ अंतरराष्ट्रीय सीमा साझा नहीं करता है। भारत बांग्लादेश के साथ घनिष्ठ संबंध रखता है और 4,096 किलोमीटर लंबी सीमा साझा करता है जो असम, त्रिपुरा, मिजोरम, मेघालय और पश्चिम बंगाल को छूती है।

अतः विकल्प (A) सही है।

98. मेलानेशिया क्षेत्र में वनुआतु, सोलोमन द्वीप, फिजी और गिनी के चार देश शामिल हैं। यह ओशिनिया का एक उप-क्षेत्र है जो प्रशांत महासागर के पश्चिमी छोर से अराफुरा सागर तक फैला हुआ है और पूर्व में फिजी तक है। इन स्वतंत्र देशों के अलावा, मेलनेशिया में न्यू कैलेडोनिया, मलूकु द्वीप और पश्चिम पापुआ भी शामिल हैं।

अतः विकल्प (B) सही है।

99. विश्व में सूर्यातप का वितरण तापमान के वितरण को नियंत्रित करने वाला मुख्य कारक है। वायुमंडल में व्याप्त कण सूर्य की गर्मी का अवशोषण करके हमें उसका अहसास कराते हैं क्योंकि ये कण भारी होते हैं इसलिए इनकी उपस्थिति हवा की निचली परतों में अधिक होती है। यही कारण है कि हवा की सबसे निचली परत अधिक गर्म होती है।

सूर्यातप के अवशोषण के कारण धरातल गर्म होता है और इससे घरातल के संपर्क में आने वाली वायु भी गर्म हो जाती है, इसलिए ऊंचाई बढ़ने के साथ-साथ तापमान कम होता जाता है। ऊपरी वायुमण्डल में वायु विरल एवं आर्द्रता का अभाव होता है।

समुद्र तल से ऊपर जाने की स्थिति में तापमान क्रमश: घटता जाता है। तापमान की यह कमी सामान्यतया 165 मीटर की ऊंचाई पर लगभग 1°C तक होती है। यद्यपि इस दर में समय, मौसम तथा स्थान की विभिन्न स्थितियों के अनुसार परिवर्तन होते रहते हैं।

अतः विकल्प (C) सही है।

100. सूर्य से पृथ्वी तक पहुंचने वाली सौर विकिरण ऊर्जा को सूर्याताप कहते हैं। यह ऊर्जा लघु तरंगदैर्ध्य के रुप में सूर्य से पृथ्वी तक पहुंचती है। किसी भी सतह को प्राप्त होने वाली सूर्यातप की मात्रा और उसी सतह से परावर्तित की जाने वाली सूर्यातप की मात्रा के बीच के अनुपात को शुक्लता कहते हैं।

पृथ्वी का औसत शुक्लता 33-35 प्रतिशत है, जबकि सर्वाधिक शुक्लता नवपात हिम से आच्छादित भमि का 65 से 85 प्रतिशत तक होता है। बालू मरुस्थल का

शुक्लता 20 से 25 प्रतिशत एवं धान की फसलयुक्त भूमि का शुक्लता 3-15 प्रतिशत तथा प्रेयरी भूमि का शुक्लता 18-22 प्रतिशत के आसपास होता है।

अतः विकल्प (C) सही है।

101. सूर्य और पृथ्वी के बीच की दूरी सबसे कम 4 जनवरी के दिन होती है।

- वह बिंदु जो सूर्य के सबसे निकट होता है, उपसौर कहलाता है।
- उत्तरी गोलार्ध में उस समय सर्दी होती है, जब पृथ्वी सूर्य के सबसे करीब होती है।
- उस समय दक्षिणी गोलार्ध में गर्मी होती है।
- वह बिंदु जो सूर्य से सबसे दूर होता है, उसे अपसौर कहा जाता है।
- 4 जुलाई को अपसौर होता है।

अतः विकल्प (D) सही है।

102. उच्चतम तथा न्यूनतम तापक्रमों के बीच के इस अन्तर को तापान्तर कहा जाता है। महासागर का वार्षिक तापांतर तापक्रमों के व्युत्क्रमानुपाती होता है। चूंकि अटलांटिक महासागर का आकार तुलनात्मक रूप से प्रशांत महासागर से छोटा है, अत: अटलांटिक महासागर में प्रशांत महासागर की, अपेक्षा अधिक तापांतर पाया जाता है।

स्थल भाग जल की अपेक्षा जल्द और ज्यादा गर्म होता है। ठीक इसी तरह वे जल की अपेक्षा शीघ्र शीतल भी हो जाते हैं। जल और स्थल की इस विशेषता का उस स्थान के तापक्रम पर काफी प्रभाव पड़ता है। क्योंकि उत्तरी गोलार्द्ध में स्थलीय भाग की जबकि दक्षिणी गोलार्द्ध में जलीय भाग की अधिकता है। अत: दक्षिणी गोलार्द्ध की तुलना में उत्तरी गोलार्द्ध में तापमान का वार्षिक परिसर अधिक होता है।

अतः विकल्प (B) सही है।

103. वायुमंडल की ऊपरी परत के अध्ययन को वायुविज्ञान (Aerlgy) और निचली परत के अध्ययन को ऋतु विज्ञान (Meterlgy) कहते हैं। वायुमंडल के कुल भार का लगभग आधा भाग धरातल से 5500 किमी. की ऊंचाई पर पाया जाता है। आधुनिक अनुसंधानों से स्पष्ट होता है कि वायुमंडल की अंतिम ऊंचाई या विस्तार 16 हजार कि.मी. से 32 हजार किलोमीटर के बीच है। विभिन्न प्रकार के अध्ययनों से यह भी स्पष्ट होता है वायुमंडल की कोई निश्चित ऊपरी सीमाएं नहीं होती है, परंतु यह धीरे-धीरे विरल होता जाता है।

अतः विकल्प (B) सही है।

104. पृथ्वी के चारों ओर फैले हुए वायु के विस्तृत राशि को वायुमंडल कहते हैं। वायुमंडल को कुल 5 परतों में बांटा गया है, जिसमें वायुमंडल की सबसे निचली परत को क्षोभमंडल कहा जाता है। इस मंडल को संवहन मंडल कहते हैं क्योंकि संवहन धाराएं इसी मंडल की सीमा तक सीमित होती हैं।

मुख्य तथ्य क्षोभमंडल

यह वायुमंडल की सबसे निचली परत है अत: इस मंडल को अधोमंडल भी कहा जाता है।

इसकी उंचाई ध्रुवों पर 8 किलोमीटर तथा विषुवत रेखा पर लगभग 18 किलोमीटर होती है।

सभी मुख्य वायुमंडलीय घटनाएं जैसे बादल, आंधी और वर्षा इत्यादि इसी मंडल में होती है।

क्षोभमंडल में तापमान के गिरावट की दर प्रति 165 मीटर की उंचाई पर 1 डिग्री सेल्सियस अथवा 1 किलोमीटर की उंचाई पर 6.4 डिग्री सेल्सियस होती है।

अतः विकल्प (A) सही है।

105. यह पाया गया कि ला नीना के समय प्रशांत क्षेत्र में हवा की दिशा बदल गई जिसके परिणामस्वरूप चक्रवात के मौसम में अफ्रीका से इंडोनेशिया की ओर बहने वाली हवाओं की गति में वृद्धि हुई। इस गति के कारण इंडोनेशिया में गर्म पानी जमा हो गया और बंगाल की खाड़ी गर्म हो गई। समुद्र के गर्म होने से चक्रवातों की तीव्रता बढ़ गई। ला नीना के दौरान स्पष्ट ऊष्णकटिबंधीय चक्रवात गतिविधि का अवलोकन करने के अलावा, वैज्ञानिकों ने पाया कि उत्पत्ति स्थान बंगाल की खाड़ी में 87 डिग्री पूर्व में स्थानांतरित हो गया। अध्ययन से पता चला कि ला नीना में एल नीनो की तुलना में तीव्र ऊष्णकटिबंधीय चक्रवातों को ट्रिगर करने की अधिक प्रवृत्ति थी।

अतः विकल्प (C) सही है।

106. कृष्णा-गोदावरी द्रोणी भारत में एक पेरी-क्रेटोनिक निष्क्रिय मार्जिन बेसिन है। यह आंध्र प्रदेश में कृष्णा नदी और गोदावरी नदी के घाटों में 50,000 से अधिक वर्ग किलोमीटर में फैला हुआ है। यह साइट डी -6 ब्लॉक के लिए जानी जाती है, जहां 2003 में रिलायंस इंडस्ट्रीज ने भारत में सबसे बड़ा प्राकृतिक गैस भंडार खोजा था।

अतः विकल्प (C) सही है।

107. दक्षिण-पश्चिमी मानसून दो शाखाओं में आता है जिसे बंगाल की खाड़ी की शाखा और अरब सागर की शाखा कहा जाता है। दक्षिण-पश्चिम मानसून का अरब सागर का मानसून सबसे पहले केरल, भारत के पश्चिमी घाट से टकराता है। यह उत्तर की ओर बढ़ता है और पश्चिमी घाट के तटीय क्षेत्रों में बारिश प्रदान करता है।

अतः विकल्प (C) सही है।

108. जलोढ़ मिट्टी ह्यूमस, फॉस्फोरिक अम्ल और चूने से समृद्ध होती है। हालांकि, उन्हें पोटाश में कमी है।

अतः विकल्प (B) सही है।

109. प्रधानमंत्री किसान-धन योजना (पीएम-केएमवाई) 60 वर्ष की आयु प्राप्त करने पर, चाहे वे सभी छोटे और सीमांत किसानों (एसएमएफ), चाहे वे पुरुष हों या महिला, सभी को 3000 रुपये मासिक पेंशन देने का प्रावधान है।

अतः विकल्प (A) सही है।

110. सिंहभूम (छोटानागपुर पठार) के पुराने मुड़े हुए पहाड़ों में ट्रेलिस पैटर्न की निकासी है।

भारत में जल निकासी पैटर्न के प्रकार:

1. असंगत जल निकासी
2. परिणामी नदियाँ
3. बाद की नदियाँ
4. सुपरिम्पोज़्ड, एपिजेनेटिक (डिसॉर्डेंट) या सुपरइंड्रेटेड जल निकासी
5. डेंड्रिटिक जल निकासी
6. ट्रेलिस जल निकासी
7. कांटेदार पैटर्न
8. आयताकार जल निकासी
9. रेडियल पैटर्न
10. वार्षिक पैटर्न
11. समानांतर जल निकासी
12. सारंग पैटर्न

अतः विकल्प (C) सही है।

111. अंडमान और निकोबार द्वीप समूह भारत का एक केंद्र शासित प्रदेश है जिसमें 572 द्वीप हैं, जिनमें से 38 बंगाल की खाड़ी और अंडमान सागर के किनारे बसे हुए हैं।

अतः विकल्प (C) सही है।

112. सतपुड़ा क्षेत्र मध्य भारत की पहाड़ियों की एक श्रृंखला है। यह सीमा महाराष्ट्र और मध्य प्रदेश की सीमा से होकर पूर्व में छत्तीसगढ़ तक पूर्व में चल रहे पूर्वी गुजरात राज्य में उगती है। यह क्षेत्र विंध्य क्षेत्र को उत्तर में समेटती है,

और ये दो पूर्व-पश्चिम की सीमाएं भारतीय उपमहाद्वीप को उत्तर भारत के इंडो-गंगा के मैदान और दक्षिण के दक्कन का पठार में विभाजित करती हैं।

अतः विकल्प (D) सही है।

113. दस डिग्री चैनल एक चैनल है जो बंगाल की खाड़ी में अंडमान द्वीप समूह और निकोबार द्वीप समूह को एक दूसरे से अलग करता है। द्वीपों के दो सेट मिलकर अंडमान और निकोबार द्वीप समूह का भारतीय केंद्रशासित प्रदेश (UT) बनाते हैं।

अतः विकल्प (C) सही है।

114. उष्णकटिबंधीय वर्षावन केवल भारत के वर्षा वाले भागों में पाए जाते हैं, अर्थात पश्चिमी घाट और लक्षद्वीप के द्वीप समूह और अंडमान और निकोबार द्वीप। इस प्रकार के वन 200 सेमी से अधिक वर्षा वाले क्षेत्रों में झाड़ियाँ उगाते हैं और छोटे शुष्क मौसम का अनुभव करते हैं।

अतः विकल्प (B) सही है।

115. बाघों की सबसे बड़ी आबादी पश्चिमी घाटों में है, जहां कर्नाटक, तमिलनाडु और केरल में फैले तीन प्रमुख परिदृश्य इकाइयों में लगभग 21,435 किलोमीटर^2 वन पर 1200 व्यक्तियों की अनुमानित जनसंख्या आकार के साथ सात आबादी हैं।

अतः विकल्प (D) सही है।

116. राज्य द्वारा भारत में 2019 में समुद्र तट की अनुमानित लंबाई। अंडमान और निकोबार के द्वीपों की भारत में सबसे लंबी तटरेखा थी, जिसकी मात्रा 1,900 किलोमीटर से अधिक थी, इसके बाद गुजरात था। मापा समय अवधि के दौरान सबसे छोटी तटीय रेखा वाला राज्य दमन और दीव का केंद्र शासित प्रदेश था।

अतः विकल्प (B) सही है।

117. काराकोरम राजमार्ग चीन-पाकिस्तान को जोड़ता है। काराकोरम राजमार्ग, समुद्र तल से लगभग 4,693 मीटर (15,397 फीट) की ऊँचाई पर, ख़ुंजेरब दर्रे के माध्यम से, काराकोरम पर्वत श्रृंखला के पार चीन और पाकिस्तान को जोड़ता है।

अतः विकल्प (C) सही है।

118. भारत के माध्यम से गुजरने वाले अक्षांश के महत्वपूर्ण समानांतर, कर्क रेखा (23.4° भूमध्य रेखा के उत्तर में) है। यह अक्षांश भारत के आठ राज्यों अर्थात् गुजरात, मिजोरम, त्रिपुरा, मध्य प्रदेश, राजस्थान, झारखंड, पश्चिम बंगाल और छत्तीसगढ़ से होकर गुजरता है।

अतः विकल्प (D) सही है।

119. भारत और बांग्लादेश दुनिया की सबसे लंबी सीमाओं में से एक है और यह 1,43,998 वर्ग किमी और 580 किमी के समुद्र तट के साथ कवर करता है।

अतः विकल्प (A) सही है।

120. ग्रेट निकोबार, सुमात्रा के उत्तर में भारत के निकोबार द्वीप समूह का सबसे दक्षिणी और सबसे बड़ा शहर है।

ग्रेट निकोबार द्वीप 2004 हिंद महासागर के भूकंप सुनामी से कई मौतों से बुरी तरह प्रभावित हुआ था, और एक दिन से अधिक समय तक सभी बाहरी संपर्क से काट दिया गया था।

अतः विकल्प (C) सही है।

121. गोवा लगभग 3,702 वर्ग किलोमीटर क्षेत्र के साथ सबसे छोटा है।

गोवा भारत के दक्षिण-पश्चिमी तट पर स्थित एक राज्य है, जिसे कोंकण क्षेत्र के रूप में जाना जाता है, और भौगोलिक रूप से पश्चिमी घाटों द्वारा दक्खन उच्चभूमि से अलग किया जाता है।

अतः विकल्प (B) सही है।

122. क्षेत्रफल के संदर्भ में, भारत रूस, कनाडा, अमेरिका, चीन, ऑस्ट्रेलिया और ब्राजील के बाद दुनिया में सातवें स्थान पर है।

अतः विकल्प (D) सही है।

123. उड़ीसा भारत के कुल उत्पादन के आधे से अधिक के लिए सबसे बड़ा बॉक्साइट उत्पादक राज्य है। राज्य में कुल वसूली योग्य भंडार लगभग 1,370.5 मिलियन टन है। मुख्य बॉक्साइट बेल्ट कालाहांडी और कोरापुट जिलों में है और आंध्र प्रदेश में आगे बढ़ती है।

अतः विकल्प (A) सही है।

124. सतपुड़ा पर्वतमाला उत्तर की ओर विंध्य पर्वतमाला को समेटती है, और ये दो पूर्व-पश्चिम श्रेणियां भारतीय उपमहाद्वीप को उत्तर भारत के इंडो-गंगा के मैदान और दक्षिण के दक्कन के पठार में विभाजित करती हैं। सतपुड़ा पर्वतमाला पूर्वी गुजरात राज्य में अरब सागर तट के पास, पूर्व में महाराष्ट्र और मध्य प्रदेश की सीमा से होकर छत्तीसगढ़ तक जाती है।

अतः विकल्प (D) सही है।

125. टुमलपल्ले खदान भारत के आंध्र प्रदेश राज्य के कडप्पा में स्थित तुमलापल्ली गांव में एक यूरेनियम खदान है। 2011 में भारत के परमाणु ऊर्जा आयोग द्वारा किए गए शोध के परिणामों से विश्लेषकों ने निष्कर्ष निकाला कि यह खदान दुनिया में यूरेनियम का सबसे बड़ा भंडार हो सकता है। इस खोज ने परमाणु संयंत्रों से ऊर्जा उत्पादन की भारत की क्षमता को काफी हद तक बढ़ाया है।

अतः विकल्प (C) सही है।

मॉक टेस्ट 07

Q.1 प्लेट विवर्तनिकी सिद्धांत के अनुसार, प्लेटों के संचलन के लिए संवहन प्रकोष्ठ का चक्र उत्तरदायी है। संवहन प्रकोष्ठ के चक्र के लिए पृथ्वी के भीतर विद्यमान निम्नलिखित में से कौन-सा/से ऊष्मा स्रोत उत्तरदायी है/हैं?

1. रेडियोधर्मी क्षय
2. पृथ्वी के निर्माण के पश्चात शेष बची अवशिष्ट ऊष्मा
3. सौर विकिरण

नीचे दिए गए कूट का प्रयोग कर सही उत्तर चुनिए।

A. केवल 2 **B.** केवल 1
C. केवल 1 और 2 **D.** 1, 2 और 3

Q.2 निम्नलिखित में से मृदा का कौन-सा प्रकार स्व-जुताई की विशेषता को प्रदर्शित करता है?

A. जलोढ़ मृदा **B.** काली मृदा
C. लैटेराइट मृदा **D.** पीटमय मृदा

Q.3 निम्नलिखित युग्मों पर विचार कीजिए:

राष्ट्रीय उद्यान	राज्य
1. चन्दौली	तमिलनाडु
2. बन्नेरघट्टा	छत्तीसगढ़
3. कुद्रेमुख	कर्नाटक
4. नामेरी	असम

उपर्युक्त युग्मों में से कौन-सा/से सही सुमेलित है/हैं?

A. केवल 1 और 2 **B.** केवल 2 और 3
C. केवल 3 और 4 **D.** केवल 1 और 4

Q.4 किसी क्षेत्र का जल अपवाह प्रतिरूप निम्नलिखित में से किन कारकों पर निर्भर करता है?

1. भू-वैज्ञानिक समयावधि
2. शैलों की संरचना
3. जलप्रवाह की मात्रा
4. प्रवाह की आवधिकता

नीचे दिए गए कूट का प्रयोग कर सही उत्तर चुनिए।

A. केवल 1, 2 और 4 **B.** केवल 1 और 3
C. केवल 2, 3 और 4 **D.** 1, 2, 3 और 4

Q.5 भारत में वर्षा के वितरण के संदर्भ में, निम्नलिखित में से कौन-सा/से कथन सही हैं?

1. भारत में वर्षा की गहनता और मात्रा, मानसून द्रोणी के अक्ष के दोलन के साथ परिवर्तित होती है।

2. वर्षा उत्तर भारतीय मैदानों में दक्षिण-पूर्व से उत्तर पश्चिम की ओर ह्रासमान प्रवृत्ति दर्शाती है।

नीचे दिए गए कूट का प्रयोग कर सही उत्तर चुनिए।

A. केवल 1 **B.** केवल 2
C. दोनो 1 और 2 **D.** न तो 1 न 2

Q.6 भारतीय जलवायु के संदर्भ में 'अक्टूबर हीट' संदर्भित करता है:

A. पूर्वी प्रायद्वीपीय भारत में अत्यधिक वर्षा वाली अवधियों के कारण उत्पन्न उष्मा को
B. मानसून के निवर्तन के दौरान उत्पन्न उष्ण और आर्द्र स्थितियों को
C. मेघ आच्छादित आकाश और परिणामस्वरूप उत्तरी मैदानी भागों में उत्पन्न तापमान की विलोमता को
D. फसलों के अवशेष (पराली) जलाने के कारण उत्तर भारत में धुंध और प्रदूषण में होने वाली वृद्धि को

Q.7 निम्नलिखित में से कौन-सा कथन 'जल विज्ञान संबंधी सूखे' का सर्वश्रेष्ठ वर्णन करता है?

A. अपर्याप्त वर्षा की लंबी अवधि के साथ वर्षा के सामयिक और स्थानिक वितरण में असमानता
B. जल भंडारों और जलाशयों में जल की उपलब्धता में अत्यधिक कमी
C. मृदा में आर्द्रता की कमी से फसलों का नष्ट होना
D. जल की कमी के कारण पारिस्थितिकी तंत्र की उत्पादकता में गिरावट

Q.8 नदियों और पवनों द्वारा विच्छेदित तीव्र कगार वाले मेजनुमा स्थलरूप को संदर्भित किया जाता है:

A. मेसा के रूप में **B.** लोएस के रूप में
C. हॉर्स्ट के रूप में **D.** टुया के रूप में

Q.9 शीत ऋतु के दौरान उत्तर भारत में अत्यधिक ठंड हेतु उत्तरदायी कारण निम्नलिखित में से कौन-से हैं?

1. उत्तर भारतीय क्षेत्र की महाद्वीपीयता
2. हिमालय पर्वत श्रृंखला में हिमपात
3. कैस्पियन सागर से आने वाली शीत पवनें
4. पूर्वी जेट धाराओं का शीघ्र आगमन

नीचे दिए गए कूट का प्रयोग कर सही उत्तर चुनिए।

A. केवल 1, 2 और 3 **B.** केवल 2 और 3
C. केवल 1, 3 और 4 **D.** केवल 2 और 4

Q.10 यह आर्द्र उष्णकटिबंधीय क्षेत्रों की विशिष्ट, उर्ध्वगामी संवहनी धाराओं से संबद्ध गोलाकार शीर्ष और क्षितिज आधार वाला ऊधर्वाधर मेघ है। इसकी वृहद श्वेत गोलाकार संहति सूर्य के प्रकाश में भूरे रंग की दिखाई देती है लेकिन यह स्वच्छ मौसम से संबंधित मेघ होता है। उपर्युक्त परिच्छेद में निम्नलिखित में से किस प्रकार के बादल का वर्णन किया गया है?

A. पक्षाभ मेघ **B.** कपासी मेघ
C. वर्षास्तरी मेघ **D.** कपासी-वर्षी मेघ

Q.11 आग्नेय शैलों के संदर्भ में, निम्नलिखित कथनों पर विचार कीजिए:

1. इनका निर्माण शैलों के आंतरिक पदाथो के पुनर्किस्टलीकरण और पुनर्गठन के परिणामस्वरूप होता है।
2. इन शैलों की संरचना निर्माण की दर और गहराई पर निर्भर करती है
3. गैब्रो और पेग्माटाइट आग्नेय शैलों की श्रेणी से संबधित हैं।

उपर्युक्त कथनों में से कौन-सा/से सही है/हैं?

A. केवल 1 **B.** केवल 2
C. केवल 2 और 3 **D.** 1, 2 और 3

Q.12 हिमालयी और प्रायद्वीपीय नदियों के संदर्भ में, निम्नलिखित कथनों पर विचार कीजिए:

1. हिमालयी नदियाँ प्रकृति में बारहमासी हैं जबकि प्रायद्वीपीय नदियाँ मौसमी हैं।

2. हिमालयी नदियाँ विकास क्रम में प्रौढ़ावस्था एवं जीर्णावस्था में हैं जबकि प्रायद्वीपीय नदियाँ युवावस्था में हैं।

3. प्रायद्वीपीय नदियों के विपरीत, हिमालयी नदियाँ मैदानी भागों में विसर्पण गतिविधि प्रदर्शित करती हैं।

उपर्युक्त कथनों में से कौन-सा/से सही हैं?

A. केवल 1 **B.** केवल 2 और 3
C. केवल 1 और 3 **D.** 1, 2 और 3

Q.13 भारतीय मानसून के संदर्भ में, निम्नलिखित में से कौन- सा एक 'दक्षिणी दोलन' का उचित वर्णन करता है?

A. उत्तरी और दक्षिणी प्रशांत महासागर पर वायुमंडलीय दाब में परिवर्तन
B. डार्विन और ताहिती द्वीपों के मध्य लवणता के स्तर में परिवर्तन
C. उष्णकटिबंधीय हिंद-प्रशांत क्षेत्र पर वायुमंडलीय दाब में उतार-चढ़ाव
D. दक्षिणी गोलार्ध में महासागरीय धाराओं का दोलनात्मक संचलन

Q.14 निम्नलिखित परिच्छेद पर विचार कीजिए:
"ये पृथ्वी पर विद्यमान सभी ज्वालामुखियों में विशालतम हैं। ये ज्वालामुखी अधिकांशतः बेसाल्ट से बने होते हैं और इसलिए तीव्र ढाल वाले नहीं होते हैं। पारंपरिक रूप से इनकी विशेषता कम विस्फोटकता होती है, लेकिन यदि किसी प्रकार जल निकास नलिका में प्रवेश कर जाता है तो ये ज्वालामुखी विस्फोटक हो जाते हैं।"
उपर्युक्त परिच्छेद में निम्नलिखित में से किस प्रकार के ज्वालामुखियों को संदर्भित किया जा रहा है?

A. काल्डेरा
B. मध्य महासागरीय कटक ज्वालामुखी
C. शील्ड ज्वालामुखी
D. मिश्रित ज्वालामुखी

Q.15 निम्नलिखित में से कौन-से कारक भूकंप को प्रेरित कर सकते हैं?
1. भ्रंश तल के किनारे विवर्तनिक प्लेटों का फिसलना
2. भूमिगत खानों की छतों का ढहना
3. ज्वालामुखी विस्फोट
4. सुनामी
नीचे दिए गए कूट का प्रयोग कर सही उत्तर चुनिए।

A. केवल 1, 2 और 3 **B.** केवल 2 और 3
C. केवल 1, 2 और 4 **D.** केवल 1, 3 और 4

Q.16 निम्नलिखित नदियों पर विचार कीजिए:
1. गंगा
2. सिंधु
3. गोदावरी
4. ब्रह्मपुत्र
उपर्यूक्त नदियों के जलग्रहण क्षेत्र (भारत में) का सही आरोही क्रम निम्नलिखित में से कौन-सा है?

A. 4-3-2-1 **B.** 3-4-2-1 **C.** 1-2-3-4 **D.** 3-2-4-1

Q.17 निम्नलिखित में से कौन-सा/से पृथ्वी के भूगर्भ के संबंध में जानकारी का/के प्रत्यक्ष स्रोत है/हैं?
1. ज्वालामुखी विस्फोट
2. उल्काएँ
3. भूकंप
नीचे दिए गए कूट का प्रयोग कर सही उत्तर चुनिए।

A. 1 only **B.** केवल 1 और 3
C. केवल 2 **D.** 1, 2 और 3

Q.18 सिंधु नदी की निम्नलिखित सहायक नदियों पर विचार कीजिए:
1. झेलम
2. सतलुज
3. चिनाब
4. ब्यास
उपर्युक्त सहायक नदियों का दक्षिण से उत्तर की ओर सही क्रम निम्नलिखित में से कौन-सा है?

A. 2-3-4-1 **B.** 2-4-3-1 **C.** 1-3-4-2 **D.** 2-4-1-3

Q.19 निम्नलिखित में से कौन-सा विकल्प "गुरूत्वाकर्षण विसंगति" शब्द का सर्वश्रेष्ठ वर्णन करता है?

A. यह पृथ्वी की सतह पर शून्य गुरूत्वाकर्षण मान वाले क्षेत्रों को संदर्भित करता है
B. यह पृथ्वी के केंद्र के निकट जाने पर गुरूत्वाकर्षण के घटते मान को संदर्भित करता है
C. यह पृथ्वी के केंद्र के निकट जाने पर गुरूत्वाकर्षण के बढ़ते मान को संदर्भित करता है
D. यह गुरूत्वाकर्षण के प्रेक्षित मान और गुरूत्वाकर्षण के अपेक्षित मान के मध्य के अंतर को संदर्भित करता है

Q.20 वायुमंडल की संरचना के संदर्भ में, निम्नलिखित कथनों पर विचार कीजिए:
1. क्षोभमंडल की मोटाई भूमध्य रेखा पर सर्वाधिक है।
2. भूमध्य रेखा के ऊपर क्षोभसीमा पर वायु का तापमान ध्रुवों की तुलना में कम होता है।
3. मध्यमंडल में ऊंचाई में वृद्धि के साथ तापमान बढ़ता है।
उपर्युक्त कथनों में से कौन-सा/से सही है/हें?

A. केवल 1 और 2 **B.** केवल 3
C. केवल 1 **D.** 1, 2 और 3

Q.21 हिंद महासागर में ग्रीष्मकाल और शीतकाल के मध्य महासागरीय धाराओं की दिशा में पूर्ण परिवर्तन क्यों होता है?

A. हिंद महासागर में कोरिआलिस बल अपेक्षाकृत प्रबल है।
B. पवन की दिशा में पूर्ण व्युत्क्रमण हो जाता है।
C. हिंद महासागर भू-आबद्ध है और अन्य महासागरों की तुलना में छोटा है।
D. लवणता में परिवर्तनीयता अधिक है।

Q.22 कार्स्ट स्थलाकृति के संदर्भ में, निम्नलिखित में से कौन- सा/से कथन सही है/हैं?
1. यह घोलीकरण और अवक्षेपण की प्रक्रियाओं के माध्यम से भूजल क्रिया का परिणाम है।
2. यह चूना पत्थर वाले क्षत्रों की एक प्रमुख विशेषता है।
नीचे दिए गए कूट का प्रयोग कर सही उत्तर चुनिए।

A. केवल 1 **B.** केवल 2
C. दोनो 1 और 2 **D.** न तो 1 न 2

Q.23 निम्नलिखित कथनों पर विचार कीजिए:
1. भारत का पूर्वी तट एक निम्न, अवसादी तट है जबकि पश्चिमी तट एक उच्च चट्टानी तट है।
2. भारत के पूर्वी तट पर अपरदनात्मक स्थलरूपों, जबकि पश्चिमी तट पर निक्षेपणात्मक स्थलरूपों की प्रमुखता है।
उपर्युक्त कथनों में से कौन-सा/से सही है/हें?

A. केवल 1 **B.** केवल 2
C. दोनो 1 और 2 **D.** न तो 1 न ही 2

Q.24 रिक्टर और मरकेली स्केल के मध्य विद्यमान अंतर के संदर्भ में, निम्नलिखित कथनों पर विचार कीजिए:
1. जहां रिक्टर स्केल का उपयोग भूकंप की तीव्रता का मापन करने के लिए किया जाता है वहीं मरकेली स्केल का उपयोग भूकंप के आयाम का मापन करने के लिए किया जाता है।
2. जहां रिक्टर स्केल में मापन की कोई ऊपरी सीमा निर्धारित नहीं होती है, वहीं मरकेली स्केल में ऊपरी सीमा निर्धारित होती है।
उपर्युक्त कथनों में से कौन-सा/से सही है/हैं?

A. केवल 1 **B.** केवल 2
C. दोनो 1 और 2 **D.** न तो 1 न 2

Q.25 स्थल और जल भागों के विभेदी तापन के संदर्भ में, निम्नलिखित कथनों पर विचार कीजिए:

1. जल भाग स्थल की तुलना में धीमी गति से गर्म या ठंडा होता है।
2. स्थल और समुद्र का विभेदी तापन मानसूनी पवनों की दिशा में परिवर्तन के लिए उत्तरदायी है।

उपर्युक्त कथनों में से कौन-सा/से सही है/हैं?

A. केवल 1 **B.** केवल 2
C. दोनो 1 और 2 **D.** न तो 1 न 2

Q.26 निम्नलिखित युग्मों पर विचार कीजिए:

महासागरीय धारा	समीपवर्ती तट
1. अगुलहास धारा	अफ्रीका का पूर्वी तट
2. इरमिंगर धारा	अलास्का तट
3. हम्बोल्ट धारा	दक्षिण अमेरिका का पश्चिमी तट

उपर्युक्त में से कौन-से युग्म सही सुमेलित हैं?

A. केवल 1 और 2 **B.** केवल 2 और 3
C. केवल 1 और 3 **D.** 1, 2 और 3

Q.27 निम्नलिखित पर्वत श्रेणियों पर विचार कीजिए:

1. जास्कर श्रेणी
2. लद्दाख श्रेणी
3. पीरपंजाल श्रेणी
4. काराकोरम श्रेणी

उपर्युक्त श्रेणियों को उत्तर से दक्षिण क्रम में व्यवस्थित कीजिए।

A. 1-2-3-4 **B.** 1-3-2-4 **C.** 4-2-3-1 **D.** 4-2-1-3

Q.28 बिग स्प्लैट घटना किसके निर्माण से संबद्ध है:

A. चंद्रमा **B.** सूर्य
C. ग्रह **D.** पृथ्वी का वायुमंडल

Q.29 पृथ्वी की परतों और उनकी संरचना के निम्नलिखित युग्मों पर विचार कीजिए:

परत	संरचना
1. महाद्वीपीय पर्पटी	सिलिकॉन और आयरन
2. महासगरीय पर्पटी	सिलिकॉन और एल्यूमिना
3. प्रावार (मेंटल)	ऑलिवीन
4. कोड (कोर)	निकल और आयरन

उपर्युक्त में से कौन-सा/से युग्म सही सुमेलित है/हैं?

A. केवल 1 और 2 **B.** केवल 2, 3 और 4
C. केवल 3 और 4 **D.** 1, 2, 3 और 4

Q.30 भारत के साथ सीमा साझा करने वाले निम्नलिखित देशों पर विचार कीजिए:

1. बां ंग्लादेश
2. चीन
3. पाकिस्तान

उपर्युक्त देशों को भारत के साथ लगने वाली उनकी स्थलीय सीमा की लम्बाई के अवरोही क्रम में व्यवस्थित कीजिए।

A. बांग्लादेश>चीन>पाकिस्तान
B. बांग्लादेश>पाकिस्तान>चीन
C. चीन >बांग्लादेश>पाकिस्तान
D. पाकिस्तान >चीन>बांग्लादेश

Q.31 पश्चिमी तटीय मैदान के संदर्भ में, निम्नलिखित कथनों पर विचार कीजिए:

1. पश्चिमी तटीय मैदान मध्य में संकीर्ण तथा उत्तर एवं दक्षिण की ओर अधिक चौड़ा है।
2. पश्चिमी तटीय मैदान से प्रवाहित होने वाली नदियों द्वारा किसी भी डेल्टा का निर्माण नहीं किया जाता है।

उपर्युक्त कथनों में से कौन-सा/से सही है/हैं?

A. केवल 1 **B.** केवल 2
C. दोनो 1 और 2 **D.** न तो 1 न 2

Q.32 क्यूरोशियो धारा के संदर्भ में, निम्नलिखित कथनों पर विचार कीजिए:

1. इसकी उत्पत्ति जापान के तट के निकट होती है और यह उत्तर की ओर प्रवाहित होती है।
2. यह उत्तर में ध्रुवीय क्षेत्र की ओर गर्म, उष्णकटिबंधीय जल को स्थानांतरित करती है।
3. यह उत्तरी प्रशांत महासागरीय वलय (जायर) का एक भाग है।

उपर्युक्त कथनों में से कौन-सा/से सही है/हैं?

A. 2 only **B.** केवल 1 और 3
C. केवल 2 और 3 **D.** 1, 2 और 3

Q.33 निम्नलिखित कथनों पर विचार कीजिए:

1. भारत में छोटा नागपुर का पठार केवल दो राज्यों में विस्तृत है।
2. पूर्वी घाट केवल तीन राज्यों में विस्तृत है।

उपर्युक्त कथनों में से कौन-सा/से सही है/हैं?

A. केवल 1 **B.** केवल 2
C. दोनो 1 और 2 **D.** न तो 1 न 2

Q.34 निम्नलिखित कथनों पर विचार कीजिए:

1. वायुमंडल की सबसे निचली परतें मुख्य रूप से चालन की प्रक्रिया के माध्यम से गर्म होती हैं।
2. संवहन प्रक्रिया द्वारा ऊर्जा का स्थानांतरण मुख्य रूप से क्षोभमंडल तक ही सीमित है।
3. अभिवहन की प्रक्रिया मध्य अक्षांशों अथांशों में प्रतिदिन के मौसम में होने वाले दैनिक परिवर्तनों के लिए उत्तरदायी है।

उपर्युक्त कथनों में से कौन-सा/से सही है/हैं?

A. केवल 2 **B.** केवल 3
C. केवल 1 और 3 **D.** 1, 2 और 3

Q.35 ग्रीष्मकाल के दौरान, भारतीय उपमहाद्वीप में पवन परिसंचरण के प्रतिरूप के संदर्भ में, निम्नलिखित में से कौन-से कथन सही हैं?

1. निम्न और उच्च दोनों ही स्तरों पर पवनों के परिसंचरण में व्युत्क्रमण हो जाता है।
2. भारतीय क्षेत्र से पश्चिमी जेट धारा की वापसी हो जाती है।
3. अंतर-उष्णकटिबंधीय अभिसरण क्षेत्र (ITCZ) उत्तर की ओर स्थानांतरित हो जाता है।

नीचे दिए गए कूट का प्रयोग कर सही उत्तर चुनिए।

A. केवल 1 और 2 **B.** केवल 2 और 3
C. केवल 1 और 3 **D.** 1, 2 और 3

Q.36 निम्नलिखित में से कौन-सा/से भूस्खलन की घटनाओं को कम करने का/के उपाय है/हैं?

1. वृहद स्तर पर वनीकरण
2. सीढ़ीदार कृषि और बांधों का निर्माण
3. झूम कृषि

नीचे दिए गए कूट का प्रयोग कर सही उत्तर चुनिए।

A. केवल 1 **B.** केवल 1 और 2
C. केवल 2 और 3 **D.** 1, 2 और 3

Q.37 नीहारिका परिकल्पना के संदर्भ में, निम्नलिखित कथनों पर विचार कीजिए:

1. इस परिकल्पना के अनुसार, ग्रहों का निर्माण धीमी गति से घूर्णन करते हुए युवा सूर्य से संबद्ध पदार्थों के बादलों से हुआ है।
2. यह सौर मंडल की उत्पत्ति की व्याख्या करने में सहायता करता है।
3. इस सिद्धांत के प्रमुख योगदानकर्ताओं में इमैनुअल कांट और लाप्लास शामिल हैं।

उपर्युक्त कथनों में से कौन-से सही हैं?

A. केवल 1 और 2 **B.** केवल 1 और 3
C. केवल 2 और 3 **D.** 1, 2 और 3

Q.38 दुर्बलतामंडल के संदर्भ में, निम्नलिखित कथनों पर विचार कीजिए:

1. यह भूपर्पटी की निचली परत के साथ-साथ मैंटल के ऊपरी भाग को संदर्भित करता है।
2. यह स्थलमंडल का भाग है और ज्वालामुखी उदगार के दौरान लावा के मुख्य स्त्रोत का कार्य करता है।

उपर्युक्त कथनों में से कौन-सा/से सही है/हैं?

A. केवल 1 **B.** केवल 2
C. दोनो 1 और 2 **D.** न तो 1 न 2

Q.39 निम्नलिखित कथनों पर विचार कीजिए:

1. मृदा की लवणता में वृद्धि उच्च तापमान का परिणाम होती है।
2. लवणता मृदा की सरंध्रता और मृदा की जल धारण क्षमता को घटा देती है।
3. खुले महसागरों की तुलना में ज्वारनदमुखों की लवणता अधिक होती है।

उपर्युक्त कथनों में से कौन-सा/से सही है/हैं?

A. केवल 1 और 2 **B.** केवल 2
C. केवल 1 और 3 **D.** 1, 2 और 3

Q.40 एक भौगोलिक क्षेत्र की निम्नलिखित विशिष्ट विशेषताएँ हैं:

1. एक स्पष्ट शीत ऋतु का अभाव और वर्षपर्यंत तापमान की एकरूपता।
2. वर्षपर्यंत उच्च आर्द्रता के साथ मेघाच्छादन और भारी वर्षा।
3. महत्वपूर्ण वनस्पतियों के रूप में महोगनी और आबनूस के वृक्ष।

उपर्युक्त विशेषताएँ निम्नलिखित में से किस क्षेत्र की विशिष्ट विशेषताएँ हैं?

A. भूमध्यसागरीय क्षेत्र
B. मध्य एशियाई क्षेत्र
C. विषुवतरेखीय क्षेत्र
D. उत्तरी अमेरिका का अटलांटिक तट

Q.41 आपतित सौर विकिरण के संदर्भ में, निम्नलिखित कथनों पर विचार कीजिए:

1. पृथ्वी द्वारा प्राप्त होने वाला सूर्यातप, अपसौर की तुलना में उपसौर में अधिक होता है।
2. उष्णकटिबंध की अपेक्षा विषुवत वृत्त पर कम मात्रा में सूर्यातप प्राप्त होता है।
3. एक ही अक्षांश पर, प्राप्त होने वाला सूर्यातप महाद्वीपों की तुलना में महासागरों पर अधिक होता है।

उपर्युक्त कथनों में से कौन-सा/से सही है/हैं?

A. केवल 2 और 3 **B.** केवल 1 और 2
C. केवल 1 **D.** केवल 2

Q.42 गरजता चालीसा, प्रचण्ड पचासा और चीखता साठा पदों का उपयोग किया जाता है:

A. महासागरीय धाराओं के संबंध में
B. जेट धाराओं के संबंध में
C. पूर्वी पवनों के संबंध में
D. पछुवा पवनों के संबंध में

Q.43 निम्नलिखित देशों पर विचार कीजिए:

1. लेबनान
2. मोरक्को
3. क्रोएशिया
4. जॉर्डन
5. ट्यूनीशिया

उपर्युक्त देशों में से कौन से देश भूमध्य सागर के साथ सीमा साझा करते हैं?

A. केवल 1, 2 और 3 **B.** केवल 2, 3, 4 और 5
C. केवल 1, 4 और 5 **D.** 1, 2, 3 और 5

Q.44 ये भारत में सर्वाधिक व्यापक प्रसार वाले वन हैं। ये वन 70-200 सेमी वर्षा वाले स्थानों पर पाए जाते हैं। जल की उपलब्धता के आधार पर, इन वनों को आर्द्र और शुष्क में विभाजित किया जाता है। सागौन, साल, शीशम, तेंदू, पलाश और चंदन इन वनों की मुख्य प्रजातियां हैं।

उपर्युक्त गद्यांश में निम्नलिखित में से किसका वर्णन किया गया है?

A. अर्द्ध सदाबहार वन
B. उष्णकटिबंधीय पर्णपाती वन
C. कांटेदार वन
D. पर्वतीय वन

Q.45 महासागरीय उच्चावच के निम्न अनुभागों को तट से गहरे समुद्र तक उनके पाए जाने के क्रम में व्यवस्थित कीजिए।

1. महाद्वीपीय ढाल
2. महाद्वीपीय उत्थान
3. वितलीय मैदान
4. महाद्वीपीय शेल्फ

नीचे दिए गए कूट का प्रयोग कर सही उत्तर चुनिए।

A. 4-2-1-3 **B.** 4-1-2-3 **C.** 2-4-1-3 **D.** 2-1-4-3

Q.46 भारतीय मानसून की अनिश्चितताओं का/के निम्नलिखित में से क्या परिणाम हो सकता/सकते हैं?

1. मृदा अपरदन
2. बाढ़
3. शीतकालीन फसलों को क्षति

नीचे दिए गए कूट का प्रयोग कर सही उत्तर चुनिए।

A. केवल 1 और 2 **B.** केवल 2 और 3
C. केवल 2 **D.** 1, 2 और 3

Q.47 निम्नलिखित युग्मों पर विचार कीजिए:

महासागरीय उच्चावच	विशेषताएँ
1. निमग्न द्वीप	चपटे शिखर वाले समुद्री टीले
2. मध्य महासागरीय कटक	समुद्र तल पर पर्वतों की श्रृंखलाएँ
3. गर्त	संकीर्ण और खड़े किनारे वाले अवनमन

उपर्युक्त युग्मों में से कौन-से सही सुमेलित हैं?

A. केवल 1 और 2 **B.** केवल 2 और 3
C. केवल 1 और 3 **D.** 1, 2 और 3

Q.48 निम्नलिखित कथनों पर विचार कीजिए:

1. पश्चिमी घाट पूर्वी घाट की तुलना में अधिक अविरत हैं।
2. पश्चिमी घाट की ऊँचाई पूर्वी घाट की अपेक्षा अधिक है।
3. महाराष्ट्र में सह्याद्रि पश्चिमी घाट का भाग है।

उपर्युक्त कथनों में से कौन-से सही हैं?

A. केवल 1 और 2 **B.** केवल 2 और 3
C. केवल 1 और 3 **D.** 1, 2 और 3

Q.49 झेलम नदी घाटी के संदर्भ में, निम्नलिखित कथनों पर विचार कीजिए:

1. श्रीनगर झेलम नदी के तट पर अवस्थित है।
2. विसर्पण झेलम नदी की एक मुख्य विशेषता है।

उपर्युक्त कथनों में से कौन-सा/से सही है/हैं?

A. केवल 1 **B.** केवल 2
C. दोनो 1 और 2 **D.** न तो 1 न 2

Q.50 कर्क रेखा देश को लगभग दो बराबर भागों में विभाजित करती है। यह निम्नलिखित में से किन राज्यों से होकर गुजरती है?

1. गुजरात
2. राजस्थान
3. त्रिपुरा
4. मेघालय

नीचे दिए गए कूट का प्रयोग कर सही उत्तर चुनिए।

A. केवल 1 और 2 **B.** केवल 1, 2 और 3
C. केवल 3 और 4 **D.** 1, 2, 3 और 4

Q.51 भारत में ग्रीष्मकालीन स्थानीय तूफान निम्नलिखित में से किन फसलों की वृद्धि में सहायता करते हैं?

1. आम
2. कहवा
3. चाय
4. जूट
5. सरसो

नीचे दिए गए कूट का प्रयोग कर सही उत्तर चुनिए।

A. केवल 1, 2 और 3 **B.** केवल 4 और 5
C. केवल 1, 2, 3 और 4 **D.** 1, 2, 3, 4 और 5

Q.52 निम्नलिखित कथनों पर विचार कीजिए:

1. विश्व के सभी महाद्वीपों में से, अफ्रीका में ऐसे देशों की संख्या सर्वाधिक है जिनसे होकर विषुवत रेखा गुजरती है।
2. अफ्रीका विश्व का एकमात्र महाद्वीप है जहां एक नदी मकर रेखा को दो बार काटती है।

उपर्युक्त कथनों में से कौन-सा/से सही है/हैं?

A. केवल 1 **B.** केवल 2
C. दोनो 1 और 2 **D.** न तो 1 न 2

Q.53 शीतकालीन मानसून के दौरान भारत के अधिकांश भागों में वर्षा क्यों नहीं होती है?

1. शीतकालीन मानसून में आर्द्रता कम होती है।
2. स्थल पर प्रतिचक्रवाती परिसंचरण होता है।
3. उत्तर भारत में निम्न तापमान विद्यमान होता है। नीचे दिए गए कूट का प्रयोग कर सही उत्तर चुनिए।

A. केवल 1 **B.** केवल 2 और 3
C. केवल 1 और 2 **D.** 1, 2 और 3

Q.54 ब्रह्मपुत्र नदी के संदर्भ में, निम्नलिखित कथनों पर विचार कीजिए:

1. ब्रह्मपुत्र नदी का उद्गम तिब्बत स्थित मानसरोवर झील से हुआ है।
2. यह नदी अरूणाचल प्रदेश में सदिया कस्बे के पश्चिम से भारत में प्रवेश करती है।
3. इस नदी का उद्गम स्थल समुद्र तल से 5,150 ऊंचाई पर स्थित है।

उपर्युक्त कथनों में से कौन-सा/से सही है/हैं?

A. केवल 1 और 2 **B.** केवल 2 और 3
C. केवल 1 और 3 **D.** 1, 2 और 3

Q.55 प्रतिचक्रवातों के संदर्भ में, निम्नलिखित में से कौन- सा/से कथन सही है/हैं?

1. इनके केंद्र में उच्च दबाव होता है।
2. इनकी विशेषता स्वच्छ आकाश और शांत वायु होती है।
3. प्रतिचक्रवात में पवनें उत्तरी गोलार्द्ध में वामावर्त और दक्षिणी गोलार्द्ध में दक्षिणावर्त प्रवाहित होती हैं।

नीचे दिए गए कूट का प्रयोग कर सही उत्तर चुनिए।

A. केवल 1 और 3 **B.** केवल 2
C. केवल 1 और 2 **D.** केवल 1

Q.56 निम्नलिखित युग्मों पर विचार कीजिए:

जलसंधि का नाम	**देशो के मध्य**
1. होर्मुज	ईरान और संयुक्त अरब अमीरात
2. बाब अल-मन्देब	सीरिया और तुर्की
3. बाॅस्फोरस	सऊदी अरब और सूडान
4. मैगलन	कोलम्बिया और अर्जेन्टीना

उपर्युक्त में से कौन-सा/से युग्म सही सुमेलित है/हैं?

A. केवल 1 **B.** केवल 1 और 4
C. केवल 1 और 2 **D.** केवल 3 और 4

Q.57 भारत के लगभग मध्य भाग से कर्क रेखा के गुजरने को निम्नलिखित में से किस हेतु उत्तरदायी ठहराया जा सकता है?

1. भारत में उष्णकटिबंधीय के साथ-साथ समशीतोष्ण जलवायु क्षेत्र पाए जाते हैं।
2. उत्तरी भारत की तुलना में, दक्षिणी भारत में वर्षभर उच्च तापमान तथा कम दैनिक और वार्षिक तापांतर पाया जाता है।
3. संपूर्ण भारत में उत्तरी गोलार्द्ध में ग्रीष्म संक्रांति के समय सूर्य लंबवत स्थिति में होता है।

नीचे दिए गए कूट का प्रयोग कर सही उत्तर चुनिए।

A. केवल 1 और 2 **B.** केवल 2 और 3
C. केवल 1 और 3 **D.** 1, 2 और 3

Q.58 निम्नलिखित भारतीय शहरों को पश्चिम से पूर्व की ओर व्यवस्थित कीजिए:

1. रायपुर
2. भोपाल
3. लखनऊ
4. जयपुर

नीचे दिए गए कूट का प्रयोग कर सही उत्तर चुनिए।

A. 2-4-3-1 **B.** 2-4-1-3 **C.** 1-3-2-4 **D.** 4-2-3-1

Q.59 भूकंप के संदर्भ में, P-तरंगों और S-तरंगों के संबंध में निम्नलिखित कथनों पर विचार कीजिए:

1. जहां P-तरंगें जिस पदार्थ से गुजरती हैं उसमें उभार और गर्त का निर्माण करती हैं, वहीं S- तरंगें पदार्थ में प्रसार और संकुचन उत्पन्न करती है।
2. P-तरंगें गैस, तरल और ठोस पदाथाँ से गुजर सकती हैं, जबकि S-तरंगें केवल ठोस और तरल पदार्थो से गुजर सकती हैं।

उपर्युक्त कथनों में से कौन-सा/से सही है/हैं?

A. केवल 1 **B.** केवल 2
C. 1 और 2 दोनों **D.** न तो 1, न ही 2

Q.60 निम्नलिखित कथनों पर विचार कीजिए:

1. सूर्य प्रत्येक वर्ष केवल दो दिन भूमध्य रेखा पर लंबवत होता हैं।
2. ग्रीष्म संक्रांति के दौरान उत्तरी और दक्षिणी गोलार्ध में सबसे लंबा दिन क्रमश: 22 दिसंबर और 21 जून को होता है।

3. आर्कटिक और अंटार्कटिक वृत्त सूर्य की लम्बवत स्थिति की सीमा को निर्धारित करते हैं।
उपर्युक्त कथनों में से कौन-सा/से सही नही हैं?

A. केवल 1 **B.** केवल 1 और 3
C. केवल 2 और 3 **D.** 1,2 और 3

Q.61 महाद्वीपीय विस्थापन सिद्वांत के संदर्भ में, निम्नलिखित कथनों पर विचार कीजिए:
1. यह सिद्धांत 1912 में आर्थर होम्स द्वारा प्रस्तावित किया गया था।
2. इस सिद्धांत के अनुसार, सभी महाद्वीप एक विशाल महाद्वीपीय भूखंड का भाग थे जो एक विशाल महासागर घिरा हुआ था।
3. यह सिद्धांत महाद्वीपों के विस्थापन हेतु उत्तरदायी बलों का विवरण देने में विफल रहा था।।
उपर्युक्त कथनों में से कौन-सा/से सही है/हैं?

A. केवल 1 **B.** केवल 2
C. केवल 2 और 3 **D.** 1, 2 और 3

Q.62 तापमान व्युत्क्रमण के संदर्भ में, निम्नलिखित में से कौन-सा/से कथन सही है/हैं?
1. अशांत वायु के साथ मेघाच्छादित तापमान व्युत्क्रमण के लिए आदर्श होते हैं।
2. शीतऋतु में प्रातःकालीन घना कोहरा तापमान व्युत्क्रमण के कारण होता है।
3. यह मैदानों की विशेषता है और पर्वतीय क्षेत्रों में दृष्टिगोचर नहीं होता है।
नीचे दिए गए कूट का प्रयोग कर सही उत्तर चुनिए।

A. केवल 1 और 3 **B.** केवल 2
C. केवल 2 और 3 **D.** 1, 2 और 3

Q.63 भारत के उत्तर पूर्वी क्षेत्र के निम्नलिखित दर्रों पर विचार कीजिए:
1. जेलेप ला
2. बोमडिला
3. बूम ला
उपर्युक्त दर्रों का पश्चिम से पूर्व की ओर सही क्रम क्या है?

A. 1-2-3 **B.** 2-3-1 **C.** 1-3-2 **D.** 2-1-3

Q.64 वायु को पूर्णतया संतृप्त कहा जाता हैं जब:

A. निरपेक्ष आर्द्रता 100 ग्राम प्रति घन मीटर होती है
B. सापेक्षिक आर्द्रता 100 % होती है
C. वाष्पकण मेघों के रूप में संघनित हो जाते हैं
D. वर्षा आरंभ होती है

Q.65 यह राष्ट्रीय उद्यान भारत में केरल के इडुकी जिले में पश्चिमी घाट में अवस्थित है। इसे UNESCO द्वारा विश्व धरोहर स्थल घोषित किया गया है। दक्षिण भारत की सवाधिक ऊंची चोटी अनाईमुडी इसी उद्यान में स्थित है। उपर्युक्त गद्यांश में निम्नलिखित राष्ट्रीय उद्यानों में से किसका वर्णन किया गया है?

A. पेरियार राष्ट्रीय उद्यान
B. पम्पादुम शोला राष्ट्रीय उद्यान
C. एराविकुलम राष्ट्रीय उद्यान
D. नागरहोल राष्ट्रीय उद्यान

Q.66 चीन तुल्य जलवायु क्षेत्र की निम्नलिखित विशेषताओं पर विचार कीजिए:
1. यहाँ वर्षपर्यंत तटीय व्यापारिक पवनों का प्रभाव रहता है।
2. यहाँ वर्षा का उचित रूप से एकसमान वार्षिक वितरण होता है।
3. यहाँ इसे खाड़ी प्रकार की जलवायु भी कहा जाता है
उपर्युक्त विशेषताओं में से कौन-सी सही है/हें?

A. केवल 1 और 2 **B.** केवल 2 और 3
C. केवल 3 **D.** 1, 2 और 3

Q.67 जब हम पर्वतों पर ऊंचाई की ओर बढ़ते हैं तो निम्नलिखित में से किस/किन वायुमंडलीय मापदण्डों में वृद्धि होती है?
1. तापमान
2. वायु का घनत्व
3. वायु दाब
नीचे दिए गए कूट का प्रयोग कर सही उत्तर चुनिए।

A. केवल 2 और 3 **B.** केवल 2
C. केवल 1 और 3 **D.** उपर्युक्त में से कोई नहीं

Q.68 हिमनद की भू-आकृतिक व्यवस्था के अंतर्गत निम्नलिखित में से कौन-से अपरदनात्मक स्थलरूप शामिल होते हैं?
1. सर्क
2. हॉर्न
3. एस्कर
नीचे दिए गए कूट का प्रयोग कर सही उत्तर चुनिए।

A. केवल 1 और 2 **B.** केवल 2 और 3
C. केवल 1 और 3 **D.** 1, 2 और 3

Q.69 भू-आकृति प्रक्रियाओं के संदर्भ में, निम्नलिखित कथनों पर विचार कीजिए:
1. ऑरोजेनी महाद्वीप निर्माण प्रक्रिया है, जबकि एपीरोजेनी पर्वत निर्माण प्रक्रिया है।
2. ऑरोजेनी के लिए ऊर्जा पृथ्वी के आंतरिक भागों से प्राप्त होती है, जबकि एपीरोजेनी के लिए ऊर्जा सूर्य से प्राप्त होती है।
उपर्युक्त कथनों में से कौन-सा/से सही नही हैं?

A. केवल 1 **B.** केवल 2
C. 1 और 2 दोनों **D.** न तो 1, न ही 2

Q.70 महाद्वीपीय शेल्फ निम्नलिखित में से किन संसाधनों में समृद्ध होती हैं?
1. हाइड्रोकार्बन
2. प्लेसर निक्षेप
3. मत्स्य संसाधन
नीचे दिए गए कूट का प्रयोग कर सही उत्तर चुनिए।

A. केवल 1 और 2 **B.** केवल 2 और 3
C. केवल 1 और 3 **D.** 1, 2 और 3

Q.71 निम्नलिखित में से किस/किन आपदा/आपदाओं को जलीय खतरों के रूप में वर्गीकृत किया गया है?
1. सूखा
2. तड़ित झंझा
3. तूफान महोर्मि
4. बर्फीले तूफ़ान
नीचे दिए गए कूट का प्रयोग कर सही उत्तर चुनिए।

A. केवल 1 और 2 **B.** केवल 1, 2 और 4
C. केवल 3 **D.** 1, 2, 3 और 4

Q.72 गंगा नदी निम्नलिखित में से किन राज्यों से होकर गुजरती है?
1. उत्तर प्रदेश
2. मध्य प्रदेश
3. झारखंड
4. पश्चिम बंगाल
नीचे दिए गए कूट का प्रयोग कर सही उत्तर चुनिए।

A. केवल 1 और 4 **B.** केवल 1, 3 और 4

C. केवल 1, 2 और 3 **D.** केवल 2, 3 और 4

Q.73 जब सुनामी तरंगें गहन समुद्री क्षेत्र से तटों की ओर गमन करती हैं तो इस गमन के दौरान निम्नलिखित में से किसमें/किनमें वृद्धि होती है?

1. तरंग की गति
2. तरंग की लंबाई
3. तरंग की ऊँचाई

नीचे दिए गए कूट का प्रयोग कर सही उत्तर चुनिए।

A. 1, 2 और 3 **B.** केवल 2 और 3
C. केवल 1 और 2 **D.** केवल 3

Q.74 निम्नलिखित में से कौन-से बाढ़ के प्रभाव हो सकते हैं?

1. भौतिक अवसंरचना का विनाश
2. जल जनित रोगों की घटनाओं में वृद्धि
3. कृषि क्षेत्रों की उर्वरता में वृद्धि

नीचे दिए गए कूट का प्रयोग कर सही उत्तर चुनिए।

A. केवल 1 और 2 **B.** केवल 1 और 3
C. केवल 2 और 3 **D.** 1, 2 और 3

Q.75 निम्नलिखित कथनों पर विचार कीजिए:

1. मध्य अक्षांशों के समशीतोष्ण घास के मैदान गेहूं के उत्पादन के लिए सर्वाधिक अनुकूल जलवायविक क्षेत्र हैं।
2. गर्म और धूपमय ग्रीष्मकाल के दौरान गेहूं की कटाई सर्वाधिक लाभप्रद होती है।

उपर्युक्त कथनों में से कौन-सा/से सही है/हैं?

A. केवल 1 **B.** केवल 2
C. दोनो 1 और 2 **D.** न तो 1 न 2

Q.76 विश्व भर में जनसंख्या वृद्धि के विभिन्न रुझानों के संदर्भ में, निम्नलिखित कथनों पर विचार कीजिए:

1. विगत शताब्दी में विश्व की जनसंख्या तीन गुना से अधिक हो गई है।
2. विगत दशक के दौरान जनसंख्या की वृद्धि दर एशिया में सर्वाधिक थी।
3. वर्तमान समय में भारत में वार्षिक जनसंख्या वृद्धि दर 2% से अधिक है।

उपर्युक्त कथनों में से कौन-सा/से सही है/हैं?

A. केवल 2 **B.** केवल 2 और 3
C. केवल 1 **D.** केवल 1 और 2

Q.77 भारत के निम्नलिखित प्रमुख पत्तनों पर विचार कीजिए:

1. कांडला
2. विशाखापत्तनम
3. मार्मागाओ
4. पाराद्वीप

उत्तर से दक्षिण की ओर यात्रा करने पर निम्नलिखित में से कौन-सा उपर्युक्त पत्तनों का सही क्रम है?

A. 1-2-3-4 **B.** 1-3-2-4 **C.** 4-1-2-3 **D.** 1-4-2-3

Q.78 निम्नलिखित युग्मों पर विचार कीजिए:

बांध परियोजनाएँ	नदियाँ
1. इंदिरा सागर	ब्यास
2. कृष्णराजसागर	कृष्णा
3. मेट्टूर	कावेरी

उपर्युक्त युग्मों में से कौन-सा/से सही सुमेलित है/हैं?

A. केवल 1 और 2 **B.** केवल 2 और 3
C. केवल 3 **D.** इनमें से कोई नहीं

Q.79 भारत में प्राकृतिक गैस भंडार के संदर्भ में, निम्नलिखित कथनों पर विचार कीजिए:

1. भारत में तटवर्ती और अपतटीय दोनों प्राकृतिक गैस भंडार विद्यमान हैं।
2. प्राकृतिक गैस के भंडार मुख्य रूप से पश्चिमी भारत में संकेंद्रित हैं।

उपर्युक्त कथनों में से कौन-सा/से सही है/हैं?

A. केवल 1 **B.** केवल 2
C. दोनो 1 और 2 **D.** न तो 1 न 2

Q.80 निम्नलिखित में से जनसंख्या का/के कौन-सा/से मापदंड उसके सामाजिक-आर्थिक विकास का/के सूचक है/हैं?

1. साक्षरता दर
2. व्यावसायिक संरचना
3. ग्रामीण-शहरी संघटन

नीचे दिए गए कूट का प्रयोग कर सही उत्तर चुनिए।

A. केवल 2 **B.** केवल 2 और 3
C. केवल 1 और 3 **D.** 1, 2 और 3

Q.81 निम्नलिखित में से कौन-सा कथन 'वृद्ध होती जनसंख्या' के संदर्भ में सही नही है?

A. यह बीसवीं शताब्दी में देखी गई नवीन परिघटना है
B. वृद्ध जनसंख्या की हिस्सेदारी आनुपातिक रूप से अधिक हो जाती है
C. यह अधिकांशत: विकसित देशों में देखी जाती है
D. यह जीवन प्रत्याशा में कमी के कारण देखी जाती है

Q.82 यदि आप श्रीनगर से कोलकाता तक सड़क मार्ग से यात्रा कर रहें हैं, तो उद्गम और गंतव्य सहित भारत के उन राज्यों की न्यूनतम संख्या क्या होगी जिनसे होकर आप गुजर सकते हैं?

A. 5 **B.** 6 **C.** 7 **D.** 8

Q.83 वर्षा जल संचयन के परिणाम निम्नलिखित में से कौन- से हो सकते हैं:

1. भूजल में फ्लोराइड और नाइट्रेट जैसे संदूषकों का तनुकरण
2. मृदा अपरदन की रोकथाम
3. तटीय क्षेत्रों में लवणीय जल के अंतर्वेधन में कमी

नीचे दिए गए कूट का प्रयोग कर सही उत्तर चुनिए।

A. केवल 1 और 2 **B.** केवल 2 और 3
C. केवल 1 और 3 **D.** 1, 2 और 3

Q.84 खनिज संसाधनों के संदर्भ में, निम्नलिखित कथनों पर विचार कीजिए:

1. खेतड़ी और भीलवाड़ा तांबे की खानों के लिए प्रसिद्ध हैं।
2. अमरकंटक और कोरापुट बॉक्साइट निष्कर्षण के लिए प्रसिद्ध हैं।

उपर्युक्त कथनों में से कौन-सा/से सही है/हैं?

A. केवल 1 **B.** केवल 2
C. दोनो 1 और 2 **D.** न तो 1 न 2

Q.85 भारत में निम्नलिखित में से कौन-से शहर जनसंख्या के आधार पर विश्व के शीर्ष दस सर्वाधिक बड़े महानगरों में शामिल हैं?

1. नई दिल्ली
2. मुम्बई
3. कोलकाता
4. चेन्नई

नीचे दिए गए कूट का प्रयोग कर सही उत्तर चुनिए।

A. केवल 1 और 2 **B.** केवल 1 और 3
C. केवल 2 और 3 **D.** 1, 2, 3 और 4

Q.86 निम्नलिखित में से कौन-सा/से धात्विक खनिज लौह खनिज/खनिजों की श्रेणी के अंतर्गत आता/आते है/हैं?

1. मैंगनीज
2. तांबा
3. बॉक्साइट

नीचे दिए गए कूट का प्रयोग कर सही उत्तर चुनिए।

A. केवल 1 **B.** केवल 1 और 3
C. केवल 2 और 3 **D.** इनमें से कोई नहीं

Q.87 भारत में जनगणना के संदर्भ में, निम्नलिखित कथनों पर विचार कीजिए:

1. पहली पूर्ण जनगणना 20वीं शताब्दी के प्रथम दशक में आयोजित की गई।
2. भारत में जनसंख्या विगत शताब्दी में नियमित और निरंतर रूप से बढ़ी है।

उपर्युक्त कथनों में से कौन-सा/से सही है/हैं?

A. केवल 1 **B.** केवल 2
C. दोनो 1 और 2 **D.** न तो 1 न 2

Q.88 'ओस, 'अमन और 'बोरो' शब्द का उपयोग निम्नलिखित में से किसको निर्दिष्ट करने के लिए किया जाता है?

A. बच्चों में पोषण संबंधी कमी को दूर करने के लिए विकसित किए गए संकर बीजों को
B. हरित क्रांति में प्रयुक्त गेहूं की उच्च उपज वाली किस्मों को
C. मानसून पूर्व अवधि के दौरान उत्तर पूर्वी क्षेत्र में प्रवाहित होने वाली स्थानीय पवनों को
D. पश्चिम बंगाल में किसानों द्वारा उगाई जाने वाली चावल की फसलों को

Q.89 'मनुष्य प्रकृति के नियमों का अनुपालन करके उस पर विजय प्राप्त कर सकते हैं' निम्नलिखित में से किसके अंतर्गत प्रस्तावित अवधारणा है?

A. पर्यावरणीय निश्चयवाद **B.** संभववाद
C. नवनिश्चयवाद **D.** मानवतावाद

Q.90 लौह और इस्पात उद्योग के लिए निम्नलिखित में से कौन-से आवश्यक कच्चा माल हैं?

1. कोकिंग कोल
2. चूना पत्थर
3. अग्निसहमृत्तिका

नीचे दिए गए कूट का प्रयोग कर सही उत्तर चुनिए।

A. केवल 1 और 2 **B.** केवल 2 और 3
C. केवल 1 और 3 **D.** 1, 2 और 3

Q.91 भारत में 'हरित क्रांति' के संदर्भ में, निम्नलिखित कथनों पर विचार कीजिए:

1. यह केवल कुछ फसलों तक ही सीमित थी।
2. प्रारंभ में, इसने देश में कृषि विकास के मामले में क्षेत्रीय असमानताएं उत्पन्न कीं।
3. इसने देश को खाद्यान्न उत्पादन में आत्मनिर्भर बनाया।

उपर्युक्त कथनों में से कौन-सा/से सही है/हैं?

A. केवल 1 और 2 **B.** केवल 2 और 3
C. केवल 1 और 3 **D.** 1, 2 और 3

Q.92 निम्नलिखित युग्मों पर विचार कीजिए:

अंतर्देशीय जलमार्ग	महाद्वीप जिसमें यह स्थित है
1. राइन जलमार्ग	यूरोप
2. ग्रेट लेक्स-सेंट लॉरेंस समुद्रीमार्ग	उत्तरी अमेरिका
3. वोल्गा जलमार्ग	आस्ट्रेलिया

उपर्युक्त युग्मों में से कौन-सा/से सही सुमेलित है/हैं?

A. केवल 1 **B.** केवल 1 और 2
C. केवल 2 और 3 **D.** 1, 2 और 3

Q.93 निम्नलिखित में से कौन-सा/से आयु-लिंग पिरामिड आकार जनसंख्या वृद्धि की संबंधित प्रवृत्ति के साथ सही सुमेलित है/हैं?

पिरामिड का आकार	जनसंख्या वृद्धि की प्रवृत्ति
1. घंटाकार	स्थिर जनसंख्या
2. त्रिभुजाकार	विस्तारित होती जनसंख्या
3. उल्टा पिरामिड	ह्रासमान जनसंख्या

नीचे दिए गए कूट का प्रयोग कर सही उत्तर चुनिए।

A. केवल 1 और 2 **B.** केवल 1 और 3
C. केवल 2 **D.** 1, 2 और 3

Q.94 निम्नलिखित में से कौन-सी रोपण कृषि की विशेषताएं हैं?

1. अत्यधिक पूंजी निवेश
2. बहु-फसल विशेषीकरण
3. कृषि की वैज्ञानिक पद्धति
4. उच्च वैतनिक कुशल कार्यबल

नीचे दिए गए कूट का प्रयोग कर सही उत्तर चुनिए।

A. केवल 1, 2 और 3 **B.** केवल 1 और 3
C. केवल 2 और 4 **D.** 1, 2, 3 और 4

Q.95 निम्नलिखित में से कौन-सा कथन जनसंख्या वृद्धि और विकास के माल्थसवादी दृष्टिकोण का सर्वश्रेष्ठ वर्णन करता है?

A. जनसंख्या वृद्धि संभाव्य रूप से चर घातांकीय होती है जबकि संसाधनों की वृद्धि रैखिक रूप से होती है
B. पूंजीवादी व्यवस्था की अनुपस्थिति में, जनसंख्या में वृद्धि होने से सम्पदा में वृद्धि होती है
C. जनसंख्या देश के आर्थिक विकास के अनुरूप पूर्वानुमान योग्य चरणों के साथ बढ़ती है
D. जनसंख्या वृद्धि से उत्पन्न होने वाली समस्याओं का समाधान अनुसंधान और विकास में निवेश के माध्यम से किया जा सकता है

Q.96 मानव भूगोल के संदर्भ में, शर्म्स और वुर्लीज हैं:

A. चरम मौसम की स्थितियों से राहत प्रदान करने वाली स्थानीय पवनें
B. विश्व भर में उगाई जाने वाली चाय की किस्में
C. दुग्ध उत्पादक भैंस की नस्लें
D. जनजातियों द्वारा निर्मित आश्रय स्थल

Q.97 भारत में गन्ने की फसल के संदर्भ में, निम्नलिखित कथनों पर विचार कीजिए:

1. भारत विश्व में गन्ने का सबसे बड़ा उत्पादक है।
2. दक्षिणी भारत की तुलना में उत्तरी भारत में गन्ने की फसल की उपज अधिक होती है।

उपर्युक्त कथनों में से कौन-सा/से सही है/हैं?

A. केवल 1 **B.** केवल 2
C. दोनो 1 और 2 **D.** न तो 1 न 2

Q.98 भारत की जनसंख्या वृद्धि के संदर्भ में, निम्नलिखित युग्मों पर विचार कीजिए:

अवधि	जनसंख्या वृद्धि का चरण
1. 1901-1921	वृद्धि की रुद्ध प्रावस्था
2. 1921-1951	जनसंख्या विस्फोट की प्रावस्था
3. 1951-1981	स्थिर जनसंख्या वृद्धि की प्रावस्था

उपर्युक्त युग्मों में से कौन-सा/से सही सुमेलित है/हैं?

A. केवल 1 **B.** केवल 3
C. केवल 1 और 3 **D.** केवल 2 और 3

Q.99 औपनिवेशिक काल के दौरान अधिनियमित गिरमिट अधिनियम किससे संबंधित था?

A. गिरमिटिया श्रमिकों के अनुबंधों से
B. जनसंख्या वृद्धि सीमित करने के उपायों से
C. कपास के निर्यात से

D. जनजातीय भूमि के प्रशासन से

Q.100 निम्नलिखित युग्मों पर विचार कीजिए:

श्रमिक प्रकार	संबद्ध क्रियाकलाप
1. ब्लू कॉलर	प्राथमिक क्रियाकलाप
2. गोल्ड कॉलर	पंचम क्रियाकलाप
3. रेड कॉलर	औद्योगिक श्रमिक

उपर्युक्त युग्मों में से कौन-सा/से सही सुमेलित है/हैं?

A. केवल 1 और 3 **B.** केवल 2
C. केवल 2 और 3 **D.** 1, 2 और 3

Q.101 नदी के दोनों किनारों पर विस्तृत और पुल से संबद्ध ग्रामीण बस्तियों को कहा जाता है:

A. T- आकार की बस्तियां
B. दोहरे ग्राम
C. रैखिक प्रतिरूप की बस्तियां
D. क्रॉस आकार की बस्तियां

Q.102 उत्पादन के अनुसार उद्योगों के वर्गीकरण के अनुसार, निम्नलिखित में से कौन-से आधारभूत उद्योग हैं?

1. लौह और इस्पात उद्योग
2. तांबा शोधन
3. मोबाइल विनिर्माण
4. साबुन निर्माण संबंधी कुटीर उद्योग

नीचे दिए गए कूट का प्रयोग कर सही उत्तर चुनिए।

A. केवल 1, 2 और 3 **B.** केवल 3 और 4
C. केवल 1 और 2 **D.** 1, 2, 3 और 4

Q.103 पनामा नहर विश्व में मानव निर्मित महत्वपूर्ण नहरों में से एक है। इसके द्वारा निम्नलिखित के बीच की दूरी कम हुई है:

1. अमेरिका के पूर्वी तट और पश्चिमी तट के मध्य
2. पश्चिमी यूरोप और संयुक्त राज्य अमेरिका के पश्चिमी तट के मध्य
3. उत्तर-पूर्वी अमरीका और दक्षिण-पूर्व एशिया के मध्य

नीचे दिए गए कूट का प्रयोग कर सही उत्तर चुनिए।

A. केवल 1 और 2 **B.** केवल 2
C. केवल 1 और 3 **D.** 1, 2 और 3

Q.104 निम्नलिखित में से कौन-सा पद 'मानव विकास' की अवधारणा को सर्वाधिक उपयुक्त रूप से परिभाषित करता है?

A. किसी देश में निर्धनता उन्मूलन
B. किसी देश की आर्थिक संवृद्धि
C. लोगों के विकल्पों में वृद्धि
D. अनेक सुविधाओं की उपलब्धता

Q.105 "इस जनजाति के सदस्य कालाहारी मरुस्थल के घुमन्तू पशुचारक और खाद्य संग्राहक हैं जो स्वयं की रक्षा और शिकार करने हेतु भाले, धनुष और विषबुझे तीरों जैसे हथियार रखते हैं। ये न तो पशुओं को पालतू बनाते हैं और न ही कृषि गतिविधियों में संलग्न होते हैं।"

उपर्युक्त गद्यांश निम्नलिखित में से किस जनजाति का सर्वश्रेष्ठ वर्णन करता है?

A. बुशमैन **B.** बिन्दीबू **C.** बेदुइन **D.** तुआरेग

Q.106 निम्नलिखित में से कौन-सी पद्धतियां संधारणीय विकास को बढ़ावा देती है?

1. वातरोधी वृक्षारोपण
2. वारबंदी प्रणाली
3. गहन कृषि

नीचे दिए गए कूट का प्रयोग कर सही उत्तर चुनिए।

A. केवल 1 और 2 **B.** केवल 1 और 3
C. केवल 2 और 3 **D.** 1, 2 और 3

Q.107 निम्नलिखित में से बस्तियों का कौन-सा प्रकार ग्रामीण क्षेत्रों में निम्न वर्ग के लोगों के साथ प्रचलित भेदभाव को प्रतिबिंबित करता है?

A. गुच्छित बस्तियां **B.** प्रकीर्ण बस्तियां
C. संयुक्त बस्तियां **D.** अर्द्ध-गुच्छित बस्तियां

Q.108 रोजगार के संदर्भ में, 'कार्यशील आयु वर्ग की जनसंख्या' को सर्वश्रेष्ठ रूप से परिभाषित किया जाता है:

A. 18 वर्ष से अधिक आयु वर्ग के लोगों के रूप में
B. 18 से 60 वर्ष के आयु वर्ग के लोगों के रूप में
C. 65 वर्ष से कम आयु वर्ग के लोगों के रूप में
D. 15 से 59 वर्ष के आयु वर्ग के लोगों के रूप में

Q.109 निम्नलिखित में से कौन-सा कथन शस्य गहनता का सर्वश्रेष्ठ वर्णन करता है?

A. यह किसी विशेष फसल के उत्पादन में वृद्धि करने हेतु उर्वरकों के अत्यधिक मात्रा में उपयोग को संदर्भित करती है
B. यह एक ही खेत से एक कृषि वर्ष के दौरान कई फसलों के उत्पादन को संदर्भित करती है
C. यह किसी विशेष फसल के लिए कृषि योग्य भूमि के किसी क्षेत्र को आरक्षित करने को संदर्भित करती है
D. यह खाद्यान्नों के समग्र उत्पादन को बढ़ाने के लिए शुद्ध बोए गए क्षेत्र में वृद्धि को संदर्भित करती है

Q.110 निम्नलिखित में से कौन-सी लघु उद्योग की विशेषता/विशेताएं है/हैं?

1. स्थानीय कच्चे माल का उपयोग
2. शक्ति से चलने वाली मशीनें
3. अर्द्ध-कुशल श्रमिक

नीचे दिए गए कूट का प्रयोग कर सही उत्तर चुनिए।

A. केवल 1 और 3 **B.** केवल 2 और 3
C. केवल 1 **D.** 1, 2 और 3

Q.111 निम्नलिखित में से कौन-सी भूमध्यसागरीय क्षेत्र की आर्थिक गतिविधि/गतिविधियां है/हैं?

1. फलोद्यान कृषि
2. वाइन उत्पादन
3. ऋतु प्रवास

नीचे दिए गए कूट का प्रयोग कर सही उत्तर चुनिए।

A. केवल 1 **B.** केवल 2 और 3
C. 1, 2 और 3 **D.** केवल 3

Q.112 निम्नलिखित युग्मों पर विचार कीजिए:

भूमि प्रकार	विवरण
1. स्थायी चरागाह	घास या ऐसे अन्य शाकीय चारे उगाने हेतु प्रयुक्त भूमि जो फसल चक्रण में शामिल नहीं हैं
2. वर्तमान परती भूमि	वह भूमि जिस पर एक कृषि वर्ष या उससे कम समय तक कृषि न की गई हो
3. कृषि योग्य व्यर्थ भूमि	वह भूमि जिस पर एक वर्ष से अधिक किन्तु पांच वर्ष से कम समय तक कृषि न की गई हो

उपर्युक्त युग्मों में से कौन-सा/से सही सुमेलित है/हैं?

A. केवल 1 और 2 **B.** केवल 2
C. केवल 3 **D.** 1, 2 और 3

Q.113 जिन पत्तनों का उपयोग एकत्रण केन्द्र के रूप में किया जाता है और जहां विभिन्न देशों से निर्यात हेतु वस्तुएं लाई जाती हैं, उन्हें कहा जाता है:

A. फेरी पत्तन
B. आंत्रपो पत्तन

C. बाह्य पत्तन
D. मार्ग पत्तन या विश्राम पत्तन

Q.114 'पल्ली बस्तियों' के सन्दर्भ में, निम्नलिखित कथनों पर विचार कीजिए:
1. इसमें भौतिक रूप से एक-दूसरे से पृथक कई इकाइयां सम्मिलित होती हैं।
2. ऐसी बस्तियां प्राय: मध्य और निचले गंगा के मैदान में पाई जाती हैं।
उपर्युक्त कथनों में से कौन-सा/से सही है/हैं?
A. केवल 1 **B.** केवल 2
C. दोनो 1 और 2 **D.** न तो 1 न 2

Q.115 निम्नलिखित युग्मों पर विचार कीजिए:

नहर	संबद्ध क्षेत्र
1. सरहिंद नहर	उत्तर प्रदेश
2. शारदा नहर	पंजाब
3. मालप्रभा नहर	कर्नाटक

उपर्युक्त दिये गए युग्मों में से कौन-सा/से सही सुमेलित है/हैं?
A. केवल 1 और 3 **B.** केवल 3
C. केवल 1 और 2 **D.** 1, 2 और 3

Q.116 निम्नलिखित में से किस/किन आधार/आधारों पर धरातलीय खनन भूमिगत खनन से भिन्न है/हैं?
1. पृथ्वी की सतह के निकट के पाए जाने वाले खनिजों का धरातलीय खनन, खनन करने का सबसे सरल व सस्ता तरीका है।
2. जहरीली गैसों, आग, बाढ़ और गुहाओं की संभावनाओं के कारण धरातलीय खनन जोखिम भरा होता है।
नीचे दिए गए कूट का प्रयोग कर सही उत्तर चुनिए।
A. केवल 1 **B.** केवल 2
C. दोनो 1 और 2 **D.** न तो 1 न 2

Q.117 'यह क्षेत्र लंबे समय से यूरोप का एक प्रमुख औद्योगिक क्षेत्र रहा है। कोयला और लौह एवं इस्पात इसकी अर्थव्यवस्था के आधार रहे हैं। इस क्षेत्र की जर्मनी के कुल इस्पात उत्पादन में 80 प्रतिशत हिस्सेदारी है।'
उपर्युक्त गद्यांश में निम्नलिखित में से किस क्षेत्र का वर्णन किया जा रहा है?
A. ऊपरी साइलेशिया **B.** पिट्सबर्ग
C. रूर क्षेत्र **D.** कुज़्नेत्स्क क्षेत्र

Q.118 निम्नलिखित में से कौन-सी फसल खरीफ फसल की श्रेणी के अंतर्गत आती है?
1. सरसों
2. कपास
3. तूर
नीचे दिए गए कूट का प्रयोग कर सही उत्तर चुनिए।
A. केवल 1 और 2 **B.** केवल 2 और 3
C. केवल 1 **D.** 1, 2 और 3

Q.119 भारतीय रेलवे की हीरक चतुर्भुज परियोजना का लक्ष्य निम्नलिखित में से किन शहरों को जोड़ना है?
1. दिल्ली
2. बेंगलुरु
3. मुम्बई
4. कोलकाता
नीचे दिए गए कूट का प्रयोग कर सही उत्तर चुनिए।
A. केवल 1 और 3 **B.** केवल 1, 3 और 4
C. केवल 2 और 4 **D.** 1, 2, 3 और 4

Q.120 निम्नलिखित परिच्छेद पर विचार कीजिए:
"यह इस्पात संयंत्र रूस के सहयोग से स्थापित किया गया था और इसमें वर्ष 1959 में उत्पादन आरंभ हुआ। इस संयंत्र के लिए लौह अयस्क डल्ली-राजहरा खदानों से तथा कोयला कोरबा और करगली कोयला क्षेत्रों से प्राप्त होता है। इस संयंत्र के लिए जल तंदुला बांध से प्राप्त होता है और विद्युत कोरबा ताप विद्युत संयंत्र से प्राप्त होती है। यह संयंत्र कोलकाता-मुंबई रेलमार्ग पर स्थित है।"
उपर्युक्त परिच्छेद में निम्नलिखित में से किस इस्पात संयंत्र को संदर्भित किया जा रहा है?
A. राउरकेला इस्पात संयंत्र **B.** भिलाई इस्पात संयंत्र
C. दुर्गापुर इस्पात संयंत्र **D.** बोकारो इस्पात संयंत्र

Q.121 निम्नलिखित में से कौन-सा विकल्प 'कमान क्षेत्र' पद का सर्वश्रेष्ठ वर्णन करता है?
A. सिंचाई के लिए जल आपूर्ति के माध्यम से नहर प्रणाली द्वारा सिंचित क्षेत्र
B. भूमि क्षेत्र, जहाँ वर्षा, हिम प्रवाह अथवा हिम पिघलन से भूपृष्ठीय जल निम्न उत्थान में प्रवाहित होकर एकल जल निकाय का निर्माण करता है
C. उत्थित भूमि की वह इकाई जो विभिन्न नदियों, बेसिनों या समुद्रों में प्रवाहित होने वाले जल को पृथक करती है
D. भूमि का वह क्षेत्र जिसमें जलधाराओं और नदियों का सामान्य समूह होता है जो सभी एक जलनिकाय में अपवाहित होते हैं

Q.122 निम्नलिखित में से किन कारणों को विकसित अर्थव्यवस्थाओं में सेवा क्षेत्र के तीव्र विकास हेतु उत्तरदायी ठहराया जा सकता है?
1. बढ़ती प्रति व्यक्ति आय
2. वृद्धिशील जनसंख्या
3. कार्यस्थल पर कौशल की मांग
नीचे दिए गए कूट का प्रयोग कर सही उत्तर चुनिए।
A. केवल 1 और 2 **B.** केवल 2 और 3
C. केवल 1 और 3 **D.** 1, 2 और 3

Q.123 निम्नलिखित में से कौन-सा ऋतुप्रवास का सर्वाधिक उपयुक्त रूप से वर्णन करता है?
A. यह दो तापीय रूप से विषम क्षेत्रों के मध्य प्रवासन का चक्रीय प्रतिरूप है
B. यह विशाल भूक्षेत्र पर पशु झुंडों को पालने की एक प्रथा है
C. यह स्थायी रूप से बसने के उद्देश्य से एक देश से दूसरे देश में लोगों का स्थानांतरण है
D. यह वृद्धावस्था की ओर मानव आबादी का क्रमिक जनसांख्यिकीय परिवर्तन है

Q.124 "यह शहरी विकास के एक वृहद क्षेत्र को संदर्भित करता है जो मूलतः अलग-अलग रहे कस्बों या शहरों के विलय के परिणामस्वरूप निर्मित हुआ हो। ग्रेटर लंदन, मैनचेस्टर, शिकागो और टोक्यो इसके उदाहरण हैं।
उपर्युक्त परिच्छेद में निम्नलिखित में से किसका वर्णन किया गया है?
A. विश्व नगरी **B.** सन्नगर
C. मिलियन सिटी **D.** नगर

Q.125 अरेबिका, रोबस्टा और लिबेरिका निम्नलिखित में से किस फसल की किस्में हैं?
A. चाय **B.** कपास **C.** जूट **D.** कॉफी

// स्मार्ट उत्तर पुस्तिका //

सही उत्तर उन छात्रों के प्रतिशत को इंगित करता है जिन्होंने प्रश्नों का सही उत्तर दिया था।

छोड़ दिया उन छात्रों के प्रतिशत को इंगित करता है जिन्होंने प्रश्नों को छोड़ दिया था।

प्रश्न संख्या	उत्तर	सही उत्तर	छोड़ दिया
1	C	47.85 %	1.26 %
2	B	59.91 %	1.42 %
3	C	26.12 %	3.18 %
4	D	46.85 %	1.14 %
5	C	24.15 %	3.66 %
6	B	86.58 %	0.0 %
7	B	84.21 %	0.0 %
8	A	59.11 %	1.42 %
9	A	16.69 %	4.79 %
10	B	80.63 %	0.0 %
11	C	11.81 %	4.53 %
12	C	46.93 %	1.97 %
13	C	67.62 %	1.25 %
14	C	63.5 %	1.07 %
15	A	46.95 %	1.83 %
16	A	58.0 %	1.31 %

प्रश्न संख्या	उत्तर	सही उत्तर	छोड़ दिया
17	A	80.83 %	0.0 %
18	B	68.76 %	1.57 %
19	D	76.43 %	0.0 %
20	A	51.53 %	1.9 %
21	B	52.04 %	1.21 %
22	C	32.44 %	4.18 %
23	A	52.56 %	1.03 %
24	B	17.45 %	3.08 %
25	C	47.22 %	1.11 %
26	C	14.54 %	4.31 %
27	D	82.35 %	0.0 %
28	A	86.82 %	0.0 %
29	C	47.99 %	1.84 %
30	A	68.67 %	1.3 %
31	C	19.63 %	3.04 %
32	C	19.83 %	3.59 %

प्रश्न संख्या	उत्तर	सही उत्तर	छोड़ दिया
33	D	23.19 %	4.31 %
34	D	65.97 %	1.44 %
35	D	20.28 %	3.21 %
36	B	65.78 %	2.0 %
37	D	69.67 %	1.19 %
38	D	55.15 %	1.13 %
39	A	15.46 %	4.12 %
40	C	12.42 %	4.34 %
41	D	43.98 %	1.98 %
42	D	84.75 %	0.0 %
43	D	31.4 %	3.87 %
44	B	66.24 %	1.85 %
45	B	64.78 %	1.44 %
46	D	62.74 %	1.63 %
47	D	63.34 %	1.06 %
48	D	25.15 %	4.23 %

प्रश्न संख्या	उत्तर	सही उत्तर	छोड़ दिया
49	C	17.74 %	4.55 %
50	B	89.24 %	0.0 %
51	C	30.29 %	3.11 %
52	C	14.91 %	3.83 %
53	C	25.7 %	3.89 %
54	D	19.36 %	4.92 %
55	C	26.94 %	4.66 %
56	A	22.37 %	4.96 %
57	A	52.97 %	1.29 %
58	D	88.72 %	0.0 %
59	D	31.18 %	4.27 %
60	C	64.53 %	1.15 %
61	B	48.6 %	1.5 %
62	B	11.84 %	3.32 %
63	C	27.57 %	3.02 %
64	B	87.99 %	0.0 %

प्रश्न संख्या	उत्तर	सही उत्तर	छोड़ दिया
65	C	59.67 %	1.03 %
66	B	28.18 %	3.86 %
67	D	54.64 %	1.07 %
68	A	19.99 %	3.87 %
69	C	42.12 %	1.17 %
70	D	16.9 %	3.8 %
71	C	57.25 %	1.73 %
72	B	84.75 %	0.0 %
73	D	65.97 %	1.99 %
74	D	64.75 %	1.32 %
75	C	17.16 %	4.79 %
76	C	41.05 %	1.66 %
77	D	76.13 %	0.0 %
78	C	20.58 %	4.95 %
79	A	15.88 %	4.34 %
80	D	49.1 %	1.02 %

प्रश्न संख्या	उत्तर	सही उत्तर	छोड़ दिया
81	D	65.37 %	1.88 %
82	A	80.83 %	0.0 %
83	D	22.8 %	3.65 %
84	C	19.6 %	4.2 %
85	A	87.48 %	0.0 %
86	A	55.35 %	1.31 %
87	D	47.28 %	1.53 %
88	D	80.01 %	0.0 %
89	C	67.61 %	1.43 %

प्रश्न संख्या	उत्तर	सही उत्तर	छोड़ दिया
90	D	54.3 %	1.22 %
91	D	52.31 %	1.18 %
92	B	20.77 %	3.59 %
93	A	60.32 %	1.48 %
94	B	31.01 %	3.1 %
95	A	83.84 %	0.0 %
96	D	52.9 %	1.93 %
97	D	32.85 %	3.56 %
98	A	69.3 %	1.64 %

प्रश्न संख्या	उत्तर	सही उत्तर	छोड़ दिया
99	A	85.09 %	0.0 %
100	B	82.05 %	0.0 %
101	B	77.12 %	0.0 %
102	C	31.44 %	4.62 %
103	D	46.15 %	1.34 %
104	C	82.21 %	0.0 %
105	A	53.66 %	1.37 %
106	A	11.3 %	4.09 %
107	D	43.16 %	1.28 %

प्रश्न संख्या	उत्तर	सही उत्तर	छोड़ दिया
108	D	83.45 %	0.0 %
109	B	12.15 %	3.14 %
110	D	62.58 %	1.45 %
111	C	41.13 %	1.42 %
112	A	32.49 %	3.76 %
113	B	84.18 %	0.0 %
114	C	29.92 %	4.85 %
115	B	60.06 %	1.19 %
116	A	28.86 %	4.19 %

प्रश्न संख्या	उत्तर	सही उत्तर	छोड़ दिया
117	C	68.47 %	1.39 %
118	B	43.3 %	1.43 %
119	B	51.45 %	1.08 %
120	B	59.63 %	1.02 %
121	A	84.54 %	0.0 %
122	D	29.25 %	3.17 %
123	A	85.88 %	0.0 %
124	B	63.69 %	1.38 %
125	D	79.76 %	0.0 %

कार्य विश्लेषण	
औसत अंक (%)	57.88%
टॉपर्स स्कोर (%)	70.82%
आपका स्कोर	

//संकेत और समाधान//

1. प्लेट विवर्तनिकी सिद्धांत के अनुसार पृथ्वी की सतह और आंतरिक भाग स्थिर एवं गतिहीन नहीं बल्कि गतिशील हैं। माना जाता है कि दृढ़ प्लेटों के नीचे गतिशील चट्टान चक्रीय रूप से गति कर रही है।

तप्त पदार्थ (मैग्मा) ऊपर उठकर सतह पर पहुंचता है, प्रसारित होता है, धीरे-धीरे ठंडा होता है और पुन: गहराई में बैठ जाता है। इस चक्र का बारम्बार दोहराव होता है, जिसे वैज्ञानिक संवहन प्रकोष्ठ (convection cell) का चक्र या संवहन प्रवाह (convective flow) कहते हैं। पृथ्वी के भीतर ऊष्मा दो मुख्य स्रोतों से उत्पन्न होती है: रेडियोधर्मी क्षय और पृथ्वी के निर्माण के पश्चात शेष बची अवशिष्ट ऊष्मा।

प्राकृतिक रूप से पाए जाने वाले रासायनिक तत्व, सर्वाधिक उल्लेखनीय रूप से यूरेनियम, थोरियम और पोटैशियम, ऊष्मा के रूप में ऊर्जा मुक्त करते हैं जो धीरे-धीरे पृथ्वी की सतह की ओर स्थानांतरित होती है। अवशिष्ट ऊष्मा 4.6 बिलियन वर्ष पूर्व ब्रह्मांडीय मलबे के एकत्रण और संपीडन से पृथ्वी के निर्माण के पश्चात शेष बची गुरुत्वाकर्षण ऊर्जा है।
अतः विकल्प (C) सही है।

2. काली मृदा सामान्य रूप से मृण्मय, गहरी और अपारगम्य होती है। यह नम होने पर फूल जाती है और चिपचिपी हो जाती है तथा सूखने पर सिकुड़ जाती है। इस प्रकार, शुष्क ऋतु के दौरान इस मृदा में चौड़ी दरारें विकसित हो जाती हैं। अतः, इसमें एक प्रकार की 'स्व-जुताई' वाली विशेषता उत्पन्न हो जाती है। नमी के मंद अवशोषण और नमी के क्षय की इस विशेषता के कारण काली मृदा में लंबी अवधि तक नमी बनी रहती है। इसके कारण फसलों, विशेष रूप से वर्षाधीन फसलों को, शुष्क ऋतु के दौरान भी पोषित होने में सहायता प्राप्त होती है।
अतः विकल्प (B) सही है।

3. चंदौली राष्ट्रीय उद्यान महाराष्ट्र राज्य के सांगली, सतारा, कोल्हापुर और रत्नागिरी जिलों में स्थित है।

बन्नेरघट्टा राष्ट्रीय उद्यान कर्नाटक राज्य के बेंगलुरु शहर से लगभग 22 किलोमीटर दक्षिण में स्थित है।

कुद्रेमुख राष्ट्रीय उद्यान कर्नाटक राज्य के दक्षिण कन्नड़, उडुपी और चिक्कमगलुरु जिलों में स्थित एक रमणीय स्थल है।

नामेरी राष्ट्रीय उद्यान असम राज्य के सोनितपुर जिले में तेजपुर से लगभग 40 किलोमीटर दूर पूर्वी हिमालय की तलहटी में स्थित है।
अतः विकल्प (C) सही है।

4. निश्चित जल धाराओं के माध्यम से होने वाले जल प्रवाह को 'अपवाह' के रूप में जाना जाता है और ऐसी जल धाराओं के जाल को 'अपवाह तंत्र' कहा जाता है। किसी क्षेत्र का अपवाह प्रतिरूप भूवैज्ञानिक समयावधि, शैलों की संरचना, स्थलाकृति, ढाल, जलप्रवाह की मात्रा और प्रवाह की आवधिकता का परिणाम होता है।
अतः विकल्प (D) सही है।

5. भारत में वर्षण के दो तंत्र विद्यमान हैं।

- प्रथम तंत्र का उद्भव बंगाल की खाड़ी में होता है, जिससे उत्तर भारत के मैदानी भागों में वर्षा होती है।
- दूसरा तंत्र दक्षिण-पश्चिम मानसून की अरब सागर धारा है जो भारत के पश्चिमी तट पर वर्षा करती है।

चूंकि मानसून द्रोणी का अक्ष दोलायमान होता है, इसलिए विभिन्न वर्षों में इन अवदाबों के मार्ग, दिशा और वर्षा की गहनता एवं मात्रा में भी परिवर्तन आता है।

इस प्रकार वर्षा कुछ दिनों के अंतराल में होती है तथा यह भारत के पश्चिमी तट पर पश्चिम से पूर्व की ओर तथा उत्तर भारतीय मैदान एवं प्रायद्वीप के उत्तरी भाग पर दक्षिण-पूर्व से उत्तर-पश्चिम की ओर ह्रासमान प्रवृत्ति दर्शाती है।
अतः विकल्प (C) सही है।

6. दक्षिण-पश्चिम मानसून के निवर्तन की अवधि को स्वच्छ आकाश और तापमान में वृद्धि द्वारा इंगित किया जाता है। भूमि अभी भी आर्द्र होती है। उच्च तापमान एवं आर्द्रता की स्थिति के कारण, मौसम की असह्य परिस्थितियां उत्पन्न हो जाती हैं। इसे आम तौर पर 'अक्टूबर हीट' के रूप में जाना जाता है।
अतः विकल्प (B) सही है।

7. जल विज्ञान संबंधी सूखा तब घटित होता है जब विभिन्न जल भंडारों और जलाशयों, जैसे जलभृतों, झीलों, जलाशयों आदि का जलस्तर इतना कम हो जाए कि वर्षण द्वारा उसकी प्रतिपूर्ति न की जा सके।
अतः विकल्प (B) सही है।

8. प्रवाहित जल और पवनों द्वारा अपक्षय और अपरदन की निरंतर प्रक्रिया के परिणामस्वरूप विच्छेदित पठार का निर्माण होता है जिसमें उच्च और विस्तृत पठार धीरे-धीरे जीर्ण हो जाते हैं और इनके पृष्ठ उबड़-खाबड़ बन जाते हैं।

शुष्क देशों में, नदियों द्वारा ऊर्धाधर अपक्षय और पवनों द्वारा अपघर्षण के माध्यम से पठार तीव्र कगार वाले मेजनुमा स्थलरूप में विच्छेदित हो जाता है, जिन्हें मेसा और बुटी कहा जाता है। ये गहरे खड्डो (कैनियन) द्वारा प्रतिच्छेदित होते हैं। बुटी कभी स्थल के समतल, उभार वाले क्षेत्रों के भाग हुआ करते थे, जिन्हें मेसा या पठार के रूप में जाना जाता है। वास्तव में मेसा और बुटी के मध्य एकमात्र अंतर उनके आकार का होता है। अधिकांश भूगोलविदों का कहना है कि बुटी अपनी चौड़ाई की तुलना में अधिक ऊँचे होते हैं जबकि मेसा अधिक विशाल और थोड़ा-सा कम उभार वाली स्थलाकृति होती है। यह शुर्क और अर्द्ध शुष्क क्षेत्रों की एक सामान्य स्थलाकृति है। उदाहरण के लिए, दक्षिण-पश्चिमी संयुक्त राज्य अमेरिका में।
अतः विकल्प (A) सही है।

9. शीतऋतु के दौरान उत्तर भारत में अत्यधिक ठंड के तीन मुख्य कारण हैं :

- समुद्र के समकारी प्रभाव से दूर अवस्थित होने के कारण पंजाब, हरियाणा और राजस्थान जैसे राज्यों में महाद्वीपीय जलवायु पाई जाती है।
- निकटवर्ती हिमालय पर्वत श्रृंखलाओं में हिमपात से शीतलहर की स्थिति उत्पन्न होती है।
- फरवरी के आस-पास कैस्पियन सागर और तुर्कमेनिस्तान से आने वाली शीत पवनें भारत के उत्तर-पश्चिमी भागों में तुषार और कोहरे के साथ शीत लहर उत्पन्न करती हैं।
- इस क्षेत्र में पश्चिमी जेट धारा के प्रवाह की समाप्ति के पश्चात अर्थात् जून के माह के आस-पास, 15 डिग्री उत्तरी अक्षांश पर पूर्वी जेट धारा का आगमन होता है। इस पूर्वी जेट धारा को भारत में मानसून प्रस्फोट के लिए उत्तरदायी माना जाता है। यह शीतऋतु के दौरान उत्तर भारत में अत्यधिक ठंड हेतु किसी प्रकार की भूमिका नहीं निभाती है।

अतः विकल्प (A) सही है।

10. कपासी मेघ आर्द्र उष्णकटिबंधीय क्षेत्रों की विशिष्ट, उर्ध्वगामी संवहनी धाराओं से संबद्ध गोलाकार शीर्ष और क्षैतिज आधार वाला ऊर्ध्वाधर मेघ है। इसकी वृहद श्वेत गोलाकार संहति सूर्य के प्रकाश में भूरे रंग की दिखाई देती है लेकिन यह स्वच्छ, मौसम से संबंधित मेघ होता है
अतः विकल्प (B) सही है।

11. आग्नेय शैलों का निर्माण पृथ्वी के आंतरिक भाग से निकलने वाले मैग्मा और लावा से होता है और इन्हें प्राथमिक शैलों के रूप में जाना जाता है। मैग्मा के शीतलन और घनीभूत होने से आग्नेय शैलों का निर्माण होता है। जब मैग्मा अपनी उर्ध्वगामी गति के दौरान ठंडा होकर ठोस बन जाता है तो उसे आग्नेय शैल कहते हैं। शीतलन और घनीभूतीकरण की यह प्रक्रिया भू-पर्पटी के आंतरिक भाग में अथवा पृथ्वी की सतह पर हो सकती है।

आग्नेय शैलों को संरचना (बनावट) के आधार पर वर्गीकृत किया जाता है। इसकी संरचना कणों के आकार एवं विन्यास अथवा पदार्थों की अन्य भौतिक दशाओं पर निर्भर करती है। यदि पिघला हुआ पदार्थ अत्यधिक गहराई में धीरे-धीरे शीतल होता है तो इस प्रकार निर्मित खनिज कण बहुत बड़े आकार के हो

सकते हैं। आकस्मिक शीतलन (पृष्ठ पर) होने से छोटे और चिकने कण बनते हैं। शीतलन की मध्यवर्ती दशाओं के परिणामस्वरूप मध्यवर्ती आकार के कण आग्नेय शैलों का निर्माण करते हैं। ग्रेनाइट, गैब्रो, पेग्माटाइट, बेसाल्ट, ज्वालामुखीय ब्रेशिया और टफ, आग्नेय शैलों के कुछ उदाहरण हैं।
अतः विकल्प (C) सही है।

12. हिमालय की नदियों की उत्पत्ति हिमालय की उच्च पर्वत श्रेणियों से होती है जबकि प्रायद्वीपीय नदियाँ प्रायद्वीपीय पठार से निकलती हैं। हिमालय की नदियों का बेसिन और जलग्रहण क्षेत्र अधिक विस्तृत होता है जबकि प्रायद्वीपीय नदियों का बेसिन और जलग्रहण क्षेत्र कम विस्तृत होता है।.

हिमालय की नदियाँ प्रकृति में बारहमासी हैं, अर्थात् इन नदियों में वर्षपर्यंत जल प्रवाहित होता है। इन नदियों को मानसून और हिम के पिघलने, दोनों से जल प्राप्त होता है। जबकि प्रायद्वीपीय नदियों को केवल वर्षा से ही जल प्राप्त होता है और इन नदियों में केवल वर्षा ऋतु में ही जल प्रवाहित होता है। इसलिए ये नदियाँ मौसमी अथवा गैर-बारहमासी होती हैं।

हिमालयी नदियाँ युवा वलित पर्वतों से होकर प्रवाहित होती हैं और अभी भी युवावस्था में हैं, जबकि प्रायद्वीपीय नदियाँ विश्व के सर्वाधिक प्राचीन पठारों में से एक से होकर प्रवाहित होती हैं और ये विकासक्रम में प्रौढ़ावस्था तक पहुँच गई हैं।

जब हिमालय की नदियाँ मैदानी भागों में प्रवेश करती हैं तो जल प्रवाह की गति में आकस्मिक कमी आती है, जिससे विसर्प बनते हैं और उनका नदीतल स्थानांतरित होता है। इसके विपरीत, प्रायद्वीपीय नदियों की स्थिति में, कठोर चट्टानी सतह और पठारी क्षेत्र की गैर-जलोढ़ प्रकृति के कारण विसर्प के निर्माण की सम्भावना बहुत कम होती है। इस प्रकार प्रायद्वीपीय पठार की नदियाँ न्यूनाधिक रूप से सीधे मार्ग पर प्रवाहित होतीं हैं।
अतः विकल्प (C) सही है।

13. दक्षिणी दोलन उष्णकटिबंधीय हिंद-प्रशांत क्षेत्र में वायुमंडलीय दाब का अंतर-वार्षिक परिवर्तन है। यह एल नीनो/दक्षिणी दोलन नामक एकल वृहद पैमाने पर युग्मित अंतरक्रिया का वायुमंडलीय घटक है। दक्षिणी दोलन सूचकांक का उपयोग करके एक निश्चित समयबिंदु पर दक्षिणी दोलन के चरण को समझा जा सकता है। यह सूचकांक पूर्वी दक्षिण प्रशांत के वायुमंडलीय दाब और ऑस्ट्रेलिया एवं इंडोनेशिया के वायुमंडलीय दाब के मध्य अंतर की तुलना करता है।
अतः विकल्प (C) सही है।

14. बेसाल्ट प्रवाह को छोड़कर, शील्ड ज्वालामुखी पृथ्वी पर विद्यमान सभी ज्वालामुखियों में विशालतम हैं। इसके सर्वाधिक प्रसिद्ध उदाहरण हवाई द्वीप के ज्वालामुखी हैं। इन ज्वालामुखियों में से अधिकांशतः बेसाल्ट से निर्मित होते हैं। बेसाल्ट एक प्रकार का लावा है जो उद्गार के समय अत्यधिक तरल होता है। इस कारण से ये ज्वालामुखी तीव्र ढाल वाले नहीं होते हैं। यदि किसी प्रकार से जल निकास नलिका (vent) में पहुँच जाता है तो ये विस्फोटक हो जाते हैं, अन्यथा, इनकी विशेषता कम विस्फोटकता होती है। इन ज्वालामुखियों से लावा फव्वारे के रूप में बाहर आता है तथा निकास के शीर्ष पर शंकु का निर्माण करता है और सिंडर शंकु के रूप में विकसित हो जाता है।
अतः विकल्प (C) सही है।

15. सर्वाधिक सामान्य प्रकार के भूकंप विवर्तनिक भूकंप हैं। ये भूकंप भ्रंशतल के किनारे शैलों के फिसलने के कारण उत्पन्न होते हैं। एक विशेष वर्ग के विवर्तनिक भूकंप को कभी-कभी ज्वालामुखीजन्य भूकंप के रूप में जाना जाता है। हालांकि, ये भूकंप सक्रिय ज्वालामुखियों के क्षेत्रों तक ही सीमित हैं। गहन खनन गतिविधि के क्षेत्रों में, कभी-कभी भूमिगत खदानों की छतें ढह जाती हैं जिससे हल्के झटके आते हैं। इन्हें निपात भूकंप कहा जाता है। रासायनिक अथवा नाभिकीय उपकरणों के विस्फोट के कारण भी भूमि में कंपन हो सकता है। इस प्रकार के झटकों को विस्फोट भूकंप कहा जाता है। विशाल जलाशयों के क्षेत्रों में आने वाले भूकंपों को जलाशय-प्रेरित भूकंप के रूप में जाना जाता है। सुनामी भूकंप का एक प्रभाव है न कि उसका कारण है।
अतः विकल्प (A) सही है।

16. दी गई नदियों के जलग्रहण क्षेत्र (भारत में) का सही आरोही क्रम होगा - ब्रह्मपुत्र, गोदावरी, सिंधु, गंगा।
जलग्रहण क्षेत्र भूमि का वह क्षेत्र होता है जहाँ से वर्षा का जल एकत्र होकर नदी में पहुँचता है। यह प्रायः पहाड़ियों से घिरा होता है। जब जल धरातल पर प्रवाहित होता है तो वह जलधाराओं और मृदा में प्रवेश करता है और अंततः नदी में पहुँच जाता है। इसमें से कुछ जल भूमिगत बना रहता है और कम वर्षा के समय में धीरे-धीरे नदी को जलापूर्ति करता रहता है।
अतः विकल्प (A) सही है।

17. पृथ्वी के भूगर्भ के संबंध में जानकारी के स्रोतों को प्रत्यक्ष स्त्रोतों और अप्रत्यक्ष स्रोतों में विभाजित किया जाता है।

प्रत्यक्ष स्रोत में पृथ्वी पर सर्वाधिक सरलता से उपलब्ध ठोस पदार्थ धरातलीय शैल या खनन क्षेत्रों से प्राप्त शैलें हैं। दक्षिण अफ्रीका में सोने की खानें 3-4 किमी गहरी हैं। ज्वालामुखीय उद्गार प्रत्यक्ष जानकारी प्राप्त करने का एक अन्य स्रोत है। जब कभी ज्वालामुखी उद्गार के दौरान पिघला हुआ पदार्थ (लावा) पृथ्वी की सतह पर आ जाता है तो यह प्रयोगशाला विश्लेषण के लिए उपलब्ध हो जाता है।
अतः विकल्प (A) सही है।

18. भारत में सिंधु की सहायक नदियों का दक्षिण से उत्तर की ओर सही क्रम है-

- सतलुज
- ब्यास
- रावी
- चिनाब
- झेलम

अतः विकल्प (B) सही है।

19. गुरुत्वाकर्षण बल का मान सतह पर भिन्न-भिन्न अक्षांशों पर समान नहीं है। यह ध्रुवों के निकट अधिक और भूमध्य रेखा पर कम होता है। इसका कारण ध्रुवों की तुलना में भूमध्य रेखा की केंद्र से दूरी का अधिक होना है। गुरुत्वाकर्षण का मान पदार्थ के द्रव्यमान के अनुसार भी परिवर्तित होता है। पृथ्वी के भीतर द्रव्यमान का असमान वितरण भी इस भिन्नता को प्रभावित करता है। विभिन्न स्थानों पर गुरुत्वाकर्षण मान की भिन्नता कई अन्य कारकों से भी प्रभावित होती है। ये प्रेक्षित मान अपेक्षित मान से भिन्न होते हैं। इस प्रकार की भिन्नता को गुरुत्वाकर्षण विसंगति कहा जाता है।
अतः विकल्प (D) सही है।

20. क्षोभमंडल वायुमंडल की सबसे निचली परत है। इसकी औसत ऊँचाई 13 किमी है और ध्रुवों के निकट यह लगभग 8 किमी की ऊँचाई तथा भूमध्य रेखा पर लगभग 18 किमी की ऊँचाई तक विस्तृत है। क्षोममंडल की मोटाई भूमध्य रेखा पर सर्वाधिक होती है क्योंकि प्रबल संवहन धाराओं द्वारा ऊष्मा अधिक ऊँचाइयों तक पहुँच जाती है। इस परत में धूलकण और जलवाष्प विद्यमान होते हैं। जलवायु और मौसम में होने वाले सभी परिवर्तन इसी परत में घटित होते हैं। इस परत में प्रत्येक 165 मीटर की ऊंचाई पर तापमान 1 डिग्री सेल्सियस की दर से घटता है। यह सभी जैविक गतिविधियों के लिए सर्वाधिक महत्वपूर्ण परत है।

समताप मंडल और क्षोभमंडल को पृथक करने वाले क्षेत्र को क्षोभसीमा के रूप में जाना जाता है। भूमध्य रेखा पर क्षोभसीमा पर वायु का तापमान लगभग -80 डिग्री सेल्सियस और ध्रुवों पर लगभग - 45 डिग्री सेल्सियस होता है। यहाँ तापमान लगभग स्थिर होने के कारण इसे क्षोभसीमा कहा जाता है। समतापमंडल क्षोभसीमा के ऊपर 50 किमी की ऊँचाई तक विस्तृत है। समतापमंडल की एक महत्वपूर्ण विशेषता यह है कि इसमें ओजोन परत विद्यमान है। यह परत पराबैंगनी विकिरण को अवशोषित कर लेती है और ऊर्जा के तीव्र, हानिकारक तत्वों से पृथ्वी पर जीवन की रक्षा करती है।

मध्यमंडल समतापमंडल के ऊपर 80 किमी की ऊँचाई तक विस्तृत है। इस परत में, पुनः ऊँचाई में वृद्धि होने के साथ तापमान कम होने लगता है और 80 किमी की ऊँचाई तक -100 डिग्री सेल्सियस तक पहुँच जाता है। मध्यमंडल की ऊपरी सीमा को मध्यसीमा के रूप में जाना जाता है।
अतः विकल्प (A) सही है।

21. हिंद महासागर की वर्तमान प्रणालियाँ मुख्य रूप से स्थल भागों और मानसूनी पवनों द्वारा नियंत्रित और रूपांतरित होती हैं। हिंद महासागर भारतीय उपमहाद्वीप, अफ्रीका और आस्ट्रेलिया से घिरा हुआ है। यह अवस्थिति महासागरीय धाराओं की सुसंगत प्रणाली के विकास के लिए सर्वाधिक अनुकूल स्थितियां उत्पन्न नहीं करती है। उत्तर-पूर्व और दक्षिण-पश्चिम मानसूनी पवनों के कारण उत्तरी हिंद महासागर की धाराओं के प्रवाह की दिशा का वर्ष में दो बार व्युत्क्रमण होता है।

ग्रीष्म में जून से लेकर अक्टूबर तक, जब दक्षिण-पश्चिम मानसूनी पवनें सशक्त होती हैं, दक्षिण-पश्चिम मानसून प्रवाह के रूप में धाराएं दक्षिण-पश्चिम दिशा से प्रवाहित होती हैं। यह स्थिति शीतऋतु में (दिसंबर से आरंभ होकर) तब विपरीत हो जाती है जब उत्तर-पूर्व मानसूनी पवनें धाराओं को उत्तर-पूर्व मानसूनी प्रवाह के रूप में प्रवाहित करती हैं। उत्तरी हिंद महासागर की धाराएं महासागरीय धाराओं के परिसंचरण पर पवनों के प्रबल प्रभाव को सर्वाधिक स्पष्ट रूप से प्रदर्शित करती हैं।
अतः विकल्प (B) सही है।

22. भू-आकृतियों को विकसित करने में गतिमान भूजल द्वारा पदार्थों के भौतिक या यांत्रिक स्थानांतरण की भूमिका नगण्य होती है। इसीलिए भूजल क्रिया का परिणाम सभी प्रकार की चट्टानों में नहीं देखा जा सकता है।

लेकिन कैल्शियम कार्बोनेट से समृद्ध चूना पत्थर या डोलोमाइट जैसी चट्टानों में भूपृष्ठीय जल के साथ-साथ भूजल घोलीकरण और अवक्षेपण की रासायनिक प्रक्रिया के माध्यम से विभिन्न प्रकार की भू-आकृतियों को विकसित करता है। घोलीकरण और अवक्षेपण की ये दो प्रक्रियाएँ स्वतंत्र रूप से पाए जाने वाले अथवा अन्य चट्टानों के साथ अंतर-संस्तरित चूना पत्थर या डोलोमाइट में सक्रिय होती हैं।

एड्रियाटिक सागर से संलग्न बाल्कन में कार्स्ट क्षेत्र की चूना पत्थर की चट्टानों में विकसित एक विशिष्ट प्रकार स्थलाकृति के आधार पर, किसी भी चूना पत्थर या डोलामाइट क्षेग्र में घोलीकरण और अवक्षेपण की प्रक्रियाओं के माध्यम से भूजल की क्रिया द्वारा निर्मित ऐसी विशिष्ट भू-आकृतियों को कार्स्ट स्थलाकृतियाँ कहा जाता है।
अतः विकल्प (C) सही है।

23. हमारे देश का पश्चिमी तट उच्च, चट्टानी निवर्तन तट है। पश्चिमी तट में अपरदित स्थलरूपों की प्रमुखता है। भारत का पूर्वी तट निम्न, अवसादी तट है। यहाँ निक्षेपित स्थलरूपों की प्रमुखता है।
अतः विकल्प (A) सही है।

24. भूकंपीय घटनाओं का मापन झटकों के आयाम अथवा तीव्रता के आधार पर किया जाता है। आयाम के पैमाने को रिक्टर स्केल के रूप में जाना जाता है। आयाम भूकंप के दौरान निर्मुक्त ऊर्जा से संबंधित होता है। तीव्रता के पैमाने का नाम एक इतालवी भूकंप वैज्ञानिक मरकेली के नाम पर रखा गया है। यह भूकंप की घटना के कारण हुई प्रत्यक्ष क्षति का मापन करता है। पृथ्वी की सतह पर भूकंप के प्रभाव को तीव्रता कहा जाता है। तीव्रता पैमाने में कुछ महत्वपूर्ण अनुक्रियाओं की एक श्रृंखला शामिल है जैसे कि लोगों का जागना, फर्नीचर का हिलना, चिमनी को हुई क्षति और अंततः 'कुल हानि'।

सिद्धांततः, रिक्टर पैमाने में कोई ऊपरी सीमा निर्धारित नहीं है किन्तु व्यवहार में कभी भी 8.6 आयाम (यह 1960 के चिली भूकंप के लिए रिक्टर आयाम था) से ऊपर पैमाने पर कोई भूकंप दर्ज नहीं किया गया है। तीव्रता (मरकेली) पैमाने की सीमा 1-12 से है।
अतः विकल्प (B) सही है।

25. भारत दक्षिण में तीन ओर से हिंद महासागर से घिरा है तथा उत्तर में उच्च और अविच्छिन्न पर्वतीय श्रृंखला से घिरा है। स्थल भाग की तुलना में, जल धीमी गति से गर्म या ठंडा होता है। स्थल और समुद्र का यह विभेदी तापन भारतीय उपमहाद्वीप में और उसके निकट विभिन्न मौसमों में भिन्न-भिन्न वायु दाब क्षेत्र का निर्माण करता है। वायु दाब में अंतर मानसूनी पवनों की दिशा में परिवर्तन का कारण बनता है।
अतः विकल्प (C) सही है।

26. अगुलहास धारा दक्षिण-पश्चिम हिंद महासागर की पश्चिमी सीमा की धारा है। यह धारा अफ्रीका के पूर्वी तट से होते हुए दक्षिण की ओर प्रवाहित होती है।

इरमिंगर धारा उत्तर अटलांटिक महासागर की धारा है जो आइसलैंड के दक्षिण-पश्चिम तट से पश्चिम की ओर प्रवाहित होती है।

पेरू धारा अर्थात हम्बोल्ट धारा ठंडी, कम लवणता वाली महासागरीय धारा है। यह धारा दक्षिण अमेरिका के पश्चिमी तट के साथ उत्तर की ओर प्रवाहित होती है।
अतः विकल्प (C) सही है।

27. उपर्युक्त श्रेणियों का उत्तर से दक्षिण सही क्रम होगा - कराकोरण श्रेणी, लद्दाख श्रेणी, जास्कर श्रेणी, पीरपंजाल श्रेणी।

काराकोरम श्रृंखला पाकिस्तान, भारत और चीन की सीमाओं पर विस्तृत एक विशाल पर्वत श्रृंखला है, जो गिलगित बाल्टिस्तान (पाकिस्तान), लद्दाख (भारत), और शिनजियांग (चीन) के क्षेत्रों में स्थित है। यह हिमालय का उत्तरी-पूर्वी विस्तार है।

लद्दाख श्रृंखला लेह के उत्तर में स्थित है और ट्रांस-हिमालय श्रृंखला का महत्वपूर्ण भाग है। यह तिब्बत में कैलाश श्रृंखला में मिल जाती है।

ज़ास्कर श्रृंखला 7000 वर्ग किलोमीटर (2700 वर्ग मील) क्षेत्र में विस्तृत है तथा इसकी ऊंचाई 3500 मीटर से 7000 मीटर के मध्य है। डोडा और कुर्गियाख घाटियों के दोनों ओर उत्तर-पश्चिम से दक्षिण-पूर्व की ओर ऊंची पर्वत श्रृंखलाएं विस्तारित हैं।

पीर पंजाल श्रृंखला आंतरिक हिमालय क्षेत्र के पर्वतों की श्रृंखला है, जो पूर्व-दक्षिणपूर्व (ESE) से पश्चिम-उत्तरपश्चिम (WNW) की ओर भारत के हिमाचल प्रदेश और जम्मू एवं कश्मीर राज्यों तथा पाकिस्तान-शासित कश्मीर तक विस्तारित है।
अतः विकल्प (D) सही है।

28. चंद्रमा पृथ्वी का एकमात्र प्राकृतिक उपग्रह है। चंद्रमा की उत्पत्ति के संबंध में अनेक मत प्रस्तुत किए गए हैं। वर्ष 1838 में, सर जॉर्ज डार्विन ने मत प्रस्तुत किया कि आरंभ में, पृथ्वी और चंद्रमा तीव्रता से घूर्णन कर रहे एक ही पिंड थे। संपूर्ण पिंड डंबल की आकृति के पिंड के रूप में परिवर्तित हो गया और अंततोगत्वा टूट गया। यह भी सुझाव दिया गया कि चंद्रमा का निर्माण पृथ्वी से टूटकर हुआ और इस प्रक्रिया ने जिस गर्त का निर्माण किया उसी में आज प्रशांत महासागर स्थित है। इन व्याख्याओं की गंभीर संवीक्षा हुई। इसने 1970 के दशक में "द बिग स्प्लैट" (the big splat) सिद्धांत की प्रस्थापना का मार्ग प्रशस्त किया।

इस सिद्धांत के अनुसार, मंगल ग्रह के समान द्रव्यमान का पिंड पृथ्वी से टकराया। इससे बड़ी मात्रा में चट्टानों के भाग टूटकरअन्तरिक्ष में बिखर गए और परिक्रमा करने लगे, जिनके संयुक्त होने से चंद्रमा का निर्माण हुआ। चंद्रमा का अधिकांश भाग इस संघातक के मेंटल से बना। संघात के कोण ने पृथ्वी-चंद्रमा प्रणाली को उसकी वर्तमान कोणीय गति प्रदान की।
अतः विकल्प (A) सही है।

29. पृथ्वी कई संकेंद्रित परतों से निर्मित है। बाहरी परत को भू-पर्पटी (क्रस्ट) कहा जाता है जो दो विशिष्ट भागों से मिलकर बनी है - महाद्वीपीय पर्पटी और महासागरीय पर्पटी। महाद्वीपीय पर्पटी आग्नेय शैलों से निर्मित है और इसके मुख्य खनिज पदार्थ सिलिकॉन और एल्यूमिना हैं। इस प्रकार, इसे सामूहिक रूप से सियाल कहा जाता है।

महासागरीय पर्पटी महासागर अधस्तल बनाने वाली अपेक्षाकृत सघन बेसाल्टी शैलों का अविच्छिन्न क्षेत्र है, जिसमें मुख्य रूप से सिलिका, लोहा और मैग्नीशियम उपस्थित हैं। इस प्रकार, इसे सिमा के रूप में जाना जाता है।

पर्पटी के नीचे की परत को प्रावार (मेंटल) कहा जाता है। यह ऑलिवीन से समृद्ध अत्यंत सघन शैलों से निर्मित है। आंतरिक परत क्रोड (कोर) है तथा मुख्य रूप से लोहे और कुछ निकल से निर्मित है। इसे निफे कहा जाता है।
अतः विकल्प (C) सही है।

30.

देश का नाम	सीमा की लम्बाई (किमी में)
बांग्लादेश	4,096.7
चीन	3,488
पाकिस्तान	3,323
नेपाल	1,751
म्यांमार	1,643
भूटान	699
अफगानिस्तान	106

अतः विकल्प (A) सही है।

31. पश्चिमी तटीय मैदान मध्य में संकीर्ण है एवं उत्तर और दक्षिण की ओर चौड़ा है। इन तटीय मैदानों से प्रवाहित होने वाली नदियों द्वारा किसी भी डेल्टा का निर्माण नहीं किया जाता है। पूर्वी तट पर भली-भांति विकसित डेल्टा हैं जो बंगाल की खाड़ी के पूर्व की ओर प्रवाहित होने वाली नदियों द्वारा निर्मित होते हैं। इनमें महानदी, गोदावरी, कृष्णा और कावेरी के डेल्टा शामिल हैं।

डेल्टा वे आर्द्रभूमियाँ हैं जिनका निर्माण नदियों द्वारा अपना जल और तलछट किसी अन्य जलीय स्रोत जैसे समुद्र, झील या किसी अन्य नदी में निक्षेपित करने से होता है। हालाँकि यह दुर्लभ है परन्तु कुछ डेल्टा भूमि में जल और तलछट निक्षेपित कर सकते हैं। जैसे ही नदी अपने मुहाने या अंतिम छोर के निकट पहुंचती है, इसकी गति धीमी हो जाती है। इसी कारण से नदी के प्रवाह के साथ तलछट, ठोस पदार्थ प्रवाहित होकर नदी के तल पर संचित होने लगते हैं।

पश्चिमी घाट की चट्टानों की कठोर प्रकृति के कारण पश्चिम में प्रवाहित होने वाली नदियों के मुहाने चौड़े नहीं हैं, इसलिए ये नदियां ज्वारनदमुख का निर्माण करती हैं। दूसरी ओर पूर्वी नदियाँ प्रायः पहाड़ों और पर्वत शृंखलाओं को काटकर प्रवाहित होती हैं और समुद्र में कम गति से प्रवेश करती हैं। यह अपने साथ लाई गई संचित गाद और तलछट को समुद्र में प्रवेश करने से पूर्व ही निक्षेपित करती हैं, इसलिए पूर्वी तट पर बहुतायत में डेल्टा पाए जाते हैं।
अतः विकल्प (C) सही है।

32. क्यूरोशियो धारा उत्तरी प्रशांत के उपोष्णकटिबंधीय वलय (ज़ायर) की पश्चिमी सीमा की गर्म धारा है। क्यूरोशियो धारा की उत्पत्ति फिलीपींस और ताइवान के पूर्वी तट के निकट से होती है और यह जापान के उत्तर-पूर्व में प्रवाहित होती है, जहां यह उत्तरी प्रशांत धारा के पूर्वी प्रवाह के साथ मिल जाती है। यह अटलांटिक महासागर में विद्यमान गल्फ स्ट्रीम के अनुरूप है। इसका गर्म जल उत्तरी प्रशांत प्रवाह के रूप में ध्रुवों की ओर स्थानांतरित होता है जो शीतकाल में अलास्का के तट को हिमाच्छादन से मुक्त रखता है।
अतः विकल्प (C) सही है।

33. छोटा नागपुर का पठार उत्तर-पूर्व में भारतीय प्रायद्वीप के विस्तार का प्रतिनिधित्व करता है। इसके अंतर्गत 87 हजार वर्ग किमी का क्षेत्र सम्मिलित है। इसमें झारखंड राज्य का अधिकांश भाग तथा ओडिशा, पश्चिम बंगाल, बिहार और छत्तीसगढ़ के निकटवर्ती क्षेत्र सम्मिलित हैं। सोन नदी इस पठार के उत्तर-पश्चिम में प्रवाहित होती है और गंगा में मिल जाती है। पठार की समुद्र तल से औसत ऊंचाई 700 मीटर है।

पूर्वी घाट जिसे दक्षिण में महेंद्र पर्वत के नाम से भी जाना जाता है, भारत के पूर्वी तट पर विस्तृत एक विच्छिन्न पर्वत शृंखला है। पूर्वी घाट ओडिशा, आंध्रप्रदेश, तेलंगाना और तमिलनाडु जैसे राज्यों और कर्नाटक के भी कुछ भागों तक विस्तृत है। गोदावरी, महानदी, कृष्णा और कावेरी जैसी प्रायद्वीपीय भारत की चार प्रमुख नदियाँ इसका क्षरण और कटाव करती हैं।
अतः विकल्प (D) सही है।

34. असमान ताप वाले दो पिंडों के एक दूसरे के संपर्क में आने पर चालन होता है। अपेक्षाकृत गर्म पिंड से ठंडे पिंड की ओर ऊर्जा का प्रवाह होता है। ऊष्मा स्थानांतरण तब तक जारी रहता है जब तक कि दोनों पिंडो का तापमान एकसमान नहीं हो जाता अथवा संपर्क समाप्त नहीं हो जाता है। वायुमंडल की सबसे निचली परतें मुख्य रूप से चालन की प्रक्रिया के माध्यम से गर्म होती हैं।

गर्म होने पर पृथ्वी के संपर्क में आने वाली वायु धाराओं के रूप में ऊर्ध्वाधर रूप से ऊपर उठती है और वायुमंडल में ताप का संचरण करती है। वायुमंडल की लम्बवत तापन की यह प्रक्रिया संवहन कहलाती है। संवहन प्रक्रिया द्वारा ऊर्जा का स्थानांतरण मुख्य रूप से क्षोभमंडल तक ही सीमित होता है।

वायु की क्षैतिज गति के माध्यम से होने वाला ताप का स्थानांतरण अभिवहन कहलाता है। वायु की क्षैतिज गति ऊर्ध्वाधर गति की तुलना में अपेक्षाकृत रूप से अधिक महत्वपूर्ण है। मध्य अक्षांशों पर, दैनिक मौसम में अधिकांश भिन्नताएँ केवल अभिवहन के कारण होती हैं। ग्रीष्मऋतु के दौरान विशेष रूप से उत्तर भारत के उष्णकटिबंधीय क्षेत्रों में 'लू' नामक स्थानीय पवनें अभिवहन प्रक्रिया का परिणाम हैं।
अतः विकल्प (D) सही है।

35. ग्रीष्मकाल के आरंभ होने पर जब सूर्य उत्तरायण स्थिति में आता है तो उपमहाद्वीप के निम्न और उच्च, दोनों ही स्तरों पर पवनों के परिसंचरण में व्युत्क्रमण हो जाता है। जुलाई के मध्य तक धरातल के निकट निम्न दबाव वाली पेटी जिसे अंतर उष्ण-कटिबंधीय अभिसरण क्षेत्र कहा जाता है, उत्तर की ओर खिसक कर लगभग 20 डिग्री उत्तर और 25 डिग्री उत्तर के मध्य हिमालय के समानांतर अवस्थित हो जाती है।

इस समय तक भारतीय क्षेत्र से पश्चिमी जेट धारा की वापसी हो जाती है। भूमध्यरेखीय द्रोणी के उत्तर की ओर खिसकने और उत्तर भारतीय मैदान के ऊपर से पश्चिमी जेट धारा की वापसी के मध्य अंतर्संबंध है। सामान्यत: यह माना जाता है कि इन दोनों के मध्य कारण और प्रभाव का संबंध है। निम्न वायुदाब का क्षेत्र होने के कारण विभिन्न दिशाओं से पवनों के अंतर्वाह को आकर्षित करता है। भूमध्य रेखा पार करने के पश्चात, दक्षिणी गोलार्द्ध से आने वाली सामुद्रिक उष्णकटिबंधीय वायुराशि सामान्यत: दक्षिण-पश्चिमी दिशा में निम्न दबाव वाले क्षेत्र की ओर तेज़ी से बढ़ती है। इस आर्द्र वायु धारा को दक्षिण-पश्चिम मानसून के रूप में जाना जाता है।
अतः विकल्प (D) सही है।

36. भूस्खलन से निपटने के लिए क्षेत्र-विशिष्ट उपाय किए जाने चाहिए। उच्च भूस्खलन सुभेद्यता वाले क्षेत्रों में सड़क एवं बांधों के निर्माण जैसी अन्य विकास संबंधी गतिविधियों पर प्रतिबंध, कृषि को घाटियों और मध्यम ढलान वाले क्षेत्रों तक सीमित तथा बड़ी बस्तियों के विकास पर नियंत्रण स्थापित किया जाना चाहिए। भूस्खलन रोकने सम्बन्धी उपर्युक्त उपायों के पूरक के रूप में जलप्रवाह कम करने के लिए बाँध निर्माण और वृहद स्तर पर वनीकरण कार्यक्रमों को बढ़ावा प्रदान करने जैसे कुछ सकारात्मक कार्य किए जाने चाहिए। पूर्वोत्तर पर्वतीय राज्यों में सीढ़ीदार कृषि को बढ़ावा दिया जाना चाहिए जहाँ स्थानांतरित कृषि (कर्तन दहन प्रणाली) अभी भी प्रचलित है। झूम कृषि को प्राय: मृदा अपरदन का कारण, भूस्खलन, आकस्मिक बाढ़ का मार्ग प्रशस्त करने और उससे प्राथमिक भूमि संसाधन नष्ट करने के लिए उत्तरदायी माना जाता है।
अतः विकल्प (B) सही है।

37. पृथ्वी की उत्पत्ति के संबंध में विभिन्न दार्शनिकों व वैज्ञानिकों ने अनेक परिकल्पनाएं प्रस्तुत की हैं। एक प्रारंभिक और लोकप्रिय तर्क जर्मन दार्शनिक इमैनुअल कांट का था, जिसे गणितज्ञ लाप्लास ने 1796 में संशोधित किया था। इसे नीहारिका परिकल्पना के रूप में जाना जाता है। इस परिकल्पना के अनुसार, ग्रहों का निर्माण धीमी गति से घूर्णन करते हुए युवा सूर्य से संबद्ध पदार्थों के बादलों से हुआ है। नीहारिका परिकल्पना का प्रयोग सौर मंडल की उत्पत्ति की व्याख्या करने हेतु किया जाता है।
अतः विकल्प (D) सही है।

38. मैंटल के ऊपरी भाग को दुर्बलतामंडल कहा जाता है। यह ठोस शैलों की वह परत होती है जिसमें इतना अधिक दबाव और ऊष्मा होती है कि शैलें तरल की भांति बह सकती हैं। इसका विस्तार 400 किमी तक माना जाता है। यह ज्वालामुखी उदगार के दौरान धरातल पर पहुंचने वाले लावा का मुख्य स्रोत है। इसका घनत्व भूपर्पटी की चट्टानों से अधिक (3.4 ग्राम/घन सेंटीमीटर) है। भूपर्पटी और मैंटल के ऊपरी भाग को संयुक्त रूप से स्थलमंडल कहा जाता है। दुर्बलतामंडल स्थलमंडल का भाग नहीं है।
अतः विकल्प (D) सही है।

39. शुष्क जलवायु में, उच्च तापमान के कारण वाष्पीकरण की मात्रा प्राप्त वर्षा की मात्रा से अधिक होती है। इस कारण भूजल केशिका क्रिया द्वारा सतह तक

पहुंचता है और इस प्रक्रिया में, मृदा पर लवण छोड़ते हुए जल वाष्पित हो जाता है। इस प्रकार के लवण मृदा पर पपड़ी बनाते हैं जिन्हें हार्डपैन के रूप में जाना जाता है। लवणता से तीव्र जल जमाव होता है जिसका अर्थ मृदा की सरंध्रता है और इसलिए जल धारण क्षमता में कमी आ जाती है और दीर्घ अवधि में मृदा अपारगम्य बन जाती है। ज्वरनदमुख आंशिक रूप से भूमि से घिरा जल निकाय होता है, जहाँ समुद्र का खारा जल और भूमि का ताजा जल मिश्रित हो सकते हैं। विश्व भर के समुद्रतटीय क्षेत्रों में ज्वरनदमुख स्थित हैं।
अतः विकल्प (A) सही है।

40. नीचे दी गई सभी विशेषताएं विषुवत रेखीय जलवायु से संबंधित हैं:

- भूमध्यरेखीय जलवायु की सर्वाधिक उत्कृष्ट विशेषता यह है कि इसके तापमान में वर्षपर्यंत एकरूपता बनी रहती है।
- स्पष्ट शीतऋतु का अभाव होता है।
- मेघाच्छादन और भारी वर्षा दैनिक तापमान को मृदु बनाने में सहायक होते हैं, जिसके कारण भूमध्य रेखा पर भी जलवायु असहनीय नहीं होती। इसके अतिरिक्त, नियमित स्थलीय और समुद्री पवनें वास्तव में सम जलवायु बनाए रखने में सहायता करती हैं।
- दैनिक तथा वार्षिक तापमान परिसर कम होता है। भूमध्यरेखीय क्षेत्रों में उच्च तापमान और प्रचुर मात्रा में वर्षा समृद्ध प्रकार की वनस्पति अर्थात् उष्णकटिबंधीय वर्षा वनों की व्यापक वृद्धि में सहायता प्रदान करती है।
- विषुवतरेखीय वनस्पति में सदाबहार वृक्ष शामिल होते हैं जो उष्णकटिबंधीय कठोर लकड़ी (काष्ठ) उत्पादित करते हैं, जैसे महोगनी, आबनूस, आदि। अमेज़न के उष्णकटिबंधीय वर्षा वनों को सेल्वास के रूप में भी जाना जाता है। इस प्रकार की वनस्पतियों में एकल प्रजातियों के वृक्ष अत्यंत दुर्लभ होते हैं। यहाँ की वनस्पतियों में छोटे ताड़ के पेड़, लियाना या बेंत जैसे आरोही पौधे (जो सैकड़ों फीट लंबे हो सकते हैं) और परजीवी अधिपादप एवं परजीवी पौधे शामिल होते हैं। वृक्षों के नीचे विविध प्रकार के फ़र्न, ऑर्किड और ललांग उगते हैं। सर्वाधिक लंबे वृक्ष 150 फीट से अधिक ऊंचे होते हैं।

अतः विकल्प (C) सही है।

41. वायुमंडल की ऊपरी परत पर प्राप्त होने वाली सौर ऊर्जा में प्रतिवर्ष मामूली परिवर्तन होता है यह परिवर्तन पृथ्वी एवं सूर्य के मध्य की दूरी में अंतर के कारण होता है। सूर्य के चारों ओर परिक्रमण के दौरान पृथ्वी 4 जुलाई को सूर्य से सबसे दूर होती है (152 मिलियन किमी)। पृथ्वी की इस स्थिति को अपसौर (aphelion) कहा जाता है। 3 जनवरी को पृथ्वी सूर्य के सबसे निकट होती है (147 मिलियन किमी)। इस स्थिति को उपसौर (perihelion) कहा जाता है। इसलिए पृथ्वी द्वारा प्राप्त वार्षिक सूर्यातप 3 जनवरी को 4 जुलाई की अपेक्षा अधिक होता है। हालाँकि सूर्यातप की भिन्नता का प्रभाव अन्य कारकों जैसे स्थल और समुद्र का वितरण तथा वायुमंडलीय परिसंचरणीय के द्वारा कम हो जाता है।

धरातल पर प्राप्त सूर्यातप की मात्रा में उष्णकटिबंध में लगभग 320 वाट/वर्ग मी. से लेकर ध्रुवों पर 70 वाट/वर्ग मी. तक भिन्नता पायी जाती है। सबसे अधिक सूर्यातप उपोष्ण कटिबंधीय मरुस्थलों पर प्राप्त होता है, जहाँ मेघाच्छादन बहुत कम पाया जाता है। उष्ण कटिबन्ध की अपेक्षा विषुवत वृत्त पर कम मात्रा मे सूर्यातप प्राप्त होता है।

समान्यतः एक ही अक्षांश पर स्थित महाद्वीपीय भाग पर अधिक और महासागरीय भाग पर अपेक्षाकृत कम मात्रा में सूर्यातप प्राप्त होता है। शीत ऋतु में मध्य एवं उच्च अक्षांशों पर ग्रीष्म ऋतु की अपेक्षा कम मात्रा में विकिरण प्राप्त होता है।
अतः विकल्प (D) सही है।

42. दक्षिणी गोलार्द्ध में, 40 डिग्री दक्षिण से 60 डिग्री दक्षिण तक, जहाँ महासागरों का विस्तार अधिक है पछुवा पवनें (वेस्टर्लीज) वर्षपर्यंत अधिक तीव्रता के साथ और नियमित रूप से प्रवाहित होती हैं। ये पवनें महाद्वीपों के पश्चिमी तटों पर अत्यधिक वर्षा करती हैं। यहाँ आर्द्र मौसम और तूफान की दशाएं व्याप्त रहती हैं। इसलिए समुद्री यात्रियों द्वारा सामान्यतः पछुवा पवनों (वेस्टर्लीज) को अक्षांशों में इनकी प्रबलता के अनुसार गरजता चालीसा, प्रचण्ड पचासा और चीखती साठा के रूप में संदर्भित किया गया है।
अतः विकल्प (D) सही है।

43. निम्नलिखित देश भूमध्यसागर के साथ अपनी सीमा साझा करते हैं-

स्पेन, फ्रांस, मोनाको, इटली, माल्टा, स्लोवेनिया, क्रोएशिया, बोस्निया और हर्जेगोविना, मोंटिनेग्रो, अल्बानिया, ग्रीस, तुर्की, साइप्रस, सीरिया, लेबनान, इजरायल, मिस्र, लीबिया, ट्यूनीशिया, अल्जीरिया और मोरक्को।
अतः विकल्प (D) सही है।

44. भारत में पर्णपाती वनों का विस्तार सर्वाधिक है। इन्हें मानसून वन भी कहा जाता है। ये 70-200 से.मी. वर्षा वाले क्षेत्रों में पाए जाते हैं। जल की उपलब्धता के आधार पर इन वनों को आर्द्र और शुष्क पर्णपाती वनों में विभाजित किया गया है।

ये वन उत्तर-पूर्वी राज्यों और हिमालय के गिरीपादों, पश्चिमी घाट के पूर्वी ढालों और ओडिशा में विस्तृत हैं। सागौन, साल, शीशम, हुर्रा, महुआ, आँवला, सेमल, वुफसुम और चंदन आदि इन वनों में पाई जाने वाली प्रमुख प्रजातियां हैं।

शुष्क पर्णपाती वन, देश के 70 से 100 सेंटीमीटर वर्षा वाले भागों में विस्तृत हैं। आर्द्र क्षेत्रों में ये आर्द्र पर्णपाती और शुष्क क्षेत्रों में काँटेदार वनों के रूप में पाए जाते हैं। ये वन प्रायद्वीपीय भारत के अधिक वर्षा वाले भागों में और उत्तर प्रदेश व बिहार के मैदानी भागों में पाए जाते हैं। शुष्क ऋतु प्रारंभ होते ही इन वृक्षों की पत्तियां झड़ जाती हैं और घास के मैदान में पत्ती रहित वृक्ष खड़े रह जाते हैं। इन वनों में पाए जाने वाले मुख्य वृक्ष तेंदू, पलाश, अमलतास, बेल, बैर और ऐक्सलवुड इत्यादि हैं।
अतः विकल्प (B) सही है।

45. महासागरीय अधस्तल को चार प्रमुख भागों में बाँटा जा सकता है- (i) महाद्वीपीय शेल्फ (ii) महाद्वीपीय ढाल (iii) गहरा समुद्री मैदान तथा (iv) महासागरीय गभीर। इन भागों के अतिरिक्त महासागरीय तली पर कुछ बड़े तथा छोटे उच्चावच संबंधी लक्षण पाए जाते हैं, जैसे- कटक, पहाड़ियाँ, समुद्री टीला, निमग्र द्वीप, खाइयाँ व खड्ड आदि।

महाद्वीपीय शेल्फ: महाद्वीपीय शेल्फ, प्रत्येक महाद्वीप का विस्तृत सीमांत होता है, जिसमें अपेक्षाकृत उथले समुद्र तथा खाड़ियाँ अवस्थित होती हैं। यह महासागर का सबसे उथला भाग होता है जिसकी औसत प्रवणता 1 डिग्री या उससे भी कम होती है।

महाद्वीपीय ढाल: महाद्वीपीय ढाल महासागरीय बेसिनों और महाद्वीपीय शेल्फ को जोड़ती है। इसका प्रारंभ उस स्थल से होता है, जहाँ महाद्वीपीय शेल्फ का तल तीव्र ढाल में परिवर्तित हो जाता है।

महाद्वीपीय उत्थान: महाद्वीपीय उत्थान महाद्वीपीय ढलान और वितलीय (abyssal) मैदान के मध्य पाया जाता है। यह महाद्वीपों और महासागर के सर्वाधिक गहरे भाग के बीच की सीमा के अंतिम चरण का प्रतिनिधित्व करता है। महाद्वीपीय ढलान के तल पर महाद्वीपीय उत्थान पाया जाता है जो टनों संचित अवसाद से निर्मित जलमग्र पहाड़ होता है।

वितलीय मैदान: वितलीय मैदान गहरी महासागरीय अधस्तली पर जल के नीचे स्थित मैदान होता है। यह सामान्यत: 3,000 मीटर और 6,000 मीटर की गहराई पर पाया जाता है। यह महाद्वीपीय उत्थान के पाद और मध्य महासागरीय कटक के बीच स्थित होता है।
अतः विकल्प (B) सही है।

46. वर्षा की परिवर्तनीयता देश के कुछ भागों में सूखा अथवा बाढ़ का कारण बनती है।

मानसून का अचानक प्रस्फोट देश के व्यापक क्षेत्रों में मृदा अपरदन की समस्या उत्पन्न कर देता है। ग्रीष्म ऋतु में होने वाली भारी वर्षा से भी मृदा का अपरदन होता है।

कई बार पूरे देश में या किसी विशेष भाग में वर्षा अत्यधिक विलंब से प्रारंभ होती है और कई बार वर्षा की समाप्ति सामान्य समय से बहुत पहले हो जाती है। इससे खड़ी फसलों को अत्यधिक क्षति होती है और शीतकालीन फसलों की बुवाई में कठिनाई आती है।
अतः विकल्प (D) सही है।

47. निमग्न द्वीप सपाट शीर्ष वाले समुद्री टीले हैं। इन सपाट शीर्षों वाले जलमग्न पर्वतों के बनने की अवस्थाएँ क्रमिक अवतलन के साक्ष्यों द्वारा प्रदर्शित होती हैं।

मध्य महासागरीय कटक एक समुद्री अधस्तलीय पर्वत प्रणाली है, जिसकी रचना प्लेट विवर्तनिकी से होती है। आम तौर पर इसकी ऊँचाई लगभग 2600 मीटर होती है और किसी महासागरीय बेसिन के सबसे गहरे भाग से यह लगभग 2 किमी तक ऊंचा होता है। यह विशेषता वहां पाई जाती है जहाँ समुद्र अधस्तल का प्रसार, अपसारी प्लेट की सीमाओं के साथ होता है। किसी महासागरीय बेसिन में समुद्र अधस्तल के प्रसार की दर, मध्य महासागरीय कटक के शिखर की आकृति और इसकी चौड़ाई को निर्धारित करती है।

गर्त महासागरों के सबसे गहरे भाग होते हैं। ये गर्त अपेक्षाकृत खड़े किनारों वाले संकीर्ण बेसिन होते हैं। अपने चारों ओर की महासागरीय तली की अपेक्षा ये 3 से 5 किमी तक गहरे होते हैं। ये महाद्वीपीय ढाल के आधार तथा द्वीपीय चापों के पास स्थित होते हैं एवं सक्रिय ज्वालामुखी तथा प्रबल भूकंप वाले क्षेत्रों से संबंधित होते हैं।
अतः विकल्प (D) सही है।

48. पूर्वी घाट अविरत नहीं हैं और ये कम ऊंचाई वाली पहाड़ियों की श्रृंखला महानदी, गोदावरी, कृष्णा, कावेरी जैसी नदियों द्वारा अपरदित है। इसकी कुछ महत्वपूर्ण श्रृंखलाओं में जवादी पहाड़ियां, पालकोंडा श्रृंखला, नल्लामल्ला की पहाड़ियां और महेंद्रगिरी आदि पहाड़ियां सम्मलित हैं। पूर्वी और पश्चिमी घाट एक दूसरे से नीलगिरी पर्वत पर मिलते हैं।

पूर्वी घाट की तुलना में पश्चिमी घाट की पहाड़ियां ऊंची और अविरत हैं। उनकी औसत ऊंचाई लगभग 1500 मीटर है और यह ऊंचाई उत्तर से दक्षिण की ओर बढ़ती है। 'अनाइमुडी' (2695 मीटर) प्रायद्वीपीय पठार की सबसे ऊंची चोटी है जो पश्चिमी घाट की अन्नामलाई पहाड़ियों में स्थित है। दूसरी सबसे उंची चोटी नीलगिरी पर्वत में स्थित डोडाबेटा (2637 मी.) है। अधिकांश प्रायद्वीपीय नदियों का उद्गम पश्चिमी घाट से होता है।

दक्षिणी पठार पश्चिम में पश्चिमी घाट, पूर्व में पूर्वी घाट और उत्तर में सतपुड़ा, मैकाल श्रृंखला एवं महादेव पहाड़ी से घिरा है। पश्चिमी घाटों को उनके विभिन्न स्थानीय नामों से जाना जाता है, जैसे महाराष्ट्र में सह्याद्रि, कर्नाटक में नीलगिरी और तमिलनाडु में अन्नामलाई पर्वत और केरल में इलायची पहाड़ियाँ।
अतः विकल्प (D) सही है।

49. झेलम नदी का उद्गम पश्चिमी जम्मू और कश्मीर राज्य में अवस्थित वेरीनाग झरने से होता है। जम्मू कश्मीर की राजधानी श्रीनगर झेलम नदी के तट पर अवस्थित है।

कश्मीर घाटी में झेलम अभी भी अपनी युवावस्था में है तथापि यह नदीय स्थल रूप के विकास में प्रौढ़ावस्था में निर्मित होने वाली विशिष्ट आकृति विसर्प का निर्माण करती है। यह नदी, पीरपंजाल श्रृंखला के उत्तरी ढाल से उत्तर-पश्चिम की ओर विसर्प का निर्माण करते हुए कश्मीर घाटी (श्रीनगर में वुलर झील से गुजरते हुए, जो इसके प्रवाह को नियंत्रित करती है) से प्रवाहित होती है। यह कश्मीर घाटी में लाखों वर्षों पहले विद्यमान एक आदिकालीन झील से प्राप्त तलछट के स्थानीय आधार के कारण विसर्प का निर्माण करती है।
अतः विकल्प (C) सही है।

50. कर्क रेखा भारत के आठ राज्यों: गुजरात (जासदन), राजस्थान (कालिंजर), मध्य प्रदेश (शाजापुर), छत्तीसगढ़ (सोनहत), झारखंड (लोहारदगा), पश्चिम बंगाल (कृष्णानगर), त्रिपुरा (उदयपुर) और मिजोरम (चम्फई) से होकर इसी क्रम में गुजरती है।

माही नदी भारत की एकमात्र नदी है जो दो बार कर्क रेखा को काटती है- पहली बार मध्य प्रदेश में जहाँ से यह राजस्थान की ओर प्रवाहित होती है और दूसरी बार राजस्थान से गुजरात में प्रवेश करते समय। त्रिपुरा में उदयपुर कर्क रेखा के निकटतम स्थित शहर है।
अतः विकल्प (B) सही है।

51. भारत में ग्रीष्मऋतु में आने वाले कुछ प्रसिद्ध स्थानीय तूफान हैं:

आम्र वर्षा: ग्रीष्म ऋतु की समाप्ति के दिनों में सामान्यतः केरल व तटीय कर्नाटक में पूर्व-मानसूनी बौछारें पड़ती हैं। स्थानीय तौर पर इस तूफ़ानी वर्षा को आम्र वर्षा कहा जाता है, क्योंकि यह आमों को जल्दी पकने में सहायता करती है।

फूलों वाली बौछार: इस वर्षा से केरल व निकटवर्ती कहवा उत्पादक क्षेत्रों में कहवा के फूल खिलने लगते हैं।

काल बैसाखी: असम और पश्चिम बंगाल में बैसाख माह में संध्या के समय चलने वाली ये भयंकर व विनाशकारी वर्षायुक्त पवनें हैं। इनकी कुख्यात प्रकृति का अनुमान इनके स्थानीय नाम काल बैसाखी से लगाया जा सकता है। जिसका अर्थ है- बैसाख माह में होने वाली तबाही। चाय, पटसन व चावल के लिए ये पवनें अच्छी हैं। असम में इन तूफानों को 'बारदोली छीड़ा' कहा जाता है।

लू: उत्तरी मैदान में पंजाब से बिहार तक चलने वाली ये शुष्क, गर्म व पीड़ादायक पवनें हैं। दिल्ली और पटना के बीच इनकी तीव्रता अधिक होती है। सरसों रबी की फसल है, इसलिए ग्रीष्मऋतु के तूफान इसकी वृद्धि में सहायक नहीं होते हैं।
अतः विकल्प (C) सही है।

52. जिन महाद्वीपों से विषुवत रेखा गुजरती है उनमें ऑस्ट्रेलिया और ओशेनिया, दक्षिण अमेरिका, अफ्रीका और एशिया सम्मिलित हैं। विश्व के चारों ओर खींची जाने वाली यह काल्पनिक रेखा 13 देशों को पार करती है:

- ऑस्ट्रेलिया और ओसीनिया में किरिबाती
- दक्षिण अमेरिका में इक्वाडोर, कोलंबिया और ब्राजील
- अफ्रीका में साओ टोमे और प्रिंसिपे, गैबॉन, कांगो लोकतांत्रिक गणतंत्र, कांगो, केन्या, युगांडा और सोमालिया
- एशिया में मालदीव और इंडोनेशिया

लिम्पोपो नदी दक्षिण अफ्रीका से निकलती है और सामान्यत: मोजाम्बिक से होकर पूर्व की ओर हिंद महासागर तक बहती है। इसकी लंबाई 1750 किमी है। यह दो बार मकर रेखा को काटती है।
अतः विकल्प (C) सही है।

53. हिंद महासागर क्षेत्र में शीतकालीन मानसून (पूर्वोत्तर मानसून) अक्टूबर से अप्रैल तक रहता है। यह ग्रीष्मकालीन मानसून (वर्षा युक्त) की अपेक्षा कम प्रसिद्ध है। यह शीतकालीन शुष्क मानसून पूर्वोत्तर से प्रवेश करता है। ये पवनें मंगोलिया और उत्तर-पश्चिमी चीन के उपर प्रवाहित होती है।

शीतकालीन मानसून के कारण अधिक वर्षा नहीं होती है, क्योंकि वे स्थल से समुद्र की ओर प्रवाहित होती हैं। ऐसा इसलिए है क्योंकि उनकी आर्द्रता बहुत कम होती है और स्थल पर प्रतिचक्रवाती परिसंचरण के कारण, उनसे वर्षा होने की संभावना कम हो जाती है। इसलिए भारत के अधिकांश भागों में शीतकाल में वर्षा नहीं होती है।

दूसरी ओर, निम्न ताप सामान्य रूप से वायुमंडल में विद्यमान जल वाष्प के संघनन में सहायता करता है। लेकिन निम्न आर्द्रता की स्थिति में, जलवाष्प वर्षा के लिए अपर्याप्त होते हैं। तमिलनाडु में शीतकालीन मानसून के कारण भारी वर्षा होती है। इसका कारण यह है कि पवनें बंगाल की खाड़ी के ऊपर से होकर गुजरती हैं, जिससे वे इस प्रक्रिया में नमी ग्रहण कर लेती हैं।
अतः विकल्प (C) सही है।

54. प्रश्न में दिए गए सभी कथन ब्रह्मपुत्र नदी के बारे में सही है। ब्रह्मपुत्र नदी का उद्गम तिब्बत स्थित मानसरोवर झील से हुआ है। इस नदी का उद्गम स्थल समुद्र तल से 5,150 ऊंचाई पर स्थित है। यह नदी अरूणाचल प्रदेश में सदिया कस्बे के पश्चिम से भारत में प्रवेश करती है। ब्रह्मपुत्र नदी तिब्बत में सांग्पो नाम से जानी जाती है तथा भारत में अरुणाचल प्रदेश से प्रवेश करने के बाद यह दिहांग कहलाती है। असम में इसे ब्रह्मपुत्र नाम से जाना जाता है तथा बांग्लादेश में इसे जमुना कहा जाता है। गंगा एवं ब्रह्मपुत्र के संगम के बाद दोनों की

सम्मिलित धारा को मेघना कहा जाता है। ब्रह्मपुत्र नदी की कुल लंबाई 2,900 किमी है तथा भारत में यह 916 किमी लंबी है। इस नदी पर असम राज्य में विश्व का सबसे बड़ा नदी द्वीप माजुली द्वीप स्थित है।

अतः विकल्प (D) सही है।

55. प्रतिचक्रवात, चक्रवात की विपरीत प्रकृति के होते हैं, इनमें केंद्र में उच्च दाब होता है और समदाब रेखाओं के मध्य अधिक दूरी होती है। दाब प्रवणता कम होती है तथा पवनों की गति मंद होती है।

प्रतिचक्रवात सामान्य रूप से अच्छे मौसम के संकेतक होते हैं। इनकी विशेषता स्वच्छ आकाश और शांत वायु परिणामस्वरूप घने कोहरे की स्थितियाँ विकसित हो सकती हैं। प्रतिचक्रवात की स्थिति कई दिनों अथवा सप्ताहों तक बनी रह सकती है और धीरे-धीरे शांत हो जाती है।

प्रतिचक्रवात में वायु बाहर की ओर प्रवाहित होती है और उनमें विक्षेपण भी होते हैं, किन्तु वे उत्तरी गोलार्द्ध में दक्षिणावर्त और दक्षिणी गोलार्द्ध में वामावर्त प्रवाहित होते हैं।
अतः विकल्प (C) सही है।

56. होर्मुज जलसंधि ईरान, ओमान और संयुक्त अरब अमीरात के मध्य अवस्थित है तथा यह फारस की खाड़ी को ओमान और अरब सागर की खाड़ी से जोड़ती है। यह फारस की खाड़ी से खुले समुद्र (अरब सागर) के लिए एकमात्र समुद्री मार्ग प्रदान करती है।

बाब अल-मंदेब जलसंधि अरब प्रायद्वीप में यमन और हाॅर्न आफ अफ्रीका भूभाग में जिबूती और इरीट्रिया जैसे देशों के मध्य अवस्थित है। यह लाल सागर को अदन और हिंद महासागर की खाड़ी से जोड़ती है।

बॉस्फोरस जलसंधि एशियाई तुर्की और यूरोपीय तुर्की के मध्य अवस्थित है। यह काला सागर को मार्मरा सागर से जोड़ती है।

मैगलेन जलसंधि दक्षिणी चिली में अवस्थित है जो उत्तर में दक्षिण अमेरिका की मुख्य भूमि को दक्षिण में टिएरा डेल फ़ुएगो से पृथक करती है और अटलांटिक एवं प्रशांत महासागरों के मध्य एक प्राकृतिक मार्ग है।
अतः विकल्प (A) सही है।

57. कर्क रेखा पूर्व-पश्चिम दिशा में देश के मध्य भाग से गुजरती है। इस प्रकार भारत का उत्तरी भाग शीतोष्ण कटिबंध में और कर्क रेखा के दक्षिण का भाग उष्ण कटिबंध में अवस्थित है।

उष्णकटिबंधीय क्षेत्र भूमध्य रेखा के निकट होने के कारण, यहां वर्ष भर उच्च तापमान तथा कम दैनिक और वार्षिक तापांतर का अनुभव किया जाता है।

कर्क रेखा, भूमध्य रेखा के $23°27'$ उत्तर में अवस्थित है। यह 23.5 डिग्री उत्तर अक्षांश को निर्मित करने वाला वृत्त है, जहां सूर्य 21 जून को दोपहर में लंबवत स्थिति में होता है, जो उत्तरी गोलार्द्ध में ग्रीष्मऋतु का आरंभिक काल है। कर्क रेखा के परे, उत्तरी भारत में उत्तरी गोलार्द्ध की ग्रीष्मकालीन संक्रांति के समय सूर्य लंबवत स्थिति में नहीं होता है।
अतः विकल्प (A) सही है।

58. जयपुर, भारत के राजस्थान राज्य की राजधानी और सबसे बड़ा शहर है। यह 75.8° पूर्वी देशान्तर पर अवस्थित है।

भोपाल, भारत के मध्य प्रदेश राज्य की राजधानी है। यह 77°25' पूर्वी देशांतर पर अवस्थित है।

लखनऊ, भारत के उत्तर प्रदेश राज्य की राजधानी है। यह 80°57' पूर्वी देशांतर पर अवस्थित है।

रायपुर, भारत के छत्तीसगढ़ राज्य की राजधानी है। यह 81.63° पूर्वी देशान्तर पर अवस्थित है।
अतः विकल्प (D) सही है।

59. P-तरंगें अपेक्षाकृत तीव्र गति से संचरित होती हैं और धरातल पर सबसे पहले पहुँचती हैं। इन्हें 'प्राथमिक तरंगें' भी कहा जाता है। P-तरंगें ध्वनि तरंगों के समान होती हैं। ये तरंगे गैस, तरल और ठोस पदार्थों से होकर गुजर सकती हैं। S-तरंगें धरातल पर कुछ समयांतराल के पश्चात पहुँचती हैं। इन्हें 'द्वितीयक तरंगें' कहा जाता है। S-तरंगों के संबंध में एक महत्वपूर्ण तथ्य यह है कि ये तरंगे केवल ठोस पदार्थों से गुजर सकती हैं।

विभिन्न प्रकार की भूकंपीय तरंगें भिन्न-भिन्न प्रणाली से संचरित होती हैं। जब ये तरंगें संचरित अथवा प्रसारित होती हैं, तब ये शैलों के माध्यम से में गुजरती हैं और उनमें कंपन उत्पन्न करती हैं। P-तरंगों में कंपन तरंग की दिशा के समानांतर होता है। ये तरंगें संचरण की दिशा में पदार्थ पर दबाव डालती हैं। इसके फलस्वरूप, पदार्थ के घनत्व में अंतर उत्पन्न होता है जिससे प्रसार एवं संकुचन सृजित होता है। S-तरंगों के कंपन की दिशा ऊर्ध्वाधर तल में तरंग की दिशा के लंबवत होती है। इसलिए ये जिस पदार्थ से गुजरती हैं उसमें उभार और गर्त बनाती हैं।
अतः विकल्प (D) सही है।

60. वर्षपर्यत पृथ्वी क्रांतिवृत्त के तल से 66.5 डिग्री पर झुके अक्ष पर सूर्य के चारों ओर चक्कर लगाती है, जिससे मध्याह्न सूर्य की आभासी ऊँचाई में परिवर्तन आता है। सूर्य प्रत्येक वर्ष केवल दो दिन भूमध्य रेखा पर लंबवत होता है। ये दिन सामान्यत: 21 मार्च और 21 सितंबर होते हैं। इन दो दिनों को विषुव कहा जाता है।

मार्च विषुव के पश्चात सूर्य उत्तरायण होता है और लगभग 21 जून को कर्क रेखा पर लंबवत होता है। इसे जून अथवा ग्रीष्मकालीन संक्रांति के रूप में जाना जाता है। इस समय उत्तरी गोलार्ध में सबसे लंबा दिन और सबसे छोटी रात होती है। लगभग 22 दिसंबर तक सूर्य मकर रेखा पर लंबवत होता है। यह शीतकालीन संक्रांति है। इस समय दक्षिणी गोलार्ध में सबसे लंबा दिन और सबसे छोटी रात होती है।

कर्क रेखा और मकर रेखा (उष्णकटिबंधीय क्षेत्र) सूर्य की लम्बवत स्थिति की सीमा को निर्धारित करते हैं, क्योंकि इनके बाहर सूर्य वर्ष में किसी भी समय कभी भी लंबवत नहीं होता है।
अतः विकल्प (C) सही है।

61. जर्मन मौसम विज्ञानी अल्फ्रेड वेगनर ने वर्ष 1912 में महाद्वीपीय विस्थापन सिद्धांत के रूप में एक व्यापक तर्क प्रस्तुत किया। यह महासागरों तथा महाद्वीपों के वितरण से संबंधित था। आर्थर होम्स का प्राथमिक योगदान उसके द्वारा प्रस्तावित एक सिद्धांत था जिसके अनुसार संवहन की प्रक्रिया पृथ्वी के मेंटल में घटित होती है। इस सिद्धांत के द्वारा महाद्वीपीय प्लेटों के अभिसरण और अपसरण की घटना की व्याख्या की गई। उन्होने वर्ष 1950 में, वैज्ञानिकों की महासागरीय शोध में भी सहायता की। इससे सागरीय अधस्तल विस्तार की परिघटना सार्वजनिक रूप से सामने आई।

वेगनर के अनुसार, सभी महाद्वीप एक महाद्वीपीय भूखंड के भाग थे और इनके चारों ओर विशाल महासागर था। इस विशाल महाद्वीप को पैंजिया कहा गया, जिसका अर्थ था संपूर्ण पृथ्वी। विशाल महासागर को पैंथालासा कहा गया, जिसका अर्थ है जल ही जल। उसने तर्क दिया कि 200 मिलियन वर्ष पूर्व इस विशाल महाद्वीप पैंजिया का विभाजन हुआ। यह पहले दो बड़े महाद्वीपीय खंडों - लारेंशिया तथा गोंडवानालैंड के रूप में क्रमश: उत्तरी तथा दक्षिणी भूखंडों में विभक्त हुआ। इसके पश्चात, लारेंशिया तथा गोंडवानालेंड विभिन्न छोटे-छोटे महाद्वीपों में विभाजित हुए, जो आज भी विद्यमान हैं।

महाद्वीपीय विस्थापन सिद्धांत के अनुसार महाद्वीपों के विस्थापन के लिए उत्तरदायी बलों में ध्रुवीय या पोलर फ्लीइंग बल तथा ज्वारीय बल शामिल हैं। पोलर फ्लीइंग बल पृथ्वी के घूर्णन से संबंधित है। ज्वारीय बल सूर्य और चन्द्रमा के आकर्षण के कारण होता है जिससे महासागरीय जल में ज्वार उत्पन्न होता है। हालाँकि अधिकांश विद्वान् महाद्वीपीय विस्थापन के लिए इन बलों को पूर्णतः अपर्याप्त मानते हैं।
अतः विकल्प (B) सही है।

62. शीतनतु में मेघ विहीन आकाश वाली लंबी रात तथा शांत वायु, व्युत्क्रमण के लिए एक आदर्श स्थिती होती है। दिन में प्राप्त ऊष्मा रात्रि के दौरान विकरित हो जाती है। प्रात:काल तक भूपृष्ठ अपने ऊपर की वायु से अधिक ठंडा होता है। ध्रुवीय क्षेत्रों में वर्ष भर तापमान का व्युत्क्रमण एक सामान्य घटना है।

भूपृष्ठीय व्युत्क्रमण वायुमंडल के निचले स्तर में स्थिरता को बढ़ाता है। धुआँ तथा धूलकण व्युत्क्रमण स्तर के नीचे एकत्रित होकर क्षैतिज रूप से विस्तारित हो जाते हैं तथा वायुमंडल के निचले स्तर में भर जाते हैं। विशेषतः शीत ऋतु के दौरान, घना कुहरा सामान्य घटना है। यह व्युत्क्रमण कुछ ही घंटों तक रहता है यह दिन में सूर्यातप में वृद्धि होने और पृथ्वी के गर्म होने पर समाप्त हो जाता है।

पहाड़ियों तथा पर्वतीय क्षेत्रों में वायु अपवाह के कारण व्युत्क्रमण घटित होता है। पहाड़ियों तथा पर्वतों में रात्रि काल में उत्पन्न ठंडी वायु गुरुत्वीय प्रभाव के अंतर्गत प्रवाहित होती है। भारी तथा सघन होने के कारण यह ठंडी वायु लगभग जल के समान कार्य करती है तथा ढलानों से नीचे उतरकर घाटी की तली में गर्म वायु के नीचे एकत्रित हो जाती है। इसे वायु का अपवाह कहा जाता है। यह पाले से होने वाली क्षति से पौधों की रक्षा करती है।

अतः विकल्प (B) सही है।

63. जेलेप ला तिब्बत-भूटान सीमा पर स्थित है।

बोमडिला अरूणाचल प्रदेश में स्थित है।

बूम ला भारत-भूटान सीमा पर स्थित है।
अतः विकल्प (C) सही है।

64. वायु में उपस्थित जल-वाष्प की वास्तविक मात्रा को निरपेक्ष आर्द्रता कहा जाता है, इसे ग्राम प्रति घन मीटर में व्यक्त किया जाता है। किन्तु मौसम के अध्ययन के दृष्टिकोण से सापेक्षिक आर्द्रता अधिक महत्वपूर्ण है। यह जल-वाष्प की वास्तविक मात्रा तथा किसी तापमान विशेष पर वायु द्वारा धारण की जाने वाली जल-वाष्प की मात्रा का अनुपात है, इसे प्रतिशतता में अभिव्यक्त किया जाता है।

ठंडी वायु की तुलना में गर्म वायु अधिक जल-वाष्प धारण कर सकती है। इस प्रकार यह अपनी धारण क्षमता की आधी मात्रा ही धारण करती है तो सापेक्षिक आर्द्रता 50 % होगी। विषुवतीय क्षेत्रों में प्रातःकाल में 80 % सापेक्षिक आर्द्रता का होना सामान्य है,

जिसका अर्थ है कि वायु अपनी धारण क्षमता का 4/5 भाग धारण किए हुए है। सापेक्षिक आर्द्रता के 100 प्रतिशत तक पहुँचने पर वायु पूर्णतः संतृप्त हो जाती है। वह वायु का तापमान ओसांक होता है। इससे अधिक शीतलन जल-वाष्प को संघनित कर मेघो या वर्षा में परिवर्तित कर देगा। इस प्रकार, यह स्पष्ट है कि सापेक्षिक आर्द्रता के अधिक होने पर वायु आर्द्र होती हैं, जैसा कि विषुवतीय क्षेत्रों में दृष्टिगोचर होता है। इसके निम्न होने पर वायु शुष्क होती है, जैसा कि मरुस्थली क्षेत्रों में दृष्टिगोचर होता है। मेघों का निर्माण तथा वर्षा होने के लिए वायु में सापेक्षिक आर्द्रता की मात्रा 100 % होने की आवश्यकता होती है। किन्तु ऐसा होना वायु के केवल उसी क्षेत्र में आवश्यक होता है जहाँ मेघों का निर्माण होता है अथवा जहाँ से वर्षा सृजित होती है।
अतः विकल्प (B) सही है।

65. एराविकुलम राष्ट्रीय उद्यान भारत में केरल के इडुकी जिले में पश्चिमी घाट में अवस्थित है। यह केरल का प्रथम राष्ट्रीय उद्यान है। एराविकुलम राष्ट्रीय उद्यान एक UNESCO विश्व विरासत स्थल है।

इस उद्यान का मुख्य भाग 2000 मीटर की ऊंचाई के साथ एक उच्च ढलान वाला पहाड़ी पठार है। इस भू-भाग में शोला वन सहित अधिक ऊंचाई वाली घास भूमि विस्तृत है। हिमालय के दक्षिण में भारत की सबसे ऊंची चोटी अनाईमुडी (2695 मीटर) इसी उद्यान में स्थित है। अनेक बारहमासी जल-धाराएँ इस उद्यान से गुजरती हैं। वे आपस में मिलकर पश्चिम में पेरियार नदी और पूर्व में कावेरी नदी की सहायक नदियों का निर्माण करती हैं।
अतः विकल्प (C) सही है।

66. गर्म शीतोष्ण पूर्वी समुद्र तटीय जलवायु (चीन तुल्य प्रकार):

- मानसून में बिना किसी प्रकार की भिन्नता के वर्षपर्यन्त चलने वाली तटीय व्यापारिक पवनों से प्रभावित होता है।
- वर्षा का उचित रूप से एकसमान वार्षिक वितरण।
- मध्य चीन के आंतरिक भागों को छोड़कर (जहाँ एक भिन्न प्रकार का शुष्क मौसम विद्यमान होता हैं) संपूर्ण क्षेत्र में प्रत्येक माह वर्षा होती है। वर्षा ग्रीष्म ऋतु में संवहनीय स्त्रोतों से अथवा पर्वतीय वर्षा के रूप में होती है। वहीं शीत ऋतु में भी अवदाबों के कारण लम्बे समय तक वर्षा होती है।
- इसे कभी-कभी खाड़ी प्रकार की जलवायु या नटाल जलवायु के रूप में भी संदर्भित किया जाता है।

अतः विकल्प (B) सही है।

67. 'ऊँचाई या तुंगता' अवस्थिति और उच्चावच से संबद्ध वह कारक है जो किसी क्षेत्र की जलवायु को निर्धारित करता है। तुंगता निम्नलिखित प्रकार से विविध वायुमंडलीय मापदंडों को प्रभावित करती है:

- ऊंचाई के साय तापमान कम होता है। क्षोभमंडल में तापमान ऊंचाई बढ़ने के साथ-साथ सामान्यतः 6.5o प्रति किलोमीटर की औसत ह्रास दर से कम होता है।
- ऊंचाई बढ़ने के साथ -साथ वायु के घनत्व में कमी आती है। इसके दो कारण हैं- (1) अधिक ऊंचाई पर, ऊपर से नीचे की ओर दबाव डालने वाली वायु की मात्रा कम होती है (2) पृथ्वी के केंद्र से ऊंचाई बढ़ने पर गुरूत्वाकर्षण बल कमज़ोर होने लगता है। इसलिए अपेक्षाकृत अधिक ऊंचाई पर वायु के अणु अधिक विस्तारित हो जाते हैं और घनत्व कम हो जाता है।

विरल वायु, अर्थात् निम्नतर घनत्व के कारण मैदानों की अपेक्षा पर्वतीय स्थल अधिक ठंडे होते हैं। उदाहरण के लिए, आगरा तथा दार्जिलिंग समान देशांतर पर अवस्थित हैं। आगरा में जनवरी का तापमान 16oC होता है जबकि दार्जिलिंग में 4oC होता है।

ऊंचाई में वृद्धि के साथ-साथ वायु दाब कम होता जाता है। वायुमंडल में किसी भी ऊंचाई पर किसी भी परत के वायु दाब को किसी इकाई क्षेत्र के ऊपर वायु के सम्पूर्ण भार के रूप में व्याख्यायित किया जाता है। उच्च तुंगता पर वायु की किसी परत के ऊपर कम ऊंचे स्तरों की परत की तुलना में वायु के अपेक्षाकृत कम अणु विद्यमान होते हैं।
अतः विकल्प (D) सही है।

68. सर्क हिमानीकृत पर्वतीय भागों में सर्वाधिक पाया जाने वाला का स्थलरूप है। सर्क प्रायः हिमनदीय घाटी के शीर्ष पर पाए जाते हैं। एकत्रित हिम पर्वतीय क्षेत्रों से नीचे आते हुए सर्क को काटती है। सर्क गहरे, लम्बे तथा चौड़े गर्त होते हैं। इनके शीर्ष तथा दोनों ओर की दीवारें तीव्र ढलान युक्त अथवा अवतलित होती हैं।

सर्क के शीर्ष पर अपरदन होने से हॉर्न निर्मित होते हैं। यदि तीन या अधिक विकर्णित हिमनद शीर्ष पर निरंतर तब तक अपरदन करते रहें जब तक कि उनके तल आपस में मिल न जाएँ, तो ऊंचे, नुकीले शीर्ष तथा ढलवां पार्श्वों वाले शिखरों का निर्माण होता है, जिन्हें हॉर्न कहते हैं।

ग्रीष्म ऋतु में हिमनदों के पिघलने से जल हिमतल के ऊपर प्रवाहित होता है अथवा किनारों से रिसता हैं या हिम में बने छिद्रों से नीचे प्रवाहित होता है। यह जल हिमनद के नीचे एकत्रित होकर हिम के नीचे एक नदी धारा के रूप में

प्रवाहित होता है। ऐसी नदियाँ नदी घाटी के ऊपर बर्फ़ के किनारों वाले तल में प्रवाहित होती हैं (धरातल को काटकर निर्मित घाटी में नहीं)। ऐसी जलधारा अपने साथ गोलाश्म पर्वतीय चट्टानी टुकड़े तथा कुछ मलबा प्रवाहित करती है जो हिमनद के नीचे बर्फ़ की घाटी में एकत्रित हो जाते हैं तथा हिम के पिघलने के पश्चात वक्राकार कटक के रूप में पाए जाते हैं। इन्हें एस्कर कहा जाता है।

अतः विकल्प (A) सही है।

69. ऑरोजेनी (पर्वतनी), पर्वत निर्माण प्रक्रिया है जबकि एपीरोजेनी (महाद्वीप रचना) महाद्वीप निर्माण प्रक्रिया है। पर्वतनी प्रक्रिया में भू-पर्पटी वलयन के रूप में तीक्ष्णता से विकृत हो जाती है। महाद्वीप रचना के कारण साधारण विकृति उत्पन्न हो सकती है।

पर्वतनी और महाद्वीप रचना दोनों ही अंतर्जनित बलों के कारण घटित होते हैं। इसलिए उनके लिए आवश्यक बल पृथ्वी के आंतरिक भागों से प्राप्त होता है। यह अधिकतर रेडियोधर्मिता, घूर्णन, ज्वारीय घर्षण और पृथ्वी के निर्माण की

प्राथमिक उष्मा से उत्पन्न होते हैं।
अतः विकल्प (C) सही है।

70. महाद्वीपीय शेल्फ किसी महाद्वीप के हल्के झुकाव का अपेक्षाकृत सपाट विस्तार है, जो महासागरों द्वारा ढका रहता है। समुद्र की ओर शेल्फ-ब्रेक पर शेल्फ अचानक समाप्त हो जाता है। यह वह सीमा है जो महाद्वीपीय ढलान को शेल्फ से पृथक करती है।

महाद्वीपीय शेल्फ मूल्यवान संसाधनों से समृद्ध होती हैं, जैसे हाइड्रोकार्बन (तेल, गैस आदि) तथा अन्य खनिज। तेल और गैस महाद्वीपीय शेल्फ पर एकत्र होने वाले जैविक पदार्थों से निर्मित होते हैं। समय के साथ ये पदार्थ पृथ्वी की विभिन्न परतों में दब जाते हैं तथा उष्मा एवं दबाव के कारण गैस और तेल में परिवर्तित हो जाते हैं।

प्लेसर निक्षेप, तलछट प्रक्रियाओं के दौरान किसी विशेष स्रोत शैल से गुरुत्वीय पृथक्करण द्वारा निर्मित मूल्यवान खनिजों का एक संचय है। भूमि पर खनिज चट्टानों से प्राप्त होते हैं और इन्हें नदियों द्वारा समुद्र में प्रवाहित कर दिया जाता है। ये खनिज नदी मार्गों और समुद्र तटों पर निक्षेपित हो जाते हैं। शेल्फ पर विद्यमान महत्वपूर्ण खनिजों के उदाहरण हैं- हीरे, क्रोमाइट (क्रोमियम अयस्क) लिमेनाइट (टाइटेनियम कयस्क), मैगनेटाइट (लौह कयस्क), प्लेटिनम और सोना। महाद्वीपीय शेल्फ पर सागरीय अधस्तल पर रहने वाले समुद्री जीवों की सघनता अत्यधिक होती है, और वे मत्स्यन के प्रमुख स्थल हैं।

अतः विकल्प (D) सही है।

71. प्राकृतिक आपदाओं का वर्गीकरण:

वायुमंडलीय:

- बर्फीले तूफान
- तड़ित झंझा
- तड़ित
- बवंडर
- उष्णकटिबंधीय चक्रवात
- सूखा
- ओलावृष्टि
- पाला, लू, शीत लहरें आदि।

भौमिक:

- भूकम्प
- ज्वालामुखी
- भूस्खलन
- हिमस्खलन
- अवतलन
- मृदा अपरदन

जलीय:

- बाढ़
- ज्वारीय लहरें
- सागरीय तरंगे
- तूफान महोर्मि
- सुनामी

अतः विकल्प (C) सही है।

72. गंगा नदी उत्तर भारत में प्रवाहित होती है यह भारत के उतराखंड राज्य से उद्गमित होने के पश्चात् बंग्लादेश की दिशा में बहती है। यह भारत की सबसे बड़ी नदी है और हिमालय पर्वत से बंगाल की खाड़ी तक लगभग 1569 मील (2,525 किमी) तक प्रवाहित होती है। गंगा उत्तराखंड, उत्तरप्रदेश, बिहार, झारखंड और पश्चिम बंगाल राज्यों से होकर गुजरती है। गंगा हरिद्वार से मैदानी क्षेत्रों में प्रवेश करती है और पहले दक्षिण, फिर दक्षिण-पूर्व और फिर पूर्व में बहती हुई भागीरथी और हुगली नामक वितरिकाओं में विभाजित हो जाती है। नदी की लम्बाई 2,525 किमी है। इसमें उत्तराखंड(110 किमी), उत्तरप्रदेश (1450 किमी), बिहार (445 किमी) और पश्चिम बंगाल (520 किमी) के अतिरिक्त झारखंड का क्षेत्र शामिल है। झारखंड का शहर साहिबगंज गंगा नदी के तट पर स्थित है। केवल भारत में गंगा नदी का अपवाह क्षेत्र 8.6 लाख वर्ग किमी है।
अतः विकल्प (B) सही है।

73. समुद्री तरंग की गति जल की गहराई पर निर्भर करती है। तरंगें उथले जल में धीमी गति से गमन करती हैं। जल जितना गहरा होगा, तरंगें उतनी ही तीव्र गति से गमन कर सकती हैं। वास्तव में समुद्र की तरंगों की गति सैकड़ों मील प्रति घंटा तक पहुंच सकती है। इसके परिणामस्वरूप सुनामी का प्रभाव समुद्र के गहन जलीय क्षेत्रों में कम और तट के समीप अधिक होता है, जहाँ वे बड़े पैमाने पर विनाश करती हैं। इसलिए सुनामी का एक समुद्री जहाज पर अधिक प्रभाव नहीं पड़ता और गहन समुद्री क्षेत्रों में सुनामी का पता लगाना कठिन है।

ऐसा इसलिए है क्योंकि गहरे जल में सुनामी तरंगों की लंबाई (तरंग-दैर्ध्य) अधिक और ऊंचाई सीमित होती है। इसलिए सुनामी तरंगें जहाज को केवल एक या दो मीटर तक ही उपर उठाती हैं और प्रत्येक बार ऊपर उठने और नीचे जाने में कई मिनट लगते हैं।

इसके विपरीत, जब सुनामी उथले जल में प्रवेश करती है तो इसकी तरंगों की लंबाई कम हो जाती है, लेकिन अवधि अपरिवर्तित रहती है जिससे तरंग की ऊंचाई बढ़ जाती है। कई बार यह ऊंचाई 15 मीटर या उससे भी अधिक हो सकती है, जो तट पर व्यापक विनाश करती है। इसलिए इन्हें उथले जल की तरंगें कहा जाता है।
अतः विकल्प (D) सही है।

74. कृषि भूमि और मानव बसावट के बार-बार जलप्लावन से राष्ट्रीय अर्थव्यवस्था और समाज पर गंभीर प्रभाव पड़ते हैं। बाढ़ें न केवल फसलों का विनाश करती हैं बल्कि ये सड़कों, रेललाइनों, पुलों और मानव बस्तियों जैसी भौतिक अवसंरचना को भी क्षतिग्रस्त करती हैं। लाखों लोग बेघर हो जाते हैं और बाढ़ में उनके मवेशी भी बह जाते हैं।

बाढ़ प्रभावित क्षेत्रों में हैजा, आंत्रशोध, हैपेटाइटिस और अन्य जल-जनित बीमारियाँ प्रसारित होती हैं।

हालाँकि, बाढ़ के कुछ सकारात्मक प्रभाव भी होते हैं। बाढ़ खेतों में प्रत्येक वर्ष उपजाऊ मिट्टी जमा कर देती है। यह फसलों के लिए अत्यधिक लाभप्रद है। विश्व के सबसे बड़े नदी द्वीप माजुली (असम) में ब्रह्मपुत्र की वार्षिक बाढ़ के पश्चात धान की अच्छी फसल इसका उदाहरण है।
अतः विकल्प (D) सही है।

75. विश्व के गेहूं उत्पादक देशों में से मध्य अक्षांश के समशीतोष्ण घास के मैदानों में प्रति व्यक्ति सर्वाधिक मात्रा में गेहूं का उत्पादन होता है। समशीतोष्ण घास के मैदान, गेहूं की विस्तृत कृषि के लिए उपयुक्त हैं। स्वाभाविक रूप से ये गेहूं के सबसे बड़े निर्यातक है।

विश्व के कुल गेहूं उत्पादन का तीन-चौथाई शीतकालीन गेहूं है अर्थात इसकी बुवाई शीतकाल में अथवा शरद ऋतु के अंतिम चरण में तथा कटाई ग्रीष्म ऋतु में की जाती है। शीत, आर्द्र वसंत इसकी शीघ्र वृद्धि को प्रेरित करता है और पकने की अवधि के दौरान हल्की वर्षा अच्छी उपज सुनिश्चित करने के लिए इसके दानों के आकार में वृद्धि में सहायक है। गर्म और धूपमय ग्रीष्मकाल न केवल कटाई के लिए लाभप्रद है बल्कि कृषि उपयोग के लिए पराल को सूखने में भी सहायता करता है। उष्ण, धूपमय और महाद्वीपीय ग्रीष्म ऋतु में पकने वाला गेहूं कम आर्द्रता युक्त और कठोर होता है। यह रोटी बनाने के लिए सबसे अच्छा होता है और इसका व्यापक पैमाने पर व्यापार होता है। वसंतकालीन गेहूं उन क्षेत्रों में उगाया जाता है जहाँ शीतकाल मे तापमान गेहूं के अंकुरों के अस्तित्व के लिए अत्यधिक होता है। वसंतकालीन गेहूं कठोर गेहूं होता है जो केक आदि बनाने के लिए उपयुक्त होता है।
अतः विकल्प (C) सही है।

76. विगत 500 वर्षों में मानवीय जनसंख्या में दस गुना से अधिक वृद्धि हुई है। बीसवीं शताब्दी में ही जनसंख्या में चार गुना वृद्धि हुई है।

विगत दशक के दौरान जनसंख्या वृद्धि की उच्चतम दर अफ्रीका में देखी गई, न कि एशिया में।

विश्व बैंक के विकास संकेतकों के अनुसार भारत में वर्ष 2017 में जनसंख्या वृद्धि (वार्षिक प्रतिशत) 1.1271% दर्ज की गई। वर्ष 2011 के जनगणना आंकड़ों के अनुसार, भारत की दशकीय जनसंख्या वृद्धि दर 17.70 % है।

अतः सही विकल्प (C) है।

77. कांडला - यह कच्छ की खाड़ी के शीर्ष पर स्थित है। इसे देश के पश्चिमी और उत्तरी-पश्चिमी भागों की आवश्यकताओं को पूरा करने तथा मुम्बई बंदरगाह पर दबाव कम करने के लिए एक प्रमुख बन्दरगाह के रूप में विकसित किया गया है। इस बंदरगाह को विशेष रूप से बड़ी मात्रा में पेट्रोलियम एवं पेट्रोलियम पदार्थों और उर्वरकों की खेप प्राप्त करने के लिए डिज़ाइन किया गया है। कांडला बंदरगाह पर दबाव कम करने के लिए वाडीनार में अपतटीय टर्मिनल विकसित किया गया है।

पाराद्वीप - यह कटक से लगभग 100 कि.मी. दूर महानदी डेल्टा में स्थित है। इसका पोताश्रय सबसे गहरा है जो विशेष रूप से बहुत बड़े पोतों का प्रबंधन करने के लिए उपयुक्त है। इसे मुख्य रूप से लौह अयस्क का बड़े पैमाने पर निर्यात करने के लिए विकसित किया गया है। ओडिशा, छत्तीसगढ़ और झारखंड इसके पृष्ठ-प्रदेश में शामिल हैं।

विशाखापत्तनम - यह आंध्रप्रदेश में स्थित भू-आबद्ध बंदरगाह है और समुद्र से केवल एक चैनल के माध्यम से ही जुड़ा है जिसे बालू और ठोस चट्टान को काटकर बनाया गया है। यहाँ लौह अयस्क और पेट्रोलियम व सामान्य कार्गो का प्रबंधन करने के लिए एक बाह्य बंदरगाह को विकसित किया गया है। आंध्रप्रदेश और तेलंगाना इस बंदरगाह के पृष्ठ प्रदेश में शामिल हैं।

मार्मागाओ - यह जुआरी नदमुख के मुहाने पर स्थित गोवा का एक प्राकृतिक बंदरगाह है। वर्ष 1961 में जापान को लौह अयस्क निर्यात के लिए किए गए पुनर्निर्माण के कारण इसके महत्व में वृद्धि हुई। कोंकण रेलवे के निर्माण ने इसके पृष्ठ प्रदेश में महत्वपूर्ण विस्तार किया है। दक्षिण महाराष्ट्र में कर्नाटक, गोवा इसके पृष्ठ प्रदेश में शामिल हैं।

अतः सही विकल्प (D) है।

78. इंदिरा सागर बांध नर्मदा नदी पर निर्मित है। यह मध्यप्रदेश के खंडवा जिले में स्थित कंक्रीट निर्मित गुरुत्व बाँध है। इंदिरा सागर परियोजना नर्मदा नदी पर जल का एक उत्कृष्ट भंडारण स्थल प्रदान करने की महत्वपूर्ण परियोजना थी। इंदिरा सागर बांध भारत का सबसे बड़ा जलाशय है।

कर्नाटक में मैसूर के निकट कृष्णाराजसागर बांध कावेरी नदी पर निर्मित है। दक्षिण भारत के कर्नाटक में कावेरी नदी पर निर्मित प्रमुख और सबसे बड़े बांधों में से एक है।

मेट्टूर बांध तमिलनाडु के सेलम जिले में कावेरी नदी पर निर्मित है। यह भारत में निर्मित सबसे प्राचीन और सबसे बड़े बांधों में से एक है। मेट्टूर बाँध तमिलनाडु में सबसे बड़ा और सबसे अधिक विद्युत् उत्पादन क्षमता वाला बांध है।

अतः सही विकल्प (C) है।

79. तेल की ड्रिलिंग की दो श्रेणियां हैं - तटवर्ती और अपतटीय। इनमें सबसे स्पष्ट अंतर ड्रिलिंग की अवस्थिति है, परन्तु इन दोनों से संबंधित अन्य कारकों में भी अंतर होता है जिनमें लागत, लाभ, ड्रिलिंग के लिए समय-सीमा और प्रक्रियाएं शामिल हैं। भारत में तटवर्ती और अपतटीय दोनों प्रकार के प्राकृतिक गैस के भंडार विद्यमान हैं। अपतटीय भंडारों में से एक भंडार अरब सागर के मुम्बई हाई के निकट स्थित है।

प्राकृतिक गैस के अधिकांश भंडार पूर्वी और उत्तर-पूर्व भारत में स्थित हैं।

अतः सही विकल्प (A) है।

80. किसी देश की साक्षर जनसंख्या का अनुपात उसके सामाजिक-आर्थिक विकास का सूचक होता है क्योंकि यह रहन-सहन का स्तर, महिलाओं की सामाजिक स्थिति, शैक्षणिक सुविधाओं की उपलब्धता और सरकारी नीतियों को प्रकट करता है।

ग्रामीण और नगरीय क्षेत्रों में आयु-लिंग-व्यवसायिक सरंचना, जनसंख्या घनत्व और विकास का स्तर भिन्न होता है।

इन चार क्षेत्रकों में कार्यशील जनसंख्या का अनुपात किसी राष्ट्र के आर्थिक विकास के स्तरों का एक अच्छा सूचक है। इसका कारण यह है कि केवल उद्योगों और अवसंरचना के साथ विकसित अर्यव्यवस्था द्वितीयक, तृतीयक और चतुर्थक क्षेत्रक में अधिक श्रमिकों को समायोजित कर सकती है।

अतः सही विकल्प (D) है।

81. वृद्ध होती (वृद्धोन्मुख) जनसंख्या एक प्रक्रिया है जिसके द्वारा वृद्ध जनसंख्या का भाग आनुपातिक रूप से अधिक हो जाता है। यह बीसवीं शताब्दी की एक नवीन परिघटना है। अधिकांश विकसित देशों में, जीवन प्रत्याशा में वृद्धि होने से उच्च आयु वर्ग की जनसंख्या में वृद्धि हुई है। जन्म दर में ह्रास के कारण जनसंख्या में बच्चों के अनुपात में गिरावट आई है।
अतः विकल्प (D) सही है।

82. यदि कोई व्यक्ति श्रीनगर (जम्मू और कश्मीर) से कोलकता (पश्चिमी बंगाल) की ओर यात्रा करता है, तो वह सड़क मार्ग से कम से कम निम्नलिखित राज्यों से होकर गुजर सकता है: जम्मू और कश्मीर - हिमाचल प्रदेश - उत्तर प्रदेश - झारखंड - पश्चिम बंगाल।
अतः विकल्प (A) सही है।

83. वर्षा जल-संचयन वर्षा के जल को रोककर, उसे विभिन्न उपयोगों के लिए संचित करने की एक प्रकिया है। इसका उपयोग भौम जलभृतों के पुनर्भरण के लिए भी किया जाता है। यह जल की प्रत्येक बूँद को बोरवेल, गड्ढो और कूओं में प्रवाहित करने के लिए कम लागत और पर्यावरण अनुकूल तकनीक है। जल संचयन के अनेक लाभ हैं, जैसे-

- जल उपलब्धता में वृद्धि करता है,
- भूजल स्तर में कमी को नियंत्रित करता है,
- फ्लोराइड और नाईट्रेट जैसे संदूषकों के तनुकरण द्वारा भूजल की गुणवत्ता में वृद्धि करता है,
- मृदा अपरदन और बाढ़ जैसी घटनाओं को रोकता है,
- यदि इसका उपयोग जल भृत्त के पुनर्भरण के लिए किया जाए तो तटीय क्षेत्रों में खारे जल के अंतर्वेधन को नियंत्रित करता है।

देश में विभिन्न समुदायों द्वारा लम्बे समय से विभिन्न विधियों के माध्यम से वर्षा जल-संचयन का अभ्यास किया जा रहा है। बहुमूल्य जल संसाधन के सरंक्षण के लिए वर्षा जल-संचयन तकनीक के उपयोग की व्यापक संभावना है। छतों और खुले स्थानों पर वर्षा जल को रोककर जल-संचयन किया जा सकता है।

अतः सही विकल्प (D) है।

84. भारत की प्रसिद्ध तांबा निष्कर्षण खानों में राजस्थान के खेतड़ी, अलवर, भीलवाड़ा और उदयपुर, मध्यप्रदेश के बालाघाट और झारखंड में हजारीबाग और सिंहभूम शामिल हैं।

भारत की प्रसिद्ध बॉक्साइट खानें मध्यप्रदेश के कटनी और अमरकंटक, छत्तीसगढ़ के बिलासपुर और मैकाल पर्वतमाला तथा ओडिशा के कोरापुट में स्थित हैं।

अतः विकल्प (C) सही है।

85. यूनाइटेड नेशन वर्ल्ड अर्बनाइज़ेशन प्रॉस्पेक्ट्स- 2018 के अनुसार, टोक्यो 37 मिलियन निवासियों के साथ विश्व का सबसे बड़ा शहर है। इसके पश्चात 29 मिलियन के साथ नई दिल्ली, 26 मिलियन के साथ शंघाई तथा मैक्सिको सिटी और साओ पालो का स्थान (प्रत्येक में लगभग 22 मिलियन निवासी) है। वर्तमान में काहिरा, मुम्बई, बीजिंग और ढाका में भी लगभग 20 मिलियन लोग निवास करते हैं।

अतः विकल्प (A) सही है।

86. धात्विक खनिजों को लौह और अलौह धातु खनिजों में विभाजित किया गया है। लोहा, लौह खनिजों को संदर्भित करता है। इस प्रकार, वे सभी खनिज जिनमें लौह तत्व होते हैं, लौह खनिज (ferrous) कहलाते हैं जैसे स्वयं लौह अयस्क। उदाहरण के लिए लोहा, मैंगनीज आदि।

वे धात्विक खनिज जिनमें लौह तत्व नहीं होते हैं, उन्हें अलौह माना जाता है जैसे तांबा, बॉक्साइट, एल्युमिनियम, कांसा, सीसा आदि।

अतः विकल्प (A) सही है।

87. भारत में प्रथम जनगणना वर्ष 1872 में हुई थी, परन्तु प्रथम समकालिक दशकीय जनगणना वर्ष 1881 में आयोजित की गई। तब से प्रत्येक दस वर्ष के पश्चात नियमित रूप से जनगणना आयोजित की जाती है।

वर्ष 1921 की जनगणना में -0.31 प्रतिशत की नकारात्मक वृद्धि दर्ज की गई, जो भारत की जनगणना इतिहास में केवल एक ही बार घटित हुई। इस गिरावट के कारण वर्ष 1921 को भारत के जनसांख्यिकीय इतिहास में जनसांख्यिकीय विभाजन कहा जाता है।

अतः विकल्प (D) सही है।

88. दक्षिणी राज्यों और पश्चिम बंगाल में, जलवायविक परिस्थितियों के कारण एक कृषि वर्ष में चावल की दो या तीन फसलों की कृषि संभव होती है। पश्चिम बंगाल में किसान चावल की तीन फ़सलें उगाते हैं जिन्हें 'ओस', 'अमन' व 'बोरो' कहा जाता है। लेकिन हिमालय तथा देश के उत्तर-पश्चिमी भागों में इसे दक्षिण-पश्चिम मानसून के मौसम के दौरान खरीफ की फसल के रूप में उगाया जाता है।
अतः विकल्प (D) सही है।

89. एक भूगोलवेत्ता ग्रिफिथ टेलर ने एक नवीन अवधारणा प्रस्तुत की, जो पर्यावरणीय निश्चयवाद और संभववाद, दोनों विचारों के बीच एक मध्यम मार्ग को दर्शाती है। उन्होंने इसे नवनिश्चयवाद अथवा रुको और जाओ निश्चयवाद का नाम दिया। यह अवधारणा दर्शाती है कि न तो कभी नितांत आवश्यकता (पर्यावरणीय निश्चयवाद) की स्थिति बनी रहती है और न ही कभी पूर्ण स्वतंत्रता (संभववाद) की स्थिति रहती है। इसका अर्थ यह है कि मनुष्य प्राकृतिक नियमों का अनुपालन करके उस पर विजय प्राप्त कर सकता है। उन्हें खतरे के संकेतों प्रति अपनी अनुक्रिया देनी होगी तथा केवल प्रकृति द्वारा परिवर्तनों की अनुमति प्रदान किए जाने पर ही वे विकास के मार्ग पर आगे बढ़ सकते हैं। इसका तात्पर्य है कि संभावनाओं का निर्माण केवल उन सीमाओं के भीतर ही किया जा सकता है जो पर्यावरण को किसी प्रकार की क्षति न पहुंचाती हों तथा ऐसा कोई अबाध मार्ग उपलब्ध नहीं है जो पूर्णतया दुर्घटनाओं से मुक्त हो।
अतः विकल्प (C) सही है।

90. भारतीय उद्योग जगत के लगभग सभी क्षेत्रक अपनी मूलभूत अवसंरचना के लिए लौह एवं इस्पात उद्योग पर अत्यधिक निर्भर करते हैं। लौह एवं इस्पात उद्योग के लिए लौह अयस्क तथा कोकिंग कोल (कोयले) के अतिरिक्त चूना पत्थर, डोलोमाइट, मैंगनीज और अग्निसहमृत्तिका (फायर क्ले) आदि कच्चे मालों की आवश्यकता होती है।

कोकिंग कोल इस्पात निर्माण प्रक्रिया में एक महत्वपूर्ण घटक है क्योंकि भू-पर्पटी पर लोहा केवल लौह आक्साइड के रूप में पाया जाता है। इसलिए, कार्बन का उपयोग करके अयस्कों को परिवर्तित किया जाना अथवा उनका 'अपचयन' किया जाना आवश्यक है। इस कार्बन का प्राथमिक स्रोत कोकिंग कोल है।

लौह अयस्क के निष्कर्षण में अशुद्धियों को दूर करने के लिए चूना पत्थर का उपयोग धातुमल (स्लैग) निर्माणकारी कारक के रूप में किया जाता है। डोलोमाइट का उपयोग धातुमल निर्माणकारी कारक, धातुमल संशोधक तथा अग्निरोधी पदार्थ के रूप में किया जाता है।

जब लौह अयस्क (लौह व ऑक्सीजन के एक यौगिक) को लोहे में परिवर्तित किया जाता है, तब मैंगनीज ऑक्सीजन तथा सल्फर को हटाता है। यह एक आवश्यक मिश्र धातु भी है जो लोहे को इस्पात में परिवर्तित करने में सहायता करती है।

लौह एवं इस्पात उद्योग में अग्निसहमृत्तिका (फायर क्ले) का उपयोग किया जाता है क्योंकि यह उच्च तापमान के प्रतिरोध के रूप में कार्य कर सकती है और इसका उपयोग अग्निरोधी पदार्थ बनाने के लिए किया जाता है।

अतः विकल्प (D) सही है।

91. 1960 के दशक के मध्य में गेहूँ (मेक्सिको) तथा चावल (फिलीपींस) के बीज़ों की 'उच्च उपज वाली किस्मों (high yielding varieties: HYVs)' के नाम से जानी जाने वाली नई किस्में कृषि के लिए उपलब्ध हो गई थीं। भारत ने इस अवसर का लाभ उठाया तथा पैकेज तकनीक के रूप में पंजाब, हरियाणा, पश्चिमी उत्तर प्रदेश, आंध्र प्रदेश तथा गुजरात के सिंचित क्षेत्रों में रासायनिक उर्वरकों के साथ-साथ उच्च उपज वाली क़िस्मों को अपनाया गया।

इस नवीन कृषि प्रौद्योगिकी की सफलता के लिए सिंचाई द्वारा मृदा की आर्द्रता की सुनिश्चित आपूर्ति को बनाए रखना एक मूलभूत पूर्व-आवश्यकता थी। कृषिगत विकास की इस रणनीति ने तत्काल लाभ प्रदान किया और खाद्यान्नों के उत्पादन में तीव्र वृद्धि हुई। कृषि विकास की इस तीव्र गति को 'हरित क्रांति' के नाम से जाना जाता है।

इसने असंख्य कृषि-आदानों, कृषि-प्रसंस्करण उद्योगों तथा लघु उद्योगों के विकास में प्रोत्साहन भी दिया। कृषि विकास की इस रणनीति ने देश को खाद्यान्न उत्पादन में आत्मनिर्भर बनाया।

प्रारंभ में हरित क्रांति केवल सिंचित क्षेत्रों तक ही सीमित थी। इसने सत्तर के दशक तक देश के भीतर कृषिगत विकास में क्षेत्रीय असमानताओं को उत्पन्न किया, इसके पश्चात देश के पूर्वी एवं मध्य भागों में प्रौद्योगिकी का प्रसार हुआ।

अतः सही विकल्प (D) है।

92. राइन जलमार्ग यूरोप महाद्वीप में स्थित है। राइन नदी जर्मनी और नीदरलैंड से होकर प्रवाहित होती है। यह जलमार्ग नीदरलैंड में रॉटरडम (राइन के मुहाने) से लेकर स्विट्जरलैंड के बेसल तक 700 कि.मी तक नौगम्य है।

द ग्रेट लेक्स-सेंट लॉरेंस समुद्रीमार्ग उत्तरी अमेरिका महाद्वीप में स्थित है। उत्तरी अमेरिका की वृहद झीलें सुपीरियर, हयूरन, इरी और ओंटारियो सू नहर और वलैंड नहर द्वारा आपस में जुड़ी हैं और एक अंतर्देशीय जलमार्ग का निर्माण करती हैं।

वोल्गा जलमार्ग यूरोप महाद्वीप पर स्थित है। रूस में असंख्य विकसित जलमार्ग हैं, जिनमें से वोल्गा सबसे महत्वपूर्ण है।

अतः विकल्प (B) सही है।

93. नाइजीरिया का आयु-लिंग पिरामिड एक विस्तृत आधार वाला त्रिभुजाकार पिरामिड है और इस प्रकार का पिरामिड विशिष्ट रूप से अल्प विकसित देशों में पाया जाता है। इन देशों में जन्मदर उच्च होने के कारण निम्न आयु वर्ग में अत्यधिक जनसंख्या पाई जाती है। यदि आप बांग्लादेश और मैक्सिको के जनसंख्या पिरामिड का निर्माण करेंगे, तो वो भी आपको ऐसे ही दिखाई देंगे।

ऑस्ट्रेलिया का आयु-लिंग पिरामिड एक घंटी के आकार का है और जो शीर्ष की ओर शुंडाकार होता जाता है। यह दर्शाता है कि यहाँ जन्म एवं मृत्यु दर लगभग समान है जिसके परिणामस्वरूप जनसंख्या स्थिर हो जाती है।

जापान पिरामिड का आधार संकीर्ण और शीर्ष शुंडाकार है जो निम्न जन्म एवं मृत्यु दर को दर्शाता है। विकसित देशों में जनसंख्या वृद्धि आमतौर पर शून्य या नकारात्मक होती है। यह एक उल्टा पिरामिड नहीं है।
अतः विकल्प (A) सही है।

94. रोपण कृषि व्यावसायिक कृषि का एक रूप है जिसमें फसलों को लाभ के लिए उगाया जाता है। इस प्रकार की कृषि की विशिष्ट विशेषताएं हैं:

- वृहद भू-संपत्तियां अथवा बागान
- अत्यधिक पूंजी निवेश
- प्रबंधकीय एवं तकनीकी समर्थन
- कृषि की वैज्ञानिक पद्धति

- बहु-फसल विशेषीकरण की अपेक्षा एकल-फसल विशेषीकरण
- उच्च वैतनिक श्रमिकों की अपेक्षा मितव्ययी श्रमबल
- सुनियोजित परिवहन प्रणाली, जो उत्पादों के निर्यात के लिए भू-संपत्तियों को कारखानों व बाजारों से जोड़ती है।

अतः विकल्प (B) सही है।

95. वर्ष 1798 की 'एन एस्से ऑन द प्रिंसिपल ऑफ़ पॉपुलेशन' नामक रचना में, माल्थस ने जनसंख्या वृद्धि तथा संसाधनों के मध्य होने वाले संबंधों का निरीक्षण किया है। इसकी सहायता से उन्होंने जनसंख्या वृद्धि का माल्थसियन सिद्धांत विकसित किया, जिसमें उन्होंने लिखा है कि जनसंख्या वृद्धि चर घातांकीय रूप से होती है, इसलिए यह जन्म दर के अनुसार बढ़ती है। दूसरी ओर खाद्य उत्पादन रैखिक अनुपात (समांतर श्रेणी) से बढ़ता है, इसलिए यह केवल निर्दिष्ट समय पर ही बढ़ता है। माल्थस ने लिखा है कि प्रभावी रूप से नियंत्रित न किए जाने पर जनसंख्या अपने संसाधनों की तुलना में अधिक बढ़ सकती है।

अतः विकल्प (A) सही है।

96. शर्म्स से आशय कांटेदार वृक्ष के नीचे खोदे गए एक स्थान से है जो झाड़ियों से घिरा रहता है। बुशमैन जनजातियों के सदस्य छोटे-छोटे पारिवारिक समूहों में यात्रा करते हैं और शर्म्स में एक-साथ निवास करते हैं। वर्ली, शाखाओं, झाड़ियों व घास से निर्मित साधारण आश्रय स्थल है। बिन्दीबू अथवा एबओरिजनीज़ जनजातियों के सदस्य भी पारिवारिक समूहों में यात्रा करते हैं और वर्ली में निवास करते हैं।

अतः विकल्प (D) सही है।

97. भारत विश्व में गन्ने का दूसरा सबसे बड़ा उत्पादक देश है। ब्राजील सबसे बड़ा गन्ना उत्पादक देश है। गन्ना उत्पादन के पांच शीर्ष देश हैं: ब्राजील, भारत, चीन, थाईलैंड और पाकिस्तान।

देश में कुल गन्ना उत्पादन के लगभग 40 प्रतिशत हिस्से का उत्पादन उत्तर प्रदेश में होता है। महाराष्ट्र, कर्नाटक, तमिलनाडु और आंध्र प्रदेश देश के अन्य प्रमुख गन्ना उत्पादक राज्य हैं। अनुकूल जलवायु होने के कारण उत्तरी भारत की तुलना में दक्षिण भारत में गन्ने की उपज अधिक होती है। यह जलवायु ग्रीष्मकाल की लू और शीतकाल के पाले के प्रभाव से मुक्त है। कपास और गन्ना जैसी फसलों को उगाने के लिए दक्षिण भारत में पाई जाने वाली काली मृदा भी आदर्श है।

अतः विकल्प (D) सही है।

98. विगत एक शताब्दी में भारत में जनसंख्या की वृद्धि दर वार्षिक जन्म-दर और मृत्यु-दर तथा प्रवास की दर का परिणाम रही है। इस प्रकार यह वृद्धि विभिन्न प्रवृत्तियों को दर्शाती है। इस अवधि में विकास की चार सुस्पष्ट प्रावस्थाओं को पहचाना गया है:

प्रथम प्रावस्था: 1901-1921 की अवधि को भारत की जनसंख्या की वृद्धि की रुद्ध या स्थिर प्रावस्था के रूप में जाना जाता है, क्योंकि इस अवधि के दौरान वृद्धि दर अत्यंत निम्न थी, यहां तक कि 1911-1921 की अवधि के दौरान ऋणात्मक वृद्धि दर भी दर्ज की गई थी। इस अवधि के दौरान उच्च जन्म एवं मृत्यु दर के लिए निम्न स्वास्थ्य एवं चिकित्सा सेवाएं, भोजन और अन्य आधारभूत आवश्यकताओं की अकुशल वितरण प्रणाली उत्तरदायी थे।

द्वितीय प्रावस्था: 1921-1951 के दशकों को जनसंख्या की स्थिर वृद्धि की अवधि के रूप में जाना जाता है। देशभर में स्वास्थ्य एवं स्वच्छता सेवाओं में हुए समग्र सुधार के कारण मृत्यु दर में कमी आई।

तृतीय प्रावस्था: 1951-1981 के दौरान के दशकों को भारत में जनसंख्या विस्फोट की अवधि के रूप में जाना जाता है। यह देश में मृत्यु दर में तीव्र ह्रास और जनसंख्या की उच्च प्रजनन दर के कारण हुआ। देश में तिब्बतियों, बांग्लादेशियों, नेपालियों के अंतरराष्ट्रीय प्रवास तथा पाकिस्तान से आने वाले लोगों ने भी उच्च वृद्धि-दर में योगदान दिया।

चौथा चरण: 1981 के पश्चात से लेकर वर्तमान समय तक, देश की जनसंख्या की वृद्धि-दर यद्यपि उच्च बनी हुई है, परंतु यह धीरे-धीरे कम होने लगी है।

अतः विकल्प (A) सही है।

99. औपनिवेशिक काल (ब्रिटिश काल) के दौरान ब्रिटिश सरकार द्वारा उत्तर-प्रदेश तथा बिहार से मॉरीशस, कैरिबियाई द्वीपों (त्रिनिडाड, टोबैगो व गुयाना), फ़िजी और दक्षिण अफ्रीका, फ्रांसीसियों द्वारा रीयूनियन द्वीप, गुआडेलोप, मार्टीनिक और सूरीनाम में तथा डच लोगों और पुर्तगालियों द्वारा गोवा और दमन एवं दीव से अंगोला, मोज़ाम्बिक व अन्य देशों में लाखों अनुबंधित (करारबद्ध) श्रमिकों को रोपण श्रमिकों के रूप में कार्य करने के लिए भेजा गया।

इस प्रकार के सभी प्रवासनों को समयबद्ध अनुबंध के तहत कवर किया गया था जिसे गिरमिट अधिनियम (भारतीय उत्प्रवास अधिनियम) के नाम से जाना जाता है। ऐसे सभी अनुबंधित श्रमिकों को गिरमिटिया कहा जाता है।

अतः विकल्प (A) सही है।

100. रेड कॉलर - प्राथमिक क्रियाक्लाप

गोल्ड कॉलर - पंचम क्रियाकलाप

व्हाइट कॉलर - उच्च प्रौद्योगिकी वाले उद्योगों में पेशेवर

ब्लू कॉलर - औद्योगिक श्रमिक

अतः विकल्प (B) सही है।

101. दोहरे ग्राम की बस्तियां नदी पर पुल या नौका सेवा के दोनों ओर विस्तारित होती है।

T - आकार की बस्तियाँ सड़कों के तिराहे पर विकसित होती हैं।

रैखिक प्रतिरूप की बस्तियों में मकान सड़क, रेलमार्ग, नदी, नहर, घाटी के किनारे या तटबंध के किनारे स्थित होते हैं।

क्रॉस आकार जैसी बस्तियां सड़कों के चौराहों पर विकसित होती हैं और बसाव चारों दिशाओं में विस्तारित होता है।
अतः विकल्प (B) सही है।

102. उद्योगों को स्वामित्व, आगतों, उत्पादन आदि विभिन्न कारकों के आधार पर वर्गीकृत किया जा सकता है। जिन उद्योगों के उत्पादों का उपयोग अन्य वस्तुओं का उत्पादन करने के लिए किया जाता है वे आधारभूत उद्योग होते हैं।

- लौह और इस्पात उद्योग तथा तांबा शोधन उद्योग आधारभूत उद्योगों में शामिल हैं क्योंकि इन उद्योगों द्वारा उत्पादित इस्पात और तांबे का कच्चे माल के रूप में कई अन्य उद्योगों में उपयोग होता है।
- कुछ आधारभूत उद्योग मशीनों का उत्पादन करते हैं जिनका अन्य वस्तुओं का उत्पादन करने के लिए उपयोग किया जाता है।

अतः विकल्प (C) सही है।

103. यह नहर पूर्व में अटलांटिक महासागर को पश्चिम में प्रशांत महासागर से जोड़ती है। इसका निर्माण अमेरिकी सरकार द्वारा पनामा सिटी और कोलोन के मध्य पनामा स्थलडमरूमध्य के आर-पार किया गया है, जिसने दोनों ओर के 8 कि.मी. का क्षेत्र खरीद कर इसे नहर मंडल नाम दिया।

इस नहर समुद्र द्वारा समुद्री मार्ग से न्यूयॉर्क (USA का पश्चिमी तट) और सैन फ्रांसिस्को (USA का पूर्वी तट) के मध्य की दूरी 13,000 कि.मी. तक कम हुई है। इसी प्रकार, पश्चिमी यूरोप और USA के पश्चिम-तट, उत्तर-पूर्वी और मध्य USA तथा पूर्व और दक्षिण-पूर्व एशिया के मध्य की दूरी कम हुई है।

अतः विकल्प (D) सही है।

104. मानव विकास की अवधारणा डॉ. महबूब-उल-हक द्वारा प्रचलित की गई। डॉ. हक ने मानव विकास को ऐसे विकास के रूप में वर्णित किया है जो लोगों के विकल्पों में वृद्धि करता है और उनके जीवन को बेहतर बनाता है।

इस अवधारणा के अंतर्गत समस्त विकास के केंद्र में लोग हैं। ये विकल्प स्थिर नहीं हैं बल्कि परिवर्तित होते रहते हैं। विकास का मूल लक्ष्य ऐसी परिस्थितियों

का निर्माण करना है जिसमें लोग सार्थक जीवन जी सकें। सार्थक जीवन केवल लंबा जीवन नहीं है। यह एक ऐसा जीवन होना चाहिए जिसमें कोई लक्ष्य भी हो। विकास का मूल लक्ष्य ऐसी परिस्थितियों का निर्माण करना है जहाँ लोग सार्थक जीवन जी सकें। इसका अर्थ है कि लोगों को स्वस्थ, अपनी प्रतिभा को विकसित, समाज में प्रतिभागिता और अपने लक्ष्यों को प्राप्त करने हेतु स्वतंत्र होना चाहिए।
अतः विकल्प (C) सही है।

105. कालाहारी के बुशमैन और ऑस्ट्रेलिया के बिन्दीबू जनजातीय समुदाय इतने आदिम ढंग से जीवन यापन करते हैं कि कठिनाई से ही उनका अस्तित्व बचा हुआ है।

बुशमैन अपने धनुष और जहरीले तीरों, भालों, जाल और फन्दों के साथ कालाहारी मरूस्थल में घुमन्तू रूप से जीवन यापन करते हैं। वे न केवल कुशल और मजबूत होते हैं, बल्कि अत्यधिक सहनशील भी होते हैं। अपने शिकार को पकड़ने के लिए उन्हें बहुत धैर्य रखना होता है और आवश्यक होने पर घायल पशुओं का पीछा करने के लिए कई मील तक दौड़ना पड़ता है। इस प्रकार, वे हिरन और अन्य छोटे पशुओं का शिकार करते हैं। महिलाएं और बच्चे कीड़े-मकोड़े, कृन्तक और छिपकलियां पकड़ते हैं, और शहद, कंद-मूल, घास और लार्वा एकत्र करते हैं। बुशमैन या तो लंगोटी पहनते हैं या वस्तुतः नग्न अवस्था में रहते हैं।

अतः विकल्प (A) सही है।

106. संधारणीय विकास को बढ़ावा देने के लिए वनीकरण, वातरोधी वृक्षारोपण (इस प्रकार पंक्तियों में वृक्षों या झाड़ियों का रोपण करना जो पवनों से सुरक्षा प्रदान कर सकें और मृदा अपरदन को रोक सकें), और चरागाह विकास के माध्यम से पारिस्थितिकी-विकास आवश्यक है।

जलमार्गों को पक्का करना, भूमि विकास तथा समतलन एवं वारबंदी प्रणाली (निकास के कमान क्षेत्र में नहरी जल का समान वितरण) जैसे कार्यक्रमों को प्रभावी रीति से कार्यान्वित किया जा सकता है, जिससे मार्ग में प्रवाहित जल की क्षति को कम किया जा सके और इस प्रकार सतत विकास को बढ़ावा दिया जा सके।

सामान्यत: शस्य प्रतिरूप में जल-गहन फसलों को नहीं बोया जाना चाहिए। इसका पालन किया जाएगा और लोगों को खट्टे फलों जैसी बागानी फसलों की कृषि हेतु प्रोत्साहित किया जाएगा। गहन कृषि इस प्रकार की कृषि है जिसमें प्रति इकाई भूमि से उपज में वृद्धि करने के लिए अत्यधिक पूंजी एवं श्रम का उपयोग किया जाता है। इसमें वृहद मात्रा में फसलों हेतु कीटनाशक शामिल हैं, पशुधन के लिए अधिक दवाओं का उपयोग सामान्य है। गहन कृषि से मृदा और जल निम्नीकरण की समस्या उत्पन्न होती है और संधारणीय विकास के लिए प्रतिकूल प्रभाव उत्पन्न होता है।

अतः विकल्प (A) सही है।

107. अर्द्ध-गुच्छित अथवा प्रकीर्ण बस्तियां परिक्षिप्त बस्ती के किसी सीमित क्षेत्र में गुच्छित होने की प्रवृत्ति का परिणाम हैं। प्रायः इस प्रकार का प्रारूप किसी विशाल संहत गांव के पृथक्करण या विखंडन के परिणामस्वरूप भी उत्पन्न हो सकता है।

इस स्थिति में, ग्रामीण समाज के एक या एक से अधिक वर्ग स्वेच्छा से या बलपूर्वक मुख्य संकुल या गाँव से थोड़ी दूर निवास करते हैं। ऐसी स्थितियों में, सामान्यतः, भूस्वामी और प्रभुत्वशाली समुदाय मुख्य गाँव के केंद्रीय भाग में निवास करते हैं, जबकि समाज के निम्न वर्ग के लोग और परिचारक श्रमिक गाँव के बाहरी भागों में निवास करते हैं। ऐसी बस्तियां गुजरात के मैदान और राजस्थान के कुछ भागों में व्यापक रूप से विस्तृत हैं।

अतः विकल्प (D) सही है।

108. कार्यशील आयु वर्ग की जनसंख्या को 15 से 59 वर्ष के आयु वर्ग के लोगों के रूप में परिभाषित किया जाता है।

रोजगार का मूल संकेतक 15-59 आयु वर्ग की कार्यशील जनसंख्या का अनुपात है, जो किसी कार्य में नियोजित हैं (कुछ प्रकरणों में इसे 15-64 वर्ष की आयु भी माना जा सकता है, इसलिए स्मरण रखने योग्य महत्वपूर्ण बात यह है कि कार्यशील आयु वर्ग की जनसंख्या की गणना 15 वर्ष की आयु से आरंभ होती है, न कि 18 वर्ष)। कार्यशील जनसंख्या (अर्थात- 15 से 59 आयु वर्ग के महिला और पुरुष) कृषि से लेकर वानिकी, मत्स्यन, विनिर्माण, निर्माण, वाणिज्यिक परिवहन, सेवाओं, संचार और अन्य अवर्गीकृत सेवाओं तक विभिन्न व्यवसायों में प्रतिभागिता करती है।

अतः विकल्प (D) सही है।

109. देश की वृद्धिशील जनसंख्या की बढ़ती खाद्य और अन्य कृषिगत मांगों को पूरा करने की केवल दो विधियां हैं - कृषि के अंतर्गत निवल क्षेत्र का विस्तार करना अथवा मौजूदा क्षेत्र में शस्य गहनता को अपनाना।

स्वतंत्रता के पश्चात से देश के निवल बोए गए क्षेत्र में लगभग 20 प्रतिशत की वृद्धि हुई है और यह उस बिंदु पर पहुंच गई, जिसके पश्चात सुगमतापूर्वक किसी प्रकार की वृद्धि प्राप्त करना संभव नहीं हैं।

इस प्रकार शस्य गहनता में वृद्धि लाना ही एकमात्र व्यवहार्य उपाय है। शस्य गहनता एक ही खेत से एक कृषि वर्ष के दौरान कई फसलों के उत्पादन को संदर्भित करती है। इसे निम्न सूत्र द्वारा स्पष्ट किया जा सकता है:

शस्य गहनता= (सकल फसल क्षेत्र / निवल बोया गया क्षेत्र) x 100 यह गहन भूमि उपयोग में वृद्धि करके एक कृषि वर्ष में उगाई गई सभी फसलों से भूमि के प्रति इकाई क्षेत्र के कुल उत्पादन में वृद्धि करती है। इसका लाभ यह है कि इसमें सीमित भूमि से कुल उत्पादन में वृद्धि के साथ श्रमिकों की मांग भी पर्याप्त रूप से बढ़ती है। भारत जैसे देश में भूमि की कमी तथा श्रम की अधिकता है, ऐसी स्थिति में शस्य गहनता की आवश्यकता न केवल भूमि उपयोग हेतु वांछित है, अपितु ग्रामीण क्षेत्रों में बेरोजगारी जैसी आर्थिक समस्या को भी कम करने के लिए आवश्यक है।

अतः विकल्प (B) सही है।

110. आकार के आधार पर उद्योगों को कुटीर उद्योग से लेकर वृहद उद्योग में वर्गीकृत किया जा सकता है। लघु उद्योग को उत्पादन तकनीकों एवं विनिर्माण स्थल (उत्पादक के कुटीर/घर के बाहर स्थित कारखाने) के द्वारा विभेदित किया जाता है। इस प्रकार के विनिर्माण में उपयोग होता है:

- स्थानीय कच्चा माल
- सरल शक्ति के साधनों से चालित मशीनें
- अर्द्ध-कुशल श्रमिक

अतः विकल्प (D) सही है।

111. भूमध्यसागरीय भूमियों को विश्व के फलोद्यान की भूमियों के नाम से भी जाना जाता है। यहां पर संतरा, नींबू, लाइम, सीट्रॉन और अंगूर जैसे अनेक प्रकार के खट्टे फल उगाए जाते हैं। फलों के वृक्षों में ग्रीष्म काल की लंबी अवधि के सूखे के दौरान अत्यधिक गहराई से जल का अवशोषण करने के लिए लंबी जड़ें पाई जाती हैं।

विटीकल्चर (अंगूर की खेती) एक भूमध्यसागरीय पारंपरिक व्यवसाय है तथा भूमध्य सागर का सीमावर्ती क्षेत्र विश्व के वाइन उत्पादन के तीन-चौथाई भाग के लिए उत्तरदायी है। वाइन स्पेन, पुर्तगाल, फ्रांस और इटली में राष्ट्रीय पेय है। यद्यपि अंगूरों को शीतोष्ण देशों के कई भागों में उगाया जा सकता है, किन्तु वाणिज्यिक विटीकल्चर भूमध्यसागरीय क्षेत्रों तक ही सीमित है।

पर्वतीय चरागाह, शीत जलवायु से कुछ भेड़, बकरियों और कभी-कभी मवेशियों के पालन-पोषण को संभव बनाने में सहायक होते हैं। ऋतु प्रवास को ऋतुचक्र के अनुसार पशुओं को आमतौर पर शीतकाल में तराई क्षेत्रों में और गर्मियों में उच्चभूमियों की ओर एक चरागाह से दूसरे चरागाह में ले जाने की क्रिया या प्रथा के रूप में परिभाषित किया जाता है और भूमध्यसागरीय प्रदेश में इसका व्यापक रूप से प्रचलन है।

अतः विकल्प (C) सही है।

112. स्थायी चरागाह वह भूमि है जिसका उपयोग घासों या अन्य शाकीय चारों को प्राकृतिक रूप से (स्व-बीजन) या कृषि (बोया जाता है) के माध्यम से उगाने के लिए किया जाता है और जिसे पांच वर्ष या उससे अधिक समय तक जोत के

फसल चक्रण में शामिल नहीं किया जाता है। इस प्रकार की अधिकांश भूमि पर ग्राम पंचायत या सरकार का स्वामित्व होता है। इस भूमि का केवल एक छोटा भाग ही निजी स्वामित्व में होता है। ग्राम पंचायत के स्वामित्व वाली भूमि 'सार्वजनिक संपत्ति संसाधन' के अंतर्गत आती है।

वर्तमान परती भूमि वह भूमि है जिस पर एक कृषि वर्ष या उससे कम समय तक कृषि नहीं की गयी है। भूमि की गुणवत्ता बनाए रखने हेतु भूमि को परती रखना एक सांस्कृतिक चलन है। इस विधि में भूमि की क्षीण उर्वरकता या पौष्टिकता प्राकृतिक रूप से वापस आ जाती है।

कृषि योग्य व्यर्थ-भूमि वह भूमि है जो पिछले पांच वर्षों तक या अधिक समय तक परती या कृषिरहित है, इस संवर्ग में सम्मिलित की जाती है। भूमि-उद्धार तकनीक द्वारा इसे सुधार कर कृषि योग्य बनाया जा सकता है।

अतः विकल्प (A) सही है।

113. आंत्रपो पत्तन वे एकत्रण केन्द्र हैं जहां विभिन्न देशों से निर्यात हेतु वस्तुएं लाई जाती हैं। सिंगापुर एशिया के लिए, रॉटरडम यूरोप के लिए और कोपेनहेगन बाल्टिक क्षेत्र के लिए एक आंत्रपो पत्तन है।

अतः विकल्प (B) सही है।

114. पल्ली बस्तियां - कई बार बस्ती भौतिक रूप से एक दूसरे से पृथक अनेक इकाइयों में बंट जाती है किन्तु उन सबका नाम एक ही होता है। इन इकाइयों को देश के विभिन्न भागों में स्थानीय स्तर पर पान्ना, पाड़ा, पाली, नगला, ढांणी आदि कहा जाता है। किसी विशाल गांव का ऐसा खंडीभवन प्रायः सामाजिक एवं मानवजातीय कारकों से अभिप्रेरित होता है। ऐसे गांव मध्य और निचले गंगा के मैदान, छत्तीसगढ़ और हिमालय की निचली घाटियों में बहुतायत में पाए जाते हैं।

अतः विकल्प (C) सही है।

115. पंजाब - सरहिन्द नहर, भाखड़ा नहर

उत्तर प्रदेश - शारदा नहर, ऊपरी और निचली गंगा नहर

कर्नाटक - विश्वेश्वरैया नहर और मालप्रभा परियोजना नहर

अतः विकल्प (B) सही है।

116. धरातलीय खनन को विवृत खनन या आखनन भी कहा जाता है। सतह के निकट स्थित अवसादी या आस्तरित अयस्कों के खनन को विवृत खनन कहा जाता है। यह सतह के निकट के पाए जाने वाले खनिजों का खनन करने का सबसे सरल व सस्ता तरीका है।

भूमिगत खनन या कूपकी खनन, विवृत खनन के विपरीत, जोखिम भरा होता है ,क्योंकि जहरीली गैसों, आग, बाढ़ और गुहाओं की संभावनाओं के कारण घातक दुर्घटनाओं का भय रहता है। इस विधि में, ऊर्ध्वाधर या झुकाव वाले कूपक और क्षैतिज सुरंगें बनायी जाती हैं तथा उन्हें भूमिगत गलियारों के माध्यम से जोड़ा जाता है।

अतः विकल्प (A) सही है।

117. जर्मनी में रुर कोयला क्षेत्र लंबे समय से यूरोप का एक प्रमुख औद्योगिक क्षेत्र रहा है। कोयला और लौह एवं इस्पात अर्थव्यवस्था के आधार का निर्माण करते हैं और जर्मनी के कुल इस्पात उत्पादन में इस क्षेत्र की 80 प्रतिशत की हिस्सेदारी है। हालांकि, औद्योगिक संरचना में परिवर्तन और कोयले की मांग में कमी के कारण, रूर की भावी समृद्धि कार असेंबली संयंत्र, नए रासायनिक संयंत्रों जैसे नए उद्योगों, विश्वविद्यालयों पर अधिक आधारित है।

अतः विकल्प (C) सही है।

118. खरीफ की फसलें मानसून के मौसम से संबंधित हैं। इन्हें जून-जुलाई के माह में बोया जाता है और शरदकालीन माह में अर्थात सितंबर-अक्टूबर में काटा जाता है। चावल, ज्वार, मक्का, कपास, तूर, रागी, बाजरा, गन्ना और जूट महत्वपूर्ण खरीफ फसलें हैं।

अतः विकल्प (B) सही है।

119. भारतीय रेलवे की हीरक चतुर्भुज परियोजना का उद्देश्य देश के महानगरीय शहरों और विकास केंद्रों (दिल्ली, मुंबई, चेन्नई और कोलकाता) को हाई-स्पीड रेल कनेक्टिविटी के माध्यम से जोड़ना है। भारतीय रेलवे की हीरक चतुर्भुज परियोजना राजमार्गों के विकास की स्वर्णिम चतुर्भुज परियोजना के समान है।

अतः विकल्प (B) सही है।

120. छत्तीसगढ़ के दुर्ग जिले में रूस के सहयोग से भिलाई इस्पात संयंत्र को स्थापित किया गया और इसमें वर्ष 1959 में उत्पादन आरंभ हुआ। यहां लौह अयस्क डल्ली-राजहरा की खादानों से तथा कोयला कोरबा और करगाली कोयला क्षेत्रों से प्राप्त होता है। जल तंदुला बांध से और विद्युत कोरबा ताप विद्युत संयंत्र से प्राप्त होती है। यह संयंत्र कोलकाता-मुंबई रेल मार्ग पर स्थित है। उत्पादित इस्पात का अधिकांश भाग विशाखापट्टनम स्थित हिंदुस्तान शिपयार्ड में भेजा जाता है।

अतः विकल्प (B) सही है।

121. कमान क्षेत्र वह संपूर्ण क्षेत्र है जिसे जल की उपलब्ध मात्रा पर विचार किए बिना सिंचाई प्रणाली (नहर प्रणाली) से वहनीय रूप से सिंचित किया जा सकता है।
अतः विकल्प (A) सही है।

122. कम जनसंख्या और विनिर्माण क्षेत्र में हुई रोजगार की अत्यधिक क्षति के बावजूद, बीसवीं सदी के दौरान विकसित देशों के सेवा क्षेत्र में रोजगार में निरंतर वृद्धि हुई है। सामान्यतः, विश्व भर में सेवाओं में रोजगार में वृद्धि विभिन्न कारणों से संबद्ध है:

- विकसित देशों में बढ़ती प्रति व्यक्ति आय ने कई प्रकार की सेवाओं विशेषकर स्वास्थ्य सेवा, मनोरंजन और परिवहन की मांग में आनुपातिक रूप से अत्यधिक वृद्धि की है।
- अत्यधिक औद्योगिकीकृत देशों में जनसंख्या की परिवर्तित जनसांख्यिकीय संरचना के कारण, यूरोप, उत्तरी अमेरिका और जापान में वृद्धि जनसंख्या की ओर से चिकित्सा सेवाओं की मांग अधिक है।
- कार्यस्थल पर साक्षरता, गणितीय और कंप्यूटर कौशलों की बढ़ती मांग के साथ, सभी स्तरों पर शैक्षिक सेवाओं की मांग में वृद्धि हुई है।

अतः विकल्प (D) सही है।

123. ऋतुप्रवासी चरवाहे प्रवास के एक चक्रीय प्रतिरूप का अनुपालन करते हैं जो सामान्यतः ग्रीष्मकाल में शीत उच्च घाटियों और शीतकाल में उष्ण तराई घाटियों की ओर प्रवास करते हैं। तापीय विषमता से आशय दोनों स्थानों पर व्याप्त तापमान-स्थितियों के मध्य उल्लेखनीय अंतर होता है।

अतः विकल्प (A) सही है।

124. सन्नगर विशाल विकसित नगरीय क्षेत्र होता है जो मूलतः अलग-अलग रहे कस्बों (नगरों) या शहरों के आपस में मिल जाने से एक विशाल नगरीय विकास क्षेत्र में परिवर्तित हो जाता है। ग्रेटर लन्दन, मानचेस्टर, शिकागो और टोक्यो इसके उदाहरण हैं।

अतः विकल्प (B) सही है।

125. कॉफी एक उष्णकटिबंधीय रोपण फसल है। इसके बीजों को भूनकर पीसा जाता है तथा एक पेय के रूप में प्रयोग किया जाता है। कॉफी की तीन किस्में हैं अरेबिका, रोबस्टा और लिबेरिका। भारत द्वारा अधिकांशतः उत्तम किस्म की अरेबिका कॉफी का उत्पादन किया जाता है, जिसकी अंतरराष्ट्रीय बाजार में अत्यधिक मांग है। परन्तु भारत में विश्व की केवल 4.3 प्रतिशत कॉफी का उत्पादन होता है। कॉफ़ी उत्पादन में ब्राजील, वियतनाम, कोलंबिया, इंडोनेशिया, इथियोपिया और होंडुरास के पश्चात भारत का विश्व में सातवां स्थान है।
अतः विकल्प (D) सही है।

मॉक टेस्ट 08

Q.1 बिश्रामपुर निम्नलिखित में से किस खदानों के लिए प्रसिद्ध है?

A. लौह अयस्क **B.** कोयला
C. मैंगनीज **D.** तांबा अयस्क

Q.2 तमिलनाडु का समुद्र तट कहलाता है-

A. सिरकार तट **B.** कोंकण तट
C. मालाबार तट **D.** कोरोमंडल तट

Q.3 चौराबाड़ी ग्लेशियर स्थित है-

A. केदरनाथ मंदिर के दक्षिण में
B. केदरनाथ मंदिर के पश्चिम में
C. केदरनाथ मंदिर के उत्तर में
D. केदरनाथ मंदिर के पूर्व में

Q.4 हिमालय के हिमनदों के पिघलने की गति-

A. सबसे कम है।
B. सबसे अधिक है।
C. विश्व के अन्य भागों के हिमनदों के समान है।
D. हिमालय के हिमनदों के पिघलने के विषय में सूचना उपलब्ध नहीं हैं।

Q.5 निम्नलिखित हिमनदों में से कौन-सा उत्तराखंड के कुमाऊं प्रक्षेत्र में अवस्थित है?

A. हिस्पार **B.** जेमू **C.** मिलान **D.** रूपल

Q.6 भारत के पश्चिमी तटीय मैदान के उत्तरी भाग को जिस अन्य नाम से भी जाना जाता है, वह है-

A. कर्नाटक तट **B.** मालाबार तट
C. कोंकण तट **D.** कोरोमंडल तट

Q.7 निम्नलिखित में से कौन-सा सुमेलित नहीं है?

(दर्रे)	(राज्य में स्थित)
(a) जेलेप ला	सिक्किम
(b) माना और नीति	उत्तराखंड
(c) शिपकी ला	जम्मू व कश्मीर
(d) बॉमडि ला	अरुणाधल प्रदेश

A. (a) **B.** (b) **C.** (c) **D.** (d)

Q.8 निम्नलिखित दर्रों में से कौन उत्तराखंड में अवस्थित है?

A. जेलेप ला **B.** लिपुलेख **C.** नाथू ला **D.** शिपकी ला

Q.9 'माना दर्रा' स्थित है-

A. उत्तर प्रदेश **B.** उत्तराखंड
C. जम्मू-कश्मीर **D.** हिमाचल प्रदेश

Q.10 किंग-विंग, नीति-माना क्या है

A. दर्रे **B.** नदियां
C. पर्वत **D.** धार्मिक स्थल

Q.11 निम्नलिखित में से कौन-सी एक चोटी भारत में अवस्थति नहीं है-

(a) गुरला मान्धाता
(b) नामचा बरवा
(c) कामेट
(d) नंगा पर्वत

A. (a) और (c) **B.** (a) और (b)
C. (c) और (d) **D.** (d) और (b)

Q.12 "गौरलाटा" चोटी किस पाट में स्थित है?

A. सामरीपाट **B.** मैनपाट
C. जशपुरपाट **D.** जारंगपट

Q.13 निम्नलिखित युग्मों में कौन सही सुमेलित नही है ?

(पर्वत दर्रा)	(राज्य)
(a) शिपकी ला	हिमाचल प्रदेश
(b) बॉमडि ला	अरुणाचल प्रदेश
(c) नाथू ला	मेघालय
(d) जोजि ला	जम्मू एवं कश्मीर

A. (a) **B.** (b) **C.** (c) **D.** (d)

Q.14 निम्नलिखित दर्रों में से किससे होकर लेह जाने का रास्ता है?

A. जोजि ला **B.** शिपकी ला **C.** चुंबी घाटी **D.** बनिहाल

Q.15 पश्चिभी घाट के सम्बन्ध में निम्न कथनों पर विचार कीजिए-

1. यह एक भ्रंशोत्थ पर्वत है।
2. इसका पूर्वी ढाल क्रमशः नीला पठार है।
3. इसका उत्तरी खंड लावा (बेसाल्ट) से आच्छादित है।

उपयुक्त कथनों में से कौन-सा सही है?

A. 1 तथा 2 **B.** 2 तथा 3
C. 1 तथा 3 **D.** 1, 2 तथा 3

Q.16 निम्नलिखित उच्चावच आकृतियों पर ध्यान दीजिए-

1. महादेव पर्वत श्रृंखला
2. मैकाल पर्वत श्रृंखला
3. छोटानागपुर पठार
4. खासी की पहाड़ियां

उपरोक्त उच्चावच आकृतियों का पश्चिम से पूर्व की ओर बदते हुए सही क्रम बताइए।

A. 1, 2, 3, 4 **B.** 4, 3, 2, 1 **C.** 2, 3, 4, 1 **D.** 1, 3, 2, 4

Q.17 निम्नलिखित में से किस पहाड़ी पर पूर्वी घाट, पश्चिमी घाट से मिलता है?

A. पालनी पहाड़ी **B.** अनाइमुडी पहाड़ी
C. नीलगिरि पहाड़ी **D.** शेवरॉय पहाड़ी

Q.18 निम्नलिखित में सबसे प्राचीन पर्वत श्रृंखला कौन सी है?

A. हिमालय **B.** अरावली **C.** विंध्य **D.** सतपुड़ा

Q.19 भारत के निम्नलिखित राज्यों में से किसकी तट रेखा सबसे लम्बी है?

A. महाराष्ट्र **B.** आंध्र प्रदेश **C.** केरल **D.** गुजरात

Q.20 भारत में कितने राज्य तट रेखा से लगे हैं?

A. 7 **B.** 8 **C.** 9 **D.** 10

Q.21 प्राचीन भारतीय ऐतिहासिक भूगोल में 'रत्नाकर' नाम सूचक था?

A. अरब सागर का
B. बंगाल की खाड़ी का
C. हिंद महासागर का
D. प्रयाग में गंगा, यमुना और पौराणिक नदी सरस्वती के संगम का

Q.22 सर्वाधिक तटीय अपरदन होता है-

[Uttarakhand Public Service Commission (UKPSC), 2016]

A. लहरों से **B.** ज्वार-भाटा से
C. धाराओं से **D.** सुनामी लहरों से

Q.23 भारतवर्ष के पश्चिम तटीय निम्नांकित शहरों पर विचार कीजिए-
1. जंजीरा
2. कन्नूर
3. नागरकोइल
4. सिंधुदुर्ग

उत्तर से दक्षिण इन नगरों का सही क्रम होगा-

A. 1, 2, 3, 4 **B.** 2, 1, 3, 4 **C.** 1, 2, 4, 3 **D.** 1, 4, 2, 3

Q.24 सूची-I को सूची-II के साथ सुमेल कीजिए और सूचियों के नीचे दिए गए कूट से सही उत्तर चुनिए-

सूची-I (सागर पुलिन)	सूची-II (राज्य)
a. दीघा	1. तमिलनाडु
b. गोपालपुर	2. पश्चिम बंगाल
c. कलांगुट	3. ओडिशा
d. मरीना	4. गोवा

A. 1, 2, 4, 3 **B.** 2, 3, 4, 1 **C.** 2, 1, 3, 4 **D.** 4, 3, 2, 1

Q.25 वन रिपोर्ट के बारे में निम्नलिखित में से कौन सा सही है?
1. ISFR भारत के वन सर्वेक्षण (FSI) द्वारा द्विवार्षिक रूप से प्रकाशित किया जाता है
2. ISFR 2019 पैटर्न में 16 वीं रिपोर्ट है
3. वन और वृक्ष सर्वेक्षण के अलावा यह कार्बन स्टॉक और जंगल की आग से संबंधित आंकड़ों को भी मापता है
4. ISFR 2019 ने पहली बार वनों से उपज पर राष्ट्रीय वन सूची बनाई है

नीचे दिए गए कोड में से सही विकल्प चुनें:

A. 1 और 2 **B.** 1, 2 और 4
C. 2, 3 और 4 **D.** 1, 2, 3 और 4

Q.26 सबसे बड़ा हिमनद, निम्नलिखित में कौन है?

A. कंचनजंगा **B.** केदारनाथ **C.** गंगोत्री **D.** रून्दुन

Q.27 नीचे दो कथन दिए गए हैं जिनमें एक कथन (A) तथा दूसरे को कारण (R) कहा गया है

कथन (A)

भारत में सर्वाधिक सघनता वाला भूकंपीय क्षेत्र हिमालय क्षेत्र में स्थित है

कारण (R)

हिमालय में कई अनुदैघ्य उत्क्रम क्षेत्र अवस्थित हैं

A. कथन (A) तथा कारण (R) दोनों सही है तथा कारण (R) कथन (A) की सही व्याख्या है
B. कथन (A) तथा कारण (R) दोनों सही हैं परन्तु कारण (R) कथन (A) की सही व्याख्या नहीं है
C. कथन (A) सही है, किन्तु कारण (R) गलत है
D. कथन (A) गलत है, किन्तु कारण (R) सही है

Q.28 महासागरीय जल में सबसे अधिक मात्रा में पाया जाने वाला लवण कौन सा है?

A. सोडियम क्लोराइड **B.** मैग्नीशियम क्लोराइड
C. कैल्सियम सल्फेट **D.** पोटैशियम सल्फेट

Q.29 जैव प्राद्योगिकी उद्योग अनुसंधान सहायता परिषद (BIRAC) के सन्दर्भ में निम्नलिखित कथनों पर विचार कीजिए:
1. यह एक गैर-लाभकारी सार्वजनिक क्षेत्र उद्यम है।
2. इसे जैव प्रौद्योगिकी विभाग (DBT), भारत सरकार द्वारा स्थापित किया गया था।

उपर्युक्त कथनों में से कौन सा सही है?

A. केवल 1 **B.** केवल 2
C. 1 और 2 दोनों **D.** न तो 1 और न ही 2

Q.30 भारत की भूमि के किस दिशा के सबसे आखिरी हिस्से को इंदिरा कॉल कहते है?

A. पूर्व **B.** पश्चिम **C.** उत्तर **D.** दक्षिण

Q.31 नागालैंड, मणिपुर, मिजोरम और कौन सा राज्य भारत और चीन की सीमा को छूने वाला है?

A. केरल **B.** पंजाब
C. बिहार **D.** अरुणाचल प्रदेश

Q.32 निम्न में से किस गोलार्द्ध में हम्बोल्ट जलधारा बहती है?

A. पूर्वी गोलार्द्ध **B.** पश्चिमी गोलार्द्ध
C. उत्तरी गोलार्द्ध **D.** दक्षिणी गोलार्द्ध

Q.33 "यूरोप का गर्म कंबल" का इनमे से किस जलधारा को कहा जाता है?

A. गल्फस्ट्रीमकी जलधारा **B.** हम्बोल्ट जलधारा
C. क्यूराइल जलधारा **D.** इनमे से कोई नहीं

Q.34 पुरे भारत के कितने प्रतिशत क्षेत्रफल पर मैदानी विस्तार पाया जाता है?

A. 20 प्रतिशत **B.** 40 प्रतिशत
C. 44 प्रतिशत **D.** 48 प्रतिशत

Q.35 निम्न में से किस देश में ग्रेट स्लेव झील स्थित है?

A. जापान **B.** भारत **C.** अफ्रीका **D.** कनाडा

Q.36 निम्न में से कौन सा द्वीप, जापान का सबसे छोटा द्वीप है?

A. क्यूशू **B.** शिकोकू
C. तानेगाशिमा **D.** योनागुनी

Q.37 ज्यूजेन की उत्पत्ति अपरदन के किस कारक के द्वारा होती है?

A. जल के द्वारा **B.** पवन के द्वारा
C. दोनों **D.** इनमे से कोई नहीं

Q.38 निम्न में से किस ग्रह की सतह के नीचे द्रवीभूत सैल को मैग्मा कहा जाता है?

A. पृथ्वी **B.** शनि **C.** शुक्र **D.** अरुण

Q.39 इनमे से किस ज्वालामुखी में ऐतिहासिक काल से उद्गार नहीं हुए थे?

A. मृत ज्वालामुखी **B.** गल्फस्ट्रीम ज्वालामुखी
C. विसुविय ज्वालामुखी **D.** इनमे से कोई नहीं

Q.40 मोजाबिक की धारा किस महासागर में होती है?

A. अटलांटिक महासागर **B.** प्रशत महासागर
C. हिंद महासागर **D.** इनमे से कोई नहीं

Q.41 किसी भौगोलिक क्षेत्र की जैव विविधता के लिए निम्नलिसित में से कौन-कौन से खतरे हो सकते हैं?
1. वैश्विक तापन
2. आवास का विखंडन
3. विदेशी प्रजातियों का आक्रमण

नीचेदिए गए कोड का उपयोग करके सही उत्तर चुने:

A. 1, 2 और 3 **B.** केवल 2 और 3
C. केवल 1 और 2 **D.** उपयुक्त में से कोई नहीं

Q.42 अम्लीय लावा के सन्दर्भ में निम्नलिखित कथनों पर विचार कीजिए:
1. अम्लीय लावा अत्यधिक चिपचिपा होता है और इसका गलनांक उच्च होता है।

2. इसमें सिलिका की मात्रा का उच्च प्रतिशत, निम्न घनत्व और हल्का रंग होता है।
3. अम्लीय लावा धीमी गति से बहता है और जमने से पहले वह शायद ही कभी दूर तक फैलता है।
उपर्युक्त कथनों में से कौन सा/से सही है?
A. केवल 1 और 2 **B.** केवल 1 और 3
C. केवल 2 और 3 **D.** 1, 2 और 3

Q.43 वर्तमान वायुमंडल के विकास के चरणों के सन्दर्भ में निम्नलिखित कथनों पर विचार कीजिए :
1. प्रथम घरण मौलिक वायुमंडल के पतन के रूप में चिह्नित किया जाता है।
2. द्वितीय चरण में पृथ्वी के गर्म आंतरिक भाग ने वायुमंडल के विकास में योगदान दिया।
3. तृतीय चरण में प्रकाश संश्लेषण की प्रक्रिया के माध्यम से वातावरण की संरचना को जीवित विश्व द्वारा संशोधित किया गया।
उपर्युक्त कथनों में से कौन सा सही है?
A. केवल 1 और 2 **B.** केवल 1 और 3
C. केवल 2 और 3 **D.** 1, 2 और 3

Q.44 पारिस्थितिकी तंत्र के सन्दर्भ में निम्नलिखित कथनों पर विचार कीजिए:
1. खाद्य श्रृंखला की लंबाई में वृद्धि के साथ पारिस्थितिकी तंत्र की स्थिरता में भी वृद्धि होती है।
2. खाद्य जाल में श्रृंखलाओं की संख्या में वृद्धि के साथ पारिस्थितिकी तंत्र की स्थिरता में भी वृद्धि होती है।
उपर्युक्त कथनों में से कौन सा सही है?
A. केवल 1 **B.** केवल 2
C. 1 और 2 दोनों **D.** न तो 1 और न ही 2

Q.45 भूगोल का जनक किसे कहा जाता है?
A. इरैटोस्थनीज **B.** हेरोडोटस
C. हिप्पार्कस **D.** इनमें से कोई नहीं

Q.46 इनमें से किस राज्य में सतपुड़ा की पहाड़ियाँ हैं?
A. दिल्ली **B.** राजस्थान
C. मध्ये प्रदेश **D.** उत्तर प्रदेश

Q.47 क्रेटर तथा कैल्डेरा स्थलाकृतियों निम्नलिखित में से किससे सम्बन्धित है-
A. उल्कापात **B.** ज्वालामुखी क्रिया
C. पवन क्रिया **D.** हिमानी क्रिया

Q.48 निम्न में से किन तिथियों को सूर्य की किरणें विषुवत रेख पर सीधी पड़ती है-
A. 23 सितम्बर
B. 21 मार्च
C. 21 मार्च और 23 सितम्बर
D. 20 जून

Q.49 संसार में तांबा का अग्रणी उत्पादक है-
A. आस्ट्रेलिया **B.** चीन
C. भारत **D.** चिली

Q.50 निम्नलिखित नगरों में से कौन-सा एक भूमध्य रेखा के सर्वाधिक निकट है?
A. सिंगापुर **B.** मनीला
C. जकार्ता **D.** इनमें से कोई नहीं

Q.51 निम्नलिखित में से किस देश से होकर कर्क रेखा नहीं गुजरती है?
A. जायरे **B.** चीन **C.** भारत **D.** ये सभी

Q.52 एक देशान्तर को पार करने में दो स्थानों के स्थानीय समय के बीच क्या अन्तर होता है?
A. 7 मिनट **B.** 0 मिनट **C.** 4 मिनट **D.** 1 मिनट

Q.53 भू-पृष्ठ का कितना प्रतिशत भाग अवसादी शैलों से ढका है?
A. 80% **B.** 75% **C.** 95% **D.** 68%

Q.54 सिनाई प्रायद्वीप स्थित है:
A. काला सागर और भूमध्य सागर के मध्य
B. लाल सागर और अरब सागर के मध्य
C. अरल सागर और कैस्पियन सागर के मध्य
D. भूमध्य सागर और लाल सागर के मध्य

Q.55 वायुमण्डल में सर्वाधिक मात्रा में विद्यमान अक्रिय गैस कौन-सी है?
A. क्रिप्टॉन **B.** हीलियम **C.** ऑर्गन **D.** नियॉन

Q.56 निम्न में से कौनसा इस्पात संयंत्र लौह अयस्क क्षेत्र में स्थित नहीं है ?
A. भद्रावती **B.** भिलाई **C.** राउरकेला **D.** जमशेदपुर

Q.57 शांत पेटी किस रेखा के दोनों और पायी जाती है?
A. कर्क रेखा **B.** भूमध्य रेखा
C. मकर रेखा **D.** इनमें से कोई नहीं

Q.58 विश्व का सबसे ऊँचा ज्वालामुखी पर्वत कोटोपैक्सी कहाँ स्थित है?
A. भारत **B.** जापान **C.** जर्मनी **D.** इक्वेडोर

Q.59 पठारी क्षेत्रों में विश्व की कितनी प्रतिशत जनसंख्या निवास करती है?
A. 4 प्रतिशत **B.** 6 प्रतिशत
C. 9 प्रतिशत **D.** 50 प्रतिशत

Q.60 हीराकुंड बांध किस नदी पर बनाया गया है?
A. महानदी **B.** गोदावरी **C.** कावेरी **D.** पेरियार

Q.61 दीर्घ रेडियो तरंगें पृथ्वी की किस सतह से परावर्तित होती है?
A. आयनमंडल **B.** क्षोम मण्डल
C. समतल मण्डल **D.** ये सभी

Q.62 अटाकामा मरुस्थल किस दक्षिण अमेरिकी देश में है?
A. ब्राजील **B.** चिली
C. पेरू **D.** इनमें से कोई नहीं

Q.63 भारत एवं श्रीलंका के मध्य विवाद किस द्वीप को लेकर है?
A. डेल्फ्ट द्वीप **B.** पम्बन द्वीप
C. कच्चतीवु द्वीप **D.** इनमें से कोई नहीं

Q.64 मानचित्र में वे रेखाएँ जहाँ दाब सम हो, कहलाती है-
A. अक्षांश रेखाएँ **B.** समदाब रेखाएँ
C. देशान्तर रेखाएँ **D.** समस्थानिक रेखाएँ

Q.65 वर्षा के वैश्विक वितरण के सन्दर्भ में निम्नलिखित कथनों पर विचार कीजिये।
1. भूमध्य रेखा के उत्तर एवं दक्षिण में 35° और 40° अक्षांशों के पश्चिम की ओर जाने पर कम होती जाती है।
2. लेकिन, भूमध्य रेखा के उत्तर एवं दक्षिण में 45° और 65° अक्षांशों के मध्य वर्षा पहले महाद्वीपों के पश्चिमी भाग में होती है, जो पूर्व की ओर जाने पर क्रमशः घटती चली जाती है।
उपर्युक्त कथनों में से कौन सा सही है?
A. केवल 1 **B.** केवल 2
C. 1 और 2 दोनों **D.** न तो 1 और न ही 2

Q.66 भूमध्य रेखा के निकट किस तरह के वन पाए जाते हैं?

A. पतझड़ी वन
B. उष्ण कटिबंधीय वन
C. शंकुधारी वन
D. घास स्थल वन

Q.67 निम्नलिखित में कौन सा एक देश प्राकृतिक गैस का एक प्रमुख उत्पादक नहीं है?
A. दक्षिण अफ्रीका
B. नॉर्वे
C. यूनाइटेड किंगडम
D. रूस

Q.68 "ओडर-नीस लाइन" किस देश के बीच की सीमा है?
A. इज़राइल और फिलिस्तीन
B. जर्मनी और पोलैंड
C. चीन और वियतनाम
D. मैक्सिको और यूएसए

Q.69 निम्नलिखित में से किस देश के पास यूरेनियम का विश्व का सबसे बड़ा भंडार है?
A. रूस
B. कजाकस्तान
C. ऑस्ट्रेलिया
D. जॉर्डन

Q.70 पर्वतों के प्रकार के संदर्भ में निम्नलिखित कथनों पर विचार कीजिए-
1. भ्रंशोत्थ पर्वत के निर्माण हेतु पृथ्वी की पर्पटी में संपीडन और तनाव दोनों शामिल होते हैं, जबकि वलित पर्वत के निर्माण में मुख्य रूप से संपीडन शामिल होता है।
2. एंडीज भ्रंशोत्थ पर्वत का उदाहरण है जबकि वॉस्जेज एक वलित पर्वत का उदाहरण है।
उपर्युक्त कथनों में कौन सही है?
A. केवल 1
B. केवल 2
C. 1 और 2 दोनों
D. न तो 1, न ही 2

Q.71 अक्षांश और देशांतर के सम्बन्ध में निम्नलिखित कथनों पर विचार कीजिए:
1. अक्षांश को पृथ्वी की सतह पर विषुवत रेखा के उत्तर या दक्षिण में किसी बिंदु की कोणीय दूरी के रूप में मापा जाता है।
2. किसी स्थान के अक्षांश और देशांतर दोनों को पृथ्वी के केंद्र से मापा जाता है।
उपर्युक्त कथनों में से कौन-सा/से सही है?
A. केवल 1
B. केवल 2
C. 1 और 2 दोनों
D. न तो 1, न ही 2

Q.72 लोग मृत सागर में क्यों नहीं डूबते?
A. समुद्र में समुद्री प्राणियों की उपस्थिति के कारण
B. मृत सागर का कम तापमान तैराकों को अधिक उप्लावकता प्रदान करता है
C. मृत सागर में नमक की अत्यधिक सांद्रता जल के घनत्व में वृद्धि करती है
D. थर्मोक्लाइन (तीव्र ताप परिवर्तन) की गहराई मृत सागर में सतह के पास ही अवस्थित है

Q.73 राष्ट्रीय अंतर्देशीय नेविगेशन संस्थान निम्नलिखित में से किस स्थान पर स्थित है?
A. पटना
B. बालासोर
C. बैंगलोर
D. देहरादून

Q.74 भूकंप के सम्बन्ध में निम्नलिखित कथनों पर विचार कीजिए:
1. सभी प्राकृतिक भूकंप स्थलमंडल में घटित होते हैं।
2. वह बिंदु जहाँ से ऊर्जा निकलती है, अधिकेन्द्र (epicenter) कहलाता है।
उपर्युक्त कथनों में से कौन-सा सही है?
A. केवल 1
B. केवल 2
C. 1 और 2 दोनों
D. न तो 1, न ही 2

Q.75 निम्नलिखित क्षेत्रों में किसका "बुश-वेल्ड" भूदृश्य के जरिये सर्वोत्तम वर्णन किया जा सकता है?
A. स्टेपी घासभूमियाँ
B. भूमध्यसागरीय क्षेत्र
C. सवाना घासभूमियाँ
D. उष्ण मरुस्थल

Q.76 भारतीय भूगर्भ विज्ञान में संदर्भित, मालदा भ्रंश पृथक करता है:
A. सतपुड़ा पर्वत शृंखला से विन्ध्य पर्वत शृंखला को
B. अरावली पर्वत शृंखला से दिल्ली पर्वत श्रेणी को
C. पश्चिमी घाट से पूर्वी घाट को
D. प्रायद्वीपीय पठार से मेघालय के पठार को

Q.77 उत्तरी गोलार्ध में बहिरूष्ण कटिबंधीय चक्रवातों के संदर्भ में, निम्नलिखित कथनों पर विचार कीजिए:
ये वाताग्रों के साथ- साथ निर्मित होते हैं।
ये स्थल और जल दोनों पर विकसित हो सकते हैं।
ये पूर्व से पश्चिम की ओर गति करते हैं।
उपर्युक्त कथनों में से कौन-सा सही है?
A. केवल 1 और 2
B. केवल 1
C. केवल 2 और 3
D. 1, 2 और 3

Q.78 निम्नलिखित कथनों में से कौन-सा/से पश्चिमी विक्षोभों के संदर्भ में सही है?
ये पूर्वी सागर के ऊपर उत्पन्न होने वाले हल्के चक्रवातीय अवदाब हैं।
रात के सामान्य तापमान में अचानक गिरावट भारत में इनके आगमन का संकेत देती है।
ये उत्तरी भारत में रबी की फसलों हेतु अत्यधिक लाभप्रद होते हैं।
नीचे दिए गये कूट का प्रयोग कर सही उत्तर चुनिए।
A. केवल 1 और 2
B. केवल 2
C. केवल 1 और 3
D. 1, 2 और 4

Q.79 भारतीय भूगोल के संदर्भ में, करेवा है-
A. कश्मीर हिमालय में हिमनद चिकनी मिट्टी और दूसरे पदार्थों का हिमोढ़ पर मोटी परत के रूप में जमाव
B. भारत के उत्तर पश्चिमी क्षेत्र में सिन्धु की सहायक नदियों द्वारा निर्मित जलोढ़ पंख
C. हिमालय की तलहटी में निम्नस्तरीय अपवाह युक्त, आर्द्र और सघन वनों की संकीर्ण पट्टी
D. थार रेगिस्तान में विद्यमान मरुद्यान

Q.80 प्लेटो की निम्नलिखित सीमाओं में से किस पर/किन पर नई भूपर्पटी का निर्माण होता है?
1. अभिसरण सीमा
2. अपसारी सीमा
3. रूपान्तर सीमा
नीचे दिए गये कूट का प्रयोग कर सही उत्तर चुनिए।
A. केवल 1 और 2
B. केवल 2
C. केवल 1 और 3
D. 1, 2 और 3

Q.81 रटेन और लियाना कुछ विशिष्ट प्रकार की वनस्पतियों के प्रकार हैं, ये निम्नलिखित में किस जलवायु प्रदेश में पाई जाती है?
A. उष्ण मरुस्थलीय क्षेत्र में
B. शीतोष्ण घासभूमियों में
C. आर्कटिक क्षेत्र में
D. विषुवतरेखीय क्षेत्र में

Q.82 दाहिने कोण पर स्थित दो झोपड़ियों वाले घर और बाड़ से घिरे एक आयताकार आंगन में भारत के निम्नलिखित स्थानों में से किसकी बस्तियों की सामान्य विशेषताएं हैं?
A. उत्तरी मैदान
B. हिमालयी क्षेत्र
C. प्रायद्वीपीय क्षेत्र
D. तटवर्ती क्षेत्र

Q.83 हाल ही में, महाराष्ट्र में लोनार झील का रंग गुलाबी रंग में परिवर्तित हो गया. इस संदर्भ में, निम्नलिखित में से किन कारणों से रंग में परिवर्तन हो सकता है?

A. केंकड़ों की एक प्रजाति द्वारा उत्सर्जित विषाक्त पदार्थ
B. नदियों द्वारा प्रवाहित औद्योगिक बहिःस्त्रवणों के कारण प्रदूषण स्तर में वृद्धि
C. झील में गिरने वाली उल्कापिंड की धूल के कारण होने वाली रासायनिक अभिक्रिया
D. शैवाल के व्यवहार में परिवर्तन

Q.84 लक्षद्वीप द्वीपसमूह के संदर्भ में, निम्नलिखित में से कौन-सा कथन सही है?

A. सम्पूर्ण द्वीप समूह प्रवाल निक्षेपों से निर्मित है
B. नॉरकोंडम लक्षद्वीप समूह में एक लघु ज्वालामुखी द्वीप है
C. लक्षद्वीप द्वीपसमूह की सर्वाधिक ऊंची चोटी सैडल पीक है
D. ग्यारह डिग्री चैनल लक्षद्वीप को मालदीव से अलग करता है

Q.85 सिंगफन वन्यजीव अभयारण्य को एलीफैंट रिज़र्व घोषित किया गया था। यह राज्य में अवस्थित है:

A. कर्नाटक **B.** केरल **C.** झारखंड **D.** नागालैंड

Q.86 निम्नलिखित में कौन-सा विकल्प स्टेनोथर्मल या तनुतापी जीवों की विशेषता है?

A. ये जीव केवल अत्यधिक कम तापमान वाले स्थानों में रह सकते हैं
B. ये जीव तापमान की केवल एक बहुत सीमित परास को सहन कर सकते हैं
C. ये जीव शीतऋतु के दौरान शीतनिद्रा में चले जाते हैं
D. ये जीव तापमान की विस्तृत परास सहन कर सकते हैं और वृद्धि कर सकते हैं

Q.87 आमतौर पर, जैविक खेती 'में मानकों को निम्नलिखित में से किसके उपयोग को प्रोत्साहित करने के लिए डिज़ाइन किया गया है?

A. प्राकृतिक पदार्थ
B. आनुवंशिक रूप से संशोधित पदार्थ
C. कृत्रिम पदार्थ
D. मानव निर्मित पदार्थ

Q.88 अयनांत के सम्बन्ध में निम्नलिखित कथनों पर विचार कीजिए:

1. उत्तरी गोलार्ध में यीष्म अयनांत के दौरान सूर्य की किरणें कर्क रेखा पर सीधी पड़ती हैं।
2. शीत अयनांत के दौरान दिन और रात की लंबाई बराबर होती है।

उपर्युक्त कथनों में से कौन सा/से सही है?

A. केवल 1 **B.** केवल 2
C. 1 और 2 दोनों **D.** न तो 1 और न ही 2

Q.89 बबल गम के एक भाग, चकल का निर्माण निम्नलिखित में से किसके दूधिया रस से किया जाता है?

A. केला के **B.** रबर के
C. जैपोटा के **D.** इनमें से कोई नहीं

Q.90 एक ढलान या घाटी के ऊपरी भाग में वर्षा के कारण मलवे एव अपक्षयित सामर्यी की संतृप्ति के परिणामस्वरूप मलबे के भार में वृद्धि होने और धीमी गति से नीचे की ओर गति करने की प्रक्रिया कहलाती है:

A. भूस्खलन **B.** हिमस्खलन
C. सर्पण **D.** भूपात

Q.91 निम्नलिखित में से कौन सा/ से कारक चट्टानों के क्षरण और परिवहन को प्रभावित करता है?

1. वायु
2. बहता हुआ जल
3. हिमनद

नीचे दिए गए कोड का उपयोग करके सही उत्तर चुनें

A. केवल 1 और 2 **B.** केवल 3
C. केवल 1 और 3 **D.** 1, 2 और 3

Q.92 निम्नलिखित में से कौन-कौन सी गतिविधियों को प्राथमिक गतिविधियाँ माना जाता है?

1. मत्स्य पालन
2. खनन और उत्स्वन
3. लौह एवं इस्पात उद्योग

नीचे दिए गए कोड का उपयोग करके सही उत्तर चुनें।

A. केवल 1 और 2 **B.** केवल 2 और 3
C. केवल 1 **D.** 1, 2 और 3

Q.93 निम्न में से कौन-कौन सी गर्म, आर्द्र भूमध्यरेखीय जलवायु की विशेषतायें है?

A. केवल शीतकाल में वर्षा **B.** वर्ष भर वर्षा
C. शुष्क और आर्द्र मौसम **D.** अतिशुष्क मौसम

Q.94 निम्नलिखित में से कौन-सा/ से वायु राशि के प्रमुख स्रोत क्षेत्र है?

1. गर्म उष्णकटिबंधीय और उपोष्णकटिबंधीय महासागर
2. उपोष्णकटिबंधीय गर्म रेगिस्तान
3. अपेक्षाकृत ठंडे उच्च अक्षांशीय महासागर

उपर्युक्त कथनों में से कौन सा/ से सही है?

A. केवल 1 और 2 **B.** केवल 1 और 3
C. केवल 2 और 3 **D.** 1, 2 और 3

Q.95 निम्नलिखित में से कौन सा/ से भारतीय राज्य, चीन के साथ सीमा साझा करता है / करते हैं?

1. असम
2. पंजाब
3. सिक्किम
4. अरूणाचल प्रदेश

नीचे दिए गए कोड का उपयोग करके सही उत्तर चुनें:

A. केवल 1 और 2 **B.** केवल 3 और 4
C. केवल 1, 3 और 4 **D.** केवल 4

Q.96 जब शीतल वायु उष्ण वायुराशि की ओर बढ़ती है, तो इनके अभिसरण क्षेत्र को कहा जाता है:

A. स्थायी वाताग्र **B.** शीत वाताग्र
C. उष्ण वाताग्र **D.** संरोधित वाताग्र

Q.97 मसाई जनजाति के सन्दर्भ में निम्नलिखित कथनों पर विचार कीजिए:

1. वे ब्राजील और अर्जेंटीना के कुछ भागों में निवास करते हैं।
2. वे अर्ध-घुमंतू और पशुपालक होते हैं।

उपर्युक्त कथनों में से कौन सासही है?

A. केवल 1 **B.** केवल 2
C. 1 और 2 दोनों **D.** न तो 1 और न ही 2

Q.98 शंघाई सहयोग संगठन में निम्नलिखित में से किस/ किन देश/ देशों को पर्यविक्षक राज्य का दर्जा प्राप्त है?

1. अफगानिस्तान
2. नेपाल
3. मंगोलिया
4. श्रीलंका

नीचे दिए गए कोड का उपयोग करके सही उत्तर चुने:

A. केवल 1 और 2 **B.** केवल 1 और 3
C. केवल 2 और 4 **D.** केवल 3 और 4

Q.99 इग्लू, एक प्रकार का आश्रय स्थल, निम्नलिखित में से किसकी प्रमुख विशेषता है?

A. बुशमैन की
B. गुर्जर की
C. एस्किमो की
D. आस्ट्रेलियाई आदिवासियों की

Q.100 अटलांटिक महासागर में स्थित सारगैसो सागर किसके लिए कुख्यात है?

A. तैरते हुए समुद्री खरपतवार की एक बड़ी मात्रा और खराब समुद्री जीवन के लिए
B. उच्च तूफान वृद्धि से नौपरिवहन में बाधा के लिए
C. ज्वालामुखियों और भूकंपों के लिए उच्च भूकंपीय गतिविधि के लिए
D. उपरोक्त में से कोई नहीं

Q.101 पनामा नहर के सन्दर्भ में निम्नलिखित कथनों पर विचार कीजिए:
1. यह अटलांटिक महासागर को प्रशांत महासागर से जोड़ती हैं।
2. यह समुद्री मार्ग से न्यूयॉर्क और सैन फ्रांसिस्को के मध्य की दूरी 130 किमी कम कर देती है।
उपर्युक्त कथनों में से कौन सा है?

A. केवल 1 **B.** केवल 2
C. 1 और 2 दोनों **D.** न तो 1 और न ही 2

Q.102 जब किसी झील और टैंक के आसपास गाँव का विकास किया जाता हैं, तो ग्रामीण बनावट का निम्नलिसित में से कौन सा पेटर्न पाया जा सकता है?

A. वृताकार पैटर्न **B.** आयताकार पैटर्न
C. तारा सदृश पैटर्न **D.** Y आकार का पैटर्न

Q.103 हॉट स्पॉट ज्वालामुखी के सन्दर्भ में निम्नलिखित कथनों पर विचार कीजिए:
1. हॉट स्पॉट ज्वालामुखी का उद्भव पृथ्वी की विवर्तनिक प्लेटों की सीमाओं पर होता है।
2. हॉट स्पॉट के ऊपर ज्वालामुखी का उद्गार सदैव नहीं होता है।
उपर्युक्त कथनों में से कौन सा सही है?

A. केवल 1 **B.** केवल 2
C. 1 और 2 दोनों **D.** न तो 1 और न ही 2

Q.104 किस वर्ष, अरुणाचल प्रदेश भारत का पूर्ण राज्य बन गया?

A. 1985 **B.** 1986 **C.** 1987 **D.** 1988

Q.105 भारत में निम्नलिखित में से कौन सा क्षेत्र सबसे कम ऊंचाई का प्रतिनिधित्व करता है?

A. केरल में कुट्टनाड क्षेत्र
B. कर्नाटक में सौराष्ट्र क्षेत्र
C. तमिलनाडु का कोरोमंडल
D. केरल का मालाबार क्षेत्र

Q.106 भारत में "नूनमाटी" का स्थान निम्नलिखित में से किससे संबंधित है?

A. नमक उद्योग **B.** पैट्रोलियम उद्योग
C. कागज उद्योग **D.** वस्त्र उद्योग

Q.107 भारत में सुंदरवन किस प्रकार के वनों का एक उत्कृष्ट उदाहरण है?

A. सूखे वन **B.** पर्णपाती वन
C. ज्वारीय वन **D.** गीले पर्णपाती वन

Q.108 निम्नलिखित कथनों पर विचार करें:
1. भारत में, मोनाजाइट और थोरियम दुर्लभ पृथ्वी तत्वों के प्रमुख स्रोत हैं
2. भारत दुर्लभ पृथ्वी तत्वों में आत्मनिर्भर है
उपरोक्त कथनों में से कौन सा सही है?

A. केवल 1 सही है
B. केवल 2 सही है
C. 1 और 2 दोनों सही हैं
D. न तो 1 और न ही 2 सही है

Q.109 निम्नलिखित में से कौन से पेड़ / पौधे पश्चिमी हिमालय में प्रचुर मात्रा में हैं?

A. चीर, देवदार, लाल सांडर्स
B. ओक्स, देओदर, कॉफ़ी, सुपारी
C. पाइन, स्प्रूस, सिल्वर फर, सिल्वर बर्च
D. चीर, पाइन, कॉफी, देवदार

Q.110 भारत में कपास की खेती के संदर्भ में, निम्नलिखित में से कौन सा कथन सही है?
1. भारत का लगभग 65% कपास वर्षा वाले क्षेत्रों में उत्पादित होता है
2. अधिकांश कपास का उत्पादन मध्य क्षेत्र में होता है जिसमें महाराष्ट्र, मध्य प्रदेश और गुजरात शामिल हैं
नीचे दिए गए कोड में से सही विकल्प चुनें:

A. केवल 1 **B.** केवल 2
C. दोनों 1 & 2 **D.** न तो 1 और न ही 2

Q.111 राजघाट नदी घाटी परियोजना किस नदी से संबंधित है?

A. यमुना **B.** चंबल **C.** बेतवा **D.** सोन

Q.112 निम्नलिखित युग्मों को उनके राज्यों की पहाड़ियों के साथ सुमेल करें:

सूची-I (पर्वत)	सूची-II (राज्य)
1. खंडाधार	ओडिशा
2. बिलिगिरीरंगा	कर्नाटक
3. लुशाई	असम

उपरोक्त में से कौन सही प्रणाली से मेल खाता है?

A. केवल 1 **B.** केवल 1 और 2
C. 1, 2 और 3 **D.** None

Q.113 भारत के अंगामी आदिवासियों के बारे में निम्नलिखित कथनों पर विचार करें:
1. इस जनजाति के लोग मुख्य रूप से भारत के चरम उत्तर पूर्व हिस्से में रहते हैं
2. इस जनजाति का मुख्य त्योहार मोत्सु है
3. ईसाई धर्म अंगामी आदिवासी लोगों में प्रमुख धर्म है
उपरोक्त में से कौन सा सही कथन है?

A. केवल 1 और 2 **B.** केवल 2 और 3
C. केवल 1 और 3 **D.** 1, 2 और 3

Q.114 पिचवारम मैंग्रोव वन भारत के सबसे बड़े मैंग्रोव वनों में से एक है। पिचवारम मैंग्रोव निम्नलिखित में से किस राज्य में स्थित है?

A. तमिलनाडु **B.** केरल
C. पश्चिम बंगाल **D.** गुजरात

Q.115 भालिया गेहूं का एक दीर्घ अनाज है, जिसमें उच्च प्रोटीन सामग्री होती है और सदियों से सिंचाई के बिना उगाया जाता है। यह भारत के किस राज्य में उगाया जाता है?

A. पंजाब **B.** गुजरात
C. मध्य प्रदेश **D.** जम्मू और कश्मीर

Q.116 निम्नलिखित जलवायु परिस्थितियों में से कौन सा भारत में रबर के पेड़ों की इष्टतम वृद्धि की ओर जाता है?

1. बिना किसी शुष्क मौसम के लगभग 250 सेंटीमीटर की समान रूप से वितरित वर्षा
2. रेंज 21-27 डिग्री में
3. अच्छी तरह से सूखा मिट्टी के साथ समतल भूमि
4. उच्च आर्द्रता

नीचे दिए गए कोड से सही विकल्प का चयन करें:

A. 1, 2 और 3 केवल **B.** 1, 3 और 4 केवल
C. 2, 3 और 4 केवल **D.** 1, 2, 3 और 4

Q.117 हिमालय पर्वतमाला का कौन सा पर्वत भारत का सबसे ऊँचा पर्वत है?

A. एवरेस्ट **B.** कार्डमम **C.** काराकोरम **D.** कंचनजंगा

Q.118 भारत के दक्षिण पश्चिमी तट में लक्षद्वीप संस्कृत शब्द किस नंबर से आता है?

A. 1,000,000 **B.** 100,000
C. 10,000 **D.** 1,000

Q.119 निम्नलिखित में से किसकी अधिकतम जैव विविधता है?

A. नदी **B.** रेगिस्तान
C. उष्णकटिबंधीय क्षेत्र **D.** ध्रुवीय क्षेत्र

Q.120 निम्नलिखित दक्षिण भारतीय राज्यों में से किसने अन्य राज्यों की अधिकतम संख्या के साथ अपनी सीमा साझा की?

A. तमिलनाडु **B.** केरल **C.** आंध्र प्रदेश **D.** कर्नाटक

Q.121 प्रायद्वीपीय क्षेत्र के विकास को निम्नलिखित में से किसके परिणामस्वरूप माना जाता है?

A. जियोसिंकलाइन इवोल्यूशन
B. सेनोजोइक फोल्डिंग
C. प्लेटफार्म विकास
D. इनमे से कोई भी नहीं

Q.122 यह क्षेत्र पश्चिम में छोटा नागपुर पठार और पूर्व में गंगा डेल्टा के बीच स्थित है?

A. डूयर्स **B.** राह **C.** तराई **D.** भाबर

Q.123 पीर पंजाल दर्रा निम्नलिखित में से किस स्थान के बीच सबसे आसान पहुँच प्रदान करता है?

A. कश्मीर और कारगिल
B. जम्मू और कश्मीर की घाटी
C. लेह और सियाचिन ग्लेशियर
D. इनमे से कोई भी नहीं

Q.124 भारत के निम्नलिखित में से किस क्षेत्र में रेगिस्तानों, उपजाऊ मैदानों और मध्यम वनों वाले पर्वतों की विशेषता है?

A. अरब सागर के साथ दक्षिण-पश्चिमी सीमा
B. उत्तर-पश्चिमी भारत
C. उत्तर-पूर्वी सीमावर्ती
D. कोरोमंडल तट

Q.125 जंगल पर ईंधन की निर्भरता भारत के निम्नलिखित में से किस राज्य में है?

A. मध्य प्रदेश **B.** कर्नाटक **C.** महाराष्ट्र **D.** गुजरात

// स्मार्ट उत्तर पुस्तिका //

सही उत्तर उन छात्रों के प्रतिशत को इंगित करता है जिन्होंने प्रश्नों का सही उत्तर दिया था।

छोड़ दिया उन छात्रों के प्रतिशत को इंगित करता है जिन्होंने प्रश्नों को छोड़ दिया था।

प्रश्न संख्या	उत्तर	सही उत्तर	छोड़ दिया	प्रश्न संख्या	उत्तर	सही उत्तर	छोड़ दिया	प्रश्न संख्या	उत्तर	सही उत्तर	छोड़ दिया	प्रश्न संख्या	उत्तर	सही उत्तर	छोड़ दिया	प्रश्न संख्या	उत्तर	सही उत्तर	छोड़ दिया
1	B	88.8 %	0.0 %	17	C	57.13 %	1.5 %	33	A	59.06 %	1.33 %	49	D	58.69 %	1.66 %	65	C	20.31 %	4.66 %
2	D	55.04 %	1.91 %	18	B	32.52 %	4.59 %	34	C	85.51 %	0.0 %	50	A	62.4 %	1.86 %	66	B	55.35 %	1.12 %
3	C	81.92 %	0.0 %	19	D	66.88 %	1.78 %	35	D	62.81 %	1.99 %	51	A	77.01 %	0.0 %	67	A	67.27 %	1.84 %
4	B	41.83 %	1.96 %	20	C	84.37 %	0.0 %	36	B	50.07 %	1.52 %	52	C	10.73 %	3.69 %	68	B	13.93 %	3.36 %
5	C	88.74 %	0.0 %	21	C	82.86 %	0.0 %	37	B	27.54 %	3.75 %	53	B	46.34 %	1.69 %	69	C	85.15 %	0.0 %
6	C	65.11 %	1.33 %	22	A	52.15 %	1.59 %	38	A	81.46 %	0.0 %	54	D	79.12 %	0.0 %	70	A	20.64 %	4.0 %
7	C	16.76 %	3.9 %	23	D	30.86 %	4.37 %	39	A	63.86 %	1.74 %	55	C	48.29 %	1.92 %	71	C	30.76 %	3.44 %
8	B	49.76 %	1.93 %	24	B	20.54 %	4.79 %	40	C	60.39 %	1.72 %	56	D	50.18 %	1.68 %	72	C	28.24 %	3.36 %
9	B	89.31 %	0.0 %	25	D	41.16 %	1.68 %	41	A	28.35 %	3.42 %	57	B	82.27 %	0.0 %	73	A	55.59 %	1.95 %
10	A	66.42 %	1.94 %	26	C	40.12 %	1.05 %	42	D	50.72 %	1.16 %	58	D	60.56 %	1.49 %	74	A	26.77 %	3.12 %
11	B	13.1 %	4.07 %	27	A	18.56 %	3.07 %	43	D	53.16 %	1.6 %	59	C	57.41 %	1.58 %	75	C	48.28 %	2.0 %
12	A	53.69 %	1.85 %	28	A	56.24 %	1.12 %	44	C	54.87 %	1.36 %	60	A	51.82 %	1.14 %	76	D	45.85 %	1.03 %
13	C	47.41 %	1.53 %	29	C	51.07 %	1.78 %	45	A	69.33 %	1.8 %	61	A	23.51 %	4.42 %	77	A	19.91 %	3.76 %
14	A	44.57 %	1.67 %	30	C	45.69 %	1.31 %	46	C	61.6 %	1.62 %	62	B	46.45 %	1.0 %	78	C	14.88 %	3.4 %
15	D	20.0 %	3.86 %	31	D	64.91 %	1.42 %	47	B	60.68 %	1.12 %	63	C	46.6 %	1.16 %	79	A	53.74 %	1.83 %
16	A	11.59 %	3.28 %	32	D	31.15 %	3.38 %	48	C	77.77 %	0.0 %	64	B	63.38 %	1.58 %	80	B	59.41 %	1.09 %

प्रश्न संख्या	उत्तर	सही उत्तर	छोड़ दिया
81	D	19.44 %	4.15 %
82	C	40.11 %	1.21 %
83	D	11.09 %	3.11 %
84	A	27.21 %	4.31 %
85	D	87.32 %	0.0 %
86	B	54.67 %	1.74 %
87	A	67.43 %	1.4 %
88	A	20.56 %	3.18 %
89	C	56.0 %	1.29 %

प्रश्न संख्या	उत्तर	सही उत्तर	छोड़ दिया
90	D	42.77 %	1.73 %
91	D	41.62 %	1.06 %
92	A	58.44 %	1.61 %
93	B	47.02 %	1.58 %
94	D	31.3 %	3.16 %
95	B	76.4 %	0.0 %
96	B	26.69 %	4.03 %
97	B	55.02 %	1.22 %
98	B	61.32 %	1.96 %

प्रश्न संख्या	उत्तर	सही उत्तर	छोड़ दिया
99	C	51.08 %	1.03 %
100	A	49.93 %	1.38 %
101	A	64.99 %	1.76 %
102	A	58.36 %	1.69 %
103	B	55.63 %	1.13 %
104	C	53.04 %	1.79 %
105	A	54.08 %	1.03 %
106	B	52.47 %	1.74 %
107	C	58.27 %	1.69 %

प्रश्न संख्या	उत्तर	सही उत्तर	छोड़ दिया
108	A	42.67 %	1.11 %
109	C	46.33 %	1.69 %
110	C	24.62 %	3.33 %
111	C	68.76 %	1.22 %
112	B	79.71 %	0.0 %
113	C	11.23 %	4.87 %
114	A	82.77 %	0.0 %
115	B	43.07 %	1.01 %
116	D	48.15 %	1.73 %

प्रश्न संख्या	उत्तर	सही उत्तर	छोड़ दिया
117	D	66.15 %	1.26 %
118	B	57.5 %	1.52 %
119	C	47.64 %	1.54 %
120	D	88.97 %	0.0 %
121	C	69.0 %	1.75 %
122	B	46.06 %	1.2 %
123	B	41.45 %	2.0 %
124	B	86.05 %	0.0 %
125	C	64.8 %	1.28 %

कार्य विश्लेषण	
औसत अंक (%)	64.24%
टॉपर्स स्कोर (%)	74.82%
आपका स्कोर	

//संकेत और समाधान//

1. बिश्रामपुर कोयला खदानों के लिए प्रसिद्ध है। बिश्रामपुर कोयला खदान छत्तीसगढ़ राज्य, भारत में 3 मिलियन टन प्रति वर्ष (MTPA) कोयला खदान है।

अतः विकल्प (B) सही है।

2. तमिलनाडु का समुद्रतट कोरोमंडल तट कहलाता है। पूर्वी तटीय क्षेत्र को तीन भागों में बांटा गया है- उत्कल तट, उत्तरी सिरकार या रॉयल सीमा तट औट कोरोमंडल तट। पश्चिमी तट को कोंकण तट एवं मालाबार तट में बांटा गया है।

अतः विकल्प (D) सही है।

3. चौराबाड़ी ग्लेशियर उत्तराखंड के रुद्रप्रयाग जिले में केदरनाथ मंदिर के उत्तर में अवस्थित है।

अतः विकल्प (C) सही है।

4. हिमालय के हिमनदों के पिघलने की गति सर्वाधिक है। गंगा नदी के उद्गम स्थल पर स्थित गंगोत्रि ग्लेशियर तेजी से पिघल रहा है। इसी के परिणामस्वरूप इसका विस्तार कम होकर पिछले 50 वर्षों की तुलना में लगभग आधा हो गया है।

अतः विकल्प (B) सही है।

5. मिलान हिमनद उत्तराखंड के कुमाऊं प्रक्षेत्र में अवस्थित मुख्य हिमनद है। इसी हिमनद से शारदा नदी (काली गंगा) का उद्गम होता है।

अतः विकल्प (C) सही है।

6. भारत का पश्चिमी तटीय मैदान संकीर्ण है, इसके उत्तरी भाग को कोंकण तट और दक्षिणी भाग को मालाबार तट कहते हैं, जबकि पूर्वी तटीय मैदान में उत्तरी सिरकार तट एवं कोरोमंडल तट शामिल है उत्तरी सिरकार तट का विस्तार गोदावरी डेल्टा से उत्तरी तटीय भाग तक है, जबकि कोरोमंडल तट कन्याकुमारी कृष्णा डेल्टा तक विस्तारित है।

अतः विकल्प (C) सही है।

7. (a) जेलेप ला दर्रा पूर्वी सिक्किम जिले को ल्हासा (तिब्बत) से जोड़ता है।

(b) गढ़वाल (उत्तराखंड) की पहाड़ियों में तिब्बत को जोड़ने वाले दो दर्रे नीति एवं माणा (माना) (5060 मीटर ऊंचाई) हैं।

(c) तिब्बत को जोड़ने वाला शिपकी ला दर्रा (5571 मीटर ऊंचाई) हिमाचल प्रदेश के किन्नौर जिले में स्थित है।

(d) बॉमडि ला दर्रा अरुणाचल प्रदेश (पश्चिमी कामेंग जिला) एवं ल्हासा (तिजत) को जोड़ता है।

स्पष्ट है कि शिपकी ला जम्मू और कश्मीर सुमेलित नहीं है।

अतः विकल्प (C) सही है।

8. लिपुलेख दर्रा उत्तराखंड राज्य के पिथौरागढ़ जिले में अवस्थित है, इस दर्रे का उपयोग कैलाश मानसरोवर यात्रा के लिए भी किया जाता है।

अतः विकल्प (B) सही है।

9. 'माना दर्रा' उत्तराखड राज्य में नंदा देवी बायोस्फीयर रिजर्व क्षेत्र से जास्कर पर्वत श्रेणी के पूर्वी छोर तक फैला हुआ है।

अतः विकल्प (B) सही है।

10. किंग-विंग, नीति-माना दर्रे है। नीति दर्रा भारत के उत्तराखंड राज्य को तिब्बत से जोड़ने वाला हिमालय का एक प्रमुख दर्रा है। माणा या माना दर्रा हिमालय क्षेत्र में भारत और तिब्बत के बीच स्थित है जिसे चिरिबितिया या डूंगरी ला भी कहा जाता है। इसी दर्रे में देवताल झील है जहां से अलकनंदा की सहायक नदी सरस्वती का उद्गम होता है।

अतः विकल्प (A) सही है।

11. गुरला मान्धाता पर्वत शिखर भारत में नहीं बल्कि पश्चिमी तिब्बत नेपाल की उत्तर-पश्चिम सीमा के निकट अवस्थित है। इसी प्रका नामचा बरवा पर्वत चोटी भी अरुणाचल प्रदेश सीमा के निकट दक्षिण-पूर्व तिब्बत (चीन) में अवस्थित है। इस प्रकार गुरला मान्धाता और नामचा बरवा ये दोनों ही पर्वत शिखर भारत में अवस्थित नहीं हैं। कामेट या कामेत पर्वत उत्तराखंड के गढ़वाल क्षेत्र में तथा नंगा पर्वत भारत के जम्मू एवं कश्मीर (पाक-अधिकृत क्षेत्र) में अवस्थित है।

अतः विकल्प (B) सही है।

12. "गौरलाटा" चोटी सामरीपाट के चांदों पहाड़ी रेंज पर स्थित है। यह छत्तीसगढ़ राज्य में अवस्थित है। इस पर्वतीय शिखर की ऊंचाई लगभग 1225 मीटर है।

अतः विकल्प (A) सही है।

13. शिपकी ला हिमाचल प्रदेश में, बॉमडि ला अरुणाचल प्रदेश में तथा नाथू ला सिक्किम में स्थित है। प्रश्नकाल में जोजि ला जम्मू और कश्मीर में स्थित था। 31 अक्टूबर, 2019 से जोजि ला नाथू ला केंद्रशासित प्रदेश लद्दाख के कारगिल जिले में अवस्थित है। नाथू ला भारतीय क्षेत्र में सिक्किम की राजधानी गंगटोक से लगभग 55 किमी पूर्व में स्थित है, जो चीनी क्षेत्र में तिब्बती पठार की चुंबी घाटी में खुलता है।

अतः विकल्प (C) सही है।

14. जोजि ला श्रीनगर को लेह से जोड़ता है। बनिहाल दर्रा जम्मू को श्रीनगर से जोड़ता है, जबकि शिपकी ला हिमाचल प्रदेश को तिब्बत से संबद्ध करता है।

अतः विकल्प (A) सही है।

15. पश्चिमी घाट का विस्तार पश्चिमी सागर तट के समांतर लगभग 1500 किमी की लंबाई में उत्तर में तापी के मुहाने से दक्षिण में कुमारी अंतरीप तक पाया जाता है। ये भ्रंशोत्थ (ब्लॉक) पर्वत हैं, जिनका निर्माण स्थल के एक खंड के अरब सागर में अपसंवलन के कारण हुआ है। इसका पश्चिमी ढाल तीव्र एवं खड़ा, जबकि पूर्वी ढाल मंद एवं सीदीनुमा या क्रमशः नीचा होता हुआ पठार है। 16° उत्तरी अक्षांश तक पश्चिमी घाट मुख्यतः बेसाल्ट शैलों से एवं गोवा से दक्षिण ग्रेनाइट और नाइस शैलों से निर्मित है।

अतः विकल्प (D) सही है।

16. प्रश्नानुसार दिए गए उच्चावच आकृतियों का पश्चिम से पूर्व की ओर बढ़ते हुए सही क्रम है- महादेव पर्वत श्रृंखला, मैकाल पर्वत श्रृंखला, छोटानागपुर पर्वत श्रृंखला तथा खासी की पहाड़ियां। महादेव एवं मैकाल श्रेणियां सतपुड़ा श्रेणी के पूर्वी विस्तार के रूप में स्थित हैं। इनके पूर्व में छोटानागपुर श्रेणी तथा सबसे पूर्व में खासी की पहाड़ियां (मेघालय) स्थित हैं।

अतः विकल्प (A) सही है।

17. नीलगिरि पहाड़ी भारतीय प्रायद्वीप के पूर्वी धाट तथा पश्चिमी घाट के मिलन बिंदु पर स्थित है। नीलगिरि पहाड़ी को ब्लू माउटेन भी कहा जाता है। इसकी सर्वाधिक ऊंची चोटी दोद्दाबेट्टा (लगभग 2637 मी. ऊंची) है।

अतः विकल्प (C) सही है।

18. अरावली श्रेणी गुजरात के पालनपुर से लेकर राजस्थान एवं हरियाणा से होकर दिल्ली तक लगभग 800 किमी. की लंबाई में फैली है। इसका निर्माण प्री-कैम्ब्रियन काल में हुआ था, जो 600 से 570 मिलियन वर्ष पूर्व का माना जाता है। यह भारत की प्राचीनतम पर्वत श्रृंखला है, जबकि विश्व की सबसे प्राचीन पर्वत श्रृंखलाओं में से एक है। इसकी सर्वोच्च चोटी गुरु शिखर (1722 मी.) है।

अतः विकल्प (B) सही है।

19. भारत की तट रेखा की कुल लम्बाई 7516 किमी है। भारत की तट रेखा पर कुल नौ राज्य एवं चार केंद्रशासित प्रदेश स्थित हैं। इन राज्यों में सबसे अधिक तट रेखा की लम्बाई गुजरात राज्य की है।

अतः विकल्प (D) सही है।

20. भारत के कुल 9 राज्य तट रेखा से लगे हैं। भारत में कर्क रेखा इन राज्यों से होकर निकलती है। कुल 8 राज्य छत्तीसगढ़ पश्चिमबंगाल, राजस्थान, गुजरात, मध्य प्रदेश, मिजोरम, त्रिपुरा, झारखंड।

अतः विकल्प (C) सही है।

21. प्राचीन भारतीय ऐतिहासिक साक्ष्यों में हिंद महासागर को 'रत्नाकर' (Jewel of mine) से संबंधित किया गया है।

अतः विकल्प (C) सही है।

22. तटीय अपरदन में समुद्री लहरों, ज्वार-भाटा, धाराओं, सुनामी लहरों तथा मानवीय क्रिया-कलापों आदि की प्रमुख भूमिका होती है। इनमें से सर्वाधिक तटीय अपरदन लहरों द्वारा होता है।

अतः विकल्प (A) सही है।

23. पश्चिमी तट पर स्थित उपर्युक्त नगरों का उत्तर से दक्षिण सही क्रम इस प्रकार है-

जंजीरा- महाराष्ट्र के रायगढ़ जिले में
सिंधुदुर्ग- महाराष्ट्र के सिंधु दुर्ग जिले में
कन्नूर- केरल के कन्नूर जिले में
नागरकोइल- तमिलनाडु राज्य के कन्याकुमारी जिले में

अतः विकल्प (A) सही है।

24. दिए गए सागरीय पुलिनों तथा उनसे सम्बंधित राज्यों का सुमेलन निम्नानुसार है-

सूची-I (सागर पुलिन)	सूची-II (राज्य)
a. दीघा	1. पश्चिम बंगाल
b. गोपालपुर	2. ओडिशा
c. कलांगुट	3. गोवा
d. मरीना	4. तमिलनाडु

अतः विकल्प (B) सही है।

25. इंडिया स्टेट ऑफ फॉरेस्ट रिपोर्ट (ISFR) फॉरेस्ट सर्वे ऑफ इंडिया (FSI) द्वारा द्विवार्षिक रूप से प्रकाशित किया जाता है। ISFR 2019 पैटर्न में 16 वीं रिपोर्ट है। वन और वृक्ष सर्वेक्षणों के अलावा यह कार्बन स्टॉक और जंगल की आग से संबंधित आंकड़ों को भी मापता है। ISFR 2019 ने पहली बार वनों से उपज पर राष्ट्रीय वन सूची बनाई है।

अतः विकल्प (D) सही है।

26. उपर्युक्त प्रश्न में दिए गए हिमनदों की लंबाइयां इस प्रकार हैं-

गंगोत्री हिमनद-26 किमी

रून्डुन हिमनद-19 किमी

कंचनजंगा हिमनद-16 किमी

केदारनाथ हिमनद-14 किमी

अतः विकल्प (C) सही है।

27. भारत में सर्वाधिक सघनता वाला भूकंपीय क्षेत्र हिमालय क्षेत्र में स्थित है। इस क्षेत्र का अधिकांश भाग भूकंपीय क्षेत्र (Seismic zone) IV एवं V में आता है। इस क्षेत्र के अंतर्गत भारत के पूर्वोत्तर भारत, जम्मू और कशमीर, लद्दाख, हिमाचल प्रदेश, उत्तराखंड के क्षेत्र शामिल है तथा भारत में इन्हीं क्षेत्रों में हिमालय का विस्तार है। हिमालय में कई अनुदैर्घ्य उत्क्रम एवं भ्रंश/दरार पाए जाते है।

अतः विकल्प (A) सही है।

28. जल के भार और उसमें मिश्रित लवणीय पदार्थों के अनुपात को लवणता या खारापन कहते हैं। महासागरों, सागरों तथा कुछ झीलों में लवणता अधिक होने के कारण जल खारा होता है और नदियों के जल में लवणता अत्यल्प होने के कारण वह मीठा या अलवण होता है। महासागरीय जल में लवणता का औसत 35% हैं किंतु विभिन्न सागरों में इसकी मात्रा 30 और 40 के मध्य पायी जाती है। सागरीय जल में पाये जाने वाले लवणों में सर्वाधिक मात्रा सोडियम क्लोराइड (77.8 प्रतिशत) और मैग्नेशियम क्लोराइड (10.9 प्रतिशत) की है। अन्य लवणों में मैग्नेशियम सल्फेट (4.7 प्रतिशत), कैल्सियम सल्फेट (3.6 प्रतिशत) और पोटैशियम सल्फेट (2.5 प्रतिशत) महत्वपूर्ण हैं।

अतः विकल्प (A) सही है।

29. जैव प्रौद्योगिकी उद्योग अनुसंधान सहायता परिषद (BIRAC) एक गैर-लाभकारी सार्वजनिक क्षेत्र उद्यम है, जिसकी स्थापना जैव प्रौद्योगिकी विभाग (DBT), भारत सरकार ने की थी। यह एक मध्यस्थ एजेंसी है, जिसका उद्देश्य जैव प्रौद्योगिकी उद्यमों को मजबूत और सशक्त बनाने के लिए वित्तीय, ढांचागत, संस्थागत और सलाह समर्थन प्रदान कर अनुसंधान का नेतृत्व, पोषण और नवाचार को बढ़ावा देना और उसको लागू करना है।

अतः विकल्प (C) सही है।

30. भारत की भूमि के उत्तर दिशा के सबसे आखिरी हिस्से को इंदिरा कॉल कहते हैं।

इंदिरा कॉल जो की काराकोरम पर्वतमाला की सियाचिन मुज़ताग़ उपश्रेणी के इंदिरा कटक में एक कोल यानी पहाड़ी दर्रा है. इंदिरा कॉल का नामकरण की खोज बुलक वर्कमैन ने 1912 में की थी।

अतः विकल्प (C) सही है।

31. नागालैंड, मणिपुर, मिजोरम और अरुणाचल प्रदेश भारत और चीन की सीमा को छूने वाला है।

अरुणाचल प्रदेश जिसमे अरुणाचल शब्द का अर्थ "उगते सूर्य का पर्वत" है। अरुणाचल प्रदेश, नागालैंड, मणिपुर, मिजोरम भारत और चीन की सीमा को छुते है। इस राज्य को 20 फरवरी, 1987 को पूर्ण राज्य का दर्जा दिया गया था।

अतः विकल्प (D) सही है।

32. उत्तरी गोलार्द्ध में हम्बोल्ट जलधारा बहती है।

हम्बोल्ट जलधारा जिसे पीरु धारा भी कहते है यह धारा प्रशान्त महासागर मे बहने वाली एक ठंडे जल की महासागरीय धारा हैं। जो की दक्षिणी अमेरिका के पश्चिमी तट के सहारे दक्षिण से उत्तर दिशा में प्रवाहित होती हैं इसे लिए इसे हम्बोल्ट धारा कहते है।

अतः विकल्प (D) सही है।

33. "यूरोप का गर्म कंबल" गल्फस्ट्रीमकी जलधारा को कहा जाता है।

गल्फस्ट्रीमकी जलधारा अन्ध महासागर में प्रवाहित होने वाली गर्म पानी की एक प्रमुख महासागरीय जलधारा है जिसे "यूरोप का गर्म कंबल भी कहते है। इस जलधारा में जल नीला एवं उष्ण हो जाता है।

अतः विकल्प (A) सही है।

34. पूरे भारत में लगभग 44 प्रतिशत क्षेत्रफल पर मैदानी विस्तार पाया जाता है।

अतः विकल्प (C) सही है।

35. ग्रेट स्लेव झील जो की उत्तरी कनाडा की दूसरी सबसे बड़ी झील है। इसकी गहराई 614 मीटर है।

अतः विकल्प (D) सही है।

36. शिकोकू द्वीप जापान का सबसे छोटा द्वीप है।

शिकोकू द्वीप जापान का चारों मुख्य द्वीपों में से सब से छोटा द्वीप होने के साथ कम आबादी वाला भी है। यह 225 किमी लम्बा है और इसकी चौड़ाईकिल 50 से 150 किमी है।

अतः विकल्प (B) सही है।

37. ज्यूजेन की उत्पत्ति अपरदन के पवन के द्वारा होती है।

ज्यूजेन जब मरुस्थली भागो में कठोर चट्टानों के ऊपर कोमल संरचना वाली चट्टानें क्षेतिज रूप में बिछी होती हैं। तब कोमल चट्टानों को हवा शीघ्रता से काट देती हैं जिससे ज्यूजेन की उत्पत्ति होती है।

अतः विकल्प (B) सही है।

38. मैग्मा चट्टानों का पिघला हुआ रूप है जिसकी रचना ठोस, आधी पिघली अथवा पूरी तरह पिघली चट्टानों के द्वारा होती है और जो पृथ्वी के सतह के नीचे निर्मित होता है। मैग्मा के बाहर निकलने वाले रूप को लावा कहते हैं।

अतः विकल्प (A) सही है।

39. मृत ज्वालामुखी में ऐतिहासिक काल से उद्‌गार नहीं हुए थे, ये वे ज्वालामुखी हैं, जिनकी भविष्य में उद्गार की कोई संभावना नहीं है और जिनके मुख में पानी भर जाने से झीलों का निर्माण हो गया है। अफ्रीका का किलिमंजारो, म्यांमार का माउन्ट पोपा, ईरान का कोह सुल्तान और देमबन्द, दक्षिण अमेरिका का चिम्बराजो।

अतः विकल्प (A) सही है।

40. मोजाम्बिक धारा, हिन्द महासागर मे बहने वाली एक गर्म महासागरीय धारा हैं, जो दक्षिण विषुवत रेखीय धारा की एक शाखा मोजाम्बिक चैनेल से होकर दक्षिण की ओर प्रवाहित होती है। इस धारा को अगुलहास धारा भी कहते हैं।

अतः विकल्प (C) सही है।

41. उपरोक्त सभी कारक जैव विविधता के लिए खतरा पैदा करते हैं।

जैव विविधता से तात्पर्य विश्व अथवा किसी विशेष आवास में स्थित पौंधों और जीवों की विविधता से है, जिसका उच्च स्तर आमतौर पर महत्वपूर्ण और वांछनीय माना जाता है।

जैव विविधता के लिए खतरा:

- आवास विखंडन
- विदेशी प्रजाति का आक्रमण
- प्रदूषण
- वैश्विक तापन
-जलवायु परिवर्तन
-वनों की कटाई
- अवैध शिकार
- खनन

अतः विकल्प (A) सही है।

42. अम्लीय या मिश्रित लावा अत्यधिक चिपचिपा होता है और इसका गलनांक उच्च होता है। इसमें सिलिका की मात्रा का उच्च प्रतिशत, निम्न घनत्व और हल्का रंग होता है ।

अम्लीय लावा धीरे-धीरे बहता है और वे जमने से पहले शायद ही कभी दूर तक फैलते हैं। यह शंकु जैसी संरचना का निर्माण करता है, जिसमें खड़े किनारे होते हैं।

अम्लीय लावा तेजी से जमता है, इस कारण इसका मुख नए लावा के प्रवाह को रोकता है, जिसके परिणामस्वरूप जोर से विस्फोट (ज्वालामुखी बम) होते हैं।

अतः विकल्प (D) सही है।

43. वर्तमान वायुमंडल के विकास के कुल तीन चरण हैं। प्रथम चरण को मौलिक वायुमंडल के पतन के रूप में चिह्नित किया जाता है। द्वितीय चरण में पृथ्वी के गर्म आंतरिक भाग ने वायुमंडल के विकास में योगदान दिया। अंत में, प्रकाश संश्लेषण की प्रक्रिया के माध्यम से वातावरण की संरचना को जीवित विश्व द्वारा संशोधित किया गया।

अतः विकल्प (D) सही है।

44. पारिस्थितिकी तंत्र से तात्पर्य जीवों और उनके भौतिक वातावरण के परस्पर संपर्क से सम्बंधित जैविक समुदाय से है खाद्य जाल में श्रृंखलाओं की संख्या में वृद्धि के साथ पारिस्थितिकी तंत्र की स्थिरता में भी वृद्धि होती है। और साथ ही, खाद्य श्रृंखला की लंबाई में वृद्धि के साथ पारिस्थितिकी तंत्र की स्थिरता में भी वृद्धि होती है। यह विभिन्न क्षेत्र परीक्षणों के माध्यम से सिद्ध हुआ है।

अतः विकल्प (C) सही है।

45. इरेटोस्थनीज (276 ईसापूर्व से 195–194 ईसापूर्व) को भूगोल का पिता कहा जाता है । इरेटोस्थनीज यूनान के एक गणितज्ञ, भूगोलविद, कवि, खगोलविद एवं संगीत सिद्धानतकार थे । भूगोल को एक अलग अध्ययन शास्त्र के रूप में स्थापित किया और भूगोल के लिए GEOGRAPHICA शब्द का प्रयोग किया। इसलिए इनको व्यवस्थित भूगोल का जनक भी कहते है।

अतः विकल्प (A) सही है।

46. सतपुड़ा की पहाड़ियाँ भारत के मध्य भाग में स्थित है। यह पर्वत श्रृंखला गुजरात से होते हुए मध्य प्रदेश एवं महाराष्ट्र की सीमा से होते हुए छत्तीसगढ़ तक फैली है सतपुड़ा एवं विंध्याचल पर्वत श्रृंखला भारत को गंगा के मैदान एवं दक्षिण में डेक्कन पठार में विभाजित करते हैं।

अतः विकल्प (C) सही है।

47. ज्वालामुखी विवर या ज्वालामुखीय क्रेटर, किसी ज्वालामुखी के विस्फोट के कारण ज़मीन पर बना एक गोल आकार का गड्ढा होता है। आम तौर से इस गड्ढे का फर्श समतल होता है और उसमें एक छेद से पिघले पत्थर, गैस और अन्य ज्वालामुखीय पदार्थ निकलते हैं। कई दफ़ा ज्वालामुखी के अन्दर लावा से भरी हुई गुफा ख़ाली हो जाने से उसकी छत बैठ जाती है और एक विवर-नुमा गड्ढा बना देती है, पर यह विवर नहीं बल्कि एक ज्वालामुखीय कुण्ड या "कैल्डेरा" कहलाता है।

अतः विकल्प (B) सही है।

48. सूर्य अपनी सामयिक चाल में आकाश से, वर्ष में दो बार, 21 मार्च और 23 सितंबर को भूमध्य रेखा के ठीक ऊपर से गुजरता है। इन दिनों भूमध्य रेखा पर सूर्य की किरणें पृथ्वी की सतह के एकदम लम्बवत पड़ती हैं।

अतः विकल्प (C) सही है।

49. विश्व में चिली तांबे का सबसे बड़ा उत्पादक देश है। चिली के बाद संयुक्त राज्य अमेरिका का स्थान हैं तांबे का प्रयोग विभिन्न प्रकार की मिश्र धातु बनाने में किया जाता है, जैसे — तांबा तथा टिन के मिश्रण से कांसा एवं तांबा तथा जस्ते के मिश्रण से पीतल बनता है। तांबा एक भौतिक तत्व है।

अतः विकल्प (D) सही है।

50. भूमध्य रेखा (0° अक्षांश) के सर्वाधिक निकट सिंगापुर है। सिंगापुर भूमध्य रेखा से मात्र 137 किमी की दूरी पर स्थित है।

अतः विकल्प (A) सही है।

51. कांगो नदी, जो ज़ाइरे नदी भी कहलाती है, अफ़्रीका की एक प्रमुख नदी है। 4,700 किलोमीटर की दूरी तय करने वाली यह नदी पश्चिम मध्य अफ़्रीका की सबसे विशाल और नील नदी के बाद अफ़्रीका की सबसे लम्बी नदी है। कांगो नदी विश्व की समस्त नदियों में, दक्षिण अमेरीका की ऐमेज़न नदी के बाद, दूसरी सबसे अधिक जलप्रवाह वाली नदी है।

अतः विकल्प (A) सही है।

52. एक देशान्तर को पार करने में दो स्थानों के स्थानीय समय के बीच का 4 मिनट अन्तर होता है।

पृथ्वी अपनी धुरी पर दिन (24 घंटे = 24 X 60 मिनट = 1440 मिनट) में 360 डिग्री घूम जाती है।

तो 1 डिग्री देशांतर रेखा पार करने में लगा समय $= \frac{1440}{360} = 4$ मिनट

अतः विकल्प (C) सही है।

53. भू-पृष्ठ का 75 प्रतिशत भाग अवसादी शैलों से ढका है अपक्षय एवं अपरदन के विभिन्न साधनों द्वारा मौलिक चट्टनों के विघटन, वियोजन और टूटने से परिवहन तथा किसी स्थान पर जमाव के परिणामस्वरुप उनके अवसादों से निर्मित शैल को अवसादी शैल (sedimentary rock) कहा जाता हैं।

अतः विकल्प (B) सही है।

54. मिस्र का सिनाई प्रायद्वीप लाल सागर और भूमध्य सागर के मध्य एक अव्यवस्थित बनावट वाला रेगिस्तानी क्षेत्र है।

अतः विकल्प (D) सही है।

55. वायुमण्डल में सर्वाधिक मात्रा में विद्यमान अक्रिय गैस ऑर्गन है।

अक्रिय से तात्पर्य Inert से है तो सर्वाधिक मात्रा आर्गन Ar की है -.934% यानी लगभग 1%। इसके बाद नीऑन और हीलियम है।

अतः विकल्प (C) सही है।

56. जमशेदपुर इस्पात संयंत्र को लौह अयस्क की प्राप्ति झारखंड राज्य की सीहभूम जिले की नोआमुंडी तथा मयूरभंज जिले की गुरुमहीसानी खानों से होती है जो लगभग 100 किलोमीटर दूर स्थित है।

अतः विकल्प (D) सही है।

57. भूमध्यरेखा के दोनों ओर 10° डिग्री अक्षाशों तक निम्न वायुदाब की पेटी होती हैं। यहां पवनें शान्त होती है, इसलिए इसे शान्त पेटी या डोलड्रम कहतें हैं।

अतः विकल्प (B) सही है।

58. कोटोपैक्सी (Cotopaxi) विश्व के सबसे ऊंचे ज्वालामुखी पर्वतों में से एक है। अंतिम बार इसमें उद्गार 1942 ई. में हुआ था।

इक्राडोर में स्थित है कोटोपैक्सी विश्व का सबसे ऊंचा तथा ज्वालामुखी पर्वत है। यह वर्तमान में सक्रिय अवस्था में है। इसकी ऊँचाई 5911 मीटर है।

अतः विकल्प (D) सही है।

59. पठारी क्षेत्रों में विश्व की 9 प्रतिशत जनसंख्या निवास करती है भूमि पर मिलने वाले द्वितीय श्रेणी के स्थल रुपों में पठार अत्यधिक महत्वपूर्ण हैं और सम्पूर्ण धरातल के 33 प्रतिशत भाग पर इनका विस्तार पाया जाता हैं।

अतः विकल्प (C) सही है।

60. हीराकुंड बाँध ओडीसा में महानदी पर निर्मित एक बाँध है। यह सम्बलपुर से 15 किमी दूर है। 1957 में महानदी पर निर्मित यह बाँध संसार के सबसे लंबे बांधों में से एक है। इसकी कुल लम्बाई 25.8 किमी है। इस बाँध के पीछे विशाल जलाशय है।

अतः विकल्प (A) सही है।

61. रेडियो तरंगों (विद्युच्चुंबकीय तरंगों) के प्रसारण में सबसे अधिक है। सूर्य की पराबैगनी किरणों से तथा अन्य अधिक ऊर्जावाली किरणों और कणिकाओं से आयनमंडल की गैसें आयनित हो जाती हैं। ई-परत अथवा केनली हेवीसाइड परत से, जो अधिक आयनों से युक्त है, विद्युच्चुंबकीय तरंगें परावर्तित हो जाती हैं। किसी स्थान से प्रसरित विद्युच्चुबंकीय तरंगों का कुछ भाग आकाश की ओर चलता है। ऐसी तरंगें आयनमंडल से परावर्तित होकर पृथ्वी के विभिन्न स्थानों पर पहुँचती हैं। लघु तरंगों (शार्ट वेव्स) को हजारों किलोमीटर तक आयनमंडल के माध्यम से ही पहुँचाया जाता है।

अतः विकल्प (A) सही है।

62. अटाकामा मरुस्थल दक्षिण अमेरिका के चिली में स्थित एक शुष्क पठार है और इसका विस्तार एंडीज पर्वतमाला के पश्चिम में महाद्वीप के प्रशांत तट पर लगभग 1000 किमी (600 मील) की दूरी तक है। नासा, नेशनल ज्योग्राफिक तथा अन्य कई प्रकाशनों के अनुसार यह दुनिया का सबसे शुष्क मरुस्थल है।

अतः विकल्प (B) सही है।

63. कच्चतीवु द्वीप श्रीलंका द्वारा प्रशासित एक निर्जन द्वीप है। 1976 तक यह क्षेत्र भारत और श्रीलंका के बीच विवादित था। यह द्वीप, नेदुन्तीवु, श्रीलंका और रामेश्वरम (भारत) के बीच स्थित है और पारंपरिक रूप से श्रीलंका के तमिल और तमिलनाडु के मछुआरों द्वारा इस्तेमाल किया जाता रहा है।

अतः विकल्प (C) सही है।

64. किसी मानचित्र पर सागर तल के बराबर घटाए हुए वायुदाब से तुलनात्मक रूप में समान वायुदाब वाले स्थानों को मिलाकर खीची जाने वाली रेखा, समदाब रेखा या आइसोबार कहलाती हैं।

अतः विकल्प (B) सही है।

65. सामान्य तौर पर, जैसे ही हम भूमध्य रेखा से ध्रुवों की ओर बढ़ते हैं, वर्षा लगातार कम होती चली जाती है। विश्व के तटीय क्षेत्र, महाद्वीपों के आंतरिक भागों की तुलना में अधिक मात्रा में वर्षा प्राप्त करते हैं। जल के महान स्रोतों होने के कारण महाद्वीपों की तुलना में महासागरों पर अधिक वर्षा होती है। भूमध्य रिसा के उत्तर एवं दक्षिण में $35°$ और $40°$ अक्षांशों के मध्य, पूर्वी तटों पर वर्षा की मात्रा अधिक होती है, जो पश्चिम की ओर जाने पर कम होती जाती है। लेकिन, पछवा पवनों के कारण भूमध्य रेखा के उत्तर एवं दक्षिण में $45°$ और $65°$ अक्षांशों के मध्य, वर्षा पहले महाद्वीपों के पश्चिमी भाग में होती है, जो पूर्व की ओर जाने पर कमश: घटती चली जाती है।

अतः विकल्प (C) सही है।

66. भूमध्य रेखा के निकट उष्ण कटिबंधीय तरह के वन पाए जाते हैं यह एक ऐसे क्षेत्र होती है जो भूमध्य रेखा के दक्षिण या उत्तर में लगभग 28 डिग्री के भीतर ही होती है वहीं ऑस्टेलिया अफ्रीका दक्षिण अफ्रीका मध्य अमेरिका मेक्सिको ओर प्रशांत दीपों पर पाए जाते हैं

अतः विकल्प (B) सही है।

67. दक्षिण अफ्रीका प्राकृतिक गैस का एक प्रमुख उत्पादक नहीं है प्राकृतिक गैस कई गैसों का मिश्रण है जिसमें मुख्यतः मिथेन होती है तथा 0-20% तक अन्य उच्च हाइड्रोकार्बन (जैसे इथेन) गैसें होती हैं। प्राकृतिक गैस ईंधन का प्रमुख स्रोत है। यह अन्य जीवाश्म ईंधनों के साथ पायी जाती है।

अतः विकल्प (A) सही है।

68. आंतरिक सीमा का आधार जर्मनी और पार्स है। यह मुख्य रूप से ओडर और लुसटियन नीसे नदियों के साथ चलता है और उत्तर में बाल्टिक सागर से मिलता है। "ओडर-नीस लाइन" ने 1950 से 1990 तक पूर्वी जर्मनी और पोलैंड के बीच की सीमा को चिह्नित किया।

अतः विकल्प (B) सही है।

69. दुनिया के ज्ञात यूरेनियम भंडार का 29 फीसदी ऑस्ट्रेलिया में है। यहां इसकी 17 लाख टन मात्रा है।

अतः विकल्प (C) सही है।

70. पर्वत पृथ्वी की सतह के एक वृहद् भाग का निर्माण करते हैं। इनकी निर्माण प्रक्रियाओं के आधार पर, इन्हें मुख्यत: चार प्रकार के पर्वतों में वर्गीकृत किया जाता है: वलित पर्वत, भ्रंशोत्थ पर्वत, ज्वालामुखी पर्वत, अवशिष्ट पर्वत, वलित पर्वत हैं। ये वृहद् पैमाने पर पृथ्वी के संचलन के कारण तब निर्मित होते हैं जब पृथ्वी की पर्पटी में तनाव उत्पन्न होता है। इस प्रकार का तनाव, उपरिशायी चट्टानों में बढ़ा हुआ भार, मैंटल में प्रवाह संचलन, भूपर्पटी में चुंबकीय अंतर्वेधन या पृथ्वी के कुछ भागों के विस्तार या संकुचन के कारण हो सकता है। जब इस प्रकार के तनाव आरंभ होते हैं तो चट्टानों में दुर्बल रेखाओं में संपीडित बल के कारण संकुचन (wrinkling) या वलन उत्पन्न होता है।

भ्रंशोत्थ पर्वत:

ब्लॉक पर्वतों का निर्माण वृहद् पैमाने पर भ्रंशन के कारण होता है (जब कोई वृहद् क्षेत्र या पृथ्वी के ब्लॉक खंडित हो जाते हैं और उर्ध्वाधर या क्षितिज रूप से विस्थापित हो जाते हैं)। ऊपर उठे हुए ब्लॉकों को हॉर्स्ट कहा जाता है और नीचे धंसे हुए ब्लॉकों को ग्राबेन (द्रोणिका भ्रंश) कहा जाता है। ब्लॉक पर्वत को भ्रंशोत्थ-ब्लॉक पर्वत भी कहा जाता है क्योंकि ये तनाव और संपीडन बलों के परिणामस्वरूप भ्रंशन के कारण निर्मित होते हैं। द ग्रेट अफ्रीकन रिफ्ट बैली (घाटी का तल ग्राबेन है), द राइन वैली (ग्राबेन) और यूरोप में वॉस्जेज पर्वत (हॉर्स्ट) इसके उदाहरण हैं।

अतः विकल्प (A) सही है।

71. अक्षांश और देशांतर के सम्बन्ध में दोनों कथन सही है।

अक्षांश को विषुवत रेखा के उत्तर या दक्षिण में स्थित किसी बिंदु की कोणीय दूरी (पृथ्वी की सतह पर) के रूप में माना जाता है। विषुवत वृत्त के आधार पर ही अन्य अक्षांशों को निर्धारित किया जाता है और विषुवत वृत्त 0° अक्षांश होता है। सभी अक्षांश विषुवत वृत्त के समानांतर होते हैं, जो ध्रुवों के मध्य में होता है (यह ग्लोब को दो बराबर भागों में विभाजित करता है) इसलिए इन रेखाओं को अक्षांश समानांतर कहा जाता है और ग्लोब पर ये वास्तविक वृत्त होते हैं, जो ध्रुवों की ओर बढ़ते अक्षांशों के साथ अनुपातिक रूप से छोटे होते जाते हैं। विषुवत रेखा 0° अक्षांश का प्रतिनिधित्व करती है और उत्तरी ध्रुव एवं दक्षिणी ध्रुव क्रमशः 90° उत्तरी और 90° दक्षिण अक्षांश का प्रतिनिधित्व करते हैं।

देशांतर कोणीय दूरी होते हैं जिन्हें विषुवत रेखा पर प्रधान याम्योत्तर (ग्रीनविच) के पूर्व या पश्चिम में डिग्रियों में व्यक्त किया जाता है। ग्लोब पर देशांतरों को अर्ध-वृत्तों की एक शृंखला के रूप में दर्शाया जाता है जो विषुवत रेखा से होते हुए ध्रुव से ध्रुव तक जाते हैं। ऐसी रेखाओं को याम्योत्तर (मेरिडियन) भी कहा जाता है।

अतः विकल्प (C) सही है।

72. मृत सागर एक स्थलरूद्ध सागर है। आसपास के ग्रामीण क्षेत्रों से बह कर सभी खनिज इस सागर में आते हैं, अतः यहाँ सूर्य के तापमान के कारण जल वाष्पीकरण की दर अधिक होती है। इसके परिणामस्वरूप मृत सागर में नमक की सांद्रता बहुत अधिक हो जाती है। जल में नमक की सांद्रता 34% तक पहुँच जाती है। जल में घुले खनिज लवणों की अत्यधिक उच्च सांद्रता के कारण इसका धनत्व स्वच्छ जल की तुलना में अधिक हो जाता है। चूँकि इस जल के घनत्व की तुलना में हमारे शरीर का भार हल्का (कम घनत्व वाला) होता है, इसलिए हमारे शरीर को मृत सागर में अश्विक उत्प्लावकता प्राप्त होती है, जिससे तैरना आसान हो जाता है।

अतः विकल्प (C) सही है।

73. राष्ट्रीय अंतर्देशीय नेविगेशन संस्थान पटना में स्थित है। संस्थान का मुख्य उद्देश्य अंतर्देशीय जल परिवहन क्षेत्र के लिए मानव संसाधन विकसित करना है।

अतः विकल्प (A) सही है।

74. साधारण शब्दों में भूकंप का अर्थ पृथ्वी का कंपन है। यह एक प्राकृतिक घटना है। ऊर्जा के निकलने के कारण तरंगें उत्पन्न होती हैं, जो सभी दिशाओं में प्रसारित होकर भूकंप उत्पन्न करती हैं। कथन 1 सही है: सभी प्राकृतिक भूकंप स्थलमंडल में घटित होते हैं। प्रायः भ्रंश के किनारे-किनारे ही ऊर्जा मुक्त होती है। भूपर्पटी की शैलों में गहन दरारें ही भ्रंश होती हैं। भ्रंश के दोनों तरफ शैलें विपरीत दिशा में गति करती हैं। चूंकि ऊपर के शैल खंड दबाव डालते हैं, अतः उनके बीच का घर्षण उन्हें परस्पर बाँधे रहता है। हालाँकि,अलग होने की प्रवृत्ति के कारण एक समय पर घर्षण का प्रभाव कम हो जाता है, जिसके परिणामस्वरूप शैलखंड विकृत होकर अचानक एक दूसरे के विपरीत दिशा में स्थानांतरित हो जाते हैं। इसके परिणामस्वरूप ऊर्जा निकलती है और ऊर्जा तरंगे सभी दिशाओं में गतिमान हो जाती हैं।

कथन 2 सही नहीं है: जिस बिंदु पर ऊर्जा मुक्त होती है, उसे भूकंप का उद्गम केंद्र कहा जाता है, इसे अवकेंद्र भी कहा जाता है। ऊर्जा तरंगें अलग-अलग दिशाओं में गति करती हुई पृथ्वी की सतह तक पहुँचती हैं। भूपटल पर वह बिंदु जो उद्गम केंद्र के निकटतम होता है उसे अधिकेंद्र कहा जाता है।अधिकेंद्र, उद्गम केंद्र के ठीक ऊपर (90° के कोण पर) होता है।

अतः विकल्प (A) सही है।

75. सवाना घास के मैदानों में लंबी घासें और छोटे वृक्ष पाए जाते हैं। इसलिए सवाना को 'उष्णकटिबंधीय घास का मैदान' के रूप में वर्णित करता सही नहीं है, क्योंकि यहां प्रचुर मात्रा में पाई जाने वाली लंबी घास के साथ छोटे वृक्ष सदैव विद्यमान होते हैं। इसलिए "पार्कलैंड" और "बुश-वेल्ड" शब्द इस भूदृश्य का अधिक उपयुक्त वर्णन करते हैं। सवाना-जलवायु उष्णकटिबंधीय क्षेत्रों तक सीमित है और सूडान में सर्वाधिक स्पष्ट रूप में विकसित हुई है, इसलिए इसे सूडान जलवायु के रूप में वर्णित किया गया है। यह संक्रमण क्षेत्रों में पाई जाने वाली जलवायु है जो विषुवतरेखीय वर्षा वनों और उष्ण मरुस्थलों के मध्य पाई जाती है।

अतः विकल्प (C) सही है।

76. भारत का प्रायद्वीपीय भूखंड:

प्रायद्वीपीय भूखंड की उत्तरी सीमा अनियमित है, जो कच्छ से आरम्भ होकर एक अव्यवस्थित रेखा के रूप में अरावली पर्वत शृंखला के पश्चिम से गुजरती हुई दिल्ली तक तथा यमुना एवं गंगा नदी के समानांतर राजमहल की पहाड़ियों और गंगा डेल्टा तक विस्तारित है। इनके अतिरिक्त, उत्तर-पूर्व में कार्बी ऐंगलॉग और मेघालय का पठार तथा पश्चिम में राजस्थान भी इसी भूखंड का विस्तार हैं। पश्चिम बंगाल में मालदा भ्रंश उत्तर-पूर्वी भाग को छोटानागपुर पठार से पृथक करता है। सामान्यतः मालदा भ्रंश प्रायद्वीपीय पठार से सेघालय के पठार को पृथक करता है।

अतः विकल्प (D) सही है।

77. बहुरूष्ण कटिबंधीय चक्रवात, जिसे वेव साइक्लोन या मध्य अक्षांशीय चक्रवात के रूप में भी जाना जाता है, एक प्रकार की चक्रवातीय वायु प्रणालियां हैं जो मध्य या उच्च अक्षांशों में क्षैतिज तापमान भिन्नता वाले वाताग्र क्षेत्र में निर्मित होती हैं।

अतः विकल्प (A) सही है।

78. ये चक्रवाती अवदाब (कमजोर समशीतोष्ण चक्रवात) होते हैं, जो पूर्वी विषुवत सागर पर उत्पन्न होते हैं तथा और पूर्व की ओर चलते हुए पश्चिम एशिया, ईरान, अफगानिस्तान और पाकिस्तान को पार करके भारत के उत्तर-पश्चिमी भागों में पहुँचते हैं। इसलिए कथन 1 सही है। इन आवदाबों को पश्चिमी जेट स्ट्रीम द्वारा भारत की ओर उन्मुख किया जाता है। इनके मार्ग में उत्तर में पड़ने वाले कैस्पियन सागर और दक्षिण में पड़ने वाली फारस की खाड़ी से इनकी आर्द्रता की मात्रा में वृद्धि हो जाती है। यद्यपि इनके द्वारा अल्प मात्रा में वर्षा होती है, इसके बावजूद ये रबी की फसल के लिए अत्यधिक लाभप्रद होते हैं। इसलिए कथन 3 सही है। ये गर्मियों के महीनों में हिमालयी नदियों में जल के प्रवाह को बनाए रखते हैं। रात के सामान्य तापमान में वृद्धि आम तौर पर इन चक्रवातों के आगमन का संकेत देती है।

अतः विकल्प (C) सही है।

79. करेवा हिमनदीय चिकनी मिट्टी और हिमोढ़ के साथ संबद्ध अन्य पदार्थों का मोटी परत के रूप में जमाव हैं। अधिक सटीक रूप से, करेवा सरोवरी निक्षेप हैं। भूगोलवेत्ताओं के अनुसार, करेवा का निर्माण प्लियो-प्लीस्टोसीन युग में हिमतदों-नदियों-झीलों और पवनों द्वारा लाए गए लोएस से हुआ है। कश्मीर हिमालय करेवा सरचनाओं के लिए भी प्रांसद्ध है, जा केसर की स्थानौय कैस्म ज़ाफ़रान की खेतों के लिए उपयागी है। ये उत्तर पश्चिम भारत में पीर पंजाल श्रेणी और वृहद् हिमालय श्रेणी के मध्य स्थित हैं।

अतः विकल्प (A) सही है।

80. जब दो प्लेटें एक दूसरे से विपरीत दिशा में अलग हटती हैं तब एक नई पर्पटी का निर्माण होता है, ऐसी प्लेटों को अपसारी प्लेट कहते हैं। वह स्थान जहाँ से प्लेटें एक-दूसरे से दूर हटती हैं प्रसारी स्थान कहलाता है। अपसारी सीमाओं का सर्वोत्तम उदाहरण मध्य-अटलांटिक कटक है। यहाँ से, अमेरिकी प्लेट/प्लेटें, यूरेशियन व अफ्रीकी प्लेटों से अलग हो रही है।

अतः विकल्प (B) सही है।

81. उष्ण और आर्द्र विषुवतरेखीय क्षेत्रों में उच्च तापमान और प्रचुर मात्रा में वर्षण विभिन्न प्रकार की सघन वनस्पतियों - उष्कणटिबंधीय वर्षा वन के विकास में सहायता प्रदान करते हैं। यहां मौसम वर्षपर्यंत आर्द्र होता है जिसके कारण यहां विकसित वनों की प्रकृति सदाबहार होती है। अमेज़न उष्णकटिबंधीय वर्षा वनों को इसके हरे-भरे और चौड़े पत्तों वाले वृक्षा के कारण सेल्वास के नाम से जाना जाता है। इस क्षेत्र की वनस्पति में सदाबहार वृक्ष बहुतायत में शामिल हैं जो उष्णकटिबंधीय कठोर काष्ठ जैसे महोगनी, आबनूस, रोजबुड, कैबिनेट वुड आदि वनोपज प्रदान करते हैं।

अतः विकल्प (D) सही है।

82. दाहिने कोण पर स्थित दो झोपड़ियों वाले घर और बाड़ से घिरे एक आयताकार आंगन भारत में प्रायद्वीपीय क्षेत्रों की बस्तियों की सामान्य विशेषताएं हैं। यह केरल, तमिलनाडु, कर्नाटक, ओडिशा में पाया जाता है।

अतः विकल्प (C) सही है।

83. मुंबई से लगभग 500 कि.मी. दूर बुलढ़ाणा जिले में स्थित लोनार झील एक लोकप्रिय पर्यटन केंद्र है और साथ ही विश्व भर के वैज्ञानिकों को भी आकर्षित करती है। हाल ही में, 1.2 कि.मी. औसत व्यास वाली झील के जल के रंग में परिवर्तन ने न केवल स्थानीय लोगों को आश्चर्यचकित कर दिया, बल्कि प्रकृति के प्रति उत्साही लोगों और वैज्ञानिकों को भी आश्चर्यचकित कर दिया। इस अधिसूचित राष्ट्रीय भू-धरोहर स्मारक झील के जल का pH 10.5 है। इस जल निकाय में शैवाल भी विद्यमान हैं। इस परिवर्तन के लिए लवणता और शैवाल उत्तरदायी हो सकते हैं। झील के जल की सतह से एक मीटर नीचे ऑक्सीजन का अभाव है। ईरान में भी ऐसी झील का एक उदाहरण है, जिसमें लवणता बढ़ने के कारण जल का रंग लाल हो जाता है। जल के निम्न स्तर के कारण लवणता बढ़ सकती है और वायुमंडलीय परिवर्तनों के कारण शैवालों के व्यवहार में परिवर्तन रंग में परिवर्तन का कारण हो सकता है।

अतः विकल्प (D) सही है।

84. अरब सागर के द्वीपों में लक्षद्वीप और मिनिकॉय सम्मिलित हैं। संपूर्ण द्वीप समूह को मोटे तौर पर ग्यारह डिग्री चैनल (अक्षांश) द्वारा विभाजित किया गया है, जिसके उत्तर में अमिनी द्वीप तथा दक्षिण में कनानोर द्वीप स्थित है। ये द्वीप 8°N-12° और 71°E -74°E देशांतर के मध्य फैले हुए हैं। ये द्वीप केरल तट से 280 किमी से 480 किमी की दूरी पर स्थित हैं। संपूर्ण द्वीप समूह प्रवाल निक्षेपों से निर्मित है। इस द्वीपसमूह पर तूफान निर्मित पुलिन हैं, जिन पर अबद्ध गुटिकाएं (pebbles), रोड़े (shingles), गोलाश्मिकाएं (cobbles) तथा पूर्वी समुद्र तट पर गोलाश्म (boulders) पाए जाते हैं।

अतः विकल्प (A) सही है।

85. नागालैंड सरकार द्वारा सिंगफन वन्यजीव अभयारण्य को एक एलीफैंट रिजर्व के रूप में घोषित किया गया है जिससे यह देश में हाथियों के लिए 30वाँ रिजर्व बन गया है।

अतः विकल्प (D) सही है।

86. स्टेनोथर्मल या तनुपाती जीव वे जीव होते हैं जिनमें तापमान की केवल एक सीमित परास (रेंज) को ही सहन करने की क्षमता होती है। उदाहरण-पेंगुइन, अजगर, मगरमच्छ यूरीथर्मल वे जीव हैं जो तापमान की विस्तृत परास को सहन कर सकते हैं।

अतः विकल्प (B) सही है।

87. आमतौर पर, 'जैविक खेती' में मानक प्राकृतिक पदार्थों के उपयोग को प्रोत्साहित करने के लिए डिज़ाइन किए गए हैं। यह सिंथेटिक कीटनाशकों, एंटीबायोटिक दवाओं, सिंथेटिक उर्वरकों, आनुवंशिक रूप से संशोधित जीवों और विकास हार्मोन के उपयोग को प्रतिबंधित करता है।

अतः विकल्प (A) सही है।

88. 21 जून को उत्तरी गोलार्ध सूर्य की ओर झुका हुआ होता है। सूर्य की किरणें कर्क रेखा पर लंबवत पड़ती हैं। नतीजतन, इन क्षेत्रों के द्वारा अधिक ऊष्मा प्राप्त की जाती है। ध्रुवों के समीप के क्षेत्रों में सूर्य की किरणें तिरछी पड़ने के कारण अपेक्षाकृत कम ऊष्मा प्राप्त की जाती है। आर्कटिक वृत्त के उत्तर में स्थित स्थानों पर लगभग छह माह तक सूर्य के प्रकाश का अनुभव किया जाता है। चूंकि उत्तरी गोलार्ध का एक बड़ा भाग सूर्य का प्रकाश प्राप्त करता है, अत: भूमध्य रेखा के उत्तर में स्थित क्षेत्रों में पीष्म ऋतु होती है। 21 जून को उत्तरी गोलार्ध में दिन की लम्बाई सर्वाधिक और रात्र की लम्बाई न्यूनतम होती है।

अतः विकल्प (A) सही है।

89. चकल एक प्राकृतिक गोंद है, जो परंपरागत रूप से च्युइंग गम/ बबल गम और अन्य उत्पादों को बनाने में उपयोग में लाया जाता है। यह जीनस मनिलकरा में मेसोअमेरिकी पेड़ों की अनेक प्रजातियों से एकत्र किया जाता है, जिनमें एम. जैपोटा, एम. चिकल, एम. स्टेमिनोडेला, और एम. बाइडेंटेटा आमिल है।

अतः विकल्प (C) सही है।

90. एक ढलान या घाटी के ऊपरी भाग में वर्षा के कारण मलबे एवं अपक्षयित सामग्री की संतृप्ति के परिणामस्वर्तूप मलबे के भार में वृद्धि होने और धीमी गति से नीचे की ओर गति करने की प्रक्रिया को भूपात कहा जाता है।

चट्टानों के टुकड़े, मलवा, मिट्टी एव पानी इत्यादि का मिश्रण जब नीचे की ओर खिसकता है, तो इसे कीचड़ प्रवाहित होना कहते हैं । इस प्रकार के भूस्खलन की गति ढलान की तीव्रता एव कीचड़ की तरलता पर निर्भर करती है। एक पर्वतीय क्षेत्र में तेजी से बहने वाले भूपात को मलबे का प्रवाह कहा जाता है।

अतः विकल्प (D) सही है।

91. क्षरण में चट्टानों के मलबे का अर्जन और परिवहन शामिल है। जब विशाल चट्टानें अपक्षय और किसी अन्य प्रक्रिया के माध्यम से छोटे-छोटे टुकड़ों में टूट जाती हैं, तो जल, भूजल, हिमनद, वायु और तरंगें जैसे कटाव करने वाले भू-आकृतिक एजेंट अपनी गतिशीलता के आधार पर इसे हटाकर अन्य स्थानों पर ले जाते हैं।

इन भू-आकृतिक एजेंटों द्वारा ले जाये जा रहे चट्टानी मलबे द्वारा किया जाने वाला घर्षण भी क्षरण में महत्वपूर्ण भूमिका निभाता है। क्षरण के कारण उच्चावचों का पतन होता है।

अतः विकल्प (D) सही है।

92. प्राथमिक गतिविधियाँ सीधे पर्यावरण पर निर्भर हैं क्योंकि ये पृथ्वी के संसाधनों जैसे- भूमि, जल, वनस्पति, निर्माण सामग्री और खनिजों के उपयोग को संदर्भित करते हैं। इस प्रकार, इसमें शिकार, पशुपालन गतिविधियाँ, मत्स्य पालन, वानिकी, कृषि और खनन और उत्खनन शामिल हैं।

अतः विकल्प (A) सही है।

93. भूमध्यरेखीय गर्म, आर्द्र जलवायु भूमध्य रेसा के 5 डिग्री-10 डिग्री उत्तर और दक्षिण के मध्य पाई जाती है। विषुवतीय जलवायु की सबसे उत्कृष्ट विशेषता वर्ष भर एकसमान तापमान है, जिसमें शीतकाल का अभाव होता है। अधिकांश वर्षा संवहनीय वर्षा होती है, जिसमें मूसलाधार वर्षा के साथ तूफ़ान एवं तड़ितझंझा भी होती है।

अतः विकल्प (B) सही है।

94. स्रोत क्षित्रों के आधार पर वायु राजि का वर्गीकरण किया जाता है। कुल पाँच प्रमुख स्रोत क्षेत्र ये हैं:

(i) गर्म उष्णकटिबंधीय और उपोष्णकटिबंधीय महासागर;
(ii) उपोष्णकटिबंधीय गर्म रेगिस्तान;
(iii) अपेक्षाकृत ठंडे उच्च अक्षांशीय महासागर;
(iv) उच्च अक्षांशों में अत्यधिक ठंडे बर्फ से ढके महाद्वीप;
(v) आर्कटिक और अंटार्कटिका में स्थायी रूप से बर्फ से ढके महाद्वीप।

अतः विकल्प (D) सही है।

95. हिमाचल प्रदेश, उत्तराखंड, सिक्किम और अरूणाचल प्रदेश राज्य और एक केंद्र शासित प्रदेश लद्दाख चीन के साथ सीमा साझा करता है।

अतः विकल्प (B) सही है।

96. जब किसी क्षेत्र में दो भिन्न भौतिक गुण वाली वायुराशियों का अभिसरण होता है, तो उनके मध्य के इस अभिसरण क्षेत्र को वाताग्र कहा जाता है। वाताग्रों के निर्माण की प्रक्रिया को वाताग्रजनन के रूप में जाना जाता है। सामान्यतः कुल चार प्रकार के वाताग्र होते हैं: (क) शीत वाताग्र; (ख) उष्ण वाताग्र; (ग) स्थायी वाताग्र; (घ) अधिविष्ट वाताग्र। जब वाताग्र स्थायी रहता है, तो इसे स्थायी वाताग्र कहा जाता है। जब शीतल वायु उष्ण वायुराशि की ओर बढ़ती है, तो इनके अभिसरण क्षेत्र को शीत वाताग्र कहा जाता है।

अतः विकल्प (B) सही है।

97. उत्तरी, मध्य और दक्षिणी केन्या और उत्तरी तंजानिया में निवास करने वाला एक निलोत जनजातीय समूह है। वे अफ्रीका की महान झीलों के अनेक खेल उद्यानों के समीप निवास स्थान और उनके विशट रीति-रिवाजों और पहनावों के कारण अंतरराष्ट्रीय स्तर पर सबसे प्रसिद्व स्थानीय जनजातियों में से एक है।

अतः विकल्प (B) सही है।

98. शंघाई सहयोग संगठन (SCO) एक स्थायी अंतर सरकारी संगठन है, जिसकी स्थापना की घोषणा 15 जून 2001 को शंघाई (चीन) में कजाकिस्तान, चीन, किर्गिस्तान, रूस, ताजिकिस्तान एवं उज्तेकिस्तान द्वारा की गई थी। इस संगठन का पूर्व नाम शंघाई फाइव मैकेनिज्म था। SCO के आठ स्थायी सदस्य देशों में भारत, कजाकिस्तान, चीन, किर्गिस्तान, पाकिस्तान, रूस, ताजिकिस्तान और उज्बेकिस्तान शामिल हैं।

अतः विकल्प (B) सही है।

99. इग्लू, जिसे स्नो हाउस या स्नो हट के रूप में भी जाना जाता है, एक प्रकार का आश्रयस्थल है, जो बर्फ से निर्मित होता है। हालांकि इग्लू को अक्सर सभी इनुइट और एस्किमो लोगों से सम्बंधित है, पारंपरिक रूप से इनका निर्माण केवल कनाडा के सेंट्रल आर्कटिक और ग्रीनलैंड के थुले क्षेत्र के लोगों द्वारा किया जाता था।

अतः विकल्प (C) सही है।

100. सारगैसो सागर, अटलांटिक महासागर का एक क्षेश्र है जो चार धाराओं से घिरा हुआ है, जो एक महासागर की खाड़ी का निर्माण करता है। समुद्र कहे जाने वाले अन्य सभी क्षेत्रों के विपरीत, इसकी कोई भू सीमा नहीं है। इसे अटलांटिक महासागर के अन्य भागों से इसकी विशिष्ट भूरी सरगैसम समुद्री खरपतवार और प्रायः शांत नीले जल के लिए जाना जाता है।

अतः विकल्प (A) सही है।

101. पनामा नहर पूर्व में अटलांटिक महासागर को पश्चिम में प्रशांत महासागर से जोड़ती है।

यह समुद्री मार्ग से न्यूयॉर्क और सैन फ्रांसिस्को के मध्य की दूरी को 13,000 किमी कम कर देता है। इसी तरह पश्चिमी यूरोप और अमेरिका के पश्चिम-तट के मध्य की दूरी; और उत्तर-पूर्वी और मध्य अमेरिका एवं पूर्वी और दक्षिण-पूर्वी एशिया के मध्य की दूरी को कम करता है। इस नहर का आर्थिक महत्व स्वेज नहर की तुलना में अपेक्षाकृत कम है। हालाँकि, यह लैटिन अमेरिका की अर्थव्यवस्थाओ के लिए महत्वपूर्ण है।

अतः विकल्प (A) सही है।

102. वृत्ताकार पैटर्न में गाँव झीलों, टैंकों के आसपास विकसित होते हैं और कभी-कभी गाँव की योजना इस प्रकार से बनाई' जाती है कि मध्य भाग खुला रहता है और इसका उपयोग पशुओं को जंगली जानवरों से बचाने के लिए किया जाता है।

अतः विकल्प (A) सही है।

103. एक हॉट स्पॉट की उत्पत्ति पूर्वी के मेंटल के भीतर एक क्षेत्र के ऊपर होती है, जहां से संवहन की प्रक्रिया के माध्यम से ऊष्मा ऊपर की ओर उठती है । इस ऊष्मा के कारण धरातल पर स्थित चट्टानों का पिघलना प्रारम्भ होता है, जहाँ पर मेंटल का ऊपरी भाग पृथ्वी की पर्पटी से मिलता है । मेग्मा के रूप में जानी जाने वाली यह पिघली हुई चट्टान, प्रायः ज्वालामुखी निर्माण के लिए कस्ट में दरार के माध्यम से उद्भवित होती है।

अतः विकल्प (B) सही है।

104. अरुणाचल प्रदेश 20 फरवरी 1987 को भारत में एक राज्य के रूप में स्थापित किया गया था। अरुणाचल प्रदेश शुरू में एक केंद्र शासित प्रदेश था जिसे असम से बाहर निकाला गया था।

अतः विकल्प (C) सही है।

105. केरल में कुट्टनाड क्षेत्र, जो अलप्पुझा और कोट्टायम जिलों को कवर करता है, भारत के सबसे निचले क्षेत्रों का प्रतिनिधित्व करता है।

अतः विकल्प (A) सही है।

106. पेट्रोलियम उद्योग, असम में स्थित है और तत्कालीन इंडियन ऑयल कंपनी लिमिटेड द्वारा कमीशन की जाने वाली पहली ऑयल रिफाइनरी के लिए जाना जाता है, जिसे अब इंडियन ऑयल कंपनी लिमिटेड के रूप में जाना जाता है।

अतः विकल्प (B) सही है।

107. ज्वारीय वन मुख्य रूप से गंगा, महानदी, गोदावरी और कृष्णा के डेल्टा क्षेत्रों में बढ़ते हैं जो ज्वारीय और उच्च समुद्री लहरों से घिर जाते हैं। मैंग्रोव इस प्रकार की वनस्पति के प्रतिनिधि हैं। सुंदरी ज्वारीय वनों का विशिष्ट वृक्ष है। यह पश्चिम बंगाल के निचले गंगा डेल्टा में बहुतायत में पाया जाता है। यही कारण है कि इसे सुंदरबन के नाम से जाना जाता है। यह अपनी कठोर और स्थायी लकड़ी के लिए जाना जाता है।

अतः विकल्प (C) सही है।

108. चीन ब्राजील, मलेशिया और भारत के बाद दुर्लभ उत्पादकों में अग्रणी स्थान रखता है। हालांकि चीन के पास दुर्लभ पदार्थों का केवल 37% भंडार है, लेकिन यह विश्व की दुर्लभ पदार्थो की आपूर्ति का लगभग 97% उत्पादन करता है। भारत में, मोनाजाइट और थोरियम दुर्लभ पृथ्वी तत्वों के प्रमुख स्रोत हैं। मोनाजाइट परमाणु ऊर्जा अधिनियम, 1962 के तहत अधिसूचना के अनुसार एक निर्धारित पदार्थ है।

अतः विकल्प (A) सही है।

109. पश्चिमी हिमालयी क्षेत्र कश्मीर से कुमाऊँ तक फैला हुआ है। इसका समशीतोष्ण क्षेत्र चीर, देवदार, अन्य शंकुवृक्षों और चौड़े-पतले शीतोष्ण पेड़ों के जंगलों से समृद्ध है। उच्चतर, देवदार के जंगल, नीली देवदार, स्प्रूस और सिल्वर फर होते हैं।

अतः विकल्प (C) सही है।

110. लगभग 65% भारतीय कपास का उत्पादन वर्षा वाले क्षेत्रों में और 35% सिंचित भूमि पर किया जाता है। भारत में कपास का उत्पादन तीन क्षेत्रों में किया जाता है। उत्तरी क्षेत्र में पंजाब, हरियाणा और राजस्थान राज्य शामिल हैं, मध्य क्षेत्र में महाराष्ट्र, मध्य प्रदेश और गुजरात और दक्षिणी क्षेत्र शामिल हैं जिनमें आंध्र प्रदेश, कर्नाटक और तमिलनाडु शामिल हैं। इन नौ राज्यों के अलावा, पूर्वी राज्य उड़ीसा में कपास की खेती में तेजी आई है।

अतः विकल्प (C) सही है।

111. राजघाट बांध मध्य प्रदेश और उत्तर प्रदेश सरकार की एक अंतर-राज्य बांध परियोजना है, जो मध्य प्रदेश के ऐतिहासिक स्थान चंदेरी से लगभग 14 किलोमीटर दूर बेतवा नदी पर बनाई जा रही है।

अतः विकल्प (C) सही है।

112. भारत के मिज़ोरम और त्रिपुरा राज्यों में लुशाई पहाड़ियाँ पर्वत श्रृंखला हैं। पहाड़ विभिन्न खनन गतिविधियों और पर्यावरण संबंधी चिंताओं के लिए समाचार में रहे हैं।

अतः विकल्प (B) सही है।

113. अंगामी जनजाति नागालैंड राज्य में, देश के चरम उत्तर पूर्वी हिस्से से संबंधित है। तेनाडी नागालैंड में अंगमिस के बीच बोली जाने वाली सबसे आम भाषा है। अंगमियों की कुल आबादी लगभग 12 मिलियन है। कृषि मुख्य व्यवसाय है। वे पहाड़ी इलाकों में चावल और अनाज की खेती करते हैं। अंगामी आदिवासी लोगों में ईसाई धर्म प्रमुख धर्म है। नागालैंड में अंगमिस के बीच मनाया जाने वाला मुख्य त्यौहार सेक्रान्यि है। त्योहार फरवरी के महीने में आता है और चंद्र वर्ष की शुरुआत होती है। इस दस दिवसीय त्योहार को स्थानीय लोगों के बीच फुसनी के रूप में भी जाना जाता है।

अतः विकल्प (C) सही है।

114. पिचवारम मैंग्रोव वन तमिलनाडु के कुड्डालोर जिले में चिदंबरम के पास स्थित है।

अतः विकल्प (A) सही है।

115. भालिया गेहूं का एक दीर्घ अनाज है, जिसमें उच्च प्रोटीन सामग्री है और गुजरात के भाल क्षेत्र में सदियों से सिंचाई के बिना उगाया जाता है। भालिया गेहूं को 2011 में जीआई टैग प्राप्त हुआ।

अतः विकल्प (B) सही है।

116. रबड़ के पेड़ों की अनुकूलतम वृद्धि के लिए जलवायु की परिस्थितियाँ हैं:

- लगभग 250 सेंटीमीटर की वर्षा, समान रूप से बिना किसी सूखे मौसम के साथ और प्रति वर्ष कम से कम 100 बारिश के दिनों के साथ वितरित की जाती है
- 25 से 28 डिग्री सेल्सियस के मासिक औसत के साथ लगभग 20 से 34 डिग्री सेल्सियस तापमान
- लगभग 80% वायुमंडलीय आर्द्रता
- अच्छी तरह से सूखा मिट्टी के साथ समतल भूमि

अतः विकल्प (D) सही है।

117. एवरेस्ट दुनिया की सबसे ऊँची चोटी है, लेकिन यह नेपाल में स्थित है, K2, दूसरी सबसे ऊँची पाकिस्तान-चीन सीमा पर स्थित है, जो पहाड़ों की काराकोरम श्रेणी (यह चोटी नहीं है) से संबंधित है, जबकि कंचनजंगा तीसरी सबसे ऊँची है भारत-नेपाल सीमा में। इलायची हिल्स हिमालय का हिस्सा नहीं है, यह दक्षिण भारत में स्थित है।

अतः विकल्प (D) सही है।

118. लक्षद्वीप द्वीपसमूह को संस्कृत के शब्द 'लाक्षा' का अर्थ 100,000 और 'द्वेपा' अर्थ द्वीप से मिला है, इसलिए इसका शाब्दिक अर्थ है "एक लाख द्वीप"। यह द्वीपसमूह भारत का एक केंद्र शासित प्रदेश है और लगभग 30,000 लोगों द्वारा बसा हुआ है और अपने प्राचीन समुद्र तटों और प्रवाल भित्तियों के लिए जाना जाता है।

अतः विकल्प (B) सही है।

119. उष्णकटिबंधीय में विविधता अधिक है (केवल उष्णकटिबंधीय वर्षावन नहीं) मुख्यतः क्योंकि उच्च जैव विविधता के लिए कम पारिस्थितिक बाधाएं हैं। उष्णकटिबंधीय में, पौधों और जानवरों की निरंतर ऊर्जा, पानी और कार्बन, आदि के लिए सबसे बड़ी अभिगम है।

अतः विकल्प (C) सही है।

120. राज्य कर्नाटक ने छह अन्य राज्यों अर्थात केरल, तमिलनाडु, आंध्र प्रदेश, तेलंगाना, महाराष्ट्र, गोवा के साथ अपनी सीमा साझा की।

अतः विकल्प (D) सही है।

121. प्रायद्वीपीय क्षेत्र के विकास को प्लेटफॉर्म इवोल्यूशन का परिणाम माना जाता है। प्रायद्वीपीय क्षेत्र के पांच तह क्षेत्र धारवार तह, अरावली तह, पूर्वी घाट तह, सतपुड़ा तह, दिल्ली तह हैं।

अतः विकल्प (C) सही है।

122. यह क्षेत्र पश्चिम में छोटा नागपुर पठार के बीच स्थित है और पूर्व में गंगा डेल्टा को राहर मैदान के रूप में जाना जाता है। इस क्षेत्र में मिट्टी का कटाव एक बड़ा विवाद का विषय है।

अतः विकल्प (B) सही है।

123. पीर पंजाल दर्रा जिसे पीर की गली के नाम से भी जाना जाता है, जम्मू और कश्मीर घाटी के बीच सबसे आसान पहुँच प्रदान करता है। यह 3,490 मीटर की ऊंचाई पर स्थित है।

अतः विकल्प (B) सही है।

124. उत्तर-पश्चिमी भारत में रेगिस्तानों, उपजाऊ मैदानों और मध्यम जंगलों वाले पहाड़ों की विशिष्ट विशेषताएं पाई जाती हैं।

अतः विकल्प (B) सही है।

125. जंगल पर ईंधन की निर्भरता महाराष्ट्र राज्य में सबसे अधिक है। चारे की निर्भरता के मामले में, छोटे टाइमर और बांस मध्य प्रदेश राज्य में सबसे अधिक हैं।

अतः विकल्प (C) सही है।

मॉक टेस्ट 09

Q.1 तुंगभद्रा बहुउद्देशीय परियोजना कर्नाटक और आंध्र प्रदेश का एक संयुक्त उद्यम है। तुंगभद्रा की एक सहायक नदी है:

A. कृष्णा **B.** कावेरी **C.** गोदावरी **D.** साबरमती

Q.2 केंद्रीय विद्युत प्राधिकरण द्वारा देश में ज्वार ऊर्जा क्षमता के आकलन के अनुसार, भारत में ज्वार ऊर्जा के लिए अधिकतम क्षमता ______ में पाई गई है।

A. कैम्बे की खाड़ी **B.** कच्छ की खाड़ी
C. मन्नार की खाड़ी **D.** बंगाल की खाड़ी

Q.3 ब्रह्मपुत्र नदी निम्नलिखित में से किस देश से गुजरती है?

1. भूटान
2. म्यांमार
3. बांग्लादेश

नीचे दिए गए कोड से सही विकल्प का चयन करें:

A. केवल 1 और 2 **B.** केवल 2 और 3
C. केवल 3 **D.** 1, 2 और 3

Q.4 सूची 1 और सूची 2 का मिलान कीजिये और सूची के नीचे दिए गए कूट का उपयोग करके सही उत्तर चुनिए:

सूची 1 राज्य	सूची 2 सर्वोच्च शिखर
A. केरल	1. डोड्डा बेट्टा
B. नागालैंड	2. नंदा देवी
C. उत्तराखंड	3. अनई मुड़ी
D. तमिलनाडु	4. सरमाती

A. A - 1, B - 3, C - 4, D - 2
B. A - 2, B - 3, C - 4, D - 1
C. A - 3, B - 4, C - 2, D - 1
D. A - 1, B - 2, C - 3, D - 4

Q.5 निम्नलिखित में से किस शहर को भारत के भौगोलिक केंद्र पर स्थित होने के कारण "शून्य मील केंद्र" कहा जाता है?

A. भोपाल **B.** जबलपुर **C.** नागपुर **D.** इंदौर

Q.6 पूर्वी घाट निम्नलिखित में से किस राज्य से होकर गुजरता है?

A. ओडिशा **B.** कर्नाटक **C.** बिहार **D.** पंजाब

Q.7 पालघाट किसके बीच स्थित है?

A. नीलगिरी और कार्डमोन पर्वतों
B. नीलगिरी और अन्नामलाई पर्वतों
C. अन्नामलाई पर्वतों और कार्डमोन पर्वतों
D. कार्डमोन पर्वतों और पलानी पर्वतों।

Q.8 सिंकहोल की एक घटना है:

A. मैदान **B.** रेगिस्तान **C.** टुंड्रा **D.** कार्स्ट

Q.9 नर्मदा घाटी इसका एक उदाहरण है:

A. दरार घाटी (रिफ्ट वैली)
B. भ्रंश कगार (फॉल्ट स्कार्प)
C. आवरण
D. होर्स्ट

Q.10 जौई और चेरापूंजी में कोयला खनन, एक लंबी संकीर्ण सुरंग के रूप में परिवार के सदस्यों द्वारा किया जाता है, इसे कहा जाता है:

A. स्कंक छेद खनन **B.** खरगोश छेद खनन
C. केंचुआ छेद खनन **D.** चूहा छेद खनन

Q.11 पठारी मैदान निम्नलिखित से संबंधित है:

A. हवा **B.** भू - जल **C.** हिमनद **D.** नदी

Q.12 मीम कुट जो फसल की कटाई के बाद अगस्त-सितंबर में होता है, निम्नलिखित में से किस फसल और किस जनजाति द्वारा होता है?

A. मक्का, मिज़ोस **B.** चावल, अपातानी
C. जौ, गोंड **D.** काजू, नागा

Q.13 भूगोल की वह शाखा जो किसी विशेष मानव जनसंख्या की रचना से संबंधित है -

A. नगरीय भूगोल **B.** जैवभूगोल
C. जनसांख्यिकी **D.** मानव भूगोल

Q.14 भूमि का निम्नलिखित में से कौन सा रूप 'भ्रंशन' का परिणाम नहीं है?

A. दरार घाटी **B.** रैंप घाटी **C.** होर्स्ट **D.** शेवरॉन

Q.15 कौन सा भारतीय राष्ट्रीय उद्यान गैंडे की आबादी के लिए प्रसिद्ध है?

A. काजीरंगा **B.** जिम कॉर्बेट
C. रणथंभोर **D.** बंनेर्घट्टा

Q.16 निम्नलिखित में से कौन सी सबसे लंबी पर्वत श्रृंखला है?

A. रॉकी **B.** आल्पस **C.** हिमालय **D.** ऐन्डीज़

Q.17 निम्नलिखित को मिलाएं:

सूची-I	सूची-II
A. स्लेट	1. आग्नेय चट्टान
B. लिग्नाइट	2. रूपांतरित चट्टान
C. बॉक्साइट	3. अलौह खनिज
D. ग्रेनाइट	4. अवसादी चट्टान

A. A-1, B-3, C-3, D-2 **B.** A-2, B-4, C-3, D-1
C. A-2, B-3, C-4, D-1 **D.** A-1, B-4, C-3, D-2

Q.18 सिएरा नेवादा पर्वत स्थित हैं:

A. अलास्का **B.** कैलिफोर्निया
C. टेक्सास **D.** मैनिटोबा

Q.19 अफ्रीका की सबसे ऊंची पर्वत चोटी माउंट किलिमंजारो में स्थित है:

A. केन्या **B.** मलावी **C.** तंजानिया **D.** जाम्बिया

Q.20 हिंद महासागर का सबसे बड़ा द्वीप है:

A. मालदीव **B.** मेडागास्कर
C. लक्षद्वीप **D.** सुमात्रा

Q.21 निम्नलिखित में से कौन सी महासागरीय धारा दूसरों से अलग है?

A. उत्तरी अटलांटिक बहाव **B.** खाड़ी धारा
C. कुरोशियो **D.** लैब्राडोर

Q.22 निम्नलिखित में से किस धारा का पड़ोसी तट पर ऊष्मोत्पादक प्रभाव पड़ता है?

A. बेंगुएला **B.** एगुलस **C.** कैनरी **D.** ओयासियो

Q.23 निम्नलिखित में से कौन सी एक गर्म महासागरीय धारा है?
A. पूर्वी ऑस्ट्रेलियाई धारा
B. पश्चिम ऑस्ट्रेलियाई धारा
C. बेंगुला धारा
D. पेरू धारा

Q.24 कैनरीस धारा प्रवाह के साथ:
A. ब्राजील का तट **B.** पेरू का तट
C. पूर्वी अफ्रीकी तट **D.** पश्चिम अफ्रीकी तट

Q.25 एगुलस धारा बहती है:
A. हिंद महासागर **B.** प्रशांत महासागर
C. अटलांटिक महासागर **D.** दक्षिणी महासागर

Q.26 निम्नलिखित में से कौन सा राष्ट्रीय राजमार्ग महाराष्ट्र, छत्तीसगढ़ और उड़ीसा से होकर गुजरता है?
A. राष्ट्रीय राजमार्ग- 4 **B.** राष्ट्रीय राजमार्ग- 5
C. राष्ट्रीय राजमार्ग- 6 **D.** राष्ट्रीय राजमार्ग- 7

Q.27 निम्नलिखित में से कौन सा कथन व्यापारिक हवा का सच नहीं है?
A. वे अश्व अक्षांश से लेकर विषुव प्रशांत तक बहती हैं
B. वे दक्षिणी गोलार्द्ध में दक्षिण-पूर्व हवाएं बनने के अधिकार के लिए विस्थापित हैं
C. वे शक्ति और दिशा में निरंतर हैं
D. वे कभी-कभी तीव्र न्यूनता प्रदर्शित करती है

Q.28 एक स्तर का वातावरण जो आंशिक रूप से इलेक्ट्रॉनों और धनात्मक आयनों से बना होता है:
A. क्षोभमंडल **B.** आयनमंडल
C. समतापमंडल **D.** मध्यमंडल

Q.29 हरीकेन___________ है।
A. भूमध्य रेखा पर निर्मित होने वाला
B. बवंडर जितने बड़े नहीं होते
C. गर्म महासागरीय क्षेत्रों पर विकसित होने वाले
D. जब वे भूमि की सतह पर बढ़ते हैं, तो गतिशील हो जाते है

Q.30 उष्णकटिबंधीय चक्रवात - तूफान और टाइफून - विकसित और परिपक्व _______।
A. समान स्थान पर
B. केवल स्थलखण्ड पर
C. केवल जल निकायों पर
D. कहीं भी उष्णकटिबंधीय क्षेत्र में

Q.31 भारत के निम्नलिखित राष्ट्रीय राजमार्गों में से कौन सबसे लंबा है?
A. राष्ट्रीय राजमार्ग -1 **B.** राष्ट्रीय राजमार्ग -2
C. राष्ट्रीय राजमार्ग -3 **D.** राष्ट्रीय राजमार्ग -4

Q.32 अमृतसर से दिल्ली होते हुए कोलकाता तक राष्ट्रीय राजमार्ग संख्या है:
A. 1 **B.** 2 **C.** 4 **D.** 8

Q.33 भारत की जलवायु उष्णकटिबंधीय है क्योंकि:
A. इसके उत्तर में हिमालय का स्थान है
B. भारत का प्रमुख भाग कटिबंधों के भीतर स्थित है
C. हिंद महासागर का अत्यधिक प्रभाव
D. जेट धाराओं का मौसमी प्रभाव

Q.34 भारतीय क्षेत्र में दो ज्वालामुखी द्वीप कौन से हैं?
A. कवरत्ती और न्यू मूर **B.** बितरा और कावारत्ती
C. पम्बन और बंजर **D.** नारकंडम और बंजर

Q.35 भारत के निम्नलिखित केंद्र शासित प्रदेशों में, किसका आकार सबसे बड़ा है?
A. लक्षद्वीप **B.** दमन और देय
C. पुदुचेरी **D.** चंडीगढ़

Q.36 लक्षद्वीप द्वीप समूह में स्थित हैं:
A. हिंद महासागर **B.** अरब सागर
C. बंगाल की खाड़ी **D.** इनमें से कोई नहीं

Q.37 कौन सा विदेशी देश अंडमान द्वीप समूह के सबसे नजदीक है?
[Territorial Army Officer, 2021]
A. श्रीलंका **B.** म्यांमार **C.** इंडोनेशिया **D.** पाकिस्तान

Q.38 निम्नलिखित में से कौन सा राज्य भारत के अन्य राज्यों की अधिकतम संख्या के साथ सीमाएँ साझा करता है?
A. मध्य प्रदेश **B.** उत्तर प्रदेश
C. असम **D.** बिहार

Q.39 बंजर भूमि के तहत सबसे बड़ा क्षेत्र वाला राज्य है:
A. गुजरात **B.** मध्य प्रदेश
C. जम्मू और कश्मीर **D.** राजस्थान

Q.40 निम्नलिखित में से किस राज्य में राज्य की जनसंख्या का अनुसूचित जाति का प्रतिशत सबसे अधिक है?
A. झारखंड **B.** मध्य प्रदेश
C. पंजाब **D.** उत्तर प्रदेश

Q.41 केप यार्क प्रायद्वीप (ऑस्ट्रेलिया) निम्नलिखित खनिजों में किसके लिए विश्व प्रशिद्ध है?
A. सोना **B.** बॉक्साइट
C. लौह अयस्क **D.** टिन

Q.42 सबसे बड़े औद्योगिक गैस भंडार में पाए जाते हैं:
A. इराक **B.** ईरान **C.** कतर **D.** रूस

Q.43 निम्नलिखित में से कौन सा देश एशिया में यूरेनियम का उच्चतम उत्पादक है?
A. इंडोनेशिया **B.** भारत
C. चीन **D.** कजाकिस्तान

Q.44 निम्नलिखित में से कौन सी फसल ज्यादातर निर्वाह के तहत उगाई जाती है?
A. चाय और कॉफी **B.** सब्जियां और फल
C. कपास और तंबाकू **D.** बाजरा और चावल

Q.45 निम्नलिखित में से कौन सा राज्य पाकिस्तान के साथ सीमा साझा नहीं करता है?
A. राजस्थान **B.** हिमाचल प्रदेश
C. गुजरात **D.** पंजाब

Q.46 अंकलेश्वर, एक प्रसिद्ध पेट्रोलियम स्थल है, जो राज्य में स्थित है:
A. गुजरात **B.** महाराष्ट्र **C.** राजस्थान **D.** असम

Q.47 कोंकण रेलवे की लंबाई है: (लगभग)
A. 560 किमी **B.** 663 किमी **C.** 757 किमी **D.** 887 किमी

Q.48 सूती वस्त्र उद्योग के लिए किस प्रकार की जलवायु की आवश्यकता होती है?
A. शीत जलवायु **B.** उष्ण जलवायु
C. आर्द्र जलवायु **D.** उपोष्ण जलवायु

Q.49 निम्न में से लघु उद्योग से संबंधित नहीं है?
A. कागज का सामान **B.** खिलौने
C. मिट्टी के आभूषण **D.** फर्नीचर

Q.50 किस प्रकार के उद्योगों का विकास औद्योगिक क्रांति के बाद हुआ?
A. कुटीर उद्योग **B.** लघु उद्योग
C. बड़े पैमाने के उद्योग **D.** रासायनिक उद्योग

Q.51 किस उद्योग को धुरी उद्योग भी कहा जाता है?
A. सूती वस्त्र उद्योग **B.** लोह- इस्पात उद्योग
C. रत्न एवं आभूषण उद्योग **D.** सीमेंट उद्योग

Q.52 विश्व का सबसे बड़ा इस्पात उत्पादक देश है?
A. भारत **B.** चीन
C. जापान **D.** संयुक्त राज्य अमेरिका

Q.53 निम्नलिखित में से कौन बायोगैस ईंधन का स्रोत नहीं है?
A. लकड़ी **B.** गोबर गैस
C. नाभिकीय ऊर्जा **D.** कोयला

Q.54 वन संपदा का एक उदाहरण है:
A. मिट्टी **B.** लकड़ी
C. तांबा **D.** एलुमिनियम

Q.55 संसाधनों का सफलतापूर्वक उपयोग करना उन्हें नवीकरण के लिए समय देना क्या कहलाता है?
A. संसाधन संरक्षण **B.** सतत पोषण संरक्षण
C. संसाधन विलक्षण **D.** संसाधन निरूपण

Q.56 सिन्धु नदी की कौन सी सहायक नदी मानसरोवर झील से निकलती है?
A. व्यास **B.** झेलम **C.** सतलुज **D.** रावी

Q.57 तुलबुल परियोजना किस नदी पर स्थित है?
A. सिन्धु **B.** रावी **C.** झेलम **D.** व्यास

Q.58 कायाल नामक भौगोलिक सरंचना भारत में किस राज्य में पायी जाती है?
A. कर्नाटक **B.** महाराष्ट्र **C.** केरल **D.** तमिलनाडु

Q.59 निम्नलिखित में से कौन सी नदी अमरकंटक से निकलती है?
[Soldier GD, 2019]
A. बेतवा **B.** माही **C.** नर्मदा **D.** ताप्ती

Q.60 धरातल पर वायुदाब का सर्वप्रथम अनुभव किसने किया था?
A. ए के गैन **B.** ऑटोवान गैरिक
C. एडल्ट जोन **D.** जार्ज लेन

Q.61 वायुदाब से संबंधित सत्य कथन है:
A. विषुवत रेखा पर वायुदाब सबसे कम होता है
B. ध्रुव पर वायुदाब सबसे अधिक होता है
C. अत्यधिक ऊंचाई पर ऑक्सीजन एवं वायुदाब की कमी से मानव के नाक एवं कान से खून आने लगता है
D. उपरोक्त सभी

Q.62 विषुवत रेखा पर पृथ्वी की घूर्णन गति सबसे अधिक होती है जिससे यहां पर अपकेंद्रीय बल सर्वाधिक होता है जिसके कारण:
A. वायुदाब सबसे कम होता है
B. वायुदाब नही होता है
C. वायु दाब अधिक होता है
D. कोई नहीं

Q.63 चीखता साठा कहा जाता है:
A. व्यापारिक पवनों को **B.** धुर्वीय पवनों को
C. मौसमी पवनों को **D.** पछुआ पवनों को

Q.64 पूर्वी भाग की व्यापारिक पवनें पश्चिम भाग की अपेक्षा:
A. कम होती हैं **B.** शुष्क होती हैं
C. ठंडी होती हैं **D.** दोनों (B) और (C)

Q.65 निम्नलिखित में से कौन सी परत एक समरूप नहीं है?
A. बहिर्मंडल **B.** क्षोभमंडल
C. आयनमंडल **D.** मध्यमंडल

Q.66 किस प्रकार की वर्षा बिजली की चमक एवं बादलों की गरज के साथ होती है?
A. पर्वतीय वर्षा **B.** चक्रवातीय वर्षा
C. संवहनीय वर्षा **D.** इनमें से कोई नहीं

Q.67 विश्व में सर्वाधिक वर्षा वाला स्थान है-
A. रीयूनियन द्वीप **B.** अमेजन घाटी
C. मौसिनराम **D.** चेरापूंजी

Q.68 बादल फटने (Cloud brust) का क्या अर्थ है?
A. मेघाच्छादित मौसम में फसल के बीजों का बोना
B. कृत्रिम वर्षा का निर्माण
C. भारी तूफ़ान के साथ आसाधारण रूप से भारी बरसात
D. आकाश में बादलों के बिखरे हुए टुकड़ों की मौजूदगी

Q.69 चक्रवात पर निम्नलिखित में से कौन सा कथन सही हैं?
A. चक्रवात कम दबाव के केंद्र होते हैं यानी कम वायुमंडलीय दवाब के चारों ओर गर्म हवा की तेज आंधी को चक्रवात कहते हैं।
B. चक्रवात आकार में वृत्ताकार, अण्डाकार से लेकर 'V' आकार का होता है।
C. चक्रवातों का जलवायु और मौसम पर अत्यधिक प्रभाव होता है।
D. उपरोक्त सभी सही हैं।

Q.70 निम्नलिखित में से कौन सा कथन उष्णकटिबंधीय चक्रवात के बारे में सही हैं?
A. ये चक्रवात कर्क और मकर रेखा के बीच स्थित क्षेत्रों में विकसित होते हैं।
B. उष्ण कटिबंधीय चक्रवात आमतौर पर गर्म समुद्र की सतह पर इंटर-ट्रॉपिकल कन्वर्जेंस जोन के आसपास के क्षेत्र में गर्मियों के मौसम में विकसित होते हैं।
C. उष्णकटिबंधीय चक्रवातों की ऊर्जा का स्रोत संघनन का अव्यक्त ताप है।
D. उपरोक्त सभी सही हैं।

Q.71 निम्नलिखित कथनों पर विचार करें।
1. आकाशगंगा का केंद्रीय भाग बल्ज कहलाता है।
2. आकाशगंगा में तीन घूर्णनशील भुजाएँ होती हैं।
3. घूर्णनशील भुजाओं में तारों का संकेंद्रण अत्यधिक होता है।
उपर्युक्त कथनों में से कौन-से सत्य हैं?
A. 1, 2 और 3 **B.** केवल 2 और 3
C. केवल 1 और 2 **D.** केवल 1 और 3

Q.72 निम्नलिखित कथनों पर विचार कीजिये:
1. तारों का निर्माण नाभिकीय संलयन की प्रक्रिया से हुआ है।
2. रक्त दानव (Red giants) में विस्फोट से सभी तारे श्रेतवामन में बदल जाते हैं।
उपर्युक्त कथनों में से कौन-सा/से सत्य है/हैं?

A. केवल 1
B. केवल 2
C. 1 और 2 दोनों
D. न तो 1, और न तो 2

Q.73 निम्नलिखित कथनों पर विचार कीजियेः
1. 1.44 Ms को चंद्रशेखर सीमा कहा जाता है।
2. सूर्य के द्रव्यमान से 1.44 गुना कम द्रव्यमान वाले तारे को ब्लैकहोल कहते हैं।
उपर्युक्त कथनों में से कौन-सा/से सत्य है/हैं?
A. केवल 1
B. केवल 2
C. 1 और 2 दोनों
D. न तो 1, और न ही 2

Q.74 निम्नलिखित कथनों पर विचार कीजिये-
1. ब्लैकहोल एक उच्च गुरूत्वार्षण क्षेत्र होता है।
2. ब्लैकहोल से किसी द्रव्य या प्रकाश का पलायन संभव नहीं है।
3. ब्लैकहोल की सीमा जहाँ से कोई वस्तु बचकर नहीं निकल पाती, घटना क्षितिज (Event horizon) कहलाती है।
4. घटना क्षितिज किसी पिंड पर कोई प्रभाव नहीं डालता।
उपर्युक्त कथनों में से कौन-से सत्य हैं?
A. केवल 1, 2 और 4
B. केवल 3 और 4
C. केवल 1, 2 और 3
D. 1, 2, 3 और 4

Q.75 निम्नलिखित कथनों पर विचार कीजिये-
1. सूर्य की ऊर्जा का स्रोत नाभिकीय विखंडन की प्रक्रिया है।
2. सूर्य का बाह्यातम भाग कोरोना कहलाता है।
3. कोरोना से यदा-कदा निकली परमाणुओं का तूफान सौर ज्वाला (Solar Flares) है।
उपर्युक्त कथनों में से कौन- से सत्य हैं?
A. 1, 2 और 3
B. केवल 2
C. 1 और 2
D. 2 और 3

Q.76 निम्नलिखित कथनों पर विचार कीजिये-
1. सौर कलंक सूर्य के तापमान की तुलना में अधिक गर्म होते हैं।
2. सौर कलंक बेतार संचार व्यवस्था में सहायक होता हैं।
उपर्युक्त कथनों में से कौन-सा/से सत्य है/हैं?
A. केवल 1
B. केवल 2
C. 1 और 2 दोनों
D. न तो 1, और न ही 2

Q.77 निम्नलिखित कथनों पर विचार करें-
1. सौर मंडल का 50% भाग सूर्य द्वारा निर्मित है।
2. सौर मंडल का 5% हिस्सा ग्रहों द्वारा निर्मित है।
उपर्युक्त कथनों में से कौन-सा/से सत्य है/हैं?
A. केवल 1
B. केवल 2
C. 1 और 2 दोनों
D. न तो 1, और न ही 2

Q.78 निम्नलिखित कथनों पर विचार कीजिये-
1. पृथ्वी, मंगल, शुक्र और बुध स्थलीय ग्रह कहलाते हैं।
2. बुध ग्रह में वायुमंडल काफी सघन होते हैं।
3. शुक्र-ग्रह को 'पृथ्वी की बहन' कहा जाता है।
उपर्युक्त कथनों में से कौन-से सत्य हैं?
A. केवल 1 और 2
B. केवल 2 और 3
C. केवल 1 और 3
D. 1,2, और 3

Q.79 निम्नलिखित कथनों पर विचार कीजिये:
1. बृहस्पति के सबसे अधिक प्राकृतिक उपग्रह हैं।
2. बुध एवं शुक्र के कोई भी प्राकृतिक उपग्रह नहीं हैं।
उपर्युक्त कथनों में से कौन-सा/से सत्य है/हैं?
A. केवल 1
B. केवल 2
C. 1 और 2 दोनों
D. न तो 1 और न ही 2

Q.80 पृथ्वी पर विभिन्न स्थानों पर दिन और रात के समय में भिन्नता का कारण है?
A. पृथ्वी का दीर्घवृत्ताकार पथ पर परिक्रमण
B. पृथ्वी का अपने अक्ष पर झुकाव
C. पृथ्वी का अपने अक्ष पर घूर्णन
D. स्थान विशेष की अक्षांशीय स्थिति

Q.81 निम्नलिखित कथनों पर विचार कीजिये।
1. शीत ऋतु में उत्तरी गोलार्द्ध में उत्तर की ओर जाने पर रात्रि के समय में निरंतर वृद्धि होती है।
2. 22 दिसंबर के दिन आर्कटिक वृत पर पूरा दिन सूर्य नहीं उगता है।
उपर्युक्त कथनों में कौन-सा/से कथन सत्य है/हैं?
A. केवल 1
B. केवल 2
C. 1 और 2
D. न तो 1 और न ही 2

Q.82 निम्नलिखित कथनों में कौन सा सत्य हैं?
1. विषुवत वृत्त पर सूर्य वर्ष में एक बार लंबवत् चमकता है।
2. सूर्य जब कर्क रेखा पर लंबवत् चमकता है उसे ग्रीष्म अयनांत (Summer Solstice) कहते हैं।
3. सम रात-दिन की स्थिति को अयनांत कहते हैं।
निम्नलिखित कूटों के आधार पर सही उत्तर दीजिये:
A. केवल 1 और 2
B. केवल 2
C. केवल 2 और 3
D. 1, 2 और 3

Q.83 निम्नलिखित महासागर में से कौन आकार 'S' आकार का है?
A. अटलांटिक महासागर
B. प्रशांत महासागर
C. आर्कटिक महासागर
D. हिंद महासागर

Q.84 नागालैंड का गठन किस वर्ष किया गया था?
A. 1947
B. 1956
C. 1963
D. 1973

Q.85 कौन से वन हमेशा बर्फ से ढके रहते हैं?
A. व्यापक वन
B. टुंड्रा वन
C. भूमध्यसागरीय वन
D. उपरोक्त सभी

Q.86 निम्न में से किस नदी पर श्रीशैलम बांध का निर्माण किया गया है?
A. कावेरी
B. कृष्णा
C. गोदावरी
D. मुसी

Q.87 ___________ भारत का सबसे लंबा पुल है, जिसका उद्घाटन 2017 में भारत के प्रधानमंत्री द्वारा किया गया था।
A. ढोला सादिया
B. दिबांग रिवर ब्रिज
C. महात्मा गांधी सेतु
D. बांद्रा वर्ली ब्रिज

Q.88 किस पर्वत-माला को भारत का महान ढलान (ग्रेट एस्कार्पमेंट) कहा जाता है?
A. महान हिमालय
B. सतपुड़ा पर्वतमाला
C. अरावली पर्वतमाला
D. पश्चिमी घाट

Q.89 इन्डोनेशिया की सबसे ऊंची पर्वत चोटी कौन सी है?
A. पुंचक जाया पर्वत
B. कोज़िअस्को पर्वत
C. एल्ब्रुस पर्वत
D. विनसन पर्वत

Q.90 जल शक्ति से सबसे अधिक बिजली का उत्पादन करने वाला देश कौन सा है?
A. भारत
B. चीन
C. संयुक्त राज्य अमेरिका
D. ऑस्ट्रेलिया

Q.91 भू-आकृति विज्ञान का जन्मदाता किसे माना जाता है?

A. पेशल **B.** डेविस
C. पेंक **D.** इनमें से कोई नहीं

Q.92 भूगोल को मानव पारिस्थितिकी के रूप में परिभाषित करने वाला विद्वान कौन है?

A. हेटनर **B.** जीन ब्रून्श
C. हार्लेन बैरोज **D.** इरैटोस्थनीज

Q.93 सौरमण्डल के बारे में विश्व के समक्ष जानकारी प्रस्तुत करने का श्रेय किस विद्वान को है?

A. कोपरनिकस **B.** केप्लर
C. गैलीलियो **D.** पेंक

Q.94 सूर्य के चारों और घूमने वाले खगोलीय पिण्ड क्या कहलाते हैं?

A. ग्रह **B.** उपग्रह
C. पुच्छल तारा **D.** ये सभी

Q.95 भूलोग भूतल का अध्ययन है ऐसा किसने कहा था?

A. वारेनियस **B.** टेलर **C.** कांट **D.** कार्ल रिटर

Q.96 किसी ग्रह के चारों ओर परिक्रमा करने वाले छोटे आकाशीय पिण्ड को क्या कहते हैं?

A. पुच्छल तारा **B.** ग्रह
C. उपग्रह **D.** ये सभी

Q.97 ग्रहों की गति का नियम प्रतिपादित किसने किया?

A. केप्लर **B.** गैलीलियो
C. न्यूटन **D.** कॉपरनिकस

Q.98 सौरमण्डल की खोज किसने की?

A. कोपरनिकस **B.** आर्यभट्ट
C. कार्ल रिटर **D.** केप्लर

Q.99 सौरमंडल का जन्मदाता किसे कहा जाता है?

A. पृथ्वी **B.** शुक्र **C.** शनि **D.** सूर्य

Q.100 एक ग्रह की अपने कक्ष में सूर्य से अधिकतम दूरी को क्या कहा जाता है?

A. पेरिजी **B.** अपसौर **C.** उपसौर **D.** अपोजी

Q.101 जैव मंडल में पृथ्वी के धरातल पर किन क्रियाओं को शामिल किया जाता है?

A. जैविक क्रियाएं
B. अजैविक क्रिया है
C. जैविक और अजैविक क्रियाएं
D. संसाधनों का

Q.102 कौन सा अनुकूलन विशेष उद्दीपन के प्रति अनुक्रिया से उत्पन्न होता है?

A. वंशानुगत अनुकूलन **B.** उपार्जित अनुकूलन
C. जैविक अनुकूलन **D.** अजैविक अनुकूलन

Q.103 समस्त जीव मंडली क्रियाएं घटित होती है:

A. धरातल की ऊपरी सतह पर
B. दुर्बलता मंडल में
C. मेंटल में
D. क्रोड में

Q.104 शरीर की ऑक्सीजन और हाइड्रोजन की आवश्यकताओं की पूर्ति किस से होती है?

A. जल से
B. सूर्य से
C. जैविक घटकों से
D. पृथ्वी की भौतिक संसाधनों से

Q.105 ऑक्सीजन और नाइट्रोजन गैस कितने किलोमीटर की ऊंचाई के बाद लगभग लुप्त हो जाती है?

A. 50 किलोमीटर **B.** 20 किलोमीटर
C. 140 किलोमीटर **D.** 150 किलोमीटर

Q.106 प्रकाश संश्लेषण की क्रिया के लिए महतवपूर्ण गैस है:

A. ऑक्सीजन **B.** कार्बन डाइऑक्साइड
C. हाइड्रोजन **D.** नाइट्रोजन

Q.107 जैव विविधता शब्द का सर्वप्रथम प्रयोग किसने किया था?

A. विल्सन ने **B.** स्पैट ने
C. हर्टिंघटन ने **D.** हॉर्टसोरन ने

Q.108 किसी भी प्रजाति के जीवो में एक समान जीन के अलग-अलग रूपों का आकलन कहलाता है?

A. आनुवंशिक विविधता **B.** जातीय विविधता
C. पारिस्थितिकी विविधता **D.** सांस्कृतिक विविधता

Q.109 वन, मरुस्थल, घास के मैदान आदि को किस विविधता में सम्मिलित किया जाता है?

A. आनुवंशिकी विविधता **B.** जातीय विविधता
C. पारिस्थितिकी विविधता **D.** संस्कृतिक विविधता

Q.110 भारत देश में लगभग कितने प्रतिशत भाग पर पादप प्रजातियां पाई जाती है?

A. 8% **B.** 12% **C.** 2.4% **D.** 6.5%

Q.111 निम्नलिखित में से कौन सी एक हिमालयी नदियों से संबंधित नहीं है?

A. कावेरी **B.** ब्रह्मपुत्र **C.** अलकनंदा **D.** गंडक

Q.112 जलाशय गोविंद बल्लभ पंत सागर किस नदी पर स्थित है?

A. बेतवा **B.** घाघरा **C.** कोसी **D.** रिहंद

Q.113 निम्नलिखित में से कौन सी नदी अरब सागर में बहती है?

A. इंद्रावती **B.** गोदावरी **C.** कावेरी **D.** नर्मदा

Q.114 राजरप्पा किन नदियों के संगम पर स्थित है?

A. दामोदर - बेहरा **B.** दामोदर - शेरबुखी
C. दामोदर - बराकर **D.** दामोदर - कोनार

Q.115 निम्नलिखित में से कौन सी अलकनंदा नदी की एक सहायक नदी नहीं है?

A. भिलंगना **B.** पिंडर **C.** मंदाकिनी **D.** नंदाकिनी

Q.116 निम्नलिखित में से कौन सा उत्तर से दक्षिण तक भारत के दिए गए बाघ भंडार का सही क्रम है?

A. दुधवा-कान्हा-इंद्रावती-बांदीपुर
B. कान्हा-बांदीपुर-दुधवा-इंद्रावती
C. इंद्रावती-कान्हा-दुधवा-बांदीपुर
D. दुधवा-कान्हा-बांदीपुर-इंद्रावती

Q.117 निम्नलिखित में से कौन सा राष्ट्रीय उद्यान चमोली के पास स्थित है?

A. दुधवा नेशनल उद्यान
B. ग्रेट हिमालयन उद्यान
C. जिम कॉर्बेट राष्ट्रीय उद्यान
D. नंदा देवी राष्ट्रीय उद्यान

Q.118 निम्नलिखित में से कौन सा राज्य अपने कुल भूमि क्षेत्र में सबसे बड़ा वन क्षेत्र है?

A. मिजोरम **B.** अरुणाचल प्रदेश
C. सिक्किम **D.** जम्मू और कश्मीर

Q.119 कान्हा राष्ट्रीय उद्यान विश्व के निम्नलिखित जीवनी संबंधी क्षेत्रों में से किससे संबंधित है?

A. उष्णकटिबंधीय उप-नम वन
B. उष्णकटिबंधीय आर्द्र वन
C. उष्णकटिबंधीय शुष्क वन
D. उष्णकटिबंधीय नम वन

Q.120 निम्नलिखित राज्यों में से साक्षरता दर सबसे अधिक है:

A. ओडिशा **B.** पंजाब **C.** महाराष्ट्र **D.** मिजोरम

Q.121 'टोडा' प्रमुख जनजातियों में से एक हैं:

A. सिक्किम
B. असम
C. नीलगिरी
D. अंडमान और निकोबार द्वीप समूह

Q.122 भारत में समरूप समूह "मंगोलाब" कहाँ पाए जाते हैं?

A. दक्षिण-क्षेत्र **B.** दक्षिणी-मध्य क्षेत्र
C. उत्तर -पश्चिमी क्षेत्र **D.** उत्तर-पूर्व क्षेत्र

Q.123 खासी और गारो जनजाति मुख्य रूप से कहां पाई जाती हैं:

A. मेघालय **B.** नागालैंड **C.** मिजोरम **D.** मणिपुर

Q.124 भारत का सबसे बड़ा आदिवासी समूह है:

A. भील **B.** गोंड **C.** संथाल **D.** थारू

Q.125 अमेज़ॅन बेसिन में उष्णकटिबंधीय वर्षा वन के रूप में जाना जाता है:

A. लंबा-चौड़ा चरागाह **B.** घास के मैदान
C. सेल्वास **D.** पंपास

// स्मार्ट उत्तर पुस्तिका //

सही उत्तर उन छात्रों के प्रतिशत को इंगित करता है जिन्होंने प्रश्नों का सही उत्तर दिया था।

छोड़ दिया उन छात्रों के प्रतिशत को इंगित करता है जिन्होंने प्रश्नों को छोड़ दिया था।

प्रश्न संख्या	उत्तर	सही उत्तर	छोड़ दिया
1	A	67.73 %	1.35 %
2	A	51.86 %	1.77 %
3	C	45.98 %	1.96 %
4	C	28.43 %	4.57 %
5	C	52.33 %	1.33 %
6	A	59.54 %	1.84 %
7	B	53.55 %	1.62 %
8	D	47.06 %	1.17 %
9	A	55.37 %	1.98 %
10	D	46.04 %	1.06 %
11	C	58.53 %	1.03 %
12	A	23.72 %	4.66 %
13	C	51.79 %	1.21 %
14	D	32.37 %	3.02 %
15	A	47.91 %	1.89 %
16	D	59.29 %	1.8 %

प्रश्न संख्या	उत्तर	सही उत्तर	छोड़ दिया
17	B	69.38 %	1.56 %
18	B	54.01 %	1.16 %
19	C	54.6 %	1.41 %
20	B	46.54 %	1.79 %
21	D	63.41 %	1.16 %
22	B	66.45 %	1.39 %
23	A	66.46 %	1.21 %
24	D	49.04 %	1.4 %
25	A	50.57 %	1.4 %
26	C	40.38 %	1.03 %
27	B	22.66 %	3.63 %
28	B	46.02 %	1.39 %
29	C	29.88 %	3.41 %
30	D	40.09 %	1.55 %
31	B	52.46 %	1.51 %
32	B	49.94 %	1.09 %

प्रश्न संख्या	उत्तर	सही उत्तर	छोड़ दिया
33	A	60.78 %	1.99 %
34	D	43.21 %	1.64 %
35	C	32.99 %	4.29 %
36	B	57.45 %	1.03 %
37	B	62.88 %	1.17 %
38	B	44.7 %	1.8 %
39	D	42.11 %	1.73 %
40	C	52.19 %	1.41 %
41	B	57.03 %	1.45 %
42	D	63.11 %	1.09 %
43	D	51.87 %	1.45 %
44	D	64.68 %	1.72 %
45	B	42.31 %	1.53 %
46	A	45.11 %	1.46 %
47	C	43.28 %	1.19 %
48	C	54.06 %	1.06 %

प्रश्न संख्या	उत्तर	सही उत्तर	छोड़ दिया
49	C	46.69 %	1.87 %
50	C	58.46 %	1.65 %
51	B	63.62 %	1.13 %
52	B	45.65 %	1.01 %
53	C	48.85 %	1.91 %
54	B	47.92 %	1.55 %
55	A	67.02 %	1.79 %
56	C	48.68 %	1.78 %
57	C	57.17 %	1.68 %
58	C	55.93 %	1.99 %
59	C	59.59 %	1.04 %
60	B	63.46 %	1.5 %
61	D	19.89 %	3.76 %
62	A	65.53 %	1.23 %
63	D	43.31 %	1.1 %
64	D	68.89 %	1.83 %

प्रश्न संख्या	उत्तर	सही उत्तर	छोड़ दिया
65	A	51.41 %	1.46 %
66	C	48.91 %	1.94 %
67	C	55.36 %	1.47 %
68	C	60.84 %	1.07 %
69	D	44.65 %	1.09 %
70	D	50.47 %	1.19 %
71	C	21.87 %	4.55 %
72	A	18.89 %	4.46 %
73	A	60.07 %	1.77 %
74	C	48.09 %	1.01 %
75	B	40.53 %	1.01 %
76	D	62.55 %	1.86 %
77	D	61.72 %	1.97 %
78	C	22.96 %	4.21 %
79	C	61.58 %	1.52 %
80	B	26.31 %	4.14 %

प्रश्न संख्या	उत्तर	सही उत्तर	छोड़ दिया
81	C	21.5 %	3.91 %
82	B	55.61 %	1.83 %
83	A	62.67 %	1.5 %
84	C	54.54 %	1.33 %
85	B	45.29 %	1.27 %
86	B	55.51 %	1.94 %
87	A	61.01 %	1.16 %
88	D	47.79 %	1.58 %
89	A	54.78 %	1.27 %

प्रश्न संख्या	उत्तर	सही उत्तर	छोड़ दिया
90	B	62.23 %	1.55 %
91	A	68.16 %	1.39 %
92	C	31.97 %	3.01 %
93	A	45.46 %	1.67 %
94	A	60.99 %	1.78 %
95	C	45.78 %	1.35 %
96	C	58.73 %	1.97 %
97	A	69.73 %	1.99 %
98	A	27.12 %	3.67 %

प्रश्न संख्या	उत्तर	सही उत्तर	छोड़ दिया
99	D	61.13 %	1.24 %
100	B	66.21 %	1.01 %
101	C	56.57 %	1.89 %
102	B	40.77 %	1.03 %
103	A	61.01 %	1.38 %
104	A	50.06 %	1.33 %
105	C	28.79 %	3.45 %
106	B	64.93 %	1.74 %
107	A	66.65 %	1.28 %

प्रश्न संख्या	उत्तर	सही उत्तर	छोड़ दिया
108	A	47.93 %	1.25 %
109	C	44.87 %	1.94 %
110	A	19.38 %	3.02 %
111	A	59.53 %	1.75 %
112	D	40.93 %	1.57 %
113	D	48.82 %	1.52 %
114	A	63.99 %	1.24 %
115	A	53.83 %	1.72 %
116	A	10.35 %	3.15 %

प्रश्न संख्या	उत्तर	सही उत्तर	छोड़ दिया
117	D	57.82 %	1.21 %
118	A	51.3 %	1.37 %
119	C	44.82 %	1.7 %
120	D	58.1 %	1.15 %
121	C	22.89 %	4.68 %
122	D	61.15 %	1.58 %
123	A	43.2 %	1.8 %
124	A	40.73 %	1.44 %
125	C	55.52 %	1.79 %

कार्य विश्लेषण	
औसत अंक (%)	43.06%
टॉपर्स स्कोर (%)	72.94%
आपका स्कोर	

//संकेत और समाधान//

1. तुंगभद्रा बांध जिसे पम्पा सागर के नाम से भी जाना जाता है, तुंगभद्रा नदी के पार कृष्णा नदी की एक सहायक नदी के रूप में निर्मित है। बांध कर्नाटक के विजयनगर जिले के होसपेटे में है। यह एक बहुउद्देशीय बांध है जो सिंचाई, बिजली उत्पादन, बाढ़ नियंत्रण, आदि की सेवा करता है।

अतः विकल्प (A) सही है।

2. भारत में ज्वारीय ऊर्जा प्रणाली के माध्यम से विद्युत उत्पादन की संभावित क्षमता 10,000 मेगावाट है, जिसमें सबसे अधिक संभावित स्थल है। कैम्बे की खाड़ी की संभावित क्षमता 7200 मेगावाट है और इसके बाद कच्छ और सूर्यबाणों का गंगा डेल्टा है।

अतः विकल्प (A) सही है।

3. ब्रह्मपुत्र नदी 3 देशों से होकर गुजरती है: चीन, भारत और बांग्लादेश। नदी को विभिन्न क्षेत्रों में विभिन्न नामों से जाना जाता है। इसे तिब्बत में यारलुंग त्संगपो और बांग्लादेश में जमुना नदी के नाम से जाना जाता है।

अतः विकल्प (C) सही है।

4. डोड्डा बेट्टा

- यह नीलगिरि पर्वत, तमिलनाडु का सबसे ऊँचा पर्वत है।
- यह 2,637 मीटर (8,652 फीट) ऊंचा है।
- डोड्डाबेट्टा का अर्थ "बिग माउंटेन" है।

नंदा देवी

- यह कंचनजंगा के बाद भारत का दूसरा सबसे ऊँचा पर्वत है।
- यह उत्तराखंड में है।
- यह दुनिया की 23वीं सबसे ऊंची चोटी है।

अनई मुड़ी

- यह भारतीय राज्य केरल में स्थित एक पर्वत है।
- यह पश्चिमी घाट और दक्षिण भारत की सबसे ऊँची चोटी है।
- अनमुदी या अनई मुड़ी का अर्थ क्रमशः मलयालम और तमिल में एलीफेंट पीक है।

सरमाती

- यह नागालैंड राज्य की सबसे ऊँची चोटी है।
- सरमाती पर्वत नागालैंड और म्यांमार की सीमा से लगा हुआ एक पर्वत है।

अतः विकल्प (C) सही है।

5. नागपुर भारत के भौगोलिक केंद्र बिंदु पर ठीक है और शून्य मील मार्कर यहाँ स्थित है। विभिन्न प्रमुख शहरों की दूरी जो यहाँ से मापी जाती है, उन्हें इस शून्य-मील स्थल पर स्तंभ पर उकेरा गया है। इसलिए, नागपुर को शून्य मील केंद्र कहा जाता है।

अतः विकल्प (C) सही है।

6. पूर्वी घाट या पुरवा, जिसे दक्षिण में महेंद्र पर्वत के नाम से भी जाना जाता है, भारत के पूर्वी तट के साथ पहाड़ों की एक अलग श्रेणी है।

पश्चिम बंगाल से शुरू होकर पूर्वी घाट ओडिशा, आंध्र प्रदेश, तेलंगाना और तमिलनाडु जैसे राज्यों से होकर गुजरता है और दक्षिण में कर्नाटक के कुछ हिस्सों से होकर गुजरता है।

गोदावरी, महानदी, कृष्णा, और कावेरी के नाम से जानी जाने वाली प्रायद्वीपीय भारत की चार प्रमुख नदियों द्वारा इनका क्षय और कटाव होता है।

पूर्वी घाट की सबसे ऊँची चोटी जिंदगडा चोटी (1690 मीटर) है। इसे अरमा कोंडा या सीताम्मा कोंडा के नाम से भी जाना जाता है।

अतः विकल्प (A) सही है।

7. पालघाट दर्रा, पश्चिमी घाट पर्वत श्रृंखला में एक बड़ा व्यवधान, दक्षिण-पश्चिम भारत में है। यह उत्तर में नीलगिरि पहाड़ियों और दक्षिण में अन्नामलाई पहाड़ियों के बीच स्थित है। यह लगभग 20 मील (32 किमी) चौड़ा है और केरल-तमिलनाडु सीमा पर फैला है, जो उन दोनों राज्यों के बीच एक प्रमुख संचार मार्ग है।

अतः विकल्प (B) सही है।

8. कार्स्ट स्थलाकृति परिदृश्य, चूना पत्थर, डोलोमाइट और जिप्सम जैसे घुलनशील चट्टानों के विघटन से बनी है। व्यास और गहराई दोनों में सिंकहोल का आकार 1 से 600 मीटर तक भिन्न होता है।

अतः विकल्प (D) सही है।

9. नर्मदा, भारत में दरार घाटी में बहने वाली नदियों में से एक नदी है, यह पश्चिम में सतपुड़ा और विंध्य पर्वतों के बीच बहती है। दरार घाटी के माध्यम से बहने वाली अन्य नदियों में छोटा नागपुर पठार में दामोदर नदी और ताप्ती हैं।

अतः विकल्प (A) सही है।

10. जवई और चेरापूंजी में कोयला खनन एक लंबी संकीर्ण सुरंग खोदकर परिवार के सदस्यों द्वारा किया जाता है, जिसे 'चूहा छेद खनन' कहा जाता है। भारत में, खनिजों को निकालने के लिए, व्यक्ति को सरकार की उचित अनुमति की आवश्यकता होती है क्योंकि अधिकांश खनिजों का देश की सरकार द्वारा राष्ट्रीयकरण या अधिग्रहण किया जाता है। मेघालय के मामले में, यह अलग है; उत्तर-पूर्व भारत के जनजातीय क्षेत्रों में कोयला खदानों का अधिग्रहण सरकार के बजाय व्यक्तियों और समुदायों द्वारा किया जाता है। मेघालय में कोयला, लौह अयस्क, चूना पत्थर और डोलोमाइट आदि के बड़े भंडार पाए जाते हैं।

अतः विकल्प (D) सही है।

11. एक पठारी मैंदान एक कम राहत वाला मैदान है जो फटे हुए कटाव से बनता है। प्रकृति में एक प्रक्रिया के रूप में कुछ पठारी मैंदान और समप्राय भूनिर्माण का अस्तित्व, समकालीन उदाहरणों की कमी और अवशेष उदाहरणों की पहचान करने में अनिश्चितता के कारण विवाद के बिना नहीं है।

उत्थित पठारी मैंदान को अत्यधिक शुष्कता की स्थिति में या गैर-कटाई वाले शीत-आधारित हिमनद बर्फ के तहत जीवाश्म स्थालाकृति के रूप में संरक्षित किया जा सकता है। ढाल क्षेत्रों में हिमनद द्वारा पठारी मैंदान का क्षरण सीमित है।

अतः विकल्प (C) सही है।

12. मक्का फसल की कटाई के मद्देनजर अगस्त-सितंबर में होने वाले मीम कुट को मिज़ो जनजाति द्वारा मनाया जाता है। यह घर पर बने चावल बीयर जू के गायन, नृत्य, दावत और पीने के माध्यम से व्यक्त किए गए महान उल्लास और उत्साह के साथ मनाया जाता है। अपने मृत रिश्तेदारों की स्मृति के लिए समर्पित, त्योहार को धन्यवाद और साल की याद की भावना से रेखांकित किया जाता है पहली फसल को मृतकों की स्मृति के लिए बनाए गए एक उठाए गए मंच पर एक भेंट के रूप में रखा जाता है।

अतः विकल्प (A) सही है।

13. जनसांख्यिकी अध्ययन: जनसंख्या से जुड़ी प्रक्रियाएं और रुझान जैसे-

- जनसंख्या के आकार में परिवर्तन;
- जन्म, मृत्यु और प्रवास के पैटर्न; तथा

जनसंख्या की संरचना और ढांचा, जैसे-

- पुरुषों, महिलाओं और विभिन्न आयु वर्ग के लोगों के सापेक्ष अनुपात।

अतः विकल्प (C) सही है।

14. स्थालाकृति (पहाड़, लकीरें, झीलें, घाटियाँ आदि) कभी-कभी तब बनते हैं जब दोषों का एक बड़ा ऊर्ध्वाधर विस्थापन होता है। आसन्न उठाए गए ब्लॉक (हॉर्स्ट) और डाउन-ड्रॉप ब्लॉक (ग्रैबन्स) उच्च कगार बना सकते हैं।

एक शेवरॉन एक फानाकार का अवसाद निक्षेप है जो दुनिया भर के समुद्र तटों और महाद्वीपीय अंदरूनी हिस्सों पर देखा जाता है। शेवरॉन शब्द का इस्तेमाल मूल रूप से मैक्सवेल और हेन्स और अन्य लोगों द्वारा बड़े पैमाने पर, वी-आकार, दक्षिण-पश्चिम मिस्र में परवलयिक भू-आकृतियों के लिए उप-रेखीय और पूर्वी, हवा में बहामा में द्वीपों पर किया जाता था।

अतः विकल्प (D) सही है।

15. काजीरंगा राष्ट्रीय उद्यान गैंडे की आबादी के लिए प्रसिद्ध है और असम, भारत में स्थित है।

काजीरंगा राष्ट्रीय उद्यान भारत के असम राज्य के गोलाघाट, कार्बी आंगलोंग और नागांव जिलों में एक राष्ट्रीय उद्यान है। अभयारण्य, जो दुनिया के महान एक सींग वाले गैंडों के दो-तिहाई हिस्से को एकत्रित किये हुए है, एक विश्व विरासत स्थल है।

अतः विकल्प (A) सही है।

16. दक्षिण अमेरिका में ऐन्डीज़, दुनिया की सबसे लम्बी महाद्वीपीय पर्वत श्रृंखला है। लंबाई में लगभग 7,600 किलोमीटर (4,700 मील), वे सात देशों में फैले हुए हैं और पृथ्वी पर सबसे ऊंचे पहाड़ों में सम्मिलित हैं। पचास से अधिक एंडीज चोटियाँ 6,000 मीटर (20,000 फीट) से अधिक ऊँचाई की हैं।

अतः विकल्प (D) सही है।

17. सही मिलान है:

सूची-I	सूची-II
A. स्लेट	2. रूपांतरित चट्टान
B. लिग्नाइट	4. अवसादी चट्टान
C. बॉक्साइट	3. अलौह खनिज
D. ग्रेनाइट	1. आग्नेय चट्टान

अतः विकल्प (B) सही है।

18. सिएरा नेवादा पश्चिमी संयुक्त राज्य अमेरिका में एक पर्वत श्रृंखला है, जो कैलिफोर्निया की सेंट्रल घाटी और ग्रेट बेसिन के बीच है। रेंज का अधिकांश भाग कैलिफोर्निया राज्य में है, हालांकि कार्सन रेंज स्पर मुख्य रूप से नेवादा में है। सिएरा नेवादा अमेरिकी कॉर्डिलेरा का हिस्सा है, जो पर्वत श्रृंखलाओं की लगभग निरंतर श्रृंखला है जो अमेरिका के पश्चिमी "रीढ़" का निर्माण करती है।

अतः विकल्प (B) सही है।

19. अफ्रीका की सबसे ऊंची पर्वत चोटी माउंट किलिमंजारो तंजानिया में स्थित है। किलिमंजारो, अपने तीन ज्वालामुखी शंकु, किबो, मावेंज़ी और शिम के साथ, किलिमंजारो राष्ट्रीय उद्यान, किलिमंजारो क्षेत्र, तंजानिया में एक सुप्त ज्वालामुखी पर्वत है।

अतः विकल्प (C) सही है।

20. हिंद महासागर का सबसे बड़ा द्वीप मेडागास्कर है। मेडागास्कर, आधिकारिक तौर पर मेडागास्कर गणराज्य और जिसे पहले मालागासी गणराज्य के रूप में जाना जाता था, दक्षिण पूर्व अफ्रीका के तट से दूर हिंद महासागर में एक द्वीप देश है।

अतः विकल्प (B) सही है।

21. लैब्राडोर अन्य महासागर धाराओं से अलग है। यह प्रकृति में ठंडा है। लैब्राडोर धारा उत्तरी अटलांटिक महासागर में एक ठंडा धारा है जो आर्कटिक महासागर के दक्षिण में लैब्राडोर के तट से बहता है और न्यूफ़ाउंडलैंड के आसपास से गुजरता है, जो नोवा स्कोटिया के पूर्वी तट के साथ दक्षिण में जारी है।

अतः विकल्प (D) सही है।

22. एगुलस धाराओं का पड़ोसी तट पर ऊष्मोत्पादक प्रभाव है। एगुलस धारा दक्षिण पश्चिम हिंद महासागर की पश्चिमी सीमा वर्तमान है। यह अफ्रीका के पूर्वी तट से 27°S से 40°S तक नीचे बहती है। यह संकीर्ण, तेज और मजबूत है।

अतः विकल्प (B) सही है।

23. पूर्वी ऑस्ट्रेलियाई धारा एक गर्म महासागरीय धारा है जो ऊष्णकटिबंधीय कोरल सागर से गर्म पानी ले जाती है। यह ऑस्ट्रेलिया के पूर्वी तट से नीचे दक्षिण भूमध्यवर्ती धारा से विभाजित होता है।

अतः विकल्प (A) सही है।

24. कैनरीस धारा उत्तरी अटलांटिक महासागर में महासागर-धारा प्रणाली का हिस्सा है। यह दक्षिण में उत्तरी अटलांटिक धारा से दक्षिण की ओर जाती है और दक्षिण-पश्चिम की ओर बहती है और अफ्रीका के उत्तर-पश्चिमी तट से गुजरती है।

अतः विकल्प (D) सही है।

25. एगुलस धारा दक्षिण पश्चिम हिंद महासागर की पश्चिमी सीमा धारा है। यह अफ्रीका के पूर्वी तट के दक्षिण में 27°S से 40°S तक बहती है। यह संकीर्ण, तेज और मजबूत है।

अतः विकल्प (A) सही है।

26. राष्ट्रीय राजमार्ग- 6 महाराष्ट्र, छत्तीसगढ़ और उड़ीसा से होकर गुजरता है। राष्ट्रीय राजमार्ग- 6 भारत में गुजरात, महाराष्ट्र, छत्तीसगढ़, ओडिशा, झारखंड और पश्चिम बंगाल राज्य से होकर जाता है।

अतः विकल्प (C) सही है।

27. दक्षिणी गोलार्द्ध की व्यापारिक हवाओं को ITCZ (अंतःउष्णकटिबंधीय अभिसरण क्षेत्र) तक पहुँचने के लिए भूमध्य रेखा को पार करना पड़ता है। इस प्रकार, दक्षिणी गोलार्द्ध की हवाएं भूमध्य रेखा को पार करती हैं लेकिन कॉरिऑलिस प्रभाव के तहत दाईं ओर विस्थापित होती हैं।

अतः विकल्प (B) सही है।

28. रेडियो तरंगों के प्रसार में मदद करने वाले आयनिक गैसीय अणुओं से बना वातावरण की परत आयनमंडल है। यह ऊपर से दूसरी परत है। यह 60 किमी से 1000 किमी तक है। यह पृथ्वी को उल्कापिंडों से भी बचाता है।

अतः विकल्प (B) सही है।

29. केवल उष्णकटिबंधीय चक्रवात जो अटलांटिक महासागर या पूर्वी प्रशांत महासागर के ऊपर बनते हैं, उन्हें "हरीकेन" कहा जाता है। उष्णकटिबंधीय चक्रवात विशाल इंजन की तरह होते हैं जो ईंधन के रूप में गर्म, नम हवा का उपयोग करते हैं। यही कारण है कि वे भूमध्य रेखा के पास केवल गर्म समुद्र के पानी पर बनाते हैं। समुद्र के ऊपर गर्म, नम हवा सतह के पास से ऊपर की ओर उठती है।

अतः विकल्प (C) सही है।

30. उष्णकटिबंधीय चक्रवात - तूफान और टाइफून - उष्णकटिबंधीय क्षेत्र में कहीं भी विकसित और परिपक्व होते हैं। उष्णकटिबंधीय चक्रवात, जिसे आंधी या तूफान भी कहा जाता है, एक तीव्र गोलाकार तूफान है जो गर्म उष्णकटिबंधीय महासागरों में उत्पन्न होता है और कम वायुमंडलीय दबाव, तेज़ हवाओं और भारी वर्षा की विशेषता है।

अतः विकल्प (D) सही है।

31. भारत का राष्ट्रीय राजमार्ग -2 सबसे लंबा है। राष्ट्रीय राजमार्ग -2 भारत में एक राष्ट्रीय राजमार्ग है जो असम के डिब्रूगढ़ से मिजोरम में तुईपांग तक चलता है। इसकी लंबाई लगभग 1,214 किमी (754 मील) है।

अतः विकल्प (B) सही है।

32. अमृतसर से कलकत्ता तक दिल्ली के रास्ते राष्ट्रीय राजमार्ग को राष्ट्रीय राजमार्ग संख्या 2 कहा जाता है। इसे ग्रैंड ट्रंक रोड कहा जाता था और इसका निर्माण शेर शाह ने किया था।

अतः विकल्प (B) सही है।

33. हिमालय के उत्तर में स्थित होने के कारण भारत की जलवायु मुख्य रूप से उष्णकटिबंधीय है। भारत जलवायु क्षेत्रों की एक असाधारण विविधता का घर है, जो दक्षिण में उष्णकटिबंधीय से लेकर शीतोष्ण और अल्पाइन तक उत्तर में है, जहां ऊंचाई वाले क्षेत्रों में निरंतर सर्दियों में बर्फबारी होती है।

अतः विकल्प (A) सही है।

34. भारतीय क्षेत्र में दो ज्वालामुखी द्वीप नारकोंडम और बंजर द्वीप हैं। नारकंडम द्वीप अंडमान द्वीप समूह के पूर्वी ज्वालामुखी द्वीप समूह का हिस्सा है जो उत्तरी अंडमान समुद्र में स्थित है।

अतः विकल्प (D) सही है।

35. पुदुचेरी का आकार सबसे बड़ा है और इसके चार प्रशासनिक प्रभाग हैं: चार जिले, अर्थात। पुदुचेरी, माहे, यानम और कराईकल। पुदुचेरी जिले में सबसे बड़ा क्षेत्र और आबादी है।

अतः विकल्प (C) सही है।

36. लक्षद्वीप, पूर्व में (1956–73) भारत के केंद्रशासित प्रदेश लकाडिव, मिनिकोय और अमिंदी द्वीप समूह। यह भारत के दक्षिण-पश्चिमी तट से अरब सागर के लगभग 30,000 वर्ग मील (78,000 वर्ग किमी) में फैले तीन दर्जन द्वीपों का एक समूह है।

अतः विकल्प (B) सही है।

37. अंडमान और निकोबार द्वीप समूह भारत के सात केंद्र शासित प्रदेशों में से एक है। यह बंगाल की खाड़ी और अंडमान सागर के जंक्शन पर द्वीपों का एक समूह है। म्यांमार द्वीप के लिए निकटतम मुख्य भूमि है।

अतः विकल्प (B) सही है।

38. उत्तर प्रदेश अधिकतम राज्यों के साथ अपनी सीमाएँ साझा करता है।

हालाँकि उत्तर प्रदेश क्षेत्रफल की दृष्टि से चौथे स्थान पर आता है, लेकिन राज्य नेपाल के साथ एक अंतर्राष्ट्रीय सीमा साझा करने के अलावा, 9 राज्यों/केंद्र शासित प्रदेशों के साथ अपनी सीमाओं को साझा करता है।

अतः विकल्प (B) सही है।

39. राजस्थान देश का सबसे बड़ा राज्य है। बंजर भूमि के हिसाब से भी राज्य में उपलब्ध बंजर भूमि का क्षेत्रफल अन्य राज्यों की तुलना में सर्वाधिक है।

अतः विकल्प (D) सही है।

40. जनगणना -2011 के अनुसार, पंजाब राज्य, देश के सभी राज्यों में अनुसूचित जाति की आबादी का सबसे अधिक प्रतिशत है। पंजाब में अनुसूचित जाति की आबादी लगभग 88.60 लाख है जो राज्य की कुल जनसंख्या का 31.94% है।

अतः विकल्प (C) सही है।

41. ऑस्ट्रेलिया के उत्तर में कारपेंटरिया की खाड़ी है तथा इसके पूर्व में चाकू के आकार का ऊपर की ओर निकला हुआ केप यार्क प्रायद्वीप है। यहां वाइपा की खान है जहाँ से बाक्साइट निकाला जाता है। बाक्साइट के उत्पादन में विश्व में प्रथम चीन तथा ऑस्ट्रेलिया द्वितीय स्थान पर आता है।

अतः विकल्प (B) सही है।

42. रूस के पास दुनिया में सबसे बड़ा प्राकृतिक गैस भंडार है। 2019 तक, इसमें लगभग 38 ट्रिलियन क्यूबिक मीटर का जीवाश्म ईंधन था, जो चार ट्रिलियन क्यूबिक मीटर से दस मिलियन से अधिक पहले था।

अतः विकल्प (D) सही है।

43. कजाकिस्तान खदानों से यूरेनियम का सबसे बड़ा हिस्सा (2019 में खानों से विश्व आपूर्ति का 42%), इसके बाद कनाडा (13%) और ऑस्ट्रेलिया (12%) का उत्पादन करता है।

अतः विकल्प (D) सही है।

44. बाजरा और चावल ज्यादातर निर्वाह खेती के तहत उगाए जाते हैं। निर्वाह खेती आत्मनिर्भर खेती है जिसमें किसान अपना और अपने परिवार का पेट भरने के लिए पर्याप्त भोजन उगाने पर ध्यान केंद्रित करते हैं।

अतः विकल्प (D) सही है।

45. चार भारतीय राज्य या केंद्र शासित प्रदेश पाकिस्तान के साथ अपनी सीमाएँ साझा करते हैं। राज्य हैं- राजस्थान, गुजरात और पंजाब और जम्मू-कश्मीर का केंद्र शासित प्रदेश। जम्मू और कश्मीर पाकिस्तान (1222 किमी) के साथ सबसे लंबी सीमा साझा करता है। भारत-पाकिस्तान सीमा की कुल लंबाई 3,323 किलोमीटर है।

अतः विकल्प (B) सही है।

46. अंकलेश्वर, भारत के गुजरात राज्य के भरूच जिले का एक शहर और नगरपालिका है। शहर भरूच से चौदह किलोमीटर की दूरी पर स्थित है। (AIA)-अंकलेश्वर औद्योगिक संघ GIDC का सबसे बड़ा संगठन है जहां 2000 से अधिक उद्योग पंजीकृत हैं।

अतः विकल्प (A) सही है।

47. कोंकण रेलवे (संक्षिप्त रूप से KR) कोंकण रेलवे निगम द्वारा संचालित एक रेलवे है, जिसका मुख्यालय नवी मुंबई, महाराष्ट्र, भारत में CBD बेलापुर में है। 756.25 किमी (लगभग 757) लंबी रेलवे लाइन महाराष्ट्र, गोवा और कर्नाटक राज्यों को जोड़ती है। पूर्ण ट्रैक पर पहली ट्रेन 26 जनवरी 1998 को रवाना की गई थी।

अतः विकल्प (C) सही है।

48. सूती वस्त्र उद्योग के लिए आर्द्र जलवायु की आवश्यकता होती है। सिनेमा उद्योग के लिए वर्ष भर मेघ रहित आकाश सूर्य के प्रकाश की आवश्यकता होती है। उपयुक्त जलवायु के कारण ही मुंबई व कैलिफोर्निया में सूती वस्त्र उद्योग तेजी से पनपा है।

अतः विकल्प (C) सही है।

49. लघु उद्योग में मशीनों एवं चालक शक्ति का प्रयोग किया जाता है तथा वे तनिक श्रमिक भी रखे जाते हैं जबकि कुटीर उद्योग में ऐसा नहीं होता है। कपड़े, कागज का सामान, खिलौने, मिट्टी के बरतन, फर्नीचर, डेयरी उत्पाद, खाने के तेल निकालने के उद्योग, आधारभूत बर्तन चमड़े का सामान आदि लघु उद्योग के उदाहरण है।

अतः विकल्प (C) सही है।

50. बड़े पैमाने के उद्योगों का विकास औद्योगिक क्रांति के बाद हुआ इन उद्योगों में उत्पाद की गुणवत्ता पर विशेष ध्यान दिया जाता है। उत्पादन में विशिष्टकरण बड़े पैमाने के उद्योगों की महत्वपूर्ण विशेषता है। उत्पादित माल को निर्यात किया जाता है। बड़े पैमाने के उद्योग आरंभ में ग्रेट ब्रिटेन पश्चिमी यूरोप, रूस, जापान आदि में लगाए गए थे।

अतः विकल्प (C) सही है।

51. लोह- इस्पात उद्योग आधुनिक औद्योगिक युग की आधारशिला है यह एक भारी उद्योग हैं तथा सैकड़ों लोगों के लिए कच्चे माल का स्रोत है अतः इसे आधारभूत उद्योग कहते हैं। इसके बगैर हम औद्योगिक विकास की कल्पना भी नहीं कर सकते हैं। इसलिए इसे धुरी उद्योग भी कहा जाता है।

अतः विकल्प (B) सही है।

52. चीन विश्व का सबसे बड़ा इस्पात उत्पादक देश है चीन में इस उद्योग के लिए पर्याप्त कच्चा माल उपलब्ध है। चीन की प्रमुख लोह इस्पात उत्पादक क्षेत्र है-

1. मंचूरिया क्षेत्र
2. उत्तरी चीन क्षेत्र – सांसी व सेंशी कोयला क्षेत्रों के समीप
3. यांगटीसी घाटी क्षेत्र

अतः विकल्प (B) सही है।

53. परमाणु ऊर्जा वह ऊर्जा है जिसे नियंत्रित (यानी, गैर-विस्फोटक) नाभिकीय अभिक्रिया से उत्पन्न किया जाता है। वर्तमान में विद्युत उत्पादन के लिए वाणिज्यिक संयंत्र नाभिकीय विखण्डन का उपयोग करते हैं। नाभिकीय रिएक्टर से प्राप्त उष्मा पानी को गर्म करके भाप बनाने के काम आती है, जिसे फिर बिजली उत्पन्न करने के लिए इस्तेमाल किया जाता है।

अतः विकल्प (C) सही है।

54. वनस्पति जगत से भवन निर्माण सामग्री उपलब्ध होती है। वनों से औषधियाँ उपलब्ध होती हैं। वृक्षों से छाल, लकड़ी, फल-फूल पत्ते और जड़ें ही नहीं, बल्कि अनेक प्रकार की जड़ी बूटियाँ भी वनों से प्राप्त होती हैं। आज देश की लगभग 16 प्रतिशत भूमि ही वनाच्छादित है।

अतः विकल्प (B) सही है।

55. संसाधनों का सतर्कतापूर्वक उपयोग करना और उन्हें नवीकरण के लिए समय देना,संसाधन संरक्षण कहलाता है। संसाधनों का उपयोग करने की आवश्यकता और भविष्य के लिए उनके संरक्षण में संतुलन बनाये रखना सततपोषणीय विकास कहलाता है। प्रत्येक व्यक्ति उपभोग को कम करके वस्तुओं के पुनःचक्रण और पुनःउपयोग द्वारा योगदान दे सकता है।

अतः विकल्प (A) सही है।

56. सतलुज नदी तिब्बत में मानसरोवर झील से निकलती है, यह नदी भारत में हिमाचल प्रदेश में किन्नौर जिले में शिपकी दर्रे से प्रवेश करती है।

सतलुज नदी उत्तरी भारत में बहनेवाली एक सदानीरा नदी है। इसका पौराणिक नाम शतुर्दि है। जिसकी लम्बाई पंजाब में बहने वाली पाँचों नदियों में सबसे अधिक है। यह पाकिस्तान में होकर बहती है। दक्षिण-पश्चिम तिब्बत में समुद्र तल से 4,600 मीटर की ऊंचाई पर इसका उद्गम मानसरोवर के निकट राक्षस ताल से है, जहां इसका स्थानीय नाम लोगचेन खम्बाव है।

अतः विकल्प (C) सही है।

57. तुलबुल परियोजना जम्मू-कश्मीर में झेलम नदी पर स्थित है, इस परियोजना पर 1987 में कार्य शुरू किया गया। परन्तु भारत-पाकिस्तान के बीच इस परियोजना का समझौता न होने के कारण इस परियोजना का कार्य बंद करना पड़ा।

अतः विकल्प (C) सही है।

58. वेम्बनाड (वेम्बनाड कायाल या वेम्बनाड कोल) भारत की सबसे लंबी झील है, साथ ही केरल राज्य की सबसे बड़ी झील भी है। 2033 वर्ग किलोमीटर के क्षेत्र के साथ, यह पश्चिम बंगाल में सुंदरवन के बाद भारत में दूसरा सबसे बड़ा रामसर साइट है।

अतः विकल्प (C) सही है।

59. नर्मदा, जिसे रेवा के नाम से भी जाना जाता है, मध्य भारत की एक नदी और भारतीय उपमहाद्वीप की पांचवीं सबसे लंबी नदी है। नर्मदा, मध्य भारत के मध्य प्रदेश और गुजरात राज्य में बहने वाली एक प्रमुख नदी है। मैकल पर्वत के अमरकंटक शिखर से नर्मदा नदी की उत्पत्ति हुई है। इसकी लम्बाई प्रायः 1312 किलोमीटर है। यह नदी पश्चिम की तरफ जाकर खम्बात की खाड़ी में गिरती है।

अतः विकल्प (C) सही है।

60. वायुदाब पर हवा के घनत्व, तापमान, जलवायु की मात्रा तथा गुरुत्वाकर्षण शक्ति का प्रभाव पड़ता है। इन सभी तत्वों के परिवर्तनशील होने के कारण ऊंचाई एवं वायुदाब के बीच कोई सीधा आनुपातिक सम्बन्ध नहीं पाया जाता है। धरातल पर वायुदाब का सर्वप्रथम अनुभव 1650 में ऑटोवान गैरिक ने किया था।

अतः विकल्प (B) सही है।

61. विषुवत रेखीय पर वर्ष भर सूर्य की किरणें सीधी पड़ती हैं। अतः तापमान सदैव ऊँचा तथा वायुदाब कम रहता है। भूमध्य रेखा पर पृथ्वी का घूर्णन वेग सर्वाधिक होता है। जिससे यहां अपकेन्द्रीय बल सर्वाधिक होता है।

सामान्य दशाओं में वायुदाब और तापमान में विलोम सम्बन्ध है यदि वायु का तापमान अधिक होता है तो वायुदाब कम होता है और यदि तापमान कम होता है तो वायुदाब अधिक होता है। ध्रुवों पर अधिक वायुदाब तथा विषुवत् रेखा पर कम वायुदाब पाए जाने का यही कारण है।

शरीर के अंदर और बाहर के दबाव का संतुलन बिगड़ जाएगा। इसके अलावा विमान में सवार लोगों को ऑक्सीजन की भी कमी हुई होगी। ऐसी स्थिति में उंगलियां सुन्न पड़ जाती हैं और हल्की झनझनाहट होती है। सांस लेने में दिक्कत, नाक बंद लगना, नाक से ख़ून आना कान में दर्द, बहुत तेज सिरदर्द, जोड़ों में दर्द और घबराहट होती है।

अतः विकल्प (D) सही है।

62. विषुवतीय निम्न वायुदाब पेटी: विषुवत वृत्त पर सूर्य की किरणें लगभग वर्षभर लम्बवत् पड़ती हैं। इस कारण विषुवतीय क्षेत्रों में वायु गर्म होकर ऊपर उठ जाती है, जिससे यहां निम्न वायुदाब का क्षेत्र बन जाता है।

अतः विकल्प (A) सही है।

63. पछुआ पवन का सर्वश्रेष्ठ विकास 40 डिग्री से 65 डिग्री दक्षिण अक्षांशों के मध्य पाया जाता है। यहां के इन अक्षाशों को गरजता चालीसा, प्रचण्ड पचासा और चीखता साठा कहा जाता है। ये सभी नाम नाविकों के दिए हुए हैं।

अतः विकल्प (D) सही है।

64. दक्षिणी अक्षांश के क्षेत्रों अर्थात उपोष्ण उच्च वायुदाब कटिबन्धों से भूमध्यरेखिय निम्न वायुदाब कटिबन्ध की ओर दोनों गोलार्द्धों में वर्ष भर निरन्तर प्रवाहित होने वाले पवन को व्यापारिक पवन (trade winds) कहा जाता हैं। चूंकि ये पवनें ठण्डी व शुष्क होती हैं अतः वर्षा नहीं करतीं तथा इन पवनों के प्रभाव से मौसमी दशायें ठण्डी व शुष्क रहती हैं। उत्तर-पूर्वी मानसून पवनें बंगाल की खाड़ी से गुजरते हुये आर्द्रता ग्रहण कर लेती हैं और कारोमण्डल तट पर वर्षा करती हैं।

अतः विकल्प (D) सही है।

65. वायुमंडल की अर्धमंडल परतों में वे परतें शामिल होती हैं जहां रासायनिक संरचना अशांति से मिश्रण के कारण गैसों के आणविक भार से स्वतंत्र होती है। इसलिए निचली परतें जैसे क्षोभमंडल, आयनमंडल और मध्यमंडल अर्धमंडल हैं।

अतः विकल्प (A) सही है।

66. भूमध्य रेखीय प्रदेशों में दिन में अत्यधिक सूर्यातप के कारण धरातल के अधिक गर्म हो जाने पर वायु फैलती है और हल्की होने के कारण ऊपर उठती है। ऊपर उठती हुई यह वायु सागरों तथा अन्य जलाशयों से आर्द्रता ग्रहण कर लेती है। इसे संवहनीय वर्षा कहते हैं। वर्षा बिजली की चमक तथा बादलों की गरज के साथ होती हैं। इस तरह की वर्षा मुख्य रूप से भूमध्य रेखीय भागों में होती हैं, जहां पर प्रतिदिन दोपहर तक धरातल के गर्म होने के कारण संवाहन धाराएं उठने लगती हैं तथा दिन में घनघोर बादल छा जाते हैं। पूर्ण अंधेरा छा जाता हैं तथा क्षणों में ही जोरो की वर्षा होने लगती हैं।

अतः विकल्प (C) सही है।

67. मौसिनराम (Mawsynram) भारत के मेघालय राज्य के पूर्व खासी पहाड़ी ज़िले में स्थित एक बस्ती है। यह राज्य राजधानी, शिलांग, से लगभग 60.9 किमी दूर स्थित है। यह भारत का सर्वाधिक वर्षा वाला क्षेत्र है, और सम्भवतः विश्व का भी। यहाँ वार्षिक रूप से 11,872 मिलिमीटर वर्षा होती है

और गिनीज़ वर्ल्ड रिकॉर्ड्स में भी सम्मिलित है यहाँ सन् 1985 में 26,000 मिलिमीटर वर्षा हुई थी। मेघालय राज्य राजमार्ग 4 यहाँ से होकर गुज़रता है।

अतः विकल्प (C) सही है।

68. बादल फटना बारिश का एक चरम रूप है। इस घटना में बारिश के साथ कभी कभी गरज के साथ ओले भी पड़ते हैं। सामान्यत: बादल फटने के कारण सिर्फ कुछ मिनट तक मूसलाधार बारिश होती है लेकिन इस दौरान इतना पानी बरसता है कि क्षेत्र में बाढ़ जैसी स्थिति उत्पन्न हो जाती है। बादल फटने की घटना अमूमन पृथ्वी से 15 किलोमीटर की ऊंचाई पर घटती है। इसके कारण होने वाली वर्षा लगभग 100 मिलीमीटर प्रति घंटा की दर से होती है। कुछ ही मिनट में 2 सेंटी मीटर से अधिक वर्षा हो जाती है, जिस कारण भारी तबाही होती है।

अतः विकल्प (C) सही है।

69. चक्रवात कम दबाव के केंद्र होते हैं यानी कम वायुमंडलीय दवाब के चारों ओर गर्म हवा की तेज आंधी को चक्रवात कहते हैं। चक्रवात आकार में वृत्ताकार, अण्डाकार से लेकर 'V' आकार का होता है। चक्रवातों का जलवायु और मौसम पर अत्यधिक प्रभाव होता है।

अतः विकल्प (D) सही है।

70. कर्क और मकर रेखा के बीच स्थित क्षेत्रों में चक्रवात विकसित होते हैं। वे आम तौर पर गर्म समुद्र की सतह पर इंटर-ट्रॉपिकल कन्वर्जेंस जोन के आसपास के क्षेत्र में गर्मियों के मौसम में विकसित होते हैं। उष्णकटिबंधीय चक्रवातों की ऊर्जा का स्रोत संघनन की अव्यक्त ऊष्मा (latent heat of condensation) है।

अतः विकल्प (D) सही है।

71. आकाशगंगा विशाल संख्या में तारों का समूह है। प्रत्येक आकाशगंगा में लगभग 100 मिलियन तारे होते हैं। पृथ्वी की आकाशगंगा (मिल्की-वे) में लगभग 1,00,000 मिलियन तारे हैं। संरचना की दृष्टि से आकाशगंगा में एक केंद्रीय बल्ज और तीन घूर्णनशील भुजाएँ होती हैं। अतः कथन 1 और 2 सत्य हैं।

आकाशगंगा का केंद्रीय भाग- बल्ज में तारों का जमाव अधिक होता है न कि घूर्णनशील भुजाओं में। अतः कथन 3 असत्य है।

उल्लेखनीय है कि लिमन अल्फा ब्लॉब्स-अमीबीय संरचना की 20 प्रकाश वर्ष चौड़ी विशालकाय आकाशगंगाओं और गैसों का समूह है। जबकि एड्रोमेडा हमारी आकाशगंगा यानी मिल्की-वे से सबसे निकट की आकाशगंगा है।

अतः विकल्प (C) सही है।

72. घूर्णनशील आकाशगंगा ब्रह्मांड में उपस्थित गेसों के बादल को प्रभावित करती है। इस तरह परस्पर गुरुत्वाकर्षण के परिणामस्वरूप केंद्रीय भाग में नाभिकीय संलयन की प्रक्रिया शुरू हो जाती है। इस क्रम में हाइड्रोजन हीलियम में बदल जाती है। इस अवस्था में यह तारा बन जाती है। अतः कथन 1 सत्य है।

तारा बनने के बाद केंद्रीय हिस्से में हाइड्रोजन समाप्त हो जाने से यह भाग संकुचित व गर्म हो जाता है लेकिन बाहरी हिस्से में हाइड्रोजन से हीलियम बनने की प्रक्रिया चलती रहती है। इसके उपरांत धीरे-धीरे ठंडा होने से इसका रंग लाल हो जाता है, इसे ही रक्त दानव कहा जाता है। पुनः हीलियम कार्बन में और कार्बन भारी पदार्थो-लोहा आदि में बदल जाता है, जिससे तारों में तीव्र विस्फोट (सुपरनोवा विस्फोट) होता है। इसके बाद सूर्य के द्रव्यमान के सापेक्ष इसे श्वेत वामन (जीवाश्म तारा) अथवा न्यूट्रॉन तारा या पल्सर की संज्ञा दी जाती है। ध्यातव्य है कि श्वेत वामन शीतल होकर काला वामन में बदल जाता है। अतः कथन 2 असत्य है।

अतः विकल्प (A) सही है।

73. 1.44 Ms को चंद्रशेखर सीमा कहा जाता है। अतः कथन 1 सत्य है।

रक्तदानव तारों में सुपरनोवा विस्फोट के फलस्वरूप तारों का द्रव्यमान 1.44 Ms से कम होने पर वह मृत होकर श्वेत वामन तारे (White dwarfs) बन जाते हैं। यहाँ 'Ms' का तात्पर्य सूर्य के द्रव्यमान से है। यही श्वेत वामन तारे ठंडा होकर काला वामन (Black dwarfs) बन जाते हैं अतः कथन 2 गलत है।

ध्यातव्य है कि 1.44 Ms से अधिक द्रव्यमान वाले तारों में मुक्त घूमते इलेक्ट्रॉन अत्यधिक वेग प्राप्त कर नाभिक के बाहर चले जाते हैं फलस्वरूप न्यूट्रॉन शेष बचता है। यह अवस्था न्यूट्रॉन तारा या पल्सर कहलाता है। अब न्यूट्रॉन तारा भी लंबी समयावधि में सिकुड़कर उच्च घनत्व के द्रव्युक्त पिंड में परिवर्तित हो जाता है जिसे ब्लेकहोल या कृष्ण छिद्र कहते हैं।

अतः विकल्प (A) सही है।

74. सामान्य सापेक्षता के अनुसार ब्लैकहोल उच्च गुरूत्वाकर्षण वाला खगोलीय क्षेत्र है। इस क्षेत्र से प्रकाश सहित किसी अन्य द्रव्य का पलायन संभव नहीं है। अतः कथन 1 तथा 2 सही हैं।

ध्यातव्य है कि ब्लैकहोल की वह सीमा जहाँ से किसी वस्तु का पारगमन संभव नहीं है घटना क्षितिज (Event horizon) कहलाती है। इसलिये कथन 3 सही है। इसके बावजूद, घटना क्षितिज अपने संपर्क में आये किसी वस्तु के नियति और हालात को व्यापक रूप से प्रभावित करती है। अतः कथन 4 गलत है।

इस तरह ब्लेकहोल एक अदृश्य खगोलीय क्षेत्र है। इस संकल्पना का प्रतिपादन 'जॉन व्हीलर' ने किया था।

रॉग ब्लैकहोल ब्लैकहोलों का समूह है, जबकि केसर एक चमकीला खगोलीय पिंड है, जो अत्यधिक मात्रा में ऊर्जा का उत्सर्जन करता है।

अतः विकल्प (C) सही है।

75. सूर्य की ऊर्जा का स्रोत नाभिकीय विखंडन नहीं अपितु नाभिकीय संलयन है। इसलिये कथन 1 असत्य है। नाभिकीय संलयन की प्रक्रिया में सूर्य के केंद्र में हाइड्रोजन परमाणु संलयित होकर हीलियम में बदल जाता है।

सूर्य का दृश्य भाग प्रकाशमंडल (Photosphere) कहलाता है। जबकि बाहरी भाग, जो केवल सूर्य ग्रहण के समय ही दिखाई देता है, कोरोना कहलाता है। अतः 2 सत्य है।

सूर्य से यदा-कदा निकली परमाणुओं का तूफान, जो सूर्य की आकर्षण शक्ति से परे अंतरिक्ष में चला जाता है; सौर ज्वाला (Solar Flares) कहलाती है। यह सौर ज्वाला सूर्य के प्रकाशमंडल से निकलती है न कि कोरोना से। इसलिये कथन 3 गलत है।

यह सौर ज्वाला पृथ्वी के वायुमंडल में प्रवेश कर, हवा से टकराने के बाद रंगीन प्रकाश (Aurora Light) उत्पन्न करती हैं। यह परिघटना उत्तरी ध्रुव व दक्षिणी ध्रुव पर दिखाई देती है जो क्रमशः अरीरा बोलियालिस तथा अरीरा ऑस्ट्रेलिस कहलाती है।

अतः विकल्प (B) सही है।

76. सौर कलंक का तापमान सूर्य की तुलना में कम, लगभग 1500°C होता है। अतः कथन 1 असत्य है। ध्यातव्य है कि जिस स्थान से सौर ज्वाला निकलती है वहाँ काले धब्बे दिखाई पड़ते हैं, इसे ही सौर कलंक (Solar spots) कहा जाता है।

सौर कलंक से प्रबल चुंबकीय विकिरण निकलता है जो पृथ्वी पर बेतार संचार प्रणाली को बाधित करता है, न कि सहायता। अतः कथन 2 गलत है।

उल्लेखनीय है कि सौर कलंक की प्रक्रिया 11 वर्षों में पूरी होती है, जिसे सौर कलंक चक्र कहा जाता है। इसरो (ISRO) ने सूर्य के कोरोना एवं बेतार संचार-व्यवस्था में व्यवधान के अध्ययन हेतु आदित्य-1 नामक उपग्रह की निर्माण-प्रक्रिया आरंभ की है।

अतः विकल्प (D) सही है।

77. सूर्य द्वारा सौरमंडल का लगभग 99.85% हिस्सा निर्मित है, जबकि ग्रहों द्वारा केवल 0.135% हिस्से का निर्माण हुआ है। इसलिये उपरोक्त दोनों कथन गलत हैं।

अतः विकल्प (D) सही है।

78. सौरमंडल के आठ ग्रहों में पृथ्वी, मंगल, बुध और शुक्र को आंतरिक ग्रह के साथ-साथ स्थलीय ग्रह (Terrestrial planets) कहा जाता है। अतः कथन 1 सत्य है। ध्यातव्य है कि इनकी पृथ्वी जेसी सघन व चट्टानी सतह होती है इसी कारण इन्हें स्थलीय ग्रह कहा जाता है।

उल्लेखनीय है कि सूर्य एवं पृथ्वी के बीच अवस्थित होने के कारण बुध एवं शुक्र को अंतर्ग्रह भी कहा जाता है।

बुध ग्रह पर वायुमंडल का अभाव पाया जाता है। इस कारण यहाँ दिन का तापमान काफी उच्च होता जबकि रातें बर्फीली होती हैं, फलस्वरूप यहाँ जीवन संभव नहीं है। अतः स्पष्ट है कि कथन 2 असत्य है।

शुक्र-ग्रह को 'पृथ्वी की बहन' की संज्ञा दी गई है। क्योंकि शुक्र आकार, द्रव्यमान एव घनत्व में पृथ्वी से काफी निकट है। अतः कथन 3 सत्य है।

वहीं, बृहस्पति, शनि, यूरेनस और नेपच्यून जोवियन (Jovian) ग्रह कहलाते हैं, क्योंकि ये पृथ्वी की तुलना में काफी बड़े हैं और बृहस्पति के समान गैसीय प्रकृति के होते हैं।

अतः विकल्प (C) सही है।

79. बृहस्पति सौरमंडल का सबसे बड़ा ग्रह है। इसके अब तक 67 प्राकृतिक उपग्रह ज्ञात हैं, जो सौरमंडल के अन्य ग्रहों की तुलना में सबसे अधिक हैं। 'गैनीमीड' बृहस्पति का सबसे बड़ा उपग्रह है। स्पष्टतः कथन 1 सत्य हैं। उल्लेखनीय है कि बृहस्पति को लघु सौर तंत्र कहा जाता है। इसके पास स्वयं की रेडियो ऊर्जा है।

बुध एवं शुक्र के कोई भी प्राकृतिक उपग्रह नहीं हैं। वे दोनों आंतरिक ग्रह हैं और आंतरिक ग्रहों में बहुत कम या कोई उपग्रह और छल्ले नहीं होते हैं। अतः कथन 2 सत्य है।

अतः विकल्प (C) सही है।

80. पृथ्वी का अपने अक्ष पर झुके रहने के परिणामस्वरूप ही विभिन्न स्थानों पर दिन व रात के समय में भिन्नता होती है। यदि पृथ्वी अपने अक्ष पर झुकी न होती तो सभी जगहों पर दिन व रात की अवधि बराबर होती।

ध्यातव्य है कि सूर्य की परिक्रमा के कारण ऋतु परिवर्तन की घटना होती है। इस तरह पृथ्वी का अपने अक्ष पर झुके रहने तथा सूर्य के सापेक्ष परिक्रमा करने का संयुक्त परिणाम विभिन्न ऋतुओं में भिन्न-भिन्न स्थानों पर दिन व रात के समय में अंतर होता है।

अतः विकल्प (B) सही है।

81. पृथ्वी का अक्ष अपने दीर्घवृत्तीय तल से झुका है जिसके परिणामस्वरूप विभिन्न ऋतुओं में दिन और रात्रि के समय में अंतर देखने को मिलता है।

उत्तरी गोलार्द्ध में शीत ऋतु (दिसंबर) में उत्तर की ओर बढ़ने पर उत्तरोत्तर रूप से रात्रि काल के समय में वृद्धि होती है। मध्य शीत ऋतु यानी 22 दिसंबर को आर्कटिक वृत्त (N) पर पूरा दिन सूर्य नहीं निकलता है। इस तरह उपरोक्त दोनों कथन सत्य हैं।

ध्यातव्य है कि आर्कटिक वृत्त से परे पूर्ण रात्रि की संख्या में वृद्धि होती जाती है। इस तरह से जब हम उत्तरी ध्रुव (90°N) पर पहुँचते है तो छः मास तक अंधेरा छाया रहता है।

उल्लेखनीय है कि ग्रीष्म-ऋतु (जून) में उत्तरी गोलार्द्ध में इसके विपरीत स्थिति देखने को मिलती है।

अतः विकल्प (C) सही है।

82. विषुवत वृत्त पर सूर्य वर्ष में दो बार लंबवत् चमकता है। अतः कथन 1 असत्य है। सामान्यतः यह स्थिति 21 मार्च और 21 सितंबर की स्थिति होती है, किंतु एक वर्ष में पूर्णरूप से 365 दिन नहीं होते, अतः यह स्थिति परिवर्तित होती रहती है। गोरतलब है कि जब सूर्य विषुवत वृत्त पर लंबवत् चमकता है, तब पृथ्वी पर सर्वत्र दिन व रात की अवधि बराबर होती है।

सूर्य जब मकर रेखा पर लंबवत् चमकता (22 दिसंबर) है तो उसे शीत अयनांत (Winter Solstice) कहते हैं। इसके विपरीत, जब सूर्य कर्क रेखा पर लंबवत् चमकता है तो उसे ग्रीष्म अयनांत (Summer Solstice) कहते हैं। अतः कथन 2 सत्य है।

ध्यातव्य है कि सूर्य जब विषुवत वृत्त पर लंबवत् चमकता है तो सर्वत्र दिन व रात की अवधि बराबर होती है। इस स्थिति को 'सम रात-दिन' या 'विषुव' (Equinox) कहा जाता है। अतः कथन 3 असत्य है।

अतः विकल्प (B) सही है।

83. अटलांटिक महासागर का मुख्य आकर्षण या मुख्य विशेषता "मध्य अटलांटिक कटक" है। जो इस महासागर की भांति ही 'S' अक्षर की आकृति में उत्तर से दक्षिण तक फैला हुआ है। यह उत्तर में आइसलैंड से दक्षिण में बोवेट द्वीप तक लगभग 14000 किमी. लंबा तथा लगभग 4000 मीटर ऊंचा है।

अतः विकल्प (A) सही है।

84. 1 दिसंबर, 1963 को, नागालैंड भारत का 16वां राज्य बना।

भारतीय राष्ट्रपति सर्वपल्ली राधाकृष्णन ने 1 दिसंबर, 1963 को कोहिमा में नागालैंड राज्य का उद्घाटन किया।

एओ, चकेशांग, अंगामी, डिमासा कचरी, चांग, कोन्याक, कूकी, लोथा, पोचुरी, रेंग्मा, संगटम, सुमी, ज़ेलियांग, येमचूंगर, फॉम और खियामिनुंगन- नागालैंड की प्रमुख जनजातियाँ हैं।

अतः विकल्प (C) सही है।

85. टुंड्रा वन हमेशा बर्फ से ढके रहते हैं। टुंड्रा वन उत्तरी और दक्षिणी गोलार्द्ध में पाए जाते हैं। टुंड्रा क्षेत्र बर्फ से ढके ध्रुवों और टैगा या शंकुधारी जंगलों के बीच पाए जाते हैं। टुंड्रा के तीन क्षेत्र और संबद्ध प्रकार हैं: आर्कटिक टुंड्रा, अल्पाइन टुंड्रा और अंटार्कटिक टुंड्रा।

अतः विकल्प (B) सही है।

86. श्रीशैलम बाँध कृष्णा नदी पर बनाया गया है। यह देश मे दूसरी सबसे बड़ी जल शक्ति परियोजना है। यह आंध्र प्रदेश के कुरनूल जिले में नल्लामाला पहाड़ी के पास स्थित है।

अतः विकल्प (B) सही है।

87. ढोला सादिया भारत का सबसे लंबा पुल है। इसे भूपेन हजारिका सेतु के रूप में भी जाना जाता है। यह 9.5 किलोमीटर लंबा है और लोहित नदी के ऊपर बनाया गया है, जो ब्रह्मपुत्र की सहायक नदी है। यह असम और पूर्वी अरुणाचल प्रदेश को जोड़ेगा। नवयुग इंजीनियरिंग कंपनी लिमिटेड के साथ सड़क परिवहन मंत्रालय द्वारा 2011 में ढोला-सादिया पुल का निर्माण शुरू हुआ था।

अतः विकल्प (A) सही है।

88. पश्चिमी घाट को भारत का ग्रेट एस्कार्पमेंट कहा जाता है। इसे परोपकारी पर्वत के रूप में भी जाना जाता है। पश्चिमी घाट गुजरात से शुरू होते हैं और इनका फैलाव महाराष्ट्र, कर्नाटक, गोवा, केरल और तमिलनाडु तक है। पश्चिमी घाटों को यूनेस्को की विश्व धरोहर स्थल के रूप में भी जाना जाता है और यह जैव विविधता का प्रमुख केंद्र भी है।अनाईमुडी पश्चिमी घाट की सबसे ऊँची चोटी है।

अतः विकल्प (D) सही है।का

89. पुंचक जाया पर्वत इंडोनेशिया में सबसे ऊंचा पर्वत है, न्यू गिनी द्वीप पर, इसकी ऊंचाई 4808 मिलियन टन है। यह हिमालय और एंडीज के बीच का उच्चतम बिंदु भी है। कार्स्टेंस ग्लेशियर, वेस्ट नॉर्थवाल फ़र्न, ईस्ट नॉर्थवाल फ़र्न इसके आस-पास पाए जाने वाले प्रमुख ग्लेशियर हैं। ग्लेशियरों के तेजी से पिघलने के हालिया अवलोकन चिंता का प्रमुख कारण हैं। पुणकक जया के 4 कि.मी के भीतर विशाल, ग्रासबर्ग खदान है।

अतः विकल्प (A) सही है।

90. चीन वर्ष में लगभग 856.4 बिलियन किलोवाट घंटा जल शक्ति से सबसे अधिक बिजली का उत्पादन करता है।ब्राजील और कनाडा दुनिया में जल शक्ति से उत्पादन के मामले में दूसरे और तीसरे स्थान पर हैं। जल विद्युत, जनरेटर द्वारा बनाई गई बिजली है जिसे पानी की गति से धकेल दिया जाता है। जब पानी छोड़ा जाता है, तो बांध के पीछे का दबाव पानी को नीचे की ओर खींचता है जो टरबाइन की ओर जाता है।

अतः विकल्प (B) सही है।

91. भू-आकृति विज्ञान का अध्ययन भूगोल, भूविज्ञान, भूगणित, इंजीनियरिंग भूविज्ञान, पुरातत्व और भू-तकनी की इंजीनियरिंग में किया जाता है और रूचि का यह व्यापक आधार इस विषय के तहत अनुसंधान शैली और रुचियों की व्यापक विविधता को उत्पन्न करता है। भू-आकृति विज्ञान का जन्मदाता पेशल को माना जाता है।

पृथ्वी की सतह, प्राकृतिक और मानवोद्भव विज्ञान सम्बन्धी प्रक्रियाओं के संयोजन की प्रतिक्रिया स्वरूप विकास करती है और सामग्री जोड़ने वाली और उसे हटाने वाली प्रक्रियाओं के बीच संतुलन के साथ जवाब देती है।

अतः विकल्प (A) सही है।

92. आधुनिक समय में इकोलॉजी शब्द पहली बार अर्नेस्ट हैकल द्वारा 1866 में प्रयोग किया गया और उन्होंने इसे "प्रकृति के अर्थशास्त्र" जैसा कुछ परिभाषित करने का प्रयत्न किया। वहीं हार्लेन बैरोज ने तो मानव भूगोल को मानव पारिस्थितिकी के रूप में परिभाषित ही करने की वकालत की।

जीवविज्ञान से पारिस्थितिकी के क्षेत्र में आये पारिस्थितिकी-विदों ने बहुधा मानवीय तत्वों और मानव पारिस्थितिकी कि उपेक्षा की लेकिन मानव पारिस्थितिकी का इतिहास हमेशा मनुष्य केंद्रित अध्ययन का रहा है।

अतः विकल्प (C) सही है।

93. पोलैंड में जन्में निकोलस कोपरनिकस (19 फ़रवरी 1473 – 24 मई 1543) पोलिश खगोलशास्त्री व गणितज्ञ थे। उन्होंने यह क्रांतिकारी सूत्र दिया था कि पृथ्वी अंतरिक्ष के केन्द्र में नहीं है।

निकोलस पहले युरोपिय खगोलशास्त्री थे जिन्होंने पृथ्वी को ब्रह्माण्ड के केन्द्र से बाहर माना, यानी हीलियोसेंट्रिज्म मॉडल को लागू किया। इसके पहले पूरा युरोप अरस्तू की अवधारणा पर विश्वास करता था, जिसमें पृथ्वी ब्रह्माण्ड का केन्द्र थी और सूर्य, तारे तथा दूसरे पिंड उसके गिर्द चक्कर लगाते थे।

अतः विकल्प (A) सही है।

94. सूर्य या किसी अन्य तारे के चारों ओर परिक्रमा करने वाले खगोल पिण्डों को ग्रह कहते हैं। अंतर्राष्ट्रीय खगोलीय संघ के अनुसार हमारे सौर मंडल में आठ ग्रह हैं - बुध, शुक्र, पृथ्वी, मंगल, बृहस्पति, शनि, युरेनस और नेप्चून। इनके अतिरिक्त तीन बौने ग्रह और हैं - सीरीस, प्लूटो और एरीस। प्राचीन खगोलशास्त्रियों ने तारों और ग्रहों के बीच में अन्तर इस तरह किया- रात में आकाश में चमकने वाले अधिकतर पिण्ड हमेशा पूरब की दिशा से उठते हैं, एक निश्चित गति प्राप्त करते हैं और पश्चिम की दिशा में अस्त होते हैं।

अतः विकल्प (A) सही है।

95. भूगोल भूतल का अध्ययन है इस कथन को कांट ने कहा था।

इमानुएल कांट (1724-1804) जर्मन वैज्ञानिक, नीतिशास्त्री एवं दार्शनिक थे। उसका वैज्ञानिक मत "कांट-लाप्लास परिकल्पना" (हाइपॉथेसिस) के नाम से विख्यात है। उक्त परिकल्पना के अनुसार संतप्त वाष्पराशि नेबुला से सौरमंडल उत्पन्न हुआ। कांट का नैतिक मत "नैतिक शुद्धता" (मॉरल प्योरिज्म) का सिद्धांत, "कर्तव्य के लिए कर्तव्य" का सिद्धांत अथवा "कठोरतावाद" (रिगॉरिज्म) कहा जाता है। उसका दार्शनिक मत "आलोचनात्मक दर्शन" (क्रिटिकल फ़िलॉसफ़ी) के नाम से प्रसिद्ध है।

अतः विकल्प (C) सही है।

96. किसी ग्रह के चारों ओर परिक्रमा करने वाले आकाशीय पिण्डों को उपग्रह कहते हैं। अन्तरिक्ष उड़ान (spaceflight) के संदर्भ में, उपग्रह एक वस्तु है जिसे मानव प्रयास के द्वारा कक्षा में रखा गया है। इस तरह की वस्तुओं को प्राकृतिक उपग्रहों जैसे चंद्रमा (moon) से अलग करने के लिए कभी कभी कृत्रिम उपग्रह भी कहा जाता है।

अतः विकल्प (C) सही है।

97. केप्लर का पहला नियम:

इस नियम के अनुसार "प्रत्येक ग्रह सूर्य के परित दीर्घवृताकार (Elliptical) पथ पर गति करता है, तथा सूर्य उस दीर्घवृत्त के किसी एक फोकस पर होता है।"

अतः विकल्प (A) सही है।

98. 1543 में सबसे पहले निकोलस कोपरनिकस ने खोजा की सूर्य ब्रह्मांड का केंद्र में है और निकोलस कोपरनिकस गणितीय भविष्यसूचक से सूर्य केन्द्रित प्रणाली विकास करने वाले पहले इन्सान थे। सौर मंडल की खोज निकोलस कोपरनिकस ने की थी।

अतः विकल्प (A) सही है।

99. सूर्य अथवा सूरज सौरमंडल के केन्द्र में स्थित एक G श्रेणी का मुख्य-अनुक्रम तारा है जिसके इर्द-गिर्द पृथ्वी और सौरमंडल के अन्य अवयव घूमते हैं। सूर्य हमारे सौर मंडल का सबसे बड़ा पिंड है, जिसमें हमारे पूरे सौर मंडल का 99.76% द्रव्यमान निहित है और उसका व्यास लगभग 13 लाख 90 हज़ार किलोमीटर है, जो पृथ्वी से लगभग 109 गुना अधिक है।

अतः विकल्प (D) सही है।

100. किसी भी ग्रह या अन्य खगोलीय पिण्डों से सूर्य की अधिकतम दूरी को अपसौर (Aphelion) कहते हैं, तथा न्यूनतम दूरी को उपसौर (Perihelion) कहते हैं।

उपसौर और अपसौर, किसी ग्रह, क्षुद्रग्रह या धूमकेतु की अपनी कक्षा पर सूर्य से क्रमशः न्यूनतम और अधिकतम दूरी है।

अतः विकल्प (B) सही है।

101. जैवमंडल पृथ्वी के धरातल पर पाए जाने वाले जैविक और अजैविक घटकों की परस्पर जटिल क्रियाओं का परिणाम होता है। इन घटकों की इन्हीं पारस्परिक जटिल क्रिया प्रतिक्रिया का अध्ययन पारिस्थितिकी विज्ञान में किया जाता है। सभी जैविक घटक पर्यावरण में होने वाले परिवर्तनों के प्रति संवेदनशील होते हैं और उनकी अधिकांश गतिविधियां उपयुक्त पारिस्थितिकी पर्यावरण खोजने तथा अनुपयुक्त उद्दीपन से अलग रहने से संबंधित होती है।

अतः विकल्प (C) सही है।

102. जीवो में अनुकूलन दो प्रकार का पाया जाता है-

1 वंशानुगत अनुकूलन

2 उपार्जित अनुकूलन

वंशानुगत अनुकूलन वह अनुकूलन होता है जो जन्म से प्राप्त होता है। जैसे समवेदनग्राही अंग जबकि उपार्जित अनुकूलन किसी विशेष उद्दीपन के प्रति अनुक्रिया से उत्पन्न होता है। जैसे किसी बीमारी से बचाव के लिए प्रति रक्षकों का निर्माण करना इसी प्रकार समस्त जीवो में पर्यावरणीय परिवर्तनों के प्रति संवेदनशीलता के साथ साथ उन परिवर्तनों से समायोजन की क्षमता भी होती है जिसके फलस्वरूप उनका अस्तित्व और जैव मंडलीय संतुलन बना रहता है।

अतः विकल्प (B) सही है।

103. स्थलमंडल पृथ्वी का ठोस भाग होता है। संपूर्ण पृथ्वी के लगभग 29 पॉइंट 2 प्रतिशत भाग पर महाद्वीपों और दीपों के रूप में विस्तृत है। इसकी ऊपरी सतह असंगठित मिट्टी से निर्मित है जिसके नीचे चट्टाने पाई जाती है किंतु जीव मंडल की दृष्टि से पृथ्वी के धरातल की ऊपरी सतह महत्वपूर्ण है क्योंकि सभी जीव मंडल स्थलमंडल पर प्राप्त मिट्टी से ही पोषण प्राप्त करते हैं।

अतः विकल्प (A) सही है।

104. संपूर्ण पृथ्वी के 70.8 प्रतिशत भाग पर महासागर विस्तृत है। यदि इसमें नदियों तालाबों व अन्य जलीय स्रोतों को भी सम्मिलित कर लिया जाए तो पृथ्वी सत्ता का लगभग 72% क्षेत्र जल से ढका है जिसे जलमंडल कहते हैं। शरीर की ऑक्सीजन और हाइड्रोजन की आवश्यकताओं की पूर्ति जल से होती है।

एक अनुमान के अनुसार पृथ्वी सतह पर लगभग 1360 मिलियन क्यूबिक किलोमीटर जल उपलब्ध है जिसमें से 97% अर्थात 1320 मिलियन क्यूबिक किलोमीटर जल महासागर में स्थित है लगभग 30 मिलियन क्यूबिक किलोमीटर जल बर्फ के रूप में स्थित है। 1% से भी कम भूमिगत जल के रूप में उपलब्ध है।

अतः विकल्प (A) सही है।

105. वायुमंडल की गैसों में सबसे अधिक मात्रा में नाइट्रोजन 78% और ऑक्सीजन 21% पाई जाती है। शेष 1% में अन्य गैस जैसे कार्बन डाइऑक्साइड नियॉन आर्गन ओजोन आदि सम्मिलित है कि परीक्षणों से प्राप्त हुआ ज्ञात हुआ है कि जो मंडल में 50 किलोमीटर की ऊंचाई तक वायुमंडलीय गैसों के प्रतिशत अनुपात में भिन्नता आती जाती है।

भारी एवं सगन गैसे जैसे कार्बन डाइऑक्साइड केवल 20 किलोमीटर की ऊंचाई तक ही पाई जाती है ऑक्सीजन और नाइट्रोजन गैस भी 140 किलोमीटर की ऊंचाई के बाद लगभग लुप्त हो जाती है। 150 किलोमीटर की ऊंचाई के बाद केवल हाइड्रोजन गैस महत्वपूर्ण गैस के रूप में पाई जाती है।

अतः विकल्प (C) सही है।

106. ऑक्सीजन अर्थात प्राणवायु सभी जीवो के स्वसन के लिए अत्यंत आवश्यक गैस है जबकि कार्बन डाइऑक्साइड पौधों की प्रकाश संश्लेषण क्रिया के लिए अति आवश्यक गैस हैं। इसी प्रकार सभी जीवो में नाइट्रोजन एक महत्वपूर्ण घटक होता है जो उन्हें भोजन से प्राप्त होता है।

उपयुक्त विवेचन से स्पष्ट है कि जैव मंडल के समस्त जैविक घटक 3 मंडल से जीवन के लिए आवश्यक तत्व प्राप्त करते हैं। वायुमंडल से जहां प्राणवायु प्राप्त होती है। वही जलमंडल से जल की प्राप्ति होती है जो जीवो के प्रोटोप्लाज्म का 75% भाग बनाता है।

अतः विकल्प (B) सही है।

107. किसी प्राकृतिक प्रदेश में उपलब्ध जीव जंतुओं और पादपों की जातियों की संख्या को जैवविविधता कहा जाता है। जैव विविधता शब्द का प्रयोग सर्वप्रथम अमेरिकी कीट वैज्ञानिक विल्सन ने 1986 में जिसे बाद में एक संकल्पना के रूप में अन्य वैज्ञानिकों एवं पर्यावरण वादियों ने अपनाया।

अतः विकल्प (A) सही है।

108. प्रत्येक जीव जंतु के गुण अनुवांशिक स्तर पर जीन द्वारा निर्धारित होते हैं। किसी भी प्रजाति के जीवों में एक समान जीन के अलग-अलग रूपों का आकलन आनुवंशिक विविधता कहलाता है।

अतः विकल्प (A) सही है।

109. किसी क्षेत्र में प्राकृतिक वासियों की विविधता जैसे वन, मरुस्थल, घास के मैदान आदि को पारिस्थितिकी कहते हैं। पारिस्थितिकी विविधता में एक पोषण स्तर से दूसरे पोषण स्तर में ऊर्जा स्थानांतरण संतुलित खाद जल और खनिज पदार्थों चक्रीकरण की प्रक्रिया संबंधित होती है।

जैसे समुद्र के लवणीय जलीय तंत्र और अलवणीय जलीय तंत्र में भिन्न भिन्न जैव विविधता पाई जाती है। लवणीय जल में जहां व्हेल शार्क जैसी बड़ी मछलियां मिलती है वही लवणीय जल में ऐसी मछलियां नहीं मिलती है।

अतः विकल्प (C) सही है।

110. संपूर्ण धरातल का लगभग 2.4% भूभाग हमारे देश में स्थित है जबकि यहां विश्व की 6.5% जीव प्रजातियां को 8% पादप प्रजातियां पाई जाती हैं। इसलिए हमारा देश विश्व के 12 विशाल जैविक विविधता वाले देशों में से एक है। अभी तक देश की लगभग 70% भौगोलिक क्षेत्रफल के सर्वेक्षण के बाद यहां 46000 पादप प्रजातियां और 81000 जीव प्रजातियों वर्गीकृत की जा चुकी है।

अतः विकल्प (A) सही है।

111. सिंधु, गंगा, ब्रह्मपुत्र, सतलुज, अलकनंदा, गंडक, कोसी आदि हिमालय की नदियाँ हैं।

कावेरी एक भारतीय नदी है जो कर्नाटक और तमिलनाडु राज्यों से होकर बहती है। कावेरी नदी कर्नाटक राज्य के कोडागु जिले के पश्चिमी घाट में ब्रह्मगिरी रेंज में तलकावेरी में, समुद्र तल से 1,341 मीटर की ऊँचाई पर और बंगाल की खाड़ी में आने से लगभग 800 किमी पहले बहती है।

अतः विकल्प (A) सही है।

112. रिहंद बाँध को गोविन्द बल्लभ पंत सागर के नाम से भी जाना जाता है, यह भारत का सबसे बड़ा बाँध है। रिहंद बाँध के जलाशय को गोविंद बल्लभ पंत सागर कहा जाता है और यह भारत की सबसे बड़ी कृत्रिम झील है। रिहंद बाँध भारत के उत्तर प्रदेश में सोनभद्र जिले के पिपरी में स्थित एक ठोस गुरुत्वाकर्षण बाँध है।

अतः विकल्प (D) सही है।

113. नर्मदा नदी गुजरात के भरूच से लगभग 10 किमी उत्तर में अरब सागर में कैम्बे की खाड़ी में गिरने से पहले मध्य प्रदेश, महाराष्ट्र और गुजरात से होकर विंध्य और सतपुड़ा पहाड़ी श्रेणियों के बीच से बहती है। अरब से समुद्र में बहने वाली नदी की कुल लंबाई 1,333 किमी है।

अतः विकल्प (D) सही है।

114. राजरप्पा भारतीय राज्य झारखंड में रामगढ़ जिले के रामगढ़ उपखंड में चितरपुर सीडी ब्लॉक में एक झरना और एक तीर्थस्थल है। यह दामोदर - बेहरा नदियों के संगम पर स्थित है।

अतः विकल्प (A) सही है।

115. भिलंगना अलकनंदा की एक सहायक नदी नहीं है। भिलंगना नदी भारत के उत्तराखंड में एक हिमालयी नदी है, जो भारत की गंगा नदी की स्रोत धारा भागीरथी नदी की प्रमुख सहायक नदी है। भिलंगना भील और गंगा का मेल है।

अतः विकल्प (A) सही है।

116. दुधवा नेशनल पार्क भारत के उत्तर प्रदेश के तराई में एक राष्ट्रीय उद्यान है और 190 किमी^{2} के मध्यवर्ती क्षेत्र के साथ 490.3 किमी^{2} के क्षेत्र को कवर करता है। यह दुधवा टाइगर रिजर्व का हिस्सा है।

कान्हा नेशनल पार्क, जिसे कान्हा टाइगर रिजर्व के रूप में भी जाना जाता है, मध्य भारत के मध्य प्रदेश में घास के मैदान और जंगल का एक विशाल विस्तार है। कान्हा घास स्थली में बाघ, सियार और जंगली सुअर देखे जा सकते हैं।

इंद्रावती टाइगर रिजर्व छत्तीसगढ़ में एक टाइगर रिजर्व क्षेत्र है। बांदीपुर नेशनल पार्क, एक 874 किमी^{2} का वनस्थली रिज़र्व दक्षिणी भारतीय राज्य कर्नाटक में है, जो बाघों की छोटी आबादी के लिए जाना जाता है।

अतः विकल्प (A) सही है।

117. नंदा देवी राष्ट्रीय उद्यान या नंदा देवी जैवमंडल निचय, 1982 में स्थापित एक राष्ट्रीय उद्यान है जो उत्तरी भारत में चमोली जिले उत्तराखंड में नंदा देवी (7816 मीटर) के शिखर के आसपास स्थित है। पूरा पार्क समुद्र तल से 3,500 मीटर (11,500 फीट) से अधिक की ऊंचाई पर स्थित है।

अतः विकल्प (D) सही है।

118. 2011 के भारतीय वन सर्वेक्षण के अनुसार मिजोरम में भारत के राज्यों के बीच जंगलों द्वारा घेराव किया गया है लगभग 1,594,000 हेक्टेयर और उच्चतम प्रतिशत क्षेत्र (90.68%) के साथ तीसरा सबसे बड़ा वन क्षेत्र है।

अतः विकल्प (A) सही है।

119. कान्हा राष्ट्रीय उद्यान उष्णकटिबंधीय शुष्क पर्णपाती वन के अंतर्गत आता है। यह भारत का एक बाघ अभयारण्य और मध्य प्रदेश का सबसे बड़ा राष्ट्रीय उद्यान है।

कान्हा टाइगर रिज़र्व, जिसे कान्हा-किसली राष्ट्रीय उद्यान के रूप में भी जाना जाता है, भारत के बाघ अभयारण्यों में से एक है और मध्य प्रदेश राज्य का सबसे बड़ा राष्ट्रीय उद्यान है। वर्तमान में कान्हा क्षेत्र को दो संरक्षित क्षेत्रों, क्रमशः 250 और 300 किमी 2 (97 और 116 वर्ग मील) के हॉलोन और बंजार में विभाजित किया गया है।

अतः विकल्प (C) सही है।

120. दिए गए विकल्पों में निम्नलिखित राज्यों की साक्षरता है-

1. ओडिशा - 72.87%

2. पंजाब - 75.84%

3. महारास्ट्र - 82.34%

4. मिजोरम - 91.33%

अतः विकल्प (D) सही है।

121. 'टोडा' नीलगिरी में पाई जाने वाली प्रमुख जनजातियों में से एक है। नीलगिरी की सबसे आदिम जनजाति में से एक टोडा है। टोडा लोग एक द्रविड़ जाति समूह हैं जो तमिलनाडु के नीलगिरी पर्वत में रहते हैं।

अतः विकल्प (C) सही है।

122. चीन और मंगोलिया से सिक्किम, अरुणाचल प्रदेश और नागालैंड, मणिपुर में मंगोलाब का आवागमन होता है, मणिपुर में एक नस्लीय विभाजन है जिसमें मध्य और पूर्वी एशिया के लोग शामिल हैं।

अतः विकल्प (D) सही है।

123. गारो और खासी जनजाति मुख्य रूप से मेघालय के पहाड़ी क्षेत्रों में पाए जाते हैं। इन जनजातियों का प्रभुत्व इतना गहरा है कि गारो, खासी और जयंतिया जैसी पहाड़ियों का नाम उनके नाम पर रखा गया है।

अतः विकल्प (A) सही है।

124. 2011 की जनगणना के अनुसार, भील सबसे अधिक आबादी वाली जनजाति है, जिसकी आबादी लगभग 4,618,068 है जो एसटी आबादी का 37% है। यह मुख्य रूप से मालवा क्षेत्र में निवास करती है।

अतः विकल्प (A) सही है।

125. अमेज़ॅन बेसिन में उष्णकटिबंधीय वर्षा वन को सेल्वास के रूप में जाना जाता है। अमेज़ॅन वर्षावन, पश्चिमोत्तर ब्राजील का अधिकांश भाग में फैला हुआ है और कोलम्बिया, पेरू और अन्य दक्षिण अमेरिकी देशों में फैला हुआ है, जो दुनिया का सबसे बड़ा उष्णकटिबंधीय वर्षावन है, इसकी जैव विविधता के लिए प्रसिद्ध है। यह शक्तिशाली अमेज़ॅन सहित हजारों नदियों से भरा हुआ है।

अतः विकल्प (C) सही है।

मॉक टेस्ट 10

Q.1 निम्नलिखित में से सर्वप्रथम किसने मापक पर विश्व मानचित्र की रचना का प्रयास किया?

A. होमर **B.** एनेक्जीमेण्डर
C. हिप्पार्कस **D.** टॉलमी

Q.2 टॉलमी के मानचित्र में प्रयुक्त धूले तथा प्रसुम स्थान स्थित थे-

A. विश्व के सुदूरतम उत्तर-दक्षिण स्थान
B. विश्व के सुदूरतम पूर्व-पश्चिम स्थान
C. विश्व के मध्य में
D. भूमध्य रेखा पर

Q.3 निम्न में से किस भूगोलवेत्ता ने 'परस्पेक्टिव आन द नेचर आफ ज्योग्राफी' नामक पुस्तक लिखी?

A. रिटर **B.** डडले स्टाम्प
C. हार्टशोर्न **D.** ब्लाश

Q.4 1qसूची-I को सूची-II से सुमेलित कीजिए तथा सूचियों के नीचे दिए कूट से सही उत्तर चुनिए

	सूची-I		सूची-II
(A)	प्रत्यक्षवादी भूगोल	(1)	ऑगस्ट कॉम्टे
(B)	आचारपरक भूगोल	(2)	विलियम किर्क
(C)	मानववादी भूगोल	(3)	यी-फू-तुआन
(D)	नवनियतिवाद	(4)	ग्रिफिथ टेलर

A. (A)-(1), (B)-(2), (C)-(3), (D)-(4)
B. (A)-(1), (B)-(3), (C)-(2), (D)-(4)
C. (A)-(1), (B)-(2), (C)-(4), (D)-(3)
D. (A)-(1), (B)-(3), (C)-(4), (D)-(2)

Q.5 भूगोल को 'क्षेत्रवर्णनी विज्ञान' किसने कहा?

A. ए. वी. हम्बोल्ट **B.** ए. हेटनर
C. डब्ल्यू. एम. डेविस **D.** एफ. रैटजेल

Q.6 किसने कहा कि 'भूगोल वह विज्ञान है जो मानचित्रण की कला से सम्बद्ध है।'?

A. इरेटोस्थनीज **B.** हिप्पार्कस
C. हिकैटियस **D.** टॉलमी

Q.7 'नव निश्चयवाद' को अन्य किस नाम से जाना जाता है-

A. रूको निश्चयवाद
B. जाओ निश्चयवाद
C. रूको और जाओ निश्चयवाद
D. उपरोक्त सभी

Q.8 द्वितीय विश्व युद्ध के बाद भूगोल में हुए परिवर्तनों में सबसे महत्वपूर्ण था -

A. भूगोल का स्थानिक विज्ञान के रूप में उभरना
B. मानव-पर्यावरण के सम्बन्धों के अध्ययन पर जोर बढ़ाना
C. मानव भूगोल का केन्द्रीय स्थिति प्राप्त करना
D. क्रमबद्ध भूगोल बनाम प्रादेशित भूगोल के द्वैतवाद का पनपना

Q.9 जिस यूनानी विद्वान का विचार था कि "सारे इतिहास को भौगोलिक परिप्रेक्ष्य में तथा सारी भूगोल को ऐतिहासिक परिप्रेक्ष्य में परखना चहिए", वह है-

A. थेल्स **B.** हेरोडोटस
C. हिकेटियस **D.** एनेक्सीमेण्डर

Q.10 'अनुक्रमिक अधिभोग' की संकल्पना प्रस्तुत किया था-

A. गोटमैन **B.** हेगर स्ट्रांग **C.** गैडीस **D.** हिटलसी

Q.11 निम्न में से किसने लिखा कि "भूगोल भूतल के परिवर्तनशील स्वरूप के यथार्थ, क्रमबद्ध तर्क-संगत वर्णन एवं व्याख्या से सम्बन्धित है"?

A. कार्ल रिटर
B. अलेक्जेण्डर वॉन हम्बोल्ड
C. रिचथोफेन
D. रिचर्ड हार्टशोर्न

Q.12 गुन्नार मिर्डाल की पुस्तक 'एशियन ड्रामा' एक अध्ययन है-

A. एशिया में राष्ट्रों की गरीबी का
B. एशिया में राजनीतिक प्रतिस्पर्धा का
C. एशिया में नाटक की स्थिति का
D. एशिया में आर्थिक सहयोग का

Q.13 भूगोल सभी विज्ञानों की जननी है। यह कथन संबंधित है _____

A. प्रेस्टन ई. जेम्स से **B.** रिचर्ड हार्टशोर्न से
C. ई. हंटिंग्टन से **D.** कार्ल रिटर से

Q.14 'एन्टीपोड' पत्रिका समाज के निम्नलिखित लोगो में से किसकी समस्याओं को उजागर करती है?

A. शहरी धनी लोगों की
B. राजनेताओं की
C. पूंजीपतियों की
D. गरीब एवं वंचित लोगों की

Q.15 "भूगोल एक क्षेत्र विवरणी विज्ञान है।" यह कथन निम्नलिखित में से किस विद्वान द्वारा दिया गया है?

A. आर. हार्टशोर्न **B.** ए. हेटनर
C. रिचथाफेन **D.** ए. वेगनर

Q.16 निम्नलिखित में किस विद्वान ने प्रत्यक्षवाद के प्रसंग को प्रतिपादित किया?

A. आगस्ट काम्टे **B.** डेविड हार्वे
C. आर. एन. बेक **D.** यी-फू-तुयान

Q.17 निम्नलिखित में से सौर परिवार का दूसरा सबसे बड़ा पिण्ड कौन सा हैं?

A. सूर्य **B.** बृहस्पति **C.** शनि **D.** यूरेनस

Q.18 ग्लोबल पोजिशनिंग सिस्टम (GPS) में कितने उपग्रहों का उपयोग किया जाता है?

A. 28 **B.** 24 **C.** 26 **D.** 30

Q.19 'चुम्बकीय तूफान' क्या है ?

A. खगोलीय पिंडों के चुंबकीय क्षेत्रों में गड़बड़ी
B. चुम्बकीय ध्रुवों की शक्ति में वृद्धि
C. उत्तर और दक्षिण ध्रुवों का परिवर्तन
D. उच्च चुम्बकीय धाराओं के कारण महासागरों में उत्पन्न तुफान

Q.20 किस ग्रह का कोई उपग्रह नहीं है?

A. मंगल **B.** अरुण **C.** शुक्र **D.** वरुण

Q.21 फिलामेन्ट शब्द का प्रयोग किया गया है:
A. ग्रहाणु परिकल्पना में
B. ज्वारीय परिकल्पना में
C. सुपरनोवा परिकल्पना में
D. अन्तरातारकीय धूल परिकल्पना में

Q.22 तारो की निस्तृत गैस एवं धूल के राशि के पिण्ड को कहते है:
A. फिलामेण्ट **B.** नेब्युला **C.** ग्रहाणु **D.** द्वैतारक

Q.23 कहाँ वर्ष की लम्बाई सबसे अधिक है?
A. बुध **B.** बहस्पति **C.** पृथ्वी **D.** प्लूटो

Q.24 सूर्य का सबसे नजदीकी ग्रह कौन-सा है?
A. शुक्र **B.** बुध **C.** बृहस्पति **D.** मंगल

Q.25 पृथ्वी की सतह पर मौसम परिवर्तन के लिए उत्तरदायी कारकों की पहचान कीजिये।
i. पृथ्वी का घूर्णन
ii. पृथ्वी का परिक्रमण
iii. पृथ्वी का अपनी धुरी पर झुकाव
iv. सूर्य का घूर्णन
A. i और iii **B.** ii और iii
C. i और ii **D.** i, ii और iv

Q.26 भारतीय सौर मिशन के बारे में निम्नलिखित कथनों पर विचार कीजिये।
1 . भारत सौर ऊर्जा में तेजी से बढ़ रहा है।
2. भारत देश के सभी हिस्सों में सौर ऊर्जा विस्तारित करने की योजना बना रहा है।
3. दक्षिण और पश्चिम भारत को अधिक धूप और सौर ऊर्जा मिलती है।
उपरोक्त में से कौन-सा कौन-से कथन सही हैं?
A. केवल 1 **B.** केवल 1 और 2
C. केवल 1 और 3 **D.** 1,2 और 3

Q.27 सूची-I का सूची-II के साथ मिलान कीजिए और नीचे दिए गए कोड का उपयोग करके सही उत्तर का चयन कीजिये :

	सूची-I (उपनाम)		**सूची-II (ग्रह)**
(A)	हरा ग्रह	(1)	शुक्र
(B)	छल्लेदार ग्रह	(2)	मंगल
(C)	लाल ग्रह	(3)	अरुण
(D)	प्रातः-सांध्य तारा	(4)	शनि

A. (A)-(1), (B)-(2), (C)-(3), (D)-(4)
B. (A)-(4), (B)-(3), (C)-(2), (D)-(1)
C. (A)-(3), (B)-(4), (C)-(2), (D)-(1)
D. (A)-(3), (B)-42), (C)-(1), (D)-(2)

Q.28 दो पूर्णिमाओं के बीच अंतराल होता है लगभग:
[UPSESSB PGT Geography, 2019]
A. 26.5 दिन **B.** 27.5 दिन **C.** 28.5 दिन **D.** 29.5 दिन

Q.29 हीलियोसेंट्रिज्म सिद्धांत को ____ द्वारा प्रतिपादित किया गया।
A. कॉपरनिकस **B.** टालमी
C. लाप्लास **D.** चैंबरलिन

Q.30 निम्नलिखित ग्रहों में से किस पर सबसे छोटा दिन होता है?
[UPSESSB PGT Geography, 2019]
A. पृथ्वी **B.** मंगल **C.** बुध **D.** शुक्र

Q.31 हैली, गेल तथा विल्सन क्या है?
A. उल्का **B.** धूमकेतु **C.** उपग्रह **D.** क्षुद्रग्रह

Q.32 निम्नलिखित में किसमें 1543 में 'पृथ्वी 'केन्द्रस्थ' ब्रह्मांड, के स्थान पर 'सूर्य केन्द्रस्थ' ब्रह्मांड की संकल्पना प्रस्तुत की?
A. निकोलस कॉपरनिकस **B.** आई. न्यूटन
C. हिरोडोटस **D.** अरस्तू

Q.33 निम्नलिखित ग्रहों में से, कौन-सा ब्राह्य ग्रह है?
A. शुक्र **B.** मंगल **C.** यूरेनस **D.** पृथ्वी

Q.34 एक नाविक के लिए निम्नलिखित में से कौन-सा एक अधिक उपयोगी है?
A. मर्केटर प्रक्षेप **B.** नोमॉनिक प्रक्षेप
C. ज्यावक्रीय प्रक्षेप **D.** मॉलवीड प्रक्षेप

Q.35 किस ग्रह पर विशाल लाल धब्बा पाया जाता है-
A. मंगल **B.** बृहस्पति **C.** बुध **D.** शनि

Q.36 पृथ्वी ग्रह की संरचना में मेंटल के नीचे, कोर मुख्य रूप से ____ से निर्मित होती है।
A. एल्यूमीनियम **B.** सिलिकॉन
C. क्रोमियम **D.** लोहा

Q.37 मेंटल के ऊपरी भाग जिसके ऊपर पृथ्वी की पर्पटी प्लबन करती है, को कहा जाता है
A. गुरुमंडल (बेरीस्फेयर) **B.** मोसोस्फेयर
C. हाइड्रोस्फेयर **D.** एस्थेनोस्फेयर

Q.38 पृथ्वी के भूगर्भीय इतिहास के किस युग में, डायनासोर अपने सबसे बड़े आकार तक पहुँचे ?
A. ट्रायेसिक **B.** जुरैसिक **C.** क्रीटेशस **D.** पर्मियन

Q.39 गुटेनबर्ग असम्बद्धता किसके बीच पाई जाती है?
A. पपड़ी और प्रावार
B. प्रावार और क्रोड
C. ऊपरी क्रोड और निचला क्रोड
D. ऊपरी प्रावार और निचला प्रावार

Q.40 गुटेनबर्ग असम्बद्धता किन्हें अलग करती है?
[UPSESSB PGT Geography, 2019]
A. ऊपरी क्रस्ट और निचला क्रस्ट
B. बाह्य अन्तरतम और मेंटल
C. आंतरिक अन्तरतम और बाह्य अन्तरतम
D. निचला क्रस्ट और मेंटल

Q.41 भू-संतुलन परिकल्पना की व्याख्या एयरी एवं प्राट के सिद्धान्त के समन्वयन के माध्यम से की गई:
A. हेस्किनन द्वारा **B.** होम्स द्वारा
C. जोली द्वारा **D.** हेफोर्ड द्वारा

Q.42 निम्नलिखित में से कौन-सी एक धारा अन्य धाराओं से भिन्न है?
A. ब्राजील की धारा **B.** लैब्रोडोर की धारा
C. फॉकलैण्ड की धारा **D.** कनारी की धारा

Q.43 निम्नलिखित में से किसे शीत धारा कहा जाता है?
A. ब्राजील धारा **B.** गल्फ धारा
C. बेंगुला धारा **D.** अगुलहास धारा

Q.44 महासागरीय धारा की गति लगभग है-
A. विद्यमान हवा की गति का 2%
B. विद्यमान हवा की गति का 4%

C. विद्यमान हवा की गति का 6%
D. विद्यमान हवा की गति का 8%

Q.45 बेंगुला धारा किस महासागर में प्रवाहित होती है?
A. प्रशान्त महासागर
B. हिन्द महासागर
C. अटलांटिक (अंध) महासागर
D. आर्कटिक महासागर

Q.46 'विषुवतीय प्रतिधारा' की औसत गहराई है-
A. 50 मी **B.** 100 मी **C.** 150 मी **D.** 200 मी

Q.47 गुटेनबर्ग डिस्कान्ट्यूनिटी निम्नांकित में किसके मध्य पाया जाता है :
A. ऊपरी क्रोड तथा निचला क्रोड
B. मेंटल तथा क्रोड
C. पर्पटी और मेंटल
D. ऊपरी मेंटल तथा निचला मेंटल

Q.48 अत्यधिक वलन के परिणामस्वरूप होता है-
A. विलोम भ्रंश **B.** भूस्रत
C. नैपे निर्माण **D.** विखण्डित ब्लाक

Q.49 अवसादी चट्टानें अंततः ___ से प्राप्त की जाती हैं।
A. पृथ्वी की गतिविधियों
B. समुद्री निक्षेप
C. रूपांतरित चट्टानों के अपक्षय
D. आग्नेय चट्टानों के अपक्षय

Q.50 निम्नलिखित में से कौन-सी चट्टान "क्रेटन" से संबद्ध है?
A. ग्रेनाइट **B.** संगुटिकाश्म
C. स्लेट **D.** फिलाइट

Q.51 निम्नलिखित में से कौन महाद्वीपीय विस्थापन के पक्ष मे प्रमाण हैं?
(a) जिग-सा फिट
(b) ट्रान्सकरैन्ट भ्रंश
(c) विभिन्न क्षेत्रों में जीवाश्म
(d) मेंटल में संवहन
A. (a) और (c) **B.** (a) और (d)
C. (a) और (b) **D.** (a), (c) और (d)

Q.52 महाद्वीपों एवं महासागरों की उत्पत्ति के चतुष्फलक सिद्धांत से कौन संबंधित है?
A. लोथियन ग्रीन **B.** होम्स
C. वेगनर **D.** केल्विन

Q.53 महाद्वीपीय प्रवाह सिद्धान्त का प्रतिपादन निम्नलिखित में से किसके द्वारा किया गया है?
A. लोथियन ग्रीन **B.** वेगनर
C. लार्ड केलविन **D.** लैपवर्थ एवं लव

Q.54 निम्नलिखित में से किस पारिस्थितिक-तंत्र को 'बड़े शिकारो की भूमि' का नाम दिया गया है?
A. सेल्वा **B.** सवाना **C.** प्रेयरी **D.** टैगा

Q.55 एनईईआरआई का संबंध है :
A. ऊर्जा शोध से **B.** आर्थिक शोध से
C. शैक्षिक शोध से **D.** पर्यावरण शोध से

Q.56 पारिस्थितिक तंत्र के बारे में निम्न कथनों पर विचार कीजिए तथा अधोलिखित कूट से सही उत्तर चुनिये :
1. यह भूतल पर एक सुनिश्चित क्षेत्र धारण करता है।
2. यह एक संवृत तंत्र है जिसमें पदार्थ एवं ऊर्जा का सतत प्रवाह होता रहता है।
3. यह विभिन्न प्रकार की ऊर्जा द्वारा चालित होता है परन्तु सौर ऊर्जा सर्वाधिक महत्वपूर्ण होती है।
4. इसमें मापक आयाम नहीं होता है।
कूट :
A. 1 एवं 2 **B.** 2 एवं 3 **C.** 1 एवं 3 **D.** 3 एवं 4

Q.57 निम्नलिखित में से कौन पारिस्थितिक तंत्र में स्थिरता को नहीं बढ़ावा देता है?
A. पारिस्थितिक तंत्र में प्रत्येक तत्व के उत्पादन तथा उपभोग में संतुलन
B. ऊर्जा के निवेश एवं निर्गम में संतुलन
C. विभिन्न जैव भू-रासायनिक चक्रों की सुचारू रूप से कार्यशीलता
D. मानव जनसंख्या वृद्धि हेतु उपयुक्त दशायें

Q.58 निम्नलिखित में से कौन सही कथन है?
A. आदमी एक द्वितीयक उपभोक्ता है
B. छछूँदर एक तृतीयक उपभोक्ता है
C. टिड्डा एक प्राथमिक उपभोक्ता है
D. उल्लू एक द्वितीयक तथा चतुर्थक उपभोक्ता है

Q.59 निम्नलिखित कथनों में कौन-सा पारिस्थितिकी संसाधनों के प्रबन्धन के संबंध में सही है-
A. प्राकृतिक संसाधनों का विदोहन
B. प्राकृतिक संसाधनों का तर्कसंगत विदोहन तथा विकास
C. सभी प्राकृतिक संसाधनों संरक्षण
D. प्राकृतिक संसाधनों का तर्कसंगत विदोहन तथा पर्यावरण की गुणवत्ता का अनुरक्षण

Q.60 किसी पारिस्थितकी तंत्र का आधारभूत तत्व है-
A. जैव भार **B.** जैव विविधता
C. ऊर्जा प्रवाह **D.** वनस्पति सघनता

Q.61 निम्न में से कौन एक सही कथन है?
A. इकोक्लाइन जैविक समुदाय खासकर वनस्पति के परिवर्तन के ढ़ाल को प्रदशित करती है।
B. इकोक्लाइन प्रौढ़ पारिस्थतिकी तंत्र को प्रदर्शित करती है।
C. इकोक्लाइन समान पारिस्थितिकी संसाधनों के स्थानों को मिलाने वाली रेखा को प्रदर्शित करती है।
D. इकोक्लाइन पारिस्थितिक जलवायु को प्रदर्शित करती है।

Q.62 विशित्र जीवों के अर्न्तसंबंधों तथा उनके भौतिक वातावरण से अन्तर्सम्बन्ध के अध्ययन को किस नाम से जाना जाता है?
A. फेनोलॉजी **B.** पारिस्थितिकी
C. जैविकी **D.** प्राणीविज्ञान

Q.63 पारिस्थितिकी तंत्र शब्द का प्रयोग सर्वप्रथम 1935 में किस विद्वान द्वारा किया गया था?
A. बेरी **B.** स्टोडार्ट **C.** टान्सले **D.** डेविस

Q.64 दो पारिस्थितिक तंत्रो के मध्य के संक्रमण क्षत्र को कहते हैं:
A. बायोम **B.** इकोटोन
C. बायोटोप **D.** उपर्युक्त में से कोई नहीं

Q.65 निम्नलिखित में से भूगोल की किस पीठ ने मनुष्य को जैवमण्डल का घटक माना है?
A. शिकागो पीठ **B.** बर्कल पीठ
C. फ्रैंच पीठ **D.** जर्मन पीठ

Q.66 कोई प्रकोप आपदा बन जाता है जब वह प्रतिकूल ढंग से प्रभावित करता है:

A. वायुमंडलीय संचरण को
B. समुद्री जीव- जन्तुओं को
C. पारिस्थितिकी को
D. मानव आवास को

Q.67 वायुमण्डलीय प्राथमिक उत्पादको द्वारा आत्मसात की गई ऊर्जा की संपूर्ण मात्रा को कहा जाता है:

A. पारिस्थितिकीय उत्पादकता
B. पर्यावरणीय उत्पादकता
C. सकल प्राथमिक उत्पादकता
D. शुद्ध प्राथमिक उत्पादकता

Q.68 निम्नलिखित में से कौन सा वनस्पतीय जगत विश्व के सर्वाधिक धरातलीय भाग को घेरता है?

A. पुरा उष्ण कटिबंधीय **B.** बोरियल
C. नव- उष्ण कटिबंधीय **D.** अन्टार्कटिक

Q.69 'जैव विविधता/जैवीय विविधता अधिनियम' भारत की लोकसभा ने निम्नलिखित में से किस वर्ष में पारित किया था?

A. 2005 **B.** 2001 **C.** 2002 **D.** 2007

Q.70 जन्तु विसरण के निम्नलिखित प्रकारों में से कौन सा एक दीर्घकालिक सूखा के कारण होता है?

A. बलात् विसरण **B.** क्रमशः विसरण
C. बायोकोर विसरण **D.** एनिमोकोर विसरण

Q.71 निम्न में से कौन-सी जलवायु आर्द्र होती है तथा उसमें वर्षा के दिन अधिक होते हैं?

A. पश्चिमी यूरोप तुल्य जलवायु
B. भू-मध्य सागरीय जलवायु
C. मानसूनी जलवायु
D. सेंट लारेंस तुल्य जलवायु

Q.72 निम्नलिखित में से किसे 'परिस्थितिकी आतंकवादी' कहा जाता है?

A. झूमिंग कृषि **B.** मृदा अपरदन
C. यूकेलिप्टस **D.** रासायनिक उर्वरक

Q.73 विभिन्न प्रकार के जीव-जंतु और पौधे सर्वाधिक संख्या में कहाँ पाए जाते हैं?

A. उष्ण कटिबन्धीय वनों में
B. उष्ण कटिबन्धीय घास के मैदानों में
C. शीतोष्ण वनों में
D. शीतोष्ण घास में

Q.74 पारिस्थितिकीय निके किसका संकेत करता है?

A. मनुष्य तथा पर्यावरण के बीच अंतःक्रिया
B. पारिस्थितिकीय व्यवस्था में जीव की कार्यात्मक भूमिका
C. मनुष्य तथा पौधे की अंत: निर्भरता
D. उपर्युक्त में से कोई नहीं

Q.75 हैकिस्टोथमल पौधे कहाँ पाए जाते हैं?

A. भू-मध्यसागरीय जलवायु
B. उष्ण मरुस्थल
C. विषुवतीय जलवायु
D. शीत मरूस्थल

Q.76 निम्नांकित में कौन पादपों का माइक्रो-पोषक नहीं है?

A. कार्बन **B.** लौह
C. नाइट्रोजन **D.** ऑक्सीजन

Q.77 पौधों एवं पशुओं का ग्राम्यन किस युग में प्रारम्भ हुआ?

A. पुरापाषाण काल **B.** मध्यपाषाण काल
C. नवपाषाण काल **D.** पुरापाषाण-पूर्व काल

Q.78 पारिस्थतिक तंत्र क्रियाशील होता है-

A. ऊर्जा प्रवाह तथा पोषक तत्वों एवं खनिजों के परिसंचरण के माध्यम से
B. जीव समूहों और उनके पर्यावरण के साथ बढ़ते हुए अन्तर्सम्बन्धों के माध्यम से
C. पर्यावरण के जैविक एवं अजैविक घटकों के एकीकरण के माध्यम से
D. भौतिक- रासायनिक पर्यावरण के माध्यम से

Q.79 आहार जाल है-

A. एक सीधी कड़ी में गमन करने वाला अत्यधिक लम्बा जाता है।
B. अनेक पोषण स्तरोंवाला एक मध्य आकार का जाल है।
C. एक वृत्तीय जाल है।
D. आहार श्रृंखलाओं का एक अन्तः ग्रन्थित जाल है।

Q.80 घास क्षेत्र पारिस्थितिक तंत्र में बायोमास पिरामिड होता है?

A. सीधा खड़ा (आधार चौड़ा)
B. उल्टा
C. क्षैतिजीय
D. समानान्तर

Q.81 निम्नलिखित में से कौन-सा एक उच्च पारिस्थितिकीय उत्पादन का प्रदेश है?

A. मरूस्थल
B. उष्ण एवं शीतोष्ण कटिबंधीय वन प्रदेश
C. घास के मैदान
D. आर्कटिक के हिममंडित क्षेत्र

Q.82 विश्व में सोयाबीन का सर्वाधिक उत्पादन करने वाला देश है-

A. भारत **B.** ब्राजील
C. संयुक्त राज्य अमेरिका **D.** चीन

Q.83 विश्व में खजूर का सबसे बड़ा उत्पादक देश है-

A. कुवैत **B.** मिस्र
C. ईराक **D.** सउदी अरब

Q.84 विश्व के किस क्षेत्र में गन्ना लगभग साल भर कारखानों को प्रदान किया जा सकता है?

A. भारत **B.** क्यूबा **C.** हवाई द्वीप **D.** जर्मनी

Q.85 निम्नलिखित नदियों में से कौन-सी आंतरिक जलमार्गों के रूप में सबसे उपयुक्त है?

A. डैन्यूब **B.** राइन **C.** वोल्गा **D.** एल्ब

Q.86 भूगोल की आत्मा एवं उद्देश्य के आमूलचूल रूपान्तरण के लिये निम्नलिखित में से क्या उत्तरदायी है?

A. उत्तर-आधुनिकवाद
B. मानवतावाद
C. संरचनावाद
D. मात्रीकरण (अथवा परिमाणन)

Q.87 पेन अमेरिका हाइवे जोड़ता है-

A. कोरडोवा -अरजुल
B. फायर बैंक-सेन्ट अनटीनो ओस्टे
C. प्रुधे अलास्का - दक्षिण अमेरिका के अर्जेण्टिना
D. कैलीफोर्निया -चिली

Q.88 ट्रांस साइबेरियाई रेलवे किस स्थान को जोड़ती है?

A. ब्लादिबोस्टक - सेन्ट पिटसबर्ग
B. कीव - मॉस्को
C. इर्कस्टक - लेनिनग्राद
D. मॉस्को - आमस्क

Q.89 जापान अपने किन कारणों से विश्व में एक अग्रणी औद्योगिक देश है?

1. विकसित जलीय विद्युत के कारण
2. धात्विक खनिजों के विशाल निक्षेप के कारण
3. उच्च स्तर की प्रौद्योगिकीय क्षमता के कारण
4. द्वीपीय अवस्थिति के कारण

A. 1,2,3 और 4 **B.** 1,2 और 3
C. 1 और 4 **D.** 2 और 4

Q.90 संयुक्त राज्य अमेरिका में मक्का का प्रमुख उपयोग होता है-

A. मानव भोजन में **B.** पशुओं के चारे में
C. स्टार्च बनाने में **D.** एल्कोहल तैयार करन में

Q.91 किस द्वीप में जापान का 'चावल का कटोरा' स्थित है?

A. क्यूशू **B.** होन्शू **C.** शिकोकू **D.** रियूक

Q.92 ऊर्जा संसाधन उपयोग की प्रक्रिया में अन्तिम अवस्था है:

A. परिवहन
B. भंडारण
C. अवशिष्ट सामग्री का निपटान
D. रूपान्तरण

Q.93 विश्व के कौन-से देश में पेट्रोलियम को 'शक्ति का स्त्रोत' माना जाता है, न कि अर्थव्यवस्था का ?

A. संयुक्त राज्य अमेरिका **B.** सऊदी अरब
C. इराक **D.** कुवैत

Q.94 प्रमुख मत्स्य क्षेत्र 'ग्राण्ड बैंक' स्थित है -

A. दक्षिणी अटलांटिक महासागर में
B. दक्षिणी प्रशान्त महासागर में
C. उत्तर अटलांटिक महासागर में
D. उत्तरी प्रशान्त महासागर में

Q.95 निम्नलिखित में से कौन खनिज तेल उत्पादन हेतु प्रसिद्ध है?

A. कारागण्डा **B.** ट्राँसवाल **C.** किरकुक **D.** केपयार्क

Q.96 निम्नांकित में से कौन धात्विक खनिज है?

A. कोयला **B.** चूना पत्थर **C.** जस्ता **D.** जिप्सम

Q.97 निम्नलिखित में से कौन-सा तत्व लोहे का अयस्क नहीं होता है?

A. मैग्नेटाइट **B.** हेमेटाइट **C.** लिग्नाइट **D.** सिडेराइट

Q.98 निम्नलिखित तत्वों में किसका निर्माण मनुष्य द्वारा किया जाता है, प्राकृतिक रूप से नहीं पाया जाता?

A. यूरेनियम **B.** प्लूटोनियम
C. थोरियम **D.** पोलोनियम

Q.99 दक्षिणी-पश्चिमी एशिया का प्रतिनिधि तेल उत्पादक देश है-

A. ईरान **B.** कुवैत
C. सऊदी अरब **D.** उपरोक्त कोई नहीं

Q.100 संसार की सबसे गहरी खान किस देश में है?

A. संयुक्त राज्य अमेरिका **B.** भारत
C. ब्राजील **D.** दक्षिणी अफ्रीका

Q.101 अभ्रक का मुख्य उत्पादक कौन सा देश है?

A. भारत **B.** यू.एस.ए. **C.** ब्राजील **D.** चीन

Q.102 निम्नलिखित में से कौन सा एक पुर्नवीकरणीय ऊर्जा नहीं है?

A. भूतापीय ऊर्जा **B.** जल विद्युत
C. आणविक ऊर्जा **D.** सौर ऊर्जा

Q.103 निम्नलिखित में से कौन गैर परम्परागत वैकल्पिक ऊर्जा स्तोतों के लिए सही नहीं है?

A. पर्यावरण-सहायक **B.** प्रकीर्य वितरण
C. नव्यकरणीय **D.** चिरस्थायी

Q.104 किरकुक, जो विश्व में सर्वाधिक महत्वपूर्ण तेल क्षेत्र है, कहाँ स्थित है?

A. ईरान **B.** इराक **C.** कुवैत **D.** रूस

Q.105 रबड़, रोजवुड, ताड़ एवं महोगनी वृक्ष निम्न में से किस एक से सम्बंधित हैं?

A. उष्ण कटिबन्धीय मानसून वनों से
B. पतझड़ वनों से
C. टैगा वनों से
D. उष्ण कटिबन्धीय सदाबहार वनों से

Q.106 विश्व में बगाती कृषि के मुख्य क्षेत्र निम्न में कहाँ स्थित है?

A. भूमध्यसागरीय प्रदेश में **B.** शुष्क क्षेत्र में
C. शीतोष्ण प्रदेश में **D.** उष्ण प्रदेश में

Q.107 किन देशों के किसान अपनी कृषि की गहनता के लिये प्रसिद्ध हैं?

A. ब्राजील एवं कोलम्बिया
B. म्यामार एवं थाईलैण्ड
C. चीन एवं जापान
D. मलेशिया एवं इण्डोनेशिया

Q.108 टेरारोक्सा मिट्टी पाई जाती है :

A. ब्राजील में **B.** दक्षिण अफ्रीका में
C. चीन में **D.** यूक्रेन में

Q.109 मिल्पा जाना जाता है :

A. स्थानान्तरणशील कृषि के लिए
B. वाणिज्यिक कृषि के लिए
C. स्थायी कृषि के लिए
D. खाद्यान्न की कृषि के लिए

Q.110 निम्नलिखित में से कौन गहन कृषि से सम्बन्धित नहीं है?

A. चीन में गेहूँ की खेती
B. भारत में चावल की खेती
C. कनाडा में गेहूँ की खेती
D. कैलिफोर्निया में फलों की कृषि

Q.111 ब्राजील में सघन कॉफी बागानी को कहते हैं :

A. फैजेण्डा **B.** ट्रेसिल
C. कोरल्स **D.** एसटॉनसियस

Q.112 दुनिया के किस भाग में वायु अपरदन से बने भूदृश्य को सेरिर और रेग कहा जाता है ?

A. सहारा **B.** मंगोलिया
C. थार **D.** कैलिफोर्निया

Q.113 अपवाह तंत्र जो उस क्षेत्र की संरचना से जुड़ा नहीं होता ___ कहलाता है।

A. अरीय अपवाह **B.** जालायित अपवाह
C. द्रुमाकृतिक अपवाह **D.** अध्यारोपित अपवाह

Q.114 तलस्तरीय नकारात्मक गतियों का परिणाम है :

A. पुनर्युवन **B.** स्थिरीकरण
C. संनिघर्षण **D.** साल्टेशन

Q.115 गोखुर झील को जाना जाता है?

A. बिल्लाबोंग **B.** मोर्ट झील
C. बायू **D.** उपर्युक्त सभी

Q.116 निम्नलिखित में से कौन अपरदानात्मक आकृति नहीं है?

A. प्राकृतिक तटबन्ध **B.** प्रपात कुण्ड
C. गिरि श्रृंग **D.** अरेत

Q.117 ऐसी नदी घाटियों को जिनके मार्गों का नियंत्रण ऐसे कारकों द्वारा होता है, जिन्हें निर्धारित नहीं किया जा सकता, को कहते हैं-

A. अनुवर्ती **B.** परवर्ती **C.** अक्रमवर्ती **D.** नवानुवर्ती

Q.118 रिया निम्नलिखित में से किसका उदाहरण है?

A. निक्षेपित भूमि
B. निमग्न उच्चभूमि तटरेखा
C. उभरी हुई उच्चभूमि तटरेखा
D. अपरदित स्थलाकृति

Q.119 शुष्क प्रदेशों में पर्वत पदीय ढलवाँ मार्ग पर नदियों द्वारा निक्षेपित बालू कहलाती है:

A. हमादा **B.** बज़ाडा
C. मरु प्रक्षालन **D.** पेडीमेण्ट

Q.120 डेल्टा केम परिणाम है:

A. हिमनद अपरदन **B.** वायु निक्षेपण
C. नदिय निक्षेपण **D.** हिमनद निक्षेपण

Q.121 परवर्ती अपवाह सामान्यत: होता है :

A. अनुवर्ती अपवाह के अनुरूप
B. अनुवर्ती अपवाह के विपरीत
C. अनुवर्ती अपवाह के समकोण पर
D. अनुवर्ती अपाह के विकर्ण पर

Q.122 पृथ्वी के वायुमंडल के ऊपरी भाग पर औसत सौर ऊर्जा की प्राप्ति की मात्रा (कैलोरीज प्रति वर्ग सेमी प्रति मिनट) निम्नलिखित में से कौन सी सही है ?

A. 1.94 **B.** 2.94 **C.** 1.84 **D.** 2.84

Q.123 वायुमंडलीय गैसों के प्रतिशत के बढ़ते क्रम में निम्नलिखित में से कौन-सा सही है ?

A. हीलियम, जीनान, कार्बन डाई आक्साइड एवं आर्गन
B. जीनान, हीलियम, कार्बन डाई आक्साइड एवं आर्गन
C. हीलियम, कार्बन डाई आक्साइड,जीनान एवं आर्गन
D. जीनान, कार्बन डाई आक्साइड, हीलियम एवं आर्गन

Q.124 क्षोभमण्डल में वायु की गति (संचलन) का कारण है:

A. सौर पवन **B.** संवहन धारा
C. गुरुत्वाकर्षण **D.** वायुदाव

Q.125 वायुमण्डल की निम्नलिखित परतो में कौन विद्युत चुम्बकीय तरंगों का अपवर्तित कर देती है:

A. क्षोभमण्डल **B.** समताप मण्डल
C. ओजोन परत **D.** आयन मण्डल

// स्मार्ट उत्तर पुस्तिका //

सही उत्तर उन छात्रों के प्रतिशत को इंगित करता है जिन्होंने प्रश्नों का सही उत्तर दिया था।

छोड़ दिया उन छात्रों के प्रतिशत को इंगित करता है जिन्होंने प्रश्नों को छोड़ दिया था।

प्रश्न संख्या	उत्तर	सही उत्तर	छोड़ दिया
1	B	65.22 %	0.0 %
2	A	26.09 %	26.08 %
3	C	56.52 %	26.09 %
4	A	60.87 %	26.09 %
5	B	47.83 %	26.08 %
6	D	47.83 %	26.08 %
7	C	60.87 %	26.09 %
8	A	43.48 %	26.09 %
9	B	65.22 %	26.08 %
10	D	43.48 %	26.09 %
11	D	34.78 %	26.09 %
12	A	43.48 %	26.09 %
13	B	30.43 %	26.09 %
14	D	60.87 %	26.09 %
15	B	30.43 %	26.09 %
16	A	60.87 %	26.09 %

प्रश्न संख्या	उत्तर	सही उत्तर	छोड़ दिया
17	B	47.83 %	26.08 %
18	B	43.48 %	26.09 %
19	A	39.13 %	26.09 %
20	C	56.52 %	26.09 %
21	B	39.13 %	26.09 %
22	B	52.17 %	26.09 %
23	D	43.48 %	26.09 %
24	B	60.87 %	26.09 %
25	B	52.17 %	26.09 %
26	C	34.78 %	26.09 %
27	C	60.87 %	26.09 %
28	D	43.48 %	26.09 %
29	A	47.83 %	26.08 %
30	A	34.78 %	26.09 %
31	B	47.83 %	26.08 %
32	A	65.22 %	26.08 %

प्रश्न संख्या	उत्तर	सही उत्तर	छोड़ दिया
33	C	60.87 %	26.09 %
34	A	56.52 %	26.09 %
35	B	39.13 %	26.09 %
36	D	65.22 %	26.08 %
37	D	60.87 %	26.09 %
38	B	60.87 %	26.09 %
39	B	47.83 %	26.08 %
40	B	47.83 %	26.08 %
41	A	21.74 %	26.09 %
42	A	52.17 %	26.09 %
43	C	56.52 %	26.09 %
44	A	39.13 %	26.09 %
45	C	52.17 %	26.09 %
46	B	26.09 %	26.08 %
47	B	60.87 %	26.09 %
48	C	65.22 %	26.08 %

प्रश्न संख्या	उत्तर	सही उत्तर	छोड़ दिया
49	D	43.48 %	26.09 %
50	A	39.13 %	26.09 %
51	A	56.52 %	26.09 %
52	A	52.17 %	26.09 %
53	B	39.13 %	26.09 %
54	B	60.87 %	26.09 %
55	D	56.52 %	26.09 %
56	C	26.09 %	26.08 %
57	D	47.83 %	26.08 %
58	C	60.87 %	26.09 %
59	B	30.43 %	26.09 %
60	C	43.48 %	26.09 %
61	A	26.09 %	26.08 %
62	B	69.57 %	26.08 %
63	C	69.57 %	26.08 %
64	B	69.57 %	26.08 %

प्रश्न संख्या	उत्तर	सही उत्तर	छोड़ दिया
65	A	26.09 %	26.08 %
66	D	30.43 %	26.09 %
67	C	30.43 %	26.09 %
68	B	34.78 %	26.09 %
69	C	39.13 %	26.09 %
70	A	43.48 %	26.09 %
71	A	30.43 %	26.09 %
72	C	56.52 %	26.09 %
73	A	52.17 %	26.09 %
74	B	56.52 %	26.09 %
75	D	34.78 %	26.09 %
76	B	21.74 %	26.09 %
77	C	30.43 %	26.09 %
78	A	30.43 %	26.09 %
79	D	47.83 %	26.08 %
80	A	60.87 %	26.09 %

प्रश्न संख्या	उत्तर	सही उत्तर	छोड़ दिया
81	B	69.57 %	26.08 %
82	C	47.83 %	26.08 %
83	B	52.17 %	26.09 %
84	C	43.48 %	26.09 %
85	B	56.52 %	26.09 %
86	D	39.13 %	26.09 %
87	C	52.17 %	26.09 %
88	A	65.22 %	26.08 %
89	C	30.43 %	26.09 %

प्रश्न संख्या	उत्तर	सही उत्तर	छोड़ दिया
90	B	56.52 %	26.09 %
91	B	52.17 %	26.09 %
92	C	60.87 %	26.09 %
93	A	43.48 %	26.09 %
94	C	65.22 %	26.08 %
95	C	52.17 %	26.09 %
96	C	43.48 %	26.09 %
97	C	60.87 %	26.09 %
98	B	39.13 %	26.09 %

प्रश्न संख्या	उत्तर	सही उत्तर	छोड़ दिया
99	C	56.52 %	26.09 %
100	D	47.83 %	26.08 %
101	A	39.13 %	26.09 %
102	C	52.17 %	26.09 %
103	B	43.48 %	26.09 %
104	B	47.83 %	26.08 %
105	D	60.87 %	26.09 %
106	D	17.39 %	26.09 %
107	C	52.17 %	26.09 %

प्रश्न संख्या	उत्तर	सही उत्तर	छोड़ दिया
108	A	39.13 %	26.09 %
109	A	60.87 %	26.09 %
110	C	39.13 %	26.09 %
111	A	69.57 %	26.08 %
112	A	56.52 %	26.09 %
113	D	43.48 %	26.09 %
114	A	30.43 %	26.09 %
115	D	69.57 %	26.08 %
116	A	56.52 %	26.09 %

प्रश्न संख्या	उत्तर	सही उत्तर	छोड़ दिया
117	C	56.52 %	26.09 %
118	B	60.87 %	26.09 %
119	B	39.13 %	26.09 %
120	D	43.48 %	26.09 %
121	B	30.43 %	26.09 %
122	A	47.83 %	26.08 %
123	B	47.83 %	26.08 %
124	D	21.74 %	26.09 %
125	D	65.22 %	26.08 %

कार्य विश्लेषण	
औसत अंक (%)	49.65%
टॉपर्स स्कोर (%)	98.35%
आपका स्कोर	

//संकेत और समाधान//

1.

- एनेक्जीमेण्डर ने सर्वप्रथम विश्व मानचित्र की रचना का प्रयास किया।
- एनेक्जीमेण्डर ने अपने मानचित्र में यूनान को विश्व के मध्य में प्रदर्शित किया था। यह मानचित्र गोलाकार था जो चारों ओर से सागर सरिता से घिरा हुआ था।
- थेल्स के साथ-साथ एनेक्जीमेण्डर को भी गणितीय भूगोल का संस्थापक माना जाता है।

अतः विकल्प (B) सही है।

2. टॉलमी के मानचित्र में प्रयुक्त धूले तथा प्रसुम स्थान विश्व के सुदूरतम उत्तर-दक्षिण स्थान है। टॉलमी द्वारा रचित प्रमुख पुस्तकें निम्न हैं-

- ग्रहीय परिकल्पना
- अल्मागेस्ट
- ज्योग्राफिक सिन्टैक्ससएनालिमा
- ज्योग्राफिया

अतः विकल्प (A) सही है।

3. अमेरिकन भूगोलवेत्ता रिचर्ड हार्टशोर्न ने भूगोल मे इडियोग्राफिक दृष्टिकोण का विकास किया। इनकी प्रमुख पुस्तकें निम्न हैं-

(1) द नेचर ऑफ ज्योग्राफी (1939 - भूगोल की प्रकृति)

(2) परस्पेक्टिव आन द नेचर ऑफ ज्योग्राफी (1959- भूगोल की प्रकृति और परिप्रेक्ष्य)

अतः विकल्प (C) सही है।

4.

	सूची-I		सूची-II
(A)	प्रत्यक्षवादी भूगोल	(1)	ऑगस्ट कॉम्टे
(B)	आचारपरक भूगोल	(2)	विलियम किर्क
(C)	मानववादी भूगोल	(3)	यी-फू-तुआन
(D)	नववियितिवाद	(4)	ग्रिफिथ टेलर

अतः विकल्प (A) सही है।

5. भूगोल को क्षेत्रवर्णनी विज्ञान (Chorological Science) ए. हेटनर ने कहा। जिसके अन्तर्गत प्रदेशों का अध्ययन किया जाता है। हेटनर ने रिटर के अर्डकुण्डे के स्थान पर लैंडरकुण्डे (Landerkunde) नामक शब्द का प्रयोग किया। जिसका अर्थ होता है, पृथ्वी के सतह का क्षेत्र वर्णनी विज्ञान।

अतः विकल्प (B) सही है।

6. टॉलमी ने कहा कि 'भूगोल वह विज्ञान है जो मानचित्रण की कला से सम्बद्ध है।' टालमी की प्रमुख पुस्तकें इस प्रकार है-

(i) ग्रहीय परिकल्पना (Planetary Hypothesis)

(ii) अल्मागेस्ट (Alnagest)

(iii) ज्योग्राफिक सिन्टेक्सिस (Geographic Syntaxis)

(iv) एनालिमा (Analema)

अतः विकल्प (D) सही है।

7. नव निश्चयवाद को 'रूको और जाओ' निश्चयवाद के नाम से जाना जाता है। नव निश्चयवाद के प्रतिपादक ग्रिफिथ टेलर थे। ग्रिफिथ टेलर ने स्पष्टतः इस बात पर बल दिया कि वास्तव में न तो प्रकृति का ही मनुष्य पर पूरा नियन्त्रण है, और न मनुष्य ही प्रकृति का विजेता है। दोनों का क्रियात्मक सम्बन्ध है।

अतः विकल्प (C) सही है।

8. द्वितीय विश्व युद्ध के बाद भूगोल में हुए परिवर्तनों में सबसे महत्वपूर्ण था- भूगोल का स्थानिक विज्ञान के रूप में उभरना। स्थानिक विज्ञान से तात्पर्य है जो किसी ज्यामितीय स्पेस में चीजों की अवस्थिति की सूचना के साथ उनके बारे में आँकड़े को व्यवस्थित करता है। इस प्रकार, भू-स्थानिक आँकड़े वे आंकड़े हैं जो चीजों की पृथ्वी पर अवस्थिति की सूचना भी रखते हैं और एक स्थानिक डेटाबेस में इनका संग्रह और निरूपण प्राथमिक स्तर पर बिन्दु, रेखा और बहुभुजों के माध्यम से होता है।

अतः विकल्प (A) सही है।

9. "सारे इतिहास को भौगोलिक परिप्रेक्ष्य में तथा सारी भूगोल को ऐतिहासिक परिप्रेक्ष्य में परखना चहिए" प्रसिद्ध यूनानी विद्वान हेरोडोटस का विचार था। हेरोडोटस को इतिहास का पिता कहा जाता है। हेरोडोटस विश्व भूखण्ड को तीन महाद्वीपों यूरोप एशिया और लीबिया में विभाजित करने वाला प्रथम भूगोलवेत्ता था। हेरोडोटस प्रथम भूगोलवेत्ता था जिसने कैस्पियन सागर को आन्तरिक सागर माना है।

अतः विकल्प (B) सही है।

10. 'अनुक्रमिक अधिभोग' की संकल्पना हिटलसी ने प्रस्तुत की। हिटलसी ने विश्व को वर्ष 1936 ई. में 13 कृषि प्रदेशों में विभाजित किया।

अतः विकल्प (D) सही है।

11. "भूगोल भूतल के परिवर्तनशील स्वरूप के यथार्थ, क्रमबद्ध तर्क-संगत वर्णन एवं व्याख्या से सम्बन्धित है" यह परिभाषा अमेरिकन भूगोलवेत्ता रिचर्ड हार्टशोर्न द्वारा दी गयी है। इन्होने शिकागो विवि से शिक्षा प्राप्त की। ये अमेरिका के 20वी सदी के महत्वपूर्ण भूगोलवेत्ता थे। इनके द्वारा लिखी गयी पुस्तके:

- भूगोल की प्रकृति
- द पर्सपेक्टिव ऑन द नेचर ऑफ जियोग्राफी
- द एकेडमी सिटीजन
- पॉलिटिकल जियोग्राफी इन द मोर्डन वर्ल्ड
- राजनीति भूगोल में कार्यात्मक उपागम

अतः विकल्प (D) सही है।

12. गुन्नार मिर्डाल की पुस्तक 'एशियन ड्रामा : ऐन इंक्वायरी ऑफ नेशंस इन टू द पॉवर्टी' एशिया में राष्ट्रों की गरीबी का एक अध्ययन है। मिर्डाल ने संचयी परिणामी सिद्धान्त का प्रतिपादन किया। मिर्डाल के सिद्धान्त के अनुसार बाजारी शक्तियों के कारण असमानता घटने के बजाए बढ़ती है क्योंकि पश्चगामी प्रभाव, प्रसरण प्रभावों की तुलना में अधिक शक्तिशाली होता है।

अतः विकल्प (A) सही है।

13. "भूगोल सभी विज्ञानों की जननी है" यह कथन रिचर्ड हार्टशोर्न से सम्बन्धित है। रिचर्ड हार्टशोर्न प्रसिद्ध अमेरिकन भूगोलवेत्ता थे। इन्होने शिकागो विवि से शिक्षा प्राप्त की। ये अमेरिका के 20वी सदी के महत्वपूर्ण भूगोलवेत्ता थे।

अतः विकल्प (B) सही है।

14. 1960 में क्रान्तिकारी भूगोल का जन्म हुआ। जिसके प्रमुख कारणों में अमेरिका में 1960 में घटने वाली प्रमुख निम्न घटनायें थी। जैसे-विद्यार्थियों में असन्तोष, वियतनाम युद्ध के परिणाम, रंगभेद, संसाधनों का शोषण विकास की प्रति असमानता आदि। उपयुक्त घटनाओं के परिणामस्वरूप स्थानिक विश्लेषण के विरुद्ध आवाज उठने लगी। तथा यू.एस. ए. में वारसेस्टर में क्लार्क विश्वविद्यालय में 1969 में 'एन्टीपोड' नामक पत्रिका की स्थापना की गयी। इनमें सर्वप्रमख योगदान 'प्रैट' का माना जाता है।

अतः विकल्प (D) सही है।

15. "भूगोल एक क्षेत्र विवरणी विज्ञान है।" यह कथन अल्फ्रेड हेटनर का है। इन्होंने 'लेण्डरकुण्डे' (Landerkunde) नामक शब्द का प्रयोग किया जिसका अर्थ होता है 'पृथ्वी के सतह का क्षेत्र वर्णनी विज्ञान।

इनकी प्रमुख कृतियाँ निम्न हैं-

(i) कोलम्बियन एण्डीज की यात्रा

(ii) यूरोप का प्रादेशिक भूगोल

(iii) तुलनात्मक प्रादेशिक भूगोल

अतः विकल्प (B) सही है।

16. विज्ञान को प्रत्यक्ष अनुभव से जोड़ने का प्रयास ही प्रत्यक्षवाद कहलाता है। ऐतिहासिक दृष्टि से प्रत्यक्षवाद की संकल्पना फ्रांस की क्रान्ति के पश्चात 'आगस्ट काम्टे' द्वारा 1833 ई. में प्रस्तुत की गयी थी।

अतः विकल्प (A) सही है।

17. सौर परिवार का दूसरा सबसे बड़ा पिण्ड बृहस्पति है। सौर परिवार का सबसे बड़ा पिण्ड सूर्य है। बृहस्पति मुख्य रूप से एक गैस पिंड है जिसका द्रव्यमान सूर्य के हजारवें भाग के बराबर तथा सौरमंडल में मौजूद अन्य सात ग्रहों के कुल द्रव्यमान का ढाई गुना है। बृहस्पति को शनि, अरुण और वरुण के साथ एक गैसीय ग्रह के रूप में वर्गीकृत किया गया है। इसे रात्रि में नंगी आंखों से देखा जा सकता है।

अतः विकल्प (B) सही है।

18. ग्लोबल पोजिशनिंग सिस्टम (GPS) एक उपग्रह-आधारित नेविगेशन प्रणाली है जिसका प्रयोग किसी भी चीज की लोकेशन का पता लगाने के लिए किया जाता हैं यह कम से कम 24 उपग्रहों से बना है। GPS किसी भी मौसम में 24 घंटे काम करता है। GPS तकनीक का उपयोग पहली बार 1960 के दशक में संयुक्त राज्य अमेरिका की सेना द्वारा किया गया था।

अतः विकल्प (B) सही है।

19. खगोलीय पिण्डों के चुम्बकीय क्षेत्रों में गड़बड़ी को चुम्बकीय तूफान कहा जाता है। एक भू-चुंबकीय तूफान पृथ्वी के चुंबकीय क्षेत्र के साथ बातचीत करने वाले चुंबकीय क्षेत्र के सौर हवा सदमे की लहर और चुंबकीय क्षेत्र के बादल के कारण पृथ्वी के चुंबकमंडल का एक अस्थायी गड़बड़ी है।

अतः विकल्प (A) सही है।

20. शुक्र ग्रह का कोई उपग्रह नहीं है। शुक्र पृथ्वी का निकटतम ग्रह है। यह सबसे चमकीला एवं गर्म ग्रह है। इसे साँझ का तारा या भोर का तारा कहा जाता है। यह अन्य ग्रहों के विपरीत दक्षिणावर्त चक्रण करता है। इसे पृथ्वी का भगिनी ग्रह कहते है। यह घनत्व आकार एवं व्यास में पृथ्वी के समान है।

अतः विकल्प (C) सही है।

21. फिलामेन्ट शब्द का प्रयोग 'ज्वारीय परिकल्पना' के अन्तर्गत किया जाता है। ज्वारीय परिकल्पना का प्रतिपादन ब्रिटिश विद्वान सर जेम्स जीन्स ने सन् 1919 में किया था।

अतः विकल्प (B) सही है।

22. तारों की निस्तृत गैस एवं धूल के राशि के पिण्ड को नेब्युला (निहारिका) कहते हैं। नेब्युला अंतरतारकीय माध्यम (इन्टरस्टॅलर स्पेस) में स्थित ऐसे अंतरतारकीय बादल को कहते हैं जिसमें धूल, हाइड्रोजन गैस, हीलियम गैस और अन्य आयनीकृत (आयोनाइज़्ड) प्लाज़्मा गैसे उपस्थित हों। पुराने जमाने में "निहारिका" खगोल में दिखने वाली किसी भी विस्तृत वस्तु को कहते थे।

अतः विकल्प (B) सही है।

23. प्लूटो पर वर्ष की लम्बाई सबसे अधिक है। प्लूटो पर 248 वर्ष के बराबर एक वर्ष होता है। जबकि बृहस्पति पर 12 वर्ष के बराबर। पृथ्वी पर 365 दिन के बराबर और बुध पर 88 दिन के बराबर होता है।

अतः विकल्प (D) सही है।

24. सूर्य का सबसे नजदीकी ग्रह बुध है। सौर परिवार के सभी ग्रह सूर्य का परिक्रमण दीर्घ वृत्ताकार पथों में करते हैं, जिन्हें कक्षा कहते हैं। जैसे-जैसे सूर्य से ग्रहों की दूरी बढ़ती जाती है, वैसे-वैसे उसके परिक्रमण का समय भी बढ़ता जाता है। बुध सूर्य के सबसे निकट है, अतः सूर्य का चक्कर लगाने में 88 दिन लगते हैं। बुध सूर्य के सबसे अधिक निकट होने के कारण उसे सूर्य से सबसे अधिक गर्मी मिलती है। जबकि बृहस्पति सबसे बड़ा ग्रह है। शुक्र ग्रह सबसे गर्म ग्रह है। मंगल ग्रह सूर्य से चौथे स्थान पर है इसको लाल ग्रह कहा जाता है।

अतः विकल्प (B) सही है।

25. पृथ्वी की सतह पर मौसम परिवर्तन के लिए पृथ्वी का परिक्रमण तथा पृथ्वी का अपनी धुरी पर झुकाव आवश्यक कारक है। चन्द्रमा दीर्घवृत्ताकार पथ में पृथ्वी की परिक्रमा करता है जब चन्द्रमा पृथ्वी के सबसे निकट होता है तो इस अवस्था को पेरीजी कहा जाता है। चन्द्रमा की पृथ्वी से सबसे दूरी की अवस्था एपोजी कहलाती है।

अतः विकल्प (B) सही है।

26. उष्ण कटिबन्धीय देश होने के कारण भारत में सोर ऊर्जा की उत्पादन क्षमता तथा उपयोगिता की अधिक सम्भावना है। फोटोवोल्टाइक प्रौद्योगिकी सूर्य प्रकाश को सीधे विद्युत में बदलती है। भारत में सबसे बड़ा सौर संयंत्र भुज के पास माधोपुर में स्थापित किया गया है। खाना बनाने के लिए विश्व की सबसे बड़ी सौर वाष्प प्रणाली राजस्थान में माउण्ट आबू में स्थापित की गयी है।

अतः विकल्प (C) सही है।

27. सही सुमेलित क्रम इस प्रकार है-

	सूची-I (उपनाम)		**सूची-II (ग्रह)**
(A)	हरा ग्रह	(3)	अरुण
(B)	छल्लेदार ग्रह	(4)	शनि
(C)	लाल ग्रह	(2)	मंगल
(D)	प्रातः-सांध्य तारा	(1)	शुक्र

अतः विकल्प (C) सही है।

28. दो पूर्णिमाओं के बीच अंतराल 29.5 दिन का होता है। चन्द्र ग्रहण सदैव पूर्णिमा को होता है परन्तु प्रत्येक पूर्णिमा को नहीं, क्योंकि पृथ्वी और चन्द्रमा के कक्ष तलों में 5° का परस्पर झुकाव पाया जाता है अतः चन्द्रमा पृथ्वी के तल मे कभी-कभी ही होता है। पूर्णिमा की अवस्था को वियुति भी कहा जाता है।

अतः विकल्प (D) सही है।

29. हीलियोसेंट्रिज्म सिद्धान्त को कॉपरनिकस द्वारा प्रतिपादित किया गया। कॉपरनिकस पोलिश खगोलशास्त्री व गणितज्ञ थे। उन्होंने यह क्रांतिकारी सूत्र दिया था कि पृथ्वी अंतरिक्ष के केन्द्र में नहीं है। कॉपरनिकस पहले युरोपीय खगोलशास्त्री थे जिन्होंने पृथ्वी को ब्रह्माण्ड के केन्द्र से बाहर माना, यानी हीलियोसेंट्रिज्म सिद्धान्त लागू किया। इसके पहले पूरा युरोप अरस्तू की अवधारणा पर विश्वास करता था, जिसमें पृथ्वी ब्रह्माण्ड का केन्द्र थी और सूर्य, तारे तथा दूसरे पिंड उसके गिर्द चक्कर लगाते थे।

अतः विकल्प (A) सही है।

30. उपर्युक्त ग्रहों में पृथ्वी पर सबसे छोटा दिन होता है। पृथ्वी का अपना एक विशिष्ट आकार है जिसे जियॉड कहा जाता है। इसकी आकृति को लध्वक्ष गोलाभ (oblate spheroid) भी कहा जाता है। पृथ्वी का भूमध्यरेखीय व्यास 12,757 किमी एक ध्रुवीय व्यास 12,714 किमी है।

अतः विकल्प (A) सही है।

31. हैली, गेल तथा विल्सन धूमकेतु है जिसे पुच्छल तारे भी कहा जाता है। ये आकाशीय धूल, बर्फ और हिमानी गैसों के पिंड हैं जो सूर्य से दूर ठंडे और अंधेरे क्षेत्र में रहते हैं। धूमकेतु सौरमण्डलीय निकाय है जो पत्थर, धूल, बर्फ और गैस के बने हुए छोटे-छोटे खण्ड होते है।

अतः विकल्प (B) सही है।

32. निकोलस कॉपरनिकस ने वर्ष 1543 में पृथ्वी केन्द्रस्थ ब्रह्मांड के स्थान पर सूर्य केन्द्रस्थ ब्रह्मांड की संकल्पना प्रस्तुत की। पोलैण्ड में जन्मे निकोलस कॉपरनिकस (19 फरवरी 1473-24 मई 1543) यूरोपीय खगोलशास्त्री व गणितज्ञ थे। इन्होंने यह क्रान्तिकारी सूत्र दिया था, कि पृथ्वी अन्तरिक्ष के केन्द्र में नहीं है। निकोलस पहले यूरोपीय खगोलशास्त्री थे जिन्होंने पृथ्वी को ब्रह्माण्ड के केन्द्र से बाहर माना, तथा 'हीलियोसेंट्रिज्म मॉडल' को लागू किया।

अतः विकल्प (A) सही है।

33. यूरेनस ब्राह्य ग्रह है। बृहस्पति, शनि, अरुण (यूरेनस), वरुण को बाह्य ग्रह कहते है। बुध, शुक्र, पृथ्वी तथ मंगल को आन्तरिक ग्रह कहते है।

अतः विकल्प (C) सही है।

34. एक नाविक के लिए मर्केटर प्रक्षेप अधिक उपयोगी होता है। मर्केटर प्रक्षेप पर खींची गयी प्रत्येक सरल रेखा अक्षांश रेखाओं को एक निश्चित कोण पर काटती है। इसी प्रकार कोई भी सरल रेखा देशान्तर रेखाओं को भी एक निश्चित कोण पर काटती है। अतः ऐसी सीधी रेखा जो मर्केटर चार्ट पर दो स्थानों को मिलाती है। नौ संचालन में मर्केटर प्रक्षेप का प्रयोग किया जाता है।

अतः विकल्प (A) सही है।

35. बृहस्पति सौर मण्डल का सबसे बड़ा ग्रह है। इस ग्रह पर 'विशाल लाल धब्बा' पाया जाता है जो निरन्तर चलने वाली प्रति चक्रवातीय तूफान है जबकि मंगल ग्रह को 'लाल ग्रह' के नाम से जाना जाता है।

अतः विकल्प (B) सही है।

36. पृथ्वी ग्रह की संरचना में मेंटल के नीचे, कोर मुख्य रूप से लोहा से निर्मित होता है। कोर पृथ्वी की सबसे आन्तरिक परत है एवं इसे बेरीस्फीयर कहा जाता है। यह मुख्यतः लोहा तथा निकिल द्वारा निर्मित है। अतः इसे निफे भी कहा जाता है। यह परत 2900 किलोमीटर से 6371 किलोमीटर की गहराई तक पायी जाती है।

अतः विकल्प (D) सही है।

37. पृथ्वी की भू-पर्पटी 100 किमी की गहराई तक पायी जाती है। उसके ऊपर मेंटल पायी जाती है। और मेंटल के ऊपरी भाग को एस्थेनोस्फयेर (दुर्बलमण्डल) कहा जाता है, जिसके ऊपर पर्पटी प्लवन करती है। इसी दुर्बलमण्डल से भूकम्प की उत्पत्ति भी होती हैं। गुरुमण्डल (बेरीस्फीयर) 2800 किमी से केन्द्र तक पायी जाने वाली पृथ्वी के आन्तरिक संरचना का अंग है, जिसमें निकिल तथा फेरियम की मात्रा पायी जाती है। मेसोस्फेयर वायुमण्डल के मध्य परत को कहते हैं, जबकि हाइड्रोस्फेयर का अर्थ जलमण्डल से लगाया जाता है, जिसके अन्तर्गत महासागरों तथा सागरीय संसाधनों का अध्ययन किया जाता है।

अतः विकल्प (D) सही है।

38. पृथ्वी के भूगर्भीय इतिहास में जुरैसिक युग में डायनासोर सबसे बड़े आकार तक पहुँचे थे। उड़ने वाली सरीसृप से प्रथम पक्षी आर्कियोप्टेरिक्स की उत्पत्ति तथा कंगारू स्तनियों की उत्पत्ति में जुरैसिक युग में हुई थी। डायनासोर का अन्त क्रिटैसियस युग में हुआ।

अतः विकल्प (B) सही है।

39. पृथ्वी के आन्तरिक भाग में 2900 किमी की गहराई पर स्थित मेंटल तथा कोर (प्रावार और क्रोड) की सीमा गुटेनबर्ग असम्बद्धता कहलाती है इसका घनत्व अचानक 5.5 से बढ़कर 10.0 हो जाता है। क्रस्ट तथा मेंटल की सीमा पर मोहो असम्बद्धता पायी जाती है। बाह्य तथा आन्तरिक मेंटल के बीच (700 किमी) की गहराई पर रेपेटी असम्बद्धता स्थित है।

अतः विकल्प (B) सही है।

40. गुटेनबर्ग असम्बद्धता बाह्य अन्तरतम और मेंटल को अलग करती है। मोहो असम्बद्धता क्रस्ट तथा मेंटल को अलग करती है। रेपेटी असम्बद्धता बाह्य तथा आन्तरिक मेंटल को अलग करती है। मेंटल का विस्तार मोहो से लेकर 2890 किमी की गहराई पर स्थित गुटेनबर्ग असम्बद्धता तक है।

अतः विकल्प (B) सही है।

41. भू-संतुलन परिकल्पना की व्याख्या एयरी एवं प्राट के सिद्धान्त के समन्वयन के माध्यम से हेस्किनन द्वारा की गई। भू संन्तुलन शब्द का प्रयोग सर्वप्रथम अमेरिकी भू-वैज्ञानिक डटन द्वारा वर्ष 1889 में किया गया। एयरी का मानना है कि सियाल सीमा के ऊपर तैर रहा है उनके अनुसार विभिन्न स्तम्भों का घनत्व बराबर है एवं उनकी गहराई अलग-अलग है। प्राट के अनुसार जो स्तम्भ जितना अधिक ऊचा है उसका घनत्व उतना ही कम होगा तथा जो स्तम्भ जितना नीचा है, उसका घनत्व उतना ही अधिक होगा।

अतः विकल्प (A) सही है।

42. फॉकलैण्ड की धारा, लेब्राडोर की धारा, तथा कनारी धारा, अटलांटिक महासागर की ठंडी जलधाराएँ हैं, जबकि ब्राजील की धारा फ्लोरिडा जल धारा, इर मिंजर की धारा गल्फस्ट्रीम की धारा तथा उत्तरी विषुवत रेखीय जलधारा आदि अटलांटिक महासागर की गर्म जलधारा है।

अतः विकल्प (A) सही है।

43. बेंगुला धारा एक ठण्डी जलधारा है जो दक्षिणी अफ्रीका के पश्रिमी तट के सहारे उत्तर दिशा में प्रवाहित होती है तथा दक्षिणी विषुवत रेखीय धारा में मिल जाती है। अफ्रीका के तट के समीप ठण्डा महासागरीय जल नीचे से उठ कर सतह तक आता है जिसके मिलने से यह धारा अधिक ठण्डी हो जाती है।

अतः विकल्प (C) सही है।

44. महासागरीय धारा विद्यमान हवा की गति का 2% है। सागरों में जल के एक निश्चित दिशा में प्रवाहित होने की गति को धाराएँ कहते हैं। महासागरीय धाराओं को प्रभावित करने वाले निम्न कारक हैं- लवणता, तापमान, घनत्व, वायुदाव आदि।

अतः विकल्प (A) सही है।

45. बेंगुला ठंडी धारा अटलांटिक महासागर में प्रवाहित होती है यह अफ्रीका के आशा अंतरीप के निकट दक्षिणी अटलांटिक महासागरीय ड्रिफ्थ दो शाखाओं में बंट जाती है। एक शाखा अफ्रीका के दक्षिण में बह जाती है और दूसरी शाखा पश्चिमी तट के साथ दक्षिण से उत्तर की ओर बहती है। यह ठण्डे क्षेत्र से गर्म क्षेत्र में जाती है इसलिए बेंगुला ठण्डी धारा कहलाती है।

अतः विकल्प (C) सही है।

46. विषुवत रेखीय प्रतिधारा की औसत गहराई 100 मी है। इस धारा की उत्पत्ति प्रशान्त महासागर तथा अटलांटिक महासागर में उत्तरी विषुवत रेखीय धारा तथा दक्षिणी विषुवत रेखीय धारा के मध्य होती है। विषुवतीय प्रतिधारा की दिशा उत्तरी विषुवत रेखीय धारा तथा दक्षिणी विषुवत रेखीय धारा के विपरीत होती है। विषुवत रेखीय प्रतिधारा की दिशा पश्चिम से पूर्व की ओर होती है ये ढाल प्रवणता के कारण प्रवाहित होती है।

अतः विकल्प (B) सही है।

47. गुटेनबर्ग डिस्कान्ट्यूनिटी निचले मेंटल व बाहरी कोर के मध्य पायी जाती है।

पृथ्वी की आंतरिक संरचना का स्वरूप

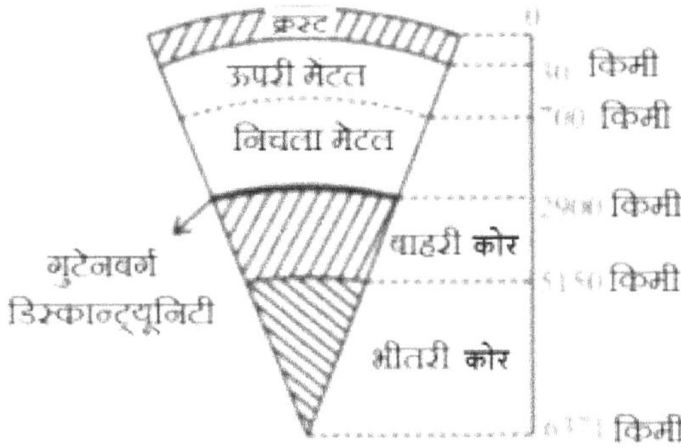

अतः विकल्प (B) सही है।

48. अत्यधिक वलन के परिणामस्वरूप नैपे (Nappe) का निर्माण होता है। नैपे या ग्रीवाखण्ड तीव्र क्षैतिज संचलन या संपीडन का परिचायक है। परिवलित वलन में दोनों भुजाएं समानान्तर तथा क्षैतिज होती है और अधिक सम्पीडन होने पर परिवलित मोड़ का एक खण्ड दूसरे पर चढ़ जाता है। इस क्रिया को उत्क्रम कहते हैं। इससे भी अधिक सम्पीडन होने पर वलन की भुजा इतनी अधिक मुड़ जाती है कि वह वलन के अक्ष पर टूट जाती है तथा निचली परतें ऊपर आ जाती हैं। इस प्रकार क्षैतिज संचलन तथा सम्पीडन के जारी रहने पर वलन की टूटी हुई भुजा अपने स्थान से दूर जाकर अन्य प्रकार की चट्टान पर चढ़ जाती है। इसे ही ग्रीवाखण्ड या नैपे कहते हैं।

अतः विकल्प (C) सही है।

49. अवसादी चट्टानें अंततः आग्नेय चट्टानों के अपक्षय से प्राप्त होती है। अवसादी चट्टानों में अवसादों की विभित्र परतें पायी जाती है। इन चट्टानों में जीवावशेष पाये जाते हैं।धरातल का 75% भाग अवसादी चट्टानों से ढ़का हुआ है।

अतः विकल्प (D) सही है।

50. क्रेटन शब्द को सबसे पहले 1921 में आस्ट्रियाई भूविज्ञानी कोबर ने क्रेटोजेन' के रूप में प्रस्तावित किया था, जिसमें स्थिर महाद्वीपों का जिक्र किया था। क्रेटन प्राचीन क्रिस्टलीय तहखाने चट्टानो से बने हैं। जिसके अन्तर्गत ग्रेनाइट व बैसाल्ट चट्टाने आते हैं।

अतः विकल्प (A) सही है।

51. वेगनर ने 1912 ई. में महाद्वीपीय प्रवाह सिद्धान्त का प्रतिपादन किया। इन्होंने महाद्वीपीय विस्थापन के पक्ष में निम्न प्रमाण दिये:

जिग सा फिट के पक्ष में वेगनर ने बताया कि आन्ध्र महासागर के दोनों तटों पर भौगोलिक समरूपता पायी जाती है। अर्थात दोनों तट एक-दूसरे से मिलाये जा सकते है। उन्होंने बताया कि जिस तरह किसी वस्तु के टुकड़े करके उन्हें पुनः मिलाया जा सकता है। उसी प्रकार उत्तरी अमेरिका के पूर्वी तट को यूरोप के पश्चिम तट से जोड़ा जा सकता है। इसी प्रकार दक्षिणी अमेरिका के पूर्वी तट को अफ्रीका के पश्चिमी तट से मिलाया जा सकता है।

विभित्र क्षेत्रों में जीवाश्म के सन्दर्भ में वेगनर ने बताया कि आन्ध्रमहासागर के दोनों तटों पर चट्टानों में पाये जाने वाले जीवावशेष तथा वनस्पति के अवशेषों में पर्याप्त समानता पायी जाती है।

अतः विकल्प (A) सही है।

52. महासागर महाद्वीप एवं प्रथम श्रेणी के उच्चावच कहलाते हैं। इनकी उत्पत्ति के विषय में अनेक विद्वानों ने अलग-अलग मत प्रतिपादित किये हैं। केल्विन के. होम्स, वेगनर, सोलस तथा लोथियन ग्रीन की चतुष्फलक परिकल्पना संकुचन पर आधारित है। चतुष्फलक की रचना चार समबाहु त्रिभुजों के मिलने से होती है।

अतः विकल्प (A) सही है।

53. लोथियन ग्रीन, चतुष्फलक से सम्बन्धित है। वेगनर का 'महाद्वीपीय प्रवाह सिद्धान्त' है। लार्ड केलविन की 'वायव्य कुण्डलाकार निहारिका परिकल्पना' (Nebula Hypothesis) है जबकि लैपवर्थ एवं लव की परिकल्पना पृथ्वी के ऊपरी धरातल पर बड़े पैमाने पर घटने वाली वलन क्रिया से सम्बन्धित है। लव ने सन् 1909 में लैपवर्थ की परिकल्पना का संशोधन करके महाद्वीपों तथा महासागरों की उत्पत्ति का कारण पृथ्वी की केन्द्रीय आर्कषण शक्ति बताया था।

अतः विकल्प (B) सही है।

54. सवाना बायोम का विस्तार भूमध्य रेखा के दोनों ओर 10° से 20° अक्षाशों के मध्य पाया जाता है। सवाना प्रकार के घास बायोम दक्षिण अमेरिका में ब्राजील, अफ्रीका, उत्तरी आस्ट्रेलिया एवं न्यूजीलैण्ड आदि में पाये जाते हैं। इस पारिस्थितिक तंत्र को बड़े शिकारों की भूमि के नाम से जाना जाता है।

अतः विकल्प (B) सही है।

55. एनईईआरआई राष्ट्रीय पर्यावरण इंजीनियरिंग शोध संस्थान का संबंध, पर्यावरण शोध से है। इसका मुख्यालय महाराष्ट्र राज्य के नागपुर में स्थित है।

अतः विकल्प (D) सही है।

56. पारिस्थितिकी तंत्र की रचना जीवों तथा अजैविक संघटकों से होती है और अपेक्षाकृत स्थिर समस्थिति में होता है। यह विवृत तंत्र (Open System) में होता है, जिसमें पदार्थ एवं ऊर्जा का सतत् प्रवाह होता रहता है। पारिस्थितिकी तंत्र भूतल पर एक सुनिश्चित क्षेत्र धारण करता है। पारिस्थितिकी तंत्र का क्षेत्रीय आयाम होता है। इसमें मापक आयाम भी होता है।

अतः विकल्प (C) सही है।

57. पारिस्थितिकी तंत्र में प्रत्येक तत्व अजैविक, जैविक का उत्पादन तथा उपभोग में सन्तुलन, ऊर्जा के निवेश एवं निर्गम में सन्तुलन और विभित्र जैव भू-रासायनिक चक्रों की सुचारू रूप से कार्यशीलता पारिस्थितिकी तंत्र में स्थिरता को बढ़ाते हैं। मानव जनसंख्या वृद्धि हेतु उपयुक्त दशाओं का पारिस्थितिकी स्थिता से कोई सम्बन्ध नहीं है। बल्कि जहाँ मानव विकास या जनसंख्या अधिक होती है वहां पारिस्थितिकी तंत्र असंतुलित होता है।

अतः विकल्प (D) सही है।

58. टिड्डा - प्राथमिक उपभोक्ता

छछूँदर द्वितीयक उपभोक्ता

उल्लू - तृतीयक उपभोक्ता

मानव - चतुर्थक उपभोक्ता (सर्वाहारी)

अतः विकल्प (C) सही है।

59. पर्यावरण की गुणवत्ता को बनाये रखते हुए प्राकृतिक संसाधनों का तर्कसंगत विदोहन तथा विकास ही संसाधन प्रबन्धन है। संसाधन प्रबन्धन टिकाऊ विकास की अवधारणा पर आधारित है।

अतः विकल्प (B) सही है।

60. किसी पारिस्थितकी तंत्र का आधारभूत तत्व ऊर्जा प्रवाह है। खाद्य श्रृंखला में खाद्य पदार्थों या ऊर्जा का क्रमबद्ध स्थानान्तरण होता है। पृथ्वी तक पहुँचने वाली सौर ऊर्जा का करीब एक प्रतिशत ही प्रकाश संश्लेषण क्रिया में प्रयुक्त होता है। विभिन्न जीवों में जेविक ऊतकों के निर्माण की प्रक्रिया को जैव संश्लेषण कहते हैं। वास्तव में जैव संश्लेषण की प्रक्रिया सौर ऊर्जा या प्रकाश ऊर्जा के रासायनिक ऊर्जा में रूपांतरण को प्रदर्शित करती है।

अतः विकल्प (C) सही है।

61. वनस्पतियों की प्रवणता को इकोक्लाइन कहते हैं। वनस्पतियों की इस प्रवणता (ढाल) के सहारे पर्यावरणीय दशाओं में परिवर्तन के साथ विभित्र पारिस्थितिकी तंत्रों की वनस्पतियों में क्रमशः परिवर्तन होता जाता है।

अतः विकल्प (A) सही है।

62. पारिस्थितिकी शब्द का प्रयोग सर्वप्रथम अर्नेस्ट हैकेल द्वारा किया गया। इसके अन्तर्गत किसी पारिस्थिकी तंत्र में सभी जीवों तथा उनके भौतिक पर्यावरण एवं दूसरी ओर विभिन्न जीवों की पारस्परिक अन्तक्रिया का अध्ययन किया जाता है।

अतः विकल्प (B) सही है।

63. पारिस्थितिक तंत्र (Ecosystem) शब्द का प्रयोग सर्वप्रथम ए.जी. टान्सले ने सन् 1935 में किया। टान्सले के अनुसार 'पारिस्थितिक तंत्र भौतिक तंत्रों का एक विशेष प्रकार होता है, इसकी रचना जीवों तथा अजैविक संघटकों से होती है। समय इकाई में भौतिक-रासायनिक-जैविक प्रक्रियाओं द्वारा निर्मित तंत्र को पारिस्थितिक तंत्र कहते है।

अतः विकल्प (C) सही है।

64. पारिस्थितिक तंत्र भूतल के निश्चित क्षेत्र को धारण करने वाली एक आधारभूत कार्यशील इकाई होता है जिसके अन्तर्गत जैविक समुदाय तथा अजैविक (भौतिक) संघटकों के सकल समुच्चय तथा किसी निश्चित समय इकाई के अन्तर्गत उनके आपसी अन्तर्क्रियाओं को सम्मिलित किया जाता है तथा दो पारिस्थितिक तंत्रों के मध्य संक्रमण क्षेत्र को इकोटोन कहते हैं।

अतः विकल्प (B) सही है।

65. वर्तमान जैवमण्डल के घटकों का विशेष श्रेय शिकागो पीठ को जाता है जैवमण्डल रिजर्व की संकल्पना यूनेस्को (UNESCO) की मानक जैवमण्डल परियोजना 9 जो परितंत्रों एवं उसके उपस्थित आनुवांशिक संसाधनों के संरक्षण से संबंधित थी, के एक भाग के रूप में 1974 ई. में लागू की गयी जैवमण्डल रिजर्व स्थल एवं समुद्रतटीय पर्यावरणों के ऐसे रक्षित क्षेत्र जहाँ विभिन्न लोग प्रणाली में अभिन्न संघटक होते हैं।

अतः विकल्प (A) सही है।

66. कोई प्रकोप आपदा बन जाता है, जब वह प्रतिकूल ढंग से मानव आवास को प्रभावित करता है। प्राकृतिक संकट प्राकृतिक पर्यावरण में हालात के तत्व है जिनसे धन-जन या दोनों को नुकसान पहुँचने की संभाव्यता होती हैं ये बहुत तीव्र हो सकते हैं या पर्यावरण विशेष के स्थायी पक्ष भी हो सकते हैं। प्राकृतिक आपदाएँ अपेक्षाकृत बहुत तीव्रता से घटित होती हैं उन पर लोगों का बहुत कम या कुछ भी नियंत्रण नहीं होता है।

अतः विकल्प (D) सही है।

67. वायुमण्डलीय प्राथमिक उत्पादकों द्वारा आत्मसात की गई ऊर्जा की संपूर्ण मात्रा को सकल प्राथमिक उत्पादकता कहा जाता है। प्राथमिक उत्पादक ये क्लोरोफिल युक्त पौधे हैं, जैसे काई (शैवाल) घास और पेड़। ये पौधे प्रकाश संश्लेषण की क्रिया द्वारा कार्बन डॉई ऑक्साइड एवं जल को पर्णहरित की उपस्थिति में सूर्य के प्रकाश द्वारा ग्लूकोज में परिवर्तित करते है। चूँकि हरे पौधे अपना भोजन स्वयं तैयार करते हैं। इन्हें स्वपोषी भी कहते है।

अतः विकल्प (C) सही है।

68. शीतोष्ण कोणधारी वन बायोम- इसे टैगा वन बायोम भी कहते हैं। यह बायोम शीतोष्ण बायोम का सबसे उत्तरी बायोम है। इसका विस्तार उत्तरी अमेरिका तथा यूरेशिया में शीत महाद्वीपीय अथवा उपध्रुवीय जलवायु प्रदेशों में पाया जाता है। कोणधारी वृक्ष, वनस्पतियों में सबसे प्रभावशाली है। इस बायोम को बोरियल वन के नाम से भी जाता जाता है।

अतः विकल्प (B) सही है।

69. भारतीय संसद द्वारा जैव विविधता अधिनियम 11 दिसम्बर 2002 को पारित किया गया था। जैव विविधता अधिनियम, 2002 के प्रावधानों को कार्यान्वित करने के उद्देश्य से भारतीय राष्ट्रीय जैव-विविधता प्राधिकरण की स्थापना वर्ष 2003 में की गई थी तथा इसका मुख्यालय चेन्नई, तमिलनाडु में स्थित है।

अतः विकल्प (C) सही है।

70. त्वरित एवं अचानक प्रलयकारी घटनाओं यथा दीर्घकालीन सूखा, प्रचण्ड बाढ़, वनाग्नि, ज्वालामुखी उदभेदन आदि जो जन्तुओं को अपने अस्तित्व के लिए अन्यत्र गमन करने के लिए बाध्य करती है इसके कारण होने वाले जन्तुओं के विसरण को बलात् विसरण कहते हैं।

अतः विकल्प (A) सही है।

71. इस जलवायु प्रदेश का विस्तार दोनों गोलार्द्धों $45°$ से $60°$ अक्षांशों के बीच महाद्वीपों के पश्चिमी भागों में है। इस जलवायु प्रदेश की प्रमुख विशेषता समुद्र से स्थल की ओर प्रचलित पछुआ पवन प्रवाह हैं यहाँ वर्षा की औसत मात्रा लगभग 140 सेमी तक होती है।

अतः विकल्प (A) सही है।

72. किसी समय परिस्थितिकी की मूल समझा जाने वाला पौधा यूकेलिप्टस आज परिस्थितिकी आतंकवादी की संज्ञा पा चुका है। जिसका कारण है कि यह पौधा प्रतिदिन लगभग 60 लीटर जल का अवशोषण करता है तथा इसमें वाष्पोत्सर्जन नहीं होता है।

अतः विकल्प (C) सही है।

73. उष्ण कटिबन्धीय घास के मैदानों में वर्षा कम व अनिश्चित होती है। इसका विस्तार सामान्यतः $5°$ से $20°$ उत्तरी और दक्षिणी दोनों अक्षांशों के बीच पाया जाता है। इस क्षेत्र में उगने वाली घास सवाना होती है जिसका मुख्य उत्पादन क्षेत्र अफ्रीका है। उष्ण कटिबंधी वनों में जीव-जन्तु और पौधे सर्वाधिक संख्या में पाये जाते है।

अतः विकल्प (A) सही है।

74. पारिस्थितिकीय निके पारिस्थितिकीय व्यवस्था में जीव की कार्यात्मक भूमिका का संकेत देते हैं। पारिस्थितिकी वह विज्ञान है जिसके अन्तर्गत समस्त जीवों तथा भौतिक पर्यावरण के मध्य अर्न्तसम्बन्धों एवं विभिन्न जीवों के मध्य पारस्परिक अर्न्तसम्बन्धों का अध्ययन किया जाता है।

अतः विकल्प (B) सही है।

75. हैकिस्टोथर्मल पौधे शीत मरूस्थल में पाये जाते है। हैकिस्टोथर्मल के अन्तर्गत ऐसे पौधे आते हैं जो टुण्ड्रा प्रदेश की सतत हिमीकृत सतह पर पनप सकें। यहाँ की लिथोसॉल मिट्टियों में केवल शैवाक (लाइकेन) तथा काई ही विकसित हो पाते हैं।

अतः विकल्प (D) सही है।

76. जीवमण्डल के जैविक एवं अजैविक तत्वों या पदार्थों को पोषण तत्व भी कहा जाता है क्योंकि ये पदार्थ विभिन्न जीवों के शरीर एवं ऊतकों के निर्माण एवं संवर्धन में सहायता करते हैं। पारिस्थितिक तन्त्र में संचालित होने वाले पोषण तत्वों को निम्न वर्गों में विभाजित किया जाता है-

(i) माइक्रो पोषक तत्व- इन तत्वों के अन्तर्गत ऑक्सीजन, कार्बन, हाइड्रोजन, नाइट्रोजन, फॉसफोरस, पोटेशियम कैल्शियम इत्यादि को सम्मिलित किया जाता है।

(ii) सूक्ष्ममात्रिक तत्व - इसके अन्तर्गत लोहा, ताँबा, मैंगनीज इत्यादि आते हैं। इस प्रकार लौह माइक्रो पोषक नहीं है।

अतः विकल्प (B) सही है।

77. पशुओं तथा मानव का ग्राम्यन नव पाषाण काल से प्रारम्भ हुआ। इस काल तक आग का अविष्कार, पहिए का तथा छोटे-छोटे औजारों का अविष्कार हो चुका था। मानव ने नदियों के किनारे बसना शुरू कर दिया था और पशुपालन उसके मुख्य व्यवसाय के अन्तर्गत आ गया था।

अतः विकल्प (C) सही है।

78. पारिस्थितिक तन्त्र ऊर्जा प्रवाह तथा पोषण तत्वों एवं खनिजों के परिसंचरण के माध्यम से क्रियाशील होता है। पारिस्थितिक तन्त्र में ऊर्जा का एक पोषण स्तर से दूसरे पोषण स्तर में स्थानान्तरण होता है।

अतः विकल्प (A) सही है।

79. आहार जाल आहार श्रृंखलाओं का अन्तःग्रन्थित जाल है। भोजन एवं ऊर्जा प्रवाह की दृष्टि से खाद्य श्रृंखला में उत्पादक उपभोक्ता एवं अपघटक के बीच घनिष्ठ सम्बन्ध होता है प्रकृति में खाद्य श्रृंखला एक सीधी रेखा में नहीं होती बल्कि सभी खाद्य श्रृंखलाएँ आपस में सम्बन्धित होती है। अर्थात् एक खाद्य श्रृंख़ला के जीवधारी का सम्बन्ध दूसरी खाद्य श्रंखला के जीवधारी से होता है। इस प्रकार अनेक खाद्य श्रंखलाओं के पारस्परिक सम्बन्ध को खाद्य जाल कहते है।

अतः विकल्प (D) सही है।

80. घास क्षेत्र का या फसल पारिस्थितिक तंत्र के पिरामिड सीधे बनेंगे। जीव संख्या पिरामिड के द्वारा परिस्थितिक तन्त्र के प्राथमिक उत्पादकों तथा विभिन्न स्तर के उत्पादकों की संख्या का बोध होता है। इस पिरामिड का आधार सदैव उत्पादको की संख्या को बताता है। जीव संख्या पिरामिड सीधा तथा उल्टा दोनों बन सकता है। जब उत्पादकों की संख्या सर्वाधिक तथ्य उपभोक्तओं की संख्या उत्तरोत्तर कम होती है चली जाती है तो पिरामिड सीधा बनता है। इसके विपरीत जब उत्पादकों की संख्या एक हो तथा उपभोक्ता की संख्या बढ़ती जाए तो पिरामिड उल्टा बनेगा। जैसे - वृक्ष का पिरामिड।

अतः विकल्प (A) सही है।

81. उष्ण एवं शीतोष्ण कटिबन्धीय वन प्रदेश उच्च पारिस्थितिकीय उत्पादन का प्रदेश है। क्योंकि ये प्रदेश उच्च तापमान तथा उच्च वर्षा वाले प्रदेश हैं जिस कारण पारिस्थितिकीय तन्त्र का उच्च विकास सम्भव हो पाता है।

अतः विकल्प (B) सही है।

82. विश्व में सोयाबीन का सर्वाधिक उत्पादन संयुक्त राज्य अमेरिका में किया जाता है। यहां मक्का की खेती के साथ-साथ सोयाबीन का बड़े पैमाने पर कृषि की जाती है। चीन में उत्तरी चीन के निर्धन कृषकों द्वारा खाद्यान्न पूर्ति के लिए सोयाबीन बोया जाता है। भारत में यद्यपि मध्य प्रदेश राज्य सोयाबीन उत्पादन में प्रथम है किन्तु यहॉ के उत्पादन का अधिकांश भाग भारत में खप जाता है जो अमेरिका की तुलना में काफी कम होता है। ब्राजील अल्प मात्रा में सोयाबीन का उत्पादन करता है।

अतः विकल्प (C) सही है।

83. विश्व में मिस्र खजूर का सबसे बड़ा उत्पादक देश है जो नील नदी, काली मिट्टी तथा जलवायु दशाओं की उपयुक्तता के कारण है।

अतः विकल्प (B) सही है।

84. हवाई द्वीप में प्रति हेक्टेयर 818 क्विंटल गन्ना प्राप्त होता हैं यहाँ गन्ना सर्वप्रमुख फसल है जिस कारण वर्ष भर गन्ना कारखानों को प्रदान किया जाता हैं।

अतः विकल्प (C) सही है।

85. राइन नदी आन्तरिक जलमार्गो के रूप में सबसे उपयुक्त है। राइन नदी विश्व का व्यस्ततम जलमार्ग है जिसके द्वारा कोयले का सर्वाधिक परिवहन किया जाता है परिणामस्वरूप इसे कोयला नदी भी कहते हैं।

अतः विकल्प (B) सही है।

86. भूगोल की आत्मा एवं उद्देश्य के आमूलचूल रूपान्तरण के लिए मात्रीकरण (अथवा परिमाणन) उत्तरदायी है। द्वितीय विश्व युद्ध के बाद भूगोलवेत्ताओं ने विशेषकर विकसित देशों में साहित्यिक भाषा की अपेक्षा गणितीय भाषा को महत्व दिया। इस प्रकार भूगोल में अधिकाधिक गणितीय आँकड़ों, सांख्यिकीय विधियों का प्रयोग होने लगा। जिसे मात्रात्मक क्रांति कहा गया। मात्रात्मक क्रान्ति के प्रमुख समर्थक पीटर हैगेट, रिचर्ड शोलै तथा डेविड हार्वे थे।

अतः विकल्प (D) सही है।

87. पैन अमेरिका हाइवे प्रूधे (अलास्का) से लेकर दक्षिण अमेरिका के अर्जेण्टिना तक विस्तृत है। पैन अमेरिका हाइवे की कुल लम्बाई लगभग 30,000 किमी है।

अतः विकल्प (C) सही है।

88. ट्रांस साइबेरियन रेलवे के प्रमुख जक्शन निम्न है- सेन्ट पिटसबर्ग, मास्को, कजान, येकातेरिनवर्ग, ओमस्क नोवोसिविर्स्क, क्रसयोविन्सक, इर्कस्टक, उलन उदय चीता, खेब्रोवस्क, ब्लादिबोस्टक।

अतः विकल्प (A) सही है।

89. जापान के पास विकसित जलीय विद्युत तकनीक है। जिससे वह कोयला व अन्य खनिजों के विशाल निक्षेपों के न होने के कारण भी उच्च कोटि की औद्योगिक क्षमता में विकसित है। इसके साथ ही जापान की द्वीपीय स्थिति के कारण वह कच्चे व भारी माल का आसानी से आयात कर लेता है, और उससे उच्च कोटि का सामान निर्मित कर निर्यात करता हैं द्वीपीय अवस्थिति के कारण जापान की जलवायु भी समशीतोष्ण पायी जाती है, जो वहाँ की जनसंख्या को उच्च कोटि की कार्यकुशलता प्रदान करती है।

अतः विकल्प (C) सही है।

90. संयुक्त राज्य अमेरिका का मक्का उत्पादन में प्रथम स्थान है। सेंण्टलुइस विश्व की सबसे बड़ी मक्का मण्डी है। यहाँ मक्के का उपयोग पशुओं को खिलाने के लिए किया जाता है जिससे वे मोटे हो सके। विशेषकर सुअरों के लिए।

अतः विकल्प (B) सही है।

91. जापान में लगभग 3900 द्वीप है, जिसमें चार बड़े आकार के द्वीप है - होन्शू, होकैडो, क्यूशू तथा शिकोकू। होन्शू द्वीप जापान का सबसे बड़ा द्वीप है। इसी द्वीप पर जापान का सबसे बड़ा मैदान क्रांटो (चावल का कटोरा) स्थित है। तथा इसी द्वीप पर सुषुप्त ज्वालामुखी फ्यूजीयामा स्थित है। टोक्यो जो देश की राजधानी है, इसी द्वीप पर स्थित है। इसी द्वीप पर देश की 80% जनसंख्या निवास करती है।

अतः विकल्प (B) सही है।

92. ऊर्जा संसाधन उपयोग की प्रक्रिया में अन्तिम अवस्था अपशिष्ट सामग्री का निपटान है। आज के वैज्ञानिक युग में किसी भी देश का आर्थिक विकास वहाँ पनपे हुए उद्योग-धन्धों पर निर्भर करता है। पेट्रोलियम उद्योग, चीनी मिल इत्यादि उद्योग धन्धों से अवशिष्ट सामग्री निकलती है।

अतः विकल्प (C) सही है।

93. संयुक्त राज्य अमेरिका में पेट्रोलियम को शक्ति का स्रोत माना जाता है, न कि अर्थव्यवस्था का। संयुक्त राज्य अमेरिका 564 मिलियन टन पेट्रोलियम का उत्पादन करता है। संयुक्त राज्य अमेरिका के प्रमुख पेट्रोलियम उत्पादक क्षेत्र निम्न है-मध्य एवं पूर्वी टेक्सास, ओक्लाहोमा, कंसास, लुइसियाना का उत्तरी भाग, खाड़ी के तटीय जलमग्न भाग आदि।

अतः विकल्प (A) सही है।

94. उत्तरी पश्चिमी अटलांटिक क्षेत्र के अन्तर्गत संयुक्त राज्य अमेरिका के न्यूइंग्लैण्ड प्रदेश तथा न्यूफाउंडलैण्ड के तटीय क्षेत्रों को सम्मिलित किया जाता है। इस क्षेत्र में जार्ज बैंक तथा ग्राण्ड बैंक विश्व के प्रमुख मत्स्य क्षेत्र है। इसी क्षेत्र में प्लैंकटन नामक घास होती है जो मछलियों का आहार होता है।

अतः विकल्प (C) सही है।

95. खनिज तेल उत्पादन हेतु किरकुक प्रसिद्ध है। खनिज तेल की उत्पत्ति समुद्री जीवों एवं जानवरों के अपघटन से हुई है जो 10 से 20 करोड़ वर्ष पहले अवसादों के नीचे दब गये थे। इराक के प्रमुख खनिज तेल क्षेत्रों में किरकुक, मुसल, रूमालिया, वसरा प्रमुख है।

अतः विकल्प (C) सही है।

96. जस्ता एक धात्विक खनिज है। यह प्रकृति में केवल संयुक्त अवस्था में (प्रायः सल्फाइड, कार्बोनेट व ऑक्साइड के रूप में) ही पाया जाता है। जिंक ब्लैंड व कलमाइन इसके मुख्य अयस्क हैं। पीतल बनाने में इसकी महत्वपूर्ण भूमिका होती है। खनिज संसाधन को भौतिक एवं रासायनिक गुण धर्मों के

आधार पर दो प्रमुख श्रेणियों धात्विक एवं अधात्विक में समाहित किया गया है। धातु के स्रोत धात्विक खनिज है।

अतः विकल्प (C) सही है।

97. लौह के प्रमुख अयस्क हैं-

(i) मैग्नेटाइट,

(ii) हेमेटाइट,

(iii) सिडेराइट,

(iv) लिमोनाइट,

(v) गोएथाइट

जबकि प्रश्न में दिया गया तीसरा विकल्प लिग्नाइट कोयला का प्रकार है।

अतः विकल्प (C) सही है।

98. प्लूटोनियम एक ऐसा पदार्थ है जो कृत्रिम रेडियो सक्रिय विखंडन द्वारा प्राप्त किया जाता है। जबकि इसके अतिरिक्त अन्य सभी तत्व प्रकृति में अयस्क के रूप में प्राप्त होते हैं।

अतः विकल्प (B) सही है।

99. दक्षिणी-पश्चिमी एशिया का प्रतिनिधि तेल उत्पादक देश सऊदी अरब है। ध्यातव्य है कि पेट्रोलियम के प्रमाणिक भण्डार की दृष्टि से शीर्ष 5 देश क्रमशः हैं-बेनेजुएला, सऊदी अरब, कनाडा, ईरान, इराक। जबकि दक्षिण पूर्वी एशिया का सबसे खनिज तेल उत्पादक देश इण्डोनेशिया है।

अतः विकल्प (C) सही है।

100. संसार की सबसे गहरी खान म्पोनेंग सोने की खान है, जो दक्षिण अफ्रीका के गुटेन्ग प्रांत में स्थित है। पाताल के गरम पत्थरों के कारण खान में तापमान 50 डिग्री सेल्सियस जितना रहता है इसलिए खनन करने वाले लोग गर्मी के कारण मूर्छित ना हो उसके लिए समय-समय पर ठंडे पानी का और ठंडी हवा का झोका चलाया जाता है।

अतः विकल्प (D) सही है।

101. अभ्रक का मुख्य उत्पादक देश भारत है। अभ्रक आग्नेय और कायान्तरित शैलों में कई रंगों (सफेद, गुलाबी, हरा, काला) में पाया जाता है। यह पारदर्शक, लचीला और ताप विद्युत निरोधक है। भारत में अभ्रक के मुख्य उत्पादक राज्य है- आन्ध्रप्रदेश, राजस्थान, झारखण्ड।

अतः विकल्प (A) सही है।

102. ऊर्जा संसाधनों के पुर्नप्रयोग के आधार पर इसे दो वर्गों में विभक्त किया गया है।

1. अनव्यकरणीय ऊर्जा- अर्थात् समाप्य ऊर्जा स्रोत जैसे- कोयला, पेट्रोल, गैस एवं परमाणु आधारित ऊर्जा स्रोत,आणविक ऊर्जा।

2. नव्यकरणीय (पुर्नवीकरणीय) ऊर्जा- अर्थात् असामाप्य ऊर्जा स्रोत- जैसे फोटोबोल्टिक, सौर ताप, पवन ऊर्जा, जल विद्युत भूतापी ऊर्जा, ज्वारीय एवं ओटेक ऊर्जा।

अतः विकल्प (C) सही है।

103. कोयला, खनिज तेल तथा प्राकृतिक गैस समाप्त संसाधन है। लकड़ी के अधिक प्रयोग से हमारे वनों के विनाश तथा पारिस्थितिक संतुलन के बिगड़ने का भय है। अतः ऐसे असमाप्य ऊर्जा संसाधनों को खोजने की आवश्यकता महसूस होने लगी जो चिरकाल तक हमें ऊर्जा प्रदान कर सकें। इन्हें अपरम्परागत ऊर्जा संसाधन कहते हैं। बायोगैस, सौर ऊर्जा, पवन ऊर्जा, परमाणु ऊर्जा, ज्वार ऊर्जा, भूतापीय ऊर्जा इसके प्रमुख उदाहरण हैं। यह पर्यावरण सहायक, नव्यकरणीय तथा चिरस्थायी होते हैं।

अतः विकल्प (B) सही है।

104. इराक में तेल का उत्पादन सन् 1627 में किरकुक के निकट बाबा गुरगुर के स्थान पर आरम्भ हुआ। यह क्षेत्र इराक के उत्तरी भाग में स्थित है। इस समय किरकुक इस देश का सबसे अधिक महत्वपूर्ण तेल उत्पादक क्षेत्र है। इराक के दक्षिणी भाग में बसरा के निकट जबेर तेल क्षेत्र है। उत्तरी भाग में गोसुल के निकट भी तेल मिलता है, किरकुक समुद्र से दूर स्थित है, इसलिए इस क्षेत्र का तेल पाइपलाइन द्वारा सीरिया की बनियास तथा लेबनान की त्रिपोली बन्दरगाहों तक पहुँचाया जाता है। ये दोनों बन्दरगाह भूमध्य सागर के पूर्वी तट पर स्थित है। इन बन्दरगाहों से इराक का तेल यूरोप तथा उत्तरी अमेरिका को निर्यात कर दिया जाता है।

अतः विकल्प (B) सही है।

105. उष्ण कटिबन्धीय सदाबहार वन विषुवतरेखीय प्रदेशों में उष्णकटिबन्धीय निचले प्रदेशों एवं वायु सम्मुख ढालों पर मिलते है। जहाँ वर्ष भर अधिक वर्षा होती हैं तथा कोई शुष्क ऋतु नहीं होती इन वनों में प्रधान रबड़, रोजवुड, ताड़ एवं महोगनी आदि कठोर वृक्ष मिलते है।

अतः विकल्प (D) सही है।

106. विश्व की अनेक फसलें बागानों के व्यापारिक दृष्टिकोण से उपजायी जाती है। इस प्रकार की (बगाती) कृषि पद्यति में विविध फसलों के उत्पादन का वितरण भी अधिक व्यापक है। परन्तु बगाती कृषि के मुख्य क्षेत्र उष्ण प्रदेशों में है।

अतः विकल्प (D) सही है।

107. गहन कृषि वह कृषि पद्धति है जहाँ प्रधानतः खाद्य फसलों का उत्पादन स्थानीय उपभोग के लिए किया जाता है। गहन कृषि सम्पूर्ण दक्षिण एवं दक्षिण पूर्व एशिया में की जाती है परन्तु वह प्रमुख रूप से चीन व जापान में प्रसिद्ध है, इसका कारण इन देशों में सीमित कृषि का होना है।

अतः विकल्प (C) सही है।

108. टेरारोक्सा मिट्टी लावा मिट्टी के बाद कहवा कॉफी के उत्पादन के लिए सर्वाधिक उपयुक्त है। यह मिट्टी ब्राजील के कहवा के उत्पादन क्षेत्रों में पायी जाती है।

अतः विकल्प (A) सही है।

109. स्थानांतरणशील कृषि का प्राचीन रूप है जो मुख्यतया उष्णकटिबंधीय वनों में रहने वाली जनजातियों द्वारा की जाती है। यह अलग-अलग क्षेत्रों में अलग-अलग नामों से जानी जाती है। स्थानांतरणशील कृषि को मध्य अमेरिका मैक्सिको में मिल्पा के नाम से जाना जाता है।

अतः विकल्प (A) सही है।

110. गहन कृषि मुख्य रूप से अधिक जनसंख्या घनत्व वाले क्षेत्रों में की जाती है। इस प्रकार की कृषि में फसलों का अधिक से अधिक उत्पादन प्राप्त करने हेतु कृषि भूमि की प्रत्येक पर अधिक मात्रा में पूंजी एवं श्रम का उपयोग किया जाता है। कम क्षेत्र में अधिक उत्पादन प्राप्त करना इस कृषि का मुख्य उद्देश्य है।

अतः विकल्प (C) सही है।

111. कॉफी (कहवा) गर्म एवं नम जलवायु का पौधा है और उष्ण कटिबन्धीय क्षेत्रों में नीचे भूमि से लेकर 1500-1800 मीटर तक उगता है। ब्राजील विश्व का वृहत्तम कॉफी (कहवा)-उत्पादक देश है। यहाँ इसके उत्पादन के लिए भौगोलिक परिस्थितियाँ अनुकूल हैं। यहाँ बड़े-बड़े बागानों में कहवा के पौधे लगाये जाते हैं जिसे फैजेण्डा के नाम से जानते हैं।

अतः विकल्प (A) सही है।

112. सहारा मरुस्थल में वायु अपरदन से बने भूदृश्य को सेरिर और रेग कहा जाता है। सहारा मरुस्थल अफ्रीका के उत्तरी भाग में फैला हुआ गर्म तथा विश्व का सबसे बड़ा मरूस्थल हैं । जहाँ विश्व का उच्चतम तापमान इसी मरुस्थल में स्थित अल-अल्जीजिया में रिकार्ड किया गया है।

अतः विकल्प (A) सही है।

113. अपवाह तन्त्र जो क्षेत्र की संरचना से जुड़ा नहीं होता अध्यारोपित अपवाह कहलाता है। प्रश्नगत दिये गये अन्य सभी अपवाह तन्त्र धरातलीय संरचना के प्रभावस्वरूप बनते है। द्रुमाकृतिक अपवाह तन्त्र को पादपाकार अपवाह प्रतिरूप भी कहा जाता है। इस प्रकार की सरिताओं का विकास प्रमुख रूप से सपाट तथा चौरस विस्तृति भागों में होता है ग्रेनाइट शैल वाले भागों में इनका विस्तार सर्वाधिक होता है। जालायित अपवाह तन्त्र का विकास संरचना में ढाल के अनुरूप विकसित प्रधान अनुवर्ती सरिता तथा उसकी सहायक सरिताओं के प्रवाह जाल द्वारा होता है।

अतः विकल्प (D) सही है।

114. जलीय प्रक्रमों (सरिता) के अपरदन की शक्ति में अपरदन के आधार तल में ऋणात्मक परिवर्तन के फलस्वरूप त्वरित गति से वृद्धि को नवोन्मेष (पुनर्युवन) कहते है। नवोन्मेष के कारण नदियाँ अपनी घाटी को निम्नवर्ती अपरदन द्वारा पुनः गहरा करने लगती है। नवोन्मेष की स्थिति में अपरदन चक्र की अवधि बढ़ जाती है। उदाहरण के लिए यदि जलीय अपरदन चक्र अपनी प्रवणता, मन्द सरिता प्रवाह तथा उथली तथा चौड़ी जलोढ़ घाटियों का विकास हो गया है। तो उनमें नवोन्मेषण के कारण व्यवधान हो जायेगा तथा नदियाँ पुनः लम्बवत अपरदन द्वारा अपनी घाटी को गहरा करना प्रारम्भ कर देती है।

अतः विकल्प (A) सही है।

115. मैदानी क्षेत्रों में मोड़ के कारण नदी के अवतल किनारे से तीव्र वेग से धारा टकराती है इससे वहाँ के मोड़ बढ़ते जाते है। धारा अवतल किनारे के कटे हुए पदार्थ को उत्तल किनारे पर जमा करती है। इस प्रकार निरंतर अवतल किनारे पर अपरदन एवं उत्तल किनारे पर जमाव होता है। अत्यधिक कटाव से नदी का मार्ग सीधा हो जाता है मोड़दार भाग बच जाता है। इसे गोखुर झील कहते हैं। गोखुर झील को बिल्लाबोंग, मोर्ट झील और बायू नामो से जाना जाता है।

अतः विकल्प (D) सही है।

116. नदी के दोनों किनारों पर मिट्टियो के जमाव (निक्षेप) द्वारा बने लम्बे-लम्बे बन्धों को जो कि कम ऊँचाई वाले कटक के समान है तटबध कहते हैं। चूंकि ये बन्ध प्रकृति द्वारा बनाये जाते हैं तथा इनके बाढ़ के समय सुरक्षा होती है, अतः इन तटबन्धों को प्राकृतिक तटबन्ध भी कहते हैं शेष सभी अपरदित स्थलाकृतियाँ हैं।

अतः विकल्प (A) सही है।

117. जो नदियाँ प्रादेशिक ढाल के अनुरूप न होकर प्रतिकूल दिशा में तथा भौतिकीय संरचना के आर-पार प्रवाहित होती है उन्हें अक्रमवर्ती सरिता कहते हैं। अक्रमवर्ती अपवाह तन्त्र के अन्तर्गत पूर्ववर्ती तथा पूर्वारोपित सरितायें आती है।

अतः विकल्प (C) सही है।

118. रिया निमग्न उच्च भूमि तटरेखा का उदाहरण है। रिया किनारा का निर्माण भूपृष्ठीय अपरदन (Subacrial erosion) द्वारा प्रभावित स्थल के आंशिक रूप से जलमग्न होने से होता है। वास्तव में नदियों की एश्चुयरी के जलमग्न हो जाने से रिया का निर्माण होता है। रिया किनारा कीपाकार होता है तथा स्थल की ओर संकरा होता है। इस तरह रिया के शीर्ष भाग पर नदी का मुहाना तथा दूसरे सिरे पर खुला सागर होता है।

अतः विकल्प (B) सही है।

119. शुष्क प्रदेशों में पर्वतपदीय ढलवाँ मार्ग पर नदियों द्वारा निक्षेपित 'बालू बज़ाडा' कहलाती है। प्लेया तथा पर्वतीय अग्र भाग के मध्य मन्द ढाल वाले मैदान होते हैं। इस मैदान का निचला भाग, जो कि प्लेया से मिलता है, बजादा कहलाता है इसका निर्माण मलवा के निक्षेप द्वारा होता है। ऊपरी भाग पेडीमेण्ट कहा जाता है। बज़ाडा का निर्माण पेडीमेण्ट के नीचे तथा प्लाया के किनारे पर जलोढ पंखों के मिलने से होता है।

अतः विकल्प (B) सही है।

120. डेल्टा केम हिमनद निक्षेपण का परिणाम है। हिमनद के अग्रभाग पर हिम के पिघलने के कारण कुछ मलबे का निक्षेपण ढेर के रूप में या टीले के रूप में हो जाता है। इस तरह के टीलों को केम कहा जाता है। केम के किनारे तीव्र ढाल होते हैं। केम की रचना रेत तथा बजरी द्वारा होती है।

अतः विकल्प (D) सही है।

121. परवर्ती अपवाह सामान्यतः अनुवर्ती अपवाह के विपरीत पर होता है। किसी भी क्षेत्र में सर्वप्रथम अनुवर्ती सरिता का उद्भव होता है। अनुवर्ती नदियाँ प्रादेशिक ढाल का अनुसरण करती है इन्हें नति सरिता कहते हैं। वलित पर्वतीय क्षेत्रों में अनुवर्ती नदियों का अभिनतीय गर्तों में उद्भव होता है। ऐसी नदियों को अभिनतीय अनुवर्ती सरिता कहते हैं।

अतः विकल्प (B) सही है।

122. पृथ्वी के वायुमंडल के ऊपरी भाग पर औसत सौर ऊर्जा की प्राप्ति की मात्रा 1.94 कैलोरीज प्रति वर्ग सेमी प्रति मिनट पायी जाती है। प्रत्येक वस्तु जिसमें उष्मा होती है, विकिरण करती है, तथा जो वस्तु जितनी ज्यादा गर्म होती है उसकी तरंगे उतनी ही छोटी होती है। यही कारण है सूर्य द्वारा विकीर्ण उर्जा लघु तरंगों के रूप में होती है। इसके विपरीत कम तापमान वाली वस्तु से विकिरण कम मात्रा में तथा दीर्घ तरंग के रूप में होता है। जैसे पृथ्वी की सतह से उर्जा का विकिरण दीर्घ तरंग के रूप में होता है।

अतः विकल्प (A) सही है।

123. गैस - प्रतिशत

नाइट्रोजन - 78.7%

आक्सीजन - 20.93%

आर्गन - 0.93%

हाइड्रोजन - 0.005%

हीलियम - .0005%

नियान - .0015%

क्रिप्टान - .001%

जीनान - .0001%

अतः विकल्प (B) सही है।

124. क्षोभमण्डल में वायु की गति का कारण वायुदाव है, वायु उच्च वायुदाव से निम्न-वायुदाव की ओर प्रवाहित होती है। क्षोभमण्डल पृथ्वी के वायुमंडल का सबसे निचला हिस्सा है। इसी परत में आर्द्रता, जलकण, धूलकण, वायुधुन्ध तथा सभी मौसमी घटनाएं होती हैं। यह पृथ्वी की वायु का सबसे घना भाग है और पूरे वायुमंडल के द्रव्यमान का 80% हिस्सा इसमें मौजूद है।

अतः विकल्प (D) सही है।

125. वायुमण्डल में आयनमण्डल परत विद्युत चुम्बकीय तरंगों को अपवर्तित कर देती है। मध्य मध्यम की सीमा के ऊपर 80 से 400 किमी की ऊँचाई तक आयनमण्डल है। आयनमण्डल पृथ्वी से प्रेषित रेडियों तरंगों को परावर्तित करके पृथ्वी पर वापस भेज देती है। इससे पृथ्वी पर रेडियों प्रसारण में सहायता मिलती है।

अतः विकल्प (D) सही है।

// टिप्पणियाँ //

// टिप्पणियाँ //

www.ingramcontent.com/pod-product-compliance
Ingram Content Group UK Ltd.
Pitfield, Milton Keynes, MK11 3LW, UK
UKHW061704190726
13853UKWH00008B/2388

9 789390 893676